LA THÉOLOGIE
DE
SAINT THOMAS
OU
EXPOSITION DE LA SOMME THÉOLOGIQUE
EN FRANÇAIS.

PROPRIETE.

CORBEIL, TYPOGRAPHIE DE CRÉTÉ.

LA THÉOLOGIE
DE
SAINT THOMAS

OU

EXPOSITION DE LA SOMME THÉOLOGIQUE

EN FRANÇAIS,

PAR

L'ABBÉ GEORGES MALÉ.

OUVRAGE APPROUVÉ PAR MONSEIGNEUR L'ARCHEVÊQUE DE PARIS.

TOME PREMIER

LIBRAIRIE CATHOLIQUE DE PERISSE FRÈRES.

PARIS	LYON
NOUVELLE MAISON	ANCIENNE MAISON
RUE SAINT-SULPICE, 38,	RUE MERCIÈRE, 49,
Angle de la place.	et rue Centrale, 60.

1857

PRÉFACE.

Il serait superflu de faire aujourd'hui l'éloge de la *Somme théologique* de saint Thomas. L'autorité dont elle a toujours joui dans les universités catholiques, les hommages que lui ont rendus tant de souverains pontifes, les suffrages de six siècles, prouvent assez la valeur de cet ouvrage. On ne saurait dire, cependant, que la *Somme* soit aussi répandue que son mérite donnerait droit de le penser. En dehors de nos écoles théologiques, peu la connaissent, et surtout peu l'étudient. Les uns s'abstiennent de l'ouvrir, par préjugé. Quelles lumières pourrait-on trouver dans un livre de théologie, fait au moyen âge, en un temps où la philosophie, encore à l'état d'enfance, ne savait que bégayer! Sans doute ce monument était digne d'abriter nos pères, mais il n'est plus en rapport avec le progrès des sciences, il ne répond plus aux aspirations du dix-neuvième siècle. Et, sans y être jamais entré, peut-être même sans l'avoir vu, on déclare qu'on serait à l'étroit dans ce monument (1).

D'autres ne contestent pas le mérite de la *Somme théologique*. Ils aiment à en trouver les extraits épars dans nos

---

(1) Émile Saisset, *Revue des Deux-Mondes*, 1ᵉʳ sept. 1855.

livres de théologie et de philosophie. Ils s'inclinent profondément devant ce chef-d'œuvre de la science, professent pour lui une sorte de culte, mais se gardent bien de toucher d'une main profane ce monument sacré !

Mon dessein est de montrer aux uns qu'ils trouveront dans l'œuvre du Docteur angélique, une doctrine aussi élevée que dans les œuvres des plus grands philosophes, une doctrine où la raison et la foi rayonnent de la plus splendide lumière, un monument enfin qui ne manque pas de grandeur, puisque Bossuet y trouvait assez d'espace pour déployer son génie. J'essayerai de rassurer la timidité des autres, de faire cesser ce qui est en eux de la peur plutôt que du respect. Les premiers, je l'espère, reconnaîtront combien les préjugés qui les éloignaient étaient peu fondés et frivoles. Les seconds verront s'aplanir les aspérités qui leur rendaient difficile l'accès de la *Somme*, et tous ceux qui liront ce livre avec le désir sincère de s'éclairer, entendront avec bonheur la parole du docteur qui, semblable au soleil, répandait naturellement la lumière.

Cependant n'y a-t-il rien de défectueux dans cette merveille, et devons-nous attacher une égale importance à toutes les questions, à toutes les paroles de saint Thomas? Ce serait, je crois, une illusion de le penser. L'Ange de l'école a eu, aussi bien qu'Homère, ses moments de sommeil, et il ne serait pas aussi difficile, comme on l'a dit de Virgile, de lui prendre un mot que d'enlever à Hercule sa massue. Il se répète, s'arrête à des questions qui sans doute avaient leur intérêt au moyen âge, mais qui, aujourd'hui, sont surannées. Il suit, avec une rigueur inflexible, la méthode scolastique. Bien qu'on ne manque pas de raisons pour la justifier, et loin de méconnaître les heureux résultats de cette rude école qui forma nos pères, on ne peut se dissimuler que le moyen âge, saint Thomas lui-même, en a parfois abusé. On regrette la lenteur de sa marche, ses répétitions, sa monotonie, l'importance qu'elle donne parfois à des questions oiseuses. C'est pourquoi, sans cependant m'en éloigner beaucoup, j'ai jugé à propos de ne pas m'astreindre aussi rigoureusement à la méthode scolastique. J'ai omis, en me bornant à les indiquer, quelques questions qui m'ont paru peu utiles, des objections dont la solution est évidente après la lecture de la proposition. J'ai rapporté et résolu toutes celles qui ont de l'importance, ou je les ai fondues dans le corps de l'article, car saint Thomas présente quelquefois, sous forme d'objection, les preuves de sa thèse. Il m'a semblé aussi qu'il serait bon de diviser l'ouvrage en chapitres, pensant que le lecteur en saisirait mieux l'ensemble lorsqu'il verrait, réunies autour d'un point de doctrine, les différentes questions qui s'y rapportent. C'est ce que j'ai fait, sans toutefois intervertir l'ordre des questions, tel que l'a établi saint Thomas.

On remarquera que l'Ange de l'école n'a été étranger à aucune des questions agitées depuis le moyen âge jusqu'à nos jours, qu'elles se rapportent à l'ordre naturel ou à l'ordre surnaturel, au dogme ou à la morale. Il établit les grands principes qui répandent sur toute question des flots de lumière, et préparent l'évidence de la solution. J'ai ajouté quelques développements à celles qui m'ont paru devoir offrir au lecteur plus d'intérêt. Et afin qu'il puisse distinguer ce qui est du Docteur angélique et ce qui n'en est pas, j'ai marqué de signes divers le commencement des articles (1) ou mis en notes mes propres réflexions.

1) Les chiffres 1, 2, 3, etc., annoncent la traduction littérale ou le sens du texte ; les observations de l'auteur sont marquées du signe *.

INTRODUCTION.

I. La théologie est la science des vérités surnaturelles que Dieu a révélées aux hommes. Elle renferme deux éléments, savoir : l'élément divin ou la parole même de Dieu, et l'élément humain, celui de la raison développant et réduisant en corps de doctrine les vérités qui sont l'objet de notre foi. Le premier est nécessairement à l'abri de toutes les vicissitudes du temps et du lieu ; il participe à l'immutabilité de Dieu même. Nous ne croyons pas autre chose que ce que nos pères ont cru, et les fidèles qui verront la fin du monde réciteront encore le symbole composé au concile de Jérusalem. L'autre élément varie comme tout ce qui est humain. L'édifice que la raison élève sur le fondement immuable de la foi, se développe nécessairement avec le cours des siècles, en prend le caractère mobile et changeant. Son histoire est celle de toute science, de toute nation. L'élément humain, dans la théologie, a donc sa naissance, son progrès, sa décadence, ses gloires et ses infortunes. Afin de montrer au lecteur le rang que la *Somme théologique* occupe dans la science sacrée, j'ai pensé qu'il serait utile de rapporter brièvement les diverses phases de la théologie depuis les apôtres jusqu'au temps de saint Thomas.

II. Un savant théologien (1) divise l'histoire de la théologie en six époques : la première s'étend des apôtres à l'hérésie d'Arius; la seconde, d'Arius à saint Augustin; la troisième, de saint Augustin à saint Anselme; la quatrième comprend la période scolastique et finit au concile de Trente; la cinquième embrasse les temps écoulés depuis ce concile jusqu'à la philosophie de Kant; la sixième est celle des temps modernes depuis l'origine de la philosophie allemande jusqu'à nos jours.

Cette division me paraît tout à fait arbitraire. Ne serait-il pas plus rationnel de la fonder sur le caractère particulier que nous semble avoir une époque, de la modifier selon les formes bien dessinées qu'a revêtues la théologie dans l'espace des dix-huit siècles écoulés depuis sa naissance? Or, nous ne trouvons dans l'histoire de cette science que trois époques principales : celle des Pères, celle des auteurs scolastiques et celle des théologiens modernes. Je ne prétends pas, assurément, qu'une époque commence à tel écrivain et finisse à tel autre. De même qu'il serait puéril de dire : l'histoire ancienne finit tel jour, et le lendemain commença l'histoire du moyen âge; on ne peut dire que la première époque de la théologie commence à saint Ignace et finit à saint Augustin. Examinant son histoire à un point de vue général, nous y remarquons trois époques principales, celles que je viens de nommer.

III. Les hommes, pour assurer le succès d'une idée, cherchent à l'entourer de prestige, à lui donner les charmes de l'éloquence, l'éclat des lettres, la force irrésistible de la dialectique. Le christianisme étant une œuvre divine, ne parut pas d'abord avec le caractère scientifique

(1) Le P. Perrone.

qui sent la faiblesse et l'incertitude du succès. Jésus-Christ enseigna le peuple avec une simplicité touchante, mais en même temps avec autorité. Les apôtres imitèrent le divin Maître. Leur langage n'a pas communément la magnificence et l'harmonie des orateurs profanes; dédaignant les vains artifices, il puise en Dieu une force secrète qui touche les cœurs et subjugue les esprits. Les Pères apostoliques conservèrent le même caractère de simplicité et de grandeur; ils ne firent qu'exposer, le plus souvent sous forme de lettres, la vie du Sauveur, ses miracles et ceux des apôtres : ainsi saint Clément de Rome, saint Polycarpe de Smyrne, saint Ignace d'Antioche. Quel besoin, à cette époque où l'on possédait encore dans toute sa pureté une doctrine venue du ciel et à laquelle rien ne manquait; quel besoin, dis-je, d'entourer d'un appareil scientifique les vérités religieuses? Les enfants de la primitive Église, heureux dans la candeur de leur foi et l'innocence de leur vie, ne soupçonnaient même pas qu'on dût un jour donner une forme scientifique à des vérités placées si haut et pour lesquelles le sang de tant de martyrs avait coulé. D'ailleurs, il entrait dans les desseins de la Providence de réserver les prémices de la foi à des gens pour la plupart simples, sans culture intellectuelle, dépourvus de tous les dons qui brillent aux yeux des hommes, afin que l'établissement de l'Église parût une œuvre divine, et qu'on ne pût l'attribuer à la main des hommes. « Il n'y a point, parmi nous, beaucoup de riches, de nobles, de puissants selon le monde. » (S. Paul.) Ce n'étaient donc pas des recherches scientifiques qu'il fallait à ces âmes encore dans le premier enthousiasme de la foi; ils ne demandaient ni arguments pressés, ni périodes arrondies, ces fidèles tout brûlants de l'ardeur du martyre, et à qui le témoignage du sang en disait assez. C'est pourquoi l'enseignement de la théologie, à cette époque, fut si familier, et présenté, à peu d'exceptions près, sous forme épistolaire. La lettre suivante, un des monuments de la plus haute antiquité chrétienne, nous offre un exemple de ce qu'étaient les lettres pastorales des premiers évêques.

L'empereur Trajan fait paraître devant lui Ignace, évêque d'Antioche, et, après un interrogatoire inique, condamne le disciple de Jean à mourir dans l'amphithéâtre de Rome (1). A cette nouvelle, répandue dans la ville avant l'arrivée du saint évêque, les fidèles consternés députent vers l'empereur les principaux d'entre eux afin de solliciter sa délivrance. Ignace leur écrit : « Je crains que votre charité ne me nuise. Je ne trouverai jamais une aussi belle occasion d'aller à Dieu. Si vous gardez le silence, bientôt je serai uni à Dieu ; si vous m'aimez selon la chair, je retournerai à la course. Je vous en conjure, ne m'aimez pas à contre-temps, souffrez que je sois la pâture des bêtes, elles me feront jouir de Dieu. Je suis le froment de Dieu, je dois être moulu par les dents des bêtes, afin de devenir un pain tout pur de Jésus-Christ. Flattez plutôt les bêtes pour qu'elles soient mon tombeau et qu'elles ne laissent rien de mon corps..... Plaise à Dieu que je jouisse des bêtes qui me sont destinées. Je souhaite de les trouver bien prêtes, et je les flatterai afin qu'elles me dévorent promptement et qu'il ne m'arrive pas comme à quelques-uns qu'elles n'ont osé toucher..... Aucune créature visible ou invisible ne m'empêchera d'arriver à Jésus-Christ : que le feu, la croix, la division de mes membres, la séparation de mes os, la destruction de mon corps, viennent finir mes jours, pourvu que je sois avec

(1) L'année 107.

Jésus-Christ. Je vous écris vivant et amoureux de la mort. Mon amour est crucifié..... Vous réunissant en chœur dans la charité, vous chanterez les louanges du Père en Jésus-Christ de ce qu'il a daigné permettre que l'évêque de Syrie fût emmené d'Orient en Occident. Il est si doux de se dérober aux yeux du monde pour aller à Dieu, afin de se lever quand sera venu le jour de la vision. »

Quels enseignements pour les fidèles de cette époque, que la parole et l'exemple de leurs évêques ! Polycarpe, disciple de Jean et ami d'Ignace, est traîné aux pieds du proconsul qui lui ordonne de sacrifier aux dieux et de maudire le Christ : « Il y a quatre-vingt-six ans que je le sers, répond le saint vieillard, et il ne m'a jamais fait aucun mal ; comment maudirais-je le Dieu qui m'a racheté ? »

IV. Le deuxième siècle nous offre un autre spectacle. Ce n'est plus celui d'une société inébranlable dans sa foi simple et naïve. Il fallait, au dedans, combattre les hérésies naissantes ; au dehors, repousser les attaques des païens et désarmer un gouvernement persécuteur. C'est alors que Dieu suscita ces éloquents apologistes, dont la vie s'éteignit plutôt que le zèle et l'amour de la vérité.

Le paganisme s'écroulait de toute part. Du milieu de ses rangs sortirent des philosophes, qui vinrent déposer au pied de la Croix les palmes de la science. Une fois rangés sous les étendards du christianisme, ils firent servir à sa défense les lumières qu'auparavant ils avaient employées, les uns à le chercher, les autres à le combattre. A cette époque parut la première forme scientifique qu'ait revêtue la doctrine chrétienne, je veux dire l'apologie. Justin, philosophe platonicien, écrit deux apologies et ne craint pas de les dédier, la première à Antonin, la seconde à Marc-Aurèle, princes philosophes. Après avoir répondu aux reproches de crime moral et de crime politique portés contre les chrétiens, il les justifie du crime religieux qu'on leur imputait, celui d'athéisme : « On nous enseigne que Jésus-Christ est le premier-né de Dieu, la Raison souveraine, dont tout le genre humain participe. Ceux qui ont vécu selon la raison sont chrétiens, bien qu'on les ait dits athées : tels furent chez les Grecs Socrate et Héraclite. Or, Socrate et Héraclite n'étaient point athées ; on en a accusé le premier, mais à tort. Tout ce que les philosophes et les législateurs ont jamais dit ou pensé de bon, de vrai, ils l'ont trouvé en considérant et en consultant en quelque chose le Verbe, mais comme ils n'ont pas assez connu le Verbe, c'est-à-dire Jésus-Christ, ils sont tombés dans l'erreur et la contradiction..... On les a traduits devant les tribunaux comme des impies et des hommes trop curieux : Socrate, l'un des plus courageux, a été accusé du même crime que nous..... On nous dit : « Pourquoi vous plaignez-vous qu'on vous tue, si la mort est pour vous le commencement de l'immortalité ? » C'est que notre vie appartient à Dieu et que nous la lui avons consacrée... Si vous êtes des princes vraiment pieux et philosophes, montrez-le en ne permettant pas qu'on opprime les innocents. » Ces deux empereurs envoyèrent, en effet, aux magistrats l'ordre de cesser la persécution, et si elle ne fut pas totalement suspendue, elle perdit au moins de sa violence.

On garda le ton de l'apologie tant que l'on conserva l'espérance que les persécutions ne dureraient pas, ou qu'on en obtiendrait la fin par des prières adressées à l'empereur. Vingt-sept ans après celle dont on vient de lire des fragments, parut l'apologie d'Athénagore, philosophe athénien. Comme Justin, il la dédie aux maîtres du monde. Il répond aux trois reproches qu'on ne cessait de faire aux chrétiens, ceux d'athéisme, parce que les chrétiens refusaient l'encens aux idoles, d'inceste et d'antropophagie, lorsqu'ils se réunissaient furtivement sous prétexte de prendre en commun leurs repas.

La loi du secret, rigoureusement observée à cette époque, l'ignorance des païens éloignés de nos saints mystères, entretenant les mêmes préjugés et faisant toujours renaître les mêmes accusations, Minutius Félix (1) écrivit une nouvelle apologie ; voici à quelle occasion.

Il avait à Rome deux amis, dont l'un, du nom de Cécilius, était resté attaché au paganisme, et l'autre, appelé Octavius, s'était converti à la religion chrétienne. Un matin, comme ils allaient à Ostie pour se baigner dans la mer, ils aperçurent sur le bord de la route une statue du dieu Sérapis. Cécilius la salue et lui envoie un baiser. Octavius se met à le railler, à plaindre Minutius Félix « de ce qu'il a des amis assez aveugles pour se heurter en plein jour contre des pierres. » Cécilius, blessé, dit qu'il peut justifier sa religion aussi bien qu'eux la leur. Le défi est accepté, Minutius Félix choisi pour arbitre. Il écrivit le dialogue de ces deux amis, dont l'un est le représentant et l'organe du paganisme, l'autre, de la religion chrétienne. Malgré les limites étroites de cet exposé, je ne puis résister au désir de rapporter les paroles suivantes qu'il met dans la bouche d'Octavius : « Vous croyez que c'est afin de nous cacher que nous n'avons ni temple, ni autel, ni statue ; mais la plus belle image de Dieu est l'homme ; le monde entier, voilà son temple ; une âme innocente, voilà son sanctuaire..... Dieu, quoique invisible, nous est présent par ses ouvrages,

(1) Avocat romain, converti à la fin du deuxième siècle.

sa providence et ses bienfaits. Vous dites qu'il ne peut tout savoir. Erreur! Lui, présent partout; lui, créateur et conservateur de tout, comment ignorerait-il quelque chose? Les Juifs, dites-vous, n'ont rien gagné à l'adorer. Vous vous trompez encore. Lisez leurs livres, ceux de Flavius Josèphe ou d'Antonius Julianus; vous verrez que les Juifs, tant qu'ils ont observé la loi, ont été favorisés de Dieu et comblés de ses bienfaits. » Après avoir mis en contraste, d'une part, les incertitudes de la philosophie, la doctrine et la morale des païens; de l'autre, les fondements inébranlables de la foi, la doctrine et la morale des chrétiens, il termine en disant : « Qu'avons-nous à désirer encore dans ce siècle où Dieu a daigné enfin se faire connaître ? Jouissons avec reconnaissance de ce bien précieux, réprimons la superstition, bannissons l'impiété et ne retenons parmi nous que la vraie religion. »

De tous les apologistes, celui dont l'argumentation est la plus vigoureuse et la plus puissante, c'est sans contredit Tertullien (1). Il fait appel *aux magistrats, aux grands de l'empire, aux gouverneurs des provinces*. « Si la vérité n'a plus aucun autre moyen de défense, permettez du moins qu'elle arrive à votre oreille par la muette écriture. Elle ne vient pas demander grâce, elle ne s'étonne même pas de sa destinée. Elle sait que quand on est sans asile sur la terre, il est naturel de trouver des ennemis parmi les étrangers. Elle ne désire, elle ne demande qu'une chose, c'est qu'on ne la condamne pas avant de l'avoir entendue. » Tout le monde sait comment il convainquit d'inconséquence l'ordonnance impériale qui défendait de rechercher les chré-

(1) Prêtre de Carthage, à la fin du deuxième siècle et au commencement du troisième.

tiens, mais prescrivait de les punir quand ils étaient traduits en justice. Le but principal de son *Apologétique* était de justifier les chrétiens aux yeux de la loi, et d'obtenir pour eux les droits de citoyens, puisqu'ils en remplissaient les devoirs. « Ils paient les impôts, obéissent mieux que les païens aux ordonnances de la police et à toutes les lois de l'État. Ils prient pour la prospérité de l'empire, pour celle du souverain. Si nous étions de mauvais citoyens et ennemis du gouvernement, les moyens de le renverser ne nous manqueraient pas. Nous sommes d'hier, et déjà nous remplissons tout ce qui est à vous, vos villes, vos îles, vos châteaux, vos campagnes, votre palais, votre sénat, votre forum ; nous ne vous avons laissé que vos temples. Pour quelle guerre n'eussions-nous pas été assez forts, assez armés, assez nombreux? Et pourtant nous nous laissons massacrer sans nous défendre ; c'est que notre religion nous permet de mourir, non de tuer..... »

Né avec un de ces caractères impétueux qui ne se plaisent que dans les extrêmes, après avoir embrassé la foi et presque encore néophyte, il attaqua la raison avec un zèle qui ne fut pas toujours selon la science, usa d'expressions exagérées, qu'on aurait tort aujourd'hui de prendre à la lettre. Tout en se plaisant à humilier la raison, il se donna parfois un éclatant démenti : « Dieu est grand! Dieu est bon! Plaise à Dieu : c'est ainsi que s'expriment les païens... O témoignage de l'âme naturellement chrétienne. Et quand elle prononce ces exclamations, elle ne tourne pas les yeux vers le Capitole, elle les élève vers le ciel, car elle connaît la demeure du Dieu vivant. »

Il n'entre pas dans mon dessein de donner un aperçu de toutes les apologies qui parurent durant les premiers siècles.

Presque toutes, au reste, avaient le même but : c'était de montrer combien étaient peu fondés les reproches de crime religieux, moral et politique, que faisaient sans cesse renaître l'ignorance des païens et la haine pour le nom chrétien. Ce qui frappe surtout en lisant ces apologies, c'est l'habileté avec laquelle les Pères savaient varier leurs armes selon le genre d'adversaires qu'ils avaient à combattre. Usant le plus souvent de l'argument appelé en philosophie *ad hominem*, ils prennent l'adversaire sur son propre terrain, et le conduisent, avec ses propres principes, à une conclusion qu'il ne peut éluder sans se contredire. Ainsi Justin, dans son dialogue avec le Juif Tryphon, s'appuie sur les prophéties pour prouver la divinité du christianisme. S'adresse-t-il aux païens, il en appelle à la raison, aux philosophes dont ils ne contestent pas l'autorité. L'histoire ecclésiastique nous apprend que plusieurs philosophes convertis, entre autres saint Justin, continuèrent à porter l'antique manteau de philosophe, afin de montrer qu'on peut embrasser la foi sans trahir la philosophie.

V. La catéchèse (de κατήχησις, instruction) fut une autre forme de la théologie au temps des Pères. Le Sauveur avait recommandé aux apôtres d'enseigner les nations, avant de leur dire de les baptiser. Aussi voyons-nous, dès les premiers siècles, des écoles destinées à l'enseignement des catéchumènes et des néophytes. Saint Jean en fonda une à Éphèse ; saint Polycarpe, une autre à Smyrne. La plus célèbre fut l'école d'Alexandrie. Pantène, stoïcien converti, en jeta les premiers fondements. Elle effaça, sous Clément et Origène, son disciple, les écoles les plus florissantes du deuxième siècle. Saint Grégoire Thaumaturge, disciple d'Origène et formé à cette école, expose ainsi la méthode qu'on y suivait: après une suite de discours par lesquels il allumait dans ses disciples l'amour de la science et de la vertu, et les préparait à son enseignement, Origène leur donnait les leçons de la vraie philosophie : « Premièrement, il les instruisait de la logique, en les accoutumant à ne recevoir ni à rejeter au hasard les preuves, mais à les examiner soigneusement, sans s'arrêter à l'apparence ni aux paroles dont l'éclat éblouit ou dont la simplicité dégoûte, et à ne pas rejeter ce qui semble d'abord un paradoxe et se trouve souvent le plus véritable; en un mot, à juger de tout sainement et sans prévention. Ensuite il les appliquait à la physique, c'est-à-dire à la considération de la sagesse et de la puissance infinies de l'auteur du monde, si propre à nous humilier. Il leur enseignait encore les mathématiques, principalement la géométrie et l'astronomie, et enfin la morale, qu'il ne fait pas consister en vains discours, en définitions et en divisions stériles ; mais il l'enseignait par la pratique, leur faisant remarquer en eux-mêmes les mouvements des passions, afin que l'âme, se voyant comme dans un miroir, pût arracher jusqu'à la racine des vices et fortifier la raison, qui produit toutes les vertus. Aux discours il joignait les exemples, étant lui-même un modèle de toutes les vertus. Après les autres études, il les amenait à la théologie, disant que la connaissance la plus nécessaire est celle de la première cause. Il leur faisait lire tout ce qu'avaient écrit les anciens, soit poëtes, soit philosophes grecs ou barbares, excepté ceux qui enseignaient expressément l'athéisme. Il leur faisait tout lire, afin que, connaissant le fort et le faible de toutes les opinions, ils pussent se garantir des préjugés ; mais il les conduisait dans cette étude, les tenant comme par la main pour les empêcher de broncher et pour leur montrer ce que chaque secte avait d'utile, car il les connaissait toutes parfaitement. Il les exhortait à ne s'attacher à aucun philosophe, quelque réputation qu'il eût, mais à Dieu et à ses prophètes. Ensuite il leur expliquait les saintes Écritures, dont il était le plus savant interprète de son temps. » (Fleury, *Hist. eccl.*, t. II, l. v.) Il perfectionna l'exégèse biblique, et, très-versé dans la science des langues orientales, fit de précieux commentaires. On l'accuse cependant d'avoir cédé à la tendance de son école, trop portée à ne voir dans les faits de la Bible que de simples allégories. Son livre contre Celse, épicurien, fut une réfutation victorieuse de la fausse philosophie. Il prouve la vérité du christianisme par des faits incontestables, que tout le monde avait sous les yeux, et dont le récit devait, à cette époque, produire une profonde impression : les prophéties, les miracles de Jésus-Christ et des apôtres, les mœurs des chrétiens au milieu de la société païenne. Son livre *De principiis* (Περὶ ἀρχῶν) est le premier essai que firent les Pères d'exposer dans un ordre logique l'ensemble de la doctrine chrétienne. Mais le *Docteur infatigable* (adamantinus), en feuilletant nuit et jour les philosophes, les poëtes, les orateurs païens, ne sut pas toujours distinguer le vrai du faux, et se laissa entraîner, selon l'histoire, à des doctrines peu conformes à la foi. On ne saurait cependant affirmer qu'il soit mort dans l'hérésie ; son fameux livre *De principiis* ne nous est point parvenu tel qu'il sortit de sa plume, mais altéré par les sectaires qui voulaient se prévaloir de son nom et donner à leur parti l'autorité de ce beau génie.

Son maître, Clément, évêque d'Alexandrie, écrivit une *Ex ortation aux Grecs*, dans laquelle il montre l'excellence de la foi sur la philosophie : les *Stromates* (tapisseries) ou mélanges où il compare la philosophie à l'Évangile. Il établit cette maxime qui fut la devise de tous les Pères : *Croyez afin de comprendre.* « Donnez à votre science la base certaine et immuable de la foi, sinon vous courez risque de retomber dans les errements de l'ancienne philosophie. Mais si le vrai gnostique commence par croire, il ne s'arrête pas là; il cherche la raison de ce qu'il croit; il lit les poëtes, les philosophes, sans s'asservir à aucun. La *gnose*, ce n'est ni le platonisme, ni le stoïcisme, ni l'aristotélisme, ni l'épicuréisme, mais ce que chacune de ces écoles a de bon. » (*Strom.*) Il trace le portrait suivant du vrai et de l'honnête gnostique : « Il a vieilli dans l'étude de l'Écriture sainte. Il garde la foi orthodoxe des apôtres et de l'Église. Les autres, au contraire, abandonnent les traditions apostoliques, et se croient plus de science que n'en avaient les apôtres. » (*Strom.*, l. III, ch. i.)

Pour comprendre toute l'influence de l'école chrétienne d'Alexandrie, il faut se rappeler que, vers le même temps et au même lieu, Plotin fondait le néo-platonisme, école éclectique bien différente de celle des Pantène, des Clément et des Origène. C'était un mélange bizarre et informe du panthéisme oriental, de la philosophie grecque et des dogmes chrétiens. De cette école sortirent une foule de sectes plus extravagantes les unes que les autres, et livrées à un mysticisme qui a plus d'un trait de ressemblance avec celui des sectes protestantes. Comme si Dieu avait voulu instruire le monde par un contraste frappant, à côté de cette école chrétienne, qui produisit tant de grands hommes, de saints et de martyrs, on vit ces sectaires s'agiter dans des rêveries superstitieuses, ériger le vice en vertu, et justifier la dépravation de leurs mœurs par les plus impudents sophismes :

« Pour combattre les passions, il faut les connaître, pour les connaître, il faut s'y livrer. Je fais comme les transfuges qui passent dans le camp des ennemis sous prétexte de leur rendre service, mais en effet, pour les entraîner à leur ruine. Un gnostique, un savant doit tout connaître, car quel mérite y a-t-il à s'abstenir d'une chose que l'on ne connait pas ? Le mérite ne consiste pas à s'abstenir du plaisir, mais à en user en souverain et à tenir la volupté sous notre empire, lors même qu'elle nous tient dans ses bras. Pour moi, c'est ainsi que je fais, et je ne l'embrasse que pour l'étouffer. » (*Strom.*, l. II, c. xx.)

On ne peut parler de l'école d'Alexandrie sans répondre à une accusation que des philosophes modernes ont portée contre elle. Suivant eux, les fondateurs de cette école, à qui les doctrines de Platon étaient familières, auraient appliqué les principes de ce philosophe à ce qui est dit dans l'Évangile du Père, du Fils et du Saint-Esprit, et auraient ainsi inventé le dogme de la Trinité, de l'Incarnation du Verbe, de la Divinité de Jésus-Christ. Mais si la doctrine chrétienne n'avait pas existé avant eux, comment ces Pères auraient-ils pu se convertir ? On ne peut embrasser que ce qui existe. Or les Pères Platoniciens déclarent, en se convertissant, qu'ils abandonnent les écrivains de la Grèce pour suivre les auteurs sacrés, ces *barbares* que les Grecs se vantaient de mépriser. Souvent ils combattent Platon. Ils réfutent en particulier ce qu'il a dit de l'origine du monde, de la préexistence des âmes, de la Trinité. Combien celle de Platon ne diffère-t-elle pas de la Trinité chrétienne ! Il ne dit pas que le Verbe, le *logos* de Dieu, soit une personne vivante. Suivant Platon, l'Esprit divin est l'âme qui meut, qui vivifie le monde, ce qui conduit directement au panthéisme. Les Pères attaquent le polythéisme ; or les philosophes de la Grèce l'avaient défendu ; Socrate, Platon lui-même, tout en reconnaissant l'absurdité de cette doctrine, cherchaient à la perpétuer parmi le peuple. Enfin, si les Pères n'avaient fait qu'enseigner un platonisme modifié, pourquoi, en un temps où la philosophie d'Athènes était en si grande faveur, les aurait-on persécutés, mis à mort, eux et leurs disciples ?

Je ne sais pourquoi la plupart de ceux qui ont exposé l'histoire de la théologie, ne parlent point de la forme épistolaire et oratoire qu'elle revêtit au temps des Pères. Ces grands docteurs, connaissant toutes les ressources de l'art, ne pouvaient négliger un si puissant moyen de répandre la doctrine sacrée. Aussi ont-ils laissé un grand nombre de lettres, où, en épanchant les sentiments de leurs cœurs, ils enseignent les plus hautes vérités de la religion : « Et nous mourons et nous changeons à toute heure, et cependant nous vivons comme si nous étions immortels. Le temps même que j'emploie ici à dicter, il faut le retrancher de nos jours. Nous nous écrivons souvent, mon cher Héliodore, nos lettres passent les mers, et, à mesure que le vaisseau fuit, notre vie s'écoule ; chaque flot en emporte un moment. » (Lettre de saint Jérôme à Héliodore, trad. de Châteaubr.)

Leurs discours et homélies exposèrent la doctrine chrétienne avec une éloquence qui laissa loin derrière elle l'éloquence de Rome et d'Athènes. Cicéron à la tribune, Démosthènes sur la place publique se servaient des circonstances du moment, pour soulever les passions populaires. La religion dont ils étaient les apôtres offrait aux Pères de l'Église un plus vaste horizon, des sujets plus capables d'émouvoir :

la fragilité des choses humaines, l'éternité, etc. C'est aux discours et homélies des Pères, que les orateurs du dix-septième siècle viennent le plus souvent demander leurs inspirations. Pour n'en citer qu'un exemple, Bossuet a emprunté au prêtre de Carthage, ce trait si justement admiré..... « Ici notre imagination nous abuse encore. La mort ne nous laisse pas assez de corps pour occuper quelque place, et on ne voit là que les tombeaux qui fassent quelque figure. Notre chair change bientôt de nature ; notre corps prend un autre nom ; même celui de cadavre, dit Tertullien, parce qu'il montre encore quelque forme humaine, ne lui demeure pas longtemps. *Il devient un je ne sais quoi qui n'a plus de nom dans aucune langue, tant il est vrai que tout meurt en lui, jusqu'à ces termes funèbres par lesquels on exprime ses malheureux restes.* (Oraison funèbre de la duchesse d'Orléans.)

Saint Basile nous donnera, sous le ciel de l'Orient, un autre trait de cette éloquence : « Si quelquefois, dans la sérénité de la nuit, levant les yeux et voyant l'ineffable beauté des astres, vous avez pensé à l'auteur de toutes choses ; si vous vous êtes demandé quel est celui qui a semé le ciel de telles fleurs ; si quelquefois, durant le jour, vous vous êtes livré à l'étude des merveilles de la lumière, élevé par les choses visibles à l'être invisible ; si toutes ces choses vous ont initié à la connaissance de Dieu, vous êtes un auditeur bien préparé, et vous pouvez prendre place dans cette magnifique enceinte. Venez : de même que l'on prend par la main et l'on guide ceux qui ne connaissent pas une ville ; ainsi je veux vous conduire, comme des étrangers, à travers les merveilles de la grande cité de l'univers. »

La vue du ciel lui rappelle notre innocence primitive et notre chute : « Là est notre antique patrie d'où le démon homicide nous a bannis. Si les choses créées pour durer quelques jours sont si grandes, que seront les invisibles? Si l'immensité des cieux dépasse la mesure de la pensée humaine, quelle intelligence pourra sonder les profondeurs de l'éternité? Ce soleil périssable et pourtant si rapide dans sa course, si beau dans sa grandeur proportionnée au monde, œil de la nature qu'il embellit de sa lumière, s'il nous offre une source inépuisable de contemplation, que sera dans sa splendeur ce soleil de la justice divine? » (*Homélies sur les six jours de la création.*)

Prononcer le nom de saint Jean-Chrysostôme, la bouche d'or d'Antioche et de Constantinople, c'est nommer l'orateur qui n'eut de rival ni dans les temps anciens, ni dans les temps modernes; le type de l'orateur, qui enlace dans les anneaux de sa chaîne et conduit à son gré une multitude frémissante sous sa parole. Voici comment il sollicite l'aumône et plaide la cause des pauvres devant les riches : « Un homme charitable est comme un port ouvert aux infortunés. Il doit tous les accueillir. Le port reçoit également tous les naufragés. Il les sauve de la tempête, bons ou méchants, quels que soient leurs fautes ou leurs périls, et les abrite dans son sein. Vous devez faire de même pour les naufragés de la fortune. Sans les juger avec rigueur ni rechercher leur vie, occupez-vous de soulager leur misère. Pourquoi vous donner les soins d'une surveillance inutile? Dieu vous en décharge. Que de paroles on dirait, combien souvent on se montrerait difficile, si Dieu avait prescrit de rechercher d'abord exactement la vie et les actions de chacun, et, cela fait, seulement de céder à la pitié! Mais, dès à présent, nous sommes affranchis de cette recherche inquiète. Pourquoi prendre un soin superflu? Autre chose est un juge, autre chose un chrétien qui fait l'aumône..... Jadis Abraham en n'examinant pas avec un soin trop sévère quels hôtes se présentaient sous sa tente, fut assez heureux pour y recevoir les anges mêmes du ciel. Imitons le saint patriarche, ne faisons pas d'enquête sur le malheur..... »

Il décrit l'apparition du christianisme dans le monde païen et les combats qu'il dut livrer contre les idoles : « Lorsque la proclamation divine eut été répandue par les apôtres, lorsqu'ils parcouraient toute la terre semant les paroles de la foi, arrachant les racines de l'erreur, brisant les vieilles lois de l'empire, pourchassant l'iniquité, nettoyant le sol sous leurs pas et ordonnant aux hommes de fuir loin des idoles, des temples, des autels, de leurs fêtes, de leurs mystères, et de s'élever à la connaissance de Dieu maître de tout, et à l'attente des biens à venir, qu'ils philosophaient sur la résurrection et enseignaient le royaume des cieux, une grande guerre, la plus tyrannique des guerres, s'alluma et tout fut rempli de trouble, de bruit et de dissensions, toutes les villes, toutes les nations, toutes les familles, toutes les contrées civilisées ou barbares. C'est que des coutumes antiques étaient secouées sur leurs fondements et que le préjugé qui avait régné si longtemps s'ébranlait à l'invasion de croyances nouvelles, inouïes jusqu'alors. Contre cette puissance les empereurs s'irritaient, les gouverneurs de province sévissaient, les citoyens murmuraient, la place publique se déchaînait, les tribunaux se passionnaient, les glaives étaient nus, les armes préparées et la loi en colère; de là des supplices, des vengeances, des menaces, et partout l'apparition de ce qu'on croit la terreur. Les flots de la mer furieuse rejetant de son sein les navires brisés sont une image de cet état du monde..... Pour nous, les souffrances de cette vie sont trop faibles et *trop indignes de la gloire future qui se révèle sur nos têtes* ; c'est-à-dire, que faites-vous, en lui opposant les bourreaux, les supplices, la proscription, les fers! Menacez-moi de tout ce que vous voudrez, de toutes les choses qui sont formidables aux hommes. Vous ne dites rien qui vaille ces récompenses, ces couronnes, cet échange que j'attends. L'un s'épuise et se termine en cette vie ; l'autre n'a pas de fin dans l'éternité. » (Traduct. de M. Villemain.)

VI. L'Église n'eut pas seulement à combattre les ennemis du dehors et à nourrir ses enfants du pain de la doctrine, il lui fallut aussi combattre les ennemis du dedans. La nécessité de répondre aux hérésies contraignait la théologie à revêtir une autre forme, celle de la controverse ou de la polémique. De tout temps des hérétiques déchirèrent le sein de l'Église ; les apôtres mêmes en eurent à combattre ; c'est pour confondre les hérétiques de son temps que saint Jean écrivit son Évangile. Ne semble-t-il pas, en voyant ses luttes passées, que la destinée de la vérité sur la terre soit de vivre au milieu des combats ? Mais la Providence, qui sait tirer le bien du mal, les a toujours fait servir au bien de son Église, et toujours elles furent pour la vérité l'occasion d'un triomphe. *Elles montrent*, dit l'Apôtre, *ceux dont la foi est à l'épreuve.* (I Cor., XI.) Nées, pour ainsi dire, avec l'Église, elles prouvent que les apôtres n'ont pas enseigné dans les ténèbres, qu'ils n'ont pas toujours eu des auditeurs dociles, et que s'ils avaient supposé les faits de l'Évangile, les contradictions de leurs contemporains les auraient aussitôt convaincus d'imposture. Elles montrent la sagesse de l'architecte qui a conçu, exécuté le plan de l'Église, la puissante protection de celui qui l'a fait sortir victorieuse de tant de combats. Enfin les hérésies, en provoquant la lutte, font jaillir la lumière et mettent les fidèles dans l'heureuse nécessité de tenir les yeux toujours fixés sur le lieu de leur origine, d'en appeler sans cesse à ceux qui furent leurs pères dans la foi.

L'Église eut facilement raison des premières hérésies. Les Cérinthiens, les Ébionites, les Priscillianistes, etc., après s'être un peu agités, rentrèrent dans le néant et firent peu de victimes. Au quatrième siècle la lutte grandit, elle prend des proportions qui épouvantent, et l'Église semble pour la première fois sur le penchant de sa ruine. Arius, prêtre d'Alexandrie, commence, vers l'an 319, à prêcher la doctrine de Platon sur la Trinité. Suivant lui, le Verbe divin est une sorte de demi-dieu, une créature plus parfaite que les autres, à qui Dieu donna l'être avant toutes choses. Il l'investit, à raison de son excellence, du pouvoir de coordonner, de régir les créatures inférieures, et c'est de lui que vient la beauté, l'harmonie de ce monde. Une conséquence immédiate de cette doctrine, c'est évidemment la négation de la divinité de Jésus-Christ et la ruine du christianisme. Condamné par son évêque Alexandre, il se réfugie en Orient où ses talents, ses artifices lui attirent de nombreux partisans. Constantin s'en émeut. Le concile de Nicée, où sont réunis trois cent dix-huit évêques dont la plupart portent encore les cicatrices du martyre, condamne Arius et proclame la consubstantialité du Père et du Verbe. Mais le serpent de l'hérésie, quoique frappé mortellement, n'expira pas aussitôt. Les ariens, à force d'intrigues, séduisirent les successeurs de Constantin, qui leur prêtèrent l'appui de leur autorité. Une fois à l'ombre du trône, l'hérésie jeta de profondes racines et s'étendit au loin. Les rois barbares lui apportèrent un autre élément de succès. Les Goths, les Visigoths, les Bourguignons, les Vandales, la propagèrent le fer et le feu à la main.

Plusieurs conciles, ceux d'Arles, de Milan, de Rimini, adoptèrent des professions de foi qui donnèrent à l'erreur un nouveau crédit. Les progrès de l'arianisme furent tels qu'un jour, dit un auteur, l'univers fut étonné de se trouver arien. Mais cette expression montre qu'il ne l'était pas réellement, car on ne s'étonne pas de se trouver tel que l'on est. Si grands que soient les dangers de la foi, Dieu veille du haut du ciel; il donne à l'Église Athanase, le grand évêque d'Alexandrie. Jamais la vérité n'eut un plus noble organe, un champion plus intrépide, un défenseur plus digne de la faire triompher. Pendant quarante ans de luttes et de combats, persécuté, trahi, exilé, condamné à une vie errante, il ne lui échappa jamais une parole amère ou blessante; jamais il ne perd le calme et la sérénité des grandes âmes; il n'oppose à ses ennemis que la patience, la prudence, la force de sa raison. Le symbole extrait de ses divers ouvrages est encore aujourd'hui la règle de la foi touchant les mystères de la Trinité et de l'Incarnation.

À la vigueur de l'argumentation, à la sérénité de la discussion qui désarme l'ennemi, un père de l'Église joignit les charmes d'une brillante imagination et l'onction de la plus suave piété. L'Église salue, dans l'évêque d'Hippone, non-seulement un saint, mais aussi le vainqueur de trois hérésies, un sublime génie à qui Dieu donna des lumières extraordinaires pour l'intelligence de l'Écriture, un maître enfin dont la parole est une autorité; ce fut un mur d'airain, opposé à la fois aux pélagiens, aux ariens, aux donatistes. Suivant les premiers, l'homme se suffit à lui-même et n'a pas besoin de Dieu pour arriver au bonheur. Augustin leur montre la nécessité de la grâce, et l'impuissance où est l'homme d'arriver par lui-même au salut; il a pénétré d'un regard si sûr les profondeurs de cette question, qu'il a mérité d'être appelé le Docteur de la grâce. Mais en montrant la faiblesse de notre nature, il ne conteste pas les droits de la raison et la force réelle de notre volonté : « Telle est, dit-il, ma disposition naturelle, que je désire vivement connaître la vérité, non-seulement par la foi, mais encore par l'intelligence. » (*De peccator, meritis et remiss.*, l. II, ch. 1.) Il pose le fameux principe : « Je pense, donc je suis » (Soliloq.), qui sera plus tard le principe fondamental de l'école cartésienne. Nous ne pouvons par nous-mêmes, dit-il, faire des actions qui méritent le ciel, mais les actions conformes à la raison peuvent nous mériter des récompenses temporelles. C'est peut-être pour récompenser leurs vertus naturelles que Dieu donna aux Romains l'empire du monde. Il écrivit contre les ariens son *Traité de la Trinité*, le plus beau monument qui ait paru sur ce dogme de notre foi. Les écrivains des siècles suivants, qui ont traité le même sujet, n'ont guère fait que d'en reproduire ou d'en développer les pensées. Il combattit les donatistes tombés dans le schisme, en montrant l'unité et l'autorité de l'Église. Suivant le saint docteur, la foi ne consiste pas seulement à croire les vérités surnaturelles, mais à les croire parce que l'Église nous le commande : « Je ne croirais pas, dit-il, je ne serais pas un véritable croyant, si je ne me rendais à l'autorité de l'Église. » Il a réuni, dans le livre de la *Cité de Dieu*, toutes les lumières de la théologie, de la philosophie et de l'histoire; c'est un tableau qui nous représente, dans des proportions gigantesques, la lutte de la vérité et de l'erreur, du bien et du mal depuis le commencement du monde, la société des bons en face de la société des méchants et marchant en ligne parallèle jusqu'à la fin des temps. « Deux amours ont bâti deux cités : l'amour de soi, jusqu'au mépris de Dieu, a élevé la cité de la terre ; l'amour de Dieu, jusqu'au mépris de soi, voilà l'architecte de la cité céleste. » Ce dessin, on le voit, ressemble beaucoup à celui du *Discours sur l'histoire universelle.*

Après la mort de saint Augustin, la théologie eut encore d'illustres représentants dans saint Prosper, saint Fulgence, disciple de l'évêque d'Hippone, Vincent, moine de Lérins. Ce dernier trace, d'une main sûre et savante, la mission du théologien, et plût à Dieu qu'on n'eût jamais perdu de vue son *avertissement* : « Timothée, ô prêtre, ô savant, ô docteur ! polissez les pierres précieuses de la doctrine divine, enchâssez-les avec soin, ornez-les avec sagesse, donnez-leur la splendeur, la grâce, l'harmonie ; que par vos lumières la postérité se félicite de *comprendre* ce qu'auparavant on respectait sans en avoir l'intelligence. Enseignez ce que vous avez appris, de telle sorte qu'en l'exposant d'une nouvelle manière vous ne disiez pas des choses nouvelles. On dira peut-être : Il n'y a donc pas de progrès religieux dans l'Église du Christ ? Il y en a, certes, et un très-grand. Qui serait assez ennemi des hommes et de Dieu pour s'efforcer d'empêcher ce progrès ? Mais il faut que ce soit un développement, non un changement de la foi. Or il est de la nature du progrès qu'une chose grandisse et s'accroisse en elle-même ; il est de la nature du changement qu'une chose devienne ce qu'elle n'était pas. Puissent croître l'intelligence, la science, la sagesse de chacun et de tous, du fidèle et de l'Église, selon les âges et les siècles ! mais il faut que la connaissance acquise soit dans le même genre, c'est-à-dire dans le même dogme, le même esprit, le même sentiment. Que la condition de la religion imite la condition des corps.

Ils croissent, se développent avec l'âge et ne laissent pas d'être toujours les mêmes. Il est permis, dans le cours des siècles, de battre, de limer, de polir les antiques dogmes de la philosophie céleste : c'est un crime de les changer, de les tronquer, de les mutiler. Qu'ils reçoivent l'évidence, la lumière, la précision ; mais il faut que toujours ils conservent leur plénitude, leur intégrité, leur propre nature. (Commonit., c. xxii.) Saint Grégoire le Grand et saint Isidore de Séville furent les dernières lumières de l'Église d'Occident.

VIII. Déjà, en Orient, la nuit s'était faite. Plus d'apologie, plus de controverse digne d'attention, plus de ces sublimes expositions de la doctrine chrétienne. Les Barbares, en inondant l'empire, avaient ruiné tous les monuments des sciences. Comment, dans ces temps de trouble et de confusion, se livrer à la contemplation de la vérité ? Comment, au milieu de la poussière du vieux monde qui s'écroule, pourraient fleurir encore des sciences qui ne s'épanouissent qu'à la faveur de la liberté et dans le silence de la solitude? Ces temps sont tellement malheureux, de si épaisses ténèbres couvrent le monde, que le pape Agathon, envoyant ses légats présider le sixième concile général (702), écrivait aux évêques : « Nous ne les envoyons pas par la confiance que nous avons en leur savoir, car, comment pourrait-on trouver la science parfaite des Écritures chez des gens qui vivent au milieu des nations barbares et gagnent à peine leur subsistance de chaque jour par leur travail corporel? Seulement nous gardons avec simplicité de cœur la foi que nos pères nous ont laissée. » (Fleury, *Hist. ecclés.*)

Ces dernières paroles montrent tout le mouvement scientifique de cette époque jusqu'au onzième siècle. On garde avec simplicité de cœur la foi des siècles passés. On fait des compilations plus ou moins savantes, on essaye de commenter les œuvres des Pères; mais plus d'invention, plus d'essor intellectuel. Comme un voyageur qui, à l'entrée d'un défilé, serre sous son manteau tous ses trésors, ainsi les prêtres, les moines recueillent et mettent à l'abri des couvents les livres épars de l'antiquité, soit sacrée, soit profane. Cependant, si la théologie n'a plus pour organe la voix éclatante des Athanase, des Augustin, elle parle toujours, et c'est, de toutes les sciences, la seule qui soit encore enseignée. Un grand pape envoie en Angleterre le moine Augustin, qui y fonde plusieurs écoles, et c'est de ces écoles que sortirent, à une époque si peu favorisée, saint Boniface, apôtre de l'Allemagne, le vénérable Bède et Alcuin. Cassiodore, Boëce, Raban font revivre autour d'eux un mouvement qui nous permet d'espérer des temps meilleurs. Grâce au zèle des prêtres et des moines, des écoles s'élèvent à l'ombre des églises et des monastères, comme un souvenir et une imitation des premières écoles chrétiennes. Celles de Saint-Germain d'Auxerre, de Saint-Germain de Paris, de Corbie, de Lyon, ne laissèrent pas s'éteindre le feu sacré et devinrent plus tard d'immenses foyers de lumières.

En Orient, saint Jean Damascène fut le dernier anneau de cette chaîne de philosophes et d'orateurs qui illustrèrent l'Église naissante. Après lui on n'entend plus, sur cette terre qui avait produit de si beaux génies, que des disputes de mots, de vaines arguties; et, malgré sa décadence, cette Église d'Orient prétend gouverner l'Église universelle! Elle n'a plus de vie que pour méconnaître la suprématie du pontife de Rome, contester ses droits les plus sacrés, ou bien, si elle montre encore un reste d'activité intellectuelle, elle le consume dans de puériles disputes, dans des controverses sans fin. Le vertige qui s'est emparé des esprits est tel, que, le jour où Mahomet battra en brèche les murailles de Constantinople, un auditoire immense accouru autour des chaires de théologie, disputera pour savoir de quelle nature était la lumière qui apparut au Thabor. L'Orient abdique le sceptre de la science et s'endort dans l'ignorance et la barbarie. Ne lui demandons plus la lumière, c'est désormais de l'Occident que se lèvera le soleil.

IX. Au commencement du onzième siècle, la théologie aperçut enfin l'aurore de destinées plus heureuses. C'est à cette époque, et au siècle suivant, qu'on vit s'élever ces fameuses universités, où l'on enseigna, le nom l'indique, toutes les sciences. Nées sous les auspices des souverains pontifes, dirigées par leurs soins, enrichies de priviléges qui stimulaient l'ardeur des maîtres et des élèves, elles furent, durant huit siècles, le rendez-vous de la jeunesse studieuse, des centres lumineux qui rayonnèrent sur le monde entier.

Saint Anselme apparaît le premier de cette phalange de savants qui illustrèrent le moyen âge. Nourri de la doctrine des Pères philosophes, surtout de saint Augustin, il fut à la fois un grand philosophe et un grand théologien. Disciple de Lanfranc, il succéda à son maître dans la direction de l'abbaye du Bec, en Normandie, et sur le siége de Cantorbéry. Il cueillit ses premiers lauriers dans les combats qu'il soutint contre le nominalisme dont Roscelin, chanoine de Compiègne, s'était fait l'apôtre. Mais en assurant la victoire au réalisme véritable et orthodoxe, il sut éviter un autre écueil, et combattre également le réalisme panthéiste de Scot Érigène. Il montre que nous pouvons percevoir les objets, non-seulement par les sens, comme le prétendaient les *nominaux*, mais aussi par l'intelligence; que les raisons immuables et éternelles des choses existent réellement et ne sont pas de vains mots, *flatus vocis.*

Le premier, il donna la preuve ontologique de l'existence de Dieu : « Nous avons, dit-il, l'idée d'un être parfait ; donc il existe, car s'il n'existait pas, il ne répondrait pas à l'être dont nous avons l'idée. Il est plus parfait d'être que de ne pas être. » (*Contra blasphemias Ruzelini sive Roscelini.*) Ainsi on a faussement attribué à Descartes l'honneur d'avoir exposé le premier cet argument. Saint Anselme, dans son *Traité de la Trinité,* combattit les Grecs qui niaient la procession du Saint-Esprit. Avec lui la théologie reprit la devise des Pères : *Fides quærens intellectum.* Il donne les fameuses *raisons de convenance,* qui occupèrent une si large place dans les écrits de cette époque. La foi que saint Anselme exige des théologiens, n'est pas une foi spéculative qui se perd dans des théories abstraites : « Commencez par purifier votre cœur. Que l'observation des préceptes du Seigneur illumine vos yeux ; qu'une humble obéissance fasse de vous de petits enfants et vous apprenne la sagesse. » (*De fide Trinit.*)

Saint Anselme eut pour disciple Guillaume de Champeaux, fondateur de l'école de Saint-Victor, près de Paris. Le maître et le disciple, réunissant leurs efforts, luttèrent ensemble contre Abélard. La victoire était incertaine, lorsque apparut un homme qui remplit de sa lumière et de sa gloire le douzième siècle. Abélard trouva dans saint Bernard un antagoniste qui ne lui laissa ni trêve ni repos. L'abbé de Clairvaux démasqua son faux *conceptualisme,* sorte de compromis entre le nominalisme et le réalisme, et qui conduisait directement à la négation de la foi. On accuse saint Bernard d'avoir usé envers Abélard d'une sévérité excessive, d'avoir cédé parfois aux inspirations d'un zèle trop ardent. Est-ce à tort ou à raison ? Il n'est pas facile de le dire. Toujours est-il qu'en dénonçant Abélard au chef de l'Église, il le peint avec des couleurs un peu vives : « Abélard est un monstre qui ourdit en secret les plus funestes complots. Que dis-je ? Il ne craint plus aujourd'hui de paraître à découvert. Et plût à Dieu que ses écrits fussent enfermés dans des coffres, au lieu d'être vendus et lus sur les places publiques. Ils volent malheureusement à travers le monde, ces fruits empoisonnés de l'erreur. Leur funeste influence se fait sentir partout, dans les châteaux et dans les villes. Ils vont de nation en nation, d'un royaume à un autre. Dans quels temps vivons-nous ! On fabrique un nouvel Évangile, on propose aux peuples une foi qui n'est pas l'ancienne, on bâtit sur un autre fondement que celui qui a été posé ! Les règles de la saine morale ne sont plus la base de l'enseignement, on traite des sacrements d'une manière aventureuse; du mystère d'un Dieu en trois personnes avec une téméraire curiosité. Abélard, nouveau Goliath, s'avance armé de toutes pièces, et précédé de son écuyer, Arnaud de Bresse. Leur union ne saurait être plus étroite; on dirait celle des deux écailles d'une huître, qui ne laisse aucune entrée à l'air pour les séparer. Semblables à celui qui se transforme en ange de lumière, ils ont dans leur extérieur les apparences de la piété sans se mettre en peine d'en acquérir l'esprit et d'en avoir la réalité. Grâce à ces dehors imposteurs, ils surprennent la bonne foi de ceux qui prêtent l'oreille à leurs discours. » (Lettre 189.)

Saint Bernard, Richard et Hugues de Saint-Victor donnèrent à la théologie la forme contemplative et mystique. Tandis que d'autres prouvaient la vérité de nos dogmes avec une rigueur géométrique, Hugues, n'écoutant que l'élan de sa piété, s'excitait ainsi à l'intelligence de ce qu'il croyait : « Ce n'est pas assez de croire sur Dieu des choses justes et vraies ; efforçons-nous, autant qu'il est permis, autant qu'il est possible, de saisir par la raison ce que nous saisissons par la foi. Qu'y a-t-il d'étonnant, si notre âme s'obscurcit quand elle approche des mystères cachés en Dieu, elle qui est presque à chaque instant souillée par la poussière des pensées terrestres. Secoue ta poussière, ô vierge fille de Sion. Si nous sommes les fils de Sion, dressons l'échelle sublime de la contemplation. Prenons les ailes de l'aigle, afin qu'échappant aux choses de la terre, nous puissions planer sur les hauteurs célestes. » (Prolog.)

On retrouve dans les œuvres de saint Bonaventure, le même enthousiasme et le même parfum de piété, uni à une rare profondeur de pensées. C'est le docteur séraphique, et non Pascal, comme on l'a dit, qui a le premier comparé Dieu « à une sphère dont le centre est partout, la circonférence nulle part. » Les grands principes du mysticisme sont demeurés, tels qu'il les a exposés, la règle de tous ceux qui ont traité avec succès ces matières, et leur mérite a été d'autant plus grand, qu'ils ont mieux reproduit les pensées du docteur séraphique.

Tandis que l'école mystique jetait tant d'éclat, une autre école, celle de la raison pure, méditait les dogmes chrétiens, recherchait l'harmonie de nos mystères avec la nature humaine, et en prouvait la vérité, avons-nous dit, avec une rigueur mathématique. Alexandre de Halès, le docteur *irréfragable*, illustrait la chaire de théologie de Paris. Pierre Lombard recueillait, comme une abeille patiente au travail, et rangeait dans un ordre méthodique, les maximes des Pères. Il composait son *Livre des sentences*, que plus de quatre mille commentateurs ont expliqué. Albert le Grand, génie universel, appelé le prodige de son siècle, réunissait autour de sa chaire des milliers d'auditeurs accourus, pour l'entendre, de toutes les parties du monde. Egalement versé dans les sciences profanes et dans les sciences sacrées, il faisait servir au triomphe de la foi, la philosophie, la physique, la géométrie, la physiologie, l'histoire naturelle. La plus grande de ses gloires est peut-être d'avoir eu pour élève saint Thomas.

X. La jeunesse du docteur angélique ne s'écoula point sans donner des présages de sa gloire future. On raconte que, durant le cours de ses études à Cologne, ses condisciples, faisant allusion à sa taciturnité, lui donnèrent le surnom de *bœuf muet*. Son maître déclara qu'un jour ses mugissements rempliraient le monde. En effet, tous les organes de l'Église enseignante ont fait redire aux échos les mugissements de sa doctrine. Il expliqua, dans la chaire de théologie de Paris, *le Maître des sentences*, et composa un nombre de livres si prodigieux qu'on se demande avec étonnement comment, dans une carrière qu'une mort prématurée ferma sitôt (1), il a pu livrer à la postérité tant de chefs-d'œuvre. Il n'eut que vingt ans pour écrire, et encore les affaires dont il fut chargé, les voyages qu'il entreprit, la prédication, l'enseignement, la prière et les exercices de piété que lui commandait sa règle durent sans doute dérober à ses études une portion considérable de ce court espace. Il nous révèle lui-même le secret de ce mystère : « *J'en ai plus appris au pied du crucifix que dans tous les livres.* » Dieu, qui l'appelait à la mission d'enseigner d'une manière éclatante son Église, lui devait des lumières extraordinaires. Toutes les fois que, dans les

---

(1) Saint Thomas est mort à 49 ans.

siècles précédents, un hérésiarque s'était levé, Dieu n'avait pas manqué de susciter un docteur pour le combattre. Il opposa Pierre à Simon le Magicien, Jean à Cérinthe, Athanase à Arius, Basile à Macédonius, Jérôme à Vigilance, Cyrille à Nestorius, Origène à Porphyre, Basile à Libanius, enfin Augustin à la foule des Pélagiens, des Ariens, des Donatistes. Lorsque la lie des siècles eut obscurci tous les dogmes, lorsque l'Église, assaillie de toutes parts, semblait avoir besoin, pour la venger, d'un génie universel, Dieu fit lever sur le monde un soleil qui réunît les lumières des siècles passés, donna à la foi un soldat qui pût confondre toutes les hérésies nées ou à naître : tel fut le Docteur angélique, suivant le témoignage que lui a rendu Pie V. Ne semble-t-il pas, en effet, posséder à lui seul la vertu, la science, la force dont les autres docteurs n'avaient qu'une portion? Il répond aux protestants et aux rationalistes du dix-huitième et du dix-neuvième siècle comme aux Donatistes et aux Pélagiens, car si l'hérésie change de livrées, au fond elle est toujours la même. Depuis six cents ans, nous pouvons le dire, l'Ange de l'école est dans l'Église comme une tour de David d'où pendent mille boucliers et toute l'armure des forts. Il ordonne : à sa voix, les mystères de la religion, les vérités de la foi se rangent en bataillons pressés et font une armée qui défie les coups de l'ennemi. Les maximes chrétiennes qui, auparavant, étaient éparses et perdues dans une multitude d'écrits, se mettent en ordre et se présentent dans la plus belle harmonie, la plus parfaite unité. Aussi, pouvons-nous sans crainte défier nos adversaires d'entamer jamais la doctrine catholique telle que l'expose saint Thomas, et si l'hérésie n'a pas triomphé en France comme elle triomphe dans les pays voisins, si Dagon n'a pas renversé chez nous l'arche sainte, qui sait si nous ne le devons pas à la protection de cet ange tutélaire, à ce bouclier dont saint Thomas abrita la foi de nos pères? Car ils entendirent sa voix, nous l'avons eu dans nos écoles, il est un de nos docteurs, et l'Université de Paris l'a toujours regardé comme une de ses plus grandes lumières (1).

On reproche à saint Thomas d'avoir fait un usage trop fréquent des philosophes, des poëtes, des orateurs profanes. Mais quoi de plus légitime que de prendre aux païens les vérités qu'ils ont si bien exprimées pour en orner le sanctuaire de la foi? Moïse demanda aux femmes juives leurs pierreries, et fit de ces instruments de vanité les ornements du tabernacle. L'Église, au premier jour du triomphe, ne renversa point les temples de la superstition. Elle brisa les idoles qu'ils renfermaient, et, après les avoir purifiés, les consacra au culte du vrai Dieu. Les Pères, d'ailleurs, avaient assez autorisé saint Thomas, en citant à chaque page les paroles des auteurs profanes.

A l'âge de quarante et un ans, il entreprit d'écrire un livre où il résumerait toutes les connaissances que l'expérience et la méditation lui avaient acquises. Le plan qu'il se propose dans la *Somme* n'est autre, dans sa simplicité et sa grandeur, que celui de l'univers. Son regard s'élève d'abord à Dieu; éclairé des lumières de la raison et de la foi, il contemple et la substance divine et la trinité des personnes. Il montre ensuite le mouvement d'expansion qui part de la Divinité et peuple les mondes : les créatures spirituelles, les créatures matérielles, l'homme, qui réunit à la fois l'esprit et la matière. Puis il montre le mouvement d'aspiration qui fait graviter tous les êtres vers leur principe, les lois qui les

(1) V. *La clé de saint Thomas sur toute la somme théologique*, par le sieur de Marandé, conseiller du roi en ses conseils. Paris, 1668.

régissent et enfin la voie tracée aux hommes par le Verbe incarné. « Mais, qu'est-ce que je dis? Serait-il vrai que je chercherais à vous peindre ce que fut cet homme et ce que furent ses œuvres? Autant vaudrait que j'eusse la pensée de vous montrer les Pyramides en vous disant ce qu'elles avaient de hauteur et de largeur. Laissons là ces vains efforts. Si vous voulez voir les Pyramides, n'écoutez personne : passez la mer, abordez ce sol où tant de conquérants ont laissé la trace de leurs pas, avancez dans les sables de la solitude ; voici ! voici quelque chose de solennel, de grand, de calme, d'immuable, de profondément simple : ce sont les Pyramides ! » (Discours pour la translation du chef de saint Thomas d'Aquin, prononcé dans l'église de Saint-Sernin de Toulouse, le 18 juillet 1852, par le père Lacordaire.)

LA THÉOLOGIE DE SAINT THOMAS.

PREMIÈRE PARTIE.

CHAPITRE PREMIER.

DE LA THÉOLOGIE.

QUEST. I. — 1. Si l'homme n'avait qu'une fin naturelle, il lui suffirait, pour arriver au salut, de connaître les sciences profanes. Elles nous montrent tous les êtres qui composent l'univers, nous élèvent même jusqu'à Dieu et nous en donnent une certaine connaissance ; mais elles ne suffisent pas à l'homme. Il est appelé à une fin qu'il ne peut atteindre par lui-même : « L'œil n'a pas vu sans vous, Seigneur, ce que vous réservez à ceux qui vous aiment. » (Is., LXIV, 4.) L'homme ne pouvant tendre vers une fin sans la connaître, il lui faut, outre les sciences profanes, une science sacrée, qui considère au point de vue de la révélation, ce que les premières ne considèrent qu'au point de vue de la raison : c'est ce que fait la théologie.

Il faut à l'homme un enseignement surnaturel, même pour atteindre la notion de Dieu, qui est accessible à la raison. Sans cet enseignement, peu d'hommes y arrivent, encore n'est-ce qu'au prix de longs efforts, et souvent l'erreur se mêle à ce peu de vérités que la raison a si péniblement acquises : cependant il importe à l'homme de posséder, pure et sans mélange, cette vérité dont dépend son salut. Ainsi il fallait, pour rendre le salut de l'homme plus facile et plus sûr, que Dieu lui-même nous instruisît touchant les choses divines ; et la science sacrée, fondée sur la révélation, est nécessaire à l'homme, possédât-il toutes les sciences naturelles.

2. C'est avec raison qu'on donne à la théologie le nom de science. Parmi les sciences il en est qui empruntent leurs principes à une science d'un ordre plus élevé ; ainsi la musique reçoit de la physique les principes du son. Elle les accepte sans les contrôler, part de ces principes et en tire les conséquences dont l'ensemble forme la science appelée la musique. C'est aussi ce que fait la peinture dans la partie de cette science appelée la perspective. A force d'étudier les propriétés de la lumière, d'après les données de la physique, les peintres ont imaginé cette combinaison des couleurs et des rayons solaires, qui produit dans l'œil une si étonnante illusion. De même la théologie reçoit ses principes d'une science supérieure, celle de Dieu. Dieu a révélé aux hommes certaines vérités que lui seul connaissait ; il a étendu l'horizon qui bornait nos regards. La théologie part de ces révélations et en tire des conclusions dont la réunion forme la *science* théologique.

3. Quelle est sa méthode ? Est-ce une science d'autorité ou une science de raisonnement ? La théologie tire ses preuves à la fois de l'autorité et du raisonnement. Son autorité, c'est celle de Dieu qui a parlé ; c'est celle des prophètes et des apôtres qui ont prouvé par des miracles la vérité de leur témoignage ; c'est celle de l'Église, colonne de la vérité. Que manque-t-il à une pareille autorité pour que l'homme raisonnable s'incline devant elle ? Si nous sommes obligés de croire deux témoins qui déposent en justice ; si nous croyons avec raison un homme qui nous donne sa parole d'honneur, ne devons-nous pas croire Dieu quand il nous donne la sienne ? Nous citons aussi, mais *ad abundantiam juris*, l'auto-

rité des docteurs et des écrivains profanes ; saint Paul rapporte les paroles mêmes du poëte Aratus (Actes, xvii, 28) (1).

Les théologiens savent aussi manier une autre arme, l'argumentation ; ainsi saint Paul conclut de la résurrection de Jésus-Christ celle de tout le genre humain. La preuve qu'il en donne a la double force de l'autorité et du raisonnement.

Mais l'argumentation de la théologie se fondant sur des principes révélés, que deviennent les conclusions, si l'on nie les principes? Si vous niez les principes d'une science qui dépend d'une autre, par exemple les principes de la musique, elle vous renverra à la physique ; celle-ci, si elle ne vous convainc pas, vous renverra à la métaphysique, le tribunal suprême qui juge en dernier ressort toutes les sciences naturelles. Ce tribunal vous ramènera, de conclusion en conclusion, à la vérité que vous niez. Si, sceptique absolu, vous rejetez tous les principes de la métaphysique, que pourra-t-elle contre vous? Rien, sinon réfuter vos objections et déplorer vos extravagances. Si vous êtes un hérétique, si, admettant un article de foi, vous en rejetez un autre, que fera le théologien ? Il prendra pour principe de son argumentation l'article que vous croyez, et vous montrera que pour être d'accord avec vous-même, vous devez admettre tel autre article, puis tel autre qui en est la conséquence, et tous enfin sans exception (2).

Mais si vous révoquez en doute tous nos articles de foi, si vous niez tous nos principes, que fera le théologien, ne pouvant vous renvoyer à une science supérieure à celle de la théologie? Il vous conduira sur un autre terrain, et, laissant de côté la révélation, vous proposera de discuter avec lui les *préambules* de la foi. Il vous prouvera par les seules lumières de la raison, que les livres où nous puisons les principes de la théologie et nos articles de

---

(1) Il faut faire ici une remarque. L'autorité des docteurs n'est une preuve irréfragable que quand ils sont moralement unanimes et comme l'écho de la tradition.

(2) C'est ce qu'a fait Bossuet dans son *Histoire des Variations* et dans ses *Lettres au ministre Claude*.

foi, offrent toutes les garanties des livres profanes les plus authentiques ; que, par conséquent, il faut y croire comme on croit aux livres de Tacite et de Tite-Live. Il vous montrera que les rejeter, c'est ruiner les fondements de toute certitude historique. Ainsi j'ai eu raison de dire que la théologie est à la fois une science d'autorité et une science de raisonnement.

4. Son sujet, c'est Dieu. Le sujet est, à l'égard d'une science, ce que l'objet est à l'égard d'une puissance ou d'une habitude. La pierre et l'homme, en tant que colorés, sont également l'objet de la puissance de voir ; de même la théologie considère tous les êtres au point de vue de leurs rapports avec Dieu, qu'il s'agisse de Dieu ou des créatures. Elle le peut, puisque toutes les créatures ont en Dieu leur principe et leur fin dernière. D'ailleurs, toute science est contenue virtuellement dans ses principes. Or ceux de la théologie ne sont autre chose que Dieu révélateur. Voilà pourquoi cette science est appelée Théologie, *Discours sur Dieu*, (ἐπὶ Θεῷ λόγος).

5. On voit par là le rang que la théologie doit occuper parmi les sciences. Les principes de celles-ci tirent directement leur certitude de la raison, qui peut s'égarer. La théologie puise ses principes en Dieu même, raison infaillible et foyer dont la raison humaine n'est qu'un rayon. Quel ordre de vérités nous enseigne-t-elle ? des vérités d'un ordre si élevé, que notre raison, abandonnée à ses propres forces, n'aurait jamais pu les atteindre. Ce n'est pas qu'elle dédaigne les vérités de l'ordre naturel ; elle accueille avec respect toutes les sciences ; mais elle marche à leur tête et les fait concourir à sa fin, comme l'architecte se sert des ouvriers pour couper les bois, tailler les pierres de l'édifice qu'il veut construire ; comme les magistrats se servent de l'armée pour faire régner la justice et la paix dans l'État. Voyons aussi la fin que se propose la théologie. Est-ce de connaître les lois de la germination des plantes, ou celles qui président au mouvement des astres ? Elle a une fin plus noble, celle de faire connaître le

bonheur éternel et les moyens d'y arriver. C'est assez dire le rang qui doit lui être naturellement assigné parmi les sciences.

6. Elle est même, à plus juste titre que la philosophie, la science de la sagesse. Le sage est celui qui en toutes choses porte un jugement juste et droit. Que faut-il pour juger sagement une chose quelconque? Remonter à sa cause première. Si vous voulez juger avec sagesse un édifice, étudiez-en les détails, les nefs, la voûte, les colonnes, etc. Puis, à l'aide des connaissances de détail que vous aurez recueillies, remontez à la cause première et cherchez à comprendre le dessein de l'architecte. Il vous en coûtera bien des peines et bien des efforts, et encore votre connaissance de l'édifice ne sera point parfaite. Mais si l'architecte lui-même vous initie à son plan; si, ajoutant ses lumières à celles que vous a données la seule étude de l'édifice, il vous montre jusqu'à l'évidence l'idée qui en a été la cause première, vous pourrez porter, sur ce monument, un jugement sage et éclairé. De même le théologien, partant de Dieu et revenant sans cesse à Dieu, source de l'être et de la lumière, cherche l'idée qui a présidé à la création. Il ne répudie pas, dans ses études, les lumières de la raison qui sont très-utiles, mais il y ajoute celles de la révélation. Dieu nous a parlé, il nous a dit le dessein qu'il avait en appelant à la vie la multitude des êtres. Éclairé des lumières de la raison et de la foi, le théologien est sûr de voir la cause première de toutes choses, et par conséquent d'en juger avec sagesse : donc la théologie est la sagesse par excellence : « En suivant cette loi, vous ferez éclater aux yeux des peuples votre sagesse et votre intelligence. » (Deutér., IV, 6.)

* Ce que saint Thomas dit ici de la théologie (n° 5), et les chapitres V, VI et VII du livre I de la *Somme contre les Gentils*, jettent beaucoup de lumière sur une question vivement agitée de nos jours ; celle de l'accord qui doit régner entre la foi et la raison. Elle ne date pas de ce siècle, et, selon toute apparence, il ne la verra point finir. Saint Justin, Minutius Félix et plusieurs autres Pères très-versés dans la philosophie platonicienne, ont traité longuement cette question, afin de répondre au reproche que l'école d'Alexandrie faisait à la foi chrétienne, d'être l'ennemie de la raison. Il s'agit de savoir si la foi et la raison, la théologie et la philosophie, s'excluent mutuellement, ou s'il peut exister entre elles quelque harmonie. Deux partis opposés traitent d'illusoire toute tentative de conciliation. Selon les uns, il est superflu de recourir à la foi, la raison pouvant donner à l'homme toutes les lumières dont il a besoin. Les autres prétendent que la raison est impuissante à percevoir par elle-même aucune vérité ; que l'homme ne connaît rien qu'en *croyant*, et que par conséquent, il faut élever l'édifice de la foi sur les ruines de la raison. Les premiers nient d'une manière claire et nette l'existence d'un ordre surnaturel, et ne conservent du christianisme que le nom. L'erreur des seconds n'est pas moins évidente (1) ; ils ruinent les fondements mêmes de la foi. Si ma raison ne peut saisir aucune vérité, comment recevrai-je celles que Dieu m'enverra, s'il lui plaît de m'enseigner? Comment distinguer les révélations divines d'avec celles des imposteurs qui viendront à moi, se disant envoyés de Dieu ? La raison est le fondement de la foi, et sans la raison la foi n'est plus possible. Dieu ne peut rien révéler aux plantes et aux animaux, parce qu'il ne trouve pas en eux la racine sur laquelle s'épanouit la foi. Ces préliminaires établis, j'essaierai de montrer brièvement quel est le domaine de la raison, et le rôle qu'elle peut remplir à l'égard de la foi. Je tâcherai de le faire sans élever l'une au préjudice de l'autre, en donnant à la foi la place qu'elle doit avoir et sans blesser les droits légitimes de la raison.

Je n'ai pas besoin de la foi pour connaître mon existence. Je pense, donc je suis ; car le néant ne peut penser. Ma raison me montre clairement qu'il n'y a pas de phénomène sans substance, ni d'effet sans cause. Trouvant en moi et autour de moi une multitude de phénomènes et d'effets, je conclus l'existence de mon corps, celle du monde extérieur et celle d'une cause première. Le

(1) Ces deux erreurs ont été condamnées par le Saint-Siége.

sens intime me donne la connaissance de mes propres affections, les sens me mettent en rapport avec le monde matériel, me permettent de l'explorer et d'en comprendre les lois, au moyen des principes évidents, des idées claires que possède ma raison, et d'où découle toute connaissance naturelle. Outre les premiers principes, le sens intime et la sensibilité, il est pour l'homme un principe de connaissance dont on ne peut révoquer en doute la puissance; c'est le témoignage. Je n'ai jamais été à Rome; cependant je suis aussi sûr de l'existence de cette ville, que si mes yeux l'avaient vue. Pourquoi? c'est qu'un nombre suffisant de témoins me l'affirment. La raison peut aussi connaître par elle-même les motifs de crédibilité qui sollicitent notre foi. Quand Moïse se présenta de la part de Dieu au peuple hébreu, il ne demanda point qu'on le crût aveuglément. Il prouva la divinité de sa mission en faisant devant le peuple tout entier des prodiges que le Maître de la nature pouvait seul opérer. Pourquoi Jésus-Christ fit-il de si nombreux et de si éclatants miracles? Parce qu'en demandant à l'homme sa foi, il voulut le traiter avec les égards dus à une créature raisonnable. La grâce perfectionne, ne détruit pas la nature.

Les principaux motifs de crédibilité sont la sublimité de la doctrine chrétienne, les miracles, les prophéties, la propagation et la conservation de l'Église malgré les puissances qui ont tant de fois entrepris sa ruine. La raison attentive peut aussi distinguer la véritable Église d'avec celles qui en usurpent faussement le nom. Jésus-Christ, nous ordonnant d'entrer dans son église, a dû nous donner les moyens de la reconnaître. Toutes les fois que les savants attaquèrent l'Église, Dieu lui envoya des docteurs qui mirent en évidence ces motifs de crédibilité et montrèrent qu'il n'est rien de plus raisonnable que de croire : « Ce n'est pas en vous racontant des fables ingénieuses que nous vous avons fait connaître l'avénement de Jésus-Christ. » (II S. Pierre, I, 16.)

Si les motifs de crédibilité satisfont si bien les droits de la raison, ne détruisent-ils pas la liberté et le mérite de croire? On peut en avoir une connaissance approfondie, et s'obstiner dans l'incrédulité. Il y a, dit Suarez, une différence entre Dieu révélateur et tel fait dont nous sommes témoins ou convaincus par le témoignage; entre l'évidence de la chose révélée et l'évidence de la crédibilité. L'une donne à l'esprit une certitude immédiate et absolue; l'autre, une certitude médiate et morale, dépendant beaucoup de la disposition où se trouve le sujet qui la reçoit. Or, la seule évidence métaphysique entraîne irrésistiblement l'esprit. Les Pharisiens avaient sous les yeux les miracles du Sauveur, et cependant ils ne crurent point. Le grand obstacle à la foi, ce n'est pas l'insuffisance des motifs de crédibilité, c'est l'esprit plein de lui-même et aveuglé par l'orgueil, ce sont les préjugés et les passions qui nous sont chers et qu'il faudrait sacrifier pour mener une vie conforme aux enseignements de la foi.

Ce qui précède montre qu'on peut avoir touchant la même vérité la science et la foi. Mes lumières naturelles me font connaître l'existence de Dieu et ses attributs, la providence qui gouverne tout, la liberté, la spiritualité de mon âme, et me font espérer son immortalité. Mais ce n'est qu'une initiation, une science commencée et bien imparfaite. Si Dieu daigne y ajouter de nouvelles lumières, mon horizon s'étendra, mes regards mieux éclairés saisiront plus distinctement les objets qu'il embrasse, et, loin de nuire à ma science, la foi l'élèvera à un plus haut degré de perfection. La vision intuitive seule exclut la foi; cette vertu ne cessera d'exister que quand les énigmes de cette vie étant découvertes, nous verrons dans sa splendeur le soleil de vérité, dont nous voyons maintenant quelques rayons dans le miroir des créatures et à travers les voiles de la foi.

La foi ne demandant pas de nous, on vient de le voir, un consentement aveugle, comment dire qu'elle éteint la raison, et qu'on ne peut être croyant sans cesser d'être une créature raisonnable? La raison et la foi ont un même auteur, le Père des lumières; ce sont deux rayons sortis d'un même foyer, deux flambeaux que Dieu nous a donnés pour traverser une contrée nébuleuse. Pourquoi éteindre l'un ou l'autre, et qui en aurait le droit ?

Il est aisé de voir que loin d'étouffer la raison, la foi doit en favoriser le développement. La raison qui a la foi pour appui sait qu'elle repose sur un fondement inébranlable. Elle ne sera point le jouet de folles illusions, ne dissipera point en vains efforts les puissances qui doivent la conduire à la vérité. Pleine de sécurité dans les lumières qui éclairent sa route, elle évitera les écueils où tant d'esprits moins favorisés qu'elle ont fait naufrage, et s'élèvera à une hauteur qu'elle n'aurait jamais connue sans le souffle qui l'a inspirée. N'est-ce pas sous l'inspiration de la foi que les sciences et les lettres ont jeté le plus grand éclat ; qu'ont fleuri les études historiques, philologiques, etc. ? N'est-ce pas à la foi que les peuples chrétiens doivent la splendeur de leur civilisation, et le monde moderne, sa supériorité sur le monde ancien ? L'Asie et l'Afrique avaient laissé loin derrière elles Athènes et Rome païennes. Les ténèbres de la barbarie couvrent de nouveau ces contrées qui furent le berceau de la foi, parce qu'elles en ont éteint le flambeau. Les chefs-d'œuvre dont se glorifient les lettres, les sciences et les arts sont dus, la plupart, à des hommes de foi. C'est pour défendre, expliquer et développer nos dogmes, que les Pères de l'Église ont donné au monde ces innombrables écrits, si précieusement recueillis et si habilement mis en corps de doctrine par les savants du moyen âge, saint Anselme, saint Bonaventure et surtout saint Thomas. Étaient-ce des ennemis des lumières, les Bossuet, les Fénelon, les Mallebranche et tant d'autres qui avec une foi vive ont si bien justifié les droits de la raison ?

Cependant, si tels sont les droits sacrés et inviolables de la raison, il ne faut pas en conclure qu'elle doive avoir l'empire sur la foi, et soumettre celle-ci à notre libre examen. La foi, nous le verrons plus loin, est l'adhésion pleine et entière à la parole de

Dieu, proposée comme telle et interprétée par qui en a reçu de Dieu le pouvoir. Si, suivant le principe fondamental du Protestantisme, on attribue ce pouvoir à l'esprit privé de tout fidèle, la foi, n'ayant plus le fondement que Dieu lui a donné, n'existe plus. Aussi le Protestantisme, après s'être divisé en mille sectes différentes, est-il tombé dans le rationalisme qui est la négation du christianisme. Il a produit de nos jours cette doctrine perverse qui soutient l'identité de la religion avec la philosophie, qui confond Dieu avec *le grand tout*, nie l'existence individuelle de l'âme, ne voit dans les dogmes chrétiens que des mythes, dans Jésus-Christ même qu'une idée de l'humanité. Il faut donc contenir la raison dans de justes limites, la soumettre en toute chose à la parole divine. L'Église étant dépositaire de cette parole, infaillible en sa qualité d'organe de Dieu, nous devons rendre hommage à son autorité, et croire fermement tout ce qu'elle enseigne de la part de Dieu, même les mystères dont notre raison ne peut sonder la profondeur. Notre raison a des limites au delà desquelles elle ne saurait envoyer sa lumière; elle laisse, même dans la sphère où elle rayonne, bien des ombres et bien des obscurités. Qu'y a-t-il d'étonnant, si l'Église, organe de Dieu dont elle emprunte les lumières, m'enseigne parfois des choses que ma raison seule ne découvre point? Mon devoir n'est-il pas de m'incliner devant ses oracles, de recevoir dans un cœur docile et reconnaissant, *le bienfait de cette foi qui est déjà pour le véritable croyant l'aurore des clartés éternelles*?

Je conclus en disant que la foi est la règle suprême de l'homme et que, suivant le langage de saint Thomas, une raison bien ordonnée en est la servante. Ce ne sont pas deux rivales, mais il me semble peu exact de dire que ce sont deux sœurs. Ce serait supposer le même éclat à la lumière qui nous vient directement de Dieu, et à celle qui, n'en venant qu'indirectement, a encore été affaiblie par le péché.

CHAPITRE II.

EXISTENCE DE DIEU ET SES PRINCIPAUX ATTRIBUTS.

QUEST. II A XII. — L'existence de Dieu n'est pas une de ces vérités évidentes en elles-mêmes, et dont la négation entraîne la contradiction dans les termes, comme la négation des premiers principes. Nous ne pouvons non plus la prouver par la révélation et l'idée de lui-même que Dieu a mise en nous ; ce serait le défaut de l'argument, appelé pétition de principe, qui prouve une chose en supposant qu'elle existe. Nous ne connaissons Dieu ici-bas que par ses œuvres. Les effets nous conduisent à la cause et nous en concluons son existence, comme en voyant un objet d'art nous concluons l'existence de l'artiste. Ils ne nous montrent Dieu que comme cause première, sans nous dire son essence, car un effet fini ne saurait nous faire connaître l'essence d'une cause infinie. Mais il n'est pas nécessaire de connaître l'essence d'une chose pour savoir qu'elle existe.

1. La preuve la plus évidente est celle que l'on tire de la nécessité d'un premier moteur. L'inertie est une des propriétés que la physique attribue à la matière. Si donc nous voyons dans les corps un mouvement qui les entraîne, ils le tiennent d'un moteur étranger. Mais un corps ne peut donner le mouvement, s'il ne l'a reçu lui-même. Je remue à l'aide d'un bâton une pierre qui en meut une autre ; la seconde tient le mouvement de la première ; celle-ci de mon bâton, qui l'a reçu de ma main, ou de moi, car elle ne fait avec moi qu'un seul être. Par quelle voie

le mouvement m'est-il venu? Des auteurs de mes jours, qui le tenaient de leurs pères, et ainsi de suite, en remontant jusqu'au père du genre humain. Mais le corps d'Adam était une matière inerte comme tous les corps de la nature. Il n'a pu être l'origine du mouvement. Si l'on dit que c'est son âme, je demanderai d'où elle lui est venue. J'en conclus qu'il a reçu le mouvement d'un premier moteur qui lui a donné l'impulsion et lui a dit : Marche ! Le même moteur est le principe du mouvement répandu dans le monde entier. De lui vient le mouvement des plantes et des animaux, le mouvement qui entraîne les eaux à la mer et les fait remonter sous forme de vapeurs dans l'espace. De lui vient le mouvement de la terre et des astres, enfin le mouvement qui ébranle la grande machine de l'univers.

Outre le mouvement, nous voyons dans le monde, des causes efficientes. L'animal naît d'un animal qui est sa cause ; les plantes et l'arbre sont causés par une semence, mais cette semence et cet animal viennent d'un être qui les a produits ; de sorte qu'en remontant la chaîne des êtres, et en en cherchant le premier anneau, nous arrivons, comme en cherchant l'origine du mouvement, à une première semence, à un premier animal. Dira-t-on qu'ils se sont engendrés et sont leur propre cause ? Rien ne pouvant agir avant d'exister, c'est dire qu'un être est antérieur à lui-même, absurdité ! Donc il est un être qui, loin d'avoir reçu l'existence, est lui-même la cause de tout ce qui existe ; un être qui a fait le premier être de tout genre et de toute espèce ; un être enfin auquel il faut remonter pour avoir le premier mot de chaque existence. Mais si l'on allait d'existence en existence sans jamais s'arrêter et jusqu'à l'infini ? Quand il s'agit de causes subordonnées les unes aux autres, la fin dépendant du milieu, et le milieu du commencement, si l'on fait abstraction de la première cause, à l'instant même toutes les autres cessent d'exister. Si l'être qui est la première cause efficiente cessait de rayonner sur les autres, aussitôt celles-ci retomberaient dans le néant : ainsi la pierre tombe, si je retire la main qui la retenait au-dessus de l'abîme ; ainsi les petits ruisseaux se dessèchent, si l'on tarit la source où ils prennent naissance.

Une autre preuve non moins concluante, c'est celle du possible et du nécessaire. On appelle possible tout ce qui peut également exister ou non : par exemple, telle plante, tel arbre, tel animal. Il a l'être aujourd'hui ; mais la preuve qu'il pourrait ne pas exister, c'est que demain ou dans quelques jours, il ne sera plus. Non-seulement les êtres possibles peuvent ne pas exister, puisqu'ils meurent, mais leur existence a été précédée d'un temps plus ou moins long, ils n'existent que du moment où ils sont engendrés. Il fut donc un temps où aucun des êtres possibles n'existait. Ce qui n'est pas peut-il se donner l'existence ? Donc il faut admettre, antérieurement à tous les êtres possibles, un être nécessaire dont ils tiennent l'existence.

Nous trouvons aussi au dedans de nous-mêmes un effet qui nous conduit à Dieu. Quand je veux juger une chose, je dis : Elle est belle, elle est vraie, elle est bonne. D'où vient qu'une autre s'offrant à mes regards, je l'estime supérieure, égale ou inférieure ? Quel est ce type de la perfection qui donne à toute créature, la beauté, la bonté, la vérité, selon qu'elle s'en approche ou s'en éloigne davantage ?

L'ordre qui règne dans la nature nous offre une nouvelle preuve de la même vérité. Quelle harmonie dans les mouvements d'êtres matériels et dépourvus d'intelligence ! Jamais, depuis six mille ans, le soleil n'a manqué de se lever et de se coucher à l'heure accoutumée. Jamais l'ordre des saisons ne fut troublé. Le printemps vient réchauffer la terre et féconder les semences déposées dans son sein ; quand elles ont germé, l'été donne à leurs fruits l'accroissement, l'automne, la maturité. La terre épuisée refuse-t-elle ses dons ? L'hiver vient étendre sur elle ses frimas et forcer l'homme à lui donner un repos qui lui rendra la vertu de produire des moissons nouvelles. Quel ordre dans les sphères célestes! Elles se meuvent avec une telle rapidité que l'œil pourrait à peine les suivre ; si elles se rencontraient dans leur course, il en résulterait un choc qui ébranlerait l'univers ; mais une main souveraine les dirige. « Elles s'avancent, dit l'Écriture, avec l'ordre d'une armée rangée en bataille. » Quand nous voyons plusieurs corps, comme emportés sur l'aile des vents, tendre vers un but, nous vient-il en pensée de dire qu'ils se dirigent eux-mêmes? Non, nous supposons qu'une intelligence préside à leur mouvement et leur a tracé leur route, bien que parfois ils s'en écartent. Dans la marche des corps célestes, jamais, depuis six mille ans, le moindre désordre, la plus légère déviation. Si, en voyant une flèche atteindre un but, j'ai raison de dire qu'une intelligence lui a donné cette direction, parce qu'un être sans intelligence ne peut se fixer une fin, n'ai-je pas droit de dire qu'une intelligence dirige ces myriades de mondes qui se balancent dans l'espace !

Abaissons nos regards, et nous trouverons dans les êtres les plus fragiles, le même ordre, la même harmonie. « Voyez, dit Fénelon, avec quelle précaution le bouton de rose se ferme le soir pour mettre ses feuilles encore trop tendres à l'abri de la fraîcheur ; quel ordre dans un insecte, quelle mécanique dans l'œil du ciron ! » Saint Augustin trouvait Dieu aussi grand dans les vers de terre que dans les astres : *Nec major in istis, nec minor in illis*. L'éclat de cette vérité avait frappé les païens eux-mêmes : ils demandaient si l'on peut supposer que les lettres de l'alphabet jetées du haut d'une tour, se seraient arrangées de manière à faire l'Iliade ; si, entendant un instrument jouer derrière un rideau, on ne croirait pas qu'un musicien en tire les sons. L'ordre qui règne au ciel et sur la terre, n'a-t-il pas de quoi nous étonner autant que le poëme de l'Iliade et l'instrument le plus harmonieux ?

Le consentement de tous les peuples fournit aux philosophes un nouvel argument en faveur de l'existence de Dieu. Bien que saint Thomas le passe sous silence, il ne sera peut-être pas inutile d'en dire ici un mot. C'est un principe généralement reconnu, qu'il n'y a pas d'erreur universelle et constante. Il faut admettre comme une vérité incontestable, ce qui est cru dans tous les temps et dans tous les pays. Le genre humain, fait pour la vérité, ne saurait devenir tout entier le jouet d'une vaine illusion. Or il est constant, d'après le récit des voyageurs, qu'aucun peuple, civilisé ou barbare, de l'ancien ou du nouveau monde, n'a existé sans reconnaître un Être suprême. On lui a donné des noms divers, plusieurs même en ont ignoré la vraie notion, mais le fait de son existence a toujours été reconnu. Si parfois il s'est élevé une voix discordante, elle s'est perdue dans le concert unanime, et n'a pas plus d'autorité que celle de l'aveugle qui nierait l'existence du soleil.

On voit que saint Thomas suit, dans sa théodicée, la méthode de l'induction. Les créatures visibles nous conduisent, ou plutôt nous *induisent* en Dieu, mais nous ne pouvons en avoir une connaissance directe et immédiate. Si l'Ange de l'école ne donne pas aux arguments ontologiques les développements et l'importance que les partisans d'une autre méthode leur donnent à bon droit, il ne faut pas en conclure qu'il les ait absolument rejetés ou en ait méconnu la puissance. Descartes, Mallebranche, Bosset, Fénelon, Leibnitz et, avant eux, saint Anselme, prennent pour fondement de leur théodicée, l'idée que nous avons naturellement de l'infini, et, au lieu d'aller, comme saint Thomas, des effets visibles à la cause, partent de la cause et voient en elle ses effets. Nous trouvons dans notre raison l'idée d'un être parfait; donc il existe; car on ne saurait voir ce qui n'est pas. Lorsque, fermant la porte de mes sens et effaçant de mon esprit les images des choses corporelles, ma raison voit l'idée de cet être parfait, je suis aussi sûr de son existence, que de l'existence d'un corps présent à ma vue. D'où me viendrait cette idée, si son objet lui-même ne l'avait mise en moi? Mon âme ne se l'est pas donnée, car elle est faible, imparfaite, et, ne se suffisant pas à elle-même, aspire sans cesse vers quelque chose de placé hors d'elle. Ce qui m'entoure est rempli des mêmes défauts, sujet aux mêmes imperfections. Comment le fini et l'imparfait auraient-ils pu produire l'idée du parfait et de l'infini? L'effet serait ici plus grand que la cause. Tel est le raisonnement de saint Anselme; développé et mis en lumière, il est devenu le fondement de la théodicée cartésienne. Mallebranche, allant plus loin que Descartes, dit que nous voyons Dieu directement et en lui-même. Il est l'objet immédiat de notre raison, et nous ne pensons que par la présence, l'union, sans intermédiaire créé, entre Dieu et nous. S'il n'y a dans cette théorie aucune exagération, quelle différence mettrons-nous entre notre manière de connaître Dieu ici-bas et la vision intuitive dans le ciel? En supposant celle-ci sans doute plus éclatante et plus parfaite, ne sera-t-elle pas de même nature? ce qui semble détruire l'ordre surnaturel.

On a dit que saint Thomas rejetait sans réserve l'argument de raison, et que sa théodicée n'avait rien de commun avec celle du dix-septième siècle; la lecture de la deuxième question de la *Somme* montre évidemment qu'il admettait l'idée de l'infini, soutenue de son temps par saint Anselme et plus tard par Descartes et les partisans de son école. Il avait naturellement plus de tendance vers les idées platoniciennes que de sympathie pour les idées péripatéticiennes, et s'il accorde plus d'autorité au philosophe de Stagyre, il faut moins l'en accuser que le temps où il a vécu. Formé dès son enfance aux principes d'Aristote, entouré d'hommes pour qui la parole du *Maître* était le dernier mot de la science, on conçoit qu'il ait subi l'influence de son temps et, en général, suivi le torrent de l'opinion, mais il ne l'a pas admise sans contrôle, ni rejeté sans réserve les principes ontologiques. Ainsi il reconnaît (Q. II, art. 1) que nous avons l'idée de Dieu, mais, selon lui, c'est une idée vague et confuse, comme celle du bonheur. Nous ne savons pas que Dieu soit cet être dont l'idée est en nous, de même que nous ne savons où est le bonheur. Nous le désirons naturellement, mais ne sachant où il est, les uns le placent dans les richesses, les autres dans les plaisirs, d'autres ailleurs. Il se sert encore de cette comparaison : Apercevant dans le lointain un homme qui vient à nous, pouvons-nous dire qui il est? Non ; il se trouve que c'est Pierre, mais nous ne le distinguons pas clairement. De même l'idée de Dieu nous apparaît dans un lointain obscur ; elle n'est point assez claire, abstraction faite de toute autre connaissance, pour nous permettre de savoir que c'est l'idée de Dieu. Répondant à saint Anselme, il avoue que nous avons l'idée d'un être parfait, mais, selon lui, cette idée ne prouve rien, car nous avons quelquefois l'idée de ce qui n'est pas. Si Aristote l'avait moins préoccupé, il aurait vu que l'idée d'un être parfait suppose nécessairement son existence. Je puis concevoir par erreur une chose qui n'est pas, lorsque l'existence ne lui est pas essentielle, mais s'agit-il d'un être parfait ? à son idée correspond nécessairement son existence, sinon ce ne serait plus l'idée du parfait, car il est plus parfait d'être que de ne pas être. Enfin, saint Thomas reconnaît dans les êtres (Q. II, art. 3), divers degrés de bonté et de vérité. Les êtres sont d'autant meilleurs et plus vrais qu'ils s'approchent davantage de ce qui est la bonté, la vérité au plus haut degré, comme un objet est d'autant plus chaud qu'il s'approche davantage de la chaleur la plus élevée. N'est-ce point là l'idée de l'infini, ne pouvant venir en nous que de l'être réellement infini ? Seulement saint Thomas n'insiste pas sur ces arguments et ne fait qu'en effleurer la surface, afin de porter l'attention du lecteur sur les preuves d'induction. On ne peut nier, en effet, que celles-ci n'aient plus de force, et ne donnent moins de prise au sceptique. La preuve tirée de l'idée de l'infini n'a-t-elle pas le défaut d'argumentation appelé en philosophie *cercle vicieux*? Dire que Dieu existe parce qu'il a mis en nous l'idée de lui-même, n'est-ce pas supposer ce qui est en question ? D'ailleurs, cette idée, isolée de toute autre preuve, n'est qu'une idée vague et *sourde*. Si elle était claire, comme le prétendent les Cartésiens, on ne pourrait pas plus la nier que cet axiome : « Le tout est plus grand que la partie. » Or des hommes ont dit : Il n'y a pas de Dieu. La méthode de saint Thomas est aussi la plus populaire, celle qui produit dans l'esprit la plus profonde impression. Demandez à l'homme du peuple quelle preuve il pourrait donner de l'existence de Dieu : Il faut bien, dira-t-il, que les merveilles dont je suis chaque jour le témoin, aient un auteur. Mais si vous lui dites : Vous avez l'idée de l'infini, donc Dieu existe, votre raisonnement ne portera pas la conviction dans son esprit, encore moins l'émotion dans son cœur. Le savant peut nier Dieu dans son cabinet; il ne le niera jamais lorsqu'il contemplera le ciel dans une nuit sereine, qu'il verra les magnificences de la terre, ou que son regard, des bords de l'Océan, semblera se perdre dans l'immensité. Je préfère donc l'itinéraire de saint Thomas ; c'est le plus sûr et le plus beau. En le suivant, la raison y trouve de grandes clartés, les sens et le cœur de douces émotions, de sorte que l'homme tout entier proclame la plus nécessaire et la plus consolante des vérités, l'existence de Dieu.

Je ne m'arrêterai pas à réfuter les objections surannées que l'on peut faire contre l'existence de Dieu. Il n'est pas rare de rencontrer des hommes qui vivent et qui meurent comme s'il n'y avait pas de Dieu; la théorie de l'athéisme a peu d'adeptes qui raisonnent, et une fois qu'un homme en est venu à étouffer cette lumière, il n'est pas plus possible de l'éclairer de nouveau, que de prouver l'existence du soleil à l'insensé qui la nierait.

D'ailleurs cette question appartient bien plus à la philosophie qu'à la théologie. Le même motif m'a déterminé à ne donner qu'une analyse très-succincte des attributs de Dieu. J'espère, cependant, n'omettre aucun principe dont la connaissance est nécessaire pour comprendre la suite de l'argumentation de saint Thomas.

2. Le principe d'où découlent comme de leur source tous les attributs de Dieu, est celui-ci : Dieu est l'essence de l'être, il

est par lui-même, ou mieux, Dieu est l'Être. On ne peut pas dire qu'il ait ni couleur ni étendue, ni parties ; il est simple, il est esprit, il est à la fois toutes les manières d'être, si variées qu'on les imagine. Il est, ce mot renferme en substance tout ce que l'on peut dire de Dieu, et même, ce que l'on y ajoute, loin d'en donner une plus haute idée, en diminue l'excellence. Pourquoi ? parce que les mots déterminent en Dieu une manière d'être, et qu'il les réunit toutes. C'est le nom qu'il se donna lui-même lorsqu'il apparut à Moïse et lui confia la mission de délivrer le peuple hébreu : « Je suis Celui qui est. Tu diras donc aux enfants d'Israël : Celui qui est m'a envoyé vers vous. (1). » (Exode, iii, 13 et 14.)

Partant de cette idée de l'Être, nous voyons aisément le premier attribut de Dieu, la simplicité. L'être est essentiellement simple, et exclut tout d'abord l'idée de composition (2).

Si nous employons différentes expressions en parlant de Dieu, nous ne voulons pas dire qu'il y ait en lui diversité. Le langage de l'homme étant si faible et si loin de rendre d'un seul mot tout l'être, il faut bien l'exprimer comme nous pouvons, au risque de ne faire que bégayer. La multiplicité des paroles soulage notre esprit, en lui offrant des points d'appui pour contempler l'être sous ses différents aspects : ainsi le voyageur, pour bien connaître une pyramide, en fait le tour et examine successivement chacune de ses faces.

Si Dieu est simple, il est à la fois son être, sa nature et son essence, et ces choses en lui ne sont pas différentes. L'homme, au contraire, est composé d'une matière et d'une forme spécifique. Sa matière a une cause efficiente autre que lui ; ne possédant sa forme spécifique ou son essence que par mode de participation, il la puise à une source qui est hors de lui. Enfin, il n'est pas sa nature, mais la nature humaine individualisée dans telle matière.

(1) Ainsi, Dieu ne dit pas : « Celui qui est esprit, celui qui est immuable, éternel, m'a envoyé ; » mais seulement : « Celui qui est. » (Fénelon.) C'est aussi le sens du nom de Jéhovah, que lui donnaient les Hébreux.

(2) « La composition, la multiplicité, tout cela sent fort son néant. » (Fénelon.)

Dieu étant l'être pur et simple n'appartient à aucune espèce, à aucun genre en particulier ; il les renferme tous éminemment.

La simplicité absolue ne permet de supposer en Dieu ni accident ni puissance. Ainsi tout ce qu'il possède lui est essentiel, et il est un acte pur, un moteur immobile. La puissance n'est que la possibilité d'être, et Dieu *est Celui qui est*. S'il n'a rien à l'état de puissance, il est immobile, car le mouvement suppose le passage ou la transition d'une puissance à l'acte. Comment concilier l'immobilité de Dieu avec son activité incessante, car nous venons de dire qu'il est un acte pur ? Nous en trouvons un exemple dans un corps qui tourne sur un centre fixe. Il ne quitte pas le lieu qu'il occupe ; néanmoins chacune de ses parties peut être violemment agitée et entraînée dans un mouvement très-rapide (1).

Si Dieu est tout l'être et s'il est un acte pur, j'en conclus qu'il est souverainement parfait ; car on l'est d'autant plus qu'on est davantage ce que l'on peut être. Un être est parfait lorsqu'il a atteint toute l'activité dont il est capable. Quelle activité manque-t-il à celui qui est un acte pur ?

Je dis plus ; il réunit toutes les perfections qui brillent dans les créatures. Lorsqu'il laisse tomber sur elles un rayon de son être ; lorsqu'il les appelle à la participation de son activité, il en conserve la source et ne s'appauvrit point en donnant, semblable au soleil qui possède toujours, bien qu'il les répande au loin, la chaleur et la lumière.

Dieu est même la perfection de tous les êtres créés. Nous les voyons agités, inquiets, jusqu'à ce qu'ils aient atteint toute l'activité et tout le développement dont ils sont capables. Un mouvement inné et irrésistible les porte vers ce terme qui est leur perfection. Il n'est autre que Dieu, car la perfection d'un être c'est l'union avec son principe.

Dieu est bon. Le bon c'est l'être en tant qu'il sollicite notre appétit et attire vers lui nos désirs. Dieu réunissant tous les

(1) Il n'y a pas de comparaison sans défaut.

modes de l'être en a tous les attraits. Ainsi tous les êtres sont bons et valent mieux que le néant, mais ils n'ont qu'une bonté relative; Dieu seul est essentiellement bon. Si parfois des hommes appellent de leurs vœux le néant, ils le considèrent comme la fin de leurs maux, et à ce point de vue il est bon et désirable.

Dieu est infini, car le fini est une négation, une limite de l'être, et rien ne limite l'Être divin. Etant la cause première de tous les êtres, il est partout par sa puissance, comme on dit qu'un souverain est dans tous les États qui relèvent de lui : par sa présence, comme le maître est dans toute sa maison ; par son essence, en qualité de cause première. Si son être cessait de rayonner sur nous, à l'instant même nous retomberions dans le néant, comme l'air devient obscur quand le soleil ne brille plus à l'horizon.

Dieu est immuable, car qu'est-ce que changer? C'est varier une borne de l'être. Les créatures sont condamnées à subir des changements continuels. Leur être faible et limité dépend de celui qui est leur cause, et peut recevoir des modifications différentes de celles qui les affectent maintenant. Aussi voyons-nous succéder en elles mille vicissitudes qui entraînent, soit leur être, soit leurs accidents. Qui pourrait modifier l'Être suprême et indépendant, étendre ou restreindre les limites de celui qui n'en connaît pas, et qui remplit de son être l'immensité ?

Si Dieu est immuable, il faut dire aussi qu'il est éternel. Le temps, c'est l'intervalle qui s'écoule entre un changement et un autre. Comment aurait-il prise sur celui qui est inaccessible à toute vicissitude, au-dessus de tout changement? Sa vie ne se compose pas, comme la nôtre, d'une suite d'instants, dont chacun, à peine saisi, nous échappe et fuit loin de nous. Il la possède tout entière et simultanée, non morcelée, non divisée en une suite de siècles (1). Voilà pourquoi les anges et les saints, dont l'être est incorruptible et les opérations immuables, sont dits avoir la vie

(1) Le mot *siècle* vient de *secare*, couper, ou de *sequi*, suivre.

éternelle. (S. Jean, xvii, 3.) « Leurs pensées ne vont point d'un objet à un autre, mais s'arrêtent fixées dans le Verbe, où ils contemplent toutes choses. » (S. Aug.)

Enfin, Dieu étant l'Être, est un, car l'unité c'est l'être non divisé. On ne peut ni ajouter, ni retrancher à un nombre, sans qu'il cesse d'être celui qu'il était. Le propre d'un homme, par exemple, l'individualité de Socrate, n'est pas communicable à Platon. L'être pur et simple étant le propre de Dieu, si d'autres pouvaient le partager avec lui, ce ne serait plus l'Être, mais un rayon de l'être et une négation de l'infini. Ainsi Dieu n'entre dans la composition d'aucun être ; il ne saurait même, sans en faire partie et par conséquent sans cesser d'être Dieu, être l'âme du monde, comme l'ont prétendu certains philosophes qui ignoraient la création. Il en est seulement la cause efficiente et la forme exemplaire.

CHAPITRE III.

DIEU CONNU PAR LES LUMIÈRES SURNATURELLES. — NOMS DE DIEU.

QUEST. XII. — Nous venons de dire ce que l'homme, avec la seule lumière de sa raison, peut connaître de Dieu. Nous avons une autre lumière dont il faut la distinguer, mais non la séparer : c'est la lumière surnaturelle, appelée en ce monde lumière de la foi, et en l'autre, lumière de la gloire. Saint Thomas parle de la foi dans la seconde partie : il s'agit maintenant de la lumière de la gloire, ou de la vision intuitive.

1. Est-il possible qu'une créature voie l'essence divine? « Nous le verrons tel qu'il est. » (I S. Jean, III, 2.) Or, on ne voit pas ainsi un être, tant qu'on n'en atteint pas l'essence. L'homme désire vivement le bonheur. Il s'agite, il se tourmente jusqu'à ce qu'il l'ait trouvé. Les uns le demandent aux richesses, les autres aux plaisirs, d'autres aux honneurs. La foi nous enseigne qu'en Dieu seul l'homme trouvera sa véritable félicité. Dira-t-on que ce désir ne sera jamais satisfait et que l'homme cherche en vain une source où il apaisera sa soif de bonheur? Ce désir étant inhérent à notre nature, ce serait outrager son auteur, et dire qu'il nous a faits le jouet d'une illusion inévitable?

Une autre inclination de la nature, c'est, en voyant un effet, de vouloir en connaître la cause. Nous la cherchons naturellement, nous sommes dans l'étonnement et l'admiration jusqu'à ce que nous l'ayons saisie. Les enfants ne connaissant aucune cause, s'étonnent de tout, et font une multitude de questions, inspirées par cet instinct de la nature. Or, la cause première de toutes choses est dans l'essence divine. Si notre regard ne doit jamais s'élever jusqu'à elle, ce désir est donc, comme celui du bonheur, un désir illusoire ?

Il faut, il est vrai, pour connaître une chose, qu'il y ait proportion entre elle et l'intelligence qui la connaît. D'un autre côté, il n'y a, entre Dieu et une intelligence créée, aucune proportion mathématique, du genre de celle qui existe entre la moitié, le double, le tiers, etc. Mais j'en connais une autre qui existe entre le fini et l'infini : c'est celle de l'effet avec sa cause, de la puissance à l'acte. Dieu est intelligible, donc une intelligence a la puissance de le voir à découvert, et de pénétrer son essence.

2. Ce ne sera point dans une image sensible, comme il arrive ici-bas quand nous voyons un être créé. Toute vision soit physique, soit intellectuelle, suppose une puissance qui voit et son union avec la chose qui est vue. Pour que je voie une maison, il faut que j'aie la puissance de voir, et qu'une image de l'édifice vienne se peindre dans mon œil. Mais si la puissance qui voit est en même temps la chose qui est vue, faut-il encore une image? non, la vision s'accomplit sans elle. Il en sera ainsi quand notre âme contemplera l'essence divine. La chose vue, ce sera Dieu ; la puissance qui verra, mon intelligence. Mais qu'est-ce que l'intelligence unie à Dieu par la grâce, éclairée de la lumière de Dieu, et en quelque sorte divinisée, puisqu'elle sera rendue participante de la nature et de la vie divine, *divinæ consortes naturæ* ; qu'est-ce qu'une intelligence élevée à une si haute perfection, sinon Dieu lui-même illuminant sa créature? Or, telle est la lumière qui permet aux saints de contempler l'essence divine.

Il est d'ailleurs impossible de voir Dieu dans une image quelconque. Les êtres d'un ordre supérieur ne peuvent se voir dans l'image d'êtres qui sont d'un ordre inférieur. Ainsi vous ne verrez jamais dans un miroir l'image d'une créature spirituelle, par exemple celle d'un ange. Enfin, Dieu est son être même, cet être que ne peut renfermer une forme créée. Il est infini, ne souffre ni terme ni limite : comment le contenir dans une image essentiellement bornée ? C'est donc en lui-même que nous le verrons, et non en quelque chose qui lui soit étranger : *In lumine tuo videbimus lumen.*

3. Ce ne sera pas même avec les yeux du corps. On ne peut sortir, par un acte, de l'ordre dans lequel se trouve la faculté qui l'a produit. Ainsi nos yeux et les autres sens ne peuvent saisir que des choses corporelles : leur domaine ne s'étend pas au delà. Lorsque Job disait : « Je le verrai dans ma chair, » il parlait des yeux qui verront l'humanité de Jésus-Christ après avoir été spiritualisés par la résurrection, ou de ces yeux du cœur que l'Apôtre souhaitait aux fidèles d'Éphèse. (Éphés., i, 17.)

4. Ce n'est pas avec ses facultés naturelles qu'une intelligence créée, même celle de l'ange, peut voir l'essence divine. « La vie éternelle consiste à vous voir, ô mon Dieu. » (S. Jean, xvii, 3.) Or, la vie éternelle est un don de la grâce, non de la nature. (Rom., vi, 23.) Plus un être s'élève dans la hiérarchie des êtres, plus la connaissance dont il jouit est parfaite. Ma connaissance suit le mode de mon être, et ne peut naturellement s'étendre qu'à des choses ou égales, ou inférieures à l'être qui est en moi. Ce principe établi, on voit aisément que Dieu seul étant l'être par lui-même, peut seul connaître naturellement son essence. L'ange, pure intelligence, peut percevoir des essences spirituelles, mais non celle de Dieu. Si élevé qu'il soit, et bien que, selon saint Denis, il retrouve en lui presque toute la beauté divine, il n'a qu'un être participé et bien inférieur à l'être par lui-même. L'intelligence de l'homme étant naturellement unie à un corps, est encore bien au-dessous de celle des anges. Ce n'est donc pas la nature, mais la grâce, qui rend l'essence de Dieu accessible à notre intelligence.

5. Nous la verrons dans une lumière créée, que nous appelons la lumière de la gloire. Si on veut qu'un être produise un acte

supérieur à sa nature, il faut avoir soin, auparavant, de l'y disposer : ainsi, avant d'enflammer l'air, on fait monter peu à peu sa température. C'est ce que Dieu fait à l'égard des saints. Notre intelligence étant trop faible pour supporter l'éclat de la Divinité, il crée en elle une douce lumière qui en tempère les rayons et nous rend possible la vision béatifique. Elle redouble nos forces intellectuelles et nous permet de fixer Dieu, de contempler dans sa splendeur ce soleil qui auparavant nous éblouissait. Il ne faut pas dire néanmoins que la lumière de la gloire soit un intermédiaire entre Dieu et nous. Elle sera seulement un secours donné à notre esprit pour soutenir son regard. Elle produira le même effet que la lumière du soleil, lorsqu'elle éclaire et rend transparent le milieu qui est entre notre œil et un objet coloré. Cette lumière rayonnera sur le front de tous les saints (Apoc., xxi, 23), et venant de Dieu, les rendra semblables à Dieu. (I S. Jean, iii, 2.)

6. Tous ceux qui contemplent l'essence de Dieu n'en ont pas une connaissance égale. Elle diffère « comme la clarté des étoiles. » (Cor., xv, 4.) Voici ce qui fait cette inégalité. Ce n'est pas que Dieu produise en eux une ressemblance de lui-même, plus ou moins parfaite : en Dieu, point de figure ni d'image. C'est que la lumière de la gloire rayonne sur les saints avec plus ou moins d'éclat, et donne à leur intelligence plus ou moins de force pour pénétrer l'essence divine. L'éclat de cette lumière dépend du degré de leur charité, au moment où la mort les a conduits devant Dieu. L'amour produit un grand désir de posséder l'objet aimé, et lui prépare en nous un facile accès. Ainsi plus notre charité sera vive, plus nous participerons à la lumière de la gloire, et plus grande sera notre félicité. Ce sont ceux qui aiment le plus, non les plus savants, ni les plus riches, ni les plus honorés en ce monde, qui seront les plus heureux dans le ciel.

Saint Jean a dit : « Nous le verrons tel qu'il est, » et il n'est pas de plusieurs manières, puisqu'il est l'être pur et simple ? Il faut répondre à cette objection : Dieu apparaîtra également à tous les saints, en ce sens que tous verront sa divinité telle qu'elle est, autrement ils en auraient une vision fausse, mais le regard de chacun n'aura pas la même pénétration, et il n'y aura pas en eux égalité de lumière et de bonheur.

7. Ils ne le comprennent pas autant qu'il est intelligible. « O le très-fort, grand, puissant, votre nom est le Dieu des armées, vous êtes grand dans vos desseins, *incompréhensible à la pensée.* » (Jér., XXXII, 18.) Comprendre parfaitement une chose, c'est la connaître autant qu'elle est intelligible, voir toutes les faces sous lesquelles on peut la considérer. Si vous dites à un ignorant : les trois angles d'un triangle sont égaux à deux angles droits, il vous croira peut-être sur parole, se fiant à vos lumières et à votre véracité. Il ne connaîtra pas cette vérité autant qu'elle est intelligible, il en ignorera un côté connu seulement des savants, la démonstration. Vous voyez ce que c'est que comprendre Dieu parfaitement : c'est le connaître autant qu'il est intelligible. Dieu étant l'Être infini, son intelligibilité est sans borne. Les saints ont beau se plonger dans cet Océan de lumière, ils y trouvent sans cesse de nouvelles clartés. Comment une intelligence créée, ne voyant que dans une lumière finie, pourrait-elle étendre le regard assez loin pour embrasser l'infini (1)? Cependant cette compréhension imparfaite suffit au bonheur des saints, parce qu'elle remplit tous leurs desirs. Elle répond aux trois vertus théologales : elle leur donne l'évidence de ce qu'ils ont vu dans les ombres de la foi, la possession de ce qu'ils ont espéré, la jouissance de ce qu'ils ont aimé, sans leur laisser craindre que la durée de la possession et de la jouissance diminue jamais leur bonheur.

8. Les saints ne voient pas toutes choses en Dieu. Les contingents sont virtuellement en Dieu, comme les effets dans leur

---

(1) D'ailleurs, l'intelligence qui comprendrait entièrement Dieu engendrerait le Verbe, puisque le Verbe c'est l'idée égale à Dieu.

cause. Qui connaît bien une cause ou un principe, connaît, dans la même proportion, les effets ou les conclusions qui en découlent. Donnez à un homme doué d'une grande intelligence les principes d'une science à laquelle il est tout à fait étranger, en les méditant, il verra comme par intuition une suite de conséquences qu'un esprit vulgaire aurait à peine connues après de longues études. Les saints connaissent Dieu, mais ils n'en ont pas une pleine et entière compréhension. Ils ne voient pas tout ce qui est en Dieu ni tout ce qu'il peut faire, parce qu'ils ne pénètrent pas parfaitement l'essence divine. Elle est un miroir où toutes choses ont leur reflet, mais ils ne voient pas le miroir tout entier.

Pouvons-nous dire quels sont les objets de leur connaissance? Les saints savent tout ce qui est essentiel à leur gloire ou à leur bonheur. Voyant Dieu tel qu'il est, ils connaissent sa nature, ses attributs et le mystère des trois personnes divines. Ils ignorent les décrets libres, que ne renferme pas nécessairement l'essence de Dieu. Ils voient les vérités de la religion, qui furent pour eux des mystères; elles leur apparaissent maintenant dans l'éclat de la vision intuitive : « Ce qu'on nous avait annoncé, nous le voyons. » (Ps. XLVII, 8.) Resplendissants comme des soleils (S. Matth., XIII, 43), ils se voient les uns les autres, connaissent leurs pensées, leur amour et leur bonheur. Il est de leur gloire de connaître les prières qu'on leur adresse de la terre; il est de leur bonheur de penser encore aux personnes qui leur furent chères et de connaître tout ce qui peut les intéresser. Enfin, ils voient en Dieu l'ordre du monde, les genres et les espèces qui remplissent l'univers, et les idées divines qu'ils expriment.

Quant au désir de tout connaître, il n'est pas nécessaire, pour le contenter, d'avoir une science infinie, mais seulement la science de ce qui est le bien de notre intelligence. Il suffirait même de la seule vue de Dieu : « Infortuné l'homme qui sait tout et ne vous connaît pas, ô mon Dieu ! heureux qui vous connaît, ignorât-il tout le reste ! Celui qui vous connaît avec les créatures n'est pas heureux par elles, mais par vous seul. » (*Conf.* de S. Aug., l. V, ch. iv.)

9. Ce que les saints découvrent en Dieu, ils le voient tout ensemble et simultanément. Il se fait dans notre intelligence des changements perpétuels. A peine une pensée fixe-t-elle notre attention, qu'une autre la précipite et la remplace. D'où vient cette mobilité de l'esprit ? De ce que nous ne pouvons, durant cette vie mortelle, nous arrêter à une idée sans la revêtir d'une forme qui la rende sensible. Notre intelligence n'est pas plus capable de considérer simultanément deux idées, qu'un corps ne peut recevoir à la fois et à la même place deux formes différentes. Dans le ciel, il n'en est plus ainsi. Notre intelligence embrassera d'un seul regard tout ce qu'elle pourra connaître, sans passer d'une idée à une autre. Ayant dépouillé son enveloppe terrestre, elle ne sera plus réduite à demander, pour exercer ses puissances, le concours des sens et de la matière : « Nos pensées ne seront point mobiles, allant d'une chose à une autre et se réfléchissant sur elles-mêmes, mais nous embrasserons d'un seul regard tous les objets de nos connaissances. » (S. Aug.)

10. L'âme ne peut, durant son union avec le corps, voir l'essence divine. « L'homme ne me verra pas tant qu'il vivra. » (Exode, xxxiii, 20.) La Glose (1) dit, en commentant ces paroles : « Durant cette vie on peut connaître Dieu dans des images, non le voir dans son essence. » La connaissance est toujours conforme à la nature de celui qui connaît. L'âme, unie au corps et appesantie par la matière, ne peut rien comprendre sans le secours des images sensibles. Or, rien de ce qui frappe les sens ne peut représenter l'essence divine. Pour que l'âme soit capable de s'élever à cette essence éminemment intelligible, il faut qu'ayant brisé les liens de sa mortalité, elle n'ait plus besoin, pour comprendre, de s'incliner vers des images. Aussi, plus une âme domine les sens, plus elle a d'aptitude à saisir l'intelligible.

(1) Explication de l'Écriture sainte.

Dieu fait presque toujours ses révélations et montre à ses serviteurs les choses futures, pendant des extases ou durant leur sommeil, lorsque l'usage des sens, à peu près suspendu, n'entrave plus les opérations de l'âme. Ce n'est pas qu'en ce moment l'esprit soit plus capable de porter un jugement sûr, mais il a plus d'aptitude à recevoir les impressions spirituelles que Dieu voudra verser en lui. Il faut conclure de là que dans les conditions ordinaires de l'humanité, nous ne pouvons nous élever jusqu'aux formes purement intelligibles, par conséquent jusqu'à l'essence de Dieu. Suivant la plupart des interprètes, Moïse et saint Paul l'ont vu face à face et en ont contemplé l'essence, mais c'était par un miracle qui les avait affranchis des lois de la nature. Dieu le voulut ainsi, afin d'inonder de ses lumières et d'accréditer auprès des peuples ses deux envoyés, qui furent l'un le maître des Juifs, l'autre le maître des Gentils.

On objecte ces paroles de saint Augustin : « Si nous voyons tous deux que ce que nous disons est vrai, où le voyons-nous, je vous le demande ? Vous ne le voyez pas en moi ni moi en vous, nous le voyons l'un et l'autre dans cette vérité immuable qui brille au-dessus de nos esprits. » (*Conf.*, l. XII, ch. xxv.) Je réponds : nous voyons tout en Dieu dans ce sens que la lumière de notre raison est un rayon de sa lumière, une participation de la clarté divine, comme la lumière dans laquelle nous voyons les corps vient de l'astre qui éclaire le monde. Mais direz-vous que nous voyons les choses sensibles dans le soleil ?

QUEST. XIII. *Noms de Dieu.* — 1. Quand la connaissance d'une chose nous est acquise, nous lui donnons un nom qui la désigne. Est-il un nom qui convienne à l'Être des êtres et qui représente son essence ? Les noms sont des signes que nous employons pour représenter nos idées, et nos idées sont l'image des choses comprises. De même que nous pouvons connaître Dieu, ainsi pouvons-nous le nommer. Comment connaissons-nous Dieu ici-bas ? Nous ne le voyons point en lui-même, son essence est inaccessible à la faiblesse de notre mortalité. Nous ne connaissons de lui que ce que nous en disent ses effets. Les noms que nous lui donnerons ne représenteront donc pas son essence, comme le mot *homme* représente l'essence de l'homme. Ils ne le représenteront que comme cause première, ou bien ils désigneront un de ses attributs, tel que nous le fait connaître la raison ou la révélation.

2. Les noms de Dieu peuvent avoir un sens plus étendu et signifier que Dieu a la plénitude de l'être déterminé par un nom ou un attribut particulier. Ainsi en disant : Dieu est bon, Dieu est sage, j'affirme qu'il a la plénitude de la bonté et de la sagesse et contient éminemment ces deux manières d'être, dont les créatures n'ont qu'une participation. Ces noms n'expriment donc pas tout l'être de Dieu, mais nous le font seulement connaître comme les créatures, en nous le montrant sous un rapport déterminé.

3. Il faut les prendre tantôt dans leur sens propre, tantôt dans leur sens figuré. Nous devons, dans tout nom donné, considérer deux choses : l'être qu'il représente, et le mode sous lequel il nous l'offre. La perfection de la créature ayant son origine en Dieu, d'où elle découle comme un ruisseau de sa source, il faut l'attribuer d'abord à Dieu dans le sens propre du mot. Quant au mode, ce n'est jamais que par métaphore qu'on l'affirme de Dieu, car il n'y a pas en Dieu de mode ou de manière d'être, déterminée et exclusive. Il est un Océan sans rivage, et renferme dans son sein tous les modes. Quand je dis : Dieu est un lion, j'attribue à Dieu l'être et la puissance du roi des animaux ; je dis qu'il agit dans ses œuvres comme le lion dans les siennes, avec force et courage, mais c'est par une figure de langage que je limite son être dans le mode d'être du lion.

4. Le mot *Dieu* désigne-t-il sa substance, ou seulement une de ses opérations extérieures ? Il y a quelquefois une différence entre le motif qui nous fait donner à une chose tel nom précis, et cette chose elle-même. Les Latins ont appellé une pierre *lapis*,

parce qu'elle heurte notre pied et le blesse (*lædit pedem*) (1). Cependant le mot *lapis* ne désigne pas seulement le choc du pied, mais aussi la substance de la pierre. Il en est ainsi du mot *Dieu*. Il vient d'une de ses opérations extérieures, celle par laquelle il voit et gouverne, du haut du ciel, les choses d'ici-bas (Θεός, de θέασθαι, voir). Mais il désigne, outre la providence, la substance même de Dieu.

5. Il est incommunicable. Un nom peut être commun à plusieurs êtres dans les deux cas suivants : d'abord quand la substance qu'il représente existe simultanément en eux, par exemple, les mots homme, arbre. Le second est celui où l'on parle d'un être qui ne possède pas tout entière et exclusivement la substance exprimée par le mot : ainsi quand je dis d'un homme : C'est un Achille ; il a le courage et la force du guerrier qui porta ce nom, mais il n'a pas la substance complète et individualisée dans le héros de la Grèce. Il est aisé de voir que le nom de Dieu ne peut se communiquer d'aucune de ces deux manières. C'est par métaphore que l'Écriture dit, en parlant des hommes qui jugent la terre : Vous êtes des dieux. Aussi ajoute-t-elle immédiatement : Cependant, vous mourrez comme les autres hommes.

6. De tous les noms donnés à Dieu, il n'en est pas de plus propre et de plus convenable que celui qu'il s'est donné lui-même : CELUI QUI EST. Ce nom, en effet, ne désignant aucune limite, aucun mode d'être, c'est bien le nom de l'Être infini qui réunit dans son immensité toutes les variétés de l'être. C'est aussi le nom le plus général et le plus universel, celui par conséquent qui s'éloigne le moins de ce qu'est Dieu. Enfin il désigne l'être dans le présent. Pour Dieu il n'y a ni passé ni futur, il vit dans un présent éternel, il voit tout dans un jour qui n'a pas de déclin.

* Les noms que l'Ancien Testament donne le plus fréquemment à Dieu sont les suivants : Élohim, Jéhovah, Adonaï,

---

(1) Cette étymologie, comme tant d'autres qu'on trouve dans les auteurs du moyen âge, n'est pas d'une exactitude rigoureuse.

Schaddaï, Élohim Sabaoth. Bien qu'il y ait parmi les interprètes divergence d'opinion touchant le sens de ces noms donnés à Dieu, ils reconnaissent que chacun représente un attribut spécial. Elohim est le premier nom que les Hébreux donnèrent à Dieu ; il désigne d'une manière générale la Divinité. On le donnait également aux faux dieux et au Dieu véritable ; Jéhovah était le nom du vrai Dieu ; c'est, comme nous l'avons vu, celui qu'il se donna lui-même lorsque Moïse lui demanda le nom de Celui qui l'envoyait. Il désigne l'être dans tous les temps, l'éternité et l'immutabilité de Dieu. « Je suis Jéhovah, qui ai apparu autrefois à Abraham, à Isaac et à Jacob ; mais ils ne m'ont pas connu sous ce nom » (Exode, III) ; comme s'il disait : Ils n'ont pas été témoins de ma fidélité à ma parole ; mais Jéhovah ne change point, je veux aujourd'hui accomplir mes promesses. Va trouver les enfants d'Israël et dis-leur : Jéhovah, l'immuable Dieu de vos pères, etc. Les savants lui ont donné l'épithète de tétragramme à cause de ses quatre consonnes J, H, V, H. C'est le nom ineffable des Juifs. Leur respect pour ce nom était si grand, qu'ils ne croyaient pas leurs lèvres assez pures pour le prononcer, et lorsqu'ils le rencontraient en lisant la Bible, ils disaient, au lieu de Jéhovah, *Adonaï*. Ce mot signifie, en langue hébraïque, grandeur, domination. Il représente bien celui qui règne au plus haut des cieux et qui gouverne l'univers. *Schaddaï* veut dire Tout-Puissant : c'est le nom du Dieu qui donnera à son peuple choisi la rosée du ciel et la graisse de la terre, et qui accomplira certainement les promesses de l'alliance. *Élohim Sabaoth*, le Dieu des armées marche à notre tête, il tient dans ses mains la victoire ; donc les enfants d'Israël qu'il protége triompheront de tous leurs ennemis. L'Être suprême, éternel, le Dominateur, le Tout-Puissant, le Victorieux ; tel est le sens des noms sous lesquels le peuple hébreu désignait ordinairement son Dieu, tels sont les attributs qu'il se plaisait à proclamer. Les noms de Dieu de Bonté et d'Amour étaient réservés à la loi de grâce, au règne de la charité.

CHAPITRE IV.

OPÉRATIONS DIVINES.

Après avoir considéré la substance divine, il faut parler de ses opérations. Les unes sont intérieures et immanentes en lui, comme les opérations de l'intelligence et de la volonté, les autres sont extérieures, ou plutôt se manifestent par des effets accomplis hors de la substance divine. Nous examinerons successivement les unes et les autres.

QUEST. XIV. *Opérations de l'intelligence divine.* — 1. Il y a en Dieu une science. Pour avoir la connaissance d'un être, il faut que j'en perçoive la forme spécifique, c'est-à-dire que je saisisse l'idée de son auteur. Plus je recevrai en moi de formes ou d'idées, plus ma science aura d'étendue. Examinant les différents êtres qui remplissent le monde, je remarque que les êtres purement matériels n'ont aucune perception et sont par conséquent privés de toute connaissance : ainsi la pierre, le bois. Renfermés dans leur propre matière, ils ne peuvent en franchir les limites. Les sens reçoivent des formes qui leur sont étrangères : mes yeux saisissent la forme d'un homme, d'une maison. Je trouve déjà en eux un commencement de connaissance. Une sphère plus élevée me montre l'esprit de l'homme. Tenant d'un côté au monde spirituel, de l'autre au monde matériel, je puis recevoir et les formes intelligibles et les formes réalisées dans la matière. Mon intelligence connaît, non-seulement comme les sens, un être particulier, elle connaît encore les idées générales exprimées dans les genres et les espèces, recueille comme dans un trésor les idées éparses dans l'univers. C'est ce qui a fait dire au philosophe de Stagyre cette belle parole : L'âme est en quelque sorte tout ce qui existe. Je puis donc tirer cette conclusion : Plus un être est esprit, plus il a de science. Dieu étant éminemment spirituel, j'ai raison de dire qu'il a une science, et une science infinie. Mais que connaît-il ?

2. Dieu se connaît et se comprend lui-même. On comprend une proposition quand on sait toutes les raisons qui la prouvent, quand on en perçoit tous les côtés intelligibles. Or, ce qui rend un être intelligible, c'est son *actualité*; la puissance n'est pas l'objet de l'intelligence. En Dieu, la faculté qui comprend est aussi étendue que l'actualité de l'être, sinon il faudrait dire qu'il y a en Dieu quelque chose à l'état de puissance, ce qui est incompatible avec la simplicité et la perfection divines. S'il se comprend d'une connaissance pleine et entière, il ne s'ensuit pas que son intelligence embrasse son être, comme ma main renferme un objet de plus petite dimension. Ces expressions ont un sens négatif. Elles ne font qu'éliminer toute idée d'inégalité entre l'être et la connaissance de Dieu.

3. Il connaît autre chose que lui-même. S'il se comprend de telle sorte que rien de ce qui appartient à la Divinité n'échappe à son intelligence, il connaît sa puissance et tout ce qu'elle peut produire. Connaissant parfaitement Pierre, je sais jusqu'où s'étendent ses moyens d'action, quelles sont ses ressources, ce qu'il peut, ce qu'il ne peut pas faire. C'est la puissance divine qui a appelé du néant à l'être tout ce qui est : donc Dieu connaît tout, sans que le plus petit atome se dérobe à son regard.

Mais on peut voir quelqu'un de plusieurs manières. Je puis vous voir en vous-même, si vous êtes présent devant moi, et, si vous êtes absent, dans un miroir qui réfléchit votre image. Dieu se voit en lui-même ; le reste, dans son essence comme dans un miroir resplendissant.

4. Il ne connaît pas seulement tout en général ; mais chaque chose en particulier : « Il pénètre jusque dans les replis de l'âme et de l'esprit, jusque dans les jointures et les moelles, discerne les pensées et les mouvements du cœur. » (Hébr., iv, 12.)

La connaissance de Dieu, étant parfaite, doit s'étendre à chaque chose en particulier, et embrasser les plus petits détails. Celle qui se borne au général, est une connaissance vague et défectueuse : c'est la connaissance de l'élève qui en est au début. Si vous ne connaissiez que les principales époques et la capitale des royaumes, vous vanteriez-vous de savoir l'histoire et la géographie ? Si Dieu n'avait qu'une connaissance générale des êtres, s'il ne les connaissait que comme le cercle, en se connaissant, connaîtrait les rayons, et le soleil, les couleurs, il ne se verrait pas entièrement, et il y aurait en lui quelque chose à l'état de puissance. Or il est un acte pur, donc il connaît toutes ses perfections et la manière dont chaque créature y participe. Il possède et voit ce qu'elles ont de commun, l'être, et ce qu'elles ont de particulier, la vie, l'intelligence. Il leur donne, et leur forme générale et la matière qui les individualise. Donc il les connaît en particulier, sa science ayant la même étendue que sa causalité.

5. Il ne les connaît pas l'une après l'autre, mais simultanément. Il peut y avoir dans notre connaissance deux sortes de successions : par exemple, connaissant un théorème, je passe à l'étude d'un autre, ou bien, comprenant un principe, j'en tire successivement les conséquences, comme font les logiciens qui raisonnent. La connaissance de Dieu, bien différente de la nôtre, ne souffre aucune de ces successions. Son essence est un miroir où tout se réfléchit à la fois. Il embrasse d'un même regard et l'ensemble et chaque partie de l'univers. Les conclusions prochaines ou éloignées lui sont aussi présentes que les principes, car son essence lui offre simultanément tout ce qu'ils renferment.

6. La science de Dieu est la cause de tout ce qui existe. Avant de faire une statue, l'artiste conçoit une idée qu'il se propose de

réaliser au dehors. Cette idée, supposé toutefois le concours de la volonté, est bien la cause de la statue, puisque l'artiste, en maniant le ciseau, tient toujours fixés sur elle les yeux de son esprit. Ainsi Dieu, avant de créer, a conçu l'idée ou le type de chaque créature. L'œuvre de la création a reproduit une idée dont la connaissance, supposé le concours de la volonté divine, a été la cause de tout ce qui existe.

Mais les idées de Dieu sont éternelles : s'ensuit-il que les créatures le soient aussi? Non, Dieu les appelle à l'existence selon l'idée qu'il en a conçue, et elles naissent au temps et de la manière qui sont conformes à cette idée. Or il ne les a pas imaginées éternelles. Ce qui fait dire à saint Augustin : Dieu ne connaît pas les créatures spirituelles ou corporelles parce qu'elles existent, mais plutôt elles existent parce qu'il les connaît. Quant à nous, on peut les appeler un intermédiaire entre la science de Dieu et la nôtre. La science de Dieu est la cause de leur existence, et, existant, elles sont la cause de notre science : par exemple, une maison a pour cause de son existence la science de l'architecte; lorsqu'elle est bâtie, elle sera la cause de la science de celui qui, en l'étudiant, apprendra l'architecture.

7. Dieu connaît les choses qui n'existent pas. Parmi les choses qui n'ont pas l'être en ce moment, les unes sont passées, les autres futures, d'autres n'existeront jamais. Dieu connaît les choses passées et les choses futures, car les premières ont eu, les secondes auront leur accomplissement dans le temps, et le temps, pour Dieu, est un présent éternel. D'ailleurs, les unes et les autres n'ont pu ou ne pourront venir que de Dieu ou de la créature. Or, Dieu voit l'étendue de sa puissance, et ce que sa créature, en y participant, pourra dire ou faire. Mais il ne voit pas de la même manière toutes les choses qui n'existent pas. Ne connaissez-vous d'un effet contingent que la cause? Vous n'en avez qu'une connaissance vague et indéterminée. Elle ne sera claire et distincte que quand vous le connaîtrez, de plus, en lui-même.

Ainsi Dieu connaît les effets contingents, futurs ou passés, libres ou nécessaires. Je suppose en effet qu'ils ont eu ou qu'ils auront réellement l'existence. Il fut un temps où ils passèrent de la puissance à l'acte, ou bien le cours des siècles leur apportera l'actualité. Or, tous les temps et les effets qui s'accomplissent dans la suite des temps, sont présents devant Dieu. Les faits arrivent et se déroulent successivement aux regards de l'homme. Mais Dieu ne connaît pas de succession, ne distingue ni passé ni futur. Tous les temps se perdent dans son éternité, et les faits qui s'accompliront dans un millier de siècles lui sont aussi présents que s'ils avaient lieu aujourd'hui ; ils ne sont futurs que comparés aux causes secondaires qui les produiront. Les hommes sont des voyageurs dispersés sur un chemin qui serpente autour d'une montagne. Nous voyons quelques-uns de ceux qui nous précèdent, et, les yeux fixés devant nous, nous ne voyons aucun de ceux qui nous suivent. Placé au sommet de la montagne, Dieu voit en même temps les uns et les autres, et il n'y a pour lui ni premiers ni derniers. Il embrasse du même regard toute cette multitude qui s'agite à ses pieds. Cette science est appelée *science de vision*, parce qu'il connaît tous les effets et les actes passés ou futurs, comme nous voyons les objets présents devant nous. Quant aux êtres purement possibles, et qui ne doivent jamais arriver à l'état d'actes réels, Dieu n'en a qu'une *science d'intelligence*. Il ne les voit pas, car on ne peut voir que l'être, il les comprend seulement comme possibles.

* Ici se présente une question qui, au premier aspect, soulève les plus graves difficultés : comment concilier la prescience de Dieu avec la liberté de l'homme ? Si Dieu a prévu que je ferai telle action, ai-je encore la liberté de m'en abstenir ? et, dans ce cas, je puis donc tromper les prévisions de Dieu ? Il n'est pas un homme qui, en agissant, ne se sente libre de faire le contraire ou de s'abstenir totalement ; c'est une vérité certaine, évidente, et l'Église l'a maintes fois définie contre les adversaires de la liberté humaine. Il est également certain qu'aux yeux de Dieu l'avenir n'a aucun voile, mais lui apparaît comme le présent. Pour le nier, il faudrait déchirer tout l'Ancien Testament. Si Dieu ne connaît pas l'avenir, il n'a donc pas envoyé les prophètes l'annoncer à son peuple? Il n'a pas prédit au peuple juif ses destinées, heureuses ou malheureuses, et toute la suite de son histoire? Les promesses faites aux patriarches, et tant de fois renouvelées, n'avaient pour fondement que des conjectures? Enfin, si Dieu ne connaissait pas les futurs contingents, libres ou nécessaires, le cours des siècles, où tant de choses nouvelles s'accomplissent, lui apporterait donc des connaissances qu'il n'a point? Ce qui détruit son immutabilité et entrave les desseins de la Providence, car le monde serait livré à l'inconstance des créatures ou aux caprices d'un aveugle hasard.

Après avoir constaté la prescience de Dieu et la liberté de l'homme, il suffit, ce me semble, de peu de mots pour les concilier : toutes choses arrivent conformément à la science de Dieu, et il les connaît telles qu'elles doivent s'accomplir ; nécessaires, si elles sont l'effet de causes physiques ; libres, si elles doivent venir de sa puissance combinée avec la liberté de l'homme. La connaissance que Dieu a de ce que je fais, nuit-elle à ma liberté? Vos regards m'imposent-ils aucune nécessité, et changent-ils la nature de mon action? Dieu ne prévoit pas, il voit mes œuvres, et, si je les fais, ce n'est pas parce qu'il les connaît, mais il les connaît parce que je les fais. Elles sont nécessaires, considérées du côté de Dieu, car on ne peut voir que ce qui est, et ce qui est ne peut plus ne pas être ; considérées du côté de l'homme, elles sont entièrement libres : ainsi une chose peut être matérielle, considérée dans sa nature même, et spirituelle, en tant que comprise par mon intelligence.

La question qui se présente naturellement après la science est celle des idées divines.

QUEST. XV. *Idées de Dieu.* — 1. Il y a en Dieu des idées. Dieu est la sagesse. Or « telle est la puissance des idées, qu'il n'y a pas de sagesse sans des idées comprises. » (S. Aug., *Lib. quæst.*, LXXXIII, q. 46.)

Le mot idée, suivant l'étymologie la plus vraisemblable, vient du grec εἶδος : les Latins en expriment le sens par le mot *forma*. Les idées sont donc des formes existant en dehors des choses qu'elles représentent, ce qui peut arriver de deux manières : par exemple, quand la forme est le type, l'exemplaire d'une œuvre que je veux reproduire, ou bien quand elle est la cause de ma connaissance : nous ne connaissons une chose que quand sa forme est dans notre esprit. Ne retrouvons-nous pas en Dieu ces deux notions de la forme ? Le monde n'étant pas l'œuvre du hasard (*Quest.* XLVI), mais d'une cause intelligente qui est Dieu, il faut en supposer l'idée dans l'intelligence de son auteur. Et cette idée s'y trouve aussi comme principe de connaissance, car Dieu possède la similitude de tous les êtres ; seulement, il faut remarquer que cette similitude n'est pas, comme en nous, séparée et hors de son entendement ; elle ne diffère point de l'essence divine.

2. Dieu a plus d'une idée. C'est une conséquence de la proposition précédente. Un architecte ne connaît pas seulement l'ensemble de son édifice, il en considère chaque partie et l'harmonie qui les réunit entre elles. Il faut donc admettre dans l'entendement divin autant d'idées que l'univers renferme de créatures distinctes. Cette pluralité ne détruit point la simplicité de Dieu. Il considère toutes ses idées à un seul point de vue et relativement à son essence. Elle lui montre jusqu'à quel degré chaque être en reproduit l'image, ou plutôt elle n'est autre chose que l'essence divine en tant qu'elle est ou peut être participée par des créatures. C'est pourquoi saint Augustin a dit : « Les idées sont les formes principales, les raisons permanentes et immuables des choses ; elles n'ont pas été formées, elles sont éternelles, toujours les mêmes, renfermées dans l'intelligence de Dieu. Elles ne commencent ni ne finissent, cependant elles sont la forme de tout ce

qui peut naître et mourir, de tout ce qui naît et meurt réellement. » (*Quæst. lib.*, LXXXIII, q. 46.)

QUEST. XVI. *Du vrai*. — Ce que l'on connaît, c'est la vérité. Il convient donc, après avoir examiné la science et les idées divines, de parler du vrai.

1. Le vrai existe dans l'entendement et dans la chose comprise. Le vrai est le terme ou l'objet de l'intelligence; le bon est le terme de cette faculté de l'âme que les théologiens appellent l'appétit intellectuel ou la volonté. Il faut remarquer cette différence entre le vrai et le bon : celui-ci sollicite et attire vers lui l'appétit. Le vrai vient dans notre intelligence et la réjouit par la lumière qu'il y apporte. Il faut pour cela qu'elle se mette en rapport avec le vrai qui existe dans les choses. Ce rapport varie, selon que l'intelligence a produit ou non la chose qu'il s'agit de connaître. Si elle en est l'auteur, le vrai consistera dans la ressemblance parfaite entre la chose et l'intelligence qui en a conçu l'idée. Dieu étant le créateur de tout ce qui existe, un corps ne sera une véritable pierre que si sa nature reproduit l'idée que Dieu s'est proposé de réaliser en créant les pierres. Une maison n'est vraie que si elle reproduit l'idée de l'architecte. Ainsi la vérité est principalement dans l'intelligence qui produit les choses, et, d'une manière secondaire, dans les choses elles-mêmes comparées à celui qui en est l'auteur. S'agit-il d'une autre intelligence? Le vrai est d'abord dans les choses que je connais. Il n'aura accès dans mon intelligence que quand elle se sera mise en état de le recevoir, par sa conformité et son harmonie avec la chose telle qu'elle est. Saint Augustin a dit dans ce sens : « La vérité c'est ce qui est. » Comparée à nous, la vérité « est une équation entre la chose comprise et notre entendement.»

2. Le vrai peut se dire de l'être et réciproquement. Le vrai n'est autre chose que l'être mis en rapport avec notre intelligence, comme le bon est l'être mis en rapport avec notre volonté. L'un est l'être qui nous apparaît dans sa splendeur; l'autre est l'être

avec les attraits qui plaisent à l'appétit intellectuel, et sollicitent ses désirs. Ainsi, le bon et le vrai ajoutent à l'être un rapport qui fait du premier l'objet de la volonté, et, de l'autre, l'objet de l'intelligence, mais ils ne sont au fond qu'une seule et même chose.

3. Dieu est la vérité. Le vrai, avons-nous dit, consiste dans la conformité d'une chose avec son idée exemplaire, ou dans l'équation de notre intelligence avec cette chose, par la connaissance de ce qu'elle est. Or, les idées divines sont la forme exemplaire de tout ce qui existe, et Dieu connaissant tout, son intelligence est en équation avec l'universalité des êtres. Mais, en Dieu, l'être ne diffère point de l'intelligence. Donc Dieu est la vérité, suivant le nom qu'il s'est donné lui-même : « Je suis la Vérité. »

4. Il n'y a, dans un sens, qu'une vérité, et il faut, dans un autre sens, en distinguer plusieurs. Si nous considérons tous les êtres comme réalisant une idée conçue par l'entendement divin, nous pouvons dire qu'il n'y a qu'une seule vérité. Mais si, tournant nos regards vers les créatures, nous les examinons chacune en particulier, la vérité universelle se divise en autant de vérités qu'il existe de choses, sa lumière remplit le monde des esprits comme la lumière du soleil remplit l'univers et éclaire chaque objet coloré, *diminutæ sunt veritates a filiis hominum*. Un miroir entier ne reproduit qu'une fois mon image. Rompu, il la reproduira autant de fois que la glace aura de morceaux, et il sera facile de reconnaître en chacun les traits de mon visage ; de même toute vérité reproduit quelque chose de la vérité universelle. On voit par là que la vérité n'est immuable et éternelle qu'en Dieu.

QUEST. XVII. — Le faux étant opposé au vrai, l'étude de l'un conduit naturellement à l'étude de l'autre.

1. La fausseté est-elle dans l'intelligence ou dans les choses connues? D'abord, la fausseté ne peut être dans les choses naturelles. Venant de Dieu qui a pour réaliser ses idées, le concours d'une volonté toute-puissante, elles sont toujours la par-

faite reproduction de leur type idéal : *Natura nunquam defecit in necessariis*. On ne peut en dire autant des agents secondaires qui jouissent de la liberté. Ils sont capables de troubler les desseins de Dieu et de mettre la fausseté dans ses œuvres : c'est pourquoi l'Écriture appelle le péché un mensonge : *Ut quid diligitis vanitatem et quæritis mendacium*? (Ps. iv, 3.) Celui au contraire qui use de sa liberté conformément à l'ordre divin, *fait la vérité*. (S. Jean, iii, 21.)

Quant aux choses produites par l'homme, sont-elles susceptibles de fausseté? Elles en portent le caractère si elles n'expriment pas entièrement l'idée de leur auteur, ou si l'expression qui la reproduit totalement n'est pas conforme aux règles de l'art.

Considérées relativement à notre intelligence, les choses peuvent être fausses de différentes manières. Un acteur qui joue le rôle d'Abner est un faux Abner, un vrai tragédien. Elles peuvent encore être fausses en ce sens qu'apparaissant autres qu'elles ne sont, elles produisent dans notre esprit la fausseté : le cuivre est un faux or, l'étain un faux argent.

2. Les sens peuvent-ils se tromper? Ils peuvent être dans le faux de la même manière que dans le vrai. Or, la vérité en elle-même leur est inaccessible. On dit qu'ils sont dans le vrai quand ils perçoivent les choses sensibles telles qu'elles sont ; dans le faux, quand ils les saisissent autrement, qu'ils en recueillent et en transmettent une image infidèle. Cette fausseté peut venir de ce que le sens s'est porté vers des choses qui ne sont pas son objet propre et direct : l'œil seul doit percevoir les couleurs, l'ouïe les sons, l'odorat les odeurs ; c'est là son domaine, il ne peut en sortir sans courir le péril de se tromper. Quelquefois encore la fausseté est due à une indisposition de l'organe : la langue des malades leur fait trouver amer ce qui est doux ; tout paraît jaune à ceux qui ont la jaunisse. Mais si les sens peuvent se tromper en recevant la sensation, ils sont infaillibles en la transmettant ; et encore la perception fausse ne m'induit point

dans une erreur invincible, j'ai pour la redresser un jugement qui me prévient de l'indisposition et de la faiblesse de l'organe, et ma défiance produit ma sécurité.

3. L'intelligence peut-elle se tromper? Nous connaissons une chose quand la forme qui spécifie son être est dans notre intelligence. La forme ou idée spécifique est invariable et indivisible. Nous la saisissons telle qu'elle est, ou nous n'en voyons rien, elle nous échappe totalement. La fausseté, de ce côté, ne peut avoir accès dans notre intelligence. Ainsi, avons-nous dit, l'œil ne peut se tromper touchant ce qui est l'objet propre et direct de la vue, mais seulement lorsqu'il cherche à saisir ce qui est commun à plusieurs sens et visible accidentellement. Il est aussi impossible que je tombe dans l'erreur touchant les premiers principes et l'essence ou idée constitutive d'une chose quand je la perçois, qu'il est impossible que je n'entende pas quand des sons frappent mon oreille, que je ne voie pas quand mes yeux s'ouvrent à la lumière. Ma pensée est-elle d'ériger à l'homme un tribunal infaillible? Non, trop souvent il se donne carrière dans le champ de l'erreur, et son histoire est trop souvent le récit de ses égarements. Voici comment il lui arrive de se tromper : il juge sans avoir des idées claires; en parlant d'êtres composés, il leur attribue ce qui leur est nécessaire et qu'ils n'ont pas, quelquefois même ce qui est incompatible avec leur essence ou forme spécifique. En voyant un homme devant moi, je ne puis me tromper touchant l'idée de l'homme, elle est simple, indivisible, et ne varie en aucun être humain; mais je puis me tromper aussitôt que, m'étendant au delà de l'idée claire et simple, j'attribue à cet homme quelque chose de composé : si je dis, par exemple, qu'il a deux yeux, deux bras; il peut manquer d'un de ces accessoires, et néanmoins être un homme.

QUEST. XVIII. *La vie de Dieu.*—Après avoir parlé de la science de Dieu, il faut parler de sa vie, car savoir est le propre des êtres vivants.

1. Les êtres n'ont pas tous la vie. Il suffit, pour le voir, d'examiner dans les êtres qui vivent évidemment, le trait caractéristique de la vie. Ce sont surtout, dit Aristote, les animaux. Le trait qui les distingue se retrouve en eux au commencement et à la fin de leur vie. Ils commencent à vivre depuis le moment où ils produisent des mouvements spontanés ; ils conservent la vie tant qu'ils manifestent ces mouvements dont ils ont en eux-mêmes le principe. La vie les quitte quand ils perdent le mouvement ou le reçoivent d'une cause étrangère. Ainsi ce qui distingue les êtres vivants, c'est le mouvement propre et spontané. Ils se meuvent, ils agissent en vertu d'un principe dont la nature les a doués, et ceux auxquels elle a refusé ce don ne sont pas vivants, ils ne peuvent avoir qu'une image de la vie. Les corps terrestres, les corps célestes, quoique mus avec la plus grande rapidité, ne vivent point, parce qu'ils n'ont pas au dedans d'eux-mêmes l'origine de leur mouvement. C'est par analogie qu'on appelle eaux vives celles qui ont un cours constant, et eaux mortes celles qui ne coulent pas. Les plantes sont la dernière sphère de la création où apparaît la vie ; elles en retiennent, selon le langage de saint Denys, le dernier écho. (*Noms divins*, ch. VI.)

2. Il est facile maintenant de donner une notion précise de la vie. Nous nommons les choses d'après la connaissance que nous en avons. Une de leurs propriétés ayant plus spécialement attiré notre attention, on est convenu de donner aux choses mêmes le nom qui désigne et leur substance et cette propriété. Ainsi le mot *vie* désigne une substance qui a la propriété de se mouvoir elle-même. C'est un mot abstrait qui veut dire : être dans une nature qui se meut d'elle-même, comme le mot *course* signifie d'une manière abstraite l'action de courir.

3. Dieu a-t-il la vie telle que nous venons de la décrire ? Plus un être a de mouvement, plus il doit avoir de vie. Je remarque dans tout mouvement la réunion des trois éléments qui suivent : un agent, une fin, les moyens d'y arriver. Celui-là possède un

mouvement parfait, qui tient de lui-même son principe d'activité, la fin et les moyens. Celui qui les possède, mais les tient d'autrui, ne jouit que d'un faible mouvement, par conséquent, de peu de vie : telles sont les plantes. Attachées par la racine, elles reçoivent de la nature leur fin, leurs moyens, et encore n'entrent-elles en mouvement que comme un instrument dans la main de l'ouvrier. Elles sont reléguées à l'extrême limite du monde vivant. Les animaux, comme les plantes, reçoivent de la nature la fin et les moyens. Ils sentent leur fin, la suivent naturellement ; jamais ils ne se la proposent, ni ne choisissent un moyen plutôt qu'un autre : ils se portent instinctivement vers la forme perçue par leurs sens. Cependant ils ont, de plus que les plantes, le principe de leur mouvement. Les sens sont le siége où il réside, et c'est de leur perfection que dépend le mouvement et la vie d'un animal. Mais il manque à ce mouvement une qualité sans laquelle il sera toujours défectueux : la fin vers laquelle il tend, et les moyens d'y arriver ne sont pas au pouvoir de l'animal. Les créatures intelligentes le possèdent plus développé et plus parfait : non-seulement elles jouissent du mouvement spontané, elles peuvent encore se proposer des fins diverses et choisir entre mille moyens. Tant d'activité élève-t-elle leur vie au plus haut degré qu'il soit possible d'atteindre? Non; il est des principes imposés à leur intelligence, et elles ne peuvent se fixer leur fin dernière. Mais Dieu réunit dans l'immensité de son être les trois éléments qui constituent le mouvement parfait. Il est l'agent souverain et indépendant, ne relevant en aucune manière d'un pouvoir étranger. Il est lui-même sa fin et celle du monde entier, choisit tel moyen qu'il lui plaît, et ses desseins ne manquent jamais de s'accomplir. Donc il possède au plus haut degré le mouvement et la vie : « Mon cœur et ma chair ont tressailli à la pensée du Dieu vivant. » (Ps., LXXXIII, 8.)

Le mouvement qui l'anime n'entraîne pas Dieu hors de lui, et ne le conduit point en des lieux divers ; les actes de l'intelligence et de la volonté sont immanents dans le sujet qui les produit.

4. On peut même dire que toutes choses ont la vie en Dieu. Elles y sont en effet pensées et comprises ; or l'intelligence de Dieu ne diffère point de son être, et son être se confond avec sa vie. Afin d'éloigner toute équivoque et d'éviter l'abîme du panthéisme, il faut dire de quelle manière les choses vivent en Dieu. Le Verbe divin soutient et conserve tous les êtres; en dehors de lui, c'est le néant ; donc tout est en lui, comme nous disons, suivant le langage ordinaire, que ce qui est en notre pouvoir est en nous : « Nous avons en lui, dit saint Paul, la vie, le mouvement et l'être, » c'est-à-dire il est lui-même la cause de notre être, de notre mouvement et de notre vie. Enfin tout est en Dieu, comme les choses connues sont dans celui qui les connaît. Elles ont donc leur raison d'être et leur forme exemplaire dans l'entendement divin, qui ne diffère point de son essence, et l'essence de Dieu est sa vie. Comment les corps qui ne vivent pas, ressemblent-ils à leur type, si celui-ci a la vie ? Ils en ont la forme sans en avoir la manière d'être. La forme des corps, telle qu'elle existe en Dieu, est plus noble qu'exprimée dans un sujet créé, car Dieu la possède incréée et éternelle ; c'est pourquoi Platon préférait l'homme idéal à l'homme réel. Mais il se trompa en donnant à l'idéal une excellence qu'il n'a pas toujours : la manière d'être ou la forme des corps est plus vraie dans une matière que dans l'essence divine, car il est de la nature de leur forme, d'être réalisée dans une matière, et le plus vrai, c'est ce qui est le plus conforme à la nature. Une maison qui existe seulement dans les idées de son architecte est-elle aussi vraie qu'une maison déjà bâtie ?

QUEST. XIX. — Les autres actes intérieurs et immanents en Dieu sont ceux de la volonté.

1. Il y a une volonté en Dieu. C'est une conséquence de sa nature intelligente. Une nature sensible tend vers son bien, et quand elle l'a trouvé, s'y repose avec bonheur : ainsi les couleurs charment nos yeux, l'odorat se réjouit à l'odeur des parfums.

Cet instinct des créatures sans raison est appelé l'appétit naturel. La nature intelligente aspire aussi à ce qui est son bien. Elle le cherche si elle ne l'a point, s'y repose heureuse et satisfaite lorsqu'elle le possède. Ce désir s'appelle l'appétit intellectuel ou la volonté. Demander si Dieu a une volonté, c'est demander s'il a une nature intelligente. Comme il est le bien par essence, le bien et la fin dernière de toutes choses, il est lui-même le bien de sa volonté et n'a pas besoin, pour le trouver, de le chercher ailleurs qu'en lui. « Le premier moteur, dit Platon, se meut lui-même. »

2. Il veut néanmoins d'autres êtres. Les créatures tenant de Dieu l'être et ses différentes modifications, ce que nous voyons dans leur nature se retrouve en Dieu et d'une manière bien plus excellente. Non-seulement elles tendent vers leur bien et, le possédant, s'y reposent avec délices, elles désirent encore le faire partager à d'autres créatures : ainsi l'agent a une inclination qui le porte à reproduire son semblable. Dieu trouve en lui-même la satisfaction de sa volonté, mais il a jeté hors de lui un regard et appelé des créatures à partager son propre bonheur. Donc il se veut, et tout ce qui existe par rapport à lui. Cette universalité introduit-elle en Dieu la multiplicité? Non, car il subordonne à une seule toutes les fins secondaires qu'il se propose, et n'a qu'un seul mobile, l'exercice de sa bonté : ainsi le malade qui prend divers moyens pour recouvrer la santé peut n'avoir qu'un seul et unique désir, et les faire concourir tous à la même fin.

3. Dieu veut-il nécessairement tout ce qu'il veut? Il faut distinguer deux sortes de nécessités : l'une tient à l'essence même des choses et ne souffre jamais d'exception. Il est absolument nécessaire que l'homme soit un animal, qu'un nombre soit pair ou impair. C'est ainsi que Dieu veut nécessairement sa bonté et ses attributs essentiels. Il ne peut pas plus ne pas les vouloir, que je ne puis ne pas vouloir le bonheur, et mon œil, ne pas rechercher les couleurs. Ce qui tient à l'essence d'un être lui est d'une néces-

sité absolue. L'autre nécessité n'en est pas une à proprement parler ; elle dépend d'une hypothèse, et peut, par conséquent, ne pas exister. Il est nécessaire que je prenne de la nourriture si je veux vivre, que je monte sur un vaisseau si je veux naviguer ; mais il n'est pas nécessaire que je vive ni que je traverse les mers. Quelquefois aussi on appelle nécessaire ce qui n'est qu'utile : je puis me promener à pied, mais un cheval m'est nécessaire pour aller plus vite et plus commodément. Ce n'est que par hypothèse et pour mieux manifester sa bonté que Dieu veut nécessairement tout ce qui n'est pas lui. Il n'a pas besoin des créatures, car il jouit en lui-même d'un bonheur parfait. Ne possédant rien qu'elles n'aient reçu de sa bonté, que peuvent-elles ajouter à son bonheur et à ses perfections ? Elles n'existent nécessairement, que supposé une condition : c'est que Dieu veuille les appeler du néant à l'être ; et encore peut-il, dans cette hypothèse, leur communiquer l'être au degré qu'il lui plaît.

4. Nous avons dit, en parlant de la science de Dieu, qu'elle est, unie à la volonté, la cause de tout ce qui existe. Montrons la nécessité de ce concours. Quand nous voyons une créature sans raison tendre directement vers un but, par exemple une flèche, nous affirmons qu'un agent doué d'intelligence et de volonté lui a imprimé le mouvement et lui a tracé sa route. Si la volonté de l'agent n'avait exécuté le dessein conçu par son intelligence, la flèche n'aurait pu aller droit au but et serait restée immobile. Nous ne produirions jamais une œuvre intelligente, si ces deux facultés ne se prêtaient en nous un mutuel appui. Quel est, de tous les agents, le premier et le plus parfait ? Dieu agit donc comme nous, en réunissant l'exercice de sa volonté à celui de son intelligence.

Pourquoi les agents naturels produisent-ils leurs actes, contraints par la nécessité et toujours de la même manière ? C'est qu'ils agissent conformément à leur être, et que celui-ci, limité dans un mode constant et invariable, ne peut ni retenir ni exercer librement son activité. Il n'en est pas ainsi de l'être de Dieu, car nous voyons dans ses œuvres la plus grande variété. D'où vient-elle, sinon de la libre détermination de sa volonté ?

Le concours de la volonté divine n'est pas moins évident, si nous considérons le rapport de l'effet à la cause. Un effet existe dans sa cause selon la nature de celle-ci, car tout agent produit son semblable. Dieu ayant une nature intelligente, les êtres y sont à l'état d'intelligibles, et en procèdent d'une manière conforme à la nature d'un être intelligent, c'est-à-dire par le concours de sa volonté : en elle seule résident le désir et la puissance de réaliser ce que l'intelligence a conçu.

5. La volonté divine s'accomplit toujours. « Il a fait tout ce qu'il a voulu. » (Ps., cxiii, 3.) Si, d'un côté, Dieu est la cause première de tout ; et si, de l'autre, il agit en accomplissant par sa volonté les desseins que son intelligence a conçus, il est évident que rien ne saurait se soustraire à l'empire de cette volonté ou l'empêcher d'obtenir son effet. Ce qui, d'un côté, lui paraît contraire, est en harmonie avec elle sous un autre rapport. Dieu veut que tous les hommes se sauvent, sa volonté s'accomplit, et néanmoins tous n'arrivent pas au salut : comment cela ? — Un criminel déclaré coupable est condamné à mort ; le juge, en prononçant la sentence, veut que cet homme vive, mais, à cause des circonstances, c'est plutôt une simple *velléité* qu'une volonté réfléchie. Il veut réellement que le glaive de la loi frappe le coupable et brise une existence qui serait un danger public. Ainsi Dieu, abstraction faite du péché, veut le salut de tous les hommes ; mais des hommes outrageant sa bonté, cette première volonté fait place à la volonté de punir les méchants, et d'abandonner à sa justice le soin de venger les droits de sa bonté méconnue.

On nie encore que la volonté divine s'accomplisse toujours, en disant : Il en est de sa volonté comme de sa science, il connaît tous les êtres possibles, donc il les veut tous sans exception. Cependant, combien d'êtres possibles n'existent pas, que de choses possibles n'arriveront jamais ! Il suffit de rappeler ce que nous avons dit plus haut : Dieu connaît les êtres tels qu'ils sont. L'être ou le fait dont vous parlez n'est-il que possible? Dieu ne le connaît et ne le veut que comme possible.

6. La volonté de Dieu ne change pas. Il y a une différence entre vouloir un changement et changer de volonté. Je puis, ma volonté restant la même, vouloir travailler aujourd'hui et me reposer demain. Il n'y aura diversité en elle que dans le cas où je commencerai à vouloir ce qu'auparavant je ne voulais pas, ou bien, si je cesse de vouloir dans la suite ce que je veux aujourd'hui. Ce qui ne m'était pas bon et que je ne voulais pas durant l'été, par exemple, m'approcher du feu, m'étant bon au mois de janvier, je le veux, et mes dispositions n'étant plus les mêmes, ma volonté a subi un changement ; elle a changé aussi lorsque j'abandonne un dessein, rencontrant des difficultés que je n'avais pas prévues. Mais l'être de Dieu ne peut recevoir aucune modification, ni sa science aucun accroissement. Il ne sait rien aujourd'hui qu'il ne sache dès l'éternité ; quelle sorte de vicissitude pourrait donc éprouver sa volonté? L'Ecriture, il est vrai, dit qu'il se repentit d'avoir créé l'homme, et l'homme qui se repent d'une chose n'a plus la même volonté qu'en la faisant. Mais la Bible dans le texte cité parle le langage populaire et attribue à Dieu ce qui se voit en l'homme, afin d'être comprise et de graver profondément dans notre esprit les vérités qu'elle nous enseigne. Quand je veux détruire un ouvrage dont je suis mécontent, je dis que je me repens de l'avoir fait. Ainsi Dieu offensé se repentit d'avoir créé le genre humain et l'ensevelit sous les flots. Dieu voulut les cérémonies de l'ancienne loi, il les ordonna lui-même, et aujourd'hui les défend sans que sa volonté ait varié. Il les voulut pour un temps, de telle manière que ce temps écoulé, elles fussent abolies. Il voulut à la fois leur existence momentanée et leur abolition dans la suite des temps.

7. Dieu ne veut jamais ni le mal physique ni le mal moral. Le bien est le terme de l'appétit soit sensitif, soit intellectuel, et on ne

peut aspirer que vers un bien, réel ou apparent. Nous ne pouvons pas plus aspirer à ce qui a uniquement le caractère du mal, qu'un fleuve remonter vers sa source ; le mouvement qui nous entraînerait serait un mouvement contre nature. Un mal peut accompagner ou suivre accidentellement un bien vers lequel tend l'appétit, mais ce n'est pas le mal qui sollicite et attire. Le lion déchire sa proie, non pour le plaisir de faire une victime, mais attiré par l'appât de la nourriture. L'impudique se livre au mal de la débauche, séduit par l'attrait de la délectation charnelle. Dieu en permettant le vice sait que, de la liberté de le commettre, naîtront de grandes vertus ; il punit sévèrement le coupable, mais en donnant un libre cours à sa vengeance, il n'a jamais en vue les tourments du damné. Il veut un bien, c'est de satisfaire sa justice et de retenir les hommes dans la vertu, par la crainte des peines réservées aux coupables. En permettant qu'une plante tombe en dissolution, ce qui peut paraître un mal, il se propose un bien ; une autre plante sortira des ruines de celle qui tombe, et ainsi la mort engendrera la vie. Le mal ne peut donc être qu'accidentellement un bien, et comme il ne faut pas juger des choses par ce qu'elles ont d'accessoire, on peut dire d'une manière générale que le mal n'entre pas dans les desseins de Dieu.

QUEST. XX. — L'amour est ce que la volonté a de plus intime ; ce sont ensuite les habitudes des vertus morales, la justice, la miséricorde, etc. Voyons d'abord l'amour de Dieu.

1. Dieu a de l'amour. L'amour accompagne nécessairement la volonté et il est le premier mouvement de cette faculté de la nature intelligente. En effet, le bien, avons-nous dit, étant l'objet propre et direct de la volonté, elle ne peut tendre vers le mal qu'autant qu'il accompagne ou suit un bien ; or ce qui est par un autre est postérieur à ce qui est par soi. Dire que Dieu a une volonté aspirant au bien, c'est dire qu'il aime, et que l'amour est le premier de tous ses mouvements.

Une autre considération mettra cette vérité en évidence. L'intelligence a la connaissance du général avant celle du particulier. De même notre volonté appelle d'abord le bien général, et cette aspiration première, c'est l'amour. L'amour précède tous les sentiments agréables ou non qui peuvent affecter notre âme, car le général est naturellement antérieur au particulier. La joie naît d'un bien que l'on possède, la tristesse et la haine, d'un mal qui empêche la possession d'un objet aimé, le désir, de l'absence de cet objet. Mais l'amour précède tous ces sentiments. Il nous fait aspirer vers le bien, quel qu'il soit, possédé ou non. Il n'est pas une volonté au fond de laquelle il ne repose, et si nous n'aimions pas, nous ne serions accessibles ni à la haine, ni à la joie, ni à la tristesse. Les passions si diverses qui dominent et entraînent la volonté, partent de l'amour, y reviennent comme à leur source. S'ensuit-il qu'en aimant, Dieu ait des passions? La raison universelle agit en nous au moyen d'une raison particulière qu'elle applique à un cas donné. Il en est ainsi de l'appétit intellectuel, ou de la volonté. Elle se sert, pour agir, de l'appétit sensitif, celui qui de tous les agents exerce la plus grande influence sur le corps des animaux et principalement sur la région du cœur. Voilà pourquoi les mouvements de la volonté sont appelés des passions ; mais quand une affection de l'âme ne se rapporte qu'à l'appétit intellectuel sans solliciter l'appétit sensitif, elle n'est plus une passion proprement dite, et c'est ainsi que les mouvements de la volonté existent en Dieu. « Il aime sans passion. » (Aristote, *Morale*, liv. VII, dern. ch.) Sa volonté ne différant pas de son être, qui est simple, on comprend cette parole de saint Jean : « Dieu est amour. » (1 Ép., IV, 16.)

2. Il aime tous les êtres. Aimer quelqu'un c'est lui vouloir du bien ; la bienveillance est le propre caractère de l'amour, et nous devons compter parmi nos amis tous ceux qui font des vœux pour l'acquisition ou la conservation de notre bien. Telles sont les dispositions de Dieu à notre égard : sa volonté et son intelligence étant la première cause de tout, une chose n'a d'être et de bien

qu'autant qu'elle est connue et voulue de Dieu : « Vous aimez tout ce qui est, et vous ne haïssez rien de ce que vous avez fait. » (Sag., xi, 25.) Il trouve même dans le pécheur quelque chose à aimer, sa nature d'être raisonnable qu'il a créée. Il hait le péché qui est l'œuvre de l'homme : mais il faut remarquer que le péché étant une simple privation de la rectitude, est purement négatif et n'existe pas. Dieu aime donc tout ce qui est, son amour est la cause du bien qui est dans les créatures ; et ce bien au contraire est la cause de notre amour : telle est la différence entre la manière dont Dieu et les hommes aiment un être.

On fait cette objection : Si Dieu aimait tous les êtres, il sortirait de lui-même ; car l'amour, selon saint Denys, nous transporte hors de nous dans l'objet aimé. Saint Denys a lui-même expliqué ses paroles : « Je ne fais pas difficulté de dire que la cause première, dans la tendresse de son amour, sort d'elle-même par sa providence et s'étend sur tous les êtres. » (*Noms div.*, ch. iv.)

L'amitié supposant un amour réciproque, Dieu n'aime ainsi que les créatures raisonnables, les seules qui puissent le connaître et l'aimer. Il n'éprouve pour les êtres sans raison qu'un amour de concupiscence, c'est-à-dire, il les aime en tant qu'elles servent à notre bien, manifestent sa bonté et racontent sa gloire.

3. Il n'a pas pour chaque créature un amour égal. Mon amour peut varier suivant son ardeur, ou suivant la quantité de bien que je souhaite à l'objet de mon affection. Il n'y a jamais de différence dans l'ardeur de l'amour divin. Dieu aimant toutes choses par un acte semblable et unique, son amour, de ce côté, est toujours égal, mais il veut à l'un plus de bien qu'à l'autre. La preuve, c'est cette diversité d'êtres dont les uns apparaissent enrichis des biens les plus précieux, à côté d'autres qui n'ont pour ainsi dire que l'existence. Il éprouve pour les premiers un amour de préférence, surtout après qu'il les a comblés de ses faveurs ; tout être aime son semblable, et d'autant plus qu'il y voit plus de traits communs. « Dieu aime tout ce qu'il a fait ; parmi ses créatures, il

aime davantage les créatures raisonnables ; parmi celles-ci, les membres de son Fils unique, et son Fils plus que le reste du monde. » (S. Aug.)

* Il importe de bien comprendre, d'après saint Thomas, la véritable notion de l'amour. C'est un mouvement de l'âme qui aspire au bien, qui le cherche, et quand elle l'a trouvé, s'y repose comme dans le seul objet capable d'apaiser ses désirs. Suivant cette notion, l'amour est d'autant plus réel et plus vrai que les sens y ont moins de part, et que la partie supérieure de l'âme y règne avec plus d'empire. Le plus parfait, c'est l'amour pour Dieu ou l'amour pour les hommes en vue de Dieu ; si parfois les sens y concourent, ce n'est que comme auxiliaires de l'intelligence et de la volonté. L'amour paternel et l'amour filial nous offrent aussi l'exemple de l'amour véritable, car la nature inspire à l'âme du père et à celle du fils, un mouvement qui les porte l'un vers l'autre. Mais à mesure que les sens se mêlent à l'amour, il perd de sa pureté originelle, comme un ruisseau perd sa limpidité à mesure qu'en s'éloignant de sa source, il entraîne avec lui des éléments hétérogènes. Quand ces éléments étrangers à l'essence de l'amour sont entrés dans une âme et que les sens l'ont entièrement subjuguée, ils éteignent le véritable amour, et l'homme dominé par son instinct animal n'aime plus, sinon à la manière des bêtes. Donc plus une âme s'affranchit des influences terrestres et s'élève au-dessus des sens, plus son amour est véritable. Voilà pourquoi les âmes les plus pures sont toujours les plus aimantes, pourquoi elles sentent si vivement l'absence d'un objet aimé, et pleurent si amèrement sur sa tombe. L'amour des âmes pures est aussi le plus durable, car il s'élève au-dessus de ce qui passe. Il n'a pas pour aliment ce que le temps emporte si vite, l'éclat des honneurs et des richesses, la fleur de la jeunesse et de la beauté ; la splendeur du vrai, les attraits du bon et de l'honnête, voilà les sources où l'amour véritable puise sa raison d'être et sa constance.

Saint Thomas fait remarquer que de tous les mouvements de l'âme appelés passions, l'amour est le premier. Les passions mauvaises elles-mêmes, celles qui dévorent l'individu, qui portent le trouble et le deuil dans les familles, qui renversent les sociétés, ont leur origine dans un amour désordonné. « Nous pouvons dire, si nous consultons ce qui se passe en nous-mêmes, que nos autres passions se rapportent au seul amour, et qu'il les enferme ou les excite toutes. La haine qu'on a pour un objet ne vient que de l'amour qu'on a pour un autre. Je ne hais la maladie que parce que j'aime la santé. Je n'ai d'aversion pour quelqu'un que parce qu'il m'est un obstacle pour posséder ce que j'aime. Le désir n'est qu'un amour qui s'étend au bien qu'il n'a pas, comme la joie est un amour qui s'attache au bien qu'il a. La fuite, la tristesse sont un amour qui s'éloigne du mal par lequel il est privé de son bien, et qui s'en afflige. L'audace est un amour qui entreprend, pour posséder l'objet aimé, ce qu'il y a de plus difficile ; et la crainte, un amour qui, se voyant menacé de perdre ce qu'il recherche, est troublé de ce péril. L'espérance est un amour qui se flatte qu'il possédera l'objet aimé ; et le désespoir est un amour désolé de ce qu'il s'en voit privé à jamais ; ce qui cause un abattement dont on ne peut se relever. La colère est un amour irrité de ce qu'on lui veut ôter son bien et qui s'efforce de le défendre. Enfin, *ôtez l'amour, il n'y a plus de passions, et posez l'amour, vous les faites renaître toutes.* » (Bossuet, *Connaissance de Dieu et de soi-même*, ch. 1, n. 6.) Si l'on compare ces paroles avec celles de saint Thomas, on verra qu'elles n'en sont que le développement et plus d'une fois la traduction littérale.

QUEST. XXI. — Ce que la volonté a de plus intime après l'amour, c'est la justice et la miséricorde.

1. Nous trouvons en Dieu ces deux attributs. Il y a une justice appelée *commutative*, qui règle les achats, ventes ou échanges : cette justice, on le conçoit, n'existe pas en Dieu : *Quis prior dedit illi, et retribuetur ei?* Une autre sorte de justice, appelée *distri-*

butice, consiste à rendre à chacun ce qui lui est dû : telle est la justice d'un gouverneur de province, d'un homme chargé de distribuer des biens communs. Examinant les êtres si variés qui remplissent l'univers, nous les trouvons tous doués de ce qui leur est nécessaire pour soutenir leur existence et atteindre leur fin. Nous avons donc le droit de conclure que Dieu a fait et conduit tout avec justice, de même qu'en voyant dans un état ou une famille chaque individu posséder selon son droit, nous disons que la justice est sagement rendue dans cette famille, dans ce pays.

La miséricorde de Dieu n'est pas moins visible. Remontant à l'étymologie du mot, nous trouvons qu'il signifie un homme dont le cœur est affligé (*miserum corde*). Ainsi l'homme miséricordieux est celui qui porte les malheureux dans son cœur, qui s'attriste de leurs misères comme si c'étaient les siennes, qui enfin cherche à les soulager. La miséricorde n'est pas en Dieu en ce sens que les malheurs de la créature lui causent de la douleur, mais en ce sens qu'il prévient ou fait cesser la misère, ce qui est à proprement parler l'effet de la miséricorde. Il le fait en accordant à ses créatures plus que n'exige la justice ; en leur donnant, non-seulement le nécessaire, mais aussi la perfection dont elles sont capables. Qu'il les embellisse et les pare de riches ornements, c'est l'œuvre de sa libéralité et de sa magnificence ; qu'il exclue de leur être tout défaut et ne les laisse manquer de rien (1), c'est l'œuvre de sa miséricorde.

2. La justice et la miséricorde se rencontrent dans toutes les œuvres de Dieu. (Ps., XXIV, 10.) Dieu se doit à lui-même de mettre dans ses œuvres l'ordre et la proportion convenables. Il faut que tout ce qui sort de ses mains soit sagement ordonné, ses moyens, proportionnés à la fin qu'il se propose : c'est ce que fait sa justice. Mais, antérieurement à la justice qui ordonne et dispose, la miséricorde a produit son œuvre. Pour ordonner une créature, il faut qu'elle existe, et qui l'a appelée à l'existence, sinon la miséricorde?

(1) Défaut vient de *deficere*, manquer de.

C'est donc par elle que Dieu prélude à toutes ses œuvres ; si elle éclate plus dans le monde, que la justice et les autres attributs divins, c'est qu'elle est la cause première des créatures, et la première cause d'un être se manifeste toujours avec plus de force que les causes secondaires. La miséricorde est aussi celui de ses attributs que Dieu a rappelé le plus fréquemment ; tout le monde connaît les touchantes images sous lesquelles le Sauveur s'est plu à la représenter.

QUEST. XXII. *La providence.* — Après avoir parlé de la science et de la volonté divine, il faut considérer la providence, qui tient de l'une et de l'autre.

1. Il y a en Dieu une providence. Les choses sont bonnes, non-seulement à cause de leur substance, mais aussi à cause de leurs fins, et surtout de leur fin dernière. Celui de qui leur substance tire son origine leur a aussi fixé leur fin, tracé la route qu'elles devront suivre pour y arriver. Cet ordre qui préside au mouvement de l'univers, qui a pourvu tout être des moyens proportionnés à la mission qu'il doit remplir dans le monde, c'est ce que nous appelons la Providence. D'un côté, elle est éternelle, puisque c'est la raison d'être des choses dans l'entendement divin, mais l'exécution de cette ordonnance idéale se fait dans le temps, et c'est là, à proprement parler, ce qu'on appelle la Providence. On la définit : Le gouvernement du monde selon les desseins de Dieu.

2. Elle embrasse tout, sans exception : « Elle atteint avec force d'une extrémité à l'autre et dispose tout avec douceur. » (Sag., VIII, 1.) Un agent raisonnable ne produit pas d'action sans se proposer une fin, et il y fait concourir tous les moyens dont il peut disposer. Les moyens, on le conçoit, sont d'autant plus nombreux et plus efficaces que son action a plus d'étendue. Dieu étant le premier agent de tous les êtres, son action n'a point de limites, et aucun être ne peut exercer son activité en dehors de l'activité divine. Tout relève de sa puissance, tout rentre dans les desseins qu'il s'est proposés en créant le monde. Comment, en effet, un être

pourrait-il se dérober à l'action de la cause la plus universelle ? Il peut sans doute s'affranchir d'une cause particulière; ainsi l'homme se dérobe à l'empire d'un homme, et l'eau soustrait le bois à l'action du feu; mais l'eau subit l'influence d'une cause plus étendue, et celle-ci rentre, comme toutes les causes particulières, dans le domaine de la cause universelle. Ce qui nous paraît l'effet du hasard, le souverain ordonnateur de toutes choses l'a prévu et fait entrer dans ses immuables desseins. Il peut être fortuit du côté des causes secondes qui n'y ont pas concouru ou qui, si elles en ont procuré l'accomplissement, n'en voient pas la raison, mais il est ordonné du côté d'une cause supérieure. Deux serviteurs qui ne se sont pas donné rendez-vous peuvent s'étonner de se rencontrer dans le même lieu ; mais pour leur maître, s'il leur a dit d'y aller, ce n'est pas une rencontre fortuite. D'ailleurs, il connaît tout, le général et le particulier ; sa science est la raison d'être des créatures, et rien n'arrive que comme il le connaît. Donc une chose en s'accomplissant, est conforme à ses desseins comme les œuvres d'art qui sont bien exécutées, sont conformes aux lois de l'art qui ont présidé à leur exécution. Même nos actions libres relèvent de la Providence, non-seulement en ce sens que nous tenons d'elle le mouvement et la vie ; une autre raison les soumet à l'empire de la Providence : nous devons conformer nos actions libres aux desseins de Celui qui nous a donné le libre arbitre. En nous douant de cette sublime prérogative il ne reste pas indifférent aux actions qu'elle produit, et ne renonce pas au droit qu'il a de les punir ou de les récompenser.

La grande objection que l'on fait contre la Providence est celle-ci : Si Dieu gouvernait le monde, comment, sous un Dieu juste, tant d'iniquités ? La vertu est opprimée, le vice triomphant. Des scélérats ont en abondance les biens de la terre. Tous les plaisirs viennent au-devant d'eux, ils n'ont que l'embarras du choix ; tandis que des gens honnêtes et vertueux consument leur vie dans la douleur et les privations de l'indigence !

Les plus beaux tableaux ont un point hors duquel on ne peut bien saisir le dessein du peintre et en juger sagement. De même, l'éternité est le point de vue auquel il faut se placer pour juger les choses de ce monde. Dieu semble quelquefois abandonner l'innocent à son infortune, mais il a l'éternité pour récompenser des souffrances passagères. Il semble quelquefois laisser le vice triompher à son aise, mais « s'il est patient, c'est parce qu'il est éternel. » Tôt ou tard se lèvera le jour de la grande restitution où chacun recevra ce qui lui revient, et alors la Providence sera justifiée. Dieu, en permettant le mal moral ou physique, agit comme un intendant général, qui sacrifie parfois les intérêts particuliers à la conservation et à la beauté de l'ensemble. Des créatures meurent ; leurs restes en produisent d'autres pleines de force et de vie. Le lion tue le cerf et y trouve sa nourriture. Sans les persécuteurs et les bourreaux, où serait le courage de ces héros qui font la gloire de l'Église et du genre humain ? où serait la patience des martyrs et cette auréole qui brille sur le front de l'innocence opprimée ?

3. La Providence a sur toutes choses une action immédiate. Le mot Providence suppose un dessein et son exécution. L'intelligence de Dieu, étant infinie, s'étend à tout immédiatement ; il n'est rien qui ne rentre dans un de ses desseins formé d'avance. Quant à l'exécution, Dieu, dans sa bonté, et non par défaut de puissance comme les hommes qui demandent un concours étranger, a bien voulu se servir des créatures afin de les élever à la dignité de cause. Subordonnées à la cause première, les créatures supérieures commandent et participent au gouvernement de la Providence en dirigeant vers leur fin les créatures qui leur sont inférieures (1).

QUEST. XXIII. — Nous parlerons, dans cette question, de la prédestination qui fait partie de la Providence.

(1) Saint Thomas revient à cette question lorsque, après avoir dit comment les créatures ont été appelées du néant à l'être, il montre leur ordre hiérarchique.

1. Convient-il que Dieu nous prédestine au salut? On le verra clairement, si l'on se rappelle l'idée que nous avons donnée de la Providence. C'est le gouvernement des choses d'ici-bas et la direction que Dieu leur imprime vers ce qui est leur fin. La fin des créatures est de deux sortes : l'une naturelle, l'autre surnaturelle. C'est la Providence qui les conduit à la première ; la prédestination, à la seconde. Elles ne pourraient arriver à celle-ci, la contemplation de l'essence divine, si le bras de Dieu ne les portait dans cette lumière qui leur est naturellement inaccessible : ainsi une flèche ne pourrait atteindre le but si elle n'était lancée par la main de l'archer. Le dessein que Dieu forme de leur donner les moyens efficaces d'arriver au salut, s'appelle la prédestination. Elle est donc dans l'ordre surnaturel ce qu'est la Providence dans l'ordre naturel.

2. La prédestination n'existe pas dans les prédestinés, mais seulement en Dieu. La Providence est-elle dans les choses prévues? Non, ce n'est qu'un dessein dans l'esprit de celui qui prévoit. De même la prédestination est un dessein formé dans l'intelligence divine, et en vertu duquel nous trouverons à notre disposition les moyens nécessaires pour arriver à notre fin surnaturelle. Dieu, dans le gouvernement de la Providence et dans la prédestination, joue le rôle actif ; nous, le rôle passif. Suivant les desseins de la première, il conduit le monde à sa fin naturelle ; suivant les desseins de la seconde, il conduit les prédestinés au salut. Les desseins de Dieu étant éternels, il nous a, comme dit saint Paul, prédestinés avant le commencement du monde (1).

3. Convient-il que Dieu réprouve ses créatures? Comme il permet quelquefois des défauts dans l'ordre naturel, il en permet dans l'ordre surnaturel ; c'est ce qu'on appelle la réprobation.

(1) Suivant l'Écriture, nous pouvons distinguer dans la prédestination plusieurs actes de l'intelligence et de la volonté divines : la dilection, l'élection, la vocation, la justification et la glorification. Dieu nous a aimés, nous a choisis du milieu des coupables, nous a appelés à la foi, justifiés par sa grâce, et nous perfectionnera dans sa gloire.

Elle ne renferme pas seulement une prescience de la damnation de quelqu'un, mais encore la volonté de permettre qu'il tombe dans le péché et encoure des peines éternelles. Ne disons pas qu'alors Dieu est la cause de la réprobation. Il est la cause de la prédestination, parce que c'est lui qui donne, dans la tendresse de son amour, la grâce et la gloire. Il n'est pas la cause de la réprobation. Il faut en accuser le libre arbitre de celui qui, ne voulant pas suivre l'inspiration de la grâce, commet le mal. Dieu n'abandonne jamais le pécheur. Il lui donne toujours la grâce qui suffit pour prévenir sa chute, et, lorsqu'il est tombé, lui tend la main pour l'aider, s'il le veut, à se relever. Dieu nous doit ce secours de la grâce suffisante, parce qu'il s'est engagé volontairement à nous l'offrir. Ce qu'il ne doit pas, c'est la grâce efficace ; il la donne à qui il lui plaît et selon les desseins de sa volonté souveraine. Il ne nous la doit pas, car il ne l'a promise à personne, et, si nous y avions droit, ce ne serait plus une grâce.

Ainsi la réprobation et la prédestination ne détruisent pas plus notre liberté, que la Providence dans l'ordre naturel.

4. Les mérites de l'homme ne sont pas la cause de sa prédestination : « Ce n'est pas par les œuvres de justice que nous avons faites, mais par sa miséricorde qu'il nous a sauvés. » (S. Paul.) Si nous la considérons dans un cas particulier, il peut arriver qu'un effet de la prédestination nous en mérite un autre, le dernier étant la cause finale du premier ; celui-ci, la cause méritoire de l'effet suivant. Ainsi, Dieu m'accordera une première grâce afin que j'arrive à ma fin dernière. Ma docilité à cette grâce m'en vaudra une autre, et allant ainsi de mérite en mérite, je marcherai à la gloire. Mais hors ce cas particulier, nos mérites ne sont pour rien dans la prédestination. Tout ce qui, en nous, peut nous conduire au salut, est l'effet même de la prédestination et la suppose déjà (1). La vraie cause de la prédestination et de la ré-

(1) De savants théologiens ne partagent point l'opinion de saint Thomas touchant la prédestination. Les Molinistes ne pensent pas que Dieu nous pré-

probation, c'est la bonté divine. La bonté a porté Dieu à créer, et il a voulu la manifester dans les créatures qu'il a fait sortir du néant. Il ne pouvait la représenter une, simple, telle qu'elle est en lui : qui dit créature, dit multiplicité et composition. C'est pourquoi il a créé des êtres d'une variété presque infinie. Les uns étonnent par leur grandeur et leur richesse ; les autres, petits et pauvres, attirent à peine les regards : *vasa in honorem, vasa in contumeliam.* Calculez, si vous le pouvez, la distance des pures intelligences, à un grain de poussière : comparez ces esprits, qui brillent au firmament de la création, à ces viles créatures que nous foulons aux pieds. Les hommes, considérés par rapport à leur salut, nous offrent le même univers, la même hiérarchie ; des âmes d'élite, que le ciel, et quelquefois la terre, contemplent avec admiration ; des âmes moins riches des trésors célestes ; enfin des âmes perverses qui, après avoir été l'opprobre du genre humain, seront un jour la proie de l'enfer : *vasa iræ, vasa misericordiæ.* (Rom., IX, 22 et 23.) Chacun ayant au moins ce qui lui est nécessaire pour arriver à sa fin dernière, nul ne peut se plaindre de son auteur et l'accuser d'injustice. Les uns ont plus, d'autres encore davantage, tous le doivent à la bonté divine ; mais moi, qui ai reçu le moins, je ne puis dire : Dieu est injuste à mon égard. Il ne m'a refusé aucun bien nécessaire à mon salut. Si ses dons restent stériles et inefficaces, il ne faut en accuser que moi-même. Mais pourquoi tel homme est-il prédestiné plutôt que tel autre ? « N'en cherchez pas d'autre raison que la volonté de Dieu, si vous ne voulez vous égarer. » (S. Aug.) Pourquoi cette pierre est-elle, plutôt que telle autre, ornée de sculptures et placée dans telle partie de la maison ? Pourquoi un vase est-il plus beau, et destiné à de plus nobles usages qu'un autre fait de la même argile ? Parce que l'artisan l'a voulu ainsi : *Tolle quod tuum est et vade.*

---

destine, *ante prævisa merita*. Suivant eux, le décret qui assure notre salut, est postérieur à la prévision de nos mérites. Dieu nous donne le bonheur éternel, en conséquence du bon usage qu'il prévoit que nous ferons de ses grâces.

An non licet mihi quod volo facere? (Saint Matth., xx, 14 et 15.)

5. La prédestination obtient son effet d'une manière infaillible. Tout ce que la Providence a prévu et disposé dans l'ordre naturel, arrive d'une manière certaine ; la raison en est que rien ne manque à la science et à la puissance du souverain ordonnateur de toutes choses. (Question précédente.) Et malgré l'action de la Providence, les choses contingentes ne sont pas nécessaires, et il y a des causes secondes qui jouissent de la liberté. Il en est ainsi de la prédestination dans l'ordre surnaturel. Nous pouvons perdre les mérites acquis par la grâce, mais notre salut est certain s'il entre dans les desseins de Dieu. Cette prescience d'un événement infaillible porte-t-elle aucune atteinte à la liberté de nos actes surnaturels ? Non, elle nous laisse aussi libres que la prescience de nos actes naturels.

Saint Jean a dit : « Conservez ce que vous avez, de peur qu'un autre ne reçoive votre couronne. » Si, rebelle à la grâce, je meurs en état de péché mortel, Dieu le prévoyant dès l'éternité, en a substitué un autre à ma place, et cet élu recevra ainsi ma couronne. Il la recevra encore en ce sens qu'au ciel il se réjouira de mes bonnes œuvres, et en ressentira ce surcroît de félicité que la connaissance de toutes les bonnes œuvres apporte aux saints, et qui est comme un appendice du bonheur acquis par leurs propres mérites. Ainsi Dieu substitua les hommes aux anges déchus, et les Gentils au peuple juif.

Une conséquence de l'effet infaillible de la prédestination, c'est la sécurité du chrétien, au milieu des combats. Il a beau être faible et condamné, malgré ses langueurs, à une lutte de chaque jour, son espérance repose sur un fondement inébranlable, la fidélité de Dieu à ses promesses, sa puissance dans l'accomplissement de ses desseins.

Une autre conséquence non moins évidente, c'est que le nombre des prédestinés est certain. Dieu les connaît comme il connaît les individus, les gouttes d'eau qui tombent du ciel, les grains de sable qui sont au fond de la mer, mais il s'en est réservé à lui seul la connaissance. (Collecte pour les vivants et les morts.)

6. Les prières et les bonnes œuvres peuvent-elles influer sur notre prédestination ? Elles n'ont aucune influence sur l'acte même de la prédestination, Dieu le produit seul et sans avoir besoin d'être aidé ni sollicité. L'effet dépend de nous, bien que rentrant dans le dessein de Dieu. Le concours des causes secondes, dans l'ordre naturel, a été prévu, et néanmoins laissé en notre pouvoir. Ainsi notre concours dans l'ordre surnaturel, comme la prière, les bonnes œuvres, dépend de nous et fait partie de notre prédestination : « Efforcez-vous d'affermir votre vocation et votre élection, par vos bonnes œuvres. (II S. Pierre, I, 10.)

Il faut avouer que le dogme de la prédestination n'est pas sans ombre et sans mystère : aussi le concile de Trente l'appelle-t-il *arcanum mysterium* (session VI, ch. XII). Peut-être est-il un de ces profonds desseins de Dieu que nous ne pouvons pénétrer à cause des ténèbres de notre mortalité, mais qu'il nous sera donné de comprendre quand nous verrons Dieu dans sa lumière.

Sans prétendre résoudre une question dont Dieu s'est réservé la connaissance, a-t-on quelques raisons de croire le nombre des élus plus grand que celui des réprouvés ? On ne cite aucun texte de l'Ecriture qui prouve d'une manière irréfragable l'affirmative ou la négative. La tradition nous offre des opinions diverses, et l'Église n'ayant pas décidé la question, laisse à chacun la liberté de dire ce qu'il pensera. Usant de cette liberté et respectant les autorités qui seraient contre nous, entrons dans le champ libre de la discussion, et cherchons à connaître l'opinion la mieux fondée.

Ceux qui soutiennent le grand nombre des élus n'apportent en leur faveur aucun témoignage de l'Ecriture. Ils citent des paraboles, celle des serviteurs appelés à la vigne, des noces, où un seul convive n'eut pas la robe nuptiale, du pêcheur, qui sépare les bons poissons d'avec les mauvais, du laboureur, qui sépare l'ivraie d'avec le bon grain. Il est un principe d'exégèse admis de tous les interprètes; c'est que les paraboles ne prouvent rien, sinon la seule vérité qu'elles ont pour but d'exprimer et de rendre plus sensible, les détails accessoires, au moins, ne sont pas des arguments. Quel est le but des paraboles rapportées ci-dessus ? De montrer, l'une la bonté de Dieu qui veut bien recevoir le pécheur converti à sa dernière heure ; l'autre, l'innocence requise pour entrer au ciel ; les deux autres, le soin avec lequel Dieu discerne les bons d'avec les méchants. Si les paraboles et les figures prouvaient quelque chose, les partisans du petit nombre pourraient en citer qui répondent d'une manière plus précise à la question : les élus, suivant Isaïe, sont aussi rares que les grappes de raisin oubliées dans la vigne après la vendange ; aussi rares que les épis échappés à la faux du moissonneur. Ils citeraient Caleb et Josué entrant seuls, de six cent mille Hébreux, dans la terre promise, figure du ciel. Le Nouveau Testament donne à leur opinion un fondement encore plus solide : ils peuvent citer les paroles du Sauveur, déclarant qu'il y a beaucoup d'appelés, peu d'élus ; les deux voies, dont l'une, étroite et difficile, est peu fréquentée ; l'autre, large, semée de fleurs, est comme la voie publique du genre humain. Mais supposant que ces textes peuvent recevoir des interprétations diverses, et ils le peuvent, sinon la discussion ne serait plus permise, la raison ne nous offre-t-elle pas des arguments qui nous inclineront en faveur d'une opinion préférablement à l'autre ? Les partisans du grand nombre disent : « La science moderne nous en a donné, *par l'organe du bureau des longitudes*, une réponse mathématique. » Le tiers des enfants meurt entre la première et la septième année, plus de la moitié entre la première et la quatorzième : voilà la question tranchée. Mais pour fermer la bouche au contradicteur le plus obstiné : « Il faut ajouter à la grâce de l'enfance la grâce du sexe. » La femme a conservé l'innocence ou elle l'a perdue. Dans le premier cas, l'Evangile du Fils de Dieu lui dit : Je vous salue, pleine de grâce. (S. Luc, i, 28.) Dans le second cas, ces paroles la sauvent : Beaucoup de péchés lui sont remis, parce qu'elle a beaucoup aimé. (S. Luc, vii, 47.) Damnerez-vous la femme qui porte la couronne de la virginité, celle qui porte la couronne de la maternité? Mettrez-vous vos sœurs, vos mères, au nombre des réprouvés? Dieu compte encore d'autres élus : le pauvre, qui mange son pain à la sueur de son front, le pauvre, qui porte assidûment la *croix du Sauveur*, forme la quatre-vingt-dix-neuf centième partie du genre humain : peut-on douter de son salut? Outre les enfants, les femmes et les pauvres, Dieu a beaucoup d'âmes fidèles, et parmi ceux qui, dans l'entraînement des passions, l'ont abandonné, il en recueille jusque dans les bras de la mort. Enfin, si le petit nombre est sauvé, que deviennent la bonté et la miséricorde de Dieu (1) ?

J'aurais voulu trouver dans ce langage autant de raison que d'éloquence et de candeur, malheureusement cette argumentation ne résiste pas à l'épreuve du plus simple examen, elle n'a d'autre fondement que des opinions fort controversées et des hypothèses toutes gratuites. Il est un principe qu'il ne faut pas perdre de vue et qui domine toute la question : on ne peut entrer au ciel, c'est-à-dire, arriver au salut, qu'avec l'innocence conservée, ou l'innocence recouvrée, qu'avec la grâce du baptême ou celle de la pénitence. Nous pouvons sans crainte marcher à la lumière de ce principe, il est de foi, à l'abri de toute contention entre catholiques. Or, aujourd'hui, où les limites de l'Eglise sont plus étendues que jamais, elles n'embrassent pas le tiers du genre humain. Donc les deux tiers des enfants qui meurent avant d'avoir connu le mal, n'ayant pas été régénérés par le baptême, n'ont jamais eu l'innocence et ne peuvent entrer au ciel. La foi n'enseigne pas

(1) Lacordaire, soixante-et-onzième conférence, *Des résultats du gouvernement divin.*

qu'ils soient plongés dans les abîmes de l'enfer, mais il est de foi qu'ils n'arriveront jamais au salut, leur fin dernière. Ainsi, une conséquence rigoureuse du principe qui doit présider à la discussion, c'est que plus de la moitié du genre humain est exclue du nombre des prédestinés. — Voyons les légions d'élus que « *la grâce du sexe* » permet d'espérer. Sans parler de l'équivoque, et l'interprétant en bonne part, je demanderai si toutes les femmes sont des Maries pleines de grâces, ou des Madeleines pénitentes. Qui oserait appliquer à une femme ordinaire les paroles adressées à la mère de Dieu, dire que toutes les femmes arrosent de leurs larmes, essuient avec leurs cheveux les pieds du Sauveur ? Il n'y a qu'une Marie innocente, il y a beaucoup de Madeleines pécheresses, peu de Madeleines pénitentes. Or, c'est de ces dernières qu'il a été dit : Beaucoup de péchés leur seront remis, parce qu'elles ont beaucoup aimé ; on ne peut en faire une application générale sans la plus déplorable confusion. S'il n'est pas raisonnablement permis de supposer que toutes les femmes, dans les pays chrétiens, soient des Maries pleines de grâce ou des Madeleines repentantes, que dirons-nous de la femme dans les pays idolâtres? Or, l'idolâtrie, sous une forme ou sous une autre, a toujours couvert la plus grande partie du monde. On nous dit : Damnerez-vous vos mères, damnerez-vous vos sœurs? Je ne damne personne, mais voyant ma mère et ma sœur mener une vie chrétienne, suivre la seule et unique voie tracée par Jésus-Christ, j'ai l'espérance bien fondée qu'elles sont du petit nombre des élus. — Le pauvre, l'ouvrier qui porte la croix ! celui-là ne peut manquer d'être prédestiné, et nous pouvons assurément lui ouvrir les portes du ciel ! La pauvreté et le travail sont de puissants moyens de salut, mais les choses les plus saintes, dans les mains des profanateurs, deviennent des instruments de mort. La patience et la résignation chrétiennes peuvent seules sanctifier les privations de l'indigence et les fatigues du travail. Excepté le pauvre des campagnes, qui a encore conservé les sentiments chrétiens, où trouverez-vous ce pauvre qui porte avec résignation la *croix du Sauveur*? S'il la porte malgré lui, et contraint par une force irrésistible, quelle est sa vertu, et pour nous quelle raison de le mettre au nombre des élus? Simon de Cyrène porta aussi la croix du Sauveur, mais l'Évangile ne nous dit point qu'elle l'ait sanctifié, parce qu'il la porta malgré lui. On la lui jeta sur les épaules nonobstant ses résistances, et on le contraignit à marcher. Combien de pauvres, hélas! portent leurs croix, le murmure et le blasphème à la bouche, jetant autour d'eux des regards de convoitise et de haine! Comment, d'un trait de plume, mettre tous ceux qui travaillent, au nombre des saints, quand nous voyons, parmi les ouvriers, tant d'impies sans Dieu et sans loi, tant d'hommes dont le visage flétri porte les stigmates du vice, et dont le seul aspect fait trembler? Supposé que la plupart soient honnêtes et suivent la loi naturelle, s'ils ne pratiquent pas les devoirs de la religion chrétienne, où sont leurs moyens de salut? Sans doute, il y a des ouvriers chrétiens qui portent vraiment la croix du Sauveur et gravissent avec lui le Calvaire ; mais quel en est le nombre? L'inconvénient de l'opinion que je combats est de trop voir l'exception et de la prendre pour la loi générale.

Enfin il est un principe que les catholiques ne sauraient nier : Hors de l'Église, point de salut. L'Église est le vaisseau qui transporte les élus du temps à l'éternité, et quiconque ne vient pas lui demander asile, ne peut manquer de périr enseveli sous les flots. Il reste, il est vrai, une planche de salut ; c'est la bonne foi ; mais la bonne foi n'étant pas une des conditions ordinaires fixées par Jésus-Christ, on doit la regarder comme un moyen qui sort de la loi commune. L'exception suppose des cas rares, n'arrivant que de loin en loin ; s'ils étaient fréquents, ils seraient conformes à la règle, et l'exception n'existerait plus. Que les partisans de l'opinion contraire comparent le nombre des enfants de la véritable Église au nombre des infidèles, des hérétiques, des schismatiques! Et encore, dans le premier, combien ne sont catholiques que de nom ! combien n'ont d'autre Dieu que leurs idées, leur argent ou leurs passions ! Ces divinités n'ont-elles point parmi nous leurs temples, leurs autels et leurs victimes ? Si quelques-uns de ces idolâtres, effrayés aux approches de la mort, reviennent au vrai Dieu, la plupart ne meurent-ils pas comme ils ont vécu ? L'arbre tombe communément du côté vers lequel il penche ; il faudrait, pour le rejeter en sens contraire, un coup de vent plus fort que n'est le vent ordinaire. De même il n'y a qu'une grâce extraordinaire dont le souffle puisse jeter subitement dans le port du salut celui qui, au moment de la mort, fait voile en sens contraire. Or, compter sur cette grâce, serait tenter Dieu.

Mais un Dieu bon, un Dieu de miséricorde, rejetterait loin de lui la plupart des hommes ? Dieu, dans l'ordre surnaturel, ne doit rien à personne, pas plus au genre humain tout entier qu'à moi en particulier, et n'eût-il prédestiné qu'une seule âme, il aurait manifesté d'une manière digne de lui, sa bonté et sa miséricorde. Dire que sa bonté demandait le salut du grand nombre, n'est-ce pas porter atteinte à la gratuité de la grâce ? Dieu ne doit rien à personne. Il est l'Être souverain, indépendant. Pour lui, les nombres ne sont rien, et en laissant tous les hommes, à l'exception d'un seul, tomber dans l'abîme, il ne ferait que montrer sa souveraine indépendance et son infinie bonté ; il aurait donné à un coupable ce qui ne lui était pas dû.

Après ces considérations, qui ont peut-être autant de poids que les hypothèses de l'opinion contraire, écoutons l'argument que le prince de la théologie fait en faveur de notre sentiment : « La plupart des êtres arrivent au bien qui leur est naturel : peu en restent privés. Ainsi, dans la nature, il y a peu de monstres, et, parmi les hommes, peu de fous ; mais il en est peu aussi qui arrivent à une science profonde des choses intelligibles. Le salut de l'homme ou la vision intuitive étant au-dessus de notre nature, surtout depuis qu'elle a été dépouillée de la grâce et affaiblie par le péché originel, c'est le petit nombre qui se sauve : *pauciores sunt qui salvantur*. Et nous voyons éclater la miséricorde divine en ce qu'elle élève quelques hommes et les conduit à un but qui leur est naturellement inaccessible, et dont l'inclination de la nature les éloigne. » (Quest. xiii, art. 7, rép. à la 3ᵉ obj.)

Le lecteur demandera peut-être pourquoi l'Église, permettant de croire au grand nombre des élus, tout le monde n'embrasse pas cette opinion? L'homme qui désire sincèrement la vérité ne cherche pas à voir dans les choses ce qu'il voudrait, mais ce qui est. Les efforts de tous les orateurs pour élargir la voie du ciel, et leur complaisance à en ouvrir les portes, ne servent à rien, sinon, peut-être, à entretenir des illusions que la mort fera cesser trop tard.

QUEST. XXIV. — C'est ici le lieu d'expliquer ce que l'Écriture entend par ces mots : « Le livre de vie. »

1. Ce livre est la connaissance que Dieu possède de ceux qu'il a prédestinés. Ne pouvant connaître Dieu en lui-même, il nous faut bien, si nous voulons en parler, recourir à l'analogie. Que voyons-nous parmi les hommes? Ils tiennent, écrits dans un livre, les noms de ceux qui sont destinés à telles fonctions, promus à telle dignité : ainsi c'est ce que l'on fait à l'armée, et de cet usage est venu aux sénateurs romains le nom de Pères *conscrits*. De même, pour montrer que Dieu connaît ceux qu'il a prédestinés, *novit Dominus qui sunt ejus*, nous disons qu'un livre contient tous leurs noms. Il est appelé *livre de vie*, parce que le salut c'est la vie véritable et éternelle. Nous ne prétendons pas que Dieu tienne une notice, comme nous, pour soulager sa mémoire : nous faisons allusion à ce qui est en usage parmi les hommes.

Quelquefois on donne à l'Ancien et au Nouveau Testament le nom de *livre de vie*. C'est parce qu'ils renferment ce qu'il faut savoir et faire pour arriver à la vie éternelle. Ainsi on appelle *livre de guerre* celui qui porte les noms des soldats, ou qui contient les règles de l'art militaire, ou raconte les exploits des guerriers les plus fameux.

On ne parle pas d'un livre de mort qui corresponde au livre de vie ; on n'a pas coutume d'inscrire les noms de ceux qu'on rejette, et les réprouvés sont rejetés loin de Dieu, comme les prédestinés sont admis en sa société.

2. Des noms peuvent-ils être effacés du livre de vie? Je puis être inscrit sur ce livre de deux manières : purement et simplement, et alors mon nom est ineffaçable ; ou comme devant recevoir la grâce, cause de mon salut, si j'en suis les mouvements. Mais si je résiste à ses inspirations, ou si je la perds par le péché et que la mort vienne me surprendre dans cet état d'hostilité avec Dieu, mon nom est effacé. Il ne s'ensuit pas qu'un changement se fasse dans la connaissance de Dieu. Il sait d'avance la manière dont je suis prédestiné, et comment je répondrai à ses desseins. On peut, à l'aide de cette distinction toute rationnelle, comprendre ces paroles de l'Ecriture : Qu'ils soient effacés du livre des vivants (Ps. LXVIII, 29) ; Celui qui sera vainqueur, sera vêtu de blanc, et je n'effacerai pas son nom du livre de vie. (Apocalypse, III, 5.)

QUEST. XXV. — La puissance est l'attribut qui exécute le dessein conçu par l'intelligence, commandé par la volonté.

1. La puissance est en Dieu, sans limites. La puissance d'un agent est toujours proportionnée à l'étendue de son être : il peut produire un être qui lui sera semblable, mais les limites de son espèce sont les limites de sa puissance. L'être de Dieu étant infini, sa puissance ne connaît pas d'autres bornes que celles du possible, et tout ce qui peut être a en Dieu la raison de son existence. C'est pourquoi il est plus vrai de dire, en parlant de ce qui implique contradiction : Cela ne se peut ; que de dire : Dieu ne peut le faire. Ne demandez pas si Dieu peut faire que ce qui est vrai soit faux, que ce qui est passé soit présent ou futur. Je réponds : Cela ne se peut.

Comment, si la puissance de Dieu est infinie, ne produit-elle pas des effets qui le soient aussi? L'agent qui donne naissance à un effet de même nature que lui, déploie nécessairement toute l'étendue de sa puissance ; ainsi, l'homme dans la génération de son semblable. Mais la nature de l'effet diffère-t-elle de celle de l'agent, celui-ci n'exerce point sa puissance tout entière. Le soleil produit la végétation des plantes, mais elle n'absorbe pas toute son activité, et lui laisse encore assez de puissance pour produire des effets plus nobles. La nature de l'être infini ne pouvant se communiquer, les effets qu'elle produit lui sont nécessairement inférieurs.

On fait une autre objection contre l'infinité de la puissance divine. Aristote prouve (*Phys.*, l. VIII) que si un corps était doué d'une puissance infinie, il communiquerait à tous les êtres un mouvement instantané et continu. Or, le mouvement qui vient de Dieu n'est pas semblable ; la créature spirituelle le reçoit dans le temps, la créature corporelle, dans le temps et dans le lieu. On peut faire la même réponse que plus haut : Un pareil moteur, je l'avoue, communiquerait un mouvement constant et si rapide qu'il échapperait à tous les calculs, la vitesse d'un mobile dépendant en grande partie de la puissance du moteur ; mais ce serait un effet de même nature que l'agent. Dieu, au contraire, est un agent, un moteur spirituel et libre : donc il peut étendre ou restreindre à son gré l'être et le mouvement qu'il communique.

2. Dieu pourrait autre chose que ce qu'il fait. « Ne puis-je pas prier mon père, et aussitôt il m'enverra plus de douze légions d'anges? (S. Matth., XXVI, 53.) Jésus-Christ ne fit point cette prière et son Père retint ces légions qu'il aurait pu envoyer. C'est la bonté de Dieu qui l'a porté à nous donner l'être, qui a fixé notre fin et déterminé les moyens d'y arriver. Cette bonté ayant à son service une puissance infinie, n'aurait-elle pu nous destiner une autre fin, créer un autre monde, et le soumettre à des lois différentes? On conçoit ce langage dans la bouche d'un homme : Je ne puis faire de ce marbre qu'une statue de cette dimension, et je ne puis la tailler que de cette manière. Mais la bonté et la puissance de l'architecte qui a conçu et exécuté le plan de l'univers sont autres que la bonté et la puissance de l'homme.

Sans doute, aucun défaut ne peut vicier les œuvres de Dieu, et il en a lui-même proclamé la perfection, mais ce n'est qu'une perfection relative. Dieu, dans sa sagesse, n'aurait pu mettre plus d'harmonie entre elles, garder une plus juste proportion entre leurs facultés et la fin qu'elles doivent atteindre ; mais il aurait pu créer d'autres mondes, y établir un ordre différent de celui qui règne maintenant dans l'univers, ou assigner à cet univers une autre fin, ce qui aurait, par conséquent, demandé en nous d'autres moyens.

3. Dieu pouvait faire mieux qu'il n'a fait. Il faut distinguer dans les créatures une bonté essentielle et une bonté accidentelle. La première, Dieu ne pourrait y ajouter sans changer la créature et lui faire perdre son identité, comme il ne pourrait ajouter au nombre douze sans que ce nombre cessât d'être ; mais il peut ajouter à la bonté accidentelle de l'homme, par exemple, en lui donnant plus de sagesse, d'intelligence. Il n'a besoin, pour le faire, que d'épancher sur nous un nouveau rayon de son être, et nous serons plus sages, plus intelligents. Ainsi Dieu peut faire *un mieux*, il ne pourrait mieux faire. Tout ce qui sort des mains de Dieu étant l'œuvre d'une sagesse et d'une puissance infinies, est parfait en ce sens que sa bonté essentielle ne peut être plus grande sans que la créature perde sa forme essentielle, et cesse d'être de même nature ; mais il n'est point parfait, et Dieu peut faire quelque chose de meilleur s'il s'agit de sa bonté accidentelle. Chacune des créatures que Dieu a faites est bonne ; il naît de l'ensemble de l'univers une beauté admirable, mais cette perfection vient de l'ordre qui règne dans l'univers, de la juste proportion entre les moyens et la fin des créatures. Cet ordre est le plus parfait, il n'en est pas de plus conforme à la nature des choses, supposé leur état actuel. Si un seul être changeait la place qu'il occupe dans l'ensemble, à l'instant même toute la beauté, toute l'harmonie de l'univers s'évanouirait : ainsi, en forçant une seule corde d'une lyre, on

détruirait l'harmonie des sons. Mais cela n'empêche pas que Dieu ne puisse créer d'autres mondes, et, les soumettant à d'autres lois, des mondes plus parfaits que les mondes présents.

QUEST. XXVI. — Nous terminerons ce qui concerne l'essence de Dieu, en parlant de sa béatitude.

1. Il faut admettre en Dieu une béatitude souveraine. Le bonheur, c'est le bien parfait que possède une nature intelligente. Elle trouve dans la connaissance de ce bien une pleine et entière satisfaction ; elle tient en son pouvoir tous les événements qui la concernent, et enfin elle a le domaine de ses actions : telles sont les conditions auxquelles une nature intelligente sera souverainement heureuse. La nature divine les réunit toutes, puisqu'elle possède l'être avec toutes ses perfections.

2. La béatitude consiste dans l'exercice de l'intelligence. Le bonheur est la connaissance qu'une nature intelligente a de sa perfection. Elle y aspire, elle cherche sans cesse cette suprême félicité, de même que les choses naturelles sont portées par un mouvement irrésistible, vers la perfection de leur être. Existe-t-il pour une nature douée d'intelligence, un bien plus parfait que l'exercice de cette faculté? Dieu est donc heureux par la contemplation de son être et de ses perfections ; voilà pourquoi la béatitude est appelée une vision, et ceux qui en jouissent sont dits les *bienheureux*.

3. Dieu possède éminemment tout ce qui, dans le bonheur vrai ou faux, peut exciter nos désirs. La vue de lui-même et le spectacle du monde lui procurent la béatitude contemplative ; le gouvernement de l'univers, la béatitude active. Quant au bonheur terrestre, qui consiste, suivant Boëce, dans le plaisir, les richesses, le pouvoir, la dignité, la gloire ; son plaisir, c'est la joie qu'il trouve en lui-même et dans ses créatures, ses richesses sont la plénitude absolue que les trésors de la terre ne font que promettre, son pouvoir est la toute-puissance, sa dignité, le gouvernement de l'univers, sa gloire, l'admiration de toutes les créatures.

CHAPITRE V.

DE LA TRINITÉ.

QUEST. XXVIII. — Les questions qui précèdent se rapportent à l'unité de l'essence divine; parlons maintenant de la trinité des personnes. Afin de procéder avec ordre, nous réunirons autour de trois points principaux tout ce que nous avons à dire sur la Trinité. Nous traiterons : 1° des processions; 2° des relations ; 3° des personnes divines.

1. Il y a en Dieu des processions. Notre-Seigneur a dit : Je procède de Dieu. (S. Jean, VIII, 42.) L'âme de l'homme étant l'image de Dieu, si je trouve en elle des processions, je puis avec raison conclure que des processions existent en Dieu. Lorsque, recueilli au dedans de moi-même, j'observe le phénomène de ma pensée, je remarque qu'elle sort ou procède de mon intelligence. Mon intelligence a conçu cette parole intérieure que je me parle à moi-même et que ma voix exprime d'une manière sensible. Dieu, étant tout intelligence, se dit aussi à lui-même une parole intérieure. Ce Verbe a donc en Dieu comme en moi l'existence par mode de procession, et l'acte qui le produit étant celui d'une intelligence parfaite, il est entièrement semblable à son principe.

Mais là ne se borne pas l'activité de mon âme. Après avoir conçu une idée, je me sens de l'amour pour elle. Mon cœur incline vers ce *Fils* de mon intelligence et je l'aime comme un père aime son enfant. Ce mouvement d'amour est une seconde procession que m'offre la connaissance de mon âme; donc une procession semblable existe en Celui qui m'a fait à son image, et il y a deux processions divines, celle du Verbe et celle de l'Amour. Mais il faut admettre entre elles et les miennes cette différence que, venant en Dieu d'un principe parfait, ce sont des personnes vivantes, et qu'en moi elles n'ont ni la personnalité ni la vie.

2. Il n'y a pas en Dieu d'autres processions que celle du Verbe et celle de l'amour. Les processions sont des actions *ad intra*; elles s'accomplissent tout entières au dedans de la nature intelligente. Or on ne connaît à une nature intelligente d'autre action intérieure que celle de penser et celle d'aimer. L'action de sentir s'accomplissant par l'influence d'une chose sensible sur les sens, n'est pas purement intérieure.

3. Ces deux processions n'ont pas lieu de la même manière : celle du Verbe est une vraie génération ; celle de l'amour n'est autre chose qu'une procession.

On distingue deux sortes de génération, celle des êtres inanimés et celle des êtres vivants. La première, c'est le passage du néant à l'être. La seconde se définit ainsi : *Origo viventis a vivente, principio conjuncto.* C'est l'origine d'un être vivant et produit par un principe vivant qui lui communique sa substance. Ainsi un père, principe vivant, engendre un fils vivant aussi et uni à lui par la substance paternelle qui lui a été transmise. Cependant il ne faut pas dire que tout dans le fils ait le caractère de la génération, comme les cheveux, la barbe, etc. On n'appelle engendré que ce qui est nécessaire pour que le fils ressemble au père. Ces préliminaires établis, ne trouvons-nous pas dans la procession du Verbe, une vraie génération ? Il sort d'un principe vivant, puisqu'il est produit par une opération intellectuelle (penser, avons-nous dit, est le propre des êtres vivants). Il est vivant aussi, puisqu'il est semblable au principe d'où il émane. La substance de son Père lui est transmise, et tout entière, la substance divine étant indivisible.

Il n'en est pas ainsi de la procession de l'amour. La volonté ou la faculté d'aimer, ne s'exerce pas comme l'intelligence, en produisant quelque chose de semblable à elle, mais elle se porte par des désirs vers l'objet aimé. L'amour ne sort pas de la volonté comme l'idée de la chose comprise sort de l'intelligence. C'est un souffle, *spiritus*, un vent qui nous porte sur ses ailes et nous agite jusqu'à ce que nous soyons unis à l'objet de nos désirs. Il n'a donc pas le caractère de la génération.

4. Il faut admettre en Dieu des relations réelles. La relation est un rapport entre celui qui procède et son principe. Il en est qui ne sont que de raison ; par exemple, comparant l'homme à l'animal, je trouve entre eux la relation de l'espèce au genre. D'autres sont réelles, c'est-à-dire n'existent pas seulement dans ma raison, mais aussi dans les choses ; telle est la relation d'un corps pesant avec le milieu qui l'entoure. Les relations divines sont-elles réelles, ou seulement de raison ? On ne peut douter qu'elles ne soient réelles, puisque les processions le sont aussi ; si ce n'étaient que des relations rationnelles, la paternité, la filiation n'existeraient pas réellement en Dieu, ce qui est contraire à la foi. Cependant on ne peut appeler relation réelle la procession des créatures, parce qu'elle ne s'accomplit pas, comme celle du Fils et du Saint Esprit, au dedans de la substance divine.

Sabellius est tombé dans l'hérésie en disant que le Fils et le Saint-Esprit ne sont autres que le Père connaissant, le Père aimant.

5. La relation réelle est une seule et même chose avec l'essence de Dieu. Si elle en différait essentiellement, ce serait une créature et elle ne mériterait pas nos adorations ; nous ne chanterions pas dans la préface de la Trinité : « Adorez la propriété dans les personnes, l'unité dans l'essence, l'égalité dans la majesté. » La différence n'est qu'accidentelle et relative à notre faiblesse. Notre intelligence considère l'essence divine sous différents rapports, afin de mieux la connaître et de mieux saisir ce qu'il y a en elle d'intelligible ; ce sont ces rapports que nous appelons des rela-

tions, mais en supposant toujours qu'ils se confondent avec l'essence de Dieu.

6. Cela n'empêche pas qu'elles ne soient distinctes l'une de l'autre. Quand on attribue une qualité à un être, il faut lui supposer tout ce qui en découle nécessairement. Si vous dites en le désignant, que c'est un homme, il faut lui accorder nécessairement la qualité de raisonnable. De même, ayant admis en Dieu des relations, il faut que vous admettiez ce qui en est la conséquence nécessaire. Or telle est la distinction : qui dit relation, dit deux termes opposés, donc les relations qui les mettent en rapport sont distinctes. Toutes, il est vrai, se rapportent à l'essence de Dieu, mais d'une manière différente : ainsi l'activité et la passivité concernent le mouvement, et néanmoins se distinguent entre elles : l'une indique le mouvement donné ; l'autre, le mouvement reçu.

7. Il y a en Dieu quatre relations réelles : la paternité, la filiation, la procession et la spiration commune au Père et au Fils. Les relations d'un être ne peuvent naître que de la quantité, de la passion ou de l'action. Il ne faut point supposer en Dieu de passion, car il est immuable ; ni de quantité, « il est grand sans mesure. » (S. Aug.) Les relations qui sont en Dieu ne peuvent donc venir que de son action externe ou de son action interne. La première, nous l'avons dit, et nous le verrons de nouveau en parlant de la création, ne produit de relation que dans les êtres créés. Donc les relations de Dieu viennent de son action *ad intra*, ou des processions. Chacune des deux processions supposant deux termes opposés, *terminus à quo, terminus ad quem*, nous avons raison de compter en Dieu les quatre relations nommées ci-dessus.

On dit : Pourquoi en multiplier le nombre au delà de celui des processions ? D'un terme à un autre le chemin est le même. C'est la même route qui conduit d'Athènes à Thèbes et de Thèbes à Athènes ? — Les rapports réciproques de ces deux villes peuvent être différents. Ceux d'un père avec son fils sont-ils ceux du fils avec son père ? Les premiers sont déterminés d'une manière précise par la Paternité; les seconds, par la Filiation. La même remarque peut s'appliquer d'un côté à la spiration commune, et de l'autre, à la procession du Saint-Esprit.

QUEST. XXIX. — Après avoir examiné les processions et les relations divines, il faut parler des personnes. Nous les considérerons d'abord sous un point de vue général, puis nous traiterons de chacune d'elles en particulier.

1. Boëce définit la personne : *rationalis naturæ individua substantia*. C'est une substance, dit-il, afin de montrer qu'elle existe en elle-même sans avoir besoin, comme les accidents, d'être reçue dans un sujet étranger qui la soutienne. Cette substance est individuelle, c'est-à-dire qu'elle ne concourt pas avec autre chose, à faire un tout dont elle ne serait qu'une partie intégrante. La personne réunit tout ce qui complète un individu et le distingue de ce qui n'est point lui. Enfin, une substance individuelle peut n'être qu'un suppôt ou une hypostase, suivant le langage des Grecs. Pour mériter le nom de personne, il faut qu'elle soit la substance d'une nature raisonnable, d'une nature qui ait le domaine de ses actes.

2. Partant de cette notion de la personne, pouvons-nous l'appliquer à Dieu? Oui, puisqu'il réunit au plus haut degré toutes les qualités essentielles à une personne. Nous le pouvons aussi en remontant à l'étymologie du mot. Il vient du latin *personare* résonner au loin. De même qu'un instrument de musique agrandit la portée de la voix, ainsi un masque, *persona*, relève un homme vulgaire, et le représente comme s'il avait réellement la dignité du personnage dont il joue le rôle. Sans donner au mot *personne* son sens étymologique, mais l'idée qu'il signifie, on l'a pris pour désigner en général quelque chose d'éminent, celle des substances qui est la plus excellente, la substance d'une nature raisonnable. La raison n'élève-t-elle pas en effet à une haute dignité les êtres qui en ont reçu le don? Dieu étant la source de tout ce qu'il y a de beau, de bon, de vrai dans les créatures, c'est surtout à Dieu que convient l'auguste nom de personne.

Nous ne retrouvons ce nom donné à Dieu dans aucune page de l'Ancien ni du Nouveau Testament, mais une multitude de textes contiennent l'équivalent et nous donnent le droit d'attribuer à Dieu le nom de personne : ainsi, pour n'en citer qu'un : « Il en est trois qui rendent témoignage au ciel, le Père, le Verbe et l'Esprit, et ces trois ne font qu'un. » (I S. Jean, v, 7.) « Quels sont-ils ? demande saint Augustin. Les trois personnes divines. » Il faut bien, si nous voulons répondre aux hérétiques, nous servir de mots nouveaux pour expliquer la foi ancienne. Ces nouveautés ne faisant que développer le texte sacré, n'ont rien de profane, et ne sont pas de celles que l'Apôtre conseille d'éviter. (I Tim.)

Voyons maintenant la pluralité des personnes.

QUEST. XXX. — 1. Il y a plusieurs personnes en Dieu : « Autre est la personne du Père, autre la personne du Fils, autre la personne du Saint-Esprit. » (Symbole de S. Athanase.) La personne en Dieu est une relation réelle, subsistant dans la nature divine. Or, nous venons de le voir (Q. xxviii), il faut admettre en Dieu plusieurs relations réelles et subsistantes.

Il ne faut pas en conclure que la personne étant une substance, la pluralité des personnes supposerait en Dieu plusieurs substances, ce qui est hérétique. Le mot substance, dans la définition donnée, n'est pas synonyme de subsistance. Il veut dire quelque chose qui subsiste individuellement, mais dans l'unité d'une essence.

2. Il y a trois personnes divines. C'est une vérité de foi que Dieu existe en trois personnes, ni plus ni moins. Nous avons compté, il est vrai, quatre relations, mais, pour former une personne, il faut qu'une relation soit opposée directement à une autre relation, et qu'elle en soit le terme correspondant. La relation de paternité ayant un terme opposé, le Fils, la paternité subsistante est une personne. Le terme opposé à la filiation, c'est le Père, donc la filiation subsistante est une seconde personne. La relation de l'amour a pour terme opposé le Père et le Fils,

dont il procède. Cette procession constitue la troisième personne, que nous appelons le Saint-Esprit. Nous verrons plus bas pourquoi ce nom lui a été donné. Les deux spirations ne produisent pas deux personnes, parce qu'elles n'ont pas entre elles une opposition réciproque. C'est pourquoi il ne faut pas dire le Père et le Fils sont les principes, mais le principe du Saint-Esprit.

* La question XXXI n'est qu'une question de langage. On peut la résumer en deux mots : quand on parle de la Trinité, il ne faut jamais employer d'expression qui détruise, ou l'unité de la substance, ou la trinité des personnes. On évitera ainsi les deux principales hérésies qui ont altéré le dogme de la Trinité : l'hérésie d'Arius et celle de Sabellius.

QUEST. XXXII. — 1. La raison peut-elle, sans les lumières de la foi, arriver à la connaissance de la Trinité ? La raison, abandonnée à ses propres lumières, ne connaît Dieu que par ses œuvres, et celles-ci ne nous le montrant que comme l'effet montre la cause ne nous font connaître de lui que sa causalité. Or, la puissance créatrice qu'elles nous découvrent est commune aux trois personnes. La raison peut parvenir à connaître ce qui regarde l'unité de l'essence ; la distinction des personnes lui est naturellement inaccessible.

Il est dangereux de dire, d'une manière générale, que telle vérité révélée est du domaine de la raison. Nos dogmes habitent une région que notre faiblesse naturelle ne saurait atteindre, que n'éclairent point les lumières de notre raison : « *Fides est argumentum non apparentium.* » (Hébr., XI, 1.) « Nous prêchons la sagesse qui n'a pas été révélée aux princes de ce monde » (I Cor., II, 6), aux philosophes, dit la Glose.

Non-seulement c'est tenter l'impossible que de vouloir prouver par les seuls arguments de la raison, les vérités surnaturelles, c'est causer à la foi le plus grand préjudice, en ce sens qu'on l'expose aux railleries et aux dérisions de l'incrédule. Quoi que l'on dise, on sera toujours dans l'impuissance de justifier, par des raisonnements humains, la croyance à la Trinité. L'argumentation prêtera, d'un côté ou d'un autre, le flanc à l'attaque. L'incrédule, pensant que notre foi n'a pas de fondement plus solide, se rira de notre empressement à admettre des propositions si peu prouvées. Quand on veut démontrer une vérité qui est de foi, il faut toujours avertir, qu'outre les preuves et les analogies données par la raison, notre croyance a un fondement inébranlable, l'autorité de Dieu. Dieu a-t-il parlé, oui ou non? Telle est pour nous la question capitale. « Celui qui rejette l'Écriture, sera toujours étranger à notre science. » (S. Denis, *Noms divins*, ch. II.) Le philosophe chrétien devra se borner à réfuter ces objections, à prouver qu'il n'y a, dans les enseignements de la foi, ni contradiction ni impossibilité. Ainsi on peut établir, par des raisonnements aussi rigoureux que ceux des mathématiques, l'existence et l'unité de Dieu ; on ne saurait, en dehors de l'Écriture, prouver la trinité des personnes que par l'argument appelé hypothétique. Il consiste à faire une hypothèse et à montrer que des vérités ou des faits incontestés lui sont conformes. Connaissant la Trinité, on trouve dans le monde matériel et dans le monde spirituel des analogies frappantes, des comparaisons ingénieuses ; mais, séparées de l'Écriture, elles ne seraient pas des preuves suffisantes. Celles mêmes que l'on tire de l'âme humaine, quoique les plus belles et les plus justes, ont leur côté faible : c'est la différence entre notre nature et celle de Dieu.

On dit : La raison montre assez qu'il y a en Dieu un Verbe égal à son principe ; une intelligence parfaite, douée d'une puissance sans bornes, doit nécessairement produire un effet infini? D'ailleurs, il n'y a pas de bonheur si on ne le partage avec un autre : la bonté de Dieu suppose en lui diverses personnes afin de pouvoir être heureux en partageant avec elles son bonheur. — Mais nous avons vu, en parlant de la puissance divine, qu'elle peut se manifester à l'infini sans produire des effets infinis : il suffit qu'elle crée, qu'elle tire un être du néant. Le Verbe pourrait donc, d'après la raison, être fini, et ne pas avoir un être plus parfait que ne comporterait sa nature créée. Le bonheur parfait ne demande pas à être partagé, sinon il ne réunit point la plénitude du bonheur. Si je suis obligé, pour être heureux, de m'associer d'autres personnes, le bonheur dont je jouis n'est point parfait, ce n'est pas la félicité suprême telle que nous la concevons en Dieu.

Mais si la raison ne saurait comprendre la Trinité, à quoi lui sert-il d'en connaître l'existence? C'est une connaissance très-utile en ce qu'elle nous fait éviter de graves erreurs touchant l'origine du monde. Elle nous montre le Verbe, cause efficiente des créatures, et l'amour, qui en est la cause finale. Enfin, sans la connaissance de la Trinité, on ne saurait avoir une juste idée du salut qui a été accompli par le Verbe et le don de l'Esprit-Saint.

Platon, il est vrai, tout païen qu'il était, a connu quelque chose de semblable à la Trinité. Il a parlé de l'intelligence divine produisant le Verbe, mais il ne dit pas que ce Verbe soit une personne vivante. Ce n'est, d'après lui, qu'une conception idéale qui aurait été le type et le modèle de toutes choses. Ni lui, ni aucun des anciens philosophes, ne semble avoir soupçonné seulement l'existence de la troisième personne divine, telle que la foi nous l'enseigne (1).

2. Il faut admettre en Dieu des notions. On appelle ainsi une qualité particulière qui nous sert à connaître une personne, et à la distinguer d'avec une autre. Nous nommons les êtres d'après la connaissance que nous en avons. Connaissant en Dieu des propriétés, ou choses particulières à telle ou telle personne, pourquoi ne leur donnerions-nous pas un nom particulier? C'est celui de *notion*.

D'autres motifs nous y déterminent encore. Les hérétiques nous disent : Comment un, et comment trois? Nous répondons :

---

(1) D'ailleurs Platon ayant fait, selon le témoignage de l'histoire, plusieurs voyages en Orient, n'a-t-il pas eu connaissance de nos livres saints, et puisé dans la révélation ce qu'il dit du Verbe de Dieu?

Un par l'essence ou la déité, trois par les personnes, que les notions nous empêchent de confondre. D'ailleurs, la notion est nécessaire pour dire tout ce qu'une personne a de particulier. Le mot paternité, par exemple, ne suffit pas pour désigner tout ce qui est propre à la personne du Père : il ne dit pas la procession du Saint-Esprit. C'est pourquoi il faut une notion qui supplée à cette omission, c'est celle de spiration commune. Il y a en Dieu des notions personnelles, c'est-à-dire qui distinguent des personnes, la paternité, la filiation, la procession. Il y a deux notions de personnes, c'est-à-dire qui désignent des personnes déjà connues distinctement, c'est l'innascibilité du Père, et la spiration commune au Père et au Fils.

Nous parlerons, dans les questions suivantes, de chacune des personnes en particulier.

QUEST. XXXIII. — 1. Pourquoi donne-t-on au Père le nom de principe? On appelle principe le premier terme d'une chose, ce qui est son point de départ et son origine. Or, le Père est le premier terme des personnes divines, et ne procède d'aucune d'entre elles. S'ensuit-il qu'il diffère du Fils et du Saint-Esprit? Non ; ce mot principe désigne seulement un ordre d'origine entre personnes semblables : ainsi le point, qui est le principe de la ligne, est une seule et même chose avec elle ; le Fils et le Saint-Esprit ne lui sont pas pour cela inférieurs ni sujets, leur être étant égal à l'être du Père.

2. Le nom de Père est celui qui lui convient le mieux. Le nom d'une personne représente ce qui la distingue de tout ce qui n'est pas elle : mon nom me sépare de tous les êtres qui me sont étrangers, existants ou possibles. Qu'est-ce qui distingue la première personne d'avec les deux autres? La paternité. L'innascibilité ne dit point assez, la spiration lui est commune au Fils, donc le mot Père est celui qui désigne le mieux la première personne.

3. C'est plutôt parce qu'il engendre son Fils que parce qu'il produit les créatures. La ressemblance du Fils avec son Père est

une ressemblance de nature, par conséquent une ressemblance parfaite. Les créatures ne lui ressemblent que d'un côté. Elles lui ont acquis le nom de Père moins que son Fils par nature. Le nom de lion, donné quelquefois à l'homme, lui convient moins qu'à cet animal. Nous ne lui ressemblons que d'une manière éloignée, par la force et le courage. Ainsi, plus un être se rapproche de Dieu, plus on peut dire que Dieu en est le Père. Il n'est guère le père de la pluie et de la rosée : *Quis est pluviæ pater? aut quis genuit stillas roris.* (Job, XXXVIII, 28.) Il mérite un peu plus d'être appelé le Père de la créature raisonnable, encore mieux de l'âme sanctifiée par la grâce, il est surtout le Père de l'âme glorifiée, parce que c'est la lumière de la gloire qui donne à l'âme le plus de ressemblance avec Dieu.

QUEST. XXXIV. — On donne à la seconde personne les noms de Fils, de Verbe et d'Image. En parlant du Père, nous avons dit assez ce qu'est le Fils.

1. Le mot Verbe désigne-t-il une personne ou l'essence divine? Il peut se prendre en divers sens. Ou bien il désigne l'idée conçue dans notre intelligence, ou le bruit qui frappe nos oreilles, ou l'imagination même de la parole. Saint Jean Damascène donne au mot Verbe ces trois acceptions quand il dit : « Le Verbe est le mouvement naturel de l'intelligence, sa lumière et sa splendeur ; le Verbe est l'ange et le messager de l'intelligence ; Le Verbe n'est pas ce que la voix fait entendre, mais ce que le cœur prononce. » (*Fid. orth.*, l. I, ch. XVII.) Enfin ce mot, pris au figuré, signifie le Verbe intérieur, par exemple, tel est le Verbe du roi, sa parole ou son ordre. Mais le plus communément le mot Verbe signifie le concept de l'entendement, cette parole intérieure que la langue n'a pas encore exprimée. Lorsque l'âme recueillie entend cette voix intérieure, elle peut avoir une idée de ce qu'est le Verbe divin : *Quisquis potest intelligere Verbum non solum antequam sonet, verum etiam antequam sonorum ejus imagines cogitatione involvantur, jam potest videre aliquam Verbi illius similitu-*

dinem, de quo dictum est : In principio erat Verbum. (S. Aug.) Ce Verbe est le fruit de l'intelligence dont il procède. Donc ce mot désigne une personne, non l'essence divine.

2. Il désigne aussi un rapport avec les créatures. Mon Verbe représente les connaissances ou pensées diverses que possède mon intelligence. Elle est le siége de plusieurs Verbes ou paroles intérieures, parce que nos idées sont multiples. Dieu connaissant d'un seul et même acte son essence et les créatures, n'a qu'une idée et qu'un Verbe. Relativement à Dieu, le rapport du Verbe est éternel ; il a commencé dans le temps, relativement aux créatures, car il en est, outre l'image, la cause efficiente : *Dixit, et facta sunt.* (Ps., xxxii, 9.)

QUEST. XXXV. — 3. Le Verbe est l'image du Père, non le Saint-Esprit. L'Écriture n'a jamais donné à la troisième personne le nom d'image, tandis qu'elle l'attribue, en plusieurs endroits, à la seconde. Les uns l'expliquent d'une façon, les autres d'une autre. La raison qui me paraît la meilleure est celle-ci : le Fils procède du Père par mode de génération, la procession du Saint-Esprit se fait par mode d'amour. Le propre de la génération physique ou intellectuelle, c'est de produire une image de nature semblable à celle du Père. Je dis : de même nature, car elle peut lui ressembler de plusieurs sortes, ou comme le Fils est l'image de son Père, ou comme une pièce de monnaie est l'image du roi, ou comme un œuf ressemble à un œuf. Mais, pour faire une image parfaite, il faut une ressemblance fondée sur la nature même de l'être dont la similitude procède, ou au moins sur un signe qui en caractérise l'espèce. Dans les êtres corporels, surtout les animaux, c'est la figure ; les couleurs ne suffisent point pour constituer une image proprement dite. Or, le Fils remplit-il les deux conditions de l'image parfaite ? Oui, car il tire son origine du Père, et, étant son Fils par nature, en reproduit parfaitement l'image. Il est « la splendeur de sa gloire, la figure de sa substance (Hébr., i, 3), la clarté de la lumière éternelle, le miroir sans tache de la majesté de Dieu et l'image de sa bonté.» (Sagesse, VII.) — Il n'en est pas ainsi de l'Esprit-Saint, le propre de l'amour n'étant pas de reproduire une ressemblance, mais d'attirer celui dont il procède. Quant à l'homme, il n'est pas l'image, mais plutôt à l'image de Dieu, comme une pièce de monnaie est à l'image du roi, expression qui indique un effort, une tendance vers la perfection non acquise.

QUEST. XXXVI. — 1. Le mot d'Esprit-Saint est-il propre à désigner la personne divine qui procède par voie d'amour? Il n'y a pas de nom qui puisse par lui-même désigner la relation d'amour comme ceux de père et de fils désignent les relations de filiation et de paternité. Il fallait trouver un nom; celui dont on est convenu est celui d'Esprit-Saint. On l'a fait avec raison, car il désigne bien une personne semblable au Père et au Fils. Le Père et le Fils sont esprits, et ils ont éminemment la sainteté. Il désigne bien une personne qui procède de leur amour réciproque. Le mot *spiritus* veut dire souffle, impulsion. Deux personnes qui s'aiment se portent l'une vers l'autre comme sollicitées par un souffle, entraînées par un moteur intérieur et volontaire. Ce souffle est appelé saint, parce que Dieu est saint et que tout en lui porte le caractère de la sainteté.

2. Il procède du Père et du Fils. Cette thèse combat l'erreur des Grecs qui admettaient, conformément aux paroles les plus expresses de l'Écriture, et à la définition du premier concile général de Constantinople, contre Macédonius, que le Saint-Esprit procède du Père, mais niaient sa procession du Saint-Esprit. Comment concilier leur négation avec les paroles de saint Jean, attribuant au Fils tout ce qu'a le Père? (Ch. XVI.) S'il procède du Père, il procède du Fils, sinon tout n'est pas commun entre le Fils et le Père (j'excepte, bien entendu, les notions personnelles). Ainsi, il faut dire que le Père et le Fils sont *le* principe, non *les* principes du Saint-Esprit, et qu'en cette qualité ils ne diffèrent point l'un de l'autre. — Le Père a deux relations.

Dire qu'elles concernent une seule et même personne, n'est-ce pas détruire le dogme de la Trinité? La question est donc de savoir en quoi elles diffèrent ; est-ce par l'essence? Non, elle est une en Dieu. Ce ne peut être que par les relations d'origine, ces relations étant les seules choses qui diffèrent en Dieu. Or, qui dit origine, dit un principe et un terme de ce principe. Il faut, pour qu'il y ait origine, un principe, puis un écoulement, une procession de ce principe, comme le rayon lumineux vient du soleil, la ligne, du point, le ruisseau, de la source. Donc de deux choses l'une, ou le Fils procède du Saint-Esprit, ce que personne jusqu'ici n'a osé dire, ou le Saint-Esprit procède du Fils, ce qui est vrai et de foi tout ensemble.

Une autre considération vient à l'appui de ce qui précède. Le Saint-Esprit procède par mode d'amour, le Fils par mode d'intelligence. Mais nous n'aimons que ce que l'intelligence nous fait voir. L'amour suppose une idée ou un Verbe dont il procède. Donc l'amour de Dieu, l'Esprit-Saint, procède du Fils ou du Verbe.

Pourquoi le concile de Constantinople, définissant ce que la foi nous enseigne du Saint-Esprit, déclare-t-il qu'il procède du Saint-Esprit, sans faire mention du Fils? C'est qu'au temps du concile ce dogme n'était pas encore attaqué, ou ne l'était qu'implicitement, et qu'une seule décision suffisait. Macédonius ne niait qu'une chose, c'est que le Saint-Esprit procédât du Père. L'Église, aussitôt, foudroya cette hérésie. Plus tard, des hérétiques ayant nié qu'il procédât du Fils, et infecté de leur doctrine toute l'Église d'Orient, l'Église d'Occident protesta, ajoutant aux mots du Credo *qui ex Patre procedit*, celui-ci : *Filioque,* et le concile général de Florence déclara cette addition légitime et conforme à la foi.

Il n'est rien de plus intéressant, dans l'histoire de l'Église, que cette explication du dogme catholique, son développement (non son changement) à travers le cours des siècles. Le démon avait tenté, par les persécutions, de faire périr l'Église naissante. Onze millions de martyrs trompèrent ses espérances et assurèrent le triomphe de l'Eglise ; honteux de sa défaite, le père du mensonge varia ses attaques. Il suscita des hérétiques qui nièrent successivement tous nos articles de foi. L'Église, voyant un de ses dogmes contesté, appelait autour du Père commun des fidèles les pasteurs chargés de veiller à l'intégrité de la foi. L'erreur était confondue, la vérité sortait triomphante. Un hérésiarque élevait-il la voix quelque temps après, c'était pour l'Eglise l'occasion d'une nouvelle victoire. Les martyrs et les évêques, voilà les deux armées qui gardent le dépôt de la foi et arrêtent les complots ourdis par le père du mensonge, mais l'histoire montre que l'Église en use avec intelligence. Elle ne proclame telle vérité article de foi, qu'au moment où elle est contestée, ou bien lorsque des raisons légitimes lui montrent l'opportunité d'une décision dogmatique.

QUEST. XXXVII ET XXXVIII. — 1. Le Saint-Esprit est aussi appelé amour. La procession du Verbe nous étant mieux connue que celle de l'Esprit-Saint, nous avons trouvé pour désigner la première un nom plus convenable que pour désigner la seconde. Quand je conçois une pensée, il se produit dans mon intelligence une image de la chose à laquelle je pense. Quand j'aime, il se fait aussi en moi une impression de l'objet aimé. Si je suis l'objet de ma pensée et de mon amour, je suis doublement en moi, par identité et par image. Le mot verbe désigne l'image de l'objet pensé. Quant à l'image de l'objet aimé, aucun mot ne la désigne précisément. Le mot amour ne représente dans une âme que l'impression produite par un objet aimé, et un mouvement d'aspiration vers cet objet. Le Saint-Esprit procédant de cette *spiration* mutuelle du Père et du Fils, c'est avec raison qu'on l'appelle amour. Il est dans le Père l'impression du Fils aimé, et dans le Fils celle du Père aimé. C'est pourquoi on l'appelle le nœud ou le lien qui unit le Père au Fils.

2. Enfin il est appelé un don. Un don est une chose concédée

sans retour. L'amour, voilà la source des donations gratuites. Ainsi la raison pour laquelle nous appelons le Saint-Esprit un don, c'est que l'amour est la source de tous les dons gratuits venus de Dieu. Une autre considération nous montre la convenance de ce nom donné à l'Esprit-Saint. Que faut-il pour qu'une chose soit apte à être donnée ? Qu'elle appartienne à celui qui la donne, et que celui à qui elle est donnée soit apte à la recevoir. Une personne divine ne peut appartenir à une autre que par l'origine. Le Saint-Esprit appartient au Père et au Fils en ce sens qu'il en procède comme de son principe. Quelles sont les créatures capables de le recevoir ? Les créatures raisonnables, unies à Dieu par l'intelligence et l'amour ; le Saint-Esprit leur est donné, car une chose est bien donnée quand nous pouvons en jouir et en user à discrétion. C'est ce que font les âmes saintes, leur intelligence et leur amour n'ayant pas d'autres lumières ni d'autres attraits que les lumières de Dieu et les attraits de sa beauté. La créature sans raison ne peut participer ainsi à l'intelligence et à l'amour procédant de Dieu. Elle est capable de recevoir une personne divine en ce sens seulement qu'elle peut tenir de sa libéralité la conservation de son être et le mouvement, mais elle ne peut s'ouvrir et lui donner accès au plus intime de son être.

Les questions XXXIX, XL et XLI ont pour objet de considérer les rapports des personnes divines avec leur essence, leurs relations et leurs actes rationnels. Elles sont peu importantes : nous pouvons les passer sans regret, excepté ce qui concerne l'appropriation, dont les théologiens parlent si souvent.

Elle consiste à attribuer spécialement à une personne, afin de nous la mieux faire connaître, ce qui appartient néanmoins aux trois personnes divines. L'Écriture nous en donne le droit : souvent elle attribue au Père, au Fils ou au Saint-Esprit, ce qui est l'œuvre de la Trinité tout entière : *Pater in me manens facit opera. — Charitas Dei diffusa est in cordibus nostris, per Spiritum sanctum,* etc. Nous disons, par appropriation, que le Père nous a créés, que le Fils nous a rachetés, que le Saint-Esprit nous a sanctifiés.—Rien de plus conforme à la raison. Pourquoi ne donnerions-nous pas à chaque personne l'attribut qui semble lui appartenir en propre, à cause du rôle qu'elle remplit dans l'économie de la vie intérieure de Dieu ? J'attribue au Père l'éternité et la puissance, parce qu'il est sans principe et produit les deux autres personnes ; au Fils la beauté, parce qu'il est l'image et la splendeur de la beauté incréée ; la sagesse, parce qu'il est la pensée de Dieu ; au Saint-Esprit la sanctification de nos âmes, parce que c'est l'amour qui porte Dieu a répandre dans nos âmes la grâce sanctifiante.

QUEST. XLII. *Égalité et ressemblance réciproque des trois personnes divines.* — 1. Elles sont parfaitement égales entre elles. L'inégalité supposant le plus ou le moins ne se trouve que là où il y a quantité. Or Dieu est sans mesure, sa quantité n'est autre que son essence, une et simple. S'il y avait inégalité entre les trois personnes, comment se réuniraient-elles dans la simplicité de leur essence ?

2. Une personne est éternelle comme celle dont elle procède. Une chose qui procède d'un principe peut lui être postérieure de deux manières, à raison de l'agent qui la produit ou à raison de l'action productrice. S'agit-il d'un agent libre ? Son action peut lui être postérieure par le temps. Comme il choisit la forme qu'il donne à son œuvre, il peut choisir pour la faire un temps plus ou moins reculé. S'agit-il d'un agent naturel ? Il est possible qu'il ne puisse produire son œuvre aussitôt qu'il existe et qu'il ait besoin auparavant d'atteindre un certain développement, comme l'animal pour engendrer ; il est alors antérieur à son effet. J'ai dit qu'il pouvait l'être aussi à raison de l'action qu'il produit : c'est quand cette action exige succession et mouvement. Or ce qui, en Dieu, procède d'un principe peut-il lui être postérieur, soit à raison de l'action, soit à raison de l'agent ? Il ne peut l'être à raison de l'action, celle de Dieu étant instantanée, sans succession

ni mouvement. D'un autre côté, Dieu, dans la génération de son Fils, n'est pas agent libre. Il ne lui est pas plus possible de ne pas produire son Verbe, qu'il n'est possible au soleil de retenir ses rayons. D'ailleurs il a de toute éternité la vertu qui produit. Donc il est impossible que son Fils ne soit éternel comme lui. On peut démontrer par le même raisonnement l'éternité du Saint-Esprit.

Mais si le Père n'est ni plus ancien ni plus parfait que le Fils, comment Jésus-Christ a-t-il pu dire : Le Père est plus grand que moi ? Le Symbole de saint Athanase a résolu l'objection : *Æqualis Patri secundum divinitatem, minor Patre secundum humanitatem.* La grandeur en Dieu, c'est la perfection de la nature. La nature du Père passant entièrement dans le Fils, il faut de toute nécessité que le Fils lui soit égal. Ce qui fait que parmi les hommes le fils n'est pas en naissant égal au père, c'est que dans la génération quelque chose passe de l'état de puissance à l'état d'acte. La nature tend peu à peu à faire disparaître cette inégalité, et elle y suffit, à moins qu'un défaut dans le principe générateur n'entrave le développement de l'effet émané de lui. En Dieu le principe générateur étant parfait, ne peut manquer de produire un Fils qui lui est égal. On voit aisément par là l'égalité du Saint-Esprit.

QUEST. XLIII. *Mission des personnes.*— 1. Comment une personne divine peut-elle être envoyée ? En ce sens qu'elle procède d'une autre, et commence à être où elle était d'une nouvelle manière. Deux conditions sont nécessaires pour qu'on puisse dire d'une personne qu'elle est envoyée. Il faut qu'une autre lui donne sa mission, et ensuite, qu'elle se rende en un lieu où elle n'est pas. Toute la question se réduit à celle-ci : de qui une personne divine peut-elle recevoir une mission, et étant partout, comment voulez-vous qu'elle *commence* à être, n'importe en quel lieu ?

On peut être envoyé de plusieurs manières; par un commandement, comme le serviteur que son maître envoie; par un conseil, comme un roi que ses ministres envoient à l'armée; par son origine, comme une fleur que l'arbre envoie lorsqu'elle sort de sa tige. La perfection essentielle à Dieu dit assez que c'est de cette dernière manière seulement qu'une personne divine peut être envoyée. Mais comment s'accomplira la seconde condition nécessaire à la mission d'une personne divine? En ce sens que, là où déjà elle était, elle commencera à exister d'une manière différente, en faisant naître avec les créatures des rapports qui n'existaient pas auparavant. Le Fils était dans le monde par son immensité et par la lumière qui éclaire toute intelligence, il y sera envoyé, en se revêtant de la nature humaine, et le Saint-Esprit, en sanctifiant nos âmes. Ainsi la mission d'une personne divine est, d'un côté, éternelle, de l'autre, temporelle, et celle-ci n'apporte pas plus de changement en Dieu, que l'empire de la création au commencement des siècles.

Le Père étant principe et ne procédant ni du Fils ni du Saint-Esprit, ne peut être envoyé : il ne réunit pas les deux conditions requises pour une mission.

2. Convient-il que le Fils et le Saint-Esprit soient envoyés visiblement? L'homme a naturellement besoin des choses visibles pour s'élever aux choses invisibles : il ne peut prendre son essor et tendre directement vers ce qui n'a point frappé ses sens. De même que Dieu a manifesté ses attributs dans le monde physique, ses processions par quelques traits gravés dans l'intelligence des hommes et des anges, il convenait qu'il manifestât ses missions invisibles par des missions visibles. Le Fils a été envoyé le premier et comme auteur de notre sanctification, parce qu'il est avec le Père le principe de l'amour. L'amour ou le Saint-Esprit a ensuite accompli sa mission visible comme signe de la sanctification que le Fils apportait au monde.

* J'ai cru ne pouvoir mieux terminer ce traité, qu'en citant les paroles suivantes de Bossuet. Après avoir entendu l'Ange de l'école, on aimera à entendre l'aigle de Meaux parler du plus élevé et du plus incompréhensible de nos mystères. Nous étonneronsnous si ce dogme nous paraît encore entouré de tant d'ombres et de tant d'obscurités, lorsque nous verrons les deux plus grands génies qui furent peut-être jamais, avouer humblement qu'ils n'en peuvent pénétrer la profondeur ? « O Dieu, devant qui je me considère moi-même et me suis à moi-même une grande énigme ! J'ai vu en moi ces trois choses, être, entendre, vouloir. Vous voulez que je sois toujours, puisque vous m'avez donné une âme immortelle... et si vous vouliez, j'entendrais et voudrais toujours la même chose, car c'est ainsi que vous voulez que je sois toujours quand vous me rendrez heureux par votre présence. Si je ne voulais et n'entendais éternellement que la même chose, comme je n'ai qu'un seul être, je n'aurais aussi qu'une seule connaissance et une seule volonté, ou si l'on veut, un seul entendre et un seul vouloir. Cependant ma connaissance et mon amour ou ma volonté n'en seraient pas pour cela moins distingués entre eux ni moins identifiés ; c'est-à-dire n'en seraient pas moins un avec le fond de mon être, avec ma substance. Et mon amour ou ma volonté ne pourraient pas ne pas venir de ma connaissance ; et mon amour serait toujours une chose que je produirais en moi-même, et je ne produirais pas moins ma connaissance ; et toujours il y aurait en moi ces trois choses, l'être produisant la connaissance, la connaissance produite, et l'amour aussi produit par l'un et par l'autre. Et si j'étais une nature incapable de tout accident survenu à ma substance, et en qui il fallût que tout fût substantiel, ma connaissance et mon amour seraient quelque chose de substantiel et de subsistant ; et je serais trois personnes subsistantes dans une seule substance ; c'est-à-dire je serais Dieu. Mais il n'en est pas ainsi, je suis seulement fait à l'image et à la ressemblance de Dieu et un crayon imparfait de cette unique substance qui est tout ensemble Père, Fils et Saint-Esprit ; substance incompréhensible dans sa trine divinité, qui n'est au fond qu'une même chose, souveraine, immense, éternelle, parfaitement une en trois personnes, distinctement subsistantes, égales, consubstantielles ; à qui est dû un seul culte, une seule adoration, un seul amour, puisqu'on ne peut ni aimer le Père sans aimer son Fils, ni aimer le Fils sans aimer son Père, ni les aimer tous deux sans aimer leur union éternellement subsistante et leur amour mutuel. Et pour aider la foi qui m'attache à ce mystère incompréhensible, j'en vois en moi-même une ressemblance qui, tout imparfaite qu'elle est, ne laisse pas d'avoir quelque chose que je ne puis comprendre ; et je me suis à moi-même un mystère impénétrable. Et pour m'ôter toute peine de perdre en Dieu toute ma compréhension, je commence par la perdre premièrement, non-seulement dans tous les ouvrages de la nature, mais encore dans moi-même plus que dans tout le reste. » (*Élévations sur les mystères.*)

CHAPITRE VI.

DIEU CRÉATEUR.

Après avoir considéré Dieu dans son essence, il faut le considérer produisant hors de lui tous les êtres. Nous parlerons successivement de la production des créatures, de leur distinction, de leur conservation et de leur gouvernement.

QUEST. XLIV. — 1. Dieu est la cause efficiente de tous les êtres. Quand nous trouvons dans un être une chose qui n'existe pas par elle-même, mais par participation, elle vient nécessairement d'un être qui en possède la plénitude et l'essence. La chaleur qui embrase un morceau de fer vient nécessairement du feu. De même l'être découle nécessairement de Celui qui a par lui-même la plénitude de l'être. Les êtres diffèrent entre eux, parce que la source de l'être s'est épanchée sur eux avec plus ou moins d'abondance. C'est ce qui faisait dire à Platon que l'unité existe avant la multiplicité, et à Aristote, que Celui qui est par essence l'être et le vrai, est la cause efficiente de tout être et de toute vérité, comme ce qui est la chaleur par essence est la cause efficiente de toute chaleur. « Tout vient de lui, est en lui et par lui. » (S. Paul.)

2. La matière première est elle-même l'œuvre de Dieu. Les philosophes ne sont arrivés à la connaissance de cette vérité que peu à peu et comme à tâtons, et encore ne l'ont-ils pas entièrement comprise, car ils n'ont jamais donné à Dieu que le nom d'ordonnateur. Le fond, les éléments constitutifs d'un être étaient,

suivant eux, éternels. Comment ont-ils reçu la forme et les accidents qui les distinguent? Ils ont fait, pour l'expliquer, de grands mais de vains efforts (1). C'est qu'ils ne considéraient l'être qu'à un point de vue particulier. Celui qui est la cause première ne l'est pas seulement par la raison que nous tenons de lui telle forme et tels accidents, mais parce que nous en avons reçu la substance, le fond même de notre être et tout ce que nous sommes, envisagés n'importe à quel point de vue, sinon, comment pourrions-nous l'appeler le principe et la source de l'être? « Vous avez fait deux choses, Seigneur ; l'une qui est près de vous, c'est l'ange ; l'autre qui est près du néant, c'est la matière première. » (*Conf.* de S. Aug., xii, 7.)

3. Dieu est aussi la forme exemplaire de toutes choses. L'agent raisonnable opère d'après un modèle qu'il a sous les yeux ou dans l'esprit. Ce modèle guide sa main, et détermine la forme de son œuvre. Dieu en créant les êtres les fait donc conformément à des modèles qu'il voit en lui ; c'est ce que nous appelons les idées ou raisons des choses. Elles ne diffèrent point de l'essence divine, et réalisées au dehors, elles se distinguent selon la manière dont elles représentent leur auteur : elles en sont l'image comme une maison bâtie est l'image de la maison qui était auparavant dans l'intelligence de l'architecte. Platon a entrevu cette vérité, mais il est tombé dans l'erreur en disant que les idées exemplaires des choses sont hors de Dieu, indépendantes, et qu'elles existent par elles-mêmes (2). Sans parler des autres conséquences de ce système, l'homme, l'arbre déterminés dans une matière existeraient moins parfaitement que dans leur idée et seraient au-dessous de leur forme intelligible, ce qu'on ne peut admettre.

4. Dieu en est aussi la cause finale. « Il a tout fait pour lui-même. » (Prov., xvi, 4.) Tout agent se propose une fin, sinon il

---

(1) Il y avait autant de désordre dans leur esprit que dans ce prétendu chaos.
(Bossuet.)

(2) M. Cousin, dans son livre *Du Vrai, du Beau et du Bien*, prouve que les auteurs du moyen âge se sont trompés en supposant cette erreur à Platon.

ne ferait pas une chose plutôt qu'une autre, ou la ferait conduit par un aveugle hasard. L'agent et la matière tendent de concert vers la même fin : par exemple, un sculpteur a-t-il dessein de faire la statue du roi ? Vous voyez le marbre revêtir peu à peu, sous le ciseau de l'artiste, la forme qui en reproduira les traits augustes. Ce principe établi, quelle fin Dieu s'est-il proposée en créant ? Le mobile qui peut solliciter des agents imparfaits, c'est d'acquérir ce qui leur manque, mais il n'en saurait être ainsi de Dieu. Être parfait, et trouvant en lui-même la plénitude du bonheur, il ne pouvait se proposer que de la communiquer dans les limites du possible. Donc la cause finale de la création ne saurait être que Dieu ; aussi toutes les créatures conspirent-elles vers ce but, et tendent-elles irrésistiblement vers leur perfection qui est Dieu. Elles ne manquent jamais de l'atteindre, conduites soit par l'appétit intellectuel, soit par l'appétit sensitif, soit par l'appétit naturel qui les contraint à suivre les lois de leur être.

QUEST. XLV. — 1. Comment Dieu est-il la cause première de toutes choses ? Par la création, c'est-à-dire en faisant de rien tout ce qui est. Remarquez ce qui arrive quand la fécondité des causes secondes produit un être. Un homme se fait de ce qui auparavant n'était pas un homme. De même, dans la création, le non-être ou le néant devient un être. Cette analogie de la création avec la génération n'empêche pas qu'il n'y ait entre elles une sensible différence. Antérieurement à l'homme engendré il existait une matière qui n'a fait que subir un changement, mais avant la création il n'était rien, excepté Dieu. Le non-être ou le néant a précédé la création, comme le *non-être homme* a précédé la génération d'un être humain. Voilà, en ne perdant pas de vue la différence que j'ai signalée, ce que c'est que la création. Quand je dis : créer c'est faire de rien, je ne donne pas à la préposition *de* le sens de cause matérielle, comme lorsque je dis : un ouvrier de ce bois, de ce marbre a fait une statue. J'indique seulement un ordre de temps : ainsi midi se fait du matin, ou vient après le matin. Après le néant du monde, a commencé son être, et Dieu l'avait créé : *In principio Deus creavit cœlum et terram* : tel est le début de la Genèse. La mère des Machabées encourageant au martyre le plus jeune de ses enfants : Mon fils, lui disait-elle, regarde le ciel et la terre et tout ce qu'ils renferment : c'est Dieu qui a fait tout cela de rien : *Ex nihil fecit illa Deus*. (II Mach., vii, 28.) S'il existait quelque chose que Dieu n'eût pas appelé du néant à l'être, il ne serait pas la cause universelle de tout. Quelque chose se déroberait à son empire, si grand qu'il fût, et son être serait limité d'un côté, puisque indépendamment de lui un être aurait l'existence. La nature produit du bois, du fer, du marbre qui prennent, travaillés par le ciseau de *l'ouvrier*, une forme spéciale, mais la nature n'agit qu'à l'aide d'une matière préexistante. S'il en était ainsi de Dieu, ce ne serait plus l'Être des êtres, l'océan où tout ce qui est et respire va puiser l'être et la vie : ce ne serait plus Dieu.

2. La création n'a rien changé en Dieu ; elle n'a mis quelque chose de nouveau que dans les créatures. Nous avons vu, en parlant de la Trinité, que les relations temporelles ne causent en Dieu aucun changement. Les colonnes d'un temple ont-elles changé, parce que vous vous en êtes approché ou éloigné? Le soleil subit-il quelque modification si une secousse volcanique fait surgir une île au milieu de l'Océan ? Cependant il rayonne en des lieux qui n'avaient jamais vu sa lumière (1).

3. Dieu était libre de créer ou de ne pas créer. Des philosophes ont dit qu'il ne pouvait pas plus s'en dispenser que le soleil de répandre sa lumière, une source, de répandre ses eaux. Mais c'est une erreur qui conduirait à de graves conséquences. En Dieu, nous l'avons vu, il n'est rien de nécessaire sinon l'essence et les actes intérieurs, la génération du Verbe et la procession du Saint-Esprit. Tout le reste étant contingent, peut indiffé-

---

(1) Saint Thomas revient à cette objection lorsqu'en parlant de Jésus-Christ il montre que l'incarnation n'a apporté aucun changement au Verbe.

remment exister ou non. D'ailleurs, tout ce qui est nécessaire à Dieu est éternel, Dieu ne peut manquer un seul moment de ce qui lui est nécessaire. Or, qui dit éternel, dit être par soi, indépendant, Dieu enfin : d'où il suit que tout serait Dieu ; c'est l'abîme du panthéisme. La nature divine ne forçait donc pas Dieu à créer : quelle autre chose aurait pu lui imposer cette nécessité, puisqu'il n'existait rien ? Dieu a créé librement, non par une liberté changeante et irrésolue comme la nôtre, mais par une volonté souveraine, indépendante, qui domine et règne sur tout.

4. Les formes et les accidents des êtres ne sont pas créés. Il n'appartient qu'à celui qui existe dans son être propre d'être créé. Les accidents et les formes matérielles comme la hauteur, la blancheur, existant seulement dans des êtres différents d'eux, ne sont pas considérés comme des êtres, mais comme appartenant aux êtres qu'ils modifient. Ils sont *concréés* plutôt que créés.

5. Dieu seul peut créer. Plus un effet est général, plus générale aussi doit être la cause qui le produit. De tous les effets possibles en est-il qui s'étende plus loin que l'être ? C'est ce qu'il y a de premier en toutes choses, ce qu'il faut supposer avant même les éléments essentiels. Donc il a fallu pour le produire la cause la plus générale et la plus universelle, je veux dire Dieu : sa causalité s'étend seule assez loin pour embrasser l'effet le plus universel (1).

Selon l'opinion de certains théologiens, la créature est par elle-même impuissante à créer, comme l'air à mettre un corps en feu ; mais l'air le peut si on élève sa température à un degré suffisant. De même, disent-ils, ne pourrions-nous pas créer, s'il plaisait à Dieu d'augmenter à cette fin notre puissance d'action ? Ils exagèrent les forces possibles de la créature. Pour qu'une cause seconde et instrumentale produise une œuvre, il faut, d'un côté, qu'elle agisse par sa propre vertu, et de l'autre, mûe par la cause principale : ainsi la scie fend un arbre et fait une planche. Qu'elle fende l'arbre, elle le fait par sa propre vertu ; qu'elle donne à la

(1) Rois, potentats, grands de la terre, faites donc une mouche ! (Pascal.)

planche telle forme, cela appartient à la cause principale qui est le charpentier. La créature peut-elle recevoir de Dieu la vertu de créer, comme la scie reçoit de ma main la vertu de faire une planche? Non; ce qui fait que Dieu peut créer, c'est qu'il est l'Être suprême et absolu, et qu'il en possède la plénitude. Est-il possible que Dieu prête à la créature l'être par soi? Donc ce pouvoir est tellement le propre de Dieu, qu'une créature, même la plus privilégiée, ne saurait le partager avec lui.

6. La création est l'œuvre des trois personnes divines. Créer, c'est tirer du néant l'être même. Comme tout agent produit quelque chose de semblable à lui, le principe d'action peut être connu par son effet; ainsi c'est le feu qui engendre le feu. Créer, dis-je, c'est produire l'être des choses; donc ce qui en Dieu crée, c'est l'être ou l'essence qui est commune aux trois personnes. Il est vrai qu'on dit quelquefois : Dieu crée par le Verbe, par l'Esprit-Saint, mais alors on attribue aux personnes la causalité qu'elles ont en vertu de leurs processions. Nous avons vu, en effet, que Dieu agit d'après son Verbe et sa volonté, de même qu'un ouvrier travaille d'après l'idée qu'a conçue son intelligence et que sa volonté aime à exprimer; mais les œuvres *ad intra* sont communes, et l'appropriation ne fait qu'attribuer à l'une des trois personnes un acte extérieur qui en réalité appartient à l'essence divine.

7. On trouve dans les créatures un vestige de la Trinité qui les a produites. Il n'y a pas d'effet qui ne représente sa cause d'une manière plus ou moins éloignée. Certains effets n'en représentent que la causalité : c'est ainsi que la fumée représente le feu, sans dire quel il est. D'autres représentent la forme de la cause; ainsi la statue du roi en offre les traits et en est une représentation par mode d'image. Ce principe établi, trouvons-nous dans les créatures une représentation quelconque de la Trinité? Les créatures raisonnables représentent son image. Les processions divines s'accomplissent par un acte de l'intelligence et de la volonté. J'en trouve de semblables dans mon âme : comme Dieu,

elle pense et elle aime. Quant aux créatures sans raison, je n'y vois qu'une représentation de vestige, c'est-à-dire elles ne représentent de la Trinité que la cause, comme les pas tracés sur le sable représentent l'homme qui a passé. D'abord, chaque créature étant un être, représente sous ce rapport le Père, principe sans principe. Elle a une forme qui la fait être de telle ou telle espèce ; c'est le Verbe qui a déterminé cette forme, comme c'est le verbe de l'ouvrier qui détermine la forme de son œuvre. Enfin elle occupe un rang dans la hiérarchie des êtres, elle est bien ordonnée dans ses rapports avec les autres créatures : c'est la volonté divine qui a déterminé ces rapports et fixé ce rang. Considérée de ce côté, elle représente le Saint-Esprit, et ainsi nous trouvons dans toute créature sinon une image, au moins un vestige de la Trinité.

QUEST. XLVI. — *Saint Thomas se demande si le monde a toujours existé, si la raison peut arriver d'elle-même à la connaissance de la création. Ces questions me semblent suffisamment résolues par les deux précédentes.

La question de l'origine du monde a été, soit dans les temps anciens, soit de nos jours, le grand écueil de la philosophie et la principale source de ses aberrations. Comment Socrate, Platon, Aristote, sont-ils tombés dans des erreurs qui feraient sourire de pitié le dernier enfant de nos catéchismes? C'est qu'ils ont ignoré la création. D'où vient que les philosophes modernes ont parcouru le même cercle d'erreurs et sont restés, sans les mêmes excuses, aussi loin de la vérité? De ce que, connaissant la création, ils l'ont rejetée et ont fermé volontairement les yeux à la lumière. En dehors de la doctrine qui nous enseigne la création, je vous défie, si vous êtes conséquent avec vous-même, d'éviter l'abîme du panthéisme, modifié selon l'opinion qu'il vous plaira d'embrasser. Ou bien, suivant Platon, Aristote, la matière est coéternelle à Dieu, ou bien, suivant le panthéisme indien, elle sera sortie de la substance de Dieu. Dans le premier cas, ne voyez-vous pas qu'elle est la Divinité même ? Qui dit éternel, dit un être existant par soi, souverain et indépendant, attributs qui n'appartiennent qu'à la Divinité. Si vous dites que tout est sorti de la substance de Dieu, comme la chaleur sort du foyer, la toile, de l'araignée, tout ce qui existe n'est qu'une modification de la substance divine, chaque être est la Divinité considérée sous un de ses nombreux aspects. A part la doctrine catholique, vous ne trouverez pas un système de philosophie qui ait l'ombre de raison. Aussi, si je n'étais catholique, inclinerais-je volontiers vers le panthéisme. Mais quoi ? il n'existe, selon Spinosa, qu'une seule substance, celle de Dieu, modifiée à l'infini (1). Alors les pierres, les plantes, les animaux, les hommes, etc., sont des dieux. Quand je dis oui, et vous, non ; quand je veux une chose et que vous ne la voulez pas, c'est le même être qui affirme et qui nie, qui veut et ne veut pas, et cet être, c'est Dieu, l'être parfait ? Ces absurdes conséquences d'un système que je croyais raisonnable, m'épouvantent, et, désespérant d'arriver jamais à quelque chose de certain, je me jette dans le scepticisme. Mais il est contre ma nature de douter. Le doute, loin de me satisfaire, laisse dans mon âme un vide aussi affreux que les conséquences du panthéisme. Mon esprit est-il condamné à flotter incertain, irrésolu, livré à tout vent de doctrine ? Suis-je fatalement le jouet de l'erreur ? Dieu, touché de pitié, vient à moi et me dit : Tout ce qui existe, je l'ai fait de rien. Aussitôt cessent mes tourments et mes incertitudes, j'ai entendu une parole qui sera mon point de départ, j'ai trouvé une lumière qui, en me montrant l'origine des choses, éclairera ma route ; et, si elle brille toujours à mes yeux, je saurai éviter ce labyrinthe où tourne encore la philosophie. Éclairé de cette lumière, l'enfant saura ce qu'ont ignoré les plus grands génies de l'antiquité, ce que n'ont pas voulu connaître les philosophes modernes, répondant aux bienfaits du ciel par la plus insigne mauvaise

(1) C'est le fondement de l'école saint-simonienne et celui de la philosophie allemande.

foi. On ne saurait s'empêcher d'éprouver un sentiment de compassion lorsqu'on voit échouer les efforts d'un Socrate, d'un Platon, pour remonter à l'origine des choses. Au temps où ils vivaient, la révélation primitive était bien obscurcie, ils n'avaient pas reçu les lumières de la seconde révélation, mais elles n'ont manqué ni l'une ni l'autre aux philosophes modernes. La révélation les environne de toute part, elle entre en eux par tous les sens, et ils lui ferment la porte avec dédain, ou plutôt ils en empruntent les clartés sans en faire l'aveu, afin de pouvoir lui refuser un hommage qui coûterait aux préjugés et aux passions.

QUEST. XLVII. *Distinction des êtres en général.* — 1. Pourquoi Dieu a-t-il créé une si grande multitude d'êtres et mis entre eux tant de variété ? Dieu, avons-nous dit, s'est proposé en créant de manifester ses perfections et d'appeler les créatures sorties de ses mains à jouir du bonheur attaché à la contemplation de lui-même. Il a créé pour cela des êtres innombrables et d'une variété presque infinie. Les uns sont de purs esprits, les autres ne sont que matière, d'autres tiennent à la fois de la matière et de l'esprit. Chacune de ces espèces offre la plus étonnante variété, et il le fallait bien, car s'il n'avait créé que des lions, il n'aurait manifesté que sa force ; s'il n'avait créé que des fleurs, il n'aurait montré que sa providence ; mais en produisant cette multitude d'êtres si grande que l'homme ne peut les compter, il a montré que ses perfections n'ont point de bornes, et mieux atteint par là la fin de la création. Chacune des créatures supplée à ce qui manque à l'autre pour manifester les attributs de Dieu, et réunies, elles les représentent mieux qu'une seule, fût-elle la plus parfaite, et offrent dans leur multitude plus de variété qu'un nombre plus restreint.

2. Dans quel dessein Dieu a-t-il voulu l'inégalité qui distingue les créatures ? Origène prétendait que Dieu créa au commencement du monde tous les êtres raisonnables et ne mit point entre eux d'inégalité, mais l'usage qu'ils firent de leur libre arbitre les

rendit inégaux. Les uns en ayant bien usé furent élevés à la dignité d'anges ; d'autres ayant commis le mal, Dieu, pour les punir, créa des corps auxquels il enchaîna ces esprits prévaricateurs. D'après ce sentiment, ce n'est donc pas pour manifester ses perfections que Dieu a créé tous les êtres? Si cent de ces esprits, dit saint Augustin, avaient commis le même mal que l'esprit fixé dans le soleil, le monde aurait donc cent soleils semblables à celui qui nous éclaire? Ce système est évidemment erroné. La même sagesse qui a distingué les êtres entre eux a voulu aussi qu'ils fussent inégaux. Nous trouvons en effet dans les créatures deux sortes de distinctions : l'une formelle, celle de l'espèce ; l'autre matérielle, celle des êtres qui ne diffèrent que numériquement. La dernière n'existe que pour la première, c'est-à-dire la matière est pour la forme, non la forme pour la matière. C'est pourquoi il n'y a dans les êtres incorruptibles qu'un seul individu (1), et il suffit pour conserver l'espèce ; mais il en faut plusieurs dans les êtres corruptibles, sinon l'espèce serait bientôt éteinte. La distinction formelle est donc la principale. Or, les formes spécifiques ne se distinguent entre elles que par l'inégalité, comme les nombres par l'addition ou la soustraction de l'unité. C'est cette différence dans l'espèce qui fait l'ordre et la hiérarchie des êtres : les choses mixtes sont plus excellentes que leurs éléments, les plantes sont au-dessus des minéraux, les animaux au-dessus des plantes, les hommes au-dessus des animaux. La multiplicité des êtres manifestant mieux qu'un seul les perfections de Dieu, il devait les créer inégaux.

3. Il n'y a pas plusieurs mondes. Les créatures, si nombreuses qu'elles soient, n'ont qu'un seul et même but. Des liens étroits les unissent entre elles, et toutes se rapportent à Dieu. L'ordre et l'harmonie de ce monde ne permet donc pas d'en supposer d'autres. Aussi personne n'a-t-il nié l'unité du monde, sinon les

---

(1) Cette opinion de saint Thomas est très-contestable. Le sentiment commun des théologiens est que les purs esprits ne sont pas spécifiquement distincts entre eux.

philosophes qui ont attribué au hasard l'ordre qui y règne ; tels furent Démocrite et les Stoïciens. Mais ceux qui lui donnèrent pour auteur une cause intelligente, Aristote et Platon, ont conclu de l'ordre du monde, son unité.

QUEST. XLVIII. *Distinction des choses en particulier.* — Celle qui se présente la première est la distinction du bien et du mal.

1. Le mal a-t-il une nature, comme prétendaient certains philosophes qui lui supposaient une nature mauvaise ? Si le mal existait réellement et eût une nature quelconque, il ne serait plus mal, car tout être considéré en cette qualité est désirable, et tout ce qui est désirable est bon. D'ailleurs, qu'est-ce que le mal ? L'absence du bien que nous devrions avoir, comme le mal de la cécité. L'homme étant fait pour voir la lumière, c'est un mal qu'il en soit privé, mais ce n'en est pas un pour la pierre, que la nature n'a pas douée de la faculté de voir. Ce serait un mal pour moi de ne pas avoir l'usage de la parole ; ce n'en est pas un de n'avoir pas la légèreté du chevreuil ou la force du lion. Donc le mal ne peut être seul et n'a point une nature qui lui appartienne ; il n'existe qu'uni à un bien, n'agit que comme privant un être de son bien, c'est pourquoi il est toujours en dehors de l'intention et de la volonté, et ne nous sollicite jamais en tant que mal. L'intempérant ne se propose pas de perdre le bien de la raison, mais de se livrer avec désordre à la délectation des sens.

2. Le mal peut-il détruire entièrement le bien d'un être ? Il y a une sorte de bien qui peut être totalement anéanti par le mal : ainsi la vue par la cécité, la lumière d'un corps diaphane par les ténèbres. Il est un autre bien sur lequel le mal n'a pas de prise, c'est la substance d'un être : ainsi les ténèbres n'ôtent rien à la substance de l'air. Enfin il est un bien que le mal diminue sans le détruire totalement, c'est l'aptitude d'un sujet à être en acte. Multipliez tant que vous voudrez les corps opaques entre le soleil et la région de l'air, vous ne détruirez pas la substance aérienne.

Elle restera diaphane parce qu'elle l'est naturellement, mais vous affaiblissez son aptitude à transmettre les rayons lumineux. Ainsi les yeux affaiblis par un long séjour dans des lieux souterrains peuvent à peine supporter l'éclat du jour, tout en conservant ce qui est leur substance. Il en est ainsi du mal de l'homme. Vous avez beau ajouter les uns aux autres une multitude de péchés qui vous sépareront de Dieu, et seront comme des barrières entre lui et vous, « *iniquitates vestræ diviserunt inter vos et Deum* » (Isaïe, LIX, 2) votre âme ne perdra pas sa substance, mais son aptitude à recevoir la lumière de la grâce sera bien affaiblie.

3. Le mal dans les êtres doués de volonté est toujours une faute ou une peine. Le mal, c'est la privation du bien, et le bien n'est autre chose que l'être en acte. On distingue dans les agents volontaires deux sortes d'actes : le premier, c'est la forme entière ou l'intégrité de l'être ; le second, l'action. La privation de l'intégrité, par exemple, l'absence d'un œil, d'un membre, est un mal qui a le caractère de peine. L'absence de la rectitude dans l'action a le caractère de faute : vous ne trouverez pas de mal qui n'ait l'un ou l'autre de ces deux signes distinctifs. L'impuissance de nous conserver n'est ni une faute ni une peine, mais ce n'est pas un mal. Direz-vous que c'est un mal pour la pierre de ne pas voir ? Or, il n'appartient qu'à celui qui donne l'être de le conserver.

Remarquez aussi que la faute est bien plus un mal que la peine. L'ouvrier permet dans son œuvre un défaut moindre pour en éviter un plus grand. Le médecin habile ne fait pas difficulté de couper un membre pour éviter la perte de tout le corps ; or la sagesse n'a établi la peine que pour nous faire éviter la faute. « Ce n'est pas un mal d'être puni, c'en est un de mériter de l'être. » (S. Denis, *Noms divins*, IV° part., ch. IV.)

QUEST. XLIX. *Cause du mal.* — 1. La cause d'un mal est toujours un bien. Le mal est la privation d'un bien qu'on devrait avoir. Dieu a tellement ordonné les choses que chacune possède le bien pour lequel elle est née, à moins qu'une cause ne l'entraîne hors de sa voie, et ne s'oppose à l'acquisition de ce bien ; ainsi il faut une cause pour qu'un corps pesant s'élève en l'air. Un être seul pouvant être cause, l'être (ou le bien) est toujours la cause du mal.

Nous savons, d'ailleurs, que le mal n'a jamais de cause directe, mais seulement une cause accidentelle. Tantôt il provient de la débilité ou de l'inaptitude de l'agent, soit principal, soit secondaire, comme dans les enfants et les boiteux ; tantôt il provient de la perfection de l'agent, comme il arrive lorsque le feu attire l'eau, l'air, le bois, et substitue sa forme à leur forme propre, mais ce n'est point là le but direct du feu. Enfin il peut venir de l'imperfection de l'agent qui manque de force pour produire son effet. On voit qu'il s'agit dans tous ces exemples d'un bien uni accidentellement à un mal. Le mal étant une privation et un néant, ne peut rien causer.

2. Dieu, principe essentiellement bon, peut-il aimer le mal ? Il ne le peut que d'une manière accidentelle. Le mal dans les agents libres provient du défaut de rectitude de leur volonté. Dieu, on le conçoit, ne peut causer ce mal ; la souveraine perfection exclut de ses œuvres tout défaut. Le mal dans les choses naturelles, par exemple la dissolution et la corruption, vient de Dieu, et il en permet la cause pour procurer le bien général. L'ordre de la nature demande que certaines choses puissent tomber et tombent en dissolution. « *Dominus mortificat et vivificat.* » (I, Rois, ii, 5.) Que serait la terre dans peu d'années, si rien de ce qui est à sa surface n'en disparaissait? Dieu cause aussi par justice le mal de la peine qui afflige les agents libres. La justice élève la voix pour venger Dieu outragé et demander la punition du méchant ; c'est une conséquence de l'ordre qui règne dans l'univers.

3. Existe-t-il un principe essentiellement mauvais qui soit cause de tout mal, comme il y a un principe essentiellement bon qui est cause de tout bien ? Non, car ce mal souverain serait principe ou cause et aurait une essence. Mais le mal n'a pas d'essence,

ce n'est qu'une privation, et il a nécessairement un bien pour sujet; loin d'être la participation d'un principe, il en est plutôt le défaut. Ce qui fait les êtres bons, c'est qu'ils rayonnent d'un bon principe, ils ne sont mauvais que par la privation de ce rayonnement. Le mal ne peut être cause que d'une manière accidentelle et en vertu du bien dans lequel il existe ; or la cause par accident est postérieure à la cause principale. D'où vient l'erreur qui égara les Manichéens et désola si longtemps l'Église ? De ce que, voyant un fait particulier, ils ne remontèrent pas à la cause générale. Voyant le feu réduire en cendres la maison d'un pauvre, ils dirent : Le feu est un mal, il vient d'un principe mauvais. Pour juger sagement d'une chose, il ne faut pas s'en tenir à un de ses effets particuliers, mais la considérer en elle-même. Voyez ce que c'est que le feu, les bienfaits qu'il rend à l'humanité, et ce que nous deviendrions s'il disparaissait de ce monde. Remarquant dans le monde des effets contraires (de bons et de mauvais), ils ont dit : Il y a contrariété absolue dans les causes. En s'élevant plus haut, ils auraient vu que ces causes ont quelque chose de commun, ne fût-ce que l'être.

CHAPITRE VII.

LES CRÉATURES SPIRITUELLES.

Une autre distinction des créatures se tire de la différence qui existe entre les esprits et les corps. Nous considérerons d'abord les créatures purement spirituelles que l'Ecriture appelle des anges; puis les créatures corporelles, enfin celles en qui on trouve à la fois l'esprit et la matière. Quant aux anges, nous verrons leur substance, leur intelligence, leur volonté et leur création.

QUEST. L. — 1. L'ange est-il une créature absolument spirituelle? Dieu s'est proposé, en créant, de manifester ses perfections dans des êtres qui lui ressemblent. Or, un effet est d'autant plus semblable à sa cause, qu'il représente mieux ce par quoi elle agit : ainsi le feu ressemble parfaitement au feu. Par quoi Dieu agit-il? Par l'intelligence et la volonté. Un corps ne peut ni vouloir ni penser, car il est limité par le temps et par le lieu, et, aucun lieu, aucun temps ne peut limiter la pensée ni la volonté. Si les corps pensaient, la pensée serait divisible comme eux : dit-on la moitié, le quart d'une pensée (1) ? Cela n'empêche pas que les anges ne soient très-éloignés de Dieu. Plusieurs Pères, pour en montrer la distance, ont dit qu'ils étaient corporels, mais il ne faut pas prendre leurs expressions à la lettre. Les anges tiennent le milieu entre Dieu et nous; comparés à Dieu, ils en paraissent aussi

---

(1) « Demandez, dit Fénelon, demandez à un enfant si sa poupée a de l'esprit, il vous répondra par un sourire. Le paysan vous rira au nez si vous lui demandez ce que pensent ses arbres, sa charrue. »

loin que nous. C'est que le milieu, comparé à un extrême, semble être l'autre extrême ; l'eau tiède, comparée à l'eau bouillante, paraît froide. Donc, si Dieu n'avait pas créé de purs esprits, il n'aurait manifesté ses perfections que d'une manière défectueuse.

Pour mettre cette vérité dans une plus grande évidence, il faut considérer que l'opération d'un être est toujours semblable à la substance qui la produit. Une opération matérielle vient d'une substance matérielle ; une opération spirituelle, d'une substance spirituelle. Penser, ce qui est l'opération de l'ange, est une chose éminemment spirituelle et si élevée au-dessus de la matière, que pour comprendre, par exemple, un homme, je commence à le séparer de la matière et à ne considérer que sa forme spécifique, idée tout intellectuelle. Les anges ne produisant que des œuvres purement spirituelles, sont tout esprits. Leurs formes existent en elles-mêmes, sans avoir besoin, comme celle de l'homme, d'être reçue dans une matière.

2. Les anges sont-ils nombreux ? Dieu a créé des êtres divers pour manifester ses diverses perfections. Plus il a fait une chose bonne, plus il l'a faite excessive. L'excès, dans les êtres matériels, c'est la grandeur. Les plus excellents, comme les corps célestes, sont d'une grandeur prodigieuse. Comparés à eux, les corps terrestres ne sont que des points à peine perceptibles. La terre même tout entière est loin de les égaler : le soleil est des millions de fois plus grand que notre globe. Quant aux êtres spirituels, qui tiennent le premier rang parmi les êtres créés, l'excès ne peut être dans la grandeur, mais dans la multitude. Ils surpassent en nombre les êtres corporels, comme les corps célestes surpassent en grandeur les corps terrestres : « Mille millions le servaient et dix fois cent mille se tenaient près de lui. » (Daniel, vii, 10.)

3. Les anges ne sont pas tous de la même espèce. Des théologiens prétendent que toutes les substances spirituelles sont de même espèce. C'est une erreur, il n'y a qu'un ange de chaque espèce, de même qu'il n'y a qu'une blancheur, qu'une humanité.

En effet, les êtres qui sont de même espèce, mais qui diffèrent par le nombre, qu'est-ce qui les distingue, sinon la matière? qu'est-ce qui fait que je ne suis pas vous, et que vous n'êtes pas moi, sinon l'humanité commune à nous deux et se déterminant en deux matières différentes? Les anges n'ont pas de matière, donc ils ne peuvent se distinguer que par l'espèce, c'est-à-dire, ils ont une espèce qui les distingue, selon qu'ils jouissent de facultés intellectuelles plus ou moins parfaites. Ils possèdent la nature spirituelle à des degrés divers, qui font leur différence, comme les animaux, qui ont la nature sensitive, diffèrent entre eux par les degrés et les variétés de cette nature.

4. La substance des anges est incorruptible. Une chose ne se corrompt que par la séparation de sa matière d'avec sa forme; séparation qui amène la dissolution des parties matérielles, car c'est la forme qui donne à tous les êtres leur actualité. Mais les anges n'ont pas de matière, et leur forme est leur être tout entier, donc ils sont incorruptibles. Comment perdrais-je ce qui me fait être tel, ce qui, étant ma forme spécifique, est inséparable de moi? Un cercle de fer ne peut perdre sa rondeur, sinon il n'est plus un cercle. Il la possède par cela seul qu'il est cercle, et ne peut la perdre qu'en ce sens que la rondeur n'est pas le fer lui-même, mais il cesse d'être un cercle aussitôt que perdant la forme ronde, il n'a plus ce qui est essentiel au cercle. Ainsi l'ange ne peut perdre sa forme spirituelle. Celle-ci, n'ayant pas de parties, ne peut se dissoudre, elle est incorruptible, en ce sens que toute forme étant l'être en acte est inséparable de l'être.

On prouve aussi l'incorruptibilité de l'ange par son opération intellectuelle, car un être agit toujours d'après sa nature. Quelle est l'opération de l'ange? c'est une opération de l'intelligence, qui a pour objet l'intelligible. L'intelligible, voilà l'aliment dont il se nourrit et qu'il s'assimile, comme nous, les aliments sortis de la terre. Or, cet aliment des esprits est au-dessus du temps, il est éternel. Donc l'ange aussi est inaccessible aux vicissitudes du temps, et la corruption n'ayant lieu que dans le temps, ne saurait l'atteindre. Il ne porte en lui aucun germe de destruction, seulement Dieu pourrait le laisser retomber dans le néant ; il n'aurait pour cela qu'à cesser de le conserver.

QUEST. LI. *Rapports des anges avec les corps.* — 1. Les anges peuvent revêtir des corps humains. L'Écriture affirme qu'ils ont apparu, revêtus d'une forme humaine. Des hommes peu versés dans l'étude des saints livres ont prétendu que c'étaient des visions imaginaires, accomplies seulement dans l'esprit de ceux qui les avaient eues ; mais, parmi les apparitions dont parle la Bible, il en est qui eurent plusieurs témoins à la fois : Abraham, toute sa famille, Loth et les habitants de Sodome. Les anges n'ayant pas de corps, où avaient-ils pris celui qu'ils portaient ? Assistés de la puissance divine qui les envoyait, ils avaient condensé et coloré l'air de manière à lui faire prendre la forme de notre corps. Ils revêtaient une forme humaine, non point dans leur intérêt, mais dans le nôtre. Comme nous sommes appelés à partager leur séjour, ils venaient nous initier à leur société. C'était aussi pour ressembler davantage au Dieu de miséricorde. Ne trouvant pas, dans le ciel, de malheureux à secourir, ils venaient dans la vallée des larmes, où ils ne tardaient pas à en trouver. Enfin, dans l'Ancien Testament, où tout était figure, ils revêtaient notre chair mortelle pour figurer l'incarnation du Verbe.

2. Les corps que prennent les anges remplissent-ils les fonctions propres aux corps vivants ? On ne peut raisonnablement le supposer, car tout acte accompli appartient à celui qui en possède la puissance : *cujus est potentia, ejus est actio.* Les actes que fait un ange revêtu d'un corps humain viennent des facultés de l'ange, non du corps qu'il a pris. Celui-ci, n'étant que de l'air condensé, n'a pas d'autre puissance que les corps inanimés. Sans doute, il peut produire ce qui est commun aux êtres sans vie, comme le son, la parole, qui n'est que de l'air mis en vibration par ma langue et mes lèvres, mais il est inca-

pable de faire ce qui est le propre des corps vivants, parce qu'il n'a pas la vie. L'ange nous trompe-t-il se montrant semblable à un homme, tandis qu'il n'en est pas un? Non. Si son corps remplissait les fonctions vitales, c'est alors qu'il nous en imposerait. Nous attribuerions à un homme des actions qui en réalité ne lui appartiennent pas. Il prend un corps dans le seul but de remplir auprès de nous un ministère que Dieu lui a confié, et de condescendre à notre faiblesse : pourquoi lui supposer ce qui serait superflu? Ses œuvres matérielles signifient son ministère spirituel, et nous conduisent, par une voie sensible, au monde des esprits. « L'œil de l'ange montre sa puissance de connaître, et ses autres membres, d'autres puissances. » (S. Denys, *Hiérarchie céleste*, chap. dernier.)

Mais quand les trois anges vinrent, de la part de Dieu, visiter Abraham, le saint patriarche les fit asseoir sous un arbre, et leur servit un veau, du lait et du beurre, et ils en mangèrent, dit la Bible. Or, l'action de manger n'appartient qu'aux êtres vivants?

Manger, c'est convertir en sa propre substance les aliments que l'on prend. Telle ne fut pas la manducation des trois anges, leur corps n'ayant pas l'aptitude à s'assimiler une nourriture matérielle. Elle ne fut, comme celle de Raphaël et de tous les autres anges, que la figure de leur manducation spirituelle : *cum essem vobiscum, videbar quidem manducare et bibere, sed ego potu invisibili et cibo utor.* (Tobie, XII, 19.) Abraham leur servit à manger, les croyant des hommes ordinaires que Dieu lui envoyait. Il leur offrit l'hospitalité à la manière des anciens (1).

QUEST. LII. *Rapports des anges avec les lieux.* — 1. L'ange est

(1) Saint Thomas se demande encore si l'enfant qui naîtrait du commerce d'un mauvais ange revêtu d'un corps humain, avec une femme, devrait être appelé fils de l'homme ou fils du diable? Au moyen âge, ces sortes de questions étaient fort goûtées, on les étudiait avec un soin, on les discutait avec une gravité qu'on a peine à comprendre de nos jours. Sans partager le dédain qu'elles inspirent à nos prétendus sages, nous croyons pouvoir les omettre ici, sans trop de préjudice pour le lecteur.

dans un lieu, mais il l'occupe d'une autre manière que les corps. Un corps y est par ses dimensions et le contact de ses parties commensurables. L'ange, n'ayant ni parties ni dimensions, ne peut être en un lieu que par l'application de ses puissances spirituelles, en voulant y être. Il est ici, il est ailleurs s'il le veut, il est partout où le portent sa pensée et sa volonté. C'est pourquoi il ne faut pas dire que l'ange est mesuré, contenu dans un lieu. On ne peut mesurer que ce qui a des dimensions, on ne peut contenir dans un lieu que ce qui touche ce lieu. De même que l'âme n'est pas contenue dans le corps, mais le contient, ainsi toute substance spirituelle qui s'applique à un lieu le contient, sans y être contenue.

2. L'ange ne saurait être en plusieurs lieux à la fois. L'essence et la puissance divines étant infinies, on conçoit que Dieu soit non-seulement en plusieurs lieux, mais partout. Il n'en est pas ainsi de l'ange. Créature finie, il ne peut embrasser que quelque chose d'un et de déterminé. De même que l'être en général est quelque chose d'*un* par rapport à Dieu, ainsi l'être de l'ange est quelque chose d'un par rapport à sa puissance, et le *un* ne saurait être en plusieurs lieux sans cesser d'être un, comme l'unité ne saurait être partagée sans cesser d'être l'unité. Ainsi l'ange n'occupe qu'un lieu à la fois, et ce lieu est plus ou moins étendu, suivant que l'ange y applique sa puissance, y exerce son action. Il n'y est donc pas comme un point indivisible, car le point a une situation appréciable aux sens et une quantité mesurable; ce qu'on ne saurait dire de l'ange. C'est pourquoi les corps, l'ange et Dieu, n'occupent pas un lieu de la même manière : les corps, suivant le langage de l'École, y sont circonscrits, les anges définis, en ce sens que leur présence ici les empêche d'être ailleurs : Dieu n'y est ni circonscrit ni défini, mais il embrasse, dans son immensité, tous les lieux qu'habitent ses créatures (1).

(1) Cette théorie de saint Thomas sur la présence locale des esprits n'est pas sans difficultés. Elle se rattache à un ordre d'idées sur la nature de l'espace et

On voit par là que plusieurs anges ne peuvent être ensemble dans le même lieu. Une chose n'a jamais deux causes entières et complètes. Plusieurs causes partielles peuvent concourir à la former : tel est le mouvement d'un vaisseau qui a plusieurs moteurs ; mais leurs forces réunies ne font qu'une seule résultante et un seul moteur principal. Or, en appliquant sa volonté à un lieu, l'ange l'occupe comme un contenant parfait. L'âme et le démon peuvent être ensemble dans le même corps, mais ils occupent ce lieu différemment : le démon par sa présence seulement, l'âme par son union hypostatique.

QUEST. LIII. *Mouvement local des anges.* — 1. L'ange peut-il aller d'un lieu dans un autre ? Un corps ne peut se mouvoir qu'en allant d'un lieu à un autre, une partie de lui-même étant au point de départ, l'autre étant ou tendant au point d'arrivée. Mais l'ange, qui contient le lieu, se meut autrement. Comme il est en un lieu par l'action qu'il y exerce, il lui suffit, pour se mouvoir, d'appliquer ses puissances en des lieux divers, et un mouvement l'y transporte. Si sa volonté est de quitter successivement chaque partie d'un lieu, comme le fait un corps par le contact, il y a continuité dans le mouvement de l'ange, mais il peut aussi abandonner simultanément le lieu tout entier ; il n'a qu'à suspendre son action sur toutes les parties à la fois.

2. L'ange traverse-t-il les milieux qui séparent un lieu d'un autre ? Il faut faire une double réponse : si le mouvement de l'ange est continu, en le suivant il passe nécessairement par les milieux qui séparent le terme du départ du terme d'arrivée ; s'il n'est pas continu, l'ange peut voler instantanément au delà de tous les milieux. Pour aller d'un extrême à l'autre, il faut bien qu'un corps passe à travers des milieux. Contenu par le lieu dans lequel il se trouve, il en subit les lois. L'ange, loin d'être contenu, contient le lieu et lui est supérieur. Il peut donc aller d'un

de l'étendue, qui étaient généralement admises au temps du saint docteur, mais dont la philosophie moderne conteste avec raison la légitimité.

terme à l'autre sans traverser de milieu. Il lui suffit d'appliquer sa vertu, il se trouve aussitôt où il veut : ainsi notre pensée passe à des extrêmes sans s'arrêter aux intermédiaires. Il peut, à son gré, passer d'un lieu dans un autre en traversant les milieux ou en ne les traversant pas.

QUEST. LIV. *Connaissance de l'ange.* — 1. L'acte par lequel il comprend (*ejus intelligere*) diffère-t-il de sa substance ? Il n'y a que Dieu, acte pur, dont le *comprendre* soit la substance. Qui dit opération, dit actualité de la puissance, comme l'être est l'actualité de l'essence. Comment ce qui renferme quelque chose à l'état de simple puissance serait-il tout en acte ? Dieu seul a cette actualité complète et universelle, donc il n'y a que Dieu dont l'intelligence en acte soit la substance. L'exercice de sa pensée ne fait rien passer de la puissance à l'acte, de l'imparfait au plus parfait. Mais nous ne pouvons en dire autant de l'ange, puisqu'il est un être créé. D'ailleurs, qu'est-ce qui les distinguerait les uns des autres, puisque les anges ont tous la même substance ? Ils ne diffèrent entre eux que par le degré de leur intelligence et la perfection de ses actes.

2. Cet acte de son intelligence (*ejus intelligere*) est-il autre chose que son être ? Aucune action de la créature n'est identique à son être. Toutes nos actions sont ou internes ou externes. L'être de l'ange est-il l'une ou l'autre ? Ce n'est pas une action externe, car, en la produisant, la créature sort pour ainsi dire d'elle-même, et l'être, c'est ce que nous avons de plus intime. Est-ce une action interne, comme penser, vouloir ? Non, car l'être de l'ange est renfermé dans un genre et dans une espèce, et son intelligence, impatiente de toute limite, s'étend au Vrai, qui est infini, et sa volonté au Bien, qui non plus n'a pas de bornes. Dieu seul n'étant contenu dans aucune espèce, dans aucun genre, son être seul est la même chose que son intelligence et sa volonté. Ainsi la simplicité de l'ange est bien différente de la simplicité de Dieu.

3. Quelle différence peut-on établir entre l'acte de l'intelligence angélique et celui de l'intelligence humaine ? L'âme de l'homme a des puissances qui ne s'exercent que par les organes : la vue par l'œil, l'ouïe par l'oreille. L'ange, n'ayant pas d'organes, exerce sans eux toutes ses facultés. Ses puissances, comme ses actions, sont purement spirituelles. Toutes partent de l'intelligence et de la volonté, atteignent à leur plus haute perfection sans avoir rien de commun avec les sens, ni subir de leur côté aucune influence. La beauté de l'univers ne demandait-elle pas que la nature la plus éminente produisît ses opérations sans le concours de la matière ? Voilà pourquoi on appelle l'ange intelligence, esprit, noms que l'on ne donne pas sans addition à l'âme de l'homme. Une autre différence, c'est la distinction de l'intelligence de l'homme en intellect agent et en intellect passible. Le premier reçoit du dehors les images sensibles, les spiritualise, comme nous avons dit ailleurs, et montre à un second intellect, dans sa lumière intelligible les idées générales des genres et des espèces (1). Les anges pensent et comprennent sans l'intervention d'images sensibles, puisqu'ils sont de pures intelligences.

QUEST. LV. *Leur moyen de connaître.* — Ils ne connaissent pas par leur essence, mais par des idées innées. L'essence d'un ange est déterminée dans un genre et une espèce ; mais son intelligence, ayant pour objet le vrai qui est universel, est presque infinie. Ce n'est donc pas par son essence qu'il comprend, l'effet ne peut pas aller au delà de la cause ; c'est par des images ou idées innées. Elles ne lui viennent pas, comme en nous, des choses connues, mais de Dieu, qui a illuminé de leur splendeur la nature angélique. Il ne trouve dans son essence que la puissance de connaître ; ce qui la met en acte, c'est l'union de cette puissance avec l'idée ou forme spécifique de la chose connue ;

(1) Ce système des images perçues par l'intellect passible et élaborées par l'intellect actif, ne compte plus aujourd'hui que de rares partisans.

ainsi la sensation est produite en nous par l'union de l'image sensible avec un de nos sens. Ces idées des genres et des espèces leur sont innées, et Dieu les déposa dans leur intelligence, par le reflet du Verbe, avant même d'avoir créé l'univers.

QUEST. LVI. *Objet de leur connaissance.* — 1. « L'ange se connaît lui-même dans la lumière de la vérité. » (S. Augustin.) L'objet d'une action est différemment dans l'agent, selon qu'elle s'accomplit au dedans ou au dehors de lui-même. Dans le dernier cas, il y a séparation entre l'agent et son objet : ainsi la maison bâtie est pour l'architecte un objet extérieur et séparé de lui-même. Dans le premier, il faut, pour que l'action ait lieu, l'union de l'objet avec l'agent : telles sont les couleurs vues par mes yeux. Elles sont le principe de ma vision ; je n'étais, avant de les avoir saisies, qu'en puissance de voir, et, en les percevant, je vois actuellement. Or, il est de la nature de l'ange d'être à lui-même un objet toujours intelligible, toujours présent aux yeux de son intelligence. La chaleur échauffe-t-elle moins étant inhérente que venant du dehors? De même la lumière n'éclaire pas moins, qu'elle brille au dedans de nous ou que, rayonnant d'un objet extérieur, elle vienne frapper nos regards. Il est aussi impossible à l'ange de ne pas se voir et se connaître, que je ne puis ne pas voir en regardant la lumière. Mais la connaissance qu'il a des autres anges est différente. Les choses créées étaient avant la création dans le Verbe de Dieu. Elles en sont sorties de deux manières : en passant sous forme d'images intelligibles dans les anges ; en passant, réalisées, dans leur nature pour y subsister. L'ange ne connaît donc les autres anges qu'en voyant en lui-même les images qu'y réfléchit le Verbe divin.

2. L'ange peut-il connaître Dieu par ses facultés naturelles ? La connaissance d'une chose peut avoir lieu de trois manières : par la présence de son essence dans le sujet qui connaît : ainsi la lumière dans l'œil ; lorsque la ressemblance de la forme est dans

la puissance qui connaît : ainsi l'image d'une pierre que je vois s'en détache et entre dans celui de mes organes qui la reçoit ; enfin je puis connaître un homme, sinon en lui-même, du moins à l'aide d'un miroir qui reproduit son image. Ni l'ange, ni aucune créature, ne peut naturellement connaître Dieu de la première manière. La connaissance qu'en a l'ange tient de la deuxième et de la troisième. Il voit Dieu en voyant sa nature d'ange qui en est l'image comme toute créature, et même mieux que les créatures corporelles. Il voit Dieu dans le reste des créatures comme je vous vois dans le miroir, quand votre image s'y réfléchit.

3. Il connaît les choses matérielles. Tel est l'ordre de la nature, que ce qui est dans les êtres inférieurs d'une manière défectueuse, partielle et multiple, est dans les êtres supérieurs d'une manière plus excellente et plus *une*. Au sommet de la hiérarchie des êtres apparaît Dieu. De Dieu descendent tous les êtres, soit matériels, soit spirituels, comme une source qui descend du sommet d'une montagne, et tombant de rocher en rocher se divise en différents ruisseaux. Les êtres les plus près de Dieu, ce sont les anges. Ils participent donc plus que toutes les autres créatures à ses perfections, et lui ressemblent davantage. Donc les choses matérielles sont en eux et d'une manière plus simple et plus immatérielle qu'en elles-mêmes. Comment cela ? Une chose ne saurait être dans un être que selon la nature de cet être. Elles sont dans les anges, conformément à la nature spirituelle, par des images intelligibles qui leur viennent directement de Dieu. Elles ne sauraient venir des choses matérielles, l'ange n'ayant pas de sens ni d'imagination pour les percevoir.

4. Connaît-il les choses futures ? Si elles sont nécessaires, il les connaît, et avec certitude, dans leurs causes. Connaissant la loi qui fait tourner le soleil, il sait que cet astre se lèvera demain. Si elles ne sont pas nécessaires, mais arrivent communément, il ne les connaît que par conjecture, et d'autant mieux qu'il en voit mieux les causes : ainsi un médecin connaît d'au-

tant plus sûrement la guérison ou la mort prochaine de son malade, qu'il connaît mieux la cause de la maladie.

Quant aux choses tout à fait fortuites et qui ne dépendent que du hasard, Dieu seul les connaît, parce que seul il est éternel. L'éternité embrassant tous les temps, ce qui se fait dans un temps est présent dans l'éternité. Il n'en est pas ainsi de l'ange, parce qu'il n'est pas éternel. Aussi la connaissance de l'avenir a-t-elle toujours été regardée comme un attribut ou un don de Dieu : « Annoncez les choses futures, et nous saurons que vous êtes des dieux. » (Is., XLI, 23.)

5. Connaît-il le fond des cœurs ? La pensée de notre esprit, l'affection de notre cœur peut être connue dans son effet ou dans l'âme même. Elle est connue dans son effet quand elle se trahit par les traits du visage, l'altération de la voix ou tout autre signe extérieur : ainsi on dit que les physiologistes connaissent certaines affections de l'âme à l'inspection de la figure ou en touchant le pouls. De cette manière, l'ange, et même le démon, peut connaître nos pensées. Mais ils ne peuvent voir nos pensées dans notre intelligence, nos affections dans notre volonté. Cela n'appartient qu'à Dieu, objet de l'intelligence et de la volonté humaines, et leur seul souverain : « Personne ne sait ce qui est dans l'homme, sinon l'esprit de l'homme qui est en lui. » (I Cor., II.) Cependant, les anges connaissant les choses matérielles, et l'appétit sensitif et l'imagination étant de ce nombre, les anges peuvent en connaître les mouvements lorsque l'image en est empreinte sur des objets corporels ; ils ignorent ceux qui viennent directement de la volonté et de la raison ; la partie inférieure de l'âme semble participer à la noblesse et à l'indépendance de la partie supérieure, comme le serviteur participe à la dignité de son maître.

6. Connaissent-ils les mystères de la grâce ? Il y a des choses qu'ils connaissent par leur essence angélique, d'autres par des images innées, je viens de le dire. Ce ne sont pas les mystères de la grâce, car s'ils ignorent les choses qui dépendent de la vo-

lonté humaine, à plus forte raison les mystères de la grâce, qui dépendent de la seule volonté divine : *Ita et quæ sunt Dei nemo novit, nisi Spiritus Dei.* (I Cor., ii, 11.) — Il y a une autre connaissance des anges, celle par laquelle ils voient le Verbe et les choses dans le Verbe ; mais ils ne les voient pas toutes ni tous également : les anges supérieurs illuminent les anges inférieurs. Ils voient le Verbe selon qu'il plaît à Dieu de soulever le voile qui le dérobe à toute créature : *Nobis autem revelavit Deus.* (I Cor., ii, 10.)

Il y a de ces mystères qu'ils ont connus au commencement du monde, d'autres en des temps moins reculés, selon la nécessité de cette connaissance pour accomplir la mission que Dieu leur confiait.

QUEST. LVIII. *Leur mode de connaissance.*—1. L'intelligence de l'ange est tantôt en puissance et tantôt en acte. Cela est évident à l'égard de ses connaissances naturelles. Sans cette vicissitude de puissance et d'acte, l'ange serait un acte pur, et semblable à Dieu. Il passe de la puissance à l'acte, soit parce qu'il ne réfléchit pas constamment à ce que la nature lui enseigne, soit parce que Dieu lui fait dans la suite des temps de nouvelles révélations. Ainsi les corps célestes éprouvent les mêmes vicissitudes à l'égard du soleil, qui leur envoie, suivant les temps, une lumière plus ou moins éclatante. S'agit-il de la connaissance du Verbe ? L'ange la possède toujours en acte. Il voit constamment le Verbe, car c'est dans la vision béatifique que consiste son bonheur, et ce bonheur est constant. « Depuis qu'ils sont créés, ils jouissent, dans l'éternité du Verbe, d'une sainte et pieuse contemplation. » (S. Aug.) Or l'intelligence qui contemple n'est pas en puissance, mais en acte.

2. L'ange peut-il connaître plusieurs choses à la fois ? Comme l'unité du mouvement suppose celle du but, de même l'unité de l'opération entraîne celle de l'objet. Je puis considérer un corps continu et y trouver l'unité ou la multiplicité : l'unité si

je l'envisage dans son ensemble, la multiplicité si j'en considère successivement les différentes parties, mais dans l'un et dans l'autre cas, l'acte de mon intelligence sera un ou multiple suivant l'unité ou la multiplicité de son objet. Ce principe établi, l'ange peut comprendre à la fois tout ce que contient une forme intelligible, présente à son intelligence. Il perçoit simultanément tout ce qui est dans le Verbe, parce qu'il le voit dans l'essence divine, éminemment une et simple. Quant à la connaissance qui lui vient des idées innées, il ne peut saisir du même regard que les choses contenues dans une forme intelligible. Il lui faut, pour le reste, des actes divers.

3. Les connaissances de l'ange sont-elles successives et acquises par le raisonnement? Les intelligences inférieures, comme celle de l'homme, ne voyant pas d'un coup d'œil ce que renferment les premiers principes, parviennent à la vérité en allant du connu à l'inconnu, d'une conséquence à l'autre. Il faut suppléer à la faiblesse de notre entendement par des recherches successives, en *discourant* sur plusieurs vérités. En est-il ainsi de l'ange? Non; pure intelligence, il a la plénitude de la lumière intellectuelle. Il voit, dans un principe, toutes ses conséquences prochaines ou éloignées. C'est pourquoi on appelle les anges des créatures intellectuelles (1), qui lisent au dedans de toute vérité et la pénètrent d'un seul regard. L'homme est appelé créature raisonnable, c'est-à-dire qui va d'une vérité à l'autre en raisonnant. Nous comprenons les premiers principes sans succession ni raisonnement; mais, hors ces vérités premières, il y a succession dans nos connaissances, et il nous faut raisonner pour comprendre. Suivant la théorie d'Aristote, les corps célestes sont immobiles à la voûte du firmament, et atteignirent leur perfection naturelle dès le premier moment de leur existence : les autres corps ne se perfectionnent que par le mouvement. Tels

---

(1) *Intelligere*, composé de *intus* et *legere*.

sont les anges comparés aux hommes. Les premiers, doués d'une nature toute spirituelle, contemplent, sans *discourir*, l'éternelle vérité; les hommes n'y arrivent qu'en allant péniblement et lentement d'une vérité à l'autre.

4. La fausseté ou l'erreur peut-elle avoir accès dans l'intelligence des anges? elle ne le peut que par accident. D'où vient que l'homme se trompe si souvent? De ce que, en pensant à une chose, il la compose et la divise, mais l'erreur ne tombe jamais sur l'essence pure et simple. L'essence est connue telle qu'elle est, ou totalement ignorée. Connaissant Pierre, je sais d'une manière certaine quelle est son essence; l'erreur, de ce côté, n'est pas possible. En quoi donc puis-je me tromper au sujet de Pierre? En composant ou en divisant ce qui est accessoire à sa personne et multiple : par exemple, en parlant de ses bras, je dis qu'ils sont longs; de ses yeux, qu'ils sont malades, ce qui peut être faux. Or l'ange compose-t-il et divise-t-il? Non; miroir pur et resplendissant, il a une lumière parfaite dans laquelle il voit l'essence d'une chose, et ce qui en découle nécessairement. Son intelligence ne peut donc faillir qu'accidentellement, et voici de quelle manière : il connaît ce qui doit arriver naturellement, si Dieu ne déroge pas aux lois de la nature. Sachant que je ne puis naturellement marcher sur l'eau, il se tromperait dans le cas où Dieu affermirait miraculeusement les flots sous mes pas.

De même, les démons ne se trompent pas touchant la nature d'une chose; ils ne peuvent tomber dans l'erreur que par une dérogation aux lois naturelles. Voyant un homme mort, ils peuvent se tromper en croyant qu'il ne ressuscitera point; voyant un homme appelé Jésus-Christ faire les mêmes actions que le reste des hommes, ils pouvaient ne pas croire qu'il fût Dieu, mais leur erreur n'était qu'accidentelle.

QUEST. LIX. *Volonté des anges.* — 1. Les anges ont une volonté. Dieu ne pouvant agir que pour le bien, tout ce qui vient de lui est porté vers le bien. Les créatures y tendent de toutes leurs forces, mais de diverses manières : la plante et les êtres inanimés par des appétits naturels, les animaux par des appétits sensibles, tendent vers un bien particulier. C'est le propre d'une nature intelligente d'aspirer à la connaissance du bien général, et d'être subjuguée par l'attrait du bien universel. Cet appétit intellectuel s'appelle la volonté. Dire que l'ange est doué d'une nature intelligente, capable de connaître le bien général et universel, n'est-ce pas dire qu'il a une volonté ?

2. Ils ont le libre arbitre. Il y a des êtres dépourvus de libre arbitre, et mus seulement par un agent qui leur est étranger : ainsi la flèche qui fend l'air. D'autres ont un arbitre, mais un arbitre esclave, plus justement appelé instinct naturel : ainsi la brebis fuit à l'aspect du loup, jugeant qu'il est un être dangereux. Ce n'est pas la liberté, c'est la nature qui lui donne cet instinct. Il n'y a que les créatures intelligentes qui jouissent d'un libre arbitre, parce que connaissant seules la raison universelle du bien, elles seules peuvent juger du bien particulier, et cet arbitre est d'autant plus libre que l'intelligence est plus parfaite. Donc les anges ont reçu en partage le libre arbitre, et d'une manière plus excellente que les hommes.

3. Ils n'ont pas comme nous l'appétit concupiscible et l'appétit irascible. L'objet de l'appétit intellectuel qui est dans les anges, c'est tout ce qui a en général le caractère du bien. Une puissance ne se divise pas selon les variétés de son objet. La vue embrasse toutes les couleurs : le blanc et le noir sont également l'objet que recherchent et perçoivent mes yeux. De même le bien quel qu'il soit est l'objet de l'appétit intellectuel, qu'on appelle volonté : or cet appétit est le seul dont les anges soient doués. L'intégrité inhérente à leur nature, fait qu'il embrasse le bien universel sans se diviser, comme l'appétit sensitif, en concupiscible et en irascible. Ce n'est que par métaphore qu'on attribue aux démons la colère et la concupiscence. La force des bons anges est la fermeté avec laquelle ils exécutent la volonté divine ; leur tempé-

rance, la sagesse qui met leur volonté en harmonie avec la règle que Dieu leur impose, leur joie, leur repos dans l'objet aimé, et ainsi de leurs autres vertus.

QUEST. LX. *Acte de la volonté, l'amour ou la dilection.* — 1. Les anges ont un amour naturel. Ce qui est antérieur se conserve dans ce qui lui est postérieur : ainsi la nature se conçoit avant l'intelligence. Nous sommes donc sûrs de retrouver dans la seconde ce qui est dans la première. Or, examinant la nature de l'ange, qu'y trouverons-nous? une inclination vers le bien. La nature inanimée comme la pierre, incline vers les êtres par ses lois et ses rapports essentiels; la nature animale, vers le bien sensible par l'appétit sensitif; la nature spirituelle, vers le bien général, par la volonté. Ce mouvement d'aspiration qui existe dans toute nature intelligente, c'est l'amour. Donc l'ange a un amour naturel, dont l'objet est ce que l'ange connaît naturellement.

2. Les anges ont aussi un amour électif. Ce que l'on fait, contraint par la nature, n'est pas méritoire. Les anges méritent par leur amour. Il faut donc qu'outre l'amour naturel, il y ait en eux un amour électif. Je vais vous expliquer comment. Les premiers principes et les conclusions qui en découlent, tel est l'objet de mon intelligence. Le bien général et le bien particulier qui y conduit, tel est l'objet de ma volonté; mais je saisis l'un et l'autre d'une manière différente. Je ne puis considérer la vérité que comme vérité. Je puis aimer le bien, non-seulement comme bien, mais aussi comme m'appartenant et faisant mon bonheur; si je le propose sous ce rapport à ma volonté, les moyens qui y conduisent sont laissés à mon libre choix. Il y a donc dans les anges un amour électif, découlant de l'amour naturel, comme il y a en moi des vérités secondaires qui sont la conséquence des premiers principes.

3. L'ange s'aime lui-même d'un amour naturel et d'un amour électif. Je puis aimer le bien en lui-même, comme subsistant dans tel être déterminé. Les anges aiment de cet amour naturel

leur être propre, qui est un bien, et leur volonté se réfléchit sur eux-mêmes comme le feu cherche naturellement à s'élever. Je puis encore aimer le bien, non pas précisément parce qu'il est bien, mais parce que sa possession me procurera de douces jouissances, et les moyens d'arriver à ma fin. L'ange s'aime aussi de cette manière, trouvant bon d'aimer le bien qui est en lui ou hors de lui. Ainsi l'amour de soi est le premier amour naturel, et peut très-bien se concilier avec l'amour des autres.

4. Il aime naturellement les autres anges comme lui-même. « Tout animal aime son semblable. » (Eccli., xiii, 19.) Il en est ainsi des esprits. L'amour de soi est le premier de tous les amours et s'étend à ce qui semble ne faire qu'un avec nous. Si un être nous est uni par des liens naturels, la nature nous inspirera pour lui de l'amour; si ce sont d'autres liens qui le rapprochent de nous, notre amour prendra un autre caractère et un nom différent. Ce sera l'amour patriotique, l'amour de parenté ou l'amour naturel, en ce sens que nous aimons naturellement tous les êtres sortis du même principe générateur que nous. Ainsi les êtres raisonnables inclinent vers ceux de leur espèce, et cette sympathie se retrouve même dans les êtres dépourvus de raison. L'ange aime naturellement les autres anges à cause de la communauté de leur nature, mais il ne l'aime point pour la même raison si l'on considère ses qualités accessoires. Cependant l'amour naturel étant fondé sur l'unité de nature, et l'éprouvant d'autant plus vif et plus ardent pour les autres qu'ils nous sont unis par des liens plus étroits, l'ange s'aime plus que les autres anges, parce que le genre ou l'espèce nous touche de moins près que notre propre nature.

5. L'ange a-t-il naturellement pour Dieu un amour plus grand que pour lui-même? Examinons dans les êtres raisonnables l'inclination naturelle, nous verrons quelle doit être à l'égard de Dieu l'inclination intellectuelle, l'amour : car la raison en imitant la nature imite Dieu. Or, je remarque qu'une chose tient

plus à ce dont elle fait partie, qu'à elle-même : la main, par un mouvement naturel, s'expose pour sauver le corps. Le bon citoyen brave la mort pour le salut de la république, et il le ferait naturellement, s'il était partie naturelle de l'Etat. Or Dieu est le bien universel; l'ange, une partie, une espèce de ce bien. Donc l'ange doit naturellement aimer Dieu plus que lui-même, sinon son amour serait désordonné. Cela est impossible, la nature venant de Dieu, dont toutes les œuvres sont parfaites, et la charité ne faisant que la perfectionner, sans la détruire.

Saint Augustin dit : « Deux amours ont fait les deux cités : l'amour de soi jusqu'au mépris de Dieu a donné naissance à la cité terrestre; l'amour de Dieu jusqu'au mépris de soi a produit la cité céleste. » Si la nature nous inspirait pour Dieu un amour souverain, cet amour ne vivrait-il pas en nous autant que la nature ?

Outre le bien universel, que la nature nous force à aimer, on peut considérer en Dieu des attributs particuliers, par exemple, sa justice, qui réserve au pécheur des châtiments éternels. C'est dans ce sens qu'il faut entendre le mépris et la haine dont parle saint Augustin.

QUEST. LXI. *Nous avons vu la substance, l'intelligence et la volonté des anges ; nous dirons dans cette question quelle fut leur origine.* — 1. Il est probable qu'ils furent créés en même temps que le reste de l'univers. « Au commencement Dieu créa le ciel et la terre. »(Genèse, I, 1.) N'avons-nous pas raison de supposer qu'en créant le ciel, il créa aussi ceux qui devaient l'habiter? D'ailleurs, les anges ne font point un monde à part, ils concourent, avec les créatures matérielles, à la beauté d'un seul univers. Or une partie n'est point parfaite, isolée de l'ensemble. Les œuvres de Dieu portant le sceau de la perfection quand elles sortirent de ses mains, *cujus perfecta sunt opera* (Deutér., XXXII, 4), il est vraisemblable que Dieu ne mit point un long intervalle entre la création des esprits et celle des corps. Saint Grégoire de Nazianze dit qu'ils furent créés des siècles avant le monde matériel, et l'on peut encore, sans préjudice pour la foi, suivre cette opinion; mais elle ne me paraît pas fondée.

QUEST. LXII. *Perfection des anges.* — 1. Ils furent créés dans un bonheur naturel, mais avec une destination surnaturelle. On peut entendre par le bonheur d'un être, ce qui est sa perfection. Tout être désirant naturellement sa perfection, désire de la même manière le bonheur. La suprême félicité de la créature raisonnable consiste, dit Aristote, dans la contemplation de Dieu. L'homme peut-il se livrer à cette contemplation, sitôt qu'il est né? non, à cause de l'imperfection de son intelligence et des entraves qui l'enchaînent.

Mais l'ange n'a pas une intelligence liée à de faibles organes, et procédant par voie de déduction. Il a la claire vue de tout ce qu'il connaît. Donc, aussitôt créé, il a joui de cette contemplation, qui est le bonheur de la nature intelligente. Mais ce n'était pas encore la perfection surnaturelle, qui consiste à voir l'essence de Dieu. La créature, comme nous l'avons montré ailleurs (Quest. xii, art. 1), ne saurait y arriver par les seules forces naturelles.

L'ange a eu, au premier instant de sa création, la perfection que comportait sa nature, non cependant toute la perfection à laquelle il devait atteindre après avoir fait un bon usage de ses facultés. Ainsi, dit saint Augustin, les plantes ne sortirent pas de terre aussitôt qu'elles furent créées, mais reçurent d'abord la vertu de germer, et acquirent, en la développant, la perfection dont elles étaient capables.

2. Les anges ne purent tendre vers leur fin surnaturelle sans un secours de la grâce. La nature est le principe de tous les mouvements naturels. Il n'y a rien dans un de ces mouvements qui soit supérieur à la nature : le feu ne peut que chauffer et éclairer, il ne saurait produire la chair, si ce n'est indirectement, comme instrument de l'âme sensitive. Est-il au-dessus d'une nature créée de voir Dieu dans son essence? oui, nous l'avons mon-

tré plus haut. (Quest. xii, art. 4 et 5.) Donc, loin d'avoir la force, elle n'a pas même l'intention d'y arriver : un être ne connaît, ne désire que selon son mode d'être, et le mode d'être de la créature ne saurait égaler le mode d'être de celui qui est par lui-même.

3. Ils furent créés dans la grâce. Il y a, sur cette question, divergence d'opinion parmi les théologiens. Les uns disent qu'ils furent créés dans un état naturel, mais le sentiment le plus probable, c'est qu'ils furent créés dans l'état de grâce : « Qui a mis dans les anges une volonté droite, sinon celui qui les a créés avec sa volonté, c'est-à-dire avec ce chaste amour qui les attire à lui, formant leur nature et en même temps leur faisant le don de sa grâce. » (S. Augustin.)

Les êtres que la Providence a produits dans le cours des siècles, ont tous existé à l'origine des choses, dans ce que saint Augustin appelle leur *raison séminale* : ainsi les plantes, les animaux et les corps. Ils atteignent leur perfection par le développement de ce germe qui existe dès le commencement du monde. Or, telle est la vision intuitive à l'égard des anges. N'est-il pas vraisemblable qu'ils ont reçu, au moment de leur création, le principe (ou la grâce) dont l'effet le plus accompli est la vision intuitive?

4. Les anges ont mérité le bonheur avant d'en jouir. Une chose n'arrive à sa fin qu'en produisant une action. Cette action, évidemment, ne saurait avoir la vertu de mettre l'agent en possession d'une fin qui est d'un ordre supérieur; par exemple, une médecine ne produit que la santé du corps. L'action ne fait que mériter la fin, si elle ne peut par elle-même y conduire. Or, la fin surnaturelle ou la vision intuitive est au-dessus des puissances naturelles, et celles-ci, abandonnées à elles-mêmes, ne sauraient jamais l'atteindre. Dieu seul jouit naturellement d'un bonheur parfait. L'ange n'y est donc arrivé qu'en le méritant.

Comment aurait-il pu l'atteindre autrement? Par la grâce?

Mais la grâce n'agit pas sans notre concours ; elle ne fait que sanctifier nos actions et les rendre méritoires. Y serait-il arrivé, à cause du ministère qu'il remplit, jouissant déjà de sa fin ? Mais le mérite n'est possible qu'à ceux qui sont dans la voie. Par des œuvres qu'aurait produites son libre arbitre ? Mais le libre arbitre d'une créature ne suffit pas, sans la grâce qui le vivifie. Donc, avant d'en jouir, l'ange a mérité son bonheur.

5. *Les anges vécurent-ils longtemps avant de posséder leur fin dernière ou le bonheur ? Ils y arrivèrent aussitôt après leur premier acte de charité.* — La perfection apporte à un être qui en est susceptible son entier épanouissement, l'enrichit de tous les biens qu'il peut avoir, selon son mode d'être, ou sa nature. Telle est la nature de l'ange, qu'il agit, non pas comme nous, en usant successivement de ses différentes facultés, mais il est en un instant tout entier à son œuvre. De même que sa pensée est entièrement dans un seul acte, de même il lui a suffi, pour atteindre sa perfection, d'un seul acte que la charité avait élevé à l'état surnaturel. D'ailleurs, sa condition est la même que celle de l'âme séparée du corps. Si elle a mérité le bonheur et que rien ne l'éloigne plus de sa fin dernière, elle partage la condition de l'ange, car Dieu a promis de rendre égaux les anges et les saints. Or, l'âme ainsi sanctifiée au moment de la mort, entre immédiatement en possession de Dieu.

6. *Dieu accorda aux anges la grâce et la gloire selon l'étendue de leurs facultés naturelles.* Nous avons vu que Dieu, dans des vues de sagesse, a établi des ordres ou degrés parmi les anges. N'est-il pas raisonnable de supposer que ces anges, doués de qualités diverses, ornés de grâces naturelles inférieures dans les uns, supérieures dans les autres, étaient destinés à une grâce et à une gloire différente aussi ? Quand un architecte polit une pierre avec plus de soin que les autres, quand il l'orne de dessins et de sculptures préférablement à d'autres pierres, c'est qu'il lui destine dans l'édifice une place choisie : tels furent les anges des

ordres supérieurs, dont Dieu avait fait la nature plus riche que celle des ordres inférieurs.

Une autre raison, c'est que l'ange n'est pas, comme nous, composé de deux natures qui se combattent réciproquement. Dans l'homme quand la première s'élève, l'autre la comprime et arrête son essor. Sans doute, tous les anges s'élèvent plus haut que nous, mais quelques-uns d'entre eux doivent dominer les autres dans la grâce et dans la gloire, selon la force et l'énergie de leurs dons naturels. Ainsi, il semble conforme à la raison que Dieu ait accordé aux anges doués d'une nature supérieure, une part plus abondante à sa grâce, et un plus haut degré de gloire. Les dons surnaturels, bien que gratuits, sont donc dans les anges en raison de leurs dons naturels.

7. Les anges dans la béatitude ont-ils conservé leur connaissance et leur amour naturels? Les opérations subsistent autant que leurs principes. Si l'ange conserve sa nature, tout en jouissant de la vision béatifique, nous pourrons conclure que sa nature produit encore ses opérations, qu'il connaît et qu'il aime naturellement. Or, la gloire est la perfection de la grâce, et celle-ci la perfection, non la ruine de la nature. La nature est le fondement de l'édifice spirituel, la grâce et la gloire en sont le couronnement. Le parfait ne détruit point l'imparfait qu'il a pour but de développer, mais seulement l'imparfait qui lui est incompatible. Différentes lumières plus éclatantes les unes que les autres ne peuvent-elles se réunir, et mettre en évidence la même vérité? Ainsi l'ange a une connaissance et un amour naturels, qui sont les éléments de sa connaissance et de son amour surnaturels.

8. Les anges qui jouissent de la vision intuitive ne peuvent plus pécher. Celui qui veut et agit, n'agit et ne veut qu'en vue d'un bien réel ou supposé. Notre nature est telle que nous ne pouvons agir, sans être sollicités par l'attrait d'un bien quelconque. Quand nous détournons de quelqu'un les yeux de l'esprit et du cœur, ce n'est pas parce qu'il est un être et un bien : un

autre motif a déterminé cette aversion, un bien différent nous a séduits. Les anges voient dans toute sa splendeur l'essence de Dieu. Ils le voient souverainement bon et source de tout le bien répandu dans les créatures. Où pourraient-ils trouver un attrait plus puissant? en d'autres termes, comment pourraient-ils l'abandonner et pécher? Ils ne peuvent pas plus s'en séparer, que nous ne pouvons nier les premiers principes. Ils conservent, c'est vrai, le libre arbitre. Mais en quoi consiste-t-il? à pouvoir choisir entre faire telle chose et ne pas la faire, et non à pouvoir pécher. Ce n'est que par une dépravation de la liberté qu'on fait le mal; la perfection du libre arbitre, c'est d'agir sans crainte de pécher, comme la perfection de l'intelligence ne consiste pas à pouvoir tomber dans l'erreur touchant les conclusions que nous tirons des premiers principes, mais à les tirer sûrement, sans mélange d'illusion et d'erreur.

9. Les anges ne peuvent augmenter leurs mérites et leur bonheur. Le progrès n'appartient qu'à ceux qui sont dans la voie. Les anges touchant le terme, comment iraient-ils plus loin? Dieu seul a de lui-même une compréhension parfaite. Il a prédestiné à *le voir certaines créatures raisonnables*; mais leur vision sera plus ou moins claire, elle aura des degrés qui varieront à l'infini, selon les desseins de Dieu. Comment, arrivé au terme que Dieu m'a destiné, pourrais-je passer outre et avancer sur une voie qui m'est fermée?

QUEST. LXIII. *De quelle manière les anges ont commis le mal de la faute.* — 1. Pécher, c'est faire un acte privé de la rectitude qu'il devrait avoir, et qui est déterminé par la volonté de l'agent principal. Si un agent diffère de la volonté à laquelle appartient de fixer la règle de l'acte, on conçoit que cet agent puisse pécher. Pourquoi ma main, laquelle ma volonté commande de tracer une ligne droite, suit-elle une ligne brisée? C'est qu'elle n'est pas elle-même ma volonté; mais si ma volonté traçait la ligne, ce ne pourrait être qu'une ligne droite. Vous voyez que Dieu seul ne peut pas pécher, parce qu'il est lui-même sa volonté, et que, n'ayant pas de supérieur, il n'est tenu de donner à ses actes d'autre règle que celle de sa volonté. Mais une créature, fût-elle un ange, dépendant toujours d'une volonté supérieure, peut s'écarter de sa règle, comme ma main peut s'écarter de la ligne que voudrait ma volonté, comme le soldat peut agir contre la volonté de son chef : c'est ce qu'on appelle pécher. L'ange, il est vrai, ne pécha point en désirant le bien comme tel, mais en ne le désirant pas conformément à la volonté divine.

2. Quelle sorte de péché ont-ils pu commettre? Bien des péchés peuvent retomber sur les mauvais anges, en ce sens qu'ils entraînent les hommes dans toutes sortes d'iniquités; mais ils n'ont pu pécher par affection qu'en s'abandonnant à l'orgueil. Nous ne désirons que ce qui est conforme à notre nature, que ce qui nous est un bien. L'ange, pur esprit, ne peut désirer les biens sensibles, mais seulement les biens spirituels. Comment pécher en aspirant à de tels biens, si ce n'est en ne les désirant pas selon la règle du supérieur? ce qui est le propre de l'orgueil. Ils ont pu aussi, c'en est une conséquence, pécher par envie. Comme ils affectaient la singularité et l'indépendance, ils enviaient le bien qui les empêchait d'y arriver, c'est-à-dire le bien de la créature et celui de Dieu.

3. Que voulaient les anges, quand ils péchèrent? Être comme Dieu, et voici à quelle ressemblance ils prétendirent. Ils ne voulaient pas lui être égaux : n'ayant pas perdu leurs dons naturels, ils savaient que cela est impossible à la créature. Ils voulaient seulement lui ressembler. Ils l'auraient pu de deux manières : en possédant ce qui est un attribut de Dieu, comme la puissance de créer. Tel ne fut pas le désir qui perdit les anges; ils connaissaient l'impossibilité de l'accomplir. D'ailleurs, ce désir eût été contraire à un désir naturel, celui de la conservation. Tout être désire conserver sa nature en la perfectionnant et en développant les éléments qu'elle renferme. L'horreur qu'il a de sa ruine l'em-

pêche de jeter jamais des yeux d'envie sur les êtres qui sont d'une autre nature et auxquels il ne pourrait s'égaler qu'en perdant la sienne : l'âne, si humble que soit sa condition, n'envie pas celle du cheval. Ce qui égare notre imagination et nous fait prendre le change à ce sujet, c'est que l'homme ambitionne un rang et des biens qui ne sont qu'accidentellement supérieurs à sa nature, et la laisseraient subsister. Mais la nature créée étant incompatible dans le même sujet avec la nature divine, les anges ne péchèrent point en désirant posséder, comme Dieu, la puissance de créer.

Ils pouvaient encore lui ressembler, en possédant toute la perfection dont ils étaient capables. C'est le désir de cette perfection qui rendit les anges coupables devant Dieu. Sans doute, il faut désirer d'être aussi parfait que le permet la nature, mais le péché du démon fut de désirer sa perfection d'une manière désordonnée. Il voulut y arriver par ses propres forces, et sans le secours de la grâce. Il ne voulait point la regarder comme un don qu'il tiendrait de la libéralité d'autrui. Il y serait parvenu, tout son crime fut d'y tendre d'une manière désordonnée : *Appetiit illud ad quod pervenisset, si stetisset.* (S. Augustin.)

4. S'écoula-t-il un long intervalle entre la création et la chute des mauvais anges ? Il est probable que l'ange pécha aussitôt après la création ; c'est une conséquence de l'opinion que nous avons admise, touchant le moment où il fut élevé à l'ordre surnaturel. Si ce fut au moment même de sa création, il est probable qu'il usa aussitôt de son libre arbitre, et que l'acte produit fut méritoire ou déméritoire. Dans le premier cas, l'ange mérita la gloire du ciel ; dans le second, l'acte fut un péché, et l'ange tomba : « *Il ne s'est pas tenu dans la vérité.* » (S. Jean, VIII, 44.)

5. Le péché d'un premier ange fut cause de la chute des autres. Tel a été le péché du diable, qu'on regarde comme le chef des anges rebelles. Je ne dis pas qu'il les ait contraints, mais excités

à la révolte. Ce qui le donne à croire, ce sont ces paroles de l'Évangile : *Ite, maledicti, in ignem æternum, qui præparatus est diabolo et angelis ejus.* (Matth., xxv, 41.) La justice ne nous assujettit à l'empire d'autrui que quand nous avons cédé à ses suggestions : *A quo quis superatus est, huic servus addictus est* (II, saint Pierre, II, 19.) Cette adhésion des anges à la révolte de leur chef, fut instantanée. L'ange n'a pas besoin d'un espace plus ou moins long pour choisir et consentir, ni du son de la voix pour exhorter. Aussitôt que l'homme a conçu dans son intelligence une pensée, il se la parle intérieurement. Quand il l'exprime au dehors, l'auditeur peut donner son assentiment aussitôt qu'il entend le son de la voix : c'est ce qui arrive dans l'exposition des premiers principes. Abstraction faite du temps que demandent en nous le son de la voix et la délibération, les anges suivirent le premier rebelle d'entre eux aussitôt qu'il leur manifesta sa pensée dans leur langage intellectuel.

Il faut supposer néanmoins que le nombre des anges restés fidèles est plus grand que celui des anges prévaricateurs. Le péché était contraire à leur inclination naturelle, et la nature, quand elle n'est pas viciée, obtient plus communément son effet.

QUEST. LXIV. *Mal de la peine.* — 1. L'intelligence des mauvais anges n'est pas si obscurcie qu'ils n'aient plus aucune connaissance de la vérité. On peut connaître la vérité par la nature et par la grâce. Il est certain que les démons ont conservé dans le même éclat et la même intégrité les connaissances qu'ils avaient naturellement; elles sont la conséquence de leur nature intellectuelle. Le péché ne détruit pas les dons de la nature : que de méchants ont de l'esprit à faire peur ! Comment faire perdre aux anges, qui sont de purs esprits, une partie de ce qu'ils ont naturellement, comme on ôte à l'homme un bras, une jambe ?

Ont-ils conservé aussi la connaissance qu'ils avaient en état de grâce ? La connaissance de la grâce est de deux sortes. L'une, toute spéculative, nous révèle les secrets de Dieu. Les démons ne l'ont plus qu'affaiblie et confuse, seulement suffisante pour le ministère auquel Dieu les destine. Ils la reçoivent par l'intermédiaire des bons anges, ou en voyant des événements que la puissance divine produit à dessein. Une autre connaissance de la grâce, c'est celle que la charité donne aux âmes saintes. Ils en sont totalement privés.

2. Leur volonté est obstinée dans le mal. Origène prétendait que non-seulement les démons, mais toutes les âmes créées, excepté celle du Christ, à cause de son union avec le Verbe, sont toujours libres de faire le bien et le mal ; mais ce sentiment est contraire à l'essence du vrai bonheur, qui est d'être inamissible. Cette pensée que je puis perdre mon bonheur suffit pour le dépouiller de tous ses charmes et empoisonner toutes mes jouissances. Le sentiment d'Origène est encore contraire à l'Ecriture qui dit : « Les méchants iront au supplice éternel, les bons dans la vie éternelle. » Pourquoi le bonheur des saints est-il appelé la vie éternelle, sinon parce qu'on ne peut le perdre ?

La volonté des démons est tellement obstinée dans le mal, qu'ils ne peuvent plus l'en retirer. La chute, dit saint Jean Damascène, les a fixés dans le mal, comme la mort fixe l'homme irrévocablement dans le péché ou dans la grâce. La cause de cette obstination, c'est la nature de l'ange. Les désirs naturels sont toujours proportionnés à la puissance qui peut les satisfaire. Mon appétit sensitif ne cherche que le bien particulier, celui que mes sens peuvent saisir ; mais mon intelligence aspire au bien universel, parce qu'elle peut l'atteindre. Aperçoit-elle les premiers principes, elle s'y attache nécessairement. Le tout est plus grand que la partie : voilà une vérité qui brille aux yeux de toute intelligence, qui la subjugue, et à laquelle il ne vous est pas possible de refuser votre assentiment. Tout ce que vous pouvez, c'est d'en détourner votre attention en la reportant vers un autre objet. Il n'en est pas ainsi de l'ange : il s'attache indissolublement à toute vérité et à tout bien, lorsqu'il y adhère, comme l'intelligence de l'homme s'attache aux premiers principes, avec cette différence que l'intelligence de l'ange, étant une pure intelligence, son adhésion est irrévocable. Avant de choisir, l'ange est libre. Son choix fait est fixé sans retour. Voilà ce qui produit sa persévérance dans le bien, son obstination dans le mal : « L'orgueil de ceux qui vous ont haï monte toujours. » (Ps. LXXIII, 23.)

3. Les mauvais anges souffrent-ils quelque douleur ? Ils n'endurent pas de douleur physique ; n'ayant pas d'organes, ils n'en sauraient être atteints. Mais entendez-vous par le mot douleur ce qui répugne à la volonté ? Elle est très-vive dans les démons. Ils regrettent le bonheur qu'ils ont perdu ; ils voient les places que leur prévarication a laissées vides dans le Ciel. Ajoutez à ce supplice l'envie qui les dévore, et vous aurez encore une faible idée de leurs souffrances.

4. En quel lieu les mauvais anges souffrent-ils leur peine?« Dans le feu éternel préparé pour le démon et pour ses anges. » (Év.)

Il en est aussi qui subissent leurs peines en ce monde. Le bien des êtres inférieurs doit se procurer par l'intermédiaire des êtres supérieurs : tel est l'ordre, telle est l'harmonie que Dieu a établis dans le monde. Il procure, en conséquence, le bien des hommes par l'intermédiaire des anges. Les bons servent directement à notre bien en nous portant à la vertu et en nous détournant du vice ; les mauvais le procurent indirectement en nous tendant des piéges et en nous formant par des combats continuels à la pratique de la vertu. C'est pourquoi, parmi les démons, il en est qui nous entourent, dispersés dans l'espace : *Non est nobis colluctatio adversus carnem... sed contra spiritualia nequitiæ, in cœlestibus.* (S. Paul aux Éphésiens.) S'ensuit-il qu'ils souffrent moins que ceux qui sont enchaînés au fond des enfers ? Non, parce qu'ils savent qu'ils méritent ces chaînes, et qu'un jour ils en seront chargés.

D'ailleurs, ils portent partout avec eux l'enfer, c'est-à-dire, en quelque lieu qu'ils soient, ils sentent la privation du bien suprême, le poids de la malédiction qui pèse sur eux.

Quand le genre humain sera éteint, le ministère des bons et celui des mauvais anges étant accompli, les uns rentreront dans le ciel, et les autres, sans exception, seront précipités dans les enfers (1).

*Saint Thomas, dans son *Traité des Anges*, ne fait, pour ainsi dire, que commenter la *Hiérarchie céleste* de saint Denis. Les nombreux emprunts que notre saint docteur fait aux doctrines de l'Aréopagite, et l'influence que ces doctrines exercèrent sur la science théologique au moyen âge, m'ont engagé à dire un mot d'une question incontestée autrefois et diversement appréciée de nos jours. Les protestants nièrent l'authenticité des œuvres attribuées à saint Denis. Intéressés à obscurcir toutes les gloires de l'Église primitive, ils ne pouvaient faire au disciple de saint Paul l'injure de l'épargner. Rejetant d'ailleurs la hiérarchie ecclésiastique, ils ne pouvaient admettre la hiérarchie céleste, qui en est le type et le fondement. Ils surent recouvrir leurs sophismes d'un luxe d'érudition qui en imposa tellement à la bonne foi de certains catholiques, que Bergier a pu dire sans essuyer de son temps une contradiction : « On convient aujourd'hui que les œuvres qui portent le nom de saint Denis l'Aréopagite ne sont pas du saint évêque d'Athènes, mais on ignore quel en est le véritable auteur. » (Dictionnaire de Théologie, art. *Denis*.) On ne pourra s'empêcher de convenir du contraire, après avoir lu le savant ouvrage qui a paru, il y a peu d'années, sur les œuvres de saint Denis (2). L'auteur a fait la *révision d'un procès jugé sous l'empire de préventions fausses et peut-être même avec une partialité préméditée.* Les lignes suivantes donnent une analyse de ce beau travail, une idée de ce *monument expiatoire.* Je l'appelle ainsi,

---

(1) Ce ne sont pas toujours les mêmes démons que Dieu envoie sur la terre, éprouver la vertu de ses serviteurs. D'après le sentiment le plus probable, les mauvais anges se succèdent alternativement en ce monde et aux enfers, à l'exception de leur chef, enchaîné au fond des abîmes jusqu'au deuxième avénement de Jésus-Christ.

(2) *OEuvres de saint Denis l'Aréopagite*, traduites par l'abbé Darbois.

car en rendant à la gloire de saint Denis l'éclat que les passions et les préjugés lui avaient ravi, il venge le saint évêque des outrages des protestants et répare les injustices des catholiques dont on avait surpris la bonne foi.

Deux sortes de preuves montrent l'authenticité d'un livre : les unes, appelées intrinsèques, se tirent de l'analogie qu'on remarque, d'une part, entre le caractère de l'auteur supposé et, de l'autre, les doctrines et le style du livre qu'on lui attribue. Pour appliquer ce principe à la question présente, il faut se rappeler qu'Athènes était encore, au premier siècle, le sanctuaire de l'éloquence et de la philosophie. Trahie par le sort des armes, elle avait fait subir à ses vainqueurs une autre domination que celle de la force matérielle. Les lettres, les sciences, les arts, lui avaient acquis un tel ascendant que Rome et l'Asie remplissaient ses écoles, inondaient ses portiques. Or, l'aréopage, dont Denis était membre, réunissait l'élite des savants athéniens. Il avait vu dans son sein Socrate et les esprits les plus éminents que la Grèce eût produits depuis cinq siècles. Saint Denis devait donc être un esprit éclairé, formé à la science dont l'aréopage était l'illustre dépositaire. Il dut aussi ajouter aux lumières naturelles celles de la foi et posséder à un haut degré la science de la théologie, car il fut le disciple de saint Paul : « Quel magnifique essor vers les choses divines dut prendre le nourrisson de cet aigle ! » (S. Jean Chrysostome.) En lisant les œuvres attribuées à saint Denis, on y voit manifestement tous ces traits de ressemblance. On reconnaît le philosophe nourri de la doctrine platonicienne qui dominait alors, et le théologien de l'école de l'apôtre ravi au troisième ciel.

Tout livre a une physionomie littéraire qui fait reconnaître l'école de l'écrivain, le temps et le milieu où il a vécu. Or, les œuvres dont nous parlons annoncent le bon goût encore conservé au premier siècle. Elles renferment à chaque page les formules des platoniciens et subissent constamment l'influence de l'école qui régnait à cette époque. L'enthousiasme, le ton lyrique de l'auteur annoncent le néophyte qui tressaille aux premières émotions de la foi chrétienne. Tout en revêtant ses idées d'images brillantes, il parle une langue qui manque de souplesse et exprime difficilement les idées nouvelles. L'obscurité du style, les voiles qui parfois laissent à peine entrevoir l'idée de l'auteur, prouvent la haute antiquité de ces livres, en faisant voir l'écrivain fidèle à la loi du secret commandé dans les premiers siècles. L'histoire de l'Église nous montre cette loi d'autant plus sévère qu'on s'approche davantage des temps apostoliques. Si nous n'avions pas d'autres preuves, ne pourrions-nous pas déjà, avec quelque raison, faire appel à la bonne foi du lecteur et lui demander si ces traits de famille ne sont pas une grande présomption en faveur de l'authenticité des œuvres attribuées à saint Denis? « Si vous trouviez une toile charmante, au coloris gracieux, aux lignes harmonieuses et pures, où une vierge serrât contre son cœur de mère un enfant qui sourit comme un Dieu, ne feriez-vous pas acte de raison et de science en nommant Raphaël d'Urbin, lors même qu'on vous dirait que le nom du peintre n'a été peut-être inscrit au bas de la merveille que par une main frauduleuse? » (Introd. de l'ouvrage cité plus haut.)

Quelle que soit la valeur des preuves intrinsèques, un autre ordre de documents produit dans l'esprit une plus forte conviction : ce sont les preuves extrinsèques. Elles se composent du témoignage des contemporains et des hommes compétents qui ont étudié la matière. Ce qui relève la valeur du témoignage, c'est le nombre, l'autorité des dépositions, la constance avec laquelle les siècles ont protesté contre de rares contradicteurs. Nous n'avons, il est vrai, rien de positif en faveur de l'authenticité des œuvres de saint Denis pendant les trois premiers siècles. Cependant Guillaume de Bude, ce savant à qui les savants eux-mêmes ont décerné la palme de la science, *ce phénix qui ne devait jamais renaître de ses cendres*, dit que plusieurs écrits des premiers siècles, entre autres ceux de saint Ignace, portent la trace des œuvres de saint Denis et y font d'évidentes allusions. Depuis le quatrième siècle, nous avons des témoignages nombreux et de la plus haute valeur. Saint Chrysostome appelle le disciple de Paul, le *nourrisson de l'aigle, un oiseau au vol sublime.* Au cinquième siècle, saint Cyrille d'Alexandrie invoque l'autorité de saint Denis contre les hérétiques qui niaient l'Incarnation. Juvénal de Jérusalem dit qu'il assista, avec plusieurs apôtres et Timothée, au trépas de la sainte Vierge. Saint Grégoire, l'oracle du sixième siècle, exposant les fonctions des esprits célestes, a souvent recours aux œuvres de saint Denis, qu'il appelle l'antique, le vénérable Aréopagite. Au septième siècle, ses œuvres jouissent d'une telle autorité, que le concile de Latran les cite comme un témoignage des temps apostoliques. Saint Jean Damascène, la lumière de l'Orient au huitième siècle, en parle sans supposer seulement qu'on puisse élever un doute à leur sujet. Enfin, elles jetèrent la plus grande splendeur pendant toute la durée du moyen âge. Hilduin, abbé de Saint-Denis, écrivant à Louis le Débonnaire, félicite la France de ce qu'elle possède enfin les œuvres du disciple de Paul. Hugues de Saint-Victor commente la *Hiérarchie céleste,* et dédie son livre à Louis le Jeune. Tous les écrivains scholastiques s'inclinent devant l'autorité de saint Denis. Le Docteur angélique et le Docteur séraphique lui doivent leurs plus belles inspirations et puisent dans ses œuvres le parfum qu'exhalent leurs œuvres mystiques. Il jouit encore de la même autorité au commencement du seizième siècle, témoin les nombreuses éditions de Rome, de Padoue, de Venise, etc., qui parurent à cette époque. Les novateurs *protestèrent* contre l'accord universel des Pères et docteurs durant l'espace de douze siècles ; mais le lecteur comparera, d'un côté, l'unanimité et la valeur morale de nos témoignages ; de l'autre, les dénégations des hérétiques, ennemis déclarés de la primitive Église, des Jansénistes et d'un petit nombre de Gallicans, qui sacrifièrent les plus belles gloires de l'Église, et faussèrent l'histoire toutes les fois que le parti pouvait y trouver son intérêt.

La seule objection capable d'ébranler la conviction, c'est le silence des trois premiers siècles ; mais n'est-il pas possible de l'expliquer ? D'abord ce silence n'est pas absolu, selon le sentiment du savant très-versé dans cette matière, dont nous avons cité plus haut le nom. Il faut remarquer ensuite que les Pères des premiers siècles purent ignorer l'existence des œuvres de saint Denis. L'obscurité qui en rend l'intelligence difficile dut sans doute les empêcher d'être populaires. La loi du secret, si sévère à la naissance de l'Église, n'aurait-elle pas aussi retenu la plume des écrivains ecclésiastiques ? Enfin, les Pères des premiers siècles, en combattant les hérétiques, n'avaient pas coutume de se servir d'autres armes que de celles de l'Ecriture ; saint Athanase, bien qu'il se soit plus tard relâché de cette rigueur, défend aux Ariens de s'appuyer sur l'autorité d'aucun homme.

Le nom de saint Denis ne se trouve pas dans le Catalogue des auteurs sacrés que fit Eusèbe ; mais Eusèbe, ami des Ariens, devait naturellement laisser dans l'ombre ce qui aurait pu compromettre le parti. D'ailleurs, il avoue lui-même que son catalogue ne renferme pas la moitié des noms qui mériteraient d'y avoir place. Saint Jérôme a fait la même omission. Mais quelle conséquence en tirer contre nous ? Il reconnaît qu'il ne fait pas même mention de tous les noms cités par Eusèbe. L'oubli dans lequel sont restées les œuvres de saint Denis a donc été un sort commun à beaucoup d'autres œuvres des premiers siècles. Ainsi, la preuve extrinsèque en faveur de notre thèse, réunit les caractères d'une véritable démonstration. Nous supposons muets les trois premiers siècles, mais leur silence n'est pas une preuve sans réplique, et ne peut être comparé à l'accord imposant de douze siècles. De 300 à 1500, la gloire de saint Denis brille du plus vif éclat, excepté quelques nuages qui s'élevèrent à la fin du quatrième siècle et du neuvième. Depuis le seizième siècle, nous avons d'ardents adversaires parmi les protestants, les jansénistes et les gallicans, mais la majorité des savants nous est encore acquise, et proclame l'authenticité des œuvres attribuées à saint Denis.

Quelle que soit l'opinion que le lecteur embrasse, il remarquera, sans doute, que l'authenticité n'est pas la doctrine d'un livre. On peut douter de l'une et concevoir pour l'autre une juste admiration. La sublimité et l'orthodoxie des œuvres de saint Denis justifient, dans toute hypothèse, les nombreux emprunts que leur ont faits saint Thomas, saint Bonaventure, et tous les écrivains du moyen âge.

CHAPITRE VIII.

CRÉATURES CORPORELLES.

Nous verrons dans la production de ces créatures, l'œuvre de création, de distinction et d'ornementation dont parle la Genèse : « Dieu créa le ciel et la terre. Il sépara la lumière d'avec les ténèbres, les eaux qui sont au-dessus du firmament d'avec celles qui sont au-dessous. Puis il dit : Qu'il y ait au firmament des corps lumineux, » etc.

QUEST. LXV. *Origine des créatures corporelles.* — 1. Elles viennent de Dieu, aussi bien que les créatures purement spirituelles. Quand différents êtres ont quelque chose de commun, si divers qu'ils soient, ils proviennent d'un même principe. Sans doute, il y a une grande distance de cette poussière que nous foulons aux pieds, à l'ange, créature spirituelle, toute éclatante des rayons de la Divinité, mais malgré la distance qui les sépare, le grain de poussière et l'ange se ressemblent sous un rapport : l'un et l'autre a l'être. L'être, avons-nous dit, ne peut venir que de celui qui est l'être par essence, comme la chaleur ne peut venir que de ce qui est le feu. Donc, les créatures matérielles que renferme l'univers, viennent de Dieu : « il a fait le ciel, la terre et ce qu'ils renferment. » (Ps. CXLV, 6.)

2. Quelle fin Dieu s'est-il proposée en créant les êtres matériels ? Pour en connaître la fin, rappelons-nous que la création dans son ensemble est un tout accompli, où règne la plus parfaite unité. Examinons un tout, par exemple l'homme ; nous verrons quel a

été le dessein de Dieu en créant la matière. Je remarque d'abord que chaque partie existe pour produire des actes : ainsi mon œil est fait pour voir. La partie la moins noble existe pour celle qui l'est davantage : les sens pour l'intelligence, dont ils sont les serviteurs. La partie existe aussi pour la beauté et la conservation de l'ensemble. De même les créatures matérielles sont destinées à produire des actes. Elles ont une sphère d'activité bien restreinte, il est vrai, mais où elles se meuvent et agissent. Elles obéissent à l'homme, qui les soumet à son empire et les façonne à son gré. Chacune d'elles, fixée à sa place, conserve l'ordre dans la variété et relève la beauté de l'ensemble ; mais en dernière analyse, elles existent pour manifester la bonté de Dieu, et procurer sa gloire en la racontant aux créatures intelligentes. Dieu n'a fait aucune injustice aux corps en les abaissant au degré le plus infime des êtres. Accuse-t-on d'injustice l'architecte qui, n'ayant égard qu'à la beauté de son œuvre, donne à certaines pierres une place d'honneur, à d'autres une place obscure où elles restent inaperçues? Ainsi Dieu, pour la beauté de l'univers et sans blesser aucun droit, a fait ces humbles créatures qui ne sont que matière.

3. Quelle que soit leur infériorité dans la hiérarchie des êtres, les créatures corporelles viennent de Dieu immédiatement, et sans l'intermédiaire de créatures plus excellentes. Des philosophes ont prétendu que les créatures avaient été produites l'une par l'autre, les plus excellentes ayant donné l'être aux moins bonnes. Ce sentiment n'est pas soutenable. Il repose sur ce principe, que les êtres inférieurs étant gouvernés par les êtres supérieurs, doivent aussi en avoir reçu l'être. L'ordre de la création ne consiste pas en ce que des créatures donnent l'être à d'autres, mais en ce que la sagesse divine produise des êtres divers et subordonnés les uns aux autres. Comment une créature pourrait-elle donner à une autre le fond même de son être? Un effet suppose une cause d'autant plus élevée, qu'il est plus commun et plus général. Être est plus général que vivre, et vivre que pen-

ser. Il y a des êtres qui ne vivent point, il y en a qui vivent et n'ont pas la pensée. L'être étant l'effet le plus général, ne peut venir que de la cause la plus étendue et la plus élevée, de la première de toutes les causes, de Dieu. C'est pourquoi Moïse dit, sans supposer à Dieu le concours d'aucun intermédiaire : *In principio creavit Deus cœlum et terram.*

Nous avons vu d'ailleurs que Dieu seul peut créer. (Q. XLV.)

QUEST. LXVI A LXXIV. *OEuvre de distinction et d'ornementation.*

* Je demanderai au lecteur la permission de ne pas suivre la *Somme*, dans l'analyse de ces questions, aussi scrupuleusement que de coutume. Les erreurs de l'ancien système solaire (1) qu'a nécessairement suivi saint Thomas, en feraient un mauvais guide. J'ai cru plus utile d'extraire, parmi les explications de la Genèse que donne le saint docteur, celles qui sont admissibles, et d'y ajouter quelques développements plus conformes aux découvertes de la science moderne.

1. L'univers ne resplendit pas, aussitôt créé, de cette beauté que nous lui voyons. Dieu créa d'abord la masse du monde, le fond dont il allait tirer son œuvre. Il n'y avait, dans cette masse informe, ni ordre, ni dessein marqué. Les éléments confondus n'avaient pas encore entendu la voix qui devait assigner à chacun une place distincte. C'était ce chaos, dont tous les peuples ont conservé le souvenir. Moïse représente de la manière suivante, ce désordre et cette confusion de toutes choses : *Tenebræ erant super faciem abyssi* : les ténèbres couvraient la face de la terre, dit-il, faisant allusion au désordre qui régnait dans l'obscurité de l'espace. Puis il vient au chaos de la terre : *Erat inanis,* ou, suivant une autre traduction, *invisibilis.* Elle était entièrement recouverte par les eaux, qui la rendaient stérile et invisible. Il manquait à la terre un autre ordre, une autre perfection ; *erat*

(1) Le système de Ptolémée.

vacua, elle était vide, c'est-à-dire, submergée de toute part, elle n'avait pas encore produit ces trésors de moissons, de verdure et de fleurs, sans lesquels, en effet, la terre paraît vide et dépouillée. Disons maintenant comment Dieu tira de ce chaos, l'ordre, la beauté et la splendeur qui ravissent notre admiration.

2. Il a lui-même inspiré à Moïse l'histoire de ce grand travail. Dieu, dit l'écrivain sacré, mit six jours à l'œuvre de la création. Sans doute, s'il l'avait voulu, il l'aurait achevé en un jour, en un moment. Un seul trait de sa main aurait dessiné l'univers et marqué à chaque être la place qu'il doit occuper. Mais il a voulu y consacrer plusieurs jours et procéder par degrés, afin de montrer que s'il a fait l'univers, c'est sans contrainte, avec liberté et indépendance. Il a prouvé par là qu'il est libre de faire ou de ne pas faire, qu'il peut à son gré contenir ou exercer sa puissance.

Le premier jour, Dieu fit la lumière. Il dit : « Que la lumière soit, » et la lumière fut. Le deuxième jour, il fit le firmament, cette voûte azurée qu'un poëte (1) appelle le *pavillon de l'homme*. Le troisième, il sépara les eaux d'avec la terre, et les réunit dans le bassin des mers. Le même jour, la terre étant déchargée du poids des eaux, il lui donna la vertu de produire des plantes, des fleurs, des fruits de toute espèce. Le quatrième jour, il créa les astres, ces globes lumineux qui brillent à la voûte du ciel. Le cinquième jour, il créa les oiseaux qui volent dans les airs, les poissons qui nagent dans les eaux. Le sixième jour, il fit les animaux qui vivent à la surface de la terre. Enfin, le monde était paré avec une magnificence royale. C'était un palais, tout prêt à recevoir le maître qui devait l'habiter. Dieu alors semble se recueillir en lui-même. Il avait fait les autres créatures d'un seul mot et comme en se jouant. Quand il arrive à l'homme, on voit qu'il s'agit d'une créature plus excellente. Comme s'il fallait, pour lui donner l'être, le concours des trois personnes divines réunies

---

(1) Gilbert.

en conseil : « Faisons, dit-il, faisons l'homme à notre image et à notre ressemblance. Qu'il soit le roi de ce monde, qu'il commande aux oiseaux de l'air, aux poissons des mers, aux bêtes de la terre. » Et il fit l'homme à son image et à sa ressemblance, et il bénit toutes les créatures, et il trouva que son œuvre était belle.

* En méditant le récit de Moïse, on admire l'ordre qui présida au grand œuvre de la création, qui fit paraître les choses successivement, chacune prenant sa place au temps opportun, et au moment où on voudrait l'appeler, si elle était absente. Loin de nous, bien entendu, la pensée de contrôler le saint livre, mais après l'avoir baisé avec respect, il est permis de se tenir prêt à en rendre compte. Dans des temps qui ne sont pas loin de nous, il était de mode, parmi les savants, de contredire la Genèse et de la prendre en flagrant délit d'erreur. On avait insurgé contre la Bible toutes les sciences. Ne négligeant rien pour assurer le succès du complot, les conjurés avaient envoyé dans toutes les parties du monde, des commis à la recherche de preuves contre la cosmogonie de Moïse. On interrogeait les Cafres, les Hottentots, les Chinois, et l'on revenait avec un bagage d'arguments anti-bibliques. L'Encyclopédie, cette tour de Babel, comme l'appelait un de ses fondateurs, redisait au monde tous ces échos de l'impiété *savante*.

Les *Lettres de quelques juifs* furent un fouet vengeur, avec lequel l'abbé Guénée flagella sans pitié ces prétendus savants. Mais ce qu'il y a de bien étonnant, c'est le témoignage rendu récemment par la science elle-même. Sans le savoir, sans y penser, les savants d'aujourd'hui tiennent le langage de Moïse. Les progrès de la science ont réduit à néant tous ces systèmes que le dix-huitième siècle avait élaborés à grands frais, aveuglé par un esprit de mensonge et de coterie. Toutes ces machines de guerre se sont brisées d'elles-mêmes, et à peine quelque savant venu un siècle trop tard, daigne en ramasser les débris. Qui oserait soutenir, comme l'Encyclopédie, que le monde, au lieu de six mille ans d'existence, en compte au moins cent mille? Après les progrès de la géologie, ce sont des vieilleries renouvelées des Grecs. Cuvier est d'accord avec Moïse qui écrivait plus de trois mille ans avant lui (1). « La dernière séance de l'Académie des Sciences ne parle pas autrement que la Genèse (2). » C'est bien le cas de dire : Un peu de science éloigne de la religion ; beaucoup y ramène (3).

Mais, selon Moïse, la lumière fut créée le premier jour, et le soleil, le quatrième. Comment cela? La lumière venant du soleil, l'effet a donc été antérieur à la cause?

La science a été longtemps sans pouvoir expliquer cette difficulté d'une manière satisfaisante. Saint Thomas et tous les théologiens, jusqu'au dix-septième siècle, s'en tirent fort mal. Le premier jour, disent-ils, Dieu créa seulement ce qui devait être plus tard la lumière et qui n'en était alors que le fond ou la matière première. Le quatrième, il lui aurait donné sa forme et sa beauté en la réunissant dans un seul corps appelé le soleil. D'autres ont imaginé une nuée lumineuse créée le premier jour et réunie au soleil le quatrième. Bossuet, avant de connaître ou d'adopter le système des ondes lumineuses, y allait plus franchement. Il avouait son impuissance à expliquer le texte sacré, et comme le dernier des fidèles, il faisait humblement un acte de foi : rien de plus beau, de plus héroïque dans la vie des saints. Cet acte de foi et d'humilité lui a sans doute plus compté devant Dieu que tout son génie et toute son éloquence. Mais, aujourd'hui, nous pouvons rendre hommage à la Bible sans faire un acte de foi. D'après Descartes, et son opinion est généralement suivie,

(1) « Je pense, avec MM. Deluc et Dolomieu, que s'il y a quelque chose de démontré en géologie, c'est que la surface du globe a été la victime d'une grande et soudaine révolution, dont la date ne peut remonter beaucoup plus haut que cinq ou six mille ans. » (Cuvier, *Discours*, p. 139, 282.)

(2) Lacordaire.

(3) Voir à ce sujet le *Discours du cardinal Wiseman sur les sciences naturelles*, 1re partie.

la lumière ne vient pas du soleil par émission, c'est une substance éthérée répandue dans l'espace, et qui a besoin, pour être lumineuse, que le soleil la mette en vibration. La lumière qui m'éclaire, ce sont des ondes éthérées qui frappent mes yeux, comme le son n'est autre chose que de l'air agité dont les ondulations frappent mon oreille. D'après ce système, le récit de Moïse est facile à expliquer. Le premier jour, Dieu créa la substance aérienne appelée lumière ; mais elle n'eut la vertu d'éclairer d'une manière permanente et régulière que le quatrième jour, lorsque le soleil brillant à la voûte des cieux l'eut mise en vibration.

Nous trouvons dans le récit de Moïse une autre contradiction apparente : « Au commencement, Dieu créa le ciel et la terre. » Le ciel, c'est le firmament; or, le firmament fut créé le second jour?

Moïse, au début de son récit, s'exprime d'une manière générale, et vient ensuite à l'œuvre de chaque jour en particulier. Dieu, dit-il, a créé le ciel et la terre. Le premier jour, il fit la lumière; le second jour, le firmament. Comme si je disais : Cet architecte a bâti ma maison. D'abord, il a jeté les fondements ; puis, il a fait les murailles, le toit, etc.

Le troisième jour, Dieu sépara les eaux d'avec la terre. Elle n'avait jusqu'alors ni beauté ni fécondité. Les eaux qui la recouvraient empêchaient la germination des plantes : *aquæ congregatæ sunt in unum locum et apparuit arida.* Voilà les eaux séparées. Elles entrent dans le réservoir des mers, et jamais, malgré la fureur de leurs flots, elles ne franchiront la barrière qui leur est assignée à l'origine du monde.

Le même jour : *Protulit terra herbam virentem :* voilà la fécondité de la terre. Désormais pourvoyeuse et nourrice du genre humain, elle tirera de son sein les aliments qui doivent nourrir le corps de l'homme, les vêtements qui le mettront à l'abri des injures de l'air.

Ici se présente encore une difficulté. Plus tard, lorsque Dieu punit la désobéissance d'Adam, il lui dit : La terre sera maudite ; elle produira pour toi des ronces et des épines. Ne semble-t-il pas que la germination des plantes n'eût pas lieu avant cette malédiction?

Des plantes de toute espèce couvraient déjà la terre; mais il n'y en avait aucune qui vînt punir l'homme en déchirant ses pieds et en entravant sa marche. Il y avait déjà des plantes armées de pointes, mais ce n'était pas pour punir l'homme, comme celles dont Dieu parle en disant : *Germinabit tibi*.....

3. Nous avons vu l'œuvre de création et de distinction. Dieu créa d'abord la substance de l'univers, masse informe et confuse. Puis il sépara les éléments et mit chaque chose à sa place, ce qui fit la perfection de l'univers ; mais ce n'était pas encore son ornementation. La Genèse nous donne assez à entendre que l'ornement n'est pas la perfection, lorsqu'elle sépare ces deux choses : *Igitur perfecti sunt cœli et terra, et omnis ornatus eorum.* (II, 1.) En effet, quand l'homme est-il parfait? Lorsqu'il possède toutes les parties intégrantes de l'homme et que chacune d'elles est à sa place respective. Qu'est-ce qui fait l'ornement de l'homme? Une chose extérieure, le vêtement. Dieu, après avoir fait la masse du monde, sépara ses parties et les mit à leurs places respectives, et son œuvre fut parfaite. C'est alors qu'il la vêtit. Il mit à l'ornementation trois jours comme à la création et à la distinction.

Le premier jour de l'ornementation, ou le quatrième de son œuvre, Dieu fit les globes lumineux qui brillent au firmament, le soleil, la lune, les étoiles ; ce fut l'ornement du ciel. Voyez avec quelle sagesse Moïse dit la fin pour laquelle ils furent créés : l'utilité et l'avantage de tous les peuples. On peut dire qu'une chose existe pour quatre fins, savoir : ses actes propres, l'utilité des êtres plus nobles qu'elle, la perfection du tout, la gloire de Dieu. De ces quatre fins, Moïse n'en assigne qu'une aux astres, l'utilité : *In ministerium cunctis gentibus.* De quelle utilité les astres sont-ils pour l'homme ? Ils nous dirigent en éclairant nos travaux: *Ut luceant in firmamento et illuminent terram.* Ils produisent le changement des saisons, ces vicissitudes qui éloignent l'ennui, conservent la santé, apportent successivement ce qui est nécessaire à la vie : *Ut sint in tempora et dies, et annos.* Ils nous invitent aux affaires, nous disent lesquelles doivent nous occuper, selon qu'ils annoncent un temps pluvieux ou serein : *Ut sint in signa.* Jouirions-nous de ces bienfaits, si c'était toujours l'hiver ou toujours l'été ? Mais la raison principale pour laquelle Moïse ne parle que de leur utilité, c'est qu'il fallait éloigner des Juifs, enclins, comme tous les peuples, à l'idolâtrie, l'occasion de tomber dans cette impiété : *Ne forte elevatis oculis ad cœlum, videas solem et lunam, et omnia astra cœli, et errore deceptus adores ea et colas, quæ creavit Deus in ministerium cunctis gentibus.* (Deutér., IV, 19.)

L'ornementation de la terre a donné lieu à une nouvelle objection : ce sont les astres qui font naître et croître les plantes. Comment expliquer cela, si les plantes furent créées le troisième jour et les astres le quatrième ?

Les astres n'engendrent pas les plantes. Ils font seulement germer les semences qui existent, épanouir les fleurs et mûrir les fruits. C'est donc à tort que les Égyptiens adoraient les astres comme les pères des plantes, les plantes comme filles ou fils de dieux et dieux aussi :

Felices gentes quibus hæc nascuntur in hortis
Numina !

L'écrivain sacré dit que Dieu fit, pour éclairer le monde, deux luminaires, dont l'un doit présider au jour, l'autre à la nuit. Il ne faut pas en conclure que Moïse regarde la lune comme le plus grand des corps célestes, après le soleil. Il veut seulement citer les deux astres qui nous font le plus sentir leur influence. Quelle étoile agit sur la température et soulève l'Océan, comme fait la lune ?

Le cinquième jour, Dieu orna l'air et la mer. Il répond au deuxième de la création. Comme ce fut le deuxième jour que

Dieu sépara les eaux et créa l'air, il convenait que ce fût le cinquième qu'il créât les habitants de ces deux éléments. Les oiseaux eurent pour empire les espaces de l'air; les poissons, les sentiers de l'Océan. Les uns et les autres furent destinés à porter partout le mouvement et la vie. Donc ils sont un ornement.

Le sixième jour, Dieu créa la terre. Il créa les animaux qui vivent à sa surface, les uns rampant péniblement, les autres plus agiles, d'autres légers et prompts comme l'oiseau. C'est avec raison que Moïse fixe au sixième jour la création des animaux terrestres. Il vient de parler du ciel et de ce qui en est l'ornement, puis de l'espace compris entre le ciel et la terre, et qui a reçu aussi sa décoration. Il est juste de dire quel est l'ornement de la terre.

Mais les poissons et les oiseaux furent bénis le cinquième jour. Les animaux terrestres, quoique plus semblables à l'homme, n'ont pas reçu de bénédiction, puisqu'ils n'étaient pas créés?

Moïse, il est vrai, ne rapporte pas cette bénédiction, mais nous avons le droit de la supposer. La bénédiction est une promesse et un gage de fécondité. Or les animaux terrestres sont féconds. Si l'Écriture parle de la bénédiction donnée à l'homme avec la promesse de la fécondité, elle l'a fait pour deux raisons particulières : d'abord parce que l'homme doit engendrer des élus, ensuite pour montrer que la génération n'est pas un mal, et confondre les hérétiques qui devaient plus tard le nier.

Enfin les animaux inutiles ou nuisibles à l'homme, comme les bêtes venimeuses, les bêtes fauves, n'ont dû, ce semble, être créés qu'après le péché?

Saint Thomas donne pour réponse la comparaison suivante : Un homme entre dans un atelier, et voyant des outils dont il ignore l'usage : A quoi bon, dit-il, tous ces instruments? Ils sont inutiles. Il pose par mégarde le pied dans une fournaise, ou sur un morceau de fer rouge : Tout cela est mauvais, dit-il avec fureur. Qu'on anéantisse le fer et le feu. Que fait l'ouvrier? Il se met à rire en disant : Voilà un insensé. Il appelle inutile ou mauvais, tout ce dont il ne voit pas l'utilité ! Ainsi les animaux même les plus cruels ont été créés par Dieu, et existèrent avant le péché : mais le péché ayant troublé les desseins de Dieu, des créatures qui seraient restées innocentes, nous sont devenues hostiles. D'ailleurs, il n'est rien d'inutile dans le monde. Ce qui nous paraît superflu, a son utilité, sert à l'intégrité et à la beauté de l'ensemble, comme, dans notre maison, il y a des choses qui ne sont pas nécessaires, mais qui en complètent l'ornement.

4. Il nous reste à expliquer les trois choses que l'Écriture assigne au septième jour : le complément de l'œuvre de la création, le repos de Dieu, et la bénédiction et la sanctification de ce jour.

L'Écriture dit, avec raison, que Dieu mit le couronnement à son œuvre le septième jour. Il faut distinguer deux sortes de perfection : la première, c'est la forme, la beauté qui naît de l'intégrité de l'ensemble. La seconde, c'est la fin pour laquelle l'œuvre existe. La seconde est subordonnée à la première et en dépend totalement. C'est parce qu'une statue est belle, qu'on lui donne une place choisie. La fin de l'œuvre de la création ne sera obtenue qu'au dernier des jours, lorsque le nombre des élus étant accompli, Dieu enlèvera ce monde comme le soir on enlève une tente désormais inutile. La perfection qui naît de l'intégrité de l'ensemble, la création l'avait acquise le septième jour. Toute chose alors existait, ou dans la matière dont elle devait sortir, comme Ève en Adam ; ou dans sa matière et sa cause, comme la postérité d'Adam et d'Ève. Les âmes créées dans la suite des siècles, existaient en ressemblance dans l'âme de nos premiers parents : *Filius Dei est in similitudinem hominum factus.* (Phil., II, 7.) Enfin la gloire de la résurrection avait aussi son image. Les anges représentaient la spiritualité des âmes saintes, et les astres, l'éclat des corps glorieux. *Nihil sub sole novum, jam enim præcessit in sæculis quæ fuerunt ante nos.* (Eccle., I, 10.)

Que faut-il entendre par le repos du septième jour ? Il ne veut pas dire, apparemment, que Dieu se soit reposé comme l'ouvrier fatigué d'un long travail. Le travail suppose du mouvement, et Dieu est un moteur immobile. Il n'avait donc pas besoin de se reposer, dans le même sens que nous. Ce mot *requievit* est une expression métaphorique. Elle montre que Dieu, trouvant le nombre des créatures assez grand, cessa d'en produire de nouvelles. Elle montre aussi que Dieu suspendit le mouvement de désir qui l'avait porté à épancher son être sur des créatures. Car lorsque nous faisons volontiers une chose, il semble que le désir nous entraîne hors de nous vers elle. Je ne prétends pas qu'en créant, Dieu, comme nous en agissant, ait tendu vers une chose étrangère pour y trouver le bonheur. Il trouve en lui l'accomplissement de tous ses désirs et la béatitude. S'il désire autre chose, c'est par bonté, et afin de communiquer son bonheur dans les limites du possible.

Jésus-Christ a dit : *Pater usque modo operatur et ego operor.* (S. Jean, v, 17.) Dieu ne s'abstint donc pas de toute œuvre à partir du septième jour ?

L'œuvre de Dieu qui dure encore, c'est la conservation et le gouvernement de l'univers, mais ce n'est pas une œuvre nouvelle.

C'est avec raison qu'on dit que le septième fut béni et sanctifié : *Benedixit Deus diei septimo et sanctificavit illum.* Nous venons de voir que ce jour-là Dieu termina l'œuvre de la création, et cessa tout travail, si ce n'est celui de la conservation. Or, comment se fait la conservation des créatures ? Par la génération, dont la bénédiction est un gage et une promesse. Ainsi, après avoir dit que Dieu bénit les créatures, l'Écriture ajoute : Et il leur dit : Croissez et multipliez-vous. (Genèse, i, 28.) Donc la bénédiction convient au septième jour.

En peut-on dire autant de la sanctification ? Oui, car ce jour, Dieu cessa d'appeler de nouvelles créatures à la vie, et rentra en lui-même, uniquement occupé à la contemplation de ses infinies perfections; or une chose sainte, c'est une chose vouée à Dieu. Ce jour lui est consacré, en mémoire de son repos en lui-même. C'est donc avec raison qu'on l'appelle un jour saint.

Sans doute les corps sont, de toutes les créatures, les moins excellentes et les plus voisines du néant, mais malgré leur infériorité dans la hiérarchie des êtres, quel éclat ne revêtent-ils point, si on les considère comme les créatures de Dieu, l'œuvre sortie de ses mains, et partageant dans l'homme la destinée des esprits ! « Le roi de Macédoine disait : Si je n'étais Alexandre, je voudrais être Diogène. Me permettez-vous de dire : Si je n'étais esprit, je voudrais être matière ? Car je serais encore l'œuvre de Dieu, le fruit de sa pensée et de sa bonté. Son œil serait encore ouvert sur moi, et unie dans l'humanité à une âme immortelle, après l'avoir servie ici-bas dans ses besoins, je la servirais un jour dans un bonheur qui rejaillirait sur moi. » (Lacordaire.)

CHAPITRE IX.

L'HOMME.

Nous avons maintenant à parler de l'homme, en qui se trouvent réunis l'esprit et la matière. Nous ne nous occuperons ici que de l'homme intelligent, ou nous ne parlerons de son corps que comme instrument de l'âme. Le reste appartient bien plus au philosophe et au naturaliste, qu'au théologien. Nous verrons l'essence de l'âme, ses puissances, ses actes.

QUEST. LXXV. — 1. L'âme est spirituelle. Un corps ne saurait être, comme tel, principe de vie, sinon il faudrait dire que tous les corps sont vivants. Il peut bien en être le principe secondaire, comme le cœur dans les animaux, il ne saurait en être le premier principe, pour la raison que je viens de donner. Or, l'âme est le principe qui vivifie et meut le corps. Sans l'âme, notre corps privé de vie n'est plus qu'une matière inerte. C'est pourquoi on appelle animés, les corps vivants, et inanimés, les corps sans vie. Mais si elle est esprit, lui sera-t-il possible de connaître les corps, de percevoir les qualités d'êtres que leur nature grossière a mis à une si grande distance de la nature spirituelle? Elle le peut puisque, nonobstant sa spiritualité, l'âme de l'homme est douée, à cet effet, de facultés naturelles : ainsi il suffit, pour que je puisse saisir les couleurs, que ma prunelle soit naturellement en puissance de recevoir les images des objets colorés.

On dit encore : Comment pourra-t-elle, étant esprit, mouvoir les corps? — Elle n'aura pas prise sur eux par un contact physique, mais seulement en produisant une action spirituelle, ce qui suffit aux esprits pour mouvoir les corps.

La connaissance que j'ai de l'universel, prouve encore la spiritualité de mon âme. La matière, circonscrite dans le particulier, ne peut s'étendre dans le domaine de l'universel. Je vois *cette* maison, je touche *cet* arbre. Jamais mon œil ne me fera connaître ce que c'est qu'*une* maison, ni ma main ce que c'est qu'*un* arbre : la matière ne peut saisir que la matière, principe de l'individuation des formes spécifiques. Quelquefois même un organe ne pourra percevoir qu'une matière semblable à celle qui le remplit : un malade qui a la langue souillée d'humeur bilieuse, trouve de l'amertume dans les choses les plus douces. Mon âme, affranchie des limites du particulier, s'élance dans l'universel. *Elle ramène à des principes généraux la connaissance du particulier, que l'organe a saisi ; donc elle n'est point matière.*

Sa forme, toute spirituelle qu'elle est, n'est pas absolue et indépendante comme celle de Dieu. Étant créée, elle est tantôt en puissance, tantôt en acte, et n'a qu'un être participé (1).

2. L'âme est une substance, c'est-à-dire, elle existe en elle-même, sans avoir besoin, comme les accidents, d'un sujet qui la reçoive. Un être subsiste de la manière dont il agit. S'il lui faut, pour agir, un concours étranger, il n'existe pas en lui-même, ce n'est point une substance. Mais s'il produit un acte qui lui appartienne tout entier, il existe dans un être distinct, et c'est une substance proprement dite. Telle est notre âme. Elle produit, sans doute, des actions qui lui sont communes avec le corps, comme il arrive quand l'homme voit, tisse ou bâtit, mais il en est qui lui appartiennent en propre, par exemple, la pensée du vrai, l'amour du bien en général. L'organe corporel y a-t-il au-

---

(1) On prouve la spiritualité de l'âme de plusieurs autres manières ; mais nous pouvons nous dispenser de rapporter ces arguments, qui sont aujourd'hui des armes inutiles. C'est la gloire de notre siècle d'avoir foulé aux pieds l'ignoble théorie du matérialisme. Que n'en a-t-il aussi répudié la pratique !

cune part? Non, il n'atteint que le particulier, et les phénomènes de la sensibilité. Si elle demande le concours des organes, ce ne sont pas eux qui produisent ses actes. Ils ne font que lui présenter les images des choses sensibles, et ces images sont à l'égard de l'entendement ce que sont les couleurs à l'égard de la vue, causes matérielles de l'action par laquelle je vois. Si ce besoin de l'âme l'empêchait de subsister en elle-même, il faudrait dire aussi que l'animal ne subsiste pas, car il ne peut sentir sans les choses extérieures. C'est pourquoi Platon a défini l'homme : Une intelligence qui se sert du corps (1).

3. L'âme des bêtes n'est pas distincte de leurs corps. L'être est toujours de même nature que l'action. L'intelligence est la seule faculté de l'âme qui puisse agir sans le concours des organes. L'âme sensitive n'a pas d'action propre : elle ne peut voir sans une affection de la pupille, goûter sans une affection de la langue. L'âme des bêtes n'étant que sensitive, n'a pas d'action distincte de celle du corps, et, par conséquent, ne subsiste pas en elle-même comme l'âme intelligente. On dit : celle-ci comprenant indépendamment des organes, pourquoi l'âme sensitive ne pourrait-elle sentir de même? Il y a entre l'acte de ces deux âmes, une différence essentielle : la première agit sans qu'il se produise en elle ni dans les sens aucun changement ; l'âme sensitive ne produit un acte qu'en vertu d'une modification survenue dans les sens, l'œil ou tout autre, et si ce changement est violent, si l'objet perçu agit trop fortement sur l'organe, la sensation n'a plus lieu, tandis que plus une chose est intelligible, plus l'âme intelligente la comprend.

Il s'est élevé parmi les philosophes de vives controverses au sujet de l'âme des bêtes. La première opinion, celle de Descartes, n'admet dans les bêtes qu'un mouvement physique, semblable à celui d'une horloge, qui ne sent rien et ne se meut que d'après

(1) Cette définition rappelle celle de M. de Bonald : L'homme est une intelligence servie par des organes.

une impulsion venue du dehors. Dieu aurait disposé les organes des animaux de manière à recevoir les impressions des objets extérieurs, qui les affectent chacun à sa manière. Elles passent de l'organe au cerveau, et celui-ci, ébranlé, réagit sur les esprits vitaux, qui viennent à leur tour agiter les muscles, mouvoir les membres de l'animal. Il est attiré, si l'affection qu'il éprouve est agréable ; s'éloigne, si elle est contraire. Le plaisir et la douleur l'entraînent, comme un ressort donne l'impulsion à une machine. Tout l'art, toute l'habileté que montrent les animaux n'est pas en eux, mais seulement dans leur auteur. Est-il étonnant que les œuvres de la souveraine sagesse aient atteint un si haut degré de perfection et paraissent agir raisonnablement, lorsque le marbre façonné par la main de l'homme semble respirer, lorsque des couleurs jetées sur la toile semblent nous parler ? — La deuxième opinion est celle de saint Thomas. Il accorde aux animaux la sensibilité, l'imagination, la passion, et tout ce qui ne suppose pas le raisonnement. Leur âme ne serait ni matérielle, ni spirituelle, mais quelque chose d'intermédiaire et d'indivisible. Les partisans de cette opinion ne répondent pas facilement aux objections, qui se présentent en foule. Qu'est-ce que cet intermédiaire ? Il est esprit ou il ne l'est pas. Dans le premier cas, il a la faculté de penser, d'aimer, et il n'y a entre lui et notre âme que la différence du plus ou moins, du parfait et de l'imparfait, qui sont de même espèce. L'argument que l'on tire de l'immatérialité de l'âme pour prouver son immortalité, n'a-t-il pas la même valeur en faveur de l'âme des bêtes ? Si elle est indivisible, elle n'a point de parties ; or rien ne périt que par la dissolution de ses parties essentielles. Si elle n'est pas esprit, elle est matière, car il n'existe rien qui ne soit l'un ou l'autre. Etant matérielle, l'âme des bêtes rentre dans la condition des corps, et, ce principe admis, elle ne sent pas, sinon il faudrait attribuer la sensation à la pierre, au bois. Personne ne s'est encore avisé de dire, sinon par métaphore, qu'une pierre tressaille de joie, que le fer souffre du froid ou de la chaleur. — Reste une troisième opinion : c'est celle des matérialistes, qui ne croient qu'à la matière, des misanthropes, comme Montaigne, aux yeux desquels les animaux valent mieux que l'homme, de tant de personnes enfin qui n'ont d'autre règle de leurs jugements que les préjugés de l'enfance et les caprices de leur imagination. Les animaux, dit-on, ont un corps semblable au corps de l'homme, doué des mêmes organes, subissant comme le nôtre, les alternatives de la maladie et de la santé. Ils ont un langage, des larmes, des cris de joie, des cris de douleur; ils sont sensibles à la flatterie, connaissent des ruses cachées, cherchent ce qui leur convient, fuient ce qui leur nuirait, etc. Mais rien de tout cela ne suppose le raisonnement. Ne pouvons-nous sans raisonner, être malades ou en santé, parler, pleurer, user d'artifices pour trouver ce qui est bon, fuir ce qui ferait mal? Lorsque je marche dans l'obscurité, mes mains se portent instinctivement devant moi pour écarter ce qui me blesserait ; je n'ai pas non plus besoin de raisonnement pour fuir l'excès du chaud ou du froid et me mettre à mon aise. Les animaux font tout convenablement, mais je n'y vois que la sagesse de leur auteur, comme je vois l'habileté de l'horloger dans une pendule qui va bien. Ils cherchent la nourriture qui leur convient, laissent celle qui ne leur convient pas ; c'est aussi ce que fait l'estomac sans que la raison y ait aucune part. L'aiguille aimantée se précipite vers un pôle, se détourne de l'autre. Dira-t-on qu'elle raisonne et choisit ? La manière dont les plantes se nourrissent, se développent et se reproduisent, ne nous offre-t-elle pas des phénomènes aussi étonnants que dans les animaux? Ils jouent de ruse, fuient, se cachent ou s'évanouissent pour se dérober à l'ennemi qui les poursuit. C'est qu'un objet extérieur a produit sur un de leurs organes une commotion violente qui a subitement interrompu le cours des esprits vitaux, et qui, d'après le dessein de leur auteur, les porte en avant ou en arrière. Mais l'homme éprouve sans raisonner les mêmes passions et les mêmes défaillances. Bien plus, il peut dompter ces mouvements naturels : tel l'homme qui résiste à l'attrait du plaisir, qui se jette volontairement dans les flammes. — Les animaux sont capables d'une certaine éducation ; ils prennent, ils quittent des habitudes. Le système de Descartes en donne facilement l'explication. Leur cerveau doué de mollesse et sans consistance, reçoit aisément du dehors des impressions diverses, et les esprits se tracent en peu de temps des routes nouvelles. La cire ne prend-elle pas toutes les formes qu'on veut lui donner ? L'estomac ne s'habitue-t-il pas à des aliments que d'abord il rejetait ? Tout l'art de dresser les animaux consiste à imprimer un certain cours à leurs esprits, et une fois qu'ils le suivent régulièrement, l'animal répète les mêmes actions, comme l'écho répète mes paroles, comme l'eau se creuse un lit en coulant sur le sable. Les animaux s'entendent et se répondent, comme les cordes d'un instrument frémissent et rendent le même son, lorsqu'après les avoir montées au même ton, j'en fais vibrer une seule. Mais l'homme se forme autrement à la discipline. Il a de plus que les animaux, la connaissance, la réflexion et la liberté. — Enfin les animaux n'inventent pas. L'hirondelle fait son nid, semblable à celui qui fut son berceau, le castor bâtit sa digue comme faisaient ses pères : l'homme ajoute, retranche sans cesse, embellit son séjour et change la face de la terre. Il a successivement soumis à son empire tous les éléments ; les astres mêmes ne lui ont pas échappé. Il s'en sert pour diriger sa course et mesurer son temps, afin de ne point s'égarer en vaines recherches. C'est que l'homme a une raison capable de connaître les vérités éternelles, indépendantes des temps et des lieux ; l'animal au contraire ne connaissant qu'au moyen des objets sensibles, ne peut saisir que le particulier et le fini, sans jamais en franchir les limites.

4. L'âme de l'homme est incorruptible. Une chose ne peut tomber en dissolution que dans deux cas. Le premier, c'est celui où elle ne subsiste pas en elle-même, mais dans l'union de deux autres qui viennent à se séparer : tels sont les accidents d'un être.

Comme ils n'existent que par l'union de sa forme spécifique avec sa matière, l'une se séparant de l'autre, ce qui dépendait de leur union, périt : ainsi l'âme des bêtes meurt avec leur corps. Une dissolution pareille saurait-elle atteindre notre âme, qui est une substance, non un accident ?

Une autre cause peut amener la ruine d'un être. Ce qui le fait subsister, c'est sa forme spécifique embrassant sa matière, et donnant à ses éléments constitutifs, la force de cohésion qui les unit. Si la forme s'en sépare, leurs liens se brisent, les éléments matériels se dissolvent et l'être cesse d'exister. L'âme n'a pas non plus à craindre cette sorte de dissolution. Elle n'a pas de matière, c'est une forme subsistante en elle-même, et ne portant avec elle aucun germe de destruction. Elle ne peut tomber en dissolution, par la raison qu'elle ne saurait se séparer d'elle-même.

Quand elle serait composée d'éléments matériels, on pourrait encore prouver son incorruptibilité. Tout être désire se conserver, et voici de quelle manière : comme il sent, s'il n'a pas d'intelligence, comme il comprend, s'il est un être intelligent. L'animal, ne pouvant sentir que le particulier, ne connaît ni ne désire vivre que dans le temps ; mais l'âme connaît l'être absolu, l'être supérieur à tous les temps. Elle désire aussi être au-dessus du temps qui détruit tout, conserver à jamais son être et poursuivre éternellement le cours de ses destinées. Ce désir qui nous vient de la nature ne saurait être illusoire, sinon l'auteur de la nature nous aurait trompés.

Enfin, il ne peut y avoir de corruption qu'où il y a antipathie et lutte entre éléments contraires. Les corps célestes sont incorruptibles (1), n'ayant pas d'éléments qui se combattent. Il en est ainsi de l'âme. Les idées de choses contraires, une fois reçues dans l'intelligence, ne luttent pas entre elles, mais s'unissent et ne forment qu'une même science. L'âme séparée du corps n'a

(1) Axiome de la philosophie Aristotélicienne ; il aurait besoin de preuves.

plus, il est vrai, l'instrument de ses opérations, mais elle n'agit pas en l'autre vie comme en celle-ci : son mode de connaître est celui des substances toutes spirituelles.

* Mais l'incorruptibilité n'est pas l'immortalité. Dieu ne pourrait-il pas laisser retomber dans le néant l'âme qui a quitté le corps ?

La philosophie, je le sais, essaie de prouver que l'anéantissement est impossible. Où serait la justice de Dieu ? N'a-t-elle pas des châtiments pour le vice, des récompenses pour la vertu, et le désir de l'immortalité saurait-il être un vain désir ? Mais cette preuve et toutes les autres que donne la philosophie, quoique bonnes, ne sont pas sans réplique et ne suffisent pas pour produire une certitude pleine et entière. Le témoignage d'une bonne conscience, le calme et la sérénité que l'homme vertueux trouve en lui-même, cette voix intérieure qui chante à son réveil, qui accompagne tous ses pas et qui lui fait encore entendre des sons si harmonieux, lorsqu'après une journée bien remplie il se repose dans les bras du sommeil, tout ce bonheur inconnu des méchants, ne le récompense-t-il point des efforts que lui a coûtés la vertu ? La philosophie n'a rien de plus sublime que le dernier entretien de Socrate avec ses amis. Il est beau de voir ce vieillard mourant, rappeler tous ses souvenirs, recueillir toutes les preuves qui lui donneront la certitude de ne pas descendre tout entier dans la tombe ; mais à quoi aboutissent ses efforts ? à l'espérance, pas à la certitude. *J'espère* que l'âme est immortelle, voilà la conclusion la plus évidente de cet entretien, et c'est le dernier mot de la philosophie touchant l'immortalité de l'âme. Aristote a également laissé la question douteuse. Sans la révélation, j'espérerais aussi que mon âme ne s'éteindra pas dans les ombres de la mort, mais je n'en serais pas sûr. A tous vos raisonnements philosophiques, je préfère ces mots de la seconde épître aux Corinthiens, ces belles paroles que Fénelon se faisait lire à son lit de mort : Nous *savons* (non pas seulement nous *espérons* que si cette maison de terre où nous habitons vient à se dissoudre, Dieu nous donnera dans le ciel une autre maison : une maison qui ne sera point faite par la main des hommes et qui durera éternellement. (v, 1.)

5. L'âme n'est pas de même espèce que l'ange. Nous avons vu que les substances spirituelles ne peuvent différer en nombre sans différer en espèce. Étant des formes simples, qui subsistent en elles-mêmes, la même espèce ne peut en renfermer plusieurs, comme il ne peut exister plus d'une couleur blanche, plus d'une couleur azurée, mais de même que la blancheur peut avoir plus ou moins d'éclat, l'être intellectuel peut exister à différents degrés et avoir le même ordre, la même hiérarchie que l'être sensible : c'est ainsi que notre âme est un esprit d'une espèce inférieure aux anges.

QUEST. LXXVI. *Union de l'âme avec le corps.* — 1. L'âme est la forme spécifique de l'homme. La forme est le principe d'*actuation*, qui distingue un être d'avec tous les autres : telle est l'âme à l'égard du corps. Elle est le principe de mon activité, le point de départ de toutes mes actions physiques et intellectuelles. C'est par l'âme que mon corps se nourrit, qu'il sent, qu'il se meut, et que mon intelligence comprend. Si l'âme n'est pas la forme par laquelle l'homme pense et se meut, pourquoi cette opération intellectuelle ou physique est-elle appelée une opération de l'homme ? Moi qui pense, je sens bien l'existence de mon être tout entier, et comment l'expliquer, sinon en disant que l'âme est la forme par laquelle l'homme sent, se meut et pense ?

2. Les auteurs ascétiques parlent de l'âme supérieure et de l'âme inférieure ; les physiologistes, de l'âme végétative, sensitive, intellective : l'homme a donc plusieurs âmes ? Il faut entendre le langage des auteurs ascétiques dans un sens figuré. Les physiologistes entendent par ces expressions, qu'une seule âme remplit à la fois les fonctions de la vie végétative, sensitive

et intellective. Si l'homme avait trois âmes, il n'y aurait plus en lui d'unité. Il existerait dans trois formes spécifiques, dont chacune distingue un être, et il ne serait pas plus un que ne le serait un animal bipède, si l'idée de bipède différait de celle d'animal. C'est la même chose qui fait qu'un être a telle forme et qu'il est un. Quand je donne à un être un nom qui désigne plusieurs formes, par exemple quand je dis : Un homme blanc, cet être n'est plus un purement et simplement, tant la forme emporte l'idée d'unité.

Nous voyons, d'ailleurs, qu'une action de la vie végétative, produite avec force et violence, empêche toute action, soit de la vie sensitive, soit de la vie intellective, et réciproquement. Comment cela pourrait-il arriver, si les trois vies avaient trois âmes différentes, trois principes d'opération indépendants l'un de l'autre? L'âme intellectuelle de l'homme renferme en elle ce que possède l'âme sensitive des animaux et l'âme végétative des plantes. Ce ne sont pas deux âmes distinctes qui font de moi un homme et un animal. La même remplit en moi les fonctions de ces trois vies, comme la superficie d'un corps peut présenter d'un côté un pentagone, de l'autre, un tétragone.

3. Le corps humain, tel qu'il est, a une organisation favorable aux opérations de l'âme. Descendue au dernier degré dans la hiérarchie des êtres spirituels, notre âme n'a point, comme l'ange, une connaissance pure et simple de la vérité. Elle n'y arrive que par la voie sensible. Il faut donc à l'homme, outre la faculté de comprendre, celle de sentir, le nombre des instruments devant toujours correspondre à celui des opérations. Le sens dont l'action est la plus étendue, c'est, sans contredit, le toucher répandu dans tout le corps. Si le sens du toucher réunit toutes les conditions désirables, nous pouvons affirmer que le corps est parfaitement organisé à l'égard de l'âme, car la physiologie démontre que plus un homme a la chair sensible et douce au toucher, ses facultés intellectuelles sentant moins le poids de la chair,

s'exercent avec plus de facilité et se développent plus librement. Or, le corps de l'homme occupe le milieu entre le chaud et le froid, le sec et l'humide, le solide et le liquide (1). Il peut, avec la plus grande facilité, s'étendre à tout ce qui est tangible, et en transmettre la connaissance à l'âme. Aussi l'homme est-il de tous les animaux celui dont le toucher est le plus fin. Donc son corps est habilement organisé et disposé d'une manière favorable aux opérations de l'intelligence.

Il en est qui trouvent plus parfaits les corps de certains animaux. Ils sont recouverts de poils, de plumes pour se mettre à l'abri du froid : le corps de l'homme est nu. Ils ont de la corne aux pieds : l'homme n'en a pas. Ils ont, pour attaquer et se défendre, des cornes, des ongles, des dents : le corps de l'homme n'a ni armes offensives, ni armes défensives. Mais il a ce qui vaut mieux : la raison et la main, qu'Aristote appelle l'organe des organes. Ma main, conduite par ma raison, peut faire toutes sortes d'armes, en user de mille manières : ce que ne savent point faire les animaux.

On dit encore : N'eût-il pas mieux convenu d'unir à l'âme, qui est incorruptible, un corps que la corruption ne pût atteindre ? Des théologiens ont répondu que le corps humain, sans le péché, eût été affranchi des lois de la mort. Mais cette réponse n'est point satisfaisante. L'immunité de la mort avant le péché n'était pas un don de la nature, mais de la grâce, sinon le péché ne nous en aurait pas plus dépouillés qu'il n'en a dépouillé les démons. Quand un ouvrier choisit la matière d'une scie, il convient de choisir un des corps les plus durs, par exemple du fer ; or, une des conditions essentielles à cette matière, c'est qu'elle puisse s'émousser et se couvrir de rouille. De même Dieu a donné à l'âme un corps parfaitement organisé ; mais une conséquence naturelle à cette matière, c'est qu'un jour elle tombe

(1) Il faut avouer que ces principes de physiologie sont un peu surannés.

en dissolution. Cependant, Dieu a donné à l'homme un remède contre la mort : la grâce de la résurrection.

4. Un intermédiaire existe-t-il entre l'âme et le corps ? Platon disait qu'elle lui est unie seulement comme son moteur, de la même manière qu'un batelier à sa barque. Mais le batelier quitte avec joie la barque qui l'a conduit au rivage; pourquoi ces souffrances de l'agonie, ce déchirement, ces angoisses qui précèdent le dernier soupir? D'autres philosophes ont imaginé un *médiateur plastique*, qui tiendrait le milieu entre la matière et l'esprit, et serait leur trait d'union. Mais ce médiateur est une chimère. Ou il est composé de parties différentes, ou il est simple. Dans le premier cas, c'est un corps comme le corps humain ; dans le second, c'est un esprit. Et à quoi bon en supposer l'existence, puisqu'il lui est aussi difficile qu'à l'âme de s'unir à un corps ? Voici l'opinion qui me paraît seule raisonnable : qu'est-ce qui fait l'unité de ce qui est, comme l'homme, composé de forme spécifique et de matière ? c'est la forme. La forme est l'acte de la matière, et réunit toutes ses parties dans un seul et même être. Quelle est la forme spécifique du corps ? Nous l'avons dit, c'est l'âme. Donc l'âme est unie au corps comme la forme à la matière, sans aucun médiateur. « On ne demande pas si la cire et l'empreinte du cachet sont unies par quelque intermédiaire. L'empreinte est la forme, la cire est la matière. Il en est ainsi de l'âme et du corps. » (Aristote, *De anima*, lib. II.)

5. Dans quelle partie du corps réside l'âme ? Est-ce la tête, le cœur qui en est le siége ? Elle est dans le corps tout entier et dans chacune de ses parties. Je ne parlerais pas ainsi si elle n'était dans le corps que comme moteur ou comme forme accidentelle : la forme d'une maison n'est pas dans chaque pierre. Mais l'âme étant dans le corps comme sa forme spécifique, la vérité de ma proposition en est une conséquence rigoureuse. Une preuve visible qu'elle est d'abord dans le tout, c'est que, quand elle se retire du corps, celui-ci n'est plus un homme proprement dit,

pas plus qu'un homme de pierre ou un homme peint sur la toile. L'âme est aussi dans chaque partie du corps. Au moment où l'œil, l'oreille, le pied ne ressent plus son influence, chacun de ces organes est privé de ses opérations, et nous disons que la mort a déjà une portion de nous-mêmes. L'organe a perdu sa forme spécifique, car, tant qu'un être la conserve, il peut produire les opérations qui lui sont propres. Ainsi, l'âme est dans le tout et dans chaque partie, mais elle n'y est pas au même titre. Elle est dans l'œil, en tant que voyant ; dans l'oreille, comme entendant. Elle est dans le tout, éminemment et pour lui-même; dans les parties, secondairement et en tant qu'elles ont rapport au tout (1).

QUEST. LXXVII. — Nous connaissons la nature de l'âme et son union avec le corps. Parlons maintenant de ses puissances, et voyons d'abord si elle en a plusieurs.

1. Les êtres inférieurs ne sont susceptibles que de peu de bonté et de perfection. Leur sphère d'activité, extrêmement restreinte, ne leur permet qu'un petit nombre d'opérations ; il leur faut, par conséquent, peu de puissances. L'homme est une créature éminemment perfectible. Il peut arriver à une bonté parfaite, mais par une série d'actes très-multipliés. L'ange s'élève aussi à la perfection et par moins d'actes, ce qui est plus parfait. Le comble de la perfection, c'est d'y être sans mouvement et par un acte pur, ce qui est le propre de Dieu. Nous voyons les degrés divers de la perfection dans l'exemple suivant : une santé faible, qui se soutient avec peu de remèdes ; une bonne santé, due à beaucoup de remèdes ; une santé parfaite, que peu de remèdes soutiennent ; enfin une santé parfaite, qui fleurit d'elle-même sans aucun secours de l'art. Le dernier degré de la perfection, c'est celui des êtres inférieurs à l'homme. L'homme peut s'élever

(1) On peut dire néanmoins que telle ou telle partie du corps est le siège principal de l'âme. Suivant les anciens, c'est du cœur que part tout mouvement vital ; suivant les physiologistes modernes, c'est du cerveau. L'âme répand la vie dans les membres au moyen des nerfs qui aboutissent tous à la partie supérieure de la tête.

à un degré plus élevé, mais en produisant des actes nombreux : il lui faut donc, pour les produire, des puissances en nombre correspondant à ces actes.

Enfin, notre âme habite les confins du monde matériel et du monde spirituel, appelée à parcourir l'un et l'autre. Comment le ferait-elle, sans des facultés ou aptitudes diverses ?

2. Les puissances de l'âme se distinguent par leur acte et leur objet. La puissance n'existe en tant que puissance que pour l'acte, et l'acte que pour la perception de l'objet. Ce qui est accidentel à l'objet n'en fait pas varier l'espèce. Ainsi des animaux de même espèce peuvent être de couleurs différentes. Des accidents divers ne supposent donc pas, pour être perçus, des actes divers. Ce qui met entre ceux-ci une distinction, c'est la différence essentielle des objets vers lesquels ils se portent : ainsi le son, la couleur. La couleur et le son étant deux choses différentes exigent deux actes distincts, qui supposent aussi des puissances différentes. Mais que l'objet coloré soit grand ou petit, homme ou pierre, c'est une différence accidentelle par rapport à l'œil ; nous pouvons connaître ces objets sans qu'il y ait différence ni dans l'acte ni dans la puissance qui les perçoit.

3. Les puissances de l'âme sont ordonnées entre elles. On y distingue, en les examinant, plusieurs ordres ; et d'abord, l'ordre de perfection : les puissances intellectives l'emportent sur les puissances sensitives ; celles-ci, sur les puissances nutritives. Nous y trouvons aussi l'ordre du temps auquel elles s'exercent et produisent des actes ; c'est le contraire de l'ordre précédent. Les puissances nutritives sont la source des puissances sensitives, en ce sens qu'elles préparent le corps et le disposent à recevoir les sensations. L'enfant ne comprend que lorsque les sensations ont éveillé son intelligence. Enfin, je remarque que les *puissances* sensitives sont ordonnées entre elles : la vue est la première, parce que son empire, le visible, est le plus vaste et s'étend à tous les corps. Vient ensuite l'ouïe. L'air qui lui transmet les

sons, frappe cet organe avant le mélange des éléments qui produisent l'odeur. L'odorat est la dernière de ces puissances, à cause de la finesse qu'elle suppose dans l'organe, et de l'humidité du cerveau qui en entrave l'exercice.

4. L'âme n'est pas seule le sujet de toutes ses puissances. Celui-là est le sujet à qui appartient l'opération. Vouloir et comprendre sont des opérations qui appartiennent uniquement à l'âme : les puissances qui les produisent ont donc dans l'âme seule leur sujet ou leur siége. Mais il en est d'autres qui appartiennent à l'âme et au corps réunis : ainsi celles qui s'accomplissent à l'aide des organes corporels, la vue, l'ouïe, etc. L'âme n'est donc pas seule, mais avec le corps, le sujet ou le siége des puissances sensitives et nutritives (1).

Les Platoniciens disaient que l'âme est douée de sensibilité aussi bien que d'intelligence. Pour conserver ce que cette opinion a de vrai et rejeter ce qu'elle a de faux, il faut distinguer entre le sujet et l'objet de la sensation ; le corps en est toujours le sujet, et l'âme ne peut sentir qu'au moyen d'un organe. L'objet de la sensation peut être également dans le corps, comme il arrive quand je me sens blessé, ou seulement dans l'âme, par exemple, lorsqu'elle se sent attristée ou réjouie de ce qu'elle a entendu.

5. L'âme séparée du corps conserve-t-elle toutes ses puissances? La pensée et la volonté y restent toujours, parce que l'âme seule en est le siége ; mais les puissances de l'âme sensitive et de l'âme végétative résidant dans le corps et l'âme réunis, périssent avec le corps, ou bien il ne reste dans l'âme que le principe et la racine de ces puissances. N'ayant plus d'organes, elle ne saurait plus produire les actes de la vie végétative ni goûter la joie des sens.

QUEST. LXXVIII. *Puissances de l'âme, chacune en particulier.*

(1) Il ne faut pas confondre deux éléments bien distincts que nous offre toute sensation, savoir : l'impression organique, qui affecte réellement les sens, et le sentiment ou la perception, dont l'âme seule peut être le sujet.

— Les puissances sensitives regardent la médecine et la psychologie expérimentale. Le théologien n'est tenu qu'à l'étude des puissances intellectives et des puissances appétitives, où résident les vertus ; mais avant de les étudier, arrêtons-nous au seuil de l'intelligence, et examinons les premières facultés que nous y rencontrons.

1. Ce qui nous fait supposer dans l'homme plusieurs âmes, ce sont les opérations si diverses que produit l'âme humaine. Elles sont d'autant plus élevées que l'âme s'élève davantage au-dessus de la matière, son instrument. Or, il est une opération qui s'accomplit en dehors de tout organe corporel, c'est celle de l'âme raisonnable. Les actions de l'âme sensitive sont dans les organes, nullement dans la matière qui les provoque et les excite. L'air, le chaud, le froid donnent à l'organe les dispositions convenables pour agir ; mais le sens n'exerce pas son activité par leur vertu, c'est par la sienne propre. Enfin, la dernière des opérations de l'âme s'accomplit dans l'organe et par la vertu d'un corps étranger : c'est l'opération de la vie végétative. Si humble qu'elle soit, elle est encore supérieure aux opérations des êtres inorganiques. Ceux-ci n'ont qu'un mouvement venu du dehors ; le corps qui végète a de plus un mouvement intrinsèque.

Les puissances de l'âme se diversifient en raison de leur objet. Si l'objet vers lequel elles tendent est le corps uni à l'âme, il faut, pour agir, une puissance végétative. Si c'est non-seulement le corps uni à l'âme, mais tous les corps en général, l'âme a, pour agir, la puissance sensitive. Si, enfin, cet objet est l'être universel, il faut à l'âme pour le saisir une puissance intellective. Mais ces puissances ne suffisent pas à l'être doué de la sensibilité et de l'intelligence. L'objet de ces deux puissances peut être extérieur et loin de moi. Comment le saisir, comment même agir ? car l'objet d'une opération doit être de quelque manière uni à la puissance qui le perçoit. L'âme possède à cette fin deux autres puissances : la puissance appétitive, par laquelle elle tend vers l'objet éloigné; la puissance *motrice selon le lien*, qui fait mouvoir l'homme ou l'animal.

Il y a quatre modes ou degrés de vie, selon que l'être est plus ou moins vivant. On en trouve qui ne font que végéter, ce sont les plantes; d'autres ont de plus la sensibilité sans le mouvement local, comme les huîtres et tous les animaux qui vivent dans des coquillages; d'autres, la sensibilité unie au mouvement. Les organes atteignent en eux une haute perfection, parce qu'ayant besoin de beaucoup de choses pour vivre, il leur faut une grande somme de mouvement. Enfin, il est des êtres vivants qui possèdent de plus que les animaux l'intelligence, ce sont les hommes. Mais en réalité, une seule âme humaine exerçant à la fois les fonctions de la vie intellectuelle, de la vie sensitive privée ou non de mouvement, et de la vie végétative, une seule âme met en activité les cinq puissances que nous venons de constater dans les différentes sortes de vies.

2. Les sens extérieurs sont au nombre de cinq : la vue, l'ouïe, l'odorat, le goût, le toucher. Quelques philosophes ont voulu tirer la diversité des sens, de la diversité des qualités sensibles qu'ils perçoivent; d'autres, de la diversité des organes, qui se distingueraient selon que l'un ou l'autre des éléments, comme l'eau, l'air, y domine. Mais tous ces systèmes sont faux. Les organes existent pour les puissances, non les puissances pour les organes. La nature n'a établi des organes divers que pour faciliter l'exercice de nos diverses puissances. Or, toutes peuvent s'exercer au moyen des sens que je viens de nommer, et ces sens peuvent transmettre à l'intelligence la connaissance de tous les objets sensibles. Cette connaissance parvient à l'intelligence par une altération du sens, qui est une puissance passive, capable de recevoir un changement d'un objet extérieur. Cette mutation peut être spirituelle, en ce sens que la forme de l'objet qui la produit ne laisse rien de matériel dans l'organe : telle est la mutation produite dans l'œil quand nous voyons; la pupille reçoit

les couleurs sans se colorer. La mutation est dite matérielle quand il reste quelque chose de l'objet dans l'organe : ainsi, la chaleur passe dans l'objet placé près du feu. La vue est le seul de tous les sens qui n'ait besoin pour percevoir que de l'altération spirituelle. L'altération naturelle est nécessaire à l'ouïe ; elle veut de plus une altération du lieu ; car le son est produit par la commotion de l'air. Il faut à l'odorat une altération de l'objet qu'il saisit. Le goût et le toucher exigent une altération dans l'organe. Tels sont les sens extérieurs qui relèvent de l'intelligence, et lui apportent la connaissance des choses sensibles.

3. Il faut aussi que l'âme ait des sens intérieurs. La nature ne faillit jamais dans les choses nécessaires : *Natura nunquam deficit in necessariis*. Or, la perfection de l'animal exige non-seulement qu'il puisse saisir les objets présents, mais qu'il soit encore attiré vers les objets absents. Ne saisissant les objets qu'en leur présence, comment arrivera-t-il à eux, à moins d'y être attiré ? Il faut donc que l'âme sensitive ait la faculté de conserver la forme des objets éloignés. Recevoir et conserver supposent deux puissances différentes, car ce sont deux actes distincts et séparés : les corps humides reçoivent bien, conservent mal ; c'est le contraire des corps durcis par la sécheresse. Je vois déjà que deux puissances sont nécessaires à l'âme sensitive. Continuant mon examen, je remarque que si l'animal ne se conduisait que d'après la peine ou le plaisir des sens, il ne serait attiré ou repoussé que par les formes sensibles. Nous voyons pourtant autre chose. Il est attiré par l'agréable et l'utile, repoussé par ce qui lui est nuisible. Pourquoi la brebis fuit-elle en voyant le loup ? Est-ce parce que la couleur de sa peau ne lui revient pas, ou que sa figure n'est pas belle ? Non, c'est qu'elle sent la présence d'un ennemi. Pourquoi l'oiseau recueille-t-il avec tant de soins les pailles et le duvet épars sur le sol ? C'est qu'il voit que cela lui sera utile. Il s'en fera un lit doux et moelleux où il trouvera le repos et un abri contre les injures de l'air. Il faut donc supposer dans l'ani-

mal d'autres perceptions que celles des formes sensibles. La puissance qui saisit les objets présents s'appelle le sens commun (*sensorium commune*) : c'est le centre où aboutissent les perceptions de chaque sens particulier. L'imagination est la puissance qui conserve la forme des objets absents. Pour percevoir ce qu'une chose a de nuisible ou d'utile, l'animal a la faculté appelée l'*estimative*, ou puissance de juger : c'est l'instinct dans la bête, la raison dans l'homme. Enfin, la *mémorative* ou puissance de se souvenir, conserve comme dans un réservoir, ce que l'instinct ou la raison a recueilli. La mémoire de la bête n'est qu'un souvenir soudain. Celle de l'homme, appelée réminiscence, est un souvenir réfléchi.

Telles sont les puissances que nous trouvons au seuil de l'intelligence humaine : le sens commun, l'imagination, le jugement et la mémoire. Pénétrons dans le sanctuaire, et cherchons à connaître en elle-même cette grande et sublime puissance.

QUEST. LXXIX. — 1. L'intelligence n'est pas l'essence de l'âme. Quand le principe de l'opération est l'essence, on peut dire que l'opération ne diffère pas de l'être. Nous l'avons vu ailleurs, l'essence et l'être sont dans les mêmes rapports que la puissance et l'acte. Or, en Dieu seul tout est acte ; donc en Dieu seul l'opération est la même chose que l'essence, et dans les créatures, l'opération intellectuelle ou autre vient d'une puissance de l'âme.

2. L'intelligence est une puissance passive. On peut être passif de trois manières : 1° en perdant ce que l'on a naturellement, comme l'eau perd sa froideur par le feu, l'homme la santé, la joie de l'âme. 2° En se procurant à soi-même ce que l'on n'a pas, ou une modification quelconque, comme le convalescent qui se donne du mouvement, qui reçoit une impression agréable. 3° En mettant en acte une puissance sans rien perdre de ce que l'on a ; c'est de cette manière que l'intelligence est passive. Considérez notre intelligence relativement à l'être universel. L'intelligence de Dieu est toute en acte, parce qu'elle est la cause et le type de toutes choses.

En est-il ainsi d'une intelligence créée? Non, ce serait un être parfait. Notre intelligence est donc à l'être universel, ce que la puissance est à l'acte. Elle peut connaître, mais par des actes successifs, à mesure qu'une de ses puissances s'actualise. Tant qu'aucune puissance intellectuelle n'est passée en acte, « notre intelligence est une table rase, où rien n'est écrit (1). » Celle de l'ange connaît toujours ce qu'elle est capable de connaître, sans subir ces vicissitudes de puissance et d'acte. Ce changement de notre intelligence est semblable à celui qui se remarque sur la surface de la terre, où continuellement des choses naissent et d'autres tombent en dissolution. Cependant il faut faire une remarque : l'âme humaine est de tous les êtres intelligents, le dernier et le plus éloigné de Dieu, mais si à son origine elle ne conçoit aucune idée, elle a la puissance de connaître tout ce qui est intelligible, elle possède en elle-même des germes spirituels qui, développés par l'action des sens, seront des idées.

3. Il faut admettre aussi dans l'intelligence une puissance active. Platon disait que les formes existent indépendamment de la matière, et que l'âme n'a pas besoin d'agent, si ce n'est pour présenter à l'intelligence la lumière intelligible. Mais Aristote prouve que les formes n'existent pas sans matière, et qu'elles se présentent d'abord à nous, revêtues de leur matière naturelle. Un intellect saisit cette forme, la sépare de tout ce qu'elle a de matériel, comme le forgeron purifie le fer sur l'enclume, et ensuite la présente, réduite à l'état d'idée pure, à l'intellect passif (2). Donc il faut à l'âme, outre l'intellect passif, un intellect actif.

4. Cette puissance active est quelque chose d'inhérent dans l'âme. Il faut de toute nécessité supposer l'existence d'une intelligence supérieure à la nôtre, car celle-ci n'existe que par partici-

---

(1) Cette proposition est un des grands principes de la psychologie d'Aristote.

(2) Bien qu'aujourd'hui ce principe d'Aristote soit abandonné, et avec raison, je ne laisse pas de le citer, car il est nécessaire pour comprendre la psychologie de saint Thomas.

pation. Ainsi, notre âme n'est pas tout entière intelligente ; elle n'arrive à la connaissance de la vérité que pas à pas, allant du connu à l'inconnu, de la puissance à l'acte. Il faut donc une intelligence supérieure qui la meuve et dont elle participe. Les Platoniciens disaient qu'elle est séparée de notre âme et brille au-dessus d'elle comme le soleil au-dessus des mondes. Tout en l'admettant, il faut de plus supposer à l'âme, une vertu qu'elle tienne de cette première intelligence et qui lui soit inhérente. Les causes universelles ne suffisent pas toutes seules pour produire des effets particuliers. Le soleil est nécessaire à la génération des plantes et des animaux, mais il faut de plus à l'homme la puissance génératrice. De même il faut à l'âme, outre cette première intelligence, un intellect actif qui lui soit inhérent. Aristote dit qu'il est dans l'âme, comme les rayons du soleil dans l'air. La foi nous enseigne que ce n'est autre chose que la lumière de Dieu, partie de son visage et rayonnant sur nous : *Signatum est super nos lumen vultus tui, Domine.* (Ps. xiv, 7.) L'âme a tellement besoin pour comprendre, de cet intellect actif, que quand il suspend son activité, et ne sépare plus les formes intelligibles de leur matière, comme il arrive dans les fous et dans ceux qui dorment, elle cesse de comprendre.

5. La partie intellective de l'âme est le siége de la mémoire. Si une matière peut conserver des formes, même longtemps après qu'elle les a perçues, à plus forte raison l'intelligence, qui, ayant moins de mobilité, est moins sujette au changement. D'ailleurs, l'intelligence seule peut recevoir les formes spécifiques. L'âme, dit Aristote, est le lieu des espèces (1). Comment la partie sensitive de l'âme pourrait-elle les conserver, puisqu'elle ne peut les recevoir? quant aux formes matérielles, aux choses passées dans le temps et considérées comme telles, rien n'empêche d'admettre que la mémoire est dans la partie sensitive.

(1) Malebranche a dit à peu près dans le même sens : Dieu est le lieu des esprits, comme l'espace est le lieu des corps.

6. L'intelligence n'est pas une faculté distincte de la mémoire. Les puissances ne sont distinctes que quand leurs objets ont une différence essentielle : si elle n'est qu'accidentelle, il ne faut pas de puissances diverses pour les saisir. La couleur, peu importe qu'elle soit rouge ou noire, est l'objet de la vue. Il faut, pour goûter, une puissance distincte de la vue, parce que la différence qui est entre l'objet de la vue et l'objet du goût, est une différence essentielle ; le principe de ces deux opérations est tout à fait distinct. Il en est de même entre l'intellect actif et l'intellect passif : le premier est avec l'objet comme l'acte avec la puissance ; pour le second, c'est le contraire. En est-il de même entre l'intellect passif et la mémoire? Non, la même puissance peut avoir pour objet l'être en général, le percevoir et en conserver la connaissance. Donc, il n'est pas nécessaire de supposer deux puissances distinctes. La même est appelée intellect passif en tant qu'elle reçoit les formes spiritualisées par l'intellect actif, et mémoire en tant qu'elle conserve ces formes dans le réservoir de l'intelligence.

7. L'intelligence et la raison ne sont pas dans l'homme deux puissances distinctes. Comprendre, c'est saisir simplement la vérité intelligible ; raisonner, c'est aller d'une vérité connue à une vérité inconnue. L'un est la perfection, l'autre l'imperfection ; mais toujours dans le même ordre de choses. Les anges comprennent par un seul et même acte tout ce qu'ils sont capables de connaître : voilà pourquoi on les appelle de pures intelligences (*intus legere*). L'homme va du connu à l'inconnu par le raisonnement : voilà pourquoi on l'appelle une créature raisonnable. Le raisonnement est l'appui des faibles, comme la béquille l'appui de l'homme qui boite. L'intelligence est un vol hardi, un regard embrassant tout le pays que la béquille traverse péniblement. L'une est le mouvement, l'autre le repos ; l'une, l'acquisition ; l'autre, la possession ; mais mouvement et repos, acquisition et possession dans un même ordre de choses. Le raisonnement

part de principes connus par la simple vue, et y revient pour s'y reposer après avoir porté un jugement. Donc, la raison et l'intelligence ne sont pas deux puissances distinctes.

8. Qu'est-ce que les théologiens appellent la syndérèse et la conscience? La syndérèse nous fait connaître les premiers principes qui doivent diriger notre conduite, comme l'intelligence nous montre les premiers principes des choses spéculatives : par exemple, il faut faire le bien et éviter le mal. C'est pourquoi, disent les théologiens, la syndérèse est une souveraine qui fait entendre, à chacune de nos actions, des applaudissements ou des murmures.

La conscience n'est pas une puissance de l'âme, mais un acte par lequel nous appliquons à une circonstance particulière les premiers principes de la syndérèse. Appliquez-vous ces principes à ce que vous avez fait ou à ce que vous n'avez pas fait? Votre conscience est un témoin. Les appliquez-vous à ce qu'il s'agit actuellement de faire ou de ne pas faire? La conscience vous dissuade ou vous excite. Les appliquez-vous à une chose passée, pour voir si elle est bonne ou mauvaise? La conscience accuse ou excuse. Tous ces exemples montrent que ce n'est pas une puissance de l'âme, mais un acte. Son nom seul l'indique assez : *Cum alio scientia* : science d'une chose particulière, à l'aide de principes généraux.

QUEST. LXXX. *Puissances appétitives.* — 1. L'appétit est une puissance spéciale de l'âme. Il n'est pas de forme spécifique qui n'ait une inclination : c'est la forme (ou l'essence) du feu qui lui donne l'inclination de s'élever et de produire son semblable. Dans les êtres privés de connaissance, cette inclination ne s'étend pas hors d'eux-mêmes. Mais les êtres doués de la faculté de connaître désirent se porter vers tout ce qu'ils peuvent saisir. Les sens inclinent naturellement vers tout ce qui est sensible; l'intelligence, vers tout ce qui est intelligible. Les sens apportent à l'âme la connaissance du monde matériel; l'intelligence aspire à celle du monde spirituel. D'où il vient que l'âme, au moyen des sens et de l'intelligence, est en quelque sorte toutes choses : *Anima est quodam modo omnia.* Elle est aussi par là même l'image de Dieu, en qui préexiste l'idée ou le type de tout ce qui est, vit et respire. Or, cette inclination par laquelle des êtres intelligents aspirent au bien, s'appelle, suivant l'École, puissance appétitive ou simplement l'appétit.

2. Cet appétit de l'âme intelligente diffère de l'appétit sensitif. Les puissances se distinguent selon les objets qui les mettent en acte. Qu'est-ce qui peut mettre en acte l'appétit intellectif ? L'intelligible seulement. L'appétit sensitif ? Ce qui est sensible. L'un a pour objet tout ce que comprend la notion générale du bon, du vrai, de l'utile ; l'autre, l'utile, le vrai, le bon particulier et perçu par les sens. Donc ces deux puissances sont distinctes.

QUEST. LXXXI. *Voyons maintenant, en particulier, chacune des puissances appétitives.* — 1. Nous trouvons dans la partie inférieure de l'âme, la sensualité. Une puissance reçoit quelquefois son nom de l'acte qu'elle a produit : ainsi la vue tire son nom de l'acte de la vision. La sensualité est l'acte par lequel les sens tendent vers l'objet qu'ils ont saisi, le mouvement d'attraction qui les porte vers le bien sensible.

2. Elle se divise en deux puissances distinctes, appelées le concupiscible et l'irascible.

Nous voyons dans toute chose naturellement sujette à la corruption, une tendance à se procurer ce qui convient à la nature, et à fuir ce qui lui est nuisible : le feu non-seulement fuit les lieux bas et humides, mais détruit, s'il le peut, ce qui lui est contraire et le gêne. De même la sensualité cherche ce qui convient aux sens, s'éloigne de ce qui leur est nuisible. Ces deux mouvements s'appellent le concupiscible et l'irascible. Ils ne peuvent se rapporter à un seul principe, car ils sont quelquefois en guerre. On voit le concupiscible aspirer à des choses que l'irascible déteste, et réciproquement. D'autres fois la concupiscence trop flattée éteint la colère, et réciproquement aussi. Enfin il est des cas où l'irascible se fait le tuteur, le protecteur du concupiscible, et s'élève avec violence contre ce qui nuirait à son protégé. Voilà pourquoi toutes les passions de l'âme sensitive commencent et finissent à la concupiscence. Les combats des animaux ont toujours pour principe et pour fin, la nourriture ou les choses vénériennes.

3. Ces deux appétits qui forment la raison inférieure de l'âme, relèvent de la raison supérieure. L'appétit sensitif obéit, dans les animaux, à l'instinct, qui leur fait juger telle chose utile ou nuisible. Dans l'homme, il obéit à la raison particulière, et celle-ci, à la raison universelle. La raison universelle me présente des principes, la raison particulière les applique à un cas particulier. Est-ce l'intelligence ou la raison qui a le plus de part à ce commandement ? C'est la raison : le concupiscible et l'irascible s'irritent ou s'apaisent, selon que je remarque qu'il convient d'appliquer à un cas présent les principes offerts par l'intelligence. Ils obéissent à la volonté dans l'exécution de l'acte qu'a décidé la raison. Les bêtes, quand l'instinct a prononcé, obéissent irrésistiblement. L'appétit sensitif obéit sans délai à l'instinct qui le sollicite ; la brebis prend la fuite aussitôt qu'elle aperçoit le loup. Mais l'appétit sensitif de l'homme attend pour agir, le commandement de la volonté supérieure.

Il ne semble pas d'abord facile de concilier cette doctrine avec celle de l'Apôtre : *Video aliam legem in membris meis repugnantem legi mentis meæ.* (Rom., VII, 23.) Mais la contradiction n'est qu'apparente. Nous trouvons dans l'homme un gouvernement despotique et un gouvernement libéral. Le premier, c'est celui de l'âme sur nos membres. Mon pied se meut au moindre désir de ma volonté, et sans pouvoir résister, ne possédant rien en propre. Mais l'appétit sensitif n'est pas seulement soumis à l'instinct et à la raison de l'homme ; il subit aussi l'influence des sens et de l'imagination, et c'est par là qu'il peut résister à la raison. Il peut imaginer et sentir comme agréable ce que défend la raison, ou s'abstenir de ce qu'elle ordonne. De là ce conflit dont parle l'Apôtre, mais il ne contredit pas la thèse.

QUEST. LXXXII. *Appétit de l'âme intelligente, ou volonté.* — 1. Il y a des choses que nous voulons nécessairement. La nécessité peut venir d'un principe intrinsèque ou d'un principe extrinsèque. Dans le premier cas, il peut arriver que ce principe soit formel, comme il est nécessaire que les trois angles d'un triangle soient égaux à deux angles droits ; ou qu'il soit matériel, par exemple, il est nécessaire qu'un composé de parties contraires tombe un jour en dissolution. Si le principe est extrinsèque, il peut être la fin : ainsi, si je veux vivre, il faut manger. Il peut aussi être agent, et, dans ce cas, il produit la nécessité de coaction. Celle-ci est la négation de la volonté, car on appelle nécessaire tout ce qui est contraire à l'inclination de la volonté, comme on dit violent tout ce qui est contraire à l'intention de la nature. La nécessité de la fin ne répugne pas à la volonté : ainsi, de la nécessité de traverser la mer, naît en moi la volonté d'avoir un vaisseau. Il en est de même de la nécessité naturelle : elle n'a rien d'opposé à la volonté. Notre fin dernière ou le bonheur étant de nécessité naturelle, nous le désirons nécessairement et volontairement à la fois. « Tous les hommes désirent le bonheur, et sont unanimes à le rechercher. » (S. Augustin.) Si leur volonté à cet égard n'était pas mue nécessairement, quelques-uns au moins auraient une autre inclination.

2. Il y a des choses que nous voulons librement. Certaines vérités ne nous paraissent pas avoir une connexion nécessaire avec les premiers principes. De même il y a certains biens particuliers dont la connexion avec le bonheur n'est pas évidente, puisqu'on peut être heureux sans les posséder. Notre volonté n'y adhère que quand nous avons vu qu'ils peuvent procurer un certain bonheur, comme nous n'admettons des vérités secondaires,

que quand nous avons vu leur liaison avec les premiers principes. Cependant, tant que la certitude de la vision intuitive ne nous a pas montré la connexion nécessaire de tel ou tel bien avec le bonheur, notre volonté ne s'y attache pas nécessairement. Voilà pourquoi en cette vie, notre union avec Dieu et les choses divines, n'est jamais indissoluble. Mais celui qui voit à découvert l'essence de Dieu, s'y attache aussi nécessairement que nous ici-bas nous aspirons au bonheur.

QUEST. LXXXIII. *Libre arbitre.* — 1. L'homme est doué d'un libre arbitre. S'il n'avait pas reçu en partage cette faculté, pourquoi les conseils, les préceptes, les peines, les récompenses? Pourquoi les tribunaux, les prisons, l'échafaud? On ne punit pas la pierre qui tombe dans le précipice : pourquoi punir l'homme qui tombe dans le crime?

Il y a des êtres qui se meuvent sans instinct ni jugement, comme la pierre. D'autres ont un jugement, mais un jugement esclave, plus justement appelé un instinct : ainsi la brebis juge forcément, en voyant le loup, qu'il faut fuir. Le jugement de l'homme est bien différent. La lumière de l'intelligence lui permet de comparer, et il se détermine en se tournant librement du côté qu'il a choisi. Nous pouvons user de la liberté de notre arbitre dans tout ce qui est contingent ; on en voit un exemple parfois plaisant dans les disputes des théologiens et les plaidoyers des avocats. Pourquoi tant parler si notre raison n'était pas libre, tel cas donné, d'accorder ou de refuser son assentiment? Ainsi, *l'homme est libre, parce qu'il est un être raisonnable.* « Dieu, au commencement, a établi l'homme et l'a laissé dans la main de son conseil (1). » (Eccli., xv, 14.)

2. Est-ce une puissance appétitive ou une puissance intellective? Au libre arbitre appartient l'élection, car c'est lui qui détermine, accepte ou refuse, lui enfin qui est dans l'homme la

---

(1) Si quelqu'un dit qu'après le péché le libre arbitre de l'homme a été perdu et anéanti.... qu'il soit anathème. (Conc. de Tr., sess. vi, c. 5.)

faculté de choisir. Or, il entre dans tout choix deux éléments : l'intelligence, pour voir laquelle des choses comparées est préférable ; et l'appétit, qui incline vers la chose préférée. C'est pourquoi le philosophe n'ose dire si le libre arbitre tient plus à l'appétit qu'à l'intelligence, et lui donne un nom qui tient de l'un et de l'autre. Mais il semble tenir davantage à l'appétit, car en me déterminant, je me porte vers un bien qui paraît me conduire au bonheur, objet des puissances appétitives.

3. Le libre arbitre ne diffère pas réellement de la volonté. Il règne une harmonie parfaite, une égale proportion, d'un côté, entre les puissances intellectives qui perçoivent les objets, et de l'autre, les puissances appétitives, qui tendent vers les objets montrés par l'intelligence et la raison. Or, nous venons de le voir, la raison et l'intelligence appartiennent à une seule et même puissance, comme le mouvement et le repos, l'acquisition et la possession. L'intelligence voit les principes généraux, la raison les applique à un cas donné. De même la volonté aspire au bien général ; le libre arbitre se détermine et fixe son choix sur un bien particulier ; mais ces deux actes, comme ceux de l'intelligence et de la raison, viennent d'une même puissance et ne diffèrent que rationnellement.

QUEST. LXXXIV. — Après avoir vu les puissances de l'âme, il faut parler de ses actes et de ses habitudes. Nous renvoyons ce qui concerne les facultés appétitives, à la seconde partie où nous traiterons de la morale. Exposons ici les actes et les habitudes de l'intelligence, comment elle connaît pendant et après son union avec le corps. Unie au corps, comment connaît-elle les choses qui sont au-dessous d'elle, comment se connaît-elle elle-même et ce qui est en elle, enfin comment connaît-elle les substances qui sont d'une nature supérieure à la sienne ?

1. L'âme connaît les créatures corporelles, par son intelligence. Les anciens sceptiques, Héraclite à leur tête, soutenaient que nous ne pouvions avoir des corps une connaissance exacte. La science

doit reposer sur un fondement inébranlable. Or, les corps se modifient constamment. A peine avons-nous porté sur eux un jugement, formulé une proposition, que déjà ils ne sont plus ce qu'ils étaient. Il est impossible, disaient-ils, de toucher deux fois la même eau courante ; ainsi on ne retrouve plus, un instant après, un corps tel qu'il était un instant auparavant.

Platon soutenait qu'on peut connaître les corps, mais il faut, selon lui, remonter à leurs types ou aux idées universelles et immuables. L'intelligence de l'homme ne saurait percevoir les corps en eux-mêmes, parce que l'esprit n'a pas de prise sur la matière. Mais c'est une illusion de l'idéalisme, et l'opinion des sceptiques n'est pas mieux fondée. Si nous ne pouvions connaître en eux-mêmes ni les corps, ni leurs forces motrices, nous ne pourrions en donner une démonstration scientifique, et les sciences naturelles n'existeraient pas. Ne serait-il pas ridicule de chercher à connaître la substance d'un corps qui frappe nos sens, non dans ce corps même, mais dans des idées qui ne sont pas lui ! Voici le principe qui a induit Platon en erreur : Notre connaissance ne peut s'opérer qu'au moyen d'une certaine ressemblance entre nous et l'objet connu. Un être n'agissant que conformément à sa nature, et la nature de l'intelligence étant immatérielle et immuable, il a cru qu'elle ne pouvait percevoir dans ses actes que l'immuable et l'immatériel. Mais une forme peut être différemment dans plusieurs sujets : telle est la blancheur dans des corps plus blancs les uns que les autres, la blancheur unie ici à la douceur, ailleurs, à une substance amère ; telle la forme de l'or dans ce métal et dans les yeux qui le voient. De même l'intelligence, conformément à sa nature, perçoit, immuables et immatérielles, les formes matérielles et changeantes des corps.

2. L'âme connaît-elle les corps en elle-même et en voit-elle la forme immatérielle dans sa substance ? La matière est ce qui individualise et limite une forme spécifique. Or, celui qui connaît, sort pour ainsi dire de lui-même et s'étend vers l'objet de

sa connaissance. Plus un être rayonne au loin, plus grande est sa faculté de connaître. Les plantes ne connaissent rien, parce que, confinées dans leur propre matière, elles ne peuvent rayonner au dehors. Les sens ont une plus grande sphère d'activité ; ils connaissent, mais seulement les formes matérielles. La vue est, de tous les sens, celui qui connaît le plus de choses, parce que c'est le moins matériel et le plus universel. L'irradiation de l'intelligence humaine s'étend encore plus loin, mais trouve-t-elle dans sa substance, la forme immatérielle du corps? Non, c'est le propre de la substance divine, en qui tous les corps existent comme les effets dans leur cause exemplaire et efficiente.

3. L'intelligence ne comprend pas les choses corporelles, par des idées innées. Les sens et l'intelligence passent successivement de la puissance à l'acte, de l'acte à la puissance. L'âme de l'enfant qui vient de naître, est même tout entière en puissance. Ensevelie dans la matière, elle ne produit aucun acte, jusqu'à ce que les objets extérieurs, surtout la parole, agissant sur ses organes, viennent l'éveiller de son sommeil, et l'initier à la vie intelligente. Avant d'avoir subi cette influence, elle reste paralysée, ne comprenant absolument rien. Si telle est la condition de sa nature, comment aurait-elle des idées innées? On ne peut supposer la lutte et la contradiction entre une action naturelle, et un état qui le serait aussi. Platon prétend que nous avons, en naissant, l'intelligence remplie de toutes les idées ou formes intelligibles, mais que l'âme appesantie par le corps ne peut prendre son essor et s'élever à cette connaissance naturelle. Mais c'est une utopie platonique. Comment pourrions-nous oublier totalement une vérité que nous saurions comme celle-ci : le tout est plus grand que la partie? La difficulté augmente, si l'on remarque que l'âme est faite pour vivre en société avec le corps. Elle oublie donc naturellement ce qu'elle sait naturellement aussi? Enfin, une seule observation suffit : privés d'un sens, nous ignorons tout ce qu'il est naturel à ce sens de percevoir : un aveugle-né ne

connaît pas les couleurs, le sourd n'a pas l'idée du son. Il faut donc reconnaître avec Aristote, que l'âme, au début de la vie, n'a aucune idée, mais seulement l'aptitude à en acquérir. Nous naissons, doués de toutes les puissances qu'il faut pour comprendre, mais avec le vide dans l'intelligence : elle est une table sur laquelle rien encore n'est écrit.

4. L'âme intelligente ne voit pas toute vérité dans la raison éternelle. Nous pouvons voir une chose hors de nous, de deux manières : ou dans un miroir qui en réfléchit l'image, et c'est ainsi que les saints voient toutes choses en Dieu ; ou dans ce qui est le principe de notre connaissance : par exemple, je vois dans le soleil, comme principe de ma vision, tout ce qui frappe mes regards. C'est de cette manière qu'unie au corps, l'âme voit en Dieu le vrai, le beau, le bon, les formes spécifiques de toutes choses. Dieu illumine nos intelligences, comme le soleil illumine les corps. Ainsi saint Augustin, empruntant au système de Platon ce qu'il a de vrai, rejetant ce qu'il a de faux, l'a mis en harmonie avec la foi. Les idées ne sont pas distinctes et indépendantes de Dieu. Telle matière est celle d'une pierre, d'un arbre, d'un animal, par sa participation à l'idée divine, et c'est aussi le rayonnement de cette idée qui nous fait voir toutes choses.

Ajoutons ici que pour voir les choses matérielles, il nous faut, outre la participation à la lumière divine, une forme matérielle détachée de l'objet et imprimée dans un de nos organes.

5. Les choses sensibles ne sont pas la cause totale de nos connaissances. Platon et Démocrite, sont tombés à ce sujet dans des erreurs opposées. Aristote est resté dans le vrai en tenant un juste milieu. Il a admis avec Platon que l'intelligence a une opération propre ; et avec Démocrite que le corps a aussi la sienne, mais il est impossible, dit-il, que la matière fasse une impression quelconque sur un esprit séparé d'elle. N'ayant pas de point de contact, comment auraient-ils prise l'un sur l'autre ? D'ailleurs, l'agent est plus noble que le patient. Il ne conviendrait pas que

l'esprit reçût quelque chose de la matière, mais il n'y a aucun inconvénient à dire que le corps et l'âme étant unis dans une même personne, ils influent l'un sur l'autre au moyen de cette union. Le corps présente à l'âme les formes matérielles qu'il est de sa nature de percevoir. Telle est sa part d'action dans notre connaissance. L'intellect actif, qui est la première et la plus noble puissance de l'âme, les spiritualise, ainsi qu'un forgeron purifie le fer sur l'enclume. Donc les sens ne sont pas la cause totale, mais plutôt la matière de la cause, le principe qui produit en nous la connaissance intellectuelle.

6. L'intelligence ne peut comprendre par les formes intelligibles qu'elle possède, sans le secours d'images sensibles : *nihil sine phantasmate intelligit anima*. Si l'âme n'avait pas besoin de se faire des *fantômes* pour comprendre, la lésion d'un organe n'empêcherait pas ses actes. Cependant tous les actes de l'intelligence, soit qu'il s'agisse d'acquérir de nouvelles connaissances ou de s'en rappeler d'anciennes, peuvent être interrompus par la maladie ou la blessure d'un organe ; ainsi une lésion du cerveau suspend quelquefois toute activité intellectuelle. L'expérience, d'ailleurs, nous apprend que quand nous voulons concevoir l'idée d'une chose, nous la revêtons aussitôt d'une image. Nous proposons-nous de la faire comprendre aux autres ? Nous nous servons d'images et d'exemples. C'est que l'objet d'une intelligence unie à un corps, ne saurait être que l'essence existant dans une matière. L'ange peut bien avoir l'idée d'une pierre, d'une maison, sans la revêtir d'une image ; mais nous ne sommes pas des anges, nous sommes des esprits *unis à la matière*.

Nous connaissons, direz-vous, Dieu et les anges, qui sont de purs esprits, et qu'aucune image sensible ne peut représenter ?

Dieu ne nous est connu ici-bas que comme cause, et il suffit, pour nous en faire une idée, de jeter un regard sur le monde matériel. Nous connaissons Dieu par la comparaison que nous établissons entre lui et les choses sensibles, éliminant les défauts inhérents à la créature, supposant les attributs de l'infini. Nous connaissons aussi les substances spirituelles, mais en les comparant à la matière.

7. L'homme ne peut juger quand l'exercice de ses puissances sensitives est entièrement suspendu.

Pour juger en connaissance de cause une proposition, il faut la connaître sous toutes ses faces. Comment pourrions-nous ainsi nous éclairer, ne comprenant rien qu'en le comparant aux choses sensibles, et privés des puissances qui seules peuvent les saisir ? L'intelligence est sans doute supérieure aux sens, mais elle a besoin, pour agir, de leur concours. Il arrive parfois qu'on raisonne en dormant, et par conséquent, lorsqu'on n'a plus l'usage des puissances sensitives. Aristote l'explique de cette manière : les sens, durant le sommeil, sont enchaînés à cause des vapeurs et des fumées qui montent au cerveau. Ils conservent plus ou moins de liberté selon la nature de ces vapeurs. Si leur mouvement est rapide, comme dans le premier sommeil de ceux qui ont bu et mangé avec excès, les sens sont entièrement privés d'action, l'imagination même ne produit plus d'images. Si ce mouvement est moins précipité, comme il arrive dans ceux qui ont la fièvre, les images reparaissent, mais déformées et sans ordre. S'il est encore plus calme, l'ordre apparaît dans les images, elles sont régulières : c'est ce qui arrive à la fin du sommeil et dans les hommes sobres ou ceux qui ont une puissante imagination. Enfin si le mouvement des vapeurs est léger, non-seulement l'imagination reste libre, mais le *sensorium* universel, celui des sens auquel tous les autres se rapportent, recouvre une partie de sa liberté, et l'homme, tout en dormant, juge qu'il rêve et distingue entre la réalité des choses et leur ressemblance. Mais son sens commun ne jouissant pas d'une entière liberté, cet homme ne peut manquer de se tromper sous quelque rapport. Ainsi le jugement de l'intelligence est libre dans la même mesure que le sens commun et l'imagination ; il ne jouit jamais, dans de pareilles conditions, d'une pleine et entière liberté. C'est pourquoi ceux qui raisonnent en dormant remarquent, à leur réveil, que quelque illusion les a trompés.

* Il n'est pas de question plus importante en philosophie que celle de l'origine des idées. L'histoire nous montre les philosophes s'égarant dans un idéalisme chimérique, tombant dans le matérialisme, ou s'éloignant également de l'un et de l'autre, selon l'opinion qu'ils s'étaient formée au sujet de cette question. D'après Platon, il faut chercher dans l'âme seule l'origine de nos idées. Dieu a mis en elle les idées exemplaires de toutes choses. Si parfois il nous arrive de les perdre de vue, il faut en attribuer la cause au poids dont le corps accable nos facultés intellectuelles. Lorsque l'âme, malgré les liens de sa captivité, perçoit une idée, elle ne fait que se ressouvenir, elle *reconnaît* l'idée dont elle a naturellement connaissance. Le monde réel, mobile et inconstant, ne saurait produire la science. Nous ne *savons* d'une manière certaine qu'en restant dans le monde métaphysique, en planant au-dessus du temps et de l'espace, en voyant, *non ce qui est, mais ce qui devrait être*. — La philosophie du dix-septième siècle n'a fait que renouveler, en le modifiant légèrement, le système de Platon. Suivant Descartes, nous naissons avec les idées de toutes choses, comme dans certaines familles les enfants naissent avec un cœur généreux, dans d'autres avec des germes de maladies, la goutte, la gravelle, etc. Le progrès de la vie développe nécessairement les germes de ces idées déposées dans notre intelligence. Malebranche va plus loin. Dieu se manifeste directement à l'intelligence humaine, et notre raison n'est autre chose que Dieu présent en nous et nous éclairant de sa propre lumière. Nous avons la vision intuitive de toutes les idées qui sont dans l'entendement divin et c'est en Dieu que nous percevons tous les objets de notre connaissance. Leibnitz s'est moins écarté que Malebranche du système de Descartes. Toutes les sciences ont leur origine en nous. Notre âme possède, avant d'en avoir une connaissance réfléchie, les propositions d'arithmétique, de géométrie, comme les veines sont dans le marbre avant qu'on les y découvre en travaillant. Fénelon, Bossuet furent les plus fidèles disciples et les plus habiles interprètes de Descartes. L'abbé Rosmini, empruntant à l'école Cartésienne le fond de son système, ne suppose dans l'âme qu'une seule idée innée, celle de l'être en général, et en déduit les idées de cause, d'immensité, d'éternité, etc. Son opinion aurait plus de vraisemblance, s'il prenait pour point de départ l'idée de l'être en particulier; mais celle de l'être universel, comment la supposer antérieure à tout travail de l'esprit? Et si nous la devons aux efforts de notre intelligence, comment dire qu'elle est innée?

Le spiritualisme du dix-septième siècle, comme tout ce qui est exagéré, amena une réaction. La philosophie, se jetant en sens contraire, se plut à exalter le corps au préjudice de l'âme, et bientôt tomba dans la fange du matérialisme. Locke ouvrit la voie. Suivant lui, il n'y a rien d'inné dans notre âme, ni principes, ni idées, pas même celles qu'on dit les plus claires et les plus intimes, sinon pourquoi les enfants et les idiots les ignorent-ils? Nos connaissances n'ont d'autre origine que la sensation et la réflexion. — Condillac fit faire à la philosophie un pas de plus dans le matérialisme. Des deux sources de nos connaissances, que Locke admettait, il rejeta la réflexion, faisant venir toutes nos connaissances d'un seul principe, la sensation, et prétendant que la pensée, la volonté et les autres opérations de l'âme ne sont que des sensations transformées. Si une statue n'a pas comme nous la pensée et l'amour, c'est que, privée des sens, elle ne peut sentir. L'animal, il est vrai, n'a que la vue, l'ouïe, le toucher, etc., c'est que l'imperfection de ses organes ne lui permet pas de transformer ses sensations et de penser. — Laromiguière adoucit un peu le matérialisme effronté de Condillac. Il distingue entre l'origine et la cause de nos idées : l'origine en est dans le sentiment, la cause dans l'action de l'entendement. Quatre sortes de sentiments donnent naissance à nos idées : la sensation proprement dite, le sens intime, le sentiment de rapport ou de comparaison et le sentiment moral. Tout sentiment, d'abord confus, s'élève à l'état d'idée lorsque les facultés de l'entendement l'ont transformé. De sorte que l'idée est un sentiment transformé, comme Condillac le dit des sensations. Une seule considération montre l'absurdité de ces systèmes : comment ce qui est divisible, particulier, dépendant d'un organe matériel, comme la sensation, pourrait-il produire ce qui est, comme la pensée, indivisible et indépendant de la matière, du lieu et du temps? L'effet serait plus grand que la cause.

Un autre système me semble avoir quelque affinité avec le matérialisme : c'est celui qui attribue au langage la cause de toutes nos connaissances. Suivant M. de Bonald, elles nous viennent de la société qui nous enseigne. La parole est le véhicule de nos idées, et nous n'en possédons aucune tant que la parole n'a pas frappé nos oreilles. Les conséquences de ce principe conduisant rigoureusement au matérialisme, M. de Bonald en a donné des interprétations qui l'ont ramené à la doctrine des idées innées. Il compare notre entendement à un appartement obscur, *où se trouvent plusieurs objets;* seulement, les ténèbres qui le remplissent nous empêchent d'y rien voir tant que la parole n'y a pas apporté la lumière. Elle nous fait voir, en chassant les ténèbres, la forme et la couleur des objets disposés dans notre entendement, féconde ces germes et nous manifeste des idées naturelles. Sans cette explication, qui du reste est une inconséquence et me paraît renverser le fondement même de la doctrine traditionnaliste, l'auteur du système allait droit au matérialisme. Si la parole est le véhicule qui m'apporte les idées, je n'en possède aucune par moi-même et je resterai privé de la vie intellectuelle tant que je ne l'aurai pas puisée à une source étrangère, tant que ce véhicule ne me sera point parvenu.

Saint Thomas, suivant la doctrine d'Aristote, vient de nous montrer la part que les sens et l'esprit ont à l'origine des idées. La philosophie ancienne parcourut le même cercle d'erreurs que la philosophie moderne, allant d'une extrémité à l'autre, retombant à gauche quand on la relevait à droite. Démocrite ne voyait dans l'homme que la matière. Platon n'y vit que l'esprit. Aristote reconnut l'action propre du corps et celle de l'âme. Partant de ce principe, il dit que les sens sont à la vérité la cause de nos idées, mais qu'ils ne suffisent pas pour les produire et qu'ils n'en sont pas la cause totale. Il nous faut des sens afin de saisir les images des choses sensibles et de mettre en acte les puissances de l'âme. Il nous faut un intellect agent qui abstrayant de ces images ce qu'elles ont d'intelligible, les présente, spiritualisées, à l'intellect passif. Sans cette lumière du premier intellect, l'image ne saurait atteindre l'âme, un corps ne pouvant agir sans intermédiaire sur l'esprit. Ainsi, il ne faut pas chercher l'origine des idées dans le corps ou dans l'âme seulement, mais dans le corps et l'âme réunis. La fameuse maxime : *Nihil est in intellectu quod non prius fuerit in sensu*, dont on a tant abusé pour accuser de matérialisme l'école péripatéticienne, ne signifie pas, d'après le Philosophe, que l'intelligence ne possède absolument rien qui ne lui vienne des sens. Elle en reçoit tout, *excepté ce qu'elle a sans eux*. Aristote, avant Leibnitz, avait donné clairement cette interprétation lorsqu'il supposait dans l'intellect actif une lumière qui, s'étendant au delà des sens, nous fait discerner, des formes sensibles, changeantes et particulières, les formes intelligibles, immuables et universelles de toutes choses. Au moyen de cette lumière, l'intellect actif dégage de la forme sensible perçue par les sens et transmise à l'intellect passif, la forme spécifique ou le type éternel que Dieu a voulu réaliser en faisant un homme, un arbre, etc. Ainsi nos idées ne sont pas, suivant Aristote et saint Thomas, des sensations transformées, mais les conceptions de Dieu même, reproduites dans notre nature intelligente par la connaissance que nous avons de ses œuvres (1).

(1) V. le P. Ventura, *La raison philosophique et la raison catholique*, 7ᵉ conférence. 2ᵉ partie, où l'orateur expose la psychologie de S. Thomas, et non-seu-

QUEST. LXXXV. *La manière et l'ordre d'après lesquels notre intelligence perçoit les choses corporelles.* — 1. Elle va du sensible au spirituel. — Une puissance est toujours proportionnée à l'objet qu'elle doit saisir. Nous trouvons parmi les créatures trois sortes de puissances : nos sens, qui ne perçoivent que la matière et le particulier, la matière étant pour les corps le principe d'individuation ; la puissance de l'Ange qui n'est ni l'acte d'un organe corporel ni unie à un corps, et qui a pour objet l'intelligible pur et subsistant sans matière. Je remarque, entre ces deux puissances, l'intelligence de l'homme, supérieure aux sens, puisqu'elle perçoit l'universel, inférieure à l'Ange, parce qu'elle est unie à un corps. Quel phénomène s'accomplit, lorsque, voyant un être matériel, je cherche à comprendre ce que c'est? L'image se détache de la matière, traverse le milieu qui la sépare de moi, et se peint dans mon œil, qui la transmet par le nerf optique à mon cerveau. Là, elle est saisie par l'intellect actif qui la sépare de tout ce qu'elle a de matériel et la présente, spiritualisée, à l'intelligence passive. J'ai alors idée de son espèce, je vois le type réalisé et présent dans la matière. Telle est la voie que suit l'intelligence : elle va du matériel au spirituel, du particulier au général. L'Ange suit une voie contraire. Il commence par connaître en lui et en Dieu l'idée générale réalisée dans un corps.

2. Ces formes extraites des images sensibles ne sont pas seulement ce que nous comprenons, mais ce par quoi l'intelligence comprend.

On a dit que l'âme ne connaît que ses propres impressions : l'âme sensitive, l'impression des sens ; l'âme intellective, les formes intelligibles reçues en elle. Mais c'est une erreur. S'il en était ainsi, nous n'aurions jamais la science des choses sensibles qui sont loin de nous, et il n'y aurait pas de vérité absolue, indépendante, mais seulement des vérités relatives. Le oui et le non,

lement la justifie du reproche de matérialisme, mais prouve, par le rôle que remplit l'intellect actif, qu'il n'est pas de théorie plus propre à montrer la spiritualité et l'immortalité de l'âme.

touchant le même sujet, pourraient être vrais. Si moi qui ai le goût sain, je dis que tel fruit est doux ; si vous qui avez la fièvre et n'en goûtez pas les parfums, vous dites qu'il est amer, nous avons tous deux raison, puisque suivant l'opinion que je combats, nous ne pouvons juger que d'après nos propres impressions.

Il faut dire que ces formes spécifiques ne sont pas seulement ce que nous comprenons, mais ce par quoi nous comprenons. Je remarque en nous deux sortes d'actions ; l'une interne, comme voir et comprendre ; l'autre externe, comme l'action de chauffer. L'une et l'autre a pour forme la ressemblance de l'objet perçu ; ainsi, la forme de ce qui chauffe et de ce qui est chauffé, c'est le calorique. Cette ressemblance passe de l'objet dans notre sens, et du sens dans notre intelligence. Nous avons aussi de la même manière la connaissance des objets placés loin de nous. Suis-je pour cela obligé de juger toujours d'après l'impression d'un sens? Non, il peut mal percevoir l'objet, et si je suis prévenu, mon intelligence redresse son erreur. Ainsi, ces formes ne sont pas précisément ce que nous comprenons, mais le moyen qui nous sert à comprendre. Cependant ne les comprenons-nous pas quelquefois? Nous le pouvons lorsque l'âme, se repliant sur elle-même, voit ce par quoi elle connaissait.

3. L'ordre que suit l'intelligence est tel que nous percevons le général avant le particulier. La connaissance intellectuelle prend naissance dans la partie sensitive de l'âme. Les sens qui en sont le principe, ne saisissant que le particulier, il semble tout d'abord que nous connaissions le particulier avant le général. Mais remarquons une propriété de l'action par laquelle nous comprenons : c'est de passer de la puissance à l'acte. La parfaite connaissance, c'est l'acte parfait. N'y a-t-il pas un milieu entre la puissance et cette perfection de l'acte? Ce milieu existe quand nous ne voyons encore les choses que confusément, sous un aspect général. Or, il est certain que notre intelligence connaît ainsi, avant d'arriver à la connaissance particulière et détaillée.

Je conçois dans un être la qualité d'animal, avant de me le représenter comme un homme ou un lion. Il en est de même s'il s'agit de la connaissance (non de la perception des sens) : la notion plus commune est antérieure à la notion plus restreinte. Cette antériorité dépend de la distance et de l'âge de celui qui perçoit : voyant de loin un être qui se meut, je remarque d'abord que c'est un animal, puis un homme, enfin Pierre ou Paul. L'enfant qu'on porte sur le bras donne à tout le monde le nom de père, il ne le donne plus, quelque temps après, qu'à un seul homme. Ainsi, en passant de la puissance à l'acte, notre intelligence connaît le général avant le particulier.

4. L'intelligence peut-elle comprendre simultanément plusieurs choses? Elle le peut, si une même forme intelligible les contient à la fois; mais n'ayant qu'une puissance intellective, elle ne peut être affectée en même temps de plusieurs manières, ni saisir des formes diverses : ainsi, un corps ne saurait recevoir à la même place plusieurs couleurs, ni du même côté plusieurs figures. Si l'intelligence compare deux choses, elle ne les envisage que sous le même rapport, ce qui fait l'unité de la connaissance. C'est pourquoi Aristote a dit : L'intelligence est une, la science est multiple. Dieu seul comprend à la fois plusieurs choses; il voit tout dans l'infinité et l'unité de son essence.

5. L'intelligence peut-elle se tromper dans ses actes? Elle ne le peut qu'accidentellement. Si les sens ne sortent pas de leur sphère naturelle, ils ne peuvent se tromper que par accident. Les fiévreux appellent amer ce qui est doux, parce qu'ils ont l'organe rempli d'humeurs amères. Les sens peuvent aussi se tromper en jugeant des accidents des corps. Mes yeux ne donneront au soleil qu'un pied de diamètre, tandis qu'il est des milliers de fois plus gros que la terre. De même, quel est l'objet de l'intelligence? L'essence pure et simple. Ou je la comprends telle qu'elle est, ou je l'ignore entièrement. Mon intelligence ne

peut se tromper qu'en raisonnant, en attribuant à une chose la définition d'une autre, ou en composant ce qui est simple. L'erreur consiste donc dans l'union de pensées qui ne peuvent s'allier ensemble, et ne vicie jamais la perception même de l'intelligence.

6. Comment se fait-il qu'une intelligence comprenne mieux que l'autre? Ce mieux ne vient pas de la chose comprise, car elle est la même pour tout le monde. Nous la connaissons tous telle qu'elle est, ou nous n'y comprenons rien. Mais *le mieux* vient des intelligences qui comprennent. Celui qui a la vue meilleure, voit mieux les choses corporelles, qui néanmoins sont également visibles à tous les yeux. Deux causes peuvent amener cette différence intellectuelle. La matière d'un être est-elle en juste proportion avec sa forme spécifique et s'y épanouit-elle tout entière? Il y a harmonie entre les forces de l'une et l'énergie de l'autre, et elles se soutiennent mutuellement. L'organisation du corps peut être plus ou moins parfaite, plus ou moins en harmonie avec l'âme. Si les organes sont bien développés, s'ils ont de la souplesse et de la sensibilité, ils seconderont mieux les opérations de l'intelligence que des organes grossiers et apathiques. Ceux qui ont la chair molle, dit Aristote, ont plus d'aptitude que les autres aux travaux de l'esprit (1).

Ce qui prête aussi un grand secours à l'intelligence, ce sont les puissances sensitives, l'imagination, la mémoire. Cependant l'imagination abandonnée à ses caprices, peut nuire à l'intelligence : c'est la folle du logis. Elle embellit tout ce qu'elle touche; mais pour cela, il faut la tenir sous l'empire de la raison.

QUEST. LXXXVI. *Ce que l'intelligence perçoit dans les choses matérielles.* — 1. Son objet étant l'universel, comment connaît-elle le particulier? Elle ne saisit directement que le spirituel et le général; la matière et l'individu n'ont accès en elle que par une voie indirecte. Elle les perçoit au moyen d'images sen-

(1) Ce n'est qu'en exagérant cette théorie que Gall et les physiologistes modernes sont tombés dans le matérialisme.

sibles, abstraites de la matière qui les individualise, et spiritualisées par l'intellect actif.

2. Peut-elle trouver dans les corps la connaissance de l'infini? J'appelle infini, l'objet dont il reste toujours quelque chose à connaître, quand on en sait une partie. Il y a dans tous les êtres une puissance proportionnée à l'objet qu'ils doivent un jour percevoir. Or mon intelligence n'a que la puissance de connaître l'infini; c'est-à-dire, après avoir connu une chose, elle peut encore et toujours en connaître une autre, éliminant tous les défauts qu'elle remarque, reculant sans cesse les bornes qu'elle rencontre. Elle ne peut avoir la connaissance actuelle de l'infini, car elle ne connaît que par une forme spécifique, et aucune forme ne saurait contenir l'infini.

3. Connaît-elle dans le monde matériel ce qui est contingent? On peut considérer un contingent de deux manières : comme contingent et comme lié à une chose nécessaire. Si Socrate court (contingent), il faut qu'il se meuve, le mouvement étant lié nécessairement à la course. Ainsi, le contingent nous est connu directement par les sens; indirectement par l'intelligence, qui en a l'idée générale; c'est elle, non le sens, qui saisit ce que c'est que l'action de courir. Nous voyons par là que les sciences physiques sont d'un côté, sciences de choses nécessaires; et de l'autre, sciences de choses contingentes.

4. Peut-elle connaître les choses futures? « Une des grandes afflictions de l'homme, c'est qu'il ignore le passé et que personne ne peut lui annoncer l'avenir. » (Eccl., viii, 6.) Les choses futures peuvent être connues en elles-mêmes, ou seulement dans leurs causes. Dieu seul peut les connaître de la première manière, lui seul embrassant d'un regard tout le cours des siècles. Nous pouvons les connaître dans leurs causes, et d'une manière certaine, si elles doivent arriver nécessairement : ainsi, l'astronome connaît d'avance une éclipse de soleil, le point du ciel où un astre paraîtra tel jour et à telle heure. Si les choses futures ne doivent pas

arriver d'après une loi immuable, nous ne pouvons faire que des conjectures, plus ou moins fondées, selon que l'effet sera plus ou moins lié à la cause (1).

Mais, dira-t-on, les animaux connaissent l'avenir ; les corneilles annoncent par des cris l'approche de l'orage. A plus forte raison l'homme doit-il le connaître, lui qui est plus parfait ?

C'est que l'imagination de certains animaux, n'étant pas dominée par une faculté supérieure, subit sans résistance les influences de l'atmosphère. Celle de l'homme, dominée par la raison, ne sent pas si bien les vapeurs qui chargent l'atmosphère : voilà pourquoi certains animaux en pressentent mieux que nous les variations. Ainsi, dit le Philosophe, des gens très-légers sont quelquefois très-prévoyants. Leur intelligence, vide et affranchie de toute préoccupation, suit sans résistance les influences et les mouvements qui lui viennent du dehors.

QUEST. LXXXVII. *Après avoir dit comment l'âme intellectuelle connaît ce qui est au-dessous d'elle, voyons comment elle se connaît elle-même et ce qui est en elle.* — 1. Ce n'est point par son essence, mais par un acte qu'elle produit. Elle peut avoir d'elle-même une connaissance générale et une connaissance particulière. Je me connais en particulier lorsque je vois que j'ai une âme intelligente, parce que je pense, et j'ai cette connaissance, je vois cette vérité dans la lumière divine, qui renferme les raisons de toutes choses. Je me connais en général quand je sais ce que c'est qu'une nature humaine. Il y a cette différence entre l'une et l'autre de ces deux connaissances, que la première suppose seulement la présence de mon âme ; la seconde exige de plus un examen attentif et subtil. Voilà pourquoi tant de philosophes ont ignoré la nature de l'âme et sont tombés, à ce sujet, dans de si grossières erreurs. Parlant de ces difficultés, saint Augustin disait : « que l'âme ne se cherche pas comme si elle était absente,

(1) Ainsi, Dieu, ou l'homme instruit et envoyé par Dieu, peut seul faire une prophétie proprement dite.

mais que présente à elle-même, elle se sépare de tout ce qui n'est pas elle et cherche à connaître son essence. » Voulant dire qu'elle peut bien se distinguer de tout ce qui lui est étranger, mais qu'il lui est difficile de connaître sa nature. Ce n'est donc pas son essence qui la révèle à elle-même, mais un acte qui lui est propre, acte rare et difficile.

2. Elle connaît tous les actes de la volonté. Une inclination est dans celui qui l'éprouve, selon sa nature. Une chose naturelle est le siége de cette inclination, d'une manière naturelle : l'être sensible, l'est d'une manière sensible, et l'être intelligent, d'une manière conforme à l'intelligence. Or, l'acte de ma volonté est une inclination de mon intelligence vers la chose comprise : comment mon intelligence, qui en est le principe et la racine, l'ignorerait-elle ? Je connais que je veux, je sais la nature et le principe de cet acte que produit ma volonté. De là les rapports qui existent entre l'objet de ces deux facultés. Le vrai, objet de l'intelligence, est toujours bon, et le bon, objet de la volonté, est toujours vrai. Ainsi, ce qui est du domaine de la volonté tombe sous le domaine de l'intelligence, et réciproquement.

QUEST. LXXXVIII. *Manière dont l'intelligence connaît les créatures qui sont au-dessus d'elle.* — 1. Nous ne pouvons connaître en cette vie les êtres immatériels, que par analogie. Aristote a dit, et tous les jours l'expérience confirme cette maxime, que notre âme est portée naturellement vers les choses matérielles. Il lui faut des images pour comprendre. Les substances immatérielles ne tombant pas sous les sens et l'imagination, nous ne pouvons les comprendre en elles-mêmes, mais seulement dans des images qui les représentent, des analogies qui les rendent sensibles.

2. Ces images ne peuvent nous conduire à une connaissance parfaite des êtres spirituels. C'est une conséquence de ce qui précède. Nous avons beau faire le rapprochement de l'esprit avec la matière, l'esprit, à cause de l'excellence de sa

nature, se dérobera d'un côté à notre examen, et toujours la comparaison sera défectueuse. « Les ressemblances que l'on établit entre les êtres matériels et les êtres spirituels, sont fort dissemblables. » (S. Denis.)

3. Dieu est-il ce que nous connaissons le premier ici-bas? Si nous ne pouvons, liés à la matière, connaître en elles-mêmes les créatures spirituelles, à plus forte raison Dieu, la substance incréée. D'ailleurs, nous n'allons à Dieu que par les créatures, comment serait-il le premier être qui arrive à notre connaissance? Saint Augustin, il est vrai, dit que nous voyons tout à la clarté de la vérité première et éternelle. Mais qu'est-ce que cette clarté? Ce n'est pas Dieu, c'est le reflet, le rayonnement de sa lumière dans les âmes. Ainsi je vois les objets matériels, non dans le soleil, mais dans le reflet que répand sa lumière.

QUEST. LXXXIX. *Ce qui précède regarde l'âme unie au corps. Comprend-elle encore quand elle en est séparée* (1)? — 1. C'est une conséquence de l'immortalité de l'âme; mais la manière de l'expliquer ne manque pas de difficultés. Si l'on disait avec Platon que l'union de l'âme avec le corps n'est qu'accidentelle, la réponse serait évidente. L'âme séparée du corps comprendrait mieux, n'ayant pas besoin, comme maintenant, de recourir à des images sensibles. Mais il faudrait répondre à une autre difficulté : ce ne serait pas pour le bien de l'âme qu'elle aurait été unie au corps? Ce serait pour le bien de celui-ci, ce qui est faux, la matière existant pour la forme. Si l'on dit avec Aristote, que l'âme ne peut naturellement comprendre qu'en se tournant vers les formes sensibles, la nature ne changeant pas après la mort, l'âme n'aurait plus la faculté de comprendre. Voici, à mon avis, ce qu'il faut répondre : Un être n'opère que selon qu'il est en acte, et l'acte est toujours conforme au mode d'être de celui qui le produit. Le mode d'être de l'âme, c'est, durant son union avec le corps, de comprendre à l'aide d'images sensibles. Cette union

(1) Il ne s'agit dans cette question que d'une connaissance naturelle.

rompue, l'âme est en dehors des conditions naturelles, et n'a plus besoin d'images pour comprendre. Dans ces deux états, la nature de l'âme ne change pas, de même que la nature d'une chose reste la même, qu'elle soit ou non dans le lieu qui lui est naturel.

Mais ici une nouvelle difficulté se présente : N'eût-il pas mieux valu que ce qui est plus noble, comme de comprendre purement et simplement, fût naturel à l'âme, et que comprendre en recourant aux images sensibles, ne fût pas sa condition naturelle ? Je réponds : Les substances comprennent par leur participation à la lumière divine, qui est leur centre et d'où elles sortent, comme des lignes du centre d'un cercle. Plus elles s'en rapprochent, plus elles sont lumineuses et parfaites. Il fallait, pour la beauté de la création, qu'il y en eût à des distances plus ou moins éloignées. Je n'ôte rien à l'excellence de l'âme en disant qu'il lui est naturel de comprendre en s'abaissant à des formes sensibles, et accidentel de s'élever aux formes simples, car elle est la dernière dans le monde des esprits. C'est la plus éloignée du centre lumineux. Il fait presque nuit dans le pays qu'elle habite. C'est le crépuscule, ce moment où les ténèbres luttant avec la lumière, nous dérobent la vue claire et distincte des objets. Si elle veut les connaître, il faut, comme au déclin du jour, qu'elle se baisse sur chacun d'eux. En regardant de haut, elle ne verra que confusément. Elle est obligée, à cause de la faiblesse de sa nature, de descendre à un examen long et détaillé de tout ce qu'elle prétend connaître. Ainsi des esprits vulgaires ont besoin d'être conduits pas à pas, et comme à tâtons. Si on ne leur explique jusqu'aux plus petits détails, ils ne voient qu'enveloppées de nuages des vérités que des hommes éminents comprennent d'abord, et dont ils aperçoivent du premier coup d'œil toutes les conséquences. Notre âme ne pouvant, par les formes pures, rien connaître de clair et de précis, Dieu l'a unie à un corps afin qu'elle puisse revêtir ses idées de formes sensibles, qui en dessinent les contours et en facilitent la perception. Donc, séparée du corps, elle comprend, mais ce n'est pas par des formes innées, ni spiritualisées et conservées dans la mémoire, c'est par la participation à la lumière divine, comme les anges, quoiqu'elle y participe moins abondamment. Aussitôt que la mort a brisé ses liens et qu'elle ne peut plus recourir aux images sensibles, elle se tourne vers la région supérieure d'où lui vient naturellement une plus grande lumière.

2. L'âme séparée du corps connaît-elle les anges? Notre âme acquiert la connaissance des substances spirituelles comme la connaissance d'elle-même. Comment se connaît-elle? Durant son union avec le corps, c'est en se réfléchissant sur elle-même pour voir son acte, ce qu'elle ne peut faire qu'au moyen d'une image sensible. Séparée du corps, elle comprend par des formes intelligibles, ce qui est au-dessus et au-dessous d'elle, et elle le fait selon son mode d'être. Ce mode étant inférieur à celui des anges, elle ne comprend naturellement les substances angéliques que d'une manière imparfaite; mais les âmes humaines, étant leur égale, elle les connaît et mieux qu'en ce monde où le poids et les occupations du corps entravaient souvent l'exercice de ses facultés intellectuelles.

3. Elle ne connaît pas tout ce qui arrive d'après les lois de la nature. Les âmes séparées du corps voient à la clarté de la lumière divine, ainsi que les anges. Mais cette clarté est plus vive aux yeux des anges, parce qu'elle leur est naturelle. Dieu envoie dans leur intelligence le reflet de l'idée qu'il réalise dans les choses naturelles. L'âme n'en a qu'une connaissance générale et confuse, car elle est d'une nature bien inférieure à celle des anges, qui d'ailleurs ne connaissent pas toutes les choses naturelles.

4. L'âme conserve-t-elle la science acquise pendant son union avec le corps? « Apprenons, sur la terre, des choses dont la science nous suive dans le ciel. » (*S. Hieron., epist. ad Paulin.*) Je remarque dans tout acte, l'espèce et le mode. L'espèce vient de la

forme intelligible de l'objet saisi par l'acte, le mode, de l'ardeur plus ou moins grande avec laquelle la puissance produit l'acte : ainsi en voyant une pierre, mes yeux s'appliquent plus ou moins fortement à en saisir la forme. Ce principe établi, pourquoi la science acquise ne survivrait-elle pas à l'union de l'âme et du corps ? L'espèce de l'acte reste, car l'entendement conserve toujours les formes intelligibles, qui ne sont pas non plus sujettes à la corruption ; seulement le mode dont elle les saisit est différent, les puissances sensitives étant anéanties. Elle ne comprend plus en se tournant vers des formes sensibles, mais par des images venues directement de Dieu.

5. La distance des lieux n'empêche pas la perfection de cette connaissance. Elle ne vient pas, comme la nôtre, d'images sensibles, mais de la lumière de Dieu, pour qui la distance n'est rien. C'est pourquoi le mauvais riche, levant les yeux, vit de loin Abraham : *Cùm esset in tormentis, elevans oculos vidit Abraham à longe* (S. Luc, xvi, 23) (1).

QUEST. XC. *Création de l'âme du premier homme.* — 1. Elle fut créée, et non faite de la substance divine. La Genèse dit qu'après avoir formé le corps de l'homme du limon de la terre, Dieu souffla sur son visage un esprit de vie, et l'homme fut animé. Celui qui souffle tire quelque chose de lui. L'âme n'aurait-elle pas été formée de la substance divine ?

Nous avons vu en parlant de la création que tout, sans exception, a été fait de rien. Comment voudriez-vous que l'âme fût une portion de la Divinité, et Dieu par conséquent ? Elle passe de la puissance à l'acte, de l'acte à la puissance, et Dieu est un acte pur. Elle reçoit de tout côté, et Dieu donne sans rien recevoir. Elle a des facultés diverses, et en Dieu, pas de diversité. Quant au souffle que Dieu répandit sur le visage de l'homme, ce n'était pas un souffle matériel. C'est une manière de dire que

---

(1) Nous verrons, en parlant de la résurrection, si les âmes des morts connaissent les choses d'ici-bas.

Dieu créa un esprit. D'ailleurs, le souffle que je tire de ma poitrine ne vient pas de ma substance.

2. Des théologiens prétendent qu'elle a été créée par les anges, et que Dieu lui a seulement donné la dernière perfection. Mais cette opinion n'est pas fondée ; Dieu seul peut créer, parce que créer c'est l'œuvre du premier agent, de l'être qui existe par lui-même. Dira-t-on que Dieu a créé par l'intermédiaire des créatures supérieures ? Mais celui qui agit par la vertu d'un autre, ne fait que transformer la matière déjà existante. L'âme n'ayant pas de matière capable de recevoir des formes successives n'a pu être produite que par Dieu et sans l'intermédiaire d'aucune créature.

3. Elle n'a pas existé avant le corps. Origène disait que toutes les substances spirituelles, les anges et les âmes, avaient été créées au commencement du monde, mais qu'ayant, durant le temps de l'épreuve, acquis des mérites différents, les unes étaient restées dans leur pureté primitive, et les autres avaient été condamnées à habiter soit des corps humains, soit des corps célestes, selon leur mérite. Nous avons parlé plus haut de cette opinion, et montré combien elle est déraisonnable et contraire à ce que la foi nous enseigne. (Quest. XLII.) Saint Augustin, sans être du même avis, regarde comme une chose possible que toutes les substances spirituelles aient été créées ensemble. Quelques-unes, se sentant de l'inclination pour vivre avec le corps, ont été appelées à le gouverner. On pourrait suivre cette opinion, en supposant que l'âme est une substance complète, mais on ne le peut, si l'on admet, comme nous, que la nature de l'âme est d'être unie à un corps. Partant de cette opinion, qui me paraît la seule soutenable, pourquoi l'âme aurait-elle été créée avant le corps ? Toutes choses étaient dans la perfection de leur nature en sortant des mains de Dieu. Or, il aurait manqué quelque chose à l'âme, si le corps n'était venu aussitôt la compléter.

QUEST. XCI. *Production du corps du premier homme.* — 1. Il a été formé du limon de la terre. (Gen., II, 7.) Dieu, parfait, a manifesté ses perfections dans toutes ses œuvres, mais il les fait éclater de diverses manières, chacune selon la nature des êtres dont il remplit l'univers. Elles brillent du plus vif éclat dans les anges, qui voient en Dieu même les idées exemplaires de toutes choses. L'homme en est un reflet moins resplendissant, mais, tenant quelque chose de toutes les substances créées, il est aussi une belle et vivante image du Dieu parfait. Il ressemble aux anges par sa raison ; aux corps célestes, par la juste proportion des éléments qui la constituent, et qui l'affranchissent de la lutte des contraires : aux corps terrestres, par la réunion de tous les éléments matériels. Mais il faut remarquer que les éléments supérieurs, le sec et l'humide, ont en lui une action dominante, parce que la vie se soutient surtout par l'élément humide répandu dans l'air, et par le feu. Les éléments inférieurs, il est vrai, sont plus abondants, mais ils ont moins de vertu, et n'empêchent pas l'égalité de la complexion, l'équilibre des éléments qui forment le corps.

Cette abondance est la raison pour laquelle la Genèse dit qu'il fut formé du limon ou de la terre détrempée d'eau. C'est peut-être aussi parce que Moïse s'adressait à un peuple grossier et plus accessible aux impressions des sens qu'à celles de l'esprit. Ainsi, l'homme, réunissant dans son être quelque chose de toutes les créatures, est un petit monde et comme un abrégé de l'univers.

2. Le corps de l'homme a-t-il reçu une organisation convenable ? L'adresse de l'ouvrier qui l'a façonné nous est un sûr garant de sa perfection. Un ouvrier s'efforce de mettre son œuvre en harmonie avec la fin qu'il se propose. Si elle obtient son but, l'œuvre n'est-elle point parfaite ? Mais si elle ne l'atteint pas, fût-elle d'un prix très-élevé, elle est défectueuse. Une scie de fer vaudra mieux que si elle était de cristal, car si le cristal est plus beau et plus précieux que le fer, il est aussi plus fragile et moins propre à l'usage qu'on se propose ici d'en faire. Ainsi a été fait le corps par rapport à l'âme. Il pourrait sans doute être plus

beau, il ne saurait être plus parfait, vu sa fin. Quelle est-elle, cette fin ? D'être l'instrument de l'âme. Or, le corps disposé comme il l'est, remplit toutes les conditions d'un docile et parfait instrument. Dans quel animal le toucher, qui est le plus considérable des sens, est-il plus perfectionné que dans l'homme ? Notre odorat, il est vrai, est moins fin que celui de certains animaux. Ce défaut tient à la fin même du corps. Il faut que l'homme ait le cerveau très-grand pour faciliter les opérations des puissances sensitives et tempérer la chaleur du cœur, chaleur forte à cause de la taille droite de l'homme. Or l'ampleur du cerveau nuit à la finesse de l'odorat. Elle entretient l'humidité, et l'odorat veut la sécheresse. On dira peut-être que d'autres animaux ont la vue, l'ouïe meilleures. Mais cette imperfection de nos organes est nécessaire aux opérations de l'intelligence. Si nous entendions mieux, mille petits bruits frapperaient nos oreilles et nous donneraient de continuelles distractions. La corne, les ongles de certains animaux, l'épaisseur de la peau et de la fourrure, tout cela annonce en eux l'abondance de l'élément terrestre. L'homme est mieux doué. Il a des armes plus riches et plus nobles : la raison et la main, avec lesquelles il peut se faire les armes de tous les animaux réunis.

Dieu a donné au corps de l'homme une taille droite, pour les raisons suivantes : l'homme est doué d'organes, non-seulement comme les autres animaux, afin de pouvoir se procurer les choses nécessaires à la vie, mais aussi afin de pouvoir connaître les vérités répandues dans le monde sensible et les merveilles dont il est rempli. Les animaux n'ont de plaisirs que dans la nourriture et la génération ; l'homme se réjouit et tressaille à la vue des beautés que ses sens perçoivent dans le monde. Comme la tête des animaux réunit tous les sens, celle des bêtes est inclinée vers la terre, où elles cherchent et trouvent leur nourriture. L'homme se tient debout, afin de pouvoir embrasser un plus vaste horizon, de contempler les corps célestes et les corps terrestres, saisir leurs nuances, et recueillir de tous côtés la vérité intelligible.

L'homme étant droit, son cerveau ne subit pas de dépression et laisse aux opérations intérieures toute leur liberté.

S'il était courbé vers la terre, il serait obligé de se servir de ses mains comme de pieds de devant pour marcher, et ne pourrait les employer à tant d'usages divers.

Enfin si la taille de l'homme était inclinée, et que ses mains fussent ses pieds de devant, il serait obligé de saisir sa nourriture avec la bouche. Il lui faudrait pour cela de longues mâchoires, des lèvres épaisses, une langue dure, afin de ne pas se blesser, comme on le voit dans les autres animaux ; ce qui empêcherait totalement la parole, l'œuvre de la raison par excellence. Mais ayant la partie supérieure tournée vers le ciel, touchant de sa partie inférieure le sol, il jouit d'une disposition parfaite relativement au reste de l'univers.

QUEST. XCII. *Création de la femme.* — 1. Convenait-il qu'elle fût tirée du corps de l'homme ? Une semblable origine relève la dignité de l'homme, qui devient le principe de l'espèce humaine, comme Dieu est le principe de tout : *Deus fecit ex uno omne genus hominum.* (Act. des apôt., xvii, 26.) Elle montre l'amour que l'homme doit à la femme. Pour elle, il quittera son père et sa mère, c'est-à-dire ce qu'il a de plus cher au monde : *Relinquet homo patrem et matrem et adhærebit uxori suæ.* (Gen., ii, 24.) Cet amour est d'autant plus juste et plus nécessaire que l'homme et la femme doivent s'unir non pas seulement pour la génération, comme les autres animaux, mais pour la vie de communauté. Formés d'une même chair, ils doivent mettre en commun leurs plaisirs et leurs peines, leurs joies et leurs tristesses, n'avoir qu'un cœur et qu'une âme. Mais l'homme, principe de la femme, doit toujours commander. Enfin, il y a une raison mystique : c'était pour montrer qu'ainsi l'Église naîtrait un jour de Jésus-Christ : *Sacramentum hoc magnum est : ego autem dico in Christo, et in ecclesia.* (S. Paul.)

2. *Convenait-il qu'Ève fût tirée d'une côte d'Adam?* Ces paroles nous enseignent quelles doivent être les conditions de l'union de l'homme avec la femme. Ève n'est pas formée de la tête d'Adam, pour montrer que si elle domine son mari, elle usurpe un droit qui ne lui appartient pas; elle n'est pas née pour commander. Au reste, Dieu ne la tire pas des pieds du premier homme, faisant voir que si elle n'a pas l'autorité elle ne doit pas non plus être une esclave.

Enfin, on en donne une raison mystique. Comme Dieu, pendant que le premier homme reposait endormi au pied d'un arbre, tira sa compagne d'une de ses côtes, ainsi, du côté de Jésus-Christ dormant sur l'arbre de la croix le sommeil de la mort, sortirent du sang et de l'eau, qui représentent la matière de tous les sacrements.

QUEST. XCIII. *Fin ou terme de la création de l'homme, c'est-à-dire dans quel sens l'homme fut créé à l'image et à la ressemblance de Dieu.* — 1. On trouve dans l'homme une image de Dieu. Qui dit image, dit similitude, et de plus suppose l'expression d'un être antérieur : deux œufs sont semblables, ils ne sont pas l'image, par la raison qu'ils ne sont pas le principe l'un de l'autre. Mais l'image est moins que l'égalité : mon image réfléchie dans un miroir ne m'est pas égale, elle est moins parfaite que moi. Sachant ce que c'est qu'une image, il vous est facile de comprendre comment l'homme est fait à l'image de Dieu. Le mot *à* ne signifie pas une égalité parfaite, le Verbe divin étant seul la parfaite image de Dieu, mais seulement un rapprochement vers Dieu, un accès, qui peut venir de la nature, de la grâce ou de la gloire. La nature donne à l'homme la faculté de connaître et d'aimer, comme Dieu. La grâce nous fait connaître et aimer dieu d'une manière plus digne de lui. La gloire le fait aussi, et d'une manière bien plus parfaite. Dans le ciel, notre intelligence ayant la claire vue de Dieu, et notre amour étant sans partage, nous atteindrons le plus haut degré de ressemblance avec Dieu qui soit possible à la créature. C'est ainsi que nous sommes faits à l'image de Dieu.

2. Peut-on le dire aussi des créatures sans raison? Nous venons de voir que l'image, outre la similitude, renferme l'idée d'expression d'un principe. Mais il ne suffit pas, pour que la similitude soit une image, qu'elle vienne d'un être distinct d'elle-même; il faut qu'elle en reproduise l'espèce, ou au moins un accident propre à l'espèce. Ce principe établi, on voit que les créatures sans raison ne sont pas l'image de Dieu, si ce n'est comme les effets sont l'image de la cause, les choses imparfaites, l'image des choses parfaites. Elles représentent Dieu, en ce sens qu'elles sont et qu'elles vivent, mais cette image est bien défectueuse, et loin de celle qui représente l'intelligence et l'amour de Dieu.

3. L'ange est plus que l'homme l'image de Dieu. Nous pouvons considérer dans l'image, la nature de Dieu. Sous ce rapport, l'image est évidemment plus parfaite dans l'ange, pure intelligence, que dans l'homme, intelligence unie à la matière. Si nous considérons dans l'image, l'imitation de Dieu, l'homme a plus de rapport avec Dieu que l'ange. Il est homme de l'homme, comme Dieu de Dieu; son âme est présente dans tout le corps et dans chaque partie, comme Dieu dans l'univers et dans chaque partie de l'univers. Mais il faut le remarquer, cette seconde imitation tire toute son excellence de la première; sinon les animaux aussi ressembleraient plus à Dieu que les anges. L'image par l'intelligence est la principale; l'autre n'est que secondaire, de sorte qu'il est toujours vrai de dire que les anges sont l'image de Dieu à plus juste titre que les hommes.

4. Comment les créatures raisonnables et les créatures sans raison représentent-elles la nature divine et la trinité des personnes? Nous représentons la nature divine, parce que nous avons non-seulement l'être et la vie, mais aussi l'intelligence et l'amour. Comment représentons-nous la Trinité? De notre intelligence comme du Père, procède notre verbe, et notre volonté aime na-

turellement ce fils de notre intelligence : voilà l'image de la Trinité.

Les créatures sans raison n'en sont que le vestige. Elles en rappellent l'idée, comme la trace de mon pied gravée sur le sable rappelle l'idée d'un homme. Ainsi, elles ne reproduisent de la nature divine que l'être et la vie ; elles n'ont ni l'intelligence ni l'amour. Comment sont-elles l'image de la Trinité? Elles représentent le Verbe, comme une maison, l'idée ou le verbe de l'architecte, idée sortie de son intelligence comme d'un principe. L'usage auquel elles sont destinées indique la volonté du Créateur, comme l'usage d'un édifice la volonté de l'architecte, et la volonté c'est l'amour, en Dieu l'Esprit-Saint. Ainsi, elles ne représentent que de loin la nature divine et la Trinité ; le corps de l'homme n'en est de même que le vestige.

5. Est-ce par ses puissances et ses habitudes, ou par ses actes, que notre âme est l'image de Dieu ?

L'image représente l'espèce : il faut donc que notre âme reproduise, non pas l'espèce de Dieu, puisqu'il n'est d'aucune espèce et d'aucun genre, mais ce qui la rapprochera le plus de la nature de Dieu. Ce qu'il y a en Dieu de principal, c'est la procession du Verbe et celle du Saint-Esprit. Elles doivent donc, si l'âme en est l'image, se retrouver dans l'âme. Mais elles supposent des actes. Je ne puis produire mon verbe sans une pensée actuelle. Je ne puis l'aimer sans un acte de ma volonté. Donc l'image de Dieu est en nous par les actes de l'âme. Ses habitudes et ses puissances sont néanmoins le siège de cette image, car tous les actes existent virtuellement dans les puissances et les habitudes.

6. Ce n'est point par toute sorte d'actes, de puissances et d'habitudes, que l'âme est l'image de Dieu, mais seulement par ceux qui l'élèvent vers Dieu. Dire que l'image de Dieu est en nous, c'est dire que nous reproduisons les personnes divines autant qu'il appartient à des créatures. Dieu se connaît, Dieu s'aime ; nous le connaissons, nous l'aimons, c'est en cela que nous sommes ses images. Mais la différence de l'objet connu produit en nous un

verbe et un amour différents : l'idée d'une pierre n'est pas l'idée que nous avons d'un cheval, et il en est ainsi de l'amour. Donc si je me porte par la connaissance et par l'amour vers des objets autres que Dieu, mon intelligence et ma volonté ne sont pas également l'image de Dieu. Pourquoi? Parce que les actes de mon intelligence et de ma volonté ne sont plus de même nature que ceux par lesquels il se connaît et s'aime. Il n'y aurait qu'un moyen d'être l'image de Dieu en faisant ces actes, ce serait de considérer les objets de ma connaissance et de mon amour comme les images de Dieu. En les connaissant, en les aimant, je me porterais indirectement vers Dieu, comme, en voyant l'image de quelqu'un dans un miroir, je pense à lui et je l'aime. Ainsi la fin pour laquelle l'homme a été créé, c'est de connaître et d'aimer Dieu, d'engendrer, autant qu'il est possible à une créature, le Verbe divin, et de produire l'Esprit-Saint.

7. Pourquoi ces deux mots : à l'image et à la ressemblance, qui sont synonymes? On en a donné bien des explications. Celle qui me paraît la meilleure, est celle-ci : Ces deux mots désignent l'image de Dieu, commencée en nous par la nature, accomplie par la grâce. Elle est d'abord bien imparfaite : on n'aperçoit sur la toile que les premiers linéaments et quelques traits confus. Puis la grâce vient y mettre la dernière main, et Dieu retrouve en nous ses traits divins. C'est donc à dessein que l'Ecriture ajoute au mot image, le mot ressemblance. Elle montre par là, que cette image ressemble bien à l'original, comme nous disons d'un portrait : Il ressemble bien ou mal à celui qu'il représente.

QUEST. XCIV. *Etat dans lequel fut créé le premier homme. Conditions de son entendement, de sa volonté et de son corps.* — 1. L'intelligence d'Adam ne voyait pas l'essence divine. Si Adam la vit jamais en ce monde, ce fut durant le sommeil mystérieux que Dieu lui envoya, mais telle n'était point sa condition ordinaire. L'homme fuit le malheur, cherche naturellement le bonheur, et, quand il l'a trouvé, y reste attaché par des liens indissolubles.

Or, le bonheur sans mélange consiste à voir Dieu. Si Adam en avait eu la vision intuitive, il n'aurait pu s'en éloigner, c'est-à-dire pécher. Pourtant le péché entra dans son cœur : c'est qu'il ne voyait pas l'essence de Dieu. Son intelligence était néanmoins plus parfaite que la nôtre, obscurcie par les ténèbres du péché : elle tenait comme le milieu entre l'intelligence humaine dans l'état présent, et l'intelligence dans la patrie, où nous verrons l'essence de Dieu. En effet, la vue de Dieu dans son essence, est autre que dans les créatures, et plus celles-ci sont parfaites, plus nous voyons éclater en elles les perfections divines; elles sont des miroirs qui en reproduisent fidèlement les traits. C'est donc dans les choses intelligibles que sa lumière se réfléchit avec le plus de splendeur. Distraits, préoccupés par les choses matérielles, nous en détournons les regards. Mais l'homme créé droit, dominant ses puissances inférieures, contemplait, sans en perdre un reflet, l'irradiation de la lumière de Dieu dans ses effets intelligibles.

2. Avait-il une science universelle ? Il connaissait la nature des animaux, puisqu'il donna à chacun le nom qui lui convenait, et que le nom doit représenter la nature. Il connaissait, par la même raison, les choses naturelles.

Ses connaissances s'étendaient plus loin. Les choses n'ont pas été, à l'origine, créées pour exister seulement en elles-mêmes, mais aussi pour être le principe d'êtres semblables. Il fallait que l'homme fût le principe d'autres hommes, non-seulement en engendrant leurs corps, mais aussi en élevant et en cultivant leurs âmes, ce qui supposait une intelligence enrichie de nombreuses connaissances. L'intelligence ne peut enseigner, comme le corps engendrer, qu'après avoir atteint un certain développement. Ainsi, l'intelligence d'Adam possédait toutes les sciences que l'on peut naturellement acquérir, et était, comme son corps, douée de toutes ses perfections naturelles.

Mais la fin de l'homme n'était pas seulement une fin naturelle, c'était une fin surnaturelle. Il fallait donc qu'il connût les moyens d'y arriver. Le reste, on ne peut dire avec certitude qu'Adam le connût. Il ignorait ce qu'il est inutile ou indifférent de savoir, comme le nombre des pierres qui sont dans le lit d'un fleuve, les pensées du cœur, les futurs contingents.

3. L'erreur pouvait-elle avoir accès dans l'intelligence d'Adam innocent ? Il pouvait bien manquer quelques connaissances à l'intelligence d'Adam, comme il manquait des qualités à son corps, par exemple, la clarté des corps glorieux, mais ce n'étaient pas des défauts. Conservant son innocence originelle, il ne pouvait se tromper. L'erreur ne nous vient jamais que des puissances inférieures, de l'imagination, de la sensibilité, etc. En Adam ces puissances étaient parfaitement soumises aux puissances supérieures, comme celles-ci à Dieu. Quand elles ne mettent aucune entrave à l'exercice du jugement, l'erreur ne peut avoir accès dans notre intelligence ; elle saisit le vrai, qui est son objet, ou l'ignore totalement. Comment se fait-il qu'Ève, innocente et droite comme Adam, se laissa séduire aux paroles du démon ? C'est que déjà l'orgueil avait troublé l'harmonie des puissances de son âme : *Mulier verbis serpentis non crederet, nisi jam inesset menti ejus amor propriæ potestatis, et quædam de se superba præsumptio.* (S. Aug.) Adam ne se faisait point illusion. S'il succomba, ce fut par faiblesse et pour ne pas déplaire à sa chère compagne.

QUEST. XCV. *État de sa volonté.* — 1. Le premier homme fut créé dans l'état de grâce. L'ange et l'homme sont dans les mêmes conditions relativement à la grâce. Or, « Dieu créait la nature des anges, dit saint Augustin, et leur donnait simultanément la grâce : *Simul erat in eis condens naturam et largiens gratiam.* » L'état de grâce a donc dû être l'état de l'homme au moment de sa création. D'ailleurs, Dieu fit l'homme droit : *Fecit hominem rectum.* Cette droiture ne peut s'expliquer que de cette manière : sa raison était soumise à Dieu, les puissances inférieures à la raison, le corps à l'âme. Cette harmonie appartient-elle à la nature ? Non, car elle serait restée en lui après le péché, de même que la prévarication ne fit pas perdre aux anges leurs qualités naturelles. Aussitôt après leur première transgression, dit saint Augustin, nos premiers parents sentirent dans leur chair un mouvement de révolte, comme eux-mêmes s'étaient révoltés contre Dieu, et il ne resta de leur innocence primitive, qu'un souvenir et des ruines. Donc leur innocence était un don surnaturel.

2. Le premier homme, dans l'état d'innocence, éprouvait-il les passions de l'âme? Les passions proprement dites sont dans les puissances sensitives, dont l'objet est le bien et le mal. La joie et l'amour, voilà les passions qu'excite en nous un bien présent; la douleur et la crainte sont les passions produites par un mal que nous éprouvons ou qui nous menace. Les passions du mal n'étaient pas en Adam innocent, il n'en avait même pas l'idée. Il pouvait concevoir le désir et l'espérance d'un bien qu'il posséderait quand le temps en serait venu, mais cette espérance n'était pas impatiente comme la nôtre et ne lui causait point de passion pénible. Il avait aussi la joie et l'amour du bien qu'il possédait; et quel était ce bien? Tout le bien dont il était capable de jouir. Ainsi il avait les passions d'un bien présent et d'un bien futur, mais toutes ces passions étaient naturellement soumises à la raison et ne prévenaient jamais son jugement.

3. L'homme innocent avait-il toutes les vertus? La vertu n'est autre chose que la soumission de la raison à Dieu, et la soumission des puissances inférieures à la raison. Telle était la perfection de l'homme innocent. Mais toutes ses vertus étaient-elles en acte, ou bien quelques-unes seulement en puissance? Il y a des vertus qui ne supposent aucune imperfection dans celui qui en est orné, comme la charité et la justice. Adam les possédait en acte. D'autres vertus supposent nécessairement une imperfection dans celui qui les possède. Si cette imperfection n'est pas incompatible avec l'état d'innocence, rien n'empêche de croire qu'elles étaient à l'état d'acte en Adam : ainsi la foi et l'espérance. Il ne voyait

pas l'essence divine, il croyait la voir un jour. Le bonheur dont il jouissait dans le paradis terrestre n'était pas le bonheur final : il pouvait donc espérer un autre bonheur. Quant aux vertus qui supposent une imperfection et qui de plus sont incompatibles avec l'état d'innocence, comme la vertu de pénitence et celle de miséricorde, Adam ne les avait que virtuellement, c'est-à-dire il était disposé, dans le cas où il offenserait Dieu, à faire pénitence, et, dans le cas où il verrait un malheureux, à lui donner l'aumône.

4. Ses œuvres étaient-elles plus méritoires que les nôtres ? Considéré du côté de la grâce, le mérite d'Adam était plus grand que le nôtre, parce que la grâce, ne trouvant aucun obstacle dans l'homme innocent, l'unissait tout entier à Dieu. Il n'en avait besoin que pour l'élever vers sa fin surnaturelle : en nous elle a de plus à effacer des péchés et à guérir des blessures. Si on considère le mérite du côté de l'œuvre, la quantité est absolue ou relative. La quantité absolue était plus grande en Adam qu'en nous, car l'homme agissait avec la plénitude de ses forces. Mais la quantité relative est plus grande en nous, à cause de notre faiblesse : c'est ainsi qu'une petite aumône coûte plus au pauvre qu'une grande au riche : une petite action surpasse davantage la puissance de celui qui la fait avec peine, qu'une grande ne surpasse la puissance de celui qui la fait aisément.

QUEST. XCVI. *Empire de l'homme dans l'état d'innocence.* — 1. Son empire s'étendait sur tous les animaux : *Præsit piscibus maris, et volatilibus cœli, et bestiis terræ.* (Gen.) Il était juste que tous les animaux fussent soumis à l'homme. Voyez l'ordre de la nature : les choses inférieures n'existent que pour les choses supérieures, dont elles entretiennent la vie : la terre fournit à la plante des sucs nourriciers ; l'animal se nourrit de plantes ; l'homme se nourrit des plantes et de la chair des animaux. C'est pourquoi Aristote a dit : La chasse des bêtes sauvages est juste et naturelle ; l'homme reprend par elle un droit que la nature lui a donné. (*Polit.*, l. I, c. v.) Vous voyez aussi que les êtres plus parfaits gouvernent les moins parfaits, et ceux-ci obéissent sans résistance. Enfin, on trouve dans les animaux, une certaine prudence, certaines règles de conduite dans les cas particuliers. C'est une participation de la prudence de l'homme qui connaît les règles générales de la prudence, et les applique à des cas donnés. Or, celui qui participe d'une chose doit être soumis à celui qui en possède la plénitude. D'où il résulte qu'avant le péché tous les animaux obéissaient à Adam, mais comme il s'est révolté contre Dieu, ils se sont révoltés contre lui, de concert avec ses puissances inférieures. Le seul débris qui lui soit resté de son premier empire, c'est la domination qu'il exerce encore sur les animaux domestiques. Quant aux bêtes fauves, il ne peut plus exercer son droit naturel qu'avec peine et en s'exposant.

2. Devait-il dominer sur toutes les créatures, sans aucune exception ?

L'homme est l'abrégé de l'univers. On trouve en lui l'ange par la raison, l'animal par les puissances sensitives, la plante par les puissances végétatives ; les corps inanimés par un corps qui est le composé d'une matière inerte. Il devait commander à chaque créature de la même manière qu'il commande à ce qui, en lui, ressemble à cette créature. Il domine les puissances sensitives par le commandement : il devait dominer les animaux en leur commandant. Il domine les puissances végétatives et son corps en s'en servant à son gré : il devait dominer les plantes et la matière, en les faisant servir aux usages qu'il aurait voulu, sans pouvoir, toutefois, en changer la nature. Mais devait-il dominer sur les anges ? Non ; l'esprit commande en moi, il n'est pas commandé.

3. Dans l'état d'innocence, y aurait-il eu égalité parfaite entre tous les hommes ? Ce qui vient de Dieu est soumis à un ordre. (Rom., XIII, 1.) Or, l'ordre est une disposition suivant laquelle chaque chose est à la place qui lui est naturellement assignée.

Il y aurait eu d'abord différence du côté de l'âme. Doués du libre arbitre et non contraints par la nécessité, les hommes auraient plus ou moins avancé dans la science et la vertu, suivant l'usage qu'ils auraient fait de leur liberté. Les corps n'auraient pas été les mêmes, mais il y aurait eu différence de sexe, puisque, sans elle, le genre humain n'aurait pu se renouveler ; différence d'âge, puisqu'ils seraient nés les uns des autres.

D'ailleurs le climat, l'éducation auraient influé comme maintenant sur les complexions des individus ; ce qui aurait fait les uns plus beaux, plus grands que d'autres, sans toutefois aucun excès ni défaut. Ainsi, l'inégalité entre les hommes tient à leur nature même, et on ne peut pas plus empêcher l'excès dans l'un qu'on ne peut prévenir le défaut dans l'autre.

4. Des hommes auraient-ils dominé sur d'autres hommes ?

La condition des anges est plus digne que celle des hommes. Cependant, il y a une domination parmi les anges ; le premier ordre de la seconde hiérarchie s'appelle même Domination, mais cet empire n'est pas celui du maître sur l'esclave, c'est celui de l'homme qui en dirige un autre pour leur bien mutuel. L'esclave n'est pas le maître de ses actes ; il agit d'après le commandement et pour l'avantage de son maître ; voilà pourquoi il obéit avec tristesse, chaque être recherchant naturellement son bien et voyant avec peine lui échapper ce qui devrait lui appartenir. L'homme innocent aurait obéi avec joie et pour son bien. Deux raisons l'auraient porté naturellement à obéir. Il est né sociable. Or, à toute société il faut un supérieur qui veille sur les intérêts communs, qui dirige vers le bien de tous, les efforts individuels qui ne tendent qu'au bien particulier, et ramène à l'unité ce qui est naturellement multiple.

L'amour de la justice et le désir de faire du bien auraient porté les plus savants et les plus vertueux à user de leur science et de leurs vertus, non pas comme des égoïstes, pour eux seuls, mais pour tous. Ils auraient été les pères et les pasteurs de leurs concitoyens.

QUEST. XCVII. *Après avoir parlé de l'âme du premier homme, voyons l'état primitif de son corps.* — 1. Il aurait été immortel : *Per peccatum introivit mors in mundum.* (Rom., v, 12.) Ce n'est pas que l'homme eût en lui-même assez de puissance et de force pour vivre éternellement, mais l'âme, unie à Dieu, lui communiquait cette immunité de la mort. S'étant séparée de Dieu, elle a perdu sa vertu surnaturelle, et a cessé de communiquer au corps la force de lutter sans fin contre les éléments destructeurs qu'il porte naturellement avec lui.

2. Le corps aurait-il été aussi exempt de souffrances ?

L'âme unie à Dieu aurait éloigné du corps de l'homme, la souffrance comme la mort. Rien dans la nature ne serait conjuré contre nous. Nous n'aurions pas essuyé les injures de l'air, ni connu ces maladies, ces infirmités qui nous assiégent depuis le berceau jusqu'à la tombe. Sains de corps et d'esprit, nous aurions vu nos jours se succéder sans nous apporter la moindre douleur ; puis, leur nombre étant accompli, nous aurions été transportés au ciel, ne sachant ce que c'est que de souffrir ni peine physique ni peine morale. Sans doute, il pouvait arriver, naturellement, qu'un corps dur blessât le corps d'Adam, mais il avait pour éviter toute lésion douloureuse, une raison prévoyante, et la providence divine.

3. L'homme aurait-il eu besoin d'aliments matériels ?

De omni ligno quod est in paradiso comede. (Genèse, ii, 16.) L'âme raisonnable est appelée tantôt âme, tantôt esprit : âme, quand on la désigne comme le principe de vie du corps : *Factus est homo in animam viventem.* C'est pourquoi le corps est appelé corps animal. On dit que l'âme est esprit, pour désigner son intelligence, sa raison. Quelles sont les puissances de l'âme qui donnent la vie au corps ? Les puissances végétatives. Or, elles ne s'exercent que par l'usage d'aliments matériels, par la génération et l'accroissement. Après la résurrection, l'âme ne communiquera plus au corps que ce qui est esprit, intelligence. Voilà pourquoi les corps ressuscités seront appelés spirituels. Ils n'auront plus besoin d'aliments matériels, mais les corps n'auraient pu vivre sans aliments semblables, dans l'état d'innocence. D'ailleurs, la chaleur consumant et faisant évaporer les parties humides du corps, il fallait de la nourriture pour réparer cette déperdition et rétablir l'équilibre.

4. Le fruit de l'arbre de vie pouvait-il donner l'immortalité à l'homme innocent ?

Deux choses ruinent insensiblement nos corps et les font mourir. C'est d'abord la perte de l'élément humide et aqueux qui est en nous, et tempère la chaleur naturelle. Tous les arbres du paradis terrestre offraient à Adam un remède contre ce premier mal. C'est ensuite l'immixtion de substances étrangères qui, se mêlant à notre corps, diminuent peu à peu son énergie et son activité propres : ainsi à mesure qu'on verse de l'eau dans le vin, il perd sa saveur, puis sa force, et enfin n'est plus que de l'eau. Le corps, au commencement de la vie, est doué d'une telle énergie, qu'il retire des aliments, non-seulement tout ce qu'il faut pour réparer ses pertes, mais même pour se développer et croître ; plus tard, il ne peut plus que réparer sa déperdition quotidienne ; dans la vieillesse, il ne peut même plus y suffire. De là la caducité, l'entière dissolution du corps. Le fruit de l'arbre de vie avait la vertu de remédier à ce défaut, et de mettre le corps d'Adam à l'abri des influences délétères des autres substances : « Une nourriture l'empêchait d'avoir faim, une boisson, d'avoir soif, l'arbre de vie, de ressentir les atteintes de la vieillesse. » (S. Aug.) Cependant, une cause finie ne pouvant produire un effet infini, un fruit de l'arbre n'avait pas la vertu de prolonger indéfiniment la vie humaine. Il en étendait les limites jusqu'à un temps déterminé, après lequel l'homme aurait été transporté dans le ciel, ou aurait eu besoin, pour reprendre une nouvelle vie, de manger un nouveau fruit.

QUEST. XCVIII. *Nous venons de voir comment, dans l'état d'in-*

nocence, *les individus se seraient conservés. Voyons comment aurait eu lieu la conservation de l'espèce.* — 1. Il y aurait eu génération dans l'état d'innocence. Dieu dit à Adam et à Ève : Croissez et multipliez-vous. Comment l'auraient-ils fait, si ce n'est par la génération ? Le péché eût été un grand bien, puisque sans lui le genre humain se serait éteint avec le premier homme et la première femme.

La nature a horreur de la destruction ; elle aspire à la perpétuité. Ce qui ne doit durer qu'un temps n'est jamais l'objet principal vers lequel tendent ses mouvements ; elle ne se le propose que d'une manière accessoire, c'est-à-dire en le rapportant à autre chose, sinon, quand il aurait fini, le but de la nature paraîtrait vain et ses efforts inutiles. Comment procure-t-elle la perpétuité aux substances spirituelles ? En conservant les individus. Mais les substances corporelles étant composées de parties diverses, doivent tôt ou tard payer tribut à la mort. La nature ne peut conserver que les espèces, et cela par la génération. Les individus tombent en dissolution, mais auparavant, un certain nombre ont assuré la reproduction et la perpétuité de leur espèce.

2. La génération aurait eu lieu, dans l'état d'innocence comme dans l'état présent, par l'union d'un homme et d'une femme. « Quidam antiquorum doctorum considerantes concupiscentiæ fœditatem quæ invenitur in coitu, in isto statu, posuerunt quod in statu innocentiæ non fuisset generatio per coitum. Unde Gregorius Nyssenus dicit in libro quem fecit (*De homine*, c. xvii), quod in paradiso aliter fuisset multiplicatum genus humanum, sicut multiplicati sunt angeli, absque concubitu, per operationem divinæ virtutis ; et dicit quod Deus ante peccatum fecit masculum et fœminam, respiciens ad modum generationis, qui futurus erat post peccatum, cujus Deus præscius erat. Sed hoc non dicitur rationabiliter. Ea enim quæ sunt naturalia homini, neque subtrahuntur, neque dantur homini per peccatum. Manifestum est au-

tem quod homini secundum animalem vitam, quam etiam ante peccatum habebat, naturale est generare per coitum, sicut et cæteris animalibus perfectis, et hoc declarant naturalia membra ad hunc usum deputata. Et ideo non est dicendum quod usus horum membrorum naturalium non fuisset ante peccatum, sicut et cæterorum membrorum. Sunt igitur in coitu duo consideranda secundum præsentem statum. Unum quod naturæ est, scilicet conjunctio maris et fœminæ ad generandum. In omni enim generatione requiritur virtus activa et passiva. Unde, cum in omnibus in quibus est distinctio sexuum, virtus activa sit in mare, virtus vero passiva in fœmina ; naturæ ordo exigit ut ad generandum conveniant per coitum mas et fœmina. Aliud autem quod considerari potest, est quædam deformitas immoderatæ concupiscentiæ, quæ in statu innocentiæ non fuisset, quando inferiores vires omnino rationi subdebantur. Unde Augustinus dicit : « Absit ut « suspicemur non potuisse prolem fieri sine libidinis morbo, « sed eo voluntatis nutu moverentur illa membra quo cætera, et « sine ardore et illecebroso stimulo, cum tranquillitate animæ et « corporis. » (*De civ. Dei*, l. XIV, c. XXVI.)

QUEST. XCIX. *Condition des enfants qui auraient été engendrés dans l'état d'innocence.* — 1. Ils auraient pu, dès le moment de leur naissance, produire tous les actes qui conviennent aux enfants. L'homme ne doit suivre que la foi ou la raison; la foi est sa règle, quand il s'agit de choses surnaturelles ; la raison, quand les forces de la nature suffisent. Ce principe établi, il est naturel qu'aujourd'hui l'enfant nouvellement né n'ait pas le libre usage de ses membres, à cause, d'un côté, de la trop grande quantité du cerveau, et de l'autre, de l'humidité de cet organe. Une masse si humide ne peut mouvoir les ressorts qui sont les instruments du mouvement. Mais la foi nous enseigne que Dieu fit l'homme droit. Cette rectitude, dit saint Augustin, consistait en ce que les sens obéissaient au moindre désir de la volonté bien ordonnée. Ils étaient parfaitement soumis à la volonté, toutes les fois qu'elle ne sortait pas du cercle de ses attributions naturelles. L'enfant qui aurait voulu faire des actes convenables à l'enfance, comme de sucer les mamelles de sa mère, de marcher sans tomber, etc., n'aurait-il pas eu une volonté bien ordonnée? Ainsi les enfants n'auraient pas eu les forces d'un homme fait, mais celles qu'il leur aurait fallu pour produire les actions de leur âge.

QUEST. C. *Condition dans laquelle les enfants seraient nés, quant à la justice.* — Ils seraient nés dans la sainteté et la justice, comme ils naissent aujourd'hui dans le péché; car le principe générateur produit toujours un être de même espèce que lui, et la justice était un don surnaturel dont Dieu avait orné l'espèce humaine. Mais ils ne seraient pas nés, confirmés en grâce, c'est-à-dire ne pouvant perdre la sainteté. Leur condition n'aurait pas été meilleure que celle de nos premiers parents : or, la sainteté de ceux-ci n'était pas inamissible, puisque, de fait, ils l'ont perdue (1).

QUEST. CI. *Leur condition quant à la science.* — 1. Comme nous l'avons dit, partout où manque l'autorité de la foi, il faut suivre la raison. La première gardant le silence touchant cette question, que nous dit la seconde? L'âme destinée à vivre unie à un corps ne peut produire parfaitement ses actes sans le concours des organes. Elle n'acquiert la science que par l'action des sens. Ces enfants, ne jouissant pas du libre usage de toutes leurs facultés physiques, n'auraient pu avoir, dès leur naissance, une science accomplie. Ils l'auraient acquise avec l'âge, suivant le développement de leurs corps, comme ils auraient été confirmés en grâce après l'exercice et le bon usage de leur liberté. Mais cette science n'aurait pas été le prix de longues études. Ils l'au-

---

(1) Quelques auteurs prétendent qu'ils auraient été confirmés en grâce dès leur naissance, c'est-à-dire qu'ils n'auraient pu perdre la sainteté originelle. Mais ce sentiment paraît peu probable, pour la raison que vient d'en donner saint Thomas.

raient acquise sans peine et sans effort, comme on apprend quand on entend raconter.

2. Ils n'auraient pas eu, aussitôt après leur naissance, l'usage de la raison. L'usage de notre raison dépend des forces sensitives. Si quelque obstacle en suspend l'exercice, la raison est privée de ses actes, comme on le voit dans le sommeil et la frénésie. Les puissances sensitives dépendent du jeu de nos organes. Ces organes étant liés ne peuvent mettre nos puissances en actes. Or, à cause de l'humidité de leurs cerveaux, tels seraient les organes, et par conséquent les puissances sensitives et la raison de ces enfants. Cependant leur raison serait plus parfaite que celle des enfants nés dans l'état de péché. Ils comprendraient les actions de l'enfance. Ils auraient l'intelligence des puérilités qu'ils font aujourd'hui par instinct.

QUEST. CII. *Lieu qu'habita l'homme innocent.* — Dieu, après avoir orné son corps et son âme de dons si précieux, lui prépara une habitation digne de lui. Il planta de sa main un jardin délicieux appelé le paradis terrestre. L'Orient, dit saint Isidore, fut le lieu que Dieu choisit, parce que c'est le pays le plus beau de la terre, et que la lumière nous vient de l'Orient. Quatre grands fleuves l'arrosaient et répandaient partout la fraîcheur et la fécondité. Un air pur, un ciel sans nuage, une terre verdoyante, produisant sans culture toute sorte de fleurs et de fruits, il n'est rien que Dieu n'eût fait pour embellir ce séjour de l'innocence. C'est là qu'il transporta l'homme : *Tulit Dominus Deus hominem.* Il le chargea de cultiver et de garder ce jardin : *Ut operaretur et custodiret eum.* Ce n'est pas, je viens de le dire, que cette terre eût besoin, pour être féconde, que l'homme l'arrosât de ses sueurs. Adam devait travailler attiré par le plaisir, non contraint par la nécessité. Mais quelle est cette garde que Dieu lui confia? Aucun ennemi ne menaçait d'envahir le paradis terrestre et d'en expulser le premier homme? Ces paroles signifient qu'Adam devait en conserver la beauté; qu'il devait toujours retrouver dans son

Eden, l'éclat et l'harmonie qu'il avait le jour où il en prit possession. Ces paroles rappelaient aussi à Adam la garde qu'il devait faire sur lui-même. Il devait veiller sur les mouvements de son cœur, et n'y pas laisser entrer le mal. Il devait orner son âme et l'embaumer du parfum des vertus, comme Dieu avait orné ce jardin de fleurs, et embaumé l'air de leurs parfums.

CHAPITRE X.

LA PROVIDENCE.

Nous avons vu la création du monde, la distinction générale des choses, puis, venant à chaque espèce de créature en particulier, nous avons parlé de la créature spirituelle, de la créature matérielle, enfin de l'homme, qui est l'anneau de jonction entre le monde des esprits et celui des corps. Comment est gouverné cet univers sorti des mains de Dieu? Après l'avoir appelé du néant à l'être, son créateur l'abandonne-t-il à un aveugle hasard, ou en prend-il soin et le gouverne-t-il lui-même? Tel est l'objet de cette question.

QUEST. CIII. — 1. Il y a quelqu'un qui gouverne le monde. Chaque être a une fin qu'il poursuit, et tous, de concert, tendent vers une fin commune. Jamais dans ce mouvement universel, le plus léger désordre, la moindre confusion. Comme en entrant dans une maison où règne l'ordre, où tout respire la propreté, où chaque objet rangé à sa place relève la beauté de l'ensemble, je dis qu'un homme intelligent et non le hasard gouverne cette maison; de même, en voyant tant de créatures si diverses tendre vers une seule fin, sans qu'aucune divergence en trouble l'harmonie, n'ai-je pas raison de conclure que Dieu préside à leurs mouvements, leur a tracé la voie et les conduit à leur fin? L'univers est une maison parfaitement tenue, montrant dans la commune aspiration de ses habitants, la sagesse du père de famille qui préside à leurs destinées.

Les créatures intelligentes se portent d'elles-mêmes vers leur fin, les créatures sans raison y tendent, mues par Dieu, et suivant la voie qu'il leur a tracée, avec la régularité de la flèche qui, lancée par un adroit sagittaire, atteint sûrement le but : « *Tua, Pater, providentia gubernat.* » (Sag., xiv, 3.)

2. L'action de la Providence s'étend à tout sans exception. C'est une conséquence de la création. Ne serait-ce pas outrager Dieu, de dire qu'après avoir créé des existences, il n'en prend nul souci et les laisse devenir ce qu'elles peuvent? Dieu a-t-il tout créé? Oui, donc il gouverne tout ; rien n'échappe à sa sollicitude et à son empire. D'ailleurs, en créant, il s'est proposé une fin. Quand un peintre a conçu le plan d'un tableau, toutes ses pensées, tous ses efforts tendent à la même fin : chaque coup de pinceau est un pas vers le même but, comme une pierre posée à dessein dans l'édifice qu'un architecte veut élever. Ainsi la Providence gouverne tout selon le dessein de Dieu. Les événements les plus indifférents en apparence, les plus heureux ou les plus tristes, n'arrivent jamais sans un dessein providentiel. Il provoque quelquefois nos murmures parce que nous ne le connaissons pas, mais si un jour il nous est découvert, nous admirerons la sagesse qui l'a conçu. « Dieu a soin, non-seulement du ciel et de la terre, de l'ange et de l'homme, mais il n'abandonne pas le petit insecte qui rampe à terre, il songe au duvet de l'oiseau, à la parure de la fleur, à la feuille de l'arbre, et donne à chacune de ces parties la disposition qui lui convient. » (*Cité de Dieu*, l. V, ch. xi.)

3. La Providence gouverne-t-elle tout immédiatement, ou se borne-t-elle à établir seulement des lois générales? Il faut distinguer dans la Providence, le dessein et l'exécution. Le dessein appartient exclusivement à Dieu, mais l'exécution est quelquefois laissée à des causes secondaires. Un bon gouvernement doit faire sentir partout une action immédiate. Il doit connaître non-seulement le général, mais aussi le particulier. Ainsi mon médecin ne doit pas savoir seulement ce que c'est en

général que ma maladie, mais telle qu'elle est en moi, plus ou moins grave, et dans quel rapport avec ma complexion. Si le gouvernement de Dieu réunit toutes les conditions d'un bon gouvernement, il connaît tout par lui-même et immédiatement. Mais le but d'un bon gouvernement, c'est de conduire ses sujets à la perfection. C'est ce que la Providence fait à notre égard. Afin de nous communiquer la plus grande part possible de sa bonté, Dieu, dont l'essence est la bonté, nous élève à la dignité de cause. Nous participons à sa causalité, nous sommes avec lui cause de certaines choses. Ainsi le maître procure la gloire de son élève en le chargeant d'instruire les autres et de causer en eux la science.

4. N'arrive-t-il jamais rien en dehors du gouvernement divin ? C'est la cause la plus universelle, la cause première, dont relèvent toutes les autres. Il peut bien arriver quelque chose contre le dessein d'une cause particulière, parce qu'une autre plus universelle l'empêche de produire son effet ; par exemple, l'indigestion peut provenir de la grossièreté des aliments ; celle-ci se rapporte nécessairement à une autre cause, et ainsi, en remontant une série de causes, il faut que nous arrivions à la plus universelle. Quelle cause est plus universelle que Dieu ? C'est la cause suprême, indépendante, qui embrasse tout, et à la puissance de laquelle rien ne saurait résister. Ce qui paraît d'un côté sortir de son domaine, y rentre considéré sous un autre aspect. Il n'y a donc rien en ce monde d'éventuel et de fortuit, et le hasard est un mot vide de sens. Derrière le voile des événements qui remplissent notre vie, une main invisible fait mouvoir des ressorts, et dirige tout au gré d'une volonté souveraine (1).

QUEST. CIV. *Premier effet du gouvernement divin, qui est la conservation de toutes choses.* — 1. Les créatures ont besoin de Dieu pour conserver leur être. On peut conserver quelqu'un de plusieurs manières : d'abord en éloignant de lui ce qui l'aurait fait périr. Ainsi je conserve un enfant si je l'empêche de tomber dans

(1) L'homme s'agite, mais Dieu le mène. (Fénelon.)

le feu. Il y a des choses que Dieu conserve de cette manière, mais il en est dont le mode de conservation est différent ; ce sont les choses que des agents contraires ne peuvent corrompre. Je conserve une chose, quand elle dépend tellement de moi, que si mon action sur elle cesse de se faire sentir, à l'instant même elle cesse d'exister. C'est de cette manière que toutes les créatures ont besoin d'être conservées par Dieu. En effet, les agents secondaires ne donnent pas à leur œuvre l'être, mais la manière d'être ou la forme. L'architecte se sert, pour faire une maison, de ciment, de bois, de pierres, qui existaient déjà. Il ne fait que disposer et ordonner tous ces matériaux. Mais leur être, d'où vient-il ? De Dieu, sa cause première. Comment cet effet existe-t-il ? Il y a des effets qui existent, même après la cessation de leur cause : ainsi la chaleur dans l'eau. D'autres effets cessent avec la cause : l'air, quand le soleil cesse de rayonner sur lui, perd sa clarté. Il en est ainsi de l'être des créatures, leur raison d'être à tel moment n'étant pas une raison d'être au moment qui suit. Si Dieu cessait de faire rayonner son être sur elles, à l'instant même elles cesseraient d'exister, comme l'air cesse d'être lumineux quand le soleil est descendu à l'horizon.

2. Conserve-t-il l'être par lui-même, immédiatement ?

Il conserve par une action immédiate l'être des créatures, mais laisse à des causes secondaires le soin de conserver en éloignant les obstacles. Ainsi on voit quelquefois une longue suite de causes subordonnées les unes aux autres et remontant jusqu'à lui. D'autres fois, une seule créature a la vertu d'en conserver d'autres : le sel conserve la chair en éloignant la putréfaction. L'être seul relève immédiatement de Dieu.

3. La Providence ne laisse rien tomber dans le néant. S'il s'agit de créatures spirituelles, je vous ai dit, en parlant de l'immortalité de l'âme, les raisons de croire qu'elles ne s'anéantissent pas. S'il s'agit de choses matérielles, en se corrompant, elles en produisent d'autres. Voilà ce qui arrive, suivant le cours or-

dinaire de la nature. Quant à une créature qui viendrait d'un miracle, on peut faire un argument *à fortiori*. Dieu, en dérogeant aux lois communes, veut manifester sa bonté d'une manière plus éclatante. Or le néant ne manifeste rien. « J'ai appris que les œuvres de Dieu demeurent éternellement. » (Eccl., III, 14.)

QUEST. CV. *Un autre effet du gouvernement de la Providence, c'est le changement qu'elle produit sur les créatures et celui qu'elles se font subir les unes aux autres.* — 1. Dieu, pur esprit, peut-il mouvoir les corps ? La matière, suivant Aristote, est la puissance, et la forme, l'acte d'un être matériel. Or la matière dépend de la puissance active de Dieu, qui l'unit à une forme, et la met ainsi en acte. — Le mouvement qui entraîne les corps dépend de leur forme. C'est en vertu de sa forme qu'un corps est grave ou léger, qu'il se meut et produit telle action : ainsi le feu a par sa forme spécifique la vertu de chauffer et d'éclairer. Donc le mouvement, la forme et la matière relèvent du même pouvoir, et celui qui le possède a la faculté de les mouvoir à son gré et dans tous les sens. C'est, du reste, ce que suppose l'œuvre des six jours. — Dieu étant esprit, ne les touche pas et n'en est pas touché, il ne fait qu'agir spirituellement sur les corps.

2. Il peut mouvoir l'intelligence de ses créatures. « Dieu enseigne la science à l'homme. » (Ps. XCIII, 10.) On appelle moteur des corps celui qui leur donne leur forme, principe du mouvement. De même on donne le nom de moteur des intelligences, à celui qui donne la forme intelligente par laquelle on comprend. Il faut à la créature, pour comprendre, une faculté et une image intelligible qu'elle perçoive. Dieu donne et conserve l'une et l'autre. Étant le premier des êtres immatériels, c'est de lui que tout esprit tient l'être, car le premier dans un genre est la cause de tout ce qui vient après lui. Il meut donc les intelligences en ce sens qu'il leur donne la faculté naturelle ou surnaturelle de comprendre, qu'il imprime en elles les espèces intelligibles, et conserve les unes et les autres.

3. Dieu peut-il mouvoir notre volonté? « Il opère en nous le vouloir et le faire. » (Phil., II, 13.) Dieu est, en sa qualité de bon, l'objet de la volonté, comme il l'est de l'intelligence, en sa qualité de souverainement intelligible. La volonté, en voyant son objet tout entier, s'y attache par un mouvement spontané et irrésistible : c'est là sa fin et son bonheur. Lui seul totalement compris peut lui imprimer cet élan, car tout moteur doit surpasser, ou au moins égaler en force, le mobile. Or l'attrait d'un bien particulier est inférieur à la force passive de la volonté. Elle est douée d'une telle force de résistance que la vue du bien universel peut seule la vaincre.

D'ailleurs, la puissance de vouloir le bien universel vient de Dieu. C'est lui qui nous fait aspirer vers ce bien, qui nous en fait chercher une parcelle dans la créature, comme c'est le chef de l'État qui fait tendre les efforts particuliers vers le bien commun. Ainsi Dieu agit sur notre volonté en l'inclinant vers le bien universel.

On objecte la liberté de la volonté : *Voluntas cogi non potest.*

C'est là une proposition, sinon un axiome de la saine philosophie. Mais si le mouvement qui m'entraîne me plaît et m'est naturel, est-ce que ma volonté est forcée? Quelle violence subit le fruit qui se détache de l'arbre et tombe à terre? Le fleuve qui descend des montagnes, traverse la plaine et porte ses eaux à l'Océan?

On dit encore : Le mouvement s'attribue toujours au moteur principal. Vous n'accusez pas la pierre qui tue un homme, mais celui qui l'a lancée. Si un autre que moi entraîne ma volonté, je ne puis ni mériter, ni démériter, au moins tant que dure son influence sur ma volonté?

On oublie de remarquer qu'outre le moteur étranger dont je parle, il y a en nous un principe qui nous appartient. C'est l'acquiescement de votre volonté, le plaisir qu'elle a naturellement de subir l'influence de Dieu. La pierre lancée n'a pas de mouvement qui ne lui vienne du dehors. Cette observation nous montre comment l'action de Dieu sur nous se concilie avec notre liberté.

4. Dieu opère-t-il dans tout agent qui produit une action ?

« C'est vous, Seigneur, qui avez fait pour nous toutes nos œuvres. » (Is., xxvi, 12.) Cependant il ne faut pas exagérer la part que Dieu prend à nos actions. Des hérétiques ont dit que nous ne sommes dans ses mains que des instruments passifs et qu'il fait tout, même dans les œuvres des créatures sans raison : ainsi il brûle par le feu. Mais cette doctrine, loin de relever la gloire de Dieu, lui est injurieuse. Elle accuse de la faiblesse dans le Créateur. N'est-il pas d'un bon ouvrier de laisser à son œuvre la force d'agir par elle-même ? Si Dieu n'avait agi ainsi à notre égard, il n'y aurait plus en nous de libre arbitre. La vertu et le vice, le mérite et le démérite ne seraient que des noms vides de sens, et c'est en vain qu'on attribuerait telle œuvre à une créature. Bien plus, les créatures auraient reçu l'être inutilement, car l'être existe avant tout pour ses opérations. La vérité, c'est que Dieu opère dans les créatures, mais de telle sorte qu'elles conservent toujours une activité qui leur est propre.

5. Dieu peut-il déroger à l'ordre naturel ?

Une cause peut avoir plusieurs effets, et ces effets peuvent être des causes secondaires, subordonnées les unes aux autres. Nous voyons un exemple de cette subordination dans le gouvernement civil : du prince qui gouverne l'État, relève le magistrat qui gouverne la province ; de celui-ci relève le père de famille, et du père, les enfants. Dieu est la cause première, ayant sous sa dépendance une foule de causes secondaires. L'ordre qui existe dans la cause première est immobile : demander si Dieu peut le changer, c'est demander s'il peut se détruire, ce qui est absurde. Mais il peut changer l'ordre qui existe dans les causes secondaires. Comme il pouvait l'établir tout autre, il peut encore y déroger, soit en faisant des choses que les causes secondes n'auraient pu produire, soit en suspendant l'exercice des forces qu'il leur a données. Ainsi, pour certains motifs, par exemple, d'utilité publique, le gouvernement fait quelque chose sans le consentement d'un citoyen ou d'une ville, même contre son gré. Dieu alors change-t-il de volonté ? Non. Quand il a établi l'ordre naturel, il a prévu et s'est réservé le pouvoir de faire ce qu'il devait accomplir dans la suite des temps. On voit par là la possibilité des miracles.

6. On appelle avec raison miracle, ce que Dieu fait en dehors des lois naturelles.

Ce mot vient du latin *mirari*, admirer ou s'étonner. Nous sommes étonnés quand nous voyons des effets dont la cause nous est inconnue : par exemple, un paysan, en voyant une éclipse de soleil. Notre étonnement est d'autant plus grand que la cause est ignorée d'un plus grand nombre d'hommes. Quand Dieu produit un événement qui sort des lois de la nature, qui en sait la cause ? Donc il convient d'appeler miracle ce qui excite l'admiration de tout le monde.

7. Y a-t-il des miracles plus grands les uns que les autres ?

La différence ne peut exister du côté de Dieu : pour lui, les prodiges de la toute-puissance ne sont que des jeux d'enfants. « Les nations ne sont devant lui que comme une goutte d'eau qui tombe d'un seau, et comme ce petit grain qui donne à peine la moindre inclinaison à la balance. Toutes les îles sont devant ses yeux comme un petit grain de poussière : *Ecce gentes quasi stilla situlæ, et quasi momentum stateræ reputatæ sunt : ecce insulæ quasi pulvis exiguus.* » (Is., XL, 15.) Mais de notre côté les miracles peuvent être plus ou moins grands, selon qu'ils surpassent plus ou moins les forces de la nature. On en distingue de trois espèces. Un miracle est de premier ordre, quand la nature est absolument impuissante à produire la substance du fait, comme d'arrêter le soleil, de spiritualiser les corps humains. Si elle peut produire des faits semblables au miracle, mais en opérant sur une matière différente, c'est un miracle de second ordre : telle est la résurrection d'un mort. La nature peut donner la vie et la vue, mais ce n'est pas à une matière cadavéreuse et à un organe essentiellement défectueux. Ou bien le fait en lui-même ne surpasse pas les forces de la nature : c'est seulement la manière dont il se produit qui est surnaturelle : ainsi la belle-mère de saint Pierre fut *subitement* guérie de la fièvre ; ainsi l'air se condensa *tout à coup* et la pluie tomba à la prière de Samuel et d'Elie. (I Rois, xii, III, 18.) C'est le miracle de troisième ordre (1).

QUEST. CVI. *Action des créatures les unes sur les autres.* — 1. Un ange peut agir sur l'intelligence d'un autre ange en l'illuminant. La lumière, à l'égard de l'intelligence, n'est autre chose qu'une manifestation de la vérité : *Omne quod manifestatur lumen est.* (Ephés., v, 13.) De sorte qu'illuminer, c'est montrer à un autre une vérité qu'il ne connaît pas. Pour saisir cette lumière, il faut le concours de deux choses : une puissance intellectuelle, et la ressemblance de la chose comprise ou à comprendre. Or, l'ange peut donner à un autre ange la puissance de comprendre, et lui offrir une image intelligible. L'ange supérieur peut augmenter la puissance intellectuelle d'un ange inférieur, comme un corps chaud placé à côté d'un corps froid lui transmet de sa chaleur, comme un corps parfait communique de la force à un corps moins parfait, qui se trouve près de lui : il n'a qu'à diriger vers un ange inférieur l'action de sa volonté. Cette conversion est pour les esprits ce que la proximité du lieu est pour les corps.

Il lui montre la ressemblance, en lui présentant, divisée en conclusions particulières, la vérité qu'il a comprise d'une manière plus générale, perfectionne sa connaissance naturelle et le rend plus apte à recevoir la lumière surnaturelle. Ainsi, le maître en enseignant ne fait qu'orner et perfectionner l'intelligence de son élève.

(1) Saint Thomas revient à la question des miracles, *secunda secundæ*, q. clxxviii.

2. Un ange peut-il agir sur la volonté d'un autre ange? Il n'y a que deux moyens d'entraîner une volonté : c'est de lui montrer le bien qui est son objet, ou d'incliner vers un autre bien connu, la puissance de vouloir. L'ange ne peut entraîner la volonté de la première manière. Elle a, comme je viens de le dire, une telle force de résistance, que le bien universel peut seul la vaincre. Aussi, lorsque Moïse dit à Dieu : Montrez-moi votre gloire, Dieu lui répondit : Je te montrerai le bien universel : *Ego ostendam tibi omne bonum*. L'ange ne peut qu'exhorter, persuader, en montrant le bien de telle et telle créature, en relevant ses qualités, et en faisant sentir combien elle est aimable.

Il ne peut non plus changer la puissance de vouloir. Celui-là seul peut modifier une puissance, qui en est l'auteur.

3. Un ange inférieur peut-il illuminer un ange qui lui est supérieur? Nous voyons un ordre naturel établi parmi les causes secondes. Il n'est jamais troublé dans une cause inférieure qu'en faveur d'une cause supérieure; par exemple, l'ordre naturel, pour des miracles, afin de donner à l'homme une plus grande part de vérité. Si Dieu troublait l'ordre établi parmi les anges, pourquoi le ferait-il? Ce ne serait pas en faveur des anges supérieurs, puisqu'ils ont plus que les anges inférieurs ne peuvent leur donner. Serait-ce en faveur des hommes? Ils ignorent entièrement ce qui se passe parmi les anges. Ainsi l'ange supérieur illumine l'ange inférieur, mais il n'y a pas réciprocité.

4. L'ange supérieur communique-t-il toutes ses lumières à l'ange inférieur? Le bien, de sa nature, tend à se communiquer. Plus une créature est bonne, plus elle aime à répandre son bien; c'est une fontaine qui déborde et répand au loin ses eaux : « Que chacun fasse partager aux autres les dons qu'il a reçus : *Sicut boni dispensatores multiformis gratiæ Dei.* » (I S. Pierre, IV, 10.) A plus forte raison les anges qui ont plus de sainteté et participent plus abondamment à la bonté divine, aiment-ils à répandre leurs lumières sur les anges inférieurs. Cependant

ceux-ci n'ont jamais une aussi parfaite connaissance de la vérité : ils sont comme l'élève à l'égard du maître.

QUEST. CVII. *Manière dont les anges se parlent.* — 1. Les anges ont-ils un langage? « Si je parlais la langue des hommes et des anges... » (1 Cor., XIII, 1.)

L'intelligence agit, mise en activité par la volonté. L'intelligence pouvant se trouver à l'égard de la volonté dans trois états différents, il y a trois manières dont la volonté commande à l'intelligence d'agir. Nous pouvons avoir l'intelligible à l'état d'habitude ou de souvenir, à l'état de conception intelligible, à l'état de conception que nous voulons manifester. Telle est celle des anges lorsqu'ils veulent se parler. En me repliant sur moi-même et en me montrant la conception de mon intelligence, je me parle un langage intérieur, et quand ma volonté me dit de vous le communiquer, je vous parle par les sons de ma voix, et vous fais part de ce verbe intérieur, car parler c'est manifester aux autres le verbe qui est en nous. Ainsi la volonté de l'ange n'a qu'à commander à son intelligence ; son verbe est manifesté à un autre ange, comme le mien par la parole. Ce mot, langage des anges, est donc une expression métaphorique ; elle signifie la faculté qu'a l'ange de manifester sa pensée. « Lorsque nous voulons nous cacher aux regards d'autrui, nous nous retirons au dedans de nous-mêmes, et restons, s'il est permis de parler ainsi, derrière la muraille de notre corps. Lorsque nous désirons nous manifester, une porte s'ouvre devant nous, c'est notre langue qui se meut. Nous y passons, pour montrer au dehors ce que nous sommes au dedans. L'ange n'ayant pas ce mur de séparation, les autres connaissent ce qu'il pense, aussitôt qu'il veut le leur manifester. » (S. Grégoire, *Mor.*, l. II, c. IV.)

2. L'ange peut-il parler à Dieu ? Rappelons-nous ce que c'est que le langage. C'est la manifestation d'une conception intellectuelle. Je puis vous la faire pour deux motifs : ou pour vous

communiquer une chose que vous n'avez pas, comme le maître à son élève, ou pour recevoir quelque chose de vous. L'ange ne parle pas à Dieu pour lui apprendre ce qu'il ignore, rien ne pouvant se dérober à l'œil de Dieu. Il lui parle pour recevoir ses ordres, lui demander des lumières, lui témoigner son admiration, et la joie qu'il éprouve à contempler ses infinies perfections. C'est aussi dans ce but que les anges inférieurs parlent aux anges supérieurs. La parole des uns n'est que parole, celle des autres est à la fois parole et lumière.

QUEST. CVIII. *Les hiérarchies et les ordres angéliques. Après avoir dit qu'il y a des anges supérieurs et des anges inférieurs, que des premiers descendent sur les derniers des flots de lumières, il faut montrer l'ordre hiérarchique des anges.* — 1. Il y a parmi les anges, plusieurs hiérarchies. Le mot hiérarchie signifie une principauté sacrée. Toute principauté peut être considérée sous plusieurs aspects : on distingue d'abord le prince, puis la multitude qui lui est soumise. Considérés de la première manière, les anges ne font qu'une seule hiérarchie. Ils sont, comme toutes les créatures, soumis à Dieu. Il n'en est pas de même si l'on considère dans la principauté, la multitude des sujets. Ils ne sont pas tous régis de la même manière, ils ont un gouvernement qui diffère suivant leur propre excellence : ainsi les villes et les provinces se distinguent selon leurs propres lois et leurs franchises particulières. Les anges n'étant pas doués des mêmes facultés naturelles, sont régis différemment, et ordonnés, pour cette raison, en différentes hiérarchies. Qu'est-ce qui fait que tel ange occupe une hiérarchie supérieure, tel autre une hiérarchie inférieure ? C'est la connaissance plus ou moins parfaite, plus ou moins universelle, qu'ils ont de la vérité. On peut posséder cette connaissance à trois degrés divers : 1° voir les causes dans leur premier principe ; c'est le propre de la première hiérarchie, qui est en rapport immédiat avec Dieu, et habite, selon l'expression de saint Denis, le vestibule de la Divinité ; 2° voir les causes universelles d'où proviennent toutes choses, ce qui suppose déjà la multiplicité : c'est le propre de la deuxième hiérarchie ; 3° voir chaque chose dans la cause qui l'a produite : c'est le propre de la troisième hiérarchie.

2. Une hiérarchie renferme plusieurs ordres. La hiérarchie est une multitude gouvernée de la même manière. Si, dans une multitude, il n'y avait pas diversité de rang, ce serait le désordre et la confusion. Une cité renferme plusieurs ordres, les magistrats, les soldats, les artisans. Ces ordres se diversifient suivant l'office de ceux qui les composent. De même, suivant l'office des anges qui composent une hiérarchie, nous pouvons distinguer dans chacune plusieurs ordres, mais quelle qu'en soit la multitude, nous pouvons les réduire à trois, toute multitude bien organisée ayant un principe, un milieu et une fin. Il y a donc dans toute hiérarchie, l'ordre le plus élevé, l'ordre intermédiaire et l'ordre inférieur, comme dans un Etat, l'ordre des notables, celui des gens honorables, et celui des plébéiens. Saint Denis place dans la première hiérarchie les trois ordres des Chérubins, des Séraphins et des Trônes ; dans la deuxième, les Dominations, les Vertus et les Puissances ; dans la troisième, les Principautés, les Archanges et les Anges.

3. Chaque ordre renferme plusieurs anges. « Les Séraphins criaient l'un vers l'autre. » (Is., VI, 3.) Nous savons qu'il y a plusieurs anges dans un ordre, mais nous ne savons pas distinctement quels anges appartiennent à tel ou tel ordre.

Quand on connaît bien une chose, on peut en discerner jusqu'aux plus petits détails, savoir tout ce qui la concerne, ses actes, ses puissances, sa nature. Quand on ne la connaît qu'imparfaitement, on ne saisit rien en elle que d'une manière générale. N'ayant pas une science parfaite de tous les corps, nous les plaçons sous certains chefs, et les divisons en ordres distincts : dans un ordre sont les corps célestes, dans un autre les plantes, puis les animaux, puis les corps inanimés. Au lieu que si nous connaissions bien les étoiles, nous distinguerions peut-être en elles différents ordres. Il en est ainsi des anges. Nous ne pouvons faire que des classifications générales, sans désigner l'office de chacun et la place qu'il occupe.

4. C'est avec raison qu'on a donné aux anges les noms cités plus haut. Tous se trouvent dans l'Ecriture. Isaïe a parlé des Séraphins (ch. VI), Ezéchiel, des Chérubins (ch. I), saint Paul, des Trônes (Coloss., I), des Dominations, des Vertus, des Puissances et des Principautés. (Ephés., I.) Il est parlé des Archanges, dans l'épître canonique de saint Jude. Le mot d'ange se lit presque à chaque page de l'Ecriture.

Cette dénomination est fondée sur la nature même des esprits célestes. Une chose peut être, dans tout ordre hiérarchique, de trois manières : par propriété, si cette chose égale la nature, comme l'intelligence dans l'ange ; par excès, comme l'animalité dans l'homme ; nous avons de plus la raison ; par participation, comme l'intelligence est en nous. Nous sommes appelés créatures raisonnables, et non, comme les anges, créatures intelligentes. Mais quelle que soit la spiritualité de leur nature, ils possèdent les facultés intellectuelles, dans un degré qui varie ; de là leur distinction en hiérarchies et en ordres. Le propre de la première, avons-nous dit, c'est de voir tout en Dieu comme premier principe. Mais je remarque encore dans cet office différents degrés. Le dernier de cette hiérarchie, c'est celui d'un homme qui serait admis à vivre familièrement avec le roi : tels sont les Trônes envers Dieu. Au-dessus de la familiarité, je trouve la confidence des secrets : ce sont les Chérubins qui sont admis à celle de Dieu. Enfin, au-dessus de la confidence, c'est l'intimité profonde, l'union accomplie, la fusion des cœurs, voilà les Séraphins !

Le propre de la seconde hiérarchie, c'est de participer au gouvernement de l'univers. Dans un gouvernement bien organisé je trouve : 1° des hommes qui reçoivent les ordres du prince et les portent à d'autres ministres : ce sont, dans le gouvernement divin, les Dominations. 2° Des hommes qui prennent les mesures nécessaires à l'accomplissement de ces ordres; ce sont les Vertus. 3° Les hommes qui déterminent la manière dont ils doivent s'accomplir; ce sont les Puissances.

La troisième hiérarchie n'a qu'une œuvre d'exécution. Que faut-il pour la bonne exécution d'un ordre? Des hommes qui y président, comme dans un concert ceux qui le dirigent, dans une armée, les officiers supérieurs; ce sont les Principautés. Il faut des hommes qui exécutent, simples instruments de la volonté d'autrui, ce sont les Anges. Entre ces deux ordres sont les Archanges, comme les officiers subalternes entre l'état-major et les simples soldats. Donc les noms donnés aux divers ordres des anges ont été bien choisis et se tirent de la nature angélique, qui doit recevoir différents degrés de perfection.

5. Les hommes peuvent-ils jamais s'élever à la dignité des anges et faire partie de leurs ordres?

Ils ne peuvent en égaler la nature, mais l'état de gloire des anges est accessible aux hommes. C'est ce que disent ces paroles de l'Évangile : « Les fils de la résurrection seront semblables aux anges dans le ciel. » (S. Luc, xx, 36.) La gloire des uns et des autres ne dépend pas de la nature. Elle vient uniquement de la libéralité de celui dont la puissance et la bonté ne connaissent pas de bornes. Les anges et les hommes ne feront plus qu'une société dont le bonheur commun sera d'être intimement uni à Dieu : et c'est ainsi qu'il y a égalité entre les anges et les saints.

QUEST. CIX. *Existe-t-il différents ordres parmi les démons?* — 1. Ils n'ont jamais eu l'ordre de la gloire, ils ont perdu par le péché l'ordre de la grâce et les dons surnaturels avec lesquels ils furent créés, mais ils ont conservé l'ordre qui existe naturellement entre eux. Le péché ne leur a pas fait perdre ce qu'ils tenaient de la nature.

2. Les bons anges ont-ils la prééminence sur les mauvais?

Toute excellence vient de Dieu, d'où elle sort comme un fleuve de sa source. Plus on s'en approche, plus abondent les dons parfaits. Les bons anges ne sont-ils point plus près de la source que les mauvais ? La justice divine demandant parfois le concours des démons, soit pour punir les méchants, soit pour éprouver les justes, les bons anges viennent annoncer aux démons les desseins de Dieu. La connaissance des mystères dans les premiers, est une illumination ; elle n'en est pas une dans les seconds, parce qu'au lieu de la rapporter à Dieu, ils n'en usent que pour satisfaire leur malice et nous aveugler ; voilà pourquoi on les appelle des esprits de ténèbres.

QUEST. CX. *Prééminence des anges sur les créatures corporelles.* — 1. Elles sont régies par les anges. Cherchant l'ordre qui règne dans les gouvernements humains, je remarque que les puissances particulières sont régies par les puissances plus universelles ; le gouverneur de la province relève du roi. Les espèces, parmi les créatures, sont aussi gouvernées de cette manière : celles qui sont moins universelles par celles qui le sont davantage. Or, la forme spécifique d'un corps est limitée par le temps et par le lieu. Il n'en est pas ainsi de la forme spécifique de l'ange. Le temps ne la borne que du côté de l'origine. Elle ne connaît pas les limites du lieu, donc elle est plus universelle que la forme spécifique des corps. J'en conclus que les anges sont rois de la matière et président au gouvernement du monde matériel. Ce sentiment est celui de tous les docteurs et de tous les philosophes qui ont admis l'existence des esprits.

2. Les anges peuvent-ils faire des miracles dans ce monde ?

Il ne suffit pas, pour être un miracle, qu'une chose soit contraire à la nature d'un être particulier : celui qui jette une pierre en l'air ferait un miracle, puisqu'il est contre la nature de la pierre de s'élever, mais il faut que l'événement soit contre l'ordre de toute la nature créée. L'ange, si élevé qu'il soit, n'est qu'une créature ; il ne peut sortir de l'ordre créé. L'excellence de sa nature lui donne sans doute le pouvoir de faire des événements merveilleux, mais ce ne sont pas des miracles proprement dits, ou s'il en produit, ce n'est que comme instrument de Dieu : ainsi les anges et les saints dont Dieu se servira à la fin du monde pour recueillir les cendres du genre humain.

QUEST. CXI. *Action des anges sur nous.* — 1. Peuvent-ils illuminer les hommes ? Ils le peuvent, comme les anges supérieurs illuminent les anges inférieurs. Ils font plus. Telle est notre faiblesse, que la vérité toute nue nous éblouit, et si elle nous apparaissait dans sa splendeur, nous fermerions les yeux, ne pouvant en supporter l'éclat. Il faut, pour être à notre portée, que l'ardeur de ses rayons soit tempérée par le voile des images sensibles : *Impossibile est aliter nobis lucere divinum radium nisi varietate sacrorum velaminum circumvelatum.* C'est ce que font les anges à notre égard. Ils fortifient nos puissances intellectuelles et nous présentent la lumière de la vérité voilée par des images sensibles.

2. Les anges peuvent-ils changer la volonté de l'homme ?

Deux principes peuvent changer notre volonté. L'un est intérieur, l'autre extérieur. Comme le mouvement de la volonté n'est autre que son inclination vers une chose voulue, celui-là seul peut lui imprimer ce mouvement, qui est l'auteur de la nature. Le principe extérieur, c'est le bien montré par l'intelligence. Dieu seul peut nous montrer, comme à l'ange, un bien capable de nous entraîner irrésistiblement. La créature, fût-elle un ange, ne peut agir sur notre volonté que par le conseil, la persuasion. L'ange le peut aussi en excitant les passions inférieures qui réagissent sur la volonté, mais il n'est pas de passion, si violente qu'elle soit, à laquelle nous ne puissions résister.

3. Peuvent-ils influer sur l'imagination de l'homme ?

Les anges étant naturellement rois de la nature matérielle, tout ce qui est soumis aux lois de cette nature tombe sous leur empire. Or, l'imagination est entraînée irrésistiblement par les humeurs et les esprits, que les anges peuvent troubler. Les esprits surexcités emportent tellement l'imagination, qu'ils la jettent comme hors de nous : ainsi la frénésie.

4. Peuvent-ils influer sur les sens de l'homme ?

La Bible nous en offre plusieurs exemples, entre autres celui des Sodomites qui assiégeaient la maison de Loth, et que les anges frappèrent de cécité. (Gen., xiv, 11.) Ce trouble peut être causé par un accident intérieur, comme l'agitation des humeurs et des esprits. Celui qui a la fièvre sent tout amer. Or, l'ange peut agiter les esprits et les humeurs, qui sont de la matière. De là les enchantements et les maléfices qui remplissent l'histoire des temps où le démon exerçait le plus librement sa puissance (1).

Ce trouble peut aussi être causé par la vue d'un objet sensible. L'ange, roi des sensibles, peut nous offrir la vue de ces objets, soit qu'il en revête tels qu'ils existent déjà, soit qu'il en forme de nouveaux, comme lorsqu'il prend un corps humain.

QUEST. CXII. *Mission des anges.* — 1. Y a-t-il des anges que Dieu envoie ? « Voici : Je vous envoie mon ange afin qu'il vous précède. » (Exod., xxiii, 20.) Etre envoyé, c'est aller au nom d'un autre dans un lieu où l'on n'était pas, ou commencer d'être d'une manière différente dans un lieu où l'on était déjà. Ainsi, le fils de Dieu était dans le monde par sa Divinité ; il y a été envoyé par l'Incarnation. Dieu veut-il opérer une chose par le ministère d'un ange ? Celui-ci, obéissant à l'ordre divin, vient en un lieu où il n'était pas. Comme cette mission est divine, on dit que Dieu l'envoie. Il n'est que ministre, c'est-à-dire instrument intelligent, entre les mains de Dieu. Ce ministère d'ambassadeur ou d'envoyé est dévolu aux anges de la dernière hiérarchie. Les Archanges accomplissent les missions les plus importantes, comme Gabriel auprès de Marie. Il est dit qu'un séraphin purifia par le

(1) Le démon a perdu de sa puissance à mesure que s'est étendue l'influence du christianisme. Nous voyons, par les *Annales de la propagation de la Foi*, que les enchantements et les maléfices sont encore aujourd'hui aussi fréquents qu'autrefois, dans les pays idolâtres.

feu les lèvres du prophète Isaïe, mais ce séraphin ne vint pas lui-même. Il députa vers le prophète un ange inférieur, et on lui attribue néanmoins cet office auprès du prophète, comme on dit que le pape absout par ses légats.

2. Les anges envoyés jouissent-ils toujours de la vision intuitive ?

Ils ne cessent de contempler Dieu, mais tous ne voient pas les mêmes mystères dans la clarté de l'essence divine. Les anges auprès de Dieu peuvent être comparés aux ministres d'un roi. Les uns reçoivent de sa propre bouche la confidence de ses secrets ; ce sont les anges de la première hiérarchie. Les autres reçoivent les ordonnances royales par l'intermédiaire des premiers ministres, comme les gouverneurs de province ; ce sont les anges des deux dernières hiérarchies. Tous sont illuminés par Dieu ; ils le voient tous dans sa lumière, mais les uns ont de plus la vue immédiate de quelques vérités qui ne sont communiquées aux autres que par les anges supérieurs, d'où rejaillissent les rayons divins.

QUEST. CXIII. *Anges gardiens.* — 1. Est-il vrai qu'un ange veille à la garde de chacun de nous ?

« Il a commandé à ses anges de veiller sur vous, afin de vous garder dans toutes vos voies. » (Ps. xc, 11.)

La garde des anges fait partie du gouvernement de la Providence. Or, ce qui attire surtout la sollicitude de la Providence, c'est ce qui doit durer perpétuellement. Dans les êtres corporels, ce qui dure le plus ce n'est pas l'être particulier, ou l'individu, c'est l'espèce. Aussi, dit saint Grégoire, Dieu a-t-il proposé un ange à la garde de chaque espèce d'êtres. Mais la forme de l'homme ou son âme ne périt point ; douée d'une nature spirituelle, elle ne peut se dissoudre comme la forme des êtres corporels. Il faut conclure que chaque homme a un ange à sa garde, comme chaque espèce de corps.

L'homme durant sa vie est un voyageur qui traverse un pays

étranger, infesté d'ennemis et rempli de dangers. De même qu'il convient de donner une garde au voyageur qu'on envoie sur une route peu sûre, il convenait que Dieu donnât à l'homme un ange qui le défendît contre les ennemis du dedans et les ennemis du dehors. A la fin du voyage, il n'aura plus besoin de gardien. S'il a été fidèle, il partagera la gloire éternelle de son ange ; s'il est réprouvé, il aura dans l'enfer un démon vengeur de la justice divine.

2. Combien de temps notre ange reste-t-il à côté de nous? Tout le temps de notre vie. La garde des anges est un effet du gouvernement de la Providence ; or nous ne pouvons nous soustraire un instant à ce gouvernement. L'ange nous accompagne donc depuis notre naissance jusqu'à notre mort. Il veilla sur notre berceau, il a suivi tous nos pas, il sera encore près de nous à nos derniers moments : il ne quittera notre âme qu'après l'avoir remise entre les mains de Dieu.

L'Écriture dit qu'il nous abandonne quelquefois ; mais le sens de ces paroles, c'est que l'ange, se conformant à l'ordre de la Providence, permet que nous tombions quelquefois dans le péché ou que la tribulation nous afflige. Ainsi, Babylone et Ninive furent abandonnées de leurs anges en ce sens que ceux-ci laissèrent la justice divine suivre son cours et affliger ces villes coupables.

3. Les anges gardiens s'attristent-ils des péchés et des peines des hommes? La tristesse et la douleur viennent en nous de choses contraires à notre volonté. Les peines et les péchés des hommes sont-ils contraires à la volonté des anges? Oui, abstraction faite de toute circonstance, comme il est contre la volonté du marchand de jeter à la mer une partie de ses marchandises ; mais non, supposé tel cas particulier. Pourquoi? c'est que les anges, comme les saints, *veulent* avant tout l'accomplissement des desseins de Dieu : ainsi, le marchand surpris par la tempête *veut* jeter la moitié de ses marchandises à la mer, pour conserver

le reste et éviter un naufrage. Il faut donc entendre dans un sens figuré la tristesse, les pleurs, les gémissements des anges en voyant nos péchés et les malheurs qui nous affligent.

4. N'y a-t-il pas quelquefois combat entre les anges gardiens de personnes dont les intérêts sont contraires ? Ils veulent avant tout que la volonté de Dieu se fasse. Cette volonté, ils ne peuvent la connaître que si Dieu la leur révèle : pour cela, ils consultent Dieu. Ils ne sont dits résister l'un à l'autre qu'autant qu'ils consultent Dieu sur des intérêts opposés. C'est ainsi qu'il faut entendre les paroles de Daniel parlant au nom d'un ange : « Le prince (l'ange) du royaume des Perses m'a résisté vingt et un jours. » (Dan., x, 13.)

QUEST. CXIV. *Lutte entre les hommes et les démons.* — 1. Les démons attaquent-ils les hommes ? « Nous avons à combattre, non contre des hommes de chair et de sang, mais contre les principautés et les puissances infernales, contre les princes du monde, c'est-à-dire de ce siècle ténébreux, contre les esprits de malice répandus dans l'air. » (Éphés., vi, 12.)

Jaloux de notre vertu, les démons cherchent à empêcher notre progrès spirituel et nous suscitent des obstacles de tout genre. Ils veulent imiter le gouvernement de la Providence : comme elle nous a confiés à la garde d'un ange, ils se mettent à notre poursuite, et font, pour la perte de nos âmes, ce que font les bons anges pour notre salut. Ce combat n'a point lieu, comme il semble tout d'abord, à forces inégales.

Sans doute, l'homme a déjà contre lui l'aiguillon de la chair et les attraits du monde. La victoire lui est encore plus difficile, lorsqu'à ces ennemis se joignent des adversaires astucieux et implacables comme les démons ; mais la grâce soutient sa faiblesse, et il a un puissant secours dans la protection des bons anges. « Ne craignez rien, disait Élisée à son serviteur, il y en a plus avec nous qu'avec eux. » (IV Rois, vi, 16.)

2. Le démon est-il la cause de *tous* nos péchés ? Il en est

la cause indirecte en ce sens qu'il a porté nos premiers parents au péché, et que de leur péché est venue la corruption de notre nature; mais il n'en est pas la cause directe. Ce serait dire que celui qui coupe et fait sécher le bois vert est la cause de sa combustion.

Il n'y aurait pas de démons, nous pourrions toujours commettre les péchés qui dépendent de notre libre arbitre. Les appétits de la concupiscence seraient toujours pour nous une occasion de chute, et notre faiblesse y succomberait comme aujourd'hui, à moins que la passion ne fût réprimée par la raison ou la grâce. On peut le dire *à fortiori* si l'on suppose notre nature blessée et affaiblie par le péché originel.

3. Le démon peut-il faire des miracles? — Il ne peut faire des miracles proprement dits, tout être créé ne pouvant s'élever par lui-même au-dessus de l'ordre naturel; mais il peut faire des choses qui dépassent nos connaissances et excitent notre étonnement. Si des hommes habiles le peuvent, à plus forte raison des anges; quoique méchants, les démons ont conservé leur intelligence et leur puissance naturelles.

Les prodiges opérés par eux ne sont pas toujours imaginaires, comme l'ont dit des commentateurs. Les magiciens de Pharaon produisirent des serpents réels et de vraies grenouilles. Le feu qui dévora les troupeaux de Job, la tempête qui renversa sa maison et ensevelit ses enfants sous ses ruines, n'étaient pas des fantômes; mais il sera toujours facile de distinguer les prodiges du démon d'avec ceux de Dieu et des saints. Ayant choisi le miracle comme preuve de son intervention surnaturelle, il ne permettra pas que le démon nous séduise en paraissant imiter ses œuvres. Ou bien le démon, contraint par Dieu, avouera lui-même que son pouvoir est emprunté, comme firent les magiciens de Pharaon, qui s'écrièrent: Le doigt de Dieu est là! ou bien Dieu fera naître une circonstance qui mettra à découvert les artifices et la fourberie du démon.

QUEST. CXV. *Influence des corps les uns sur les autres.* — * Nous ne nous arrêterons pas à prouver que des corps peuvent être doués d'activité et que les corps vivants renferment en eux-mêmes leurs raisons séminales, c'est-à-dire ont, les uns une puissance active, les autres une puissance passive, dont le mélange produit la génération. Nous pouvons aussi laisser la proposition où saint Thomas, suivant la science de son temps, exagère l'influence des corps célestes sur le monde sublunaire. Nous nous bornerons à rapporter brièvement ce que le saint docteur dit de l'influence des astres sur l'homme.

De grossiers matérialistes prétendaient qu'ils sont la cause des actes humains. Ils l'expliquaient en disant que notre âme, liée aux organes corporels, suit irrésistiblement l'influence des corps célestes. S'il en était ainsi, les organes étant troublés, l'intelligence et la volonté ne pourraient plus produire aucun acte moral, comme l'œil troublé ne voit plus. L'homme serait poussé par un instinct aveugle, comme les autres animaux, et ses actes ne seraient pas plus dignes de louange ou de blâme que ceux des bêtes. Quel homme de bon sens oserait tenir ce langage ? Néanmoins on ne peut nier que les corps célestes n'influent quelque peu sur les actes de l'homme. Voici comment : ils ont de l'influence sur les corps physiques, qui, à leur tour, agissent sur les puissances inférieures, et celles-ci sur l'intelligence et la volonté (1).

* Saint Thomas traite, dans la question CXVI, du destin ou de la fatalité : question peu utile, après ce qui a été dit sur la Providence.

QUEST. CXVII. *Action de l'homme sur son semblable et sur la*

---

(1) On ne peut nier l'influence du climat sur l'intelligence. Le ciel triste et sombre du Nord porte les Allemands à se renfermer en eux-mêmes : de là leur tendance à la rêverie, et leur mélancolie. Le ciel de l'Italie et de la Grèce a développé d'autres facultés intellectuelles chez les peuples de ces pays. La volonté cependant subit moins que l'intelligence les influences du dehors : elle peut toujours réprimer la fougue des passions et les ardeurs de la concupiscence. Donc les corps célestes n'influent que d'une manière très-éloignée sur nos actes, la volonté en étant le principe le plus prochain.

matière. — 1. L'homme peut-il produire la science dans une autre intelligence que la sienne? Parmi les effets dus à un principe externe, les uns en proviennent totalement, comme une maison de l'architecte ; les autres, en partie, comme la guérison du malade vient en partie de l'art du médecin, en partie de la nature. Le médecin seconde la nature ; il donne des aliments et des remèdes qui dissipent les matières morbides, et rendent à la nature sa liberté d'action. Telle est l'action du maître sur son élève. Celui-ci a la lumière de la raison, qui lui montre les premiers principes ; il a peut-être même quelques connaissances acquises. Le maître lui montre la liaison de ces principes et de ces connaissances avec d'autres vérités qui en découlent, mais que l'élève abandonné à lui-même n'aurait pas eu la force de découvrir, ou qu'il aurait vues difficilement ; il aide l'intelligence comme le médecin aide la nature physique, lui donne de la nourriture, des remèdes excitants qui ranimeront le principe interne de la santé, et en développeront la vertu. La perfection de l'art consiste à imiter la nature.

2. L'âme peut-elle agir sur la matière sans l'intermédiaire d'un corps et par un seul acte de la volonté? Non, les anges mêmes ne le peuvent : *Creatura corporalis soli Deo obedit ad nutum.* L'esprit n'a de prise sur les corps qu'au moyen d'un instrument corporel. Mon âme jouit d'un pouvoir absolu sur cette portion de la matière qui lui est unie, mais son empire finit où finit le corps. Je commande à mon bras de se lever, il se lève, à mon pied d'avancer, il avance. J'ai beau commander au grain de poussière qui est devant moi, il n'obéit pas.

Cependant une imagination violemment ébranlée donne à l'âme la puissance d'agir immédiatement sur les esprits vitaux, et, par eux, sur les corps séparés de nous. Les esprits agités affluent dans la région oculaire, car c'est là surtout que se portent les esprits les plus subtils. Les yeux ensuite les répandent au dehors, remplissent et corrompent l'air ambiant. Aussi, les personnes dont l'âme a été fortement portée au mal, par exemple, la plupart des vieilles femmes, ont-elles le regard dangereux. Il s'en exhale une sorte de venin très-nuisible à ceux qui en éprouvent la contagion. Il serait funeste surtout aux enfants, dont le corps délicat reçoit facilement toutes les impressions du dehors (1).

* La question CXVIII traite de la production de l'âme. Il suffit de se rappeler ce qui a été dit sur la création de l'âme du premier homme, toutes les âmes humaines étant produites de la même manière.

Nous omettons la question CXIX, qui parle de la production du corps humain ; elle est purement physiologique. D'ailleurs, la délicatesse de la langue française en permettrait difficilement l'exposition :

« Le latin, dans les mots, brave l'honnêteté ;
Mais le lecteur français veut être respecté. »

(1) Quelle que soit la valeur de cette observation, dont je laisse la responsabilité à saint Thomas, on ne peut nier que les yeux ne soient le miroir de l'âme, et, comme on l'a si bien dit, le balcon où apparaît souvent, quoique voilée, la reine qui habite le palais de notre corps. (Ozanam.)

DEUXIÈME PARTIE.

PREMIÈRE DIVISION.

CHAPITRE PREMIER.

LA FIN DE L'HOMME.

Le voyageur aime à suspendre de loin en loin sa course, afin de recueillir ses souvenirs, de rappeler à sa mémoire les pays qu'il a visités, les monuments qui furent l'objet de son admiration, et de faire ainsi renaître des impressions qui s'effacent trop vite. Ce coup d'œil rétrospectif a un autre avantage. Il relie le chemin parcouru à celui qui reste encore à faire, et met ainsi de l'unité dans notre voyage. J'ai cru qu'il ne serait pas inutile d'offrir au lecteur une rapide synthèse des questions que nous avons successivement traitées.

Nous avons vu d'abord ce que c'est que la théologie : c'est la science des choses révélées, science supérieure à toutes les sciences profanes, puisque ses principes viennent directement de Dieu. Nous avons ensuite exposé les preuves de l'existence de Dieu et ses principaux attributs. Nous avons dit jusqu'à quel point les créatures peuvent le connaître, ce qu'il connaît lui-même et ce qu'il veut. Après avoir montré ce qui concerne la substance divine, nous avons parlé de la trinité des personnes. Il y a en Dieu un principe intelligent. De ce principe procède le Verbe, de l'un et de l'autre procède l'amour ou le Saint-Esprit. Nous trouvons dans l'homme une image de cette double procession, avec cette différence qu'en Dieu, le Verbe et l'amour sont des personnes vivantes. Toutes les œuvres qui précèdent s'accomplissent dans le sein de la Divinité. Dieu en produit d'autres dont les effets sont extérieurs. Il existait seul, contemplant ses infinies perfections et jouissant en lui-même d'un bonheur parfait. Sa bonté l'a porté à créer les mondes, afin de pouvoir communiquer son bonheur. A sa voix, tout ce qui vit et respire est sorti du néant : le monde spirituel, le monde matériel, et l'homme qui reproduit dans sa double nature, un abrégé de ces deux mondes. Enfin il existe une Providence qui veille sur chacune de ses créatures, et gouverne tout avec force et douceur.

Après avoir étudié le modèle, il faut connaître l'image. Nous portons en nous l'image de Dieu, parce que nous sommes comme lui intelligents, libres et maîtres de nos actions. La première question dont nous avons à nous occuper est donc celle des actes humains. Mais la fin que l'homme se propose étant le principe de ses actions, il convient de parler, avant tout, de la fin dernière de l'homme.

QUEST. I. — 1. L'homme en agissant se propose toujours une fin.

On appelle actes humains ceux que nous produisons en qualité d'hommes et qui nous distinguent des créatures sans raison. D'où vient la distinction entre l'homme et la bête ? Celle-ci agit, conduite par un instinct aveugle. L'homme est un agent doué d'intelligence et de volonté, pouvant, par son libre arbitre, choisir entre des choses différentes et contradictoires. Or une faculté ne produit son acte, qu'attirée par son objet. L'intelligence perçoit, la volonté produit un acte qui la rapproche, qui la met, s'il est possible, en possession de l'objet perçu par l'intelligence. L'homme n'agit pas autrement, donc il assigne toujours une fin à ses actes.

Quant à ceux qu'il produit instinctivement, comme de soupirer, de porter les mains en avant pour protéger son corps, etc., on les appelle avec raison des *actes de l'homme*, plutôt que des actes humains : ils n'ont pas de fin déterminée. Cependant ils en ont une, vague et confuse : c'est de soulager la nature, en produisant un acte qui lui est conforme.

2. Les actes humains tirent leur distinction spécifique de la fin qu'on leur assigne. Ils ne sont actes humains que lorsqu'ils viennent du libre arbitre, c'est-à-dire de la volonté éclairée par l'intelligence. Or, qu'est-ce qui met ma volonté en action? la fin que je me propose d'atteindre. Elle est dans la pratique ce que les premiers principes sont dans la théorie. Elle est la source de l'acte ; c'est la fin qui le conçoit et l'enfante. Or, l'être engendré tire sa forme spécifique du principe dont il émane. Celui-ci est-il un homme, un animal, une plante? l'être qu'il produira sera de la même espèce, homme, animal ou plante. Ainsi les actes varient en raison de la fin qu'on se propose, et la fin de nos actes en est toujours le principe.

3. L'homme peut-il avoir plusieurs fins dernières? Ce que nous appelons la fin dernière de l'homme, n'est pas sa ruine, c'est au contraire la perfection de son être et son couronnement. Elle doit tellement combler tous nos désirs, que nous n'ayons plus rien à souhaiter au delà. Comment notre fin acquise serait-elle multiple, renfermant tout ce qui est nécessaire à notre perfection? car si elle nous laissait quelque chose à désirer, ce ne serait plus notre fin dernière.

Le principe d'où part la raison pour tirer des conclusions logiques, est toujours un : par exemple, le tout est plus grand que la partie, deux choses semblables ; à une troisième, sont égales entre elles, etc. La fin, avons-nous dit, est à l'action ce qu'est le premier principe à la spéculation. Donc, la nature, en désirant sa fin, aspire à ce qui est un, jamais à des objets multiples.

4. La fin dernière joue-t-elle un grand rôle dans les actions de l'homme? Tout ce que l'homme veut, il le veut pour sa fin dernière ou comme moyen qui y conduit. Le bien seul est l'objet de

la volonté. Quand notre volonté aspire à quelque chose, c'est vers un bien réel ou apparent, et ce bien est notre fin, ou un moyen d'y arriver. La perfection est le but constant de la nature : elle ne perd jamais de vue un ouvrage commencé. Nous pouvons en dire autant de l'art. Quand un peintre a fait le dessin de son tableau, chaque coup de pinceau est un pas vers la même fin.

On peut considérer aussi notre fin comme un premier moteur qui met en activité une foule de moteurs secondaires. Le bien parfait agit sur votre âme, l'attire à lui de mille manières. Elle ne connaît que lui, ne voit que ses attraits, et les biens imparfaits épars ça et là dans le monde, n'en sont à ses yeux que les reflets.

Nous faisons bien des actions frivoles ou sérieuses, sans penser à notre fin dernière ! comment dire que nous les faisons pour elle ?

Au moment où nous nous sommes déterminés à agir, elle avait notre première intention, et cela suffit pour qu'elle ait tous les désirs, toutes les intentions de notre volonté. Il n'est pas nécessaire, pour aller à Rome, que vous vous disiez à chaque pas : Je vais à Rome. La première intention subsiste tant qu'elle n'a pas été révoquée.

5. Tous les hommes ont-ils la même fin dernière? Ils désirent tous la perfection de leur être, et cette perfection c'est leur fin. Mais en quoi consiste la perfection? Ici commence la divergence d'opinion. Les uns vont la chercher dans les richesses, les autres dans la volupté, etc. De même le sens du goût, fait pour tout ce qui est doux, désire et cherche la douceur. Mais laquelle? les uns aiment la douceur du vin, d'autres la douceur du miel. La douceur la plus réelle et la meilleure, c'est évidemment celle qui plaît davantage au goût le plus sain. La vraie fin de l'homme, c'est celle que désire l'âme la mieux disposée et qui est la plus propre à perfectionner l'être humain. Or, toutes nos âmes ont la même nature.

QUEST. II. *L'homme est né pour le bonheur ; c'est là sa perfec-*

tion et sa fin dernière. Mais en quoi consiste le bonheur? — 1. Ce n'est pas dans les richesses.

On distingue des richesses de deux sortes : les unes, naturelles, comme les aliments, les habits, les maisons ; les autres, de simple convention, comme l'argent. Les premières peuvent-elles procurer le bonheur? Non, elles sont le soutien ou l'agrément de notre existence, mais elles n'en sont pas la fin. Les autres le sont encore moins, car elles ne servent qu'à apprécier la valeur des aliments, des habits, etc.

Tout obéit à l'argent, dit l'Écriture, il est le roi de ce monde : où est l'homme qui ne court pas après l'argent? *Quis est hic? et laudabimus eum.* (Eccl., XXXI.)

Mais il ne faut pas estimer les choses d'après le jugement des sots, comme il ne faut pas juger des saveurs d'après ceux qui ont l'organe du goût malade, ni des couleurs d'après les aveugles. L'argent, malgré sa puissance, ne saurait réunir tous les biens ; ceux de l'esprit ne sont pas des choses vénales. On peut nager dans l'opulence et n'avoir pas le sens commun : « Que servent ses trésors à l'insensé, puisqu'il ne peut acheter la sagesse? » (Prov., XVII, 16.)

2. Consiste-t-il dans les honneurs? Les honneurs rendus à quelqu'un, sont le signe et le témoignage de l'excellence qui est en lui. Mais qu'est-ce qui fait cette excellence? c'est le bonheur ; bonheur accompli, s'il jouit du bien parfait, bonheur incomplet, si c'est seulement un écoulement, une participation de ce bien. De sorte que les honneurs mérités sont une conséquence, et non la cause du bonheur. Combien d'hommes entourés d'honneurs n'étaient pas heureux !

Cependant l'homme recherche naturellement l'honneur et respire avec avidité l'odeur de l'encens, même le plus grossier? C'est qu'il désire naturellement le bonheur ou la perfection, et que les hommages d'autrui, surtout ceux des hommes sages, sont un signe plus ou moins certain de la perfection qui est en lui.

3. Le bonheur consiste-t-il dans la renommée ? La renommée est un tribut d'éloges accordés au mérite qu'on a reconnu ou cru reconnaître en nous. La connaissance des hommes ne produit pas en nous le bien ou le bonheur : au contraire, elle en procède, elle naît d'un bien commencé ou accompli dont l'existence s'est révélée. Mais la renommée, ou la gloire devant Dieu, est la cause du bonheur. La connaissance en Dieu est toujours cause de l'objet connu : c'est pourquoi elle n'est point sujette à l'erreur : « Il est éprouvé, celui à qui Dieu rend témoignage. ». (II Cor., x, 18.) Si la renommée, même celle qui est bien fondée, ne nous apporte pas le bonheur, que dirons-nous de tant de renommées usurpées, de ces captations de la gloire, si faciles et si fréquentes? Loin de rendre heureux, elles font rougir en public et tourmentent en secret, par le contraste de l'éclat extérieur avec la honte intérieure. — Je puis être heureux, sans que la voix de la renommée publie ma gloire. Combien d'hommes trouvent dans l'obscurité l'apaisement de tous leurs désirs et le véritable bonheur !

Enfin la renommée, si bien fondée qu'elle paraisse, est fragile; quelquefois même elle ne survit pas à une faible rumeur. Or, la stabilité est une condition essentielle au bonheur.

4. Peut-être le bonheur ne consiste-t-il pas dans l'étendue de la puissance? Que manque-t-il à celui qui voit des millions d'hommes se courber devant lui, empressés à obéir au moindre signe de sa volonté ? Non, cela n'est point encore le bonheur. Qui dit pouvoir, dit un principe et une suite de conséquences ; le bonheur, c'est une fin dernière.

D'ailleurs, on peut user de la puissance pour le bien et pour le mal, ce qui est incompatible avec le bien parfait. « La puissance humaine ne chasse pas les soucis, n'éloigne pas les angoisses de la crainte. Appellerez-vous puissant (1) celui qui a autour de lui de nombreux satellites et craint ceux qu'il fait trembler? » (Boèce, *De consolat.*)

(1) Encore moins heureux...

Comment aucun de ces biens, la puissance, la renommée, les honneurs, les richesses, serait-il le bonheur?

Le bonheur étant le souverain bien, ne souffre avec lui rien de mauvais. Or, les quatre biens que j'ai nommés, sont également le partage des bons et des méchants.

Il est de l'essence du bonheur qu'il suffise à l'homme et le satisfasse pleinement. Pour être heureux, il faut que rien ne vous manque et que tout, sans exception, succède au gré de vos désirs. On a vu des hommes qui possédaient en abondance tous ces biens, y renoncer volontairement, ne trouvant en eux, au lieu du bonheur, qu'ennui et dégoût.

Le souverain bien ne doit porter à personne aucun préjudice. Les richesses de l'un sont quelquefois la ruine de l'autre, et de plus, peuvent nuire à celui qui les possède. On peut en dire autant de la puissance, de la renommée et des honneurs.

Enfin l'homme est conduit au bonheur par des principes intérieurs, puisque c'est la nature qui lui en donne le désir. Ces quatre biens viennent de causes extérieures et souvent indépendantes de nous.

5. Les biens du corps sont-ils plus propres à nous apporter le bonheur? L'homme est, plus que tous les animaux, né pour le bonheur; mais si c'était par les biens du corps qu'il fût heureux, certains animaux le seraient plus que lui, car plusieurs ont des qualités corporelles qui l'emportent sur les nôtres. L'éléphant vit plus longtemps que nous, le lion est plus fort, le cerf plus agile.

L'être qui sert d'instrument à un autre, n'en est pas la fin. La fin dernière que se propose le pilote n'est pas de conserver son navire, mais d'aborder au port. De même le corps n'est pas la fin de l'homme; il est seulement le navire qui conduit l'âme au bonheur.

6. Mais les délectations du corps ne pourraient-elles nous donner le bonheur? Non, elles n'en sont qu'un accident et une con-

séquence. Il faut distinguer en toute chose ce qui lui est essentiel et ce qui lui est accidentel : il est essentiel à l'homme d'être un animal raisonnable et mortel, il lui est accidentel d'avoir la faculté de rire, c'est là un de ses accidents propres. Or toute délectation est un accident qui suit le bonheur, ou accompagne ce qui en procède. En effet, qu'est-ce qui cause en nous la délectation ? C'est la possession, ou l'espérance, ou le souvenir d'un bien. Si le bien dont nous jouissons est parfait, il nous rend souverainement heureux ; imparfait, il ne nous apporte qu'une béatitude participée, une image de la félicité suprême. Donc la délectation qui accompagne le parfait bonheur, ne tient pas à l'essence de la béatitude : elle en est seulement l'accident propre et inséparable. Mais ce n'est pas ainsi que la délectation du corps est une conséquence du bonheur. Le sens, limité par sa matière, ne perçoit qu'un bien particulier. L'âme s'élève au-dessus de tout ce qui est matériel et s'élance dans l'infini. Comment des biens qui lui viennent par des portes aussi étroites pourraient-ils la rassasier ? On n'éteint pas un incendie avec une goutte d'eau.

7. L'âme est-elle à elle-même l'objet de son bonheur ? L'âme, considérée en elle-même, est une puissance destinée à passer en acte ; elle est savante, elle est vertueuse en puissance, elle ne demande qu'à produire des actes de science et de vertu. Or, la fin dernière est le complément d'une chose. Il est donc impossible que ce qui est en puissance soit notre complément et contente tous nos désirs. A plus forte raison une faculté de l'âme n'est pas l'objet de notre bonheur.

Si on entend par le bonheur la possession de ce qui rend heureux, le bonheur est un bien de l'âme. C'est elle qui le possède, c'est elle qui en jouit en produisant un acte qui lui est propre et inhérent.

QUEST. III. — Le bonheur ne consiste pas dans un bien créé, mais dans la vision de l'essence divine. Il faut, pour qu'une chose nous procure le bonheur, qu'elle procure à tous nos désirs une pleine et entière satisfaction. Or, un bien créé pourra-t-il jamais apaiser les désirs de l'homme? Il sera toujours limité, et nous avons des désirs que ne borne ni le temps, ni l'espace, des désirs infinis, que Dieu seul par conséquent peut remplir : *Qui replet in bonis desiderium tuum.* (Ps. cii, 5.) (1)

L'homme, en voyant un effet, désire naturellement en connaître la cause. Il la demande, il interroge tout ce qui pourra l'éclairer, et si ses efforts n'aboutissent pas à la connaissance de la cause, il reste agité de désirs inquiets. Celui qui voit une éclipse est d'abord étonné, puis la réflexion provoque des recherches, il veut savoir quelle cause lui a ravi la lumière, et son esprit ne sera en repos que quand il aura vu en elle-même la cause de ce phénomène. Or, Dieu est la cause première et le premier moteur de toutes choses. Le bonheur ne cessera de nous fuir tant que nous n'aurons pas la claire vue de son essence. Le voir face à face et tel qu'il est, le contempler dans sa propre lumière et l'aimer de son amour, voilà le bonheur (2).

QUEST. IV. *Conditions nécessaires au bonheur.* — 1. Est-il nécessaire, pour être heureux, de comprendre Dieu? Le bonheur parfait étant la possession de notre fin dernière, la manière dont l'homme tend vers sa fin, nous montrera ce qu'il faut pour la posséder. Il lui faut un acte de l'intelligence qui comprenne Dieu, un acte de la volonté qui se rapporte à l'objet de son bonheur. Cet acte est celui de l'amour, car l'amour est le premier de tous les mouvements de la volonté. Mais il s'établit entre celui qui

---

(1) Un peu d'herbe satisfait la brebis, un peu de sang rassasie le tigre; l'homme ne se contente pas d'un bien quelconque. (*Génie du Christianisme.*)

(2) On ne désire voir et aimer une chose que comme on la connaît, et on la connaît d'une manière naturelle ou d'une manière surnaturelle. L'homme, en suivant les seules inspirations de sa nature, désire sans doute voir et aimer Dieu, mais l'aimer et le voir naturellement, contemplation qui est imparfaite et loin de ressembler à la vision intuitive de l'ordre surnaturel. Il est nécessaire de le remarquer pour bien saisir le sens de cette question et ne pas confondre la doctrine de saint Thomas avec celle de Baius.

aime et celui qui est aimé, des relations différentes, selon qu'ils sont séparés ou bien unis l'un à l'autre. Une grande distance nous sépare maintenant de celui qui est notre fin ; dans le ciel, il sera présent, nous le verrons et le comprendrons autant qu'il est permis aux regards d'une créature de le pénétrer. Nous ne le possédons ici-bas que par l'espérance : « *Nous le tiendrons et ne le laisserons pas nous échapper.* » (Cant., III.) Nous reposant en lui, nous goûterons la délectation qui est une conséquence de l'amour et qui accompagne toujours le repos de celui qui aime dans l'objet aimé.

2. Le bonheur suppose-t-il la rectitude de la volonté ? La fin est à la volonté ce que la forme est à la matière d'un corps. La matière ne se dessine pas subitement, et ne prend pas les contours de la forme sans y être disposée d'avance. De même notre volonté, avant de recevoir sa fin dernière, doit y être préparée par la droiture : « Bienheureux ceux qui ont le cœur pur, parce qu'ils verront Dieu. » (Matth., v, 8.) « Efforcez-vous d'avoir la paix avec tous et de conserver la sainteté, sans laquelle personne ne verra Dieu. » (Hébr., XII, 14.) En possession de sa fin, notre volonté conserve toujours la direction de ses facultés vers Dieu. Si elle aime, Dieu est l'objet de son amour, ou si elle se complaît dans les charmes d'un bien créé, elle le rapporte à celui qui est la source et l'essence même de la bonté et de la beauté. Ce qui est ordonné en vue d'une fin, ne cesse, cette fin acquise, que quand il suppose une imperfection dans son sujet : tels sont les instruments du mouvement quand le mobile touche au terme ; mais le rapport d'une chose avec sa fin est toujours nécessaire, et telle est la rectitude de la volonté à l'égard de sa fin dernière.

3. On peut jouir de la suprême félicité, sans posséder les biens extérieurs. Nous en avons besoin dans la vie contemplative pour soutenir le corps, dans la vie active, pour en empêcher la défaillance, remplir nos devoirs et accomplir certains actes de vertu. Mais à quoi serviraient-ils dans le ciel ? Dépouil-

lés de la vie animale, soit avant, soit après la résurrection, n'ayant d'autre occupation que de contempler Dieu, nous ne serons plus soumis aux nécessités de cette fragile et orageuse existence. Aussi la vie contemplative, qui se rapproche le plus de la parfaite béatitude, demande-t-elle moins de biens extérieurs que la vie active.

Quand l'Écriture promet aux saints des biens matériels, il faut entendre ses paroles dans un sens métaphorique. Elle nous conduit de ce que nous connaissons le mieux à ce qui nous est moins connu, de la figure à la réalité, ces biens étant l'emblème des biens spirituels.

4. L'homme peut-il jouir du parfait bonheur, si son corps n'y est associé? Le bonheur de l'homme ne peut venir que de son action la plus noble, celle de l'intelligence. Dans cette région de ténèbres, notre intelligence n'agit point sans le secours des formes sensibles, et celles-ci ne sont produites qu'au moyen des organes. Notre bonheur, ici-bas, dépend donc en quelque façon du corps. Mais le bonheur parfait n'en suppose pas nécessairement l'existence. Tant que nous habitons ce corps mortel, dit saint Paul, nous sommes exilés loin du Seigneur*u* : *Qandiu sumus in corpore, peregrinamur a Deo.* Quel est cet exil, sinon les obscurités de la foi, l'absence de la claire vue de Dieu? *Per fidem enim ambulamus et non per speciem.* (II Cor., v et vi.) Mais les saints, même avant la résurrection des corps, vivent en pleine lumière et jouissent du bonheur suprême, puisqu'ils habitent avec Dieu : *Voluntatem habemus bonam peregrinari a corpore et* PRÆSENTES ESSE AD DEUM. D'ailleurs, si le corps était nécessaire, ce serait pour prêter à l'intelligence le secours des images sensibles, où nous voyons ici-bas l'intelligible; mais aucune image ne pouvant contenir Dieu, il faut que les saints le voient en lui-même, sans avoir besoin du corps.

Néanmoins, il est probable que le corps ressuscité ajoutera au bonheur de l'âme. Elle le désire, elle a pour le corps une sympathie naturelle. Lorsqu'elle sera réunie dans la patrie, à celui qui fut son compagnon d'exil, elle produira des actes plus parfaits et en éprouvera un accroissement de bonheur. Sans doute, Dieu présent lui suffit, mais elle ne le possède pas encore d'autant de manières qu'elle voudrait, et n'atteindra sa perfection absolue qu'au moment où, réunie au corps, elle verra, elle aimera selon l'étendue de toutes ses facultés.

5. La société des amis est-elle nécessaire à la béatitude ? L'homme heureux, en ce monde, a besoin d'amis, non pour y trouver le bonheur, car les charmes de la vertu lui suffisent, mais pour leur faire du bien et goûter la joie de la bienfaisance. Des conseils d'amis peuvent aussi l'aider dans les œuvres de la vie contemplative, et leur concours, dans les œuvres de la vie active.

Quant au bonheur du ciel, les amis ne sont pas *nécessaires*. Dieu seul suffit ; la vue de sa beauté satisfait pleinement l'âme et l'inonde de délices. Je ne dis pas cependant que la société des amis soit inutile aux saints. Lorsque nous sommes heureux, nous aimons à redire notre bonheur, et il y a toujours du plaisir à épancher sa joie dans le sein d'un ami.

QUEST. V. *Acquisition du bonheur.* — 1. Est-il possible à l'homme d'arriver au bonheur parfait ? Le bonheur, c'est la possession du bien universel. L'homme pouvant le comprendre par son intelligence, y aspirer par sa volonté, la nature se serait donc trompée en nous donnant ces désirs, en creusant dans nos âmes cet abîme que l'infini seul peut combler ?

Nous avons montré, en parlant de la connaissance de Dieu, que l'homme peut voir l'essence divine, et c'est là le bonheur.

On a fait cette difficulté : la nature intellectuelle l'emporte autant sur la nature raisonnable, que celle-ci sur la nature sensitive. Or, celle-ci est incapable de s'élever à une nature supérieure ?

L'homme n'est pas au-dessus de la nature sensitive, au même titre que l'ange est au-dessus de l'homme. L'animal ne peut connaître que le particulier ; l'universel est un monde dont les limites lui sont infranchissables. L'ange perçoit la vérité sans voile et sans nuage, l'homme ne la perçoit qu'en suivant certains détours et par voie de déduction. (Voy. la quest. LXXIX.) Otez *la manière* de percevoir l'intelligible, il n'y a plus de différence entre l'homme et l'ange, tandis qu'un abîme sépare l'homme de l'animal.

2. L'homme ne peut arriver, sur la terre, au bonheur suprême, car la béatitude est la possession du souverain bien, dont la présence exclut tout mal. En ce monde, il est une foule de maux que l'homme ne saurait éviter : le mal de l'intelligence, l'ignorance et l'erreur, le mal de la volonté, les affections et les mouvements désordonnés. Ajoutez à tout cela les infirmités et les innombrables maladies du corps.

Le bonheur parfait suppose la satisfaction de tous nos désirs. Eh bien ! non-seulement il y a, comme nous venons de le voir, des biens qui nous fuient toujours, mais ceux que nous possédons sont la source de continuelles alarmes. Nous craignons toujours de les perdre ; nous les perdrons en effet, même la vie, quelle que soit l'horreur que nous avons naturellement pour la mort : « L'homme né de la femme vit peu de temps, et sa vie est remplie de beaucoup de misères. » (Job, xiv, 1.)

Enfin le bonheur consiste dans la vision intuitive, qui n'est pas possible ici-bas, à cause de notre union avec un corps mortel.

3. Une fois acquis, le bonheur peut-il être perdu ? Le bonheur imparfait, tel qu'il est permis à l'homme d'y arriver ici-bas, n'est pas inamissible. Voyez le bonheur de la vie contemplative : on peut le perdre à la suite d'une maladie, ou en se livrant à des travaux qui empêchent la contemplation. Le bonheur de la vie active n'a pas une plus grande stabilité. Notre volonté peut se modifier et perdre la rectitude, qui est essentielle au bonheur. Notre vertu ne subît-elle aucune atteinte, des infortunes de tout genre pourraient troubler notre bonheur en nous empêchant de faire certains actes de vertu dont nous aurions le désir. Néanmoins,

elles ne nous interdiraient pas tout acte vertueux ; il y a toujours de la vertu dans celui qui supporte, sans fléchir, le poids de l'adversité. Mais la béatitude parfaite, remplissant tous les désirs de l'homme, est inadmissible. Nous désirons naturellement conserver un bien que nous tenons. Pour être heureux, il nous faut la certitude qu'il est inamissible. La seule pensée qu'il court des hasards et que nous pouvons le perdre, suffit pour empoisonner toutes nos jouissances. Direz-vous que nous le croyons inamissible, mais que nous nous trompons ? Le bonheur, s'il est parfait, exclut tout mal. Or, l'erreur est le mal de l'intelligence, comme la maladie est le mal du corps.

Une autre considération mène à la même conclusion. Le bonheur consiste dans la claire vue de Dieu. Si vous la perdez, *c'est que vous y renoncez volontairement*, ou que Dieu vous la retire, ou qu'un agent contraire vous en dépossède. Aucune de ces hypothèses n'est soutenable. Pourquoi renonceriez-vous à voir Dieu ? Il a d'inépuisables trésors de bonté, et ceux qui en découlent, rassasient l'âme des saints : *Satiabor cùm apparuerit gloria tua.* (Ps. xvi, 14.) La vue de ses perfections cause-t-elle aux saints quelque peine ? Sa conversation n'a rien de désagréable, et sa compagnie, rien d'ennuyeux : *Non habet amaritudinem conversatio illius, nec tædium convictus illius.* (Sag., viii, 16.)

Dieu peut-il vous en priver ? Non, car cette privation serait la punition d'une faute, et le désordre du péché ne peut plus venir troubler la rectitude d'une volonté qui jouit de Dieu.

Un événement triste ou un ennemi pourrait-il vous la ravir ? Ce qui arrive dans le temps n'a pas d'écho dans l'éternité. L'âme absorbée en Dieu est à l'abri de nos attaques et au-dessus de toutes les vicissitudes temporelles.

4. Faut-il, avant d'obtenir le bonheur, que l'homme le mérite ? Si Dieu l'avait voulu, il nous l'aurait donné sans mérite de notre part. Rien ne l'empêchait de mettre en nous la droiture de la

volonté, ce juste rapport entre nous et notre fin dernière, comme il donne à certains êtres la matière et la forme. Mais l'ordre qu'a établi sa providence ne le permettait pas. « Parmi les êtres appelés à posséder le bien parfait, l'un le possède sans mouvement, l'autre par un mouvement unique, un autre par des mouvements multipliés. » (Aristote, *De cœlo*, l. II.) Celui-là seul qui atteint le bien parfait, en restant immobile, le possède naturellement. Or, il n'appartient qu'à Dieu de l'atteindre ainsi, par conséquent, de posséder naturellement la souveraine béatitude. Contempler le bien parfait, le comprendre autant qu'il est intelligible, et l'aimer autant qu'il est bon, c'est le propre de l'être qui est par lui-même, l'action d'un agent dépendant toujours de son mode d'être. Ce bien naturellement inaccessible à tout être créé, l'ange ne peut l'atteindre sans un mouvement qui l'y porte, mais sa nature intellectuelle lui permet de s'y élever par un seul acte de sa volonté. L'homme, créature raisonnable, ne peut y arriver sans plusieurs actes, et c'est cette série de mouvements qu'on appelle des mérites.

CHAPITRE II.

ACTES HUMAINS.

QUEST. VI. — L'homme n'arrive à sa fin dernière qu'en agissant. Quels sont les actes qui l'y conduisent et ceux qui l'en éloignent? Tel est l'objet de cette question. Parmi les actes humains, il en est qui viennent de la raison seule et que nous produisons en qualité d'êtres raisonnables. D'autres, produits sous l'influence des passions, nous sont communes avec les animaux. Les premiers étant appelés actes volontaires, parce qu'ils proviennent de l'appétit rationnel ou de la volonté, nous parlerons d'abord du volontaire et de l'involontaire.

1. Le volontaire se trouve-t-il dans les actes humains (1)? Certains êtres tiennent leur mouvement d'un principe externe, comme la pierre qui s'élève ; d'autres l'ont en vertu d'un principe interne, comme l'animal ou la pierre qui tombe. Le mouvement est bien plus parfait, si un être se l'imprime lui-même en vue d'une fin qu'il connaît et se propose d'atteindre. L'acte issu de son intelligence et de sa volonté, est celui que l'on appelle volontaire. C'est pourquoi le volontaire se définit : *Cujus principium est intra, cum additione scientiæ*. Ce principe intérieur, c'est le libre arbitre, c'est-à-dire l'intelligence unie à la volonté. Le mouvement de l'animal qui cherche sa proie, de la pierre qui

---

(1) Cette question renferme en principe toute la morale ; nous y voyons quand et pourquoi un acte est digne de louange ou de blâme, de récompense ou de châtiment.

tombe dans l'abîme, est-il volontaire? Non; car s'il part d'un principe intérieur, la pierre, l'animal n'en a pas connaissance. L'homme a un principe de mouvement intérieur. Il peut de plus connaître, se fixer une fin et diriger vers elle des mouvements spontanés. Donc les actes humains réunissent toutes les conditions du volontaire.

Il faut faire ici une remarque : l'appétit rationnel où le volontaire prend son origine, peut ne pas en être le premier principe. Il n'est pas contraire à son essence de recevoir le mouvement d'un principe extérieur, par exemple, d'un corps sollicitant l'appétit sensitif, ou de Dieu, premier moteur des volontés comme il l'est de toute la nature. Cependant on peut dire d'une manière générale que la nature du mouvement volontaire est d'émaner d'un principe interne.

2. Les animaux sans raison peuvent-ils avoir le volontaire? Qui dit volontaire, dit principe interne avec connaissance d'une fin et de tout ce qui la concerne. Les bêtes n'en ont que l'image ou la ressemblance, elles se meuvent elles-mêmes, mais ignorent leur fin, ou si elles la connaissent, ce n'est que d'une manière confuse et se portent irrésistiblement vers elle aussitôt qu'elles la voient. L'homme, avant de la poursuivre, délibère, choisit un moyen, rejette librement celui qui lui paraît défectueux. Il a la perfection du volontaire, rien ne manquant à la connaissance qu'il a de la fin. Si on l'attribue aux bêtes, il faut dire qu'elles l'ont d'une manière très-imparfaite; ce n'est pas le volontaire proprement dit, à cause du défaut de leur connaissance : elles n'en ont pas d'autre que celle des sens et de leur instinct naturel.

3. Le volontaire peut-il exister sans acte? Le volontaire peut venir d'un agent de deux manières : directement, comme la chaleur vient du feu; indirectement, comme le naufrage d'un vaisseau, parce que le pilote cessait de le conduire. Mais un acte ne doit retomber sur son agent, comme sur sa cause, que lorsque cet agent peut et doit le poser. Il est possible que le pilote ne

puisse diriger le navire à cause de la violence de la tempête ; il peut aussi avoir été dispensé un moment d'être au gouvernail et n'avoir plus sur lui la responsabilité du vaisseau. Mais s'il ne veut pas agir, s'il refuse de faire l'acte qui sauverait le vaisseau, le naufrage lui est imputé volontaire. Ainsi le volontaire peut exister seulement avec un acte intérieur, comme quand je veux ne pas agir ou ; sans acte ni intérieur ni extérieur, comme quand je ne veux pas agir. Ma volonté pourrait empêcher le non-vouloir.

4. Peut-on faire violence à la volonté ? La violence est contraire à l'essence même de la volonté. Ce qui est volontaire part d'un principe intérieur ; ce qui est forcé, d'un principe externe. Il est aussi impossible qu'un acte arraché par la violence soit volontaire, qu'il répugne à la nature de la pierre de s'élever. Elle descend suivant son inclination naturelle ; si on la fait monter, la nature n'a aucune part à son mouvement. Ainsi, la violence ne saurait atteindre l'acte propre de la volonté, appelé la volition ; elle ne peut m'arracher que les actes que ma volonté exécute avec le concours des membres extérieurs et qui n'émanent pas simplement de ma volonté, comme d'avancer, de reculer, etc.

Il faut se rappeler ici la remarque que nous venons de faire : la volonté peut recevoir, sans souffrir violence, le mouvement d'un principe extérieur : c'est quand ce mouvement l'entraîne dans le sens de son inclination naturelle.

5. La violence détruit-elle toujours le volontaire ? — Elle est directement opposée au volontaire et au naturel. Ils partent l'un et l'autre d'un principe interne ; la violence, d'un principe externe. De même qu'on appelle *innaturel*, si je puis me servir de cette expression, ce qui est contre la nature, on appelle *involontaire* ce qui est contre la volonté. Tels sont les actes de la violence. Donc elle détruit ou diminue le volontaire, selon que la volonté résiste ou cède à la violence.

6. La crainte détruit-elle le volontaire ? Les actes de l'homme étant toujours particuliers, chacun doit se considérer isolément, avec les circonstances dans lesquelles il s'est accompli. Bien que produit sous l'empire de la crainte, vu du côté de ses circonstances, il paraît plus volontaire qu'involontaire. Voyez le marchand qui, menacé de la tempête, jette à la mer une partie de ses marchandises. Il est en proie à la crainte. Cependant, en soulageant son vaisseau du poids de quelques marchandises dans l'espérance de conserver les autres, ne fait-il pas un acte volontaire et émané d'un principe intérieur ? Ce serait différent si vous faisiez abstraction des circonstances qui ont accompagné l'acte, ou si, à force de m'inspirer de la crainte, vous troubliez totalement l'usage de ma raison. L'acte que je produirais alors n'aurait plus rien de volontaire.

7. La concupiscence n'est pas incompatible avec le volontaire. On appelle volontaire ce qui sollicite et incline la volonté. La concupiscence en irritant les désirs augmente l'inclination de la volonté. Ainsi, loin de détruire le volontaire, elle le favorise et ajoute à l'ardeur qui nous entraîne spontanément. Nous voyons en effet, que l'homme agit avec d'autant plus d'énergie et trouve dans son action d'autant plus de joie, qu'il est entraîné par une plus grande concupiscence. En produisant un acte involontaire, il agit mollement et avec tristesse. Cependant, si elle faisait tomber un homme dans la folie, comme l'expérience montre qu'elle le peut, il n'y aurait plus ni volontaire ni involontaire proprement dit. Si la lumière de la raison n'était pas totalement éteinte et suffisait encore pour donner connaissance de l'acte particulier que nous faisons, le volontaire ne serait pas détruit, car nous pouvons résister à toute passion, et le volontaire c'est ce qui dépend de nous.

8. L'ignorance exclut-elle le volontaire ? On peut la considérer, relativement à un acte, de trois manières : elle précède, ou elle accompagne, ou elle suit l'acte. Le précède-t-elle ? Elle

exclut le volontaire, supposé que, concernant une circonstance que je ne suis pas obligé de savoir, elle me laisse faire un acte dont je me serais abstenu si j'avais su ce que j'ai ignoré; par exemple, étant à la chasse, je tire vers la route une flèche qui tue un passant. Je n'ai pas voulu sa mort, puisque, suivant l'hypothèse, je n'étais pas obligé de savoir sa présence, et que, si je l'avais connue, je me serais abstenu de tirer.

L'ignorance qui accompagne l'acte n'est pas incompatible avec le volontaire, dans le cas où, si je savais ce que j'ignore, je poserais également l'acte : par exemple, comme dans le cas cité plus haut, je vois remuer quelque chose au fond d'un taillis. Croyant que c'est un cerf, je tire et je le tue. Qu'arrive-t-il ? C'est un ennemi que j'aurais tué, si j'avais su qu'il était là. Sa mort ne m'est point involontaire, parce qu'elle ne répugne pas à ma volonté. Mais mon ignorance ne permet que le volontaire négatif (le non voulu), et la mort de cet homme ne me sera pas réellement imputée, car on ne peut vouloir en acte ce que l'on ignore.

L'ignorance qui suit l'acte produit le volontaire dans deux cas : quand l'acte de la volonté tombe sur l'ignorance même : ainsi, je veux ignorer mon devoir, afin de pécher plus à mon aise : *Scientiam viarum tuarum nolumus* (Job, xxi, 14), et quand j'ignore ce que je puis et dois savoir : tels sont le prêtre, l'avocat, le médecin, qui exercent leurs fonctions sans la science compétente.

QUEST. VII. *Circonstances des actes humains.* — 1. Elles sont à l'acte ce que les accidents sont à l'être qui en est le sujet. Les mots étant le signe des idées, le langage doit procéder de la même manière que l'esprit. Or, nous allons, dans nos démonstrations, du plus connu à ce qui l'est moins. Nous nous servons des *corps* pour désigner leur distance, la différence des êtres, et même pour exprimer ce qui n'a pas de corps. Ainsi, on est convenu d'appeler *circonstance* de l'acte ce qui l'accompagne sans en être la substance, ce qui l'entoure (*circum stare*), le touche, et n'est pas lui. Cependant un accident de l'acte n'est une circonstance morale que s'il en atteint la moralité, l'augmente ou la diminue. L'accident purement matériel et physique n'est pas une circonstance dans le sens que nous donnons à ce mot. Peu importe à la moralité de mon action que je fasse l'aumône en donnant du pain, des habits ou de l'argent ; que j'attente à la vie du prochain le matin ou le soir, en secret ou à découvert. Nous parlons seulement des circonstances qui, influant sur la moralité des actes, ont, à l'égard de la fin, un effet bon ou mauvais.

2. D'après cette notion d'une circonstance, nous trouvons dans tout acte les suivantes : *Quis, quid, ubi, quibus auxiliis, cur, quomodo, quando*. Pour connaître toutes les circonstances d'un acte, il faut savoir *qui* en est l'auteur (*quis fecit*), ce qu'il a fait (*quid fecit*), les instruments qu'il a employés (*quibus auxiliis*), ses motifs déterminants (*cur*), la manière dont il a agi (*quomodo*), enfin, si c'était en temps permis ou défendu (*quando*). Bien que ces circonstances ne touchent pas à la substance de l'acte, les unes, celles de temps et de lieu, l'atteignent en lui-même ; une autre (*quid*) dans son effet ; les autres se rapportent à sa cause efficiente, formelle, matérielle ou instrumentale.

3. Ces circonstances n'exercent pas sur l'acte une égale influence. La plus importante est la fin, car elle est le principe de tout acte humain ; celle qui se rapproche le plus de la fin est l'objet même de l'acte, ce qui a été fait ; les autres circonstances sont plus ou moins importantes, selon qu'elles s'éloignent plus ou moins de ces deux premières.

QUEST. VIII. *Actes de la volonté, considérés à un point de vue plus particulier. La volonté se porte vers une fin ou vers les moyens qui y conduisent. En aspirant à la fin, elle produit l'acte du vouloir, de la jouissance et de l'intention. Disons d'abord quel est l'objet de la volonté.* — 1. Elle ne saurait vouloir qu'un bien réel ou apparent. La volonté n'est autre chose que l'appétit naturel d'une créature raisonnable, ou l'inclination par laquelle cette créature tend vers un être. Mais il n'y a de tendance et d'inclination qu'entre choses semblables et qui se conviennent. Un être est un bien en sa qualité d'être et de substance ; de même l'être vers lequel tend ma volonté : ce qui fait dire à Aristote : « Le bien, c'est ce que tous les êtres désirent. »

2. Il faut considérer que toute inclination prend une forme, celle qui existe dans la nature de l'être désiré. Si c'est un être spirituel, l'inclination sera spirituelle ; elle sera sensitive, si l'être est saisi par les sens. On voit comment nous pouvons être séduits par un bien apparent. L'appétit naturel, irrésistiblement soumis aux lois du monde physique, ne peut tendre que vers un bien réel. Il suffit, pour attirer vers lui l'appétit rationnel, qu'un objet se présente avec l'apparence du bien, sans en avoir la réalité : « Le mal est en dehors de la volonté ; nous le fuyons ; tout être veut le bien. » (S. Denis.)

QUEST. IX. *Moteurs de la volonté.* — 1. L'intelligence. Toute puissance a besoin, pour produire un acte, de deux moteurs ou agents. Il faut d'abord que l'un la détermine à agir plutôt qu'à ne pas agir ; et qu'un autre, dans le cas où elle agit, la porte à tel acte plutôt qu'à tel autre : ainsi l'œil tantôt voit et tantôt ne voit pas. Pour voir, il faut d'abord qu'il s'ouvre à la lumière ; puis il se fixe sur une couleur. De même, la volonté est attirée par le bien commun ; le désir du bien la domine, et commande aux puissances de l'âme, comme le commandant d'une armée aux officiers subalternes ; mais qu'est-ce qui l'a déterminée à tel ou tel acte ? C'est un objet particulier, qui est le principe formel, spécifiant l'acte, comme la chaleur spécifie l'acte de chauffer. Un principe antérieur, c'est l'être, le bien universel saisi par l'intelligence. Donc l'intelligence meut la volonté en ce sens qu'elle fait connaître à la volonté ce qui est désirable, et ce que tel objet, en particulier, a de vrai, de bon et d'être.

2. L'appétit sensitif. Qu'est-ce qui sollicite et attire la volonté ? Ce qui, d'un côté, paraît bon, et de l'autre, lui convient. Il faut,

d'une part, que l'objet soit bon, et de l'autre, qu'il convienne au sujet : les sens influent beaucoup sur la convenance ou la disconvenance d'une chose. Elle convient, selon que le sens destiné à la percevoir est bien ou mal disposé. Ce qui sourit à un homme paisible répugne à un homme irrité ; ce qui plaît à un organe sain déplaît à un organe malade. « La fin, dit Aristote, paraît à un être tel qu'il est lui-même. » (*Éth.*, l. III, ch. v.) Or, la volonté fuit ce qui ne convient pas, et aspire à ce qui convient. Donc les sens influent sur elle, et en sont de puissants moteurs.

3. Elle se meut elle-même, parce qu'elle a le domaine de ses actes. Pouvant agir ou non, vouloir ou ne pas vouloir, elle peut s'éloigner d'un être ou s'en approcher à son gré, toutes les fois qu'il ne s'agit pas de la fin dernière, mais des moyens qui y conduisent, ou d'une fin contraire.

4. Un principe extérieur peut aussi mouvoir la volonté.

Elle a commencé à être et à vouloir. Comment serait-elle passée de la puissance à l'acte, sans un moteur existant hors d'elle? Voulant, par exemple, me guérir d'une maladie, je fais venir le médecin. Ce qui m'y détermine, c'est la pensée que les secours de l'art seront un moyen d'arriver à la santé ; mais avant de faire la réflexion qui m'a déterminé, ma volonté ne voulait pas. De même, avant le premier acte de ma volonté, elle n'était qu'en puissance. Un moteur l'a déterminée, et elle produit son premier acte, conduite par un agent étranger, un principe existant hors d'elle ; cela n'empêche pas qu'elle ne soit le principe prochain de ses actes et ne les produise sans violence. Ce principe extérieur laisse à la volonté son mouvement libre et spontané.

5. Dieu est-il moteur de la volonté humaine ? Le premier mouvement de la volonté lui est venu du dehors. Celui qui l'a faite a pu seul lui donner ce mouvement, comme celui-là seul qui a fait la nature peut donner à un être un mouvement naturel. Je puis bien imprimer à la pierre un mouvement d'ascension, mais ce ne sera pas un mouvement naturel. Il n'y a que celui

qui a fait la nature qui puisse le lui donner. De même il n'y a que celui qui a fait la volonté qui puisse la mouvoir le premier, et lui donner une inclination qu'elle n'a pas.

Elle incline vers le bien en général ; or une cause particulière ne peut sortir de sa sphère d'activité, et imprimer à un être une inclination universelle.

QUEST. X. *Manière dont la volonté se meut.* — 1. L'objet de la volonté l'entraîne-t-il nécessairement ? On peut, dans tout mouvement de la volonté, considérer l'acte même, et l'espèce qu'il tire de l'objet. Quant à l'acte, rien ne peut y porter nécessairement la volonté. Je puis ne pas voir : il suffit que je ferme les yeux ; ainsi je puis toujours ne pas vouloir. Mais s'il s'agit de l'espèce de l'acte, c'est différent. Son objet est-il le bien universel ? Il faut, de toute nécessité, que ma volonté subjuguée se porte vers lui, comme il faut que mon intelligence comprenne, lorsque les premiers principes lui sont présents, et que mes yeux voient quand ils s'ouvrent à la lumière. N'est-ce qu'un bien particulier ? Ma volonté peut résister à ses attraits et se porter vers un autre bien, parce qu'il est mauvais du côté de ses limites. C'est un mal de n'être pas le bien parfait, et pour cela je m'en éloigne. De même si vous me mettez sous les yeux un objet à moitié éclairé, à moitié dans l'ombre, je puis n'y rien voir. Je n'ai qu'à tourner les yeux du côté obscur.

2. Les puissances sensitives n'ont pas un empire absolu sur la volonté : « Son appétit te sera soumis et tu le domineras. » (Gen., IV, 7.)

L'appétit sensitif agit sur la volonté dans la même proportion que l'objet influe sur cette dernière faculté, c'est-à-dire en ce sens que l'homme, subissant une passion, juge bon et convenable ce qu'il appréciait autrement sans l'influence de cette passion. Ou la concupiscence empêche totalement l'usage de la raison, comme chez les fous et les furieux, et alors l'homme, comme la bête, est entraîné irrésistiblement. Il n'y a plus en lui de volonté, donc, on ne peut dire qu'un bien sensible l'a subjuguée. Ou bien la raison, quoique voilée, n'est pas éteinte ; et alors, ne jetât-elle qu'une lueur mourante, la volonté peut voir le défaut d'un bien particulier. Elle peut le fuir en l'envisageant sous ce point de vue, comme je puis tenir les yeux fixés sur le côté obscur de l'objet dont je viens de parler.

3. Dieu, en agissant sur la volonté, ne lui fait subir aucune contrainte : *Deus ab initio constituit hominem, et reliquit eum in manu consilii sui.* (Eccl. xv, 14.)

La Providence ne détruit pas, mais conserve la nature et laisse tous les êtres agir d'une manière naturelle. Il est de la nature d'une cause nécessaire, de produire des effets nécessaires, d'une cause contingente, de produire des effets contingents. La volonté est-elle une cause nécessaire ? Non. Donc, la Providence lui laisse produire, conformément à sa nature, des effets contingents et nullement nécessaires.

QUEST. XI. *Un autre acte de la volonté tendant vers une fin, c'est celui de la jouissance.* — De quoi la volonté peut-elle jouir ?

Il n'y a de vraie jouissance que celle de la fin dernière. Le mot *fruitio* (jouissance) vient de *fructus*. Que trouvons-nous dans un fruit ? Une saveur qui plaît et un certain repos. La jouissance suppose donc deux choses, un repos et une délectation. Je ne puis m'empêcher de rire, lorsque j'entends dire de quelqu'un : Il jouit d'une bien mauvaise santé. Je *jouis* aussi d'un rhumatisme, et, je vous l'assure, cette jouissance n'est guère propre à me rendre heureux. Est-ce tout repos, toute délectation qui mérite le nom de jouissance ? La volonté n'est satisfaite et ne trouve par conséquent le repos, qu'arrivée à sa fin dernière. Jusque-là, elle est inquiète et en suspens, comme un corps qui manque d'équilibre. Il est vrai, un bien qui n'est pas la fin dernière, s'il est agréable, peut procurer une certaine jouissance, mais ce sera toujours une jouissance incomplète, qui n'apportera pas un entier repos; on ne se repose pas définitivement en un lieu qui est intermédiaire entre le point de départ et le terme d'arrivée. Les animaux ne connaissant pas leur fin dernière, ne peuvent éprouver de jouissances proprement dites.

QUEST. XII. *L'intention est aussi un acte de la volonté qui tend vers sa fin.* — 1. L'intention dépend-elle de la volonté ?

Ce mot signifie l'action de tendre vers une fin. L'intention comprend et l'action d'un moteur et le mouvement d'un mobile qui subit cette action. Or, c'est la volonté qui dirige tous les mobiles, toutes les puissances de l'âme vers la fin, comme l'architecte, tous les ouvriers vers l'exécution de son plan. Quelquefois, parlant un langage figuré, on appelle l'intention *un œil* et *une lumière*. La raison de cette métaphore, c'est que l'intention présuppose la connaissance de la fin, et fait voir à la volonté le but auquel elle tend, comme l'œil du corps nous fait voir les objets physiques.

2. L'homme peut-il avoir plusieurs intentions à la fois ? Si les choses que vous voulez dépendent l'une de l'autre, la réponse est évidente : par exemple, vous voulez prendre une médecine, afin de vous guérir et de procurer la gloire de Dieu. Le même mouvement peut avoir deux termes qui se suivent : allant de A à C, je puis me proposer de passer par B. C'est ainsi qu'on achète du vin et des étoffes pour faire un gain, qu'on se sert de la langue pour goûter et pour parler.

On le peut également, bien qu'aucun lien n'unisse les intentions : ainsi vous choisissez une chose, parce qu'en la comparant, vous prévoyez qu'elle sera plus utile que telle autre.

QUEST. XIII. *Le vouloir, la jouissance et l'intention, tels sont les actes par lesquels l'âme tend vers sa fin. Quels actes produit-elle lorsqu'elle tend vers les moyens ? Elle délibère ou conseille, elle choisit, elle consent, elle use.* — 1. Quel est l'objet de la délibération ? La fin est dans la pratique ce que sont les premiers principes dans la spéculation : or, les principes s'imposent, ne se discutent jamais; de même la fin. La délibération est une recherche que fait la raison avant de choisir. La fin est le point de départ de ces recherches, elle ne saurait être l'objet de la délibération, sinon comme fin secondaire.

Il y a des conclusions qui servent de principes à d'autres démonstrations. De même, il y a des fins secondaires qui ne sont que des moyens d'arriver à une autre fin, et qui peuvent, en qualité de moyens, être l'objet de la délibération.

2. L'homme peut-il délibérer sur des affaires qui lui sont étrangères ou seulement sur les siennes propres ?

Pour bien juger une chose, il faut la voir sous toutes les faces, en connaître les circonstances les plus cachées. C'est pourquoi des hommes, ayant à traiter une affaire épineuse, se réunissent et délibèrent. Ils mettent en commun leurs lumières, n'en forment qu'un faisceau, afin d'arriver à une pleine et entière connaissance de l'affaire au sujet de laquelle ils ont à délibérer et à agir. Ce qui échappera à l'un sera vu de l'autre, et communiqué à tous. Cette société est une personne morale, agissant *per modum unius*. Quand je donne des conseils à un ami, je m'approprie sa cause. L'union des cœurs ne fait de nous qu'un seul homme. Si ce n'est pas mon ami, je m'empare de son affaire comme de la mienne; je ne suis dans ses mains qu'un instrument et nous délibérons ensemble *per modum unius*.

QUEST. XIV. *Après avoir délibéré, on choisit.* — 1. Le choix est-il un acte de la volonté ou de l'intelligence?

L'intelligence montre à la volonté un bien qu'elle aperçoit. La volonté se porte vers lui et s'y fixe par le choix. Cet acte s'accomplissant dans la volonté, lui appartient plus qu'à l'intelligence. Un exemple vous fera voir le rôle de ces deux facultés. Ni le corps ni l'âme n'est tout l'homme : il faut les réunir l'un et l'autre pour avoir un être humain, et cependant l'âme est la partie principale de l'homme, celle qui joue le plus grand rôle dans ses actions. La volonté est l'âme du choix, l'intelligence en est comme le corps. On voit par là que les animaux sont incapables de choisir. L'habileté qu'on admire en eux, est un effet de l'ordre que l'artisan suprême a mis dans ses œuvres.

2. Le choix peut-il tomber sur la fin dernière ou seulement sur les moyens ? La fin dernière est à la pratique ce que les premiers principes sont à la théorie ; elle est toujours le point de départ dans nos actes moraux. On ne choisit jamais la fin, comme on ne met jamais en question les premiers principes. Ainsi, ce qui est la fin d'une action particulière, vous ne le choisissez pas. Le médecin choisit-il la guérison de son malade ? — Mais comme il y a des principes qui sont conclusions, d'autres, démonstrations, il peut se trouver des fins qui soient dernières pour les uns, secondaires pour d'autres : par exemple, tel malade désire la santé pour se livrer au plaisir ; tel malade, pour louer Dieu. Alors le choix peut tomber sur la guérison, fin secondaire et moyenne, relativement à la fin dernière.

3. Peut-on choisir ce qui est impossible ? On ne choisit que ce qui est ou ce qui paraît possible. En effet, le choix se rapporte à nos actions ; faisons-nous l'impossible ?

Le choix tombe sur ce qui peut nous conduire à notre fin ; comment ce qui est impossible nous y conduirait-il ? Aussi, quand des hommes réunis pour délibérer reconnaissent l'impossibilité d'atteindre leur fin, ils renoncent à leur projet et se séparent.

Il ne sort des principes que des conclusions possibles. De même la fin ne nous inspire que le choix de moyens possibles ou qui nous paraissent tels, sinon nous n'y arrêtons pas notre choix.

4. Quand l'homme choisit, le fait-il librement ou forcément ?

La volonté peut se porter sur tout ce qu'elle croit bon. Si elle trouve bon de vouloir et d'agir, ne peut-elle aussi trouver bon de ne pas agir, de ne pas vouloir ?

Ce que nous choisissons, ce n'est pas la fin, ce sont les moyens ; le bien particulier, non le bien universel. L'homme ne peut pas ne pas vouloir celui-ci, puisque c'est son bonheur. Il ne peut vouloir être malheureux. Mais le bien particulier étant fini, un défaut lui est inhérent, et vu de ce côté, nous pouvons nous en éloigner. Qui m'empêche de considérer ainsi le bien au sujet duquel je délibère, et de ne pas fixer sur lui mon choix ?

On dit : Placez à égale distance, devant un homme qui a faim, deux mets également succulents, sera-t-il libre de choisir l'un préférablement à l'autre, puisqu'il éprouvera, de chaque côté, une égale inclination ? Si vous lui offrez deux mets, dont l'un soit meilleur que l'autre, l'objet de sa volonté étant le bon, pourra-t-il faire un libre choix ? — De deux choses égales, abstraction faite de toutes circonstances, l'une peut me convenir mieux que l'autre et solliciter davantage ma volonté ; je pourrais même en choisir une autre qui leur serait inférieure et je n'aurais besoin, pour le faire, d'autre motif que ma volonté.

QUEST. XV. *Du consentement.* — C'est la sentence finale par laquelle nous acquiesçons aux moyens jugés les plus convenables. Cette sentence qui suit la délibération et le choix, appartient-elle à la volonté ou à la raison ? A la raison d'abord, car il appartient au supérieur de prononcer sur ce qui lui est inférieur l'arrêt suprême. La raison montre à la volonté que tel acte est conforme à la lumière divine qui luit en elle ou hors d'elle, et sur ce jugement définitif, la volonté adhère ou donne son consentement. Il ne porte, comme le choix et la délibération, que sur les moyens et les fins secondaires.

QUEST. XVI. *De l'usage.* — On n'use que de ce qui est moyen, comme on ne jouit que de ce qui est une fin. User, c'est employer une chose pour en atteindre une autre : j'use de pain pour nourrir mon corps. Ce qui sert et qui est en harmonie avec la fin ne s'appelle-t-il pas moyen ? Donc on n'use pas de la fin, mais des moyens. Aussi donne-t-on aux moyens le nom d'utiles, et le mot usage est synonyme d'utilité : Il me sera, dit-on, d'une grande utilité. Pour l'avare, l'argent n'est pas un moyen, c'est la fin dernière. Il n'en use pas, il en jouit. Pour un homme sensé, c'est le contraire : *Utitur, non fruitur pecunia.* La possession de l'argent n'est qu'un moyen de faire l'aumône et d'arriver à la fin dernière. Quelle est donc la folie de ceux qui prennent les moyens pour la fin, et jouissent (n'usent pas) des biens de ce monde ! *Fruuntur utendis, utuntur fruendis.* (S. Aug.)

QUEST. XVII. *Après avoir parlé des actes humains qui sont volontaires, il faut nous occuper de ceux qui sont commandés.* — 1. A quelle faculté de l'âme appartient le commandement ? A la raison, en présupposant toutefois un acte de la volonté. Il y a des actes qui viennent de l'intelligence et qui s'accomplissent dans la volonté, et réciproquement ; ainsi la raison raisonne sur le vouloir, la volonté veut raisonner. Quand je commande, je dispose quelqu'un à un acte, soit en lui indiquant simplement ce qu'il a à faire : Vous devez faire cela ; soit en le lui ordonnant : Faites cela. Ordonner et indiquer sont l'œuvre de la raison. Cependant il faut auparavant que la volonté la détermine à intimer l'ordre, de sorte que le commandement commence dans la volonté son premier moteur, et s'accomplit dans la raison.

2. Un acte de la volonté peut-il être commandé ?

Commander, c'est disposer quelqu'un d'une manière conforme à votre raison. Pourquoi votre raison ne pourrait-elle montrer à votre volonté ce qu'elle doit vouloir, et telle chose plutôt que telle autre ? Quelquefois la volonté chancelante flotte entre deux partis contraires : c'est que la raison elle-même voit divers motifs qui la portent tantôt à commander, tantôt à s'abstenir.

3. Considéré en lui-même, un acte de la raison peut aussi être commandé. Ma raison peut se réfléchir sur elle-même, revenir sur ses pas, comme quand je me dis de faire attention. Considéré dans son objet, qui est la vérité, il peut s'offrir sous un double point de vue. D'un côté, il n'est pas en notre puissance, car la vérité soit naturelle, soit surnaturelle, est hors de nous. D'un autre côté, il est l'assentiment que nous donnons à la vérité. Si c'est un premier principe, l'acte de la raison ne peut être com-

mandé, parce qu'il ne dépend pas de nous. Il le peut, si cette vérité n'est pas un premier principe ni une conclusion évidente. Nous sommes alors libres d'adhérer ou non, et la volonté peut commander à la raison de fermer ou d'ouvrir les yeux.

4. La raison peut-elle commander aux puissances sensitives ? Un acte est soumis à notre commandement, de la manière dont il est en notre pouvoir. Si la volonté exerce son activité dans l'âme seule, il n'en est pas ainsi de l'appétit sensitif. Il ne peut agir qu'en usant d'une puissance de l'âme et d'un organe physique. C'est pourquoi il relève de la raison, non comme l'esclave relève de son maître, mais comme les sujets relèvent du roi, auxquels ils peuvent résister. Si l'organe qui lui sert d'instrument souffre, la raison a beau lui commander, il saisit mal son objet. Quelquefois, les puissances sensitives, subitement troublées, préviennent le commandement de la raison, et échappent ainsi à son empire.

Elle commande, il est vrai, à l'imagination qui a saisi la perception des sens, mais elle ne peut empêcher cette perception. Son pouvoir se borne à mettre le calme dans les puissances troublées, à en empêcher le désordre quand elle le prévient, à lui interdire l'accès de la partie supérieure de l'âme. Les actes de l'âme végétative, dépendant uniquement des dispositions du corps, ne relèvent pas de la raison : elle ne peut les empêcher ou les produire à son gré, mais seulement en avoir le désir et les rechercher comme il faut ou comme il ne faut pas.

QUEST. XVIII. *Bonté et malice des actes humains en général.* — 1. Tous les actes humains sont-ils bons ? Il en est de la bonté comme de l'être : ce n'est que la même chose considérée sous différents rapports, et prenant pour cela des noms différents. Est-il possible de trouver du mal dans une créature, par rapport à son être ? Oui, si elle n'a pas tout l'être de sa nature, l'être aussi complet qu'elle devrait l'avoir. Ainsi l'homme doit avoir une âme et un corps avec les puissances et les instruments nécessaires pour connaître et se mouvoir. S'il est privé d'un organe, par exemple de la vue, de l'ouïe, cette absence de l'être qu'il devrait naturellement posséder, nous l'appelons un mal. On peut raisonner de même sur les actes humains. Si l'un d'eux n'est pas revêtu de toutes les conditions requises, par exemple, s'il n'est pas fait dans le temps, dans le lieu voulu, s'il n'est pas conforme à la raison, c'est un acte *borgne*, et un mauvais acte.

2. Ils tirent leur moralité surtout de leur objet. L'objet est à l'acte humain ce que la forme est à l'être. C'est la forme qui spécifie l'être. S'il est conforme à la raison, c'est de l'objet que vient sa première bonté; s'il ne lui convient pas, sa première malice. Je prends ce livre et je l'emporte : est-il à moi, appartient-il à autrui? C'est du livre que mon acte tire sa bonté ou sa malice, parce que c'est sur lui que ma volonté se porte directement. « Ils sont devenus abominables comme les choses qu'ils ont aimés. » (Osée, ix, 10.)

3. Les actes humains tirent aussi leur moralité des circonstances. Le bien ou le mal d'une créature s'apprécie suivant la plénitude ou le défaut de son être. Mais la forme substantielle n'en constitue pas seule la perfection. Il faut, de plus, des accidents qui se surajoutent à l'être. Ce qui fait la beauté d'un homme, ce n'est pas seulement la substance humaine, mais aussi la régularité de ses traits, sa taille bien proportionnée, etc. De même l'action humaine a des accidents qui l'entourent, des circonstances qui augmentent, diminuent ou détruisent entièrement sa perfection. J'assiste un pauvre qui me demande l'aumône. Abstraction faite des circonstances, voilà une œuvre excellente devant Dieu et devant les hommes. Elle pourrait être un crime affreux; par exemple, si je savais que ce pauvre, avec son argent, va acheter du poison et attenter à la vie d'un homme.

4. La fin peut-elle faire la bonté ou la malice d'une action? Celui qui a l'être absolu et indépendant ne peut rien recevoir d'une fin qu'il se propose. Il n'en est pas ainsi de ce qui

est contingent et subordonné : la fin peut influer sur sa bonté ou sa malice. Si elle est mauvaise, elle suffit pour corrompre totalement un acte : ainsi l'aumône faite par ostentation. Si elle est bonne, elle ajoute à la bonté absolue d'un acte qui est déjà bon ; mais s'il est mauvais, la fin ne suffit pas pour le rendre bon : *Bonum ex integra causa, malum ex minimo defectu* (1). Si vous volez, votre action est mauvaise, quand même votre fin serait de faire l'aumône. Ainsi, pour qu'une action soit conforme à la loi morale, il faut qu'elle réunisse trois sortes de bonté : celle de l'objet, des circonstances et de la fin. L'absence d'une seule détruit la cause intègre et parfaite d'où résulte le bien, et elle produit le mal de l'acte humain.

5. Tous les actes humains sont-ils bons ou mauvais, ou bien en est-il d'indifférents ? La bonté d'un acte vient de sa conformité avec la raison ; sa malice, d'une relation contraire. Par exemple, la raison me dit qu'il ne faut pas prendre le bien d'autrui. Que me dit-elle touchant l'action de lever une paille tombée à terre, d'aller aux champs ? Rien ; donc ces actes, considérés en eux-mêmes, ne sont ni bons ni mauvais : ils sont indifférents ; mais, si je les considère en particulier et dans l'individu qui les produit, ils changent de caractère. Tout à l'heure je ne voyais que leur objet, séparé de toute circonstance ; mais les circonstances ou accidents influent sur la bonté et la malice d'un acte. Il n'y a pas d'acte individuel qui n'ait, outre son objet, quelques circonstances, ou du moins une fin. Tout acte émanant de la raison est ordonné, dirigé vers une fin. Si cette ordonnance est juste, l'acte est bon ; dans le cas contraire, il est mauvais.

Que dire des actes qui ne viennent pas de la raison, mais de l'imagination ou d'un instinct naturel, comme de soupirer, de se frotter les mains, la barbe, de remuer le bout du pied sans y penser ? N'ayant pas la raison pour principe, ce ne sont pas des actes

---

(1) C'est un des grands principes de la théologie morale.

humains, et ils ne sont susceptibles d'aucune moralité. Si vous dites que ce sont des actes humains, ils sont bons, en ce sens que, produits par un instinct naturel, ils ont une fin conforme à la raison.

QUEST. XIX. *Voyons maintenant la bonté et la malice de l'acte intérieur de la volonté, ou de son acte élicite.* — 1. La bonté et la malice de la volonté dépendent de son objet, qui embrasse, dans toute son étendue, l'objet propre de l'acte, la fin et les circonstances. La bonté et la malice sont à la volonté ce que sont à la raison le vrai et le faux. Or, les actes par lesquels la raison les perçoit diffèrent entre eux comme leurs objets : ainsi, on distingue l'opinion vraie de l'opinion fausse. La bonté et la malice sont donc, comme le vrai et le faux, d'espèces différentes ; mais qu'est-ce qui fait la différence des actes ? C'est l'objet ; donc l'objet rend la volonté bonne ou mauvaise. Ma volonté est bonne, parce que je veux un objet qui est bon ; mauvaise, parce que je veux un mauvais objet. Vous voyez combien il est important d'offrir à la volonté un objet qui soit bon ; car lui seul fait la bonté ou la malice de la volonté (je ne dis pas de l'acte). Ce que l'on conçoit de premier dans une chose, c'est ce qu'elle a de plus *simple* et de plus *un* : par exemple, les éléments qui la composent. Il semble d'abord que l'acte est ce qu'il y a de plus simple et de premier dans la bonté ou la malice de la volonté ; mais c'est une erreur. Qu'est-ce qui distingue les actes entre eux ? L'objet ; c'est donc à proprement parler l'objet vers lequel je tends, et non l'acte que je produis, qui rend ma volonté bonne ou mauvaise.

2. La raison n'a-t-elle aucune part à cette bonté ou à cette malice de la volonté ?

Elle montre à la volonté l'objet vers lequel elle doit tendre. C'est le bien universel, que la raison seule peut percevoir et manifester. La puissance sensitive ne peut saisir qu'un bien imaginaire ou sensible, impuissant à contenter les désirs de la volonté.

Donc la volonté tire sa bonté de la raison, au même titre qu'elle la reçoit de son objet.

3. La bonté et la malice de la volonté ne dépendent-elles pas aussi de la vérité éternelle ? La raison de l'homme n'est qu'une participation, un reflet de cette éternelle vérité. Elle en est venue, comme l'effet de sa cause, le rayon du foyer. Donc la lumière avec laquelle la raison éclaire l'objet offert aux désirs de la volonté, a sa source dans la vérité éternelle, et la bonté de la volonté dépend encore plus de cette éternelle lumière que de la raison. Quand plusieurs causes sont ordonnées entre elles, l'effet dépend plus de la première que de la seconde ; c'est par la vertu de celle-là que celle-ci agit et produit tous ses effets.

4. Une conscience erronée oblige-t-elle ? La raison doit toujours présider à la conduite de l'homme. Or, la conscience, nous l'avons vu, est le *dictamen* de la raison, ou l'application de la science à un cas particulier. Donc, nous devons en toutes choses suivre notre conscience, et la volonté qui est en désaccord avec la conscience droite ou erronée, est une volonté mauvaise. « Tout ce qui n'est pas conforme à la conscience est un péché. » (Rom., xiv, 23.) Quelle règle suivrons-nous, si ce n'est la raison, s'exprimant par la voix de la conscience ? L'homme qui n'en appelle pas constamment à sa conscience, vraie ou fausse, n'a plus aucune règle de conduite. Il flotte incertain entre le vice et la vertu, ne sachant de quel côté diriger ses pas, et semblable au vaisseau dont la tempête a brisé le gouvernail.

5. S'ensuit-il qu'on ne commette jamais le mal en suivant une conscience erronée ?

Rappelons-nous ce qui a été dit de l'ignorance ; si l'erreur est invincible, votre volonté n'en est pas viciée. Elle peut être bonne, malgré l'erreur qui l'égare, et produire des actes méritoires. Mais si elle est le fruit d'une ignorance coupable, si vous n'avez pas fait tout ce que vous deviez pour vous instruire, l'erreur est volontaire et vous êtes coupable en suivant votre fausse conscience. Tels étaient les persécuteurs dont Jésus-Christ parlait à ses Apôtres : « Le temps va venir où leur aveuglement sera si grand que quiconque vous fera mourir, croira faire un sacrifice agréable à Dieu. » (S. Jean, XVI, 2.) Lorsque, dans un raisonnement, une des prémisses est fausse, on aboutit nécessairement à des conclusions qui s'écartent de la vérité. De même tous les actes conformes à une conscience dont l'erreur n'est pas invincible, sont mauvais et participent à la malice de l'aveuglement volontaire. Ignorant ce que vous êtes tenu de savoir, vous avez la responsabilité de vos actes, et vous ne pouvez invoquer en votre faveur la bonne foi qui sauve.

6. La bonté de la volonté dépend-elle de l'intention finale?

L'intention précède-t-elle l'acte de la volonté, par exemple, jeûnez-vous pour plaire à Dieu ? Votre volonté reçoit sa bonté de votre intention, car, dans l'exemple cité, plaire à Dieu est l'objet de votre volonté. Si votre intention suit, il faut, pour qu'elle rende votre volonté bonne, que vous réitériez l'acte et que vous vous proposiez de nouveau la première intention.

7. La bonté ou la malice de la volonté est-elle toujours en raison de la bonté ou de la malice de l'intention?

La malice et la bonté de la volonté peut se considérer, ou relativement à son objet, ou relativement à son intention. La considérez-vous du côté de son intention? Il n'y a pas toujours proportion entre la bonté de l'intention et celle de la volonté ; par exemple, si vous donnez dix francs pour avoir une valeur de cent francs ; ou bien voulant aller à Rome, vous en êtes empêché par des obstacles qui vous rendent ce voyage impossible. Considérez-vous la volonté du côté de son objet? Dans les actes intérieurs, le bien de l'intention est égal au bien de la volonté, et si l'intention se porte sur un bien qui ne lui est pas proportionné, la bonté de l'intention rejaillit sur la volonté.

Quant à la complaisance avec laquelle on produit l'acte et on dirige l'intention, elle influe sur l'un et sur l'autre : par exemple, si en prenant une médecine pour me guérir, je le fais avec plaisir, l'acte sera plus parfait, l'intention plus vive. Cependant, dans les actes, soit intérieurs, soit extérieurs, la complaisance peut se porter sur l'intention comme objet, et alors elle peut ne pas influer sur l'acte : par exemple, je désirerais vivement me proposer de gagner le ciel, je voudrais le vouloir avec courage ; cependant il est possible que je ne veuille pas réellement et que je reste dans l'inaction.

Cette remarque est nécessaire pour comprendre ce que c'est que le mérite. Nous verrons qu'il consiste moins dans l'intention que dans l'intensité de l'acte auquel il est attaché. (Quest. CXI.)

8. La bonté de la volonté dépend-elle de sa conformité à la volonté divine ?

Quelle est la fin dernière de la volonté ? C'est Dieu, ou le souverain bien. Donc la conformité à la volonté divine est son perfectionnement, et lorsque cette conformité sera parfaite, notre volonté aura atteint son plus haut degré de perfection.

9. La volonté humaine ne peut-elle être bonne sans se conformer à la volonté divine ?

La volonté se porte vers son objet comme l'intelligence le lui fait voir. Un objet peut s'offrir à moi sous des aspects différents : comme être, et alors il est toujours bon et toujours attire à lui mes désirs. Je puis aussi le voir comme fini, et ainsi considéré, il est mauvais, je le répudie. De même, ce que produit la volonté divine peut être considéré de plusieurs manières. Dieu est un supérieur de communauté, qui agit toujours pour le bien général. Ses actes, venant de celui qui est la justice, la règle suprême de toutes choses, c'est un devoir de nous y soumettre sans murmure et sans délai. Mais il est possible qu'un bien particulier soit sacrifié au bien commun. Vu de ce côté, nous ne sommes pas tenus de nous y conformer. Nous pouvons déplorer tel accident et gémir avec ceux qui en sont victimes; mais si nous levons les yeux plus haut, il faut reconnaître humblement la volonté de Dieu et nous incliner devant ses justes arrêts. Voyez les arrêts de la justice humaine. Le juge condamne à mort un criminel. Il est heureux de procurer le bien de la société en la délivrant d'un homme qui trouble l'ordre et le repos publics. Tout le monde applaudit à la sentence de mort, mais tout le monde s'attriste en songeant qu'un homme va être privé du bienfait de la vie, que c'est un père de amille, et que la honte de sa mort va retomber sur ses enfants.

QUEST. XX. *Bonté et malice des actes extérieurs.* — 1. La bonté ou la malice de l'acte extérieur dépend-elle totalement de la bonté ou de la malice de la volonté? Il ne suffit pas que la volonté soit bonne pour que l'acte extérieur le soit aussi : *bonum ex integra causa, malum ex minimo defectu.* Qu'importent la bonté de la volonté et celle de la fin, si les circonstances sont mauvaises? Le larcin est toujours une action immorale, quand même en le commettant on se proposerait une fin louable, celle de faire l'aumône. L'acte extérieur a donc indépendamment de l'acte intérieur une moralité qui lui est propre, et demande, pour être bon, que toutes ses circonstances soient légitimes.

2. Si les deux actes, l'intérieur et l'extérieur, sont bons, leur bonté est-elle la même? Considérés moralement, ils ne sont qu'un et n'ont qu'une seule bonté, mais vus dans le sujet qui les produit, ils peuvent avoir tantôt la même bonté, tantôt une bonté différente et spéciale. Si le genre qui les contient diffère, et que l'un ne soit bon que par rapport à l'autre, ils n'ont ensemble qu'une seule et même bonté : par exemple, celle d'une potion amère que je prends afin de recouvrer la santé. Si les deux actes contenus dans le même genre ont l'un et l'autre une bonté qui leur est propre, la bonté de l'acte intérieur est autre que celle de l'acte extérieur : ainsi quand je prends une potion agréable qui a la vertu de me rendre la santé. Cependant, dans ce cas, la bonté de la fin que se propose la volonté peut refluer sur l'acte extérieur. La bonté de l'un de ces deux actes relève même la bonté de l'autre. La mortification corporelle tire sa moralité de la fin qu'on

se propose : elle est bonne, si en la pratiquant, on veut offrir à Dieu un esprit plus pur et plus dégagé de la matière ; elle serait mauvaise si, l'on se proposait la ruine de la santé et une mort prématurée et violente.

3. Comment l'acte extérieur augmente-t-il la bonté ou la malice de l'acte intérieur ? Il le peut de trois manières, comme le font voir les exemples suivants : Je commence une œuvre, puis, après l'avoir abandonnée, je la reprends. Cet acte réitéré ne prouve-t-il pas que ma volonté s'y applique avec force et s'y complaît ? Les obstacles extérieurs ne faisant qu'irriter, enflammer mes désirs, ma volonté qui, malgré les difficultés, s'est portée deux fois vers cette œuvre, revêt un double de bonté ou de malice, selon qu'il s'agit d'une œuvre bonne ou mauvaise.

Il en est de même si un autre ose continuer l'œuvre extérieure que j'avais abandonnée, déconcerté par les obstacles : sa volonté, plus persévérante dans le bien ou dans le mal, est évidemment meilleure ou pire que la mienne.

Mais la principale raison pour laquelle un acte extérieur augmente la bonté ou la malice d'un acte intérieur, c'est que le premier frappant mes sens, captive mon attention et la dirige tout entière vers l'acte intérieur : ce qui redouble l'énergie de la volonté ; je m'y complais et m'y livre sans partage. Cet effet regarde surtout le bien que l'acte tire de sa fin. Quant à l'objet et aux circonstances, leur influence, quoique moins grande, se fait aussi sentir à l'acte intérieur. Les circonstances et l'objet de l'acte sont comme le terme suprême de l'agent, terme qui réjouit et par conséquent influe sur la volonté.

4. Un événement qui suit l'acte en augmente-t-il la bonté ou la malice ? Non, s'il n'a pas été prémédité et s'il n'est pas la conséquence ordinaire de l'acte ; le mauvais usage que le pauvre peut faire de votre aumône ne diminue en rien l'excellence de votre action ; la patience avec laquelle vous supportez une injure n'excuse pas votre agresseur. C'est le contraire, s'il a été prémé-

ité, ou si, imprévu, il est de telle nature qu'il suit communément l'acte. Vous étiez dans ce cas obligé de le prévoir, et si vous ne l'avez pas fait, c'est par une négligence coupable. De là la responsabilité qui pèse sur les auteurs de mauvais livres. Longtemps après leur mort, ils portent encore le poison et la corruption dans les cœurs, ce qu'il est facile et ce qu'on est obligé de prévoir.

QUEST. XXI. *Conséquences des actes humains relativement à leur bonté et à leur malice.* — 1. Connaissant ce qui fait la bonté et la malice des actes humains, il est aisé de voir que tout acte bon a le caractère de la droiture, tout acte mauvais, le caractère du péché.

Le mal pris dans le sens que nous lui donnons ici, est plus étendu et plus général que le péché, le bien est plus que la droiture. Le mal ne suppose que l'idée de privation; le péché suppose de plus l'absence d'une règle qu'on aurait dû suivre pour proportionner les moyens à la fin. Quelle est cette règle? Dans les choses naturelles, c'est la force de la nature, qui proportionne toujours les moyens à la fin, qui fait que le milieu s'éloigne et s'approche autant de la fin que du principe, et ainsi conserve en toutes choses la rectitude ; dans les êtres raisonnables, c'est la raison et la loi éternelle. Quand l'acte que je pose tend vers sa fin d'une manière conforme à ma raison et à la loi éternelle, il est droit, et a le caractère de la vertu ; s'il dévie de cette règle, c'est un péché et il a le caractère du vice. Donc tout acte bon a un caractère de droiture, tout acte mauvais un caractère de péché, et l'acte humain est toujours un péché ou une vertu.

2. Les actes humains ont-ils aussi le caractère de mérite ou de démérite devant Dieu ? Le mérite est un droit à une rétribution. Voici comment nos actes peuvent acquérir ce droit : Tout individu est membre d'une société, de sorte que le bien ou le mal qu'on lui fait retombe à la fois sur la société et sur lui. Si vous lui faites du mal, vous déméritez d'abord auprès de lui, ensuite auprès de la société, comme celui qui blesse la main offense l'homme tout

entier. C'est le contraire, si vous lui faites du bien. Vous acquérez des droits à la reconnaissance de l'individu et de la société. Donc nous avons raison de dire que tout acte humain a le caractère de mérite ou de démérite.

J'ajoute : devant Dieu. Vous avez droit à une récompense, de la part de celui à qui vous faites du bien, et de la part de la société dont il est membre. Or, nous avons vu que la raison nous dit de rapporter toutes nos œuvres à Dieu notre fin dernière. En le faisant, nous lui rendons un tribut d'hommages qui lui est dû, en ne le faisant pas, nous lui ravissons l'honneur qui lui appartient. La justice rémunérative veut qu'il récompense les actes bons, qui lui sont rapportés, qu'il punisse les actes mauvais, dont la fin est désordonnée. D'un autre côté, il est le chef de la grande famille humaine, obligé, en cette qualité, d'avoir des récompenses pour les bienfaiteurs de ses enfants, des châtiments pour les malfaiteurs qui ont commis envers eux l'iniquité.

CHAPITRE III.

LES PASSIONS.

L'homme n'agit pas seulement en qualité d'être raisonnable. Son âme unie à un corps ne produit pas des actes semblables à ceux des anges. Elle a des passions qui exercent sur elle une grande influence et sont le mobile de bien des actions. On ne saurait donc connaître les actes humains sans savoir ce que c'est que la passion. Et d'abord :

QUEST. XXII. — 1. Il y a des passions dans l'âme. On peut donner au mot *pâtir* plusieurs sens. Il veut dire d'une manière générale, recevoir : l'air *pâtit* quand il reçoit la lumière qui le fait transparent. Il signifie aussi l'acquisition d'une chose avec la perte d'une autre. Si cependant ce que je perds m'était nuisible, je ne subis pas, en m'en séparant, une véritable passion. La passion proprement dite suppose l'accession de ce qui ne me convient pas, et la perte de ce qui était en harmonie avec ma nature : par exemple, la douleur d'une maladie qui entraîne la ruine de ma santé. L'âme étant simple et indivisible ne peut par elle-même avoir aucune passion de ce genre. Sans doute elle reçoit, lorsqu'elle sent et qu'elle comprend, mais il ne se produit en elle aucune déperdition. Elle n'a des passions que par accident, et en vertu de son union avec le corps, qui est composé.

2. La passion est bien plus dans la partie appétitive que dans la partie cognitive. La passion suppose un mouvement du patient hors de lui-même, vers l'objet dont il subit l'influence. Or, la

puissance appétitive tend vers les choses telles qu'elles existent en elles-mêmes. La faculté qui connaît les perçoit dans son être propre, sans se porter au dehors. Aussi, dit Aristote, le vrai et le faux, relativement à la connaissance, ne sont pas dans les choses, mais dans l'esprit.

La passion est une tendance vers le défaut ou la privation : elle grandit et se multiplie à mesure qu'on s'éloigne du premier principe de toutes choses. C'est pourquoi les défauts, à l'origine, sont toujours faibles, puis ils vont en se fortifiant. La faculté qui connaît, ne sortant pas d'elle-même pour chercher son objet, comme fait la puissance appétitive, reste plus près de Dieu, conserve plus de perfection et contracte par conséquent moins de passions ou de défauts : il est évident que plus on approche d'un point lumineux, plus la lumière que l'on perçoit est vive et chasse au loin les ténèbres. Donc l'intelligence est moins accessible aux passions que la volonté.

3. L'appétit sensitif est encore plus que la volonté le siége des passions. La passion proprement dite suppose une modification organique. Telle est celle qu'éprouve l'appétit sensitif, soit qu'il connaisse, soit qu'il aspire. Il n'en est pas ainsi de la volonté. Non-seulement elle peut agir sans le concours d'aucun organe, mais son acte propre ne relève que d'elle-même, et se distingue entièrement de l'acte que produit le corps.

QUEST. XXIII. *Différence des passions.* — Celles du concupiscible sont autres que celles de l'irascible. Les puissances de l'âme se diversifient selon la différence des objets qu'elles sont destinées à percevoir ; à plus forte raison l'objet distingue-t-il les passions entre elles, surtout celles qui sont d'espèces différentes. Ainsi, dans la nature, la diversité de la matière établit entre plusieurs êtres la diversité du genre ; la diversité de la forme, celle de l'espèce.

Pour savoir quelles passions sont dans le concupiscible, lesquelles dans l'irascible, il faut se rappeler ceci : le concupiscible aspire au bien simplement délectable ou fuit le mal simplement douloureux, sans qu'il en coûte d'effort pour obtenir l'un ou pour éviter l'autre. Les passions qui existent dans cette partie de l'âme sont l'amour et la haine, le désir et l'aversion, la délectation et la tristesse. L'irascible tend vers le bien que l'on ne peut acquérir, le mal que l'on ne peut éviter qu'au prix de grands efforts et en livrant des combats. Les passions qui s'y rapportent sont l'espérance et le désespoir, la crainte et l'audace, et la colère, qui n'a pas de passion directement opposée.

QUEST. XXIV. *Bonté et malice des passions.* — 1. Peuvent-elles être moralement bonnes ou mauvaises ? Considérées comme mouvements d'un appétit sans raison, elles ne sont susceptibles d'aucune moralité, mais elles peuvent être bonnes ou mauvaises, si elles reconnaissent l'empire de la raison et de la volonté. Les membres extérieurs peuvent être instruments du bien et du mal ; à plus forte raison les passions, qui sont moins éloignées de l'âme.

Elles sont volontaires, lorsque la volonté leur commande, ou les laisse agir sans frein. « Les passions en elles-mêmes, dit le Philosophe, ne méritent ni blâme ni louange. Il ne faut ni louer ni blâmer celui qui craint ou qui s'irrite, mais celui qui suit ces mouvements d'une manière conforme ou contraire à la raison. »

Ainsi les passions qui ne jettent pas l'âme au delà des limites prescrites par la raison, sont de puissants moyens de pratiquer la vertu. Celles qui ne restent pas dans l'ordre de la raison, sont pour l'âme de véritables maladies : voilà pourquoi on donne également l'épithète d'*insanus* à l'homme qui est malade et à celui qui est fou.

2. Elles peuvent augmenter ou diminuer la bonté et la malice d'un acte humain. Les Stoïciens disaient que le sage est au-dessus de toutes les passions et qu'elles ne sauraient plus l'atteindre. Suivant leur doctrine, elles sont toujours mauvaises, et ne peuvent par conséquent que diminuer la bonté de l'acte produit sous

leur influence. Mais ils se trompaient, ne voyant en elles que des mouvements déraisonnables. Elles entendent la voix de la raison, elles obéissent à son empire, et vues de ce côté elles sont bonnes et peuvent contribuer à notre perfection. Comment l'homme se perfectionne-t-il? En développant sa raison, en la faisant rayonner sur le plus grand nombre de choses possible pourvu qu'elles conviennent à la nature de l'homme. Donnez à ce fondement, à cette racine de la perfection humaine les moyens de développer son activité ; laissez toutes ses puissances s'épanouir et s'étendre le plus qu'elles pourront, voilà comment vous conduirez un homme à la perfection. Déjà il ajoute à sa bonté naturelle en commandant par la raison aux membres extérieurs. Ne le fera-t-il pas en soumettant ses mouvements passionnés au joug de la raison ? Ne vaut-il pas mieux pour lui, être porté au bien par les passions, de concert avec la volonté, que de l'être par la volonté seule ? « Mon cœur et ma chair ont travaillé à la pensée du Dieu vivant. » (Ps. LXXXIII, 2.) Le cœur, dans le sens du psalmiste, signifie les puissances supérieures de l'âme ; la chair, les puissances inférieures qui sont le siége des passions ; et réunis, ils signifient l'homme tout entier.

QUEST. XXV. — * Saint Thomas montre dans cette question, l'ordre généalogique des passions : ce que nous avons dit plus haut nous dispense d'insister. Étudions-les maintenant chacune en particulier, celles du concupiscible et celles de l'irascible.

QUEST. XXVI. *La première est la passion de l'amour.* — 1. L'amour est-il la même chose que l'amitié, la dilection et la charité ? Ils se rapportent en quelque sorte au même objet et n'ont qu'une différence de raison : l'amitié est une habitude, une disposition de l'âme ; les mots Amour et Dilection indiquent un acte, mais l'amour est plus commun et plus universel : la dilection suppose un choix entre des objets aimés (*di-legere*, choisir parmi). La charité est la perfection de l'un et de l'autre ; elle suppose dans celui qui aime, la plus haute opinion de l'objet aimé (*charus*, d'un grand prix), et la conviction de son excellence.

2. Il y a plusieurs sortes d'amour. On distingue l'amour de concupiscence et l'amour d'amitié ou de bienveillance. Jamais on ne les confond. Vous ne direz pas de quelqu'un : Il a de l'amitié pour le vin. Le premier, c'est l'amour qui se porte vers le bon lui-même comme procurant du bien-être et causant du plaisir. Le second, c'est l'amour par lequel nous voulons du bien à la personne que nous aimons. C'est l'amour proprement dit, l'essence et la fleur de l'amour, sans aucun mélange d'élément étranger. Il est à l'amour de concupiscence ce que l'être pur et simple est à l'être considéré dans ses rapports avec ses circonstances et ses accidents divers.

QUEST. XXVII. *Causes de l'amour*. — 1. C'est toujours un bien. L'objet d'une puissance passive est toujours la cause de son mouvement et de son acte. Quel est l'objet de la puissance appétitive, ou de la puissance d'aimer ? Le bien; et le bien seul, car le beau n'en diffère que rationnellement ; c'est le bien mis en rapport avec une de nos facultés de connaître. A sa vue, l'appétit satisfait se repose, comme il se repose dans le bon. Donc nous n'aimons que le bien, nous ne pouvons aimer que lui. Si nous voyons des hommes aimer le mal, ce n'est que pour le bien qui leur en revient, par exemple, le plaisir, l'argent. Nous sommes naturellement portés à aimer, parce qu'il y a toujours du bien dans l'amour, ne fût-ce que cette complaisance et ce repos que l'on trouve dans l'objet aimé. Toujours un bien est attaché à la satisfaction d'un instinct naturel.

2. La connaissance ne cause-t-elle pas aussi l'amour ? Nous venons de voir que le bien est la première cause de l'amour, mais le bien ne saurait produire l'amour sans être connu. Comment aimer ce que l'on ne connaît pas ? *Ignoti nulla cupido*. C'est pourquoi le Philosophe a dit : La cause de l'amour sensible, c'est la vue

corporelle ; de l'amour spirituel, la contemplation de la bonté et de la beauté spirituelle.

3. La ressemblance est aussi une cause d'amour. Il faut distinguer deux sortes de ressemblances : celle qui existe entre deux objets qui ont une même propriété, entre deux personnes qui ont une même qualité. En aimant une personne qui me ressemble, je suis censé m'aimer et me vouloir du bien à moi-même. Vus sous le rapport de la ressemblance, nous ne faisons qu'un seul être, nous appropriant le bien ou le mal qui arrive à nos semblables : tels sont les hommes aux yeux de l'humanité, les concitoyens aux yeux du pays, les parents aux yeux de la famille. C'est l'amour d'amitié ou de bienveillance.

L'autre ressemblance est celle qui existe entre la puissance et l'acte : par exemple, un corps grave n'étant plus en équilibre tend à y revenir, et ressemble, de ce côté, à celui qui s'y trouve. De cette ressemblance naît l'amour de concupiscence, car un être éprouve du plaisir, de la délectation à voir en acte ce qu'il a en puissance. Cependant deux êtres dont l'un a en puissance ce que l'autre possède en acte, ne s'aiment pas toujours. Il peut arriver que l'acte de mon voisin nuise au mien et en empêche l'accroissement. La ressemblance alors produit l'inimitié : ainsi les haines, les jalousies de métier, les querelles entre gens orgueilleux.

QUEST. XXVIII. *Effets de l'amour.* — 1. Le premier, c'est l'union de celui qui aime et de l'objet aimé. Il y a deux sortes d'unions : l'une affective, l'autre réelle, par la présence de celui qui aime et du bien qui est aimé. L'amour soit de concupiscence, soit de bienveillance produit l'une ou l'autre et tend à produire les deux. Quant à l'amour de concupiscence, cela est évident : aimant le vin, je désire ou j'accomplis son union réelle avec moi. On peut en dire autant de l'amour de bienveillance : il produit toujours une union affective ou réelle. Je veux du bien à mon ami comme je m'en veux à moi-même. Lui et moi nous vivons aussi unis qu'il est possible à deux êtres distincts. De là vient qu'on appelle un ami un autre *soi-même* et *la moitié de son âme*. Suivant Aristote, Aristophane aurait dit ces belles paroles : « Deux personnes qui s'aiment désirent s'unir et se confondre, jusqu'à ne faire plus qu'un ; mais comme cette fusion de deux êtres entraînerait la ruine de l'un ou leur perte commune, ils cherchent à s'unir comme ils peuvent, c'est-à-dire, ils vivent ensemble, ils parlent ensemble, » etc.

2. Un autre effet de l'amour, c'est l'extase. Ce mot signifie, dans le sens propre de son étymologie, l'état d'un homme qui est hors de lui (*ex-stare*). Nous pouvons sortir de nous au moyen de deux facultés, la raison et la volonté. Vous avez l'extase de la raison, lorsque vous vous livrez à l'étude de choses qui sont au-dessus de votre nature, comme la révélation ; ou au-dessous, comme font les malheureux atteints de folie. L'amour produit l'extase de la raison en ce sens qu'il nous fait penser à l'objet aimé, et entraîne notre esprit hors de nous, le dérobant à toute autre occupation. L'extase de la volonté n'est pas moins facile à comprendre ; l'amour de concupiscence la produit indirectement, nous faisant sortir de nous pour nous y ramener ; s'il s'agit de l'amour de bienveillance, l'extase est directe. Nous sommes la providence de nos amis, occupés, hors de nous, à procurer leur bien, à éloigner ce qui leur serait nuisible. « Dieu lui-même éprouve une extase d'amour. » (Saint Denis.)

3. L'attachement réciproque est aussi le fruit de l'amour. Celui qui aime et l'objet aimé peuvent s'attacher l'un à l'autre par la puissance cognitive et par la puissance appétitive. Objet de mon amour, vous restez dans ma pensée, et je vous ai toujours présent aux yeux de l'esprit : « Je vous porte dans mon cœur, » disait l'Apôtre aux Philippiens. Vous êtes encore dans ma pensée, en ce sens que non content d'avoir de vous une connaissance superficielle, j'étudie tout ce qui vous concerne et pénètre ce que vous avez de plus intime, comme l'Esprit-Saint *scrute les profondeurs de Dieu.* » (I Cor., II, 10.)

Vous êtes inhérent en moi par la puissance appétitive, lorsque, me complaisant dans les délices de l'affection que je vous porte, je vous fais du bien si vous êtes présent, et, si l'absence ne le permet pas, j'aspire vers vous, conduit par un amour de concupiscence ou par un amour d'amitié, dont vous êtes l'objet direct et immédiat. C'est pourquoi on donne à l'amour le nom d'*intimité*, et l'on dit *les entrailles de la charité*. Quant à celui qui aime, l'amour de concupiscence ne le place pas dans l'objet aimé, de la même manière que l'amour d'amitié. Le premier de ces amours ne se repose pas dans une cause extrinsèque, et ne se contente pas d'une jouissance partielle. Il cherche à posséder pleinement son objet. L'amour d'amitié unit tellement, que l'ami regarde les biens et les maux de son ami comme les siens, et s'approprie toutes les affections de sa volonté. C'est pourquoi, dit Aristote, le propre des amis est de vouloir les mêmes choses, d'avoir les mêmes joies et les mêmes tristesses, et comme l'ami estime sien tout ce qui regarde son ami, il paraît vivre dans l'objet aimé, être devenu avec lui une seule et même chose.

On peut encore trouver dans l'amour d'amitié, une autre sorte d'attachement mutuel, celui de la réciprocité d'affection, mais tout amour ne produit pas cet attachement : il n'arrive pas toujours que nous soyons aimés de ceux que nous aimons.

4. Un autre effet de l'amour, c'est le zèle ou la jalousie. L'amour étant un mouvement vers l'objet aimé, l'homme conduit par l'amour de concupiscence, éloigne d'une main jalouse tout ce qui peut empêcher l'acquisition ou troubler la jouissance de son bien : de là la jalousie des ambitieux, la jalousie des maris, et leur zèle à s'assurer la singularité de leur épouse. Cependant la jalousie n'a pas de raison d'être quand il s'agit d'un bien infini et inépuisable, par exemple, de la vérité. La jouissance de l'un ne diminuant en rien la jouissance de l'autre, ne peut l'enflammer de jalousie. L'amour d'amitié écarte de l'objet aimé, tout ce qui lui est hostile et empêche son bien ou sa gloire. C'est dans ce

sens que l'Écriture dit : « J'ai brûlé de zèle pour le Dieu des armées ; le zèle de votre maison, Seigneur, me dévore. »

5. L'amour ne blesse-t-il pas celui qui aime ? Il produit une certaine union entre celui qui aime et l'objet aimé. Si cet objet convient, celui qui aime, loin d'en être blessé, en reçoit un accroissement de bonheur et de perfection. A quelle hauteur ne nous élève pas l'amour de Dieu, qui transforme et jette pour ainsi dire dans l'infini, notre esprit et notre volonté ! Pour la même raison, l'amour de ce qui ne convient pas blesse et rend pires ces deux puissances de l'âme. Quant à l'effet matériel produit par l'amour, il peut blesser réellement le corps. Il produit dans l'organisme de si grandes modifications, et des commotions si violentes, qu'il trouble la santé et cause une langueur qui conduit quelquefois au tombeau. Le même choc et le même ébranlement se manifeste d'ailleurs, plus ou moins violent, dans les sens, toutes les fois que les puissances de l'âme se servent d'un organe du corps. L'Écriture fait sans doute allusion à ces effets physiques de l'amour en même temps qu'elle en décrit la blessure morale, lorsqu'elle met ces paroles dans la bouche de l'Épouse des cantiques : « Mon âme s'est fondue quand mon bien-aimé a parlé. Soutenez-moi avec des fleurs, fortifiez-moi avec des fruits, car je languis d'amour. Les lampes de l'amour sont de feu et de flamme. » La fusion, la délectation, la langueur et la ferveur sont les effets prochains de l'amour. Le froid contracte les organes matériels, la chaleur les dilate et permet aux autres corps de les pénétrer. Il est de la nature de l'amour d'attendrir le cœur de celui qui aime et de le préparer ainsi à recevoir l'objet aimé. S'il est présent, il y a délectation ; son absence produit la tristesse, désignée ici par la langueur et la ferveur qui est un ardent désir de le posséder.

QUEST. XXIX. *La haine est la passion opposée à l'amour.* — 1. On ne peut haïr que le mal. Tout appétit ou désir naturel vient de la connaissance qu'on a d'un objet. Si je le perçois conforme à mon appétit, je l'appelle bon ; dans le cas contraire, je lui trouve le caractère mauvais. Le bon étant en harmonie avec mon appétit, m'attire naturellement à lui ; ce qui ne me convient pas m'inspire aussi naturellement un mouvement d'aversion, et ce qui répugne, c'est toujours le mal. Il m'est aussi impossible de haïr ce qui me paraît bon, qu'il est impossible à la pierre de s'élever naturellement.

Cependant, ce qui est bon et aimable sous un rapport, peut, d'un autre côté, être mauvais et haïssable.

2. La haine est-elle plus forte que l'amour ? Non, car l'amour est cause de la haine, et il y a toujours plus dans la cause que dans l'effet. Ne se porte-t-on pas avec plus de force vers la fin que vers les moyens ? Or, on ne fuit un mal que comme un obstacle à un bien qu'on se propose d'atteindre. Néanmoins la haine *paraît* quelquefois plus forte que l'amour. La modification des organes, une fois accomplie, se sent moins vivement qu'au moment où elle commençait. De même l'habitude nous fait sentir moins vivement une fièvre continue qu'une fièvre tierce, quoique la première soit plus grande. L'amour n'est-il pas aussi plus sensible en l'absence de l'objet aimé, qu'en sa présence ? Pour le même motif nous sentons plus fortement la répugnance que nous inspire un objet détesté, que la sympathie d'un objet aimé.

Enfin la haine tient à nos yeux la place de l'amour auquel elle correspond. Si un mal m'empêche d'acquérir un grand bien, il me fera évidemment éprouver une haine plus forte que l'amour d'un bien inférieur.

3. Peut-on se haïr soi-même ? Tout être veut naturellement ce qui lui est bon, et vouloir du bien, c'est aimer. Cependant l'homme ne peut-il en aucune manière se haïr ? Il le peut en désirant une chose mauvaise qu'il croit bonne : c'est se vouloir du mal et se haïr. Il peut encore se haïr de la manière suivante : un être composé prend le caractère et le titre de ce qu'il y a en lui de principal : ainsi ce que fait une cité, une province, une

armée est censé l'œuvre du gouverneur ou du chef qui commande. Qu'y a-t-il de principal dans l'homme? L'esprit. Or, il y a des hommes qui cherchent non pas le bien de ce qu'il y a en eux de grand et de noble, mais le bien de ce qu'ils ont de plus infime. Se mettant au niveau de la bête tandis qu'ils peuvent rivaliser avec l'ange, ils se veulent du mal et se haïssent : *qui diligit iniquitatem, odit animam suam.*

4. Peut-on haïr la vérité? La vérité en général ne provoque jamais de haine; mais on peut haïr une vérité particulière. Quant au bien, ayant toujours le caractère de désirable, on ne saurait jamais résister à ses attraits et le haïr. Il n'en est pas ainsi du vrai. Le vrai en général sera toujours en harmonie avec ma nature, mais il peut arriver qu'il ne me convienne pas dans tel cas donné : par exemple, je voudrais que cela ne fût pas vrai. Telle vérité m'empêchant de poursuivre et d'atteindre ce que j'aime, je la déteste, je lui voue une haine profonde. Ou bien, je puis haïr cette vérité dans l'esprit d'un autre qui, en la connaissant, saura mes turpitudes : « Ils aiment la vérité quand elle les éclaire, ils haïssent la vérité quand elle les condamne. » (Saint Augustin.) C'est dans ce sens que l'Apôtre disait aux Galates : « Je me suis fait votre ennemi en vous disant la vérité. » (Gal., IV, 16.)

QUEST. XXX. *Une autre passion de l'âme, c'est la concupiscence.* — 1. Dans quelle partie de l'âme a-t-elle son siége? La concupiscence, c'est l'appétit du bien délectable. Ce bien peut être de deux sortes : l'un qui appartient seulement à la raison, s'appelle le bien intelligible. L'autre appartient au corps et à l'âme. On désigne communément sous le nom de concupiscence, le désir qui nous porte vers le bien délectable, soit celui du corps, soit celui de l'esprit, mais comme il s'accomplit dans l'organe physique, la concupiscence est bien plus dans le corps que dans l'âme. D'ailleurs, ce mot indique assez le concours des deux éléments qui le constituent (*con-cupiscere*).

2. Les désirs de la concupiscence sont-ils tous inspirés par la

nature? La concupiscence est l'appétit du bien délectable. Ce bien peut produire en nous la délectation, parce qu'il est en harmonie avec la nature animale, et ainsi considéré, le désir que nous en avons vient de la nature : chacun a la concupiscence ou le désir de la nourriture qui le soutiendra. Le bien peut aussi être délectable, en ce sens qu'actuellement perçu il nous réjouit : c'est le propre de l'homme, c'est sa concupiscence, parce qu'il se procure lui-même une délectation raisonnée, en jugeant que tel bien lui est convenable.

QUEST. XXXI. *La délectation.* — 1. Est-elle la même chose que la joie? La joie est une sorte de délectation, mais de plus elle suppose un acte de l'intelligence. Nous avons vu qu'il y a une concupiscence naturelle, et une concupiscence de raison. De même il y a une délectation naturelle et une délectation que la raison produit. La première, toute matérielle, nous est commune avec les bêtes : elles trouvent dans la nourriture la même délectation que nous. La seconde n'appartient qu'aux êtres raisonnables, et s'appelle la joie. Voilà pourquoi on ne dit jamais, si ce n'est par métaphore, que les bêtes se réjouissent. L'homme peut éprouver des délectations qui, loin de lui procurer la joie, lui font concevoir de profondes tristesses, au lieu que la joie est toujours une délectation.

2. Quelles sont les plus précieuses délectations, celles de l'esprit ou celles du corps? ce sont les délectations de l'esprit. En effet, elles sont la perfection de l'âme qui connaît et qui aime : les autres ne sont qu'une perfection du corps. L'homme n'est-il pas plus flatté de connaître par l'esprit que par les sens?

D'un autre côté, quelles sont les délectations qui nous réjouissent le plus? les délectations spirituelles. Elles nous sont mieux connues, étant vues par l'intelligence même, tandis que la connaissance des délectations corporelles nous est transmise par les sens. L'intelligence se réfléchit mieux sur ses propres actes que sur ceux des organes physiques.

Si les délectations de l'esprit n'étaient pas plus précieuses que celles du corps, on ne devrait pas plus craindre la privation des yeux de l'intelligence, que la privation des yeux du corps. Qui est-ce qui hésiterait, s'il avait à choisir entre l'une et l'autre de ces deux privations? N'aimeriez-vous pas mieux être borgne ou aveugle que d'être fou?

Continuant notre comparaison entre ces deux sortes de délectations, que trouvons-nous dans chacune d'elles? l'union d'un bien avec ce qui lui convient, ce bien lui-même, et le terme auquel il est uni. Or l'union par le corps n'a lieu qu'entre accidents ; l'union par l'intelligence est plus intime, elle atteint l'essence même des deux termes unis. Elle est aussi plus parfaite, car elle se fait simultanément et sans succession : celle du corps n'est jamais complète, comme on voit dans la nourriture et les choses vénériennes. Celle-ci est une union fragile, éphémère, parce que les biens unis se corrompent et passent vite. L'union par l'intelligence est plus durable, puisque les biens qu'elle unit, n'ayant pas de parties, ne peuvent se corrompre. Si nous considérons dans l'union le bien uni, l'excellence de la délectation restera-t-elle encore à celle de l'esprit? Oui, car le bien spirituel l'emporte sur le bien corporel. On prive le corps de certains biens pour ne point perdre l'honneur, qui est un bien spirituel. Enfin, ce bien si précieux, à quel terme est-il uni par la délectation de l'esprit? A l'intelligence qui fait la grandeur de l'homme, et dont le corps lui-même tire toute son excellence. C'est donc une vérité incontestable que les délectations de l'esprit sont plus précieuses que celles du corps. Mais celles-ci sont les plus fortes et se font sentir avec plus de violence. Ecrasés que nous sommes par les sens, nous percevons mieux le sensible que l'intelligible. Elles produisent dans le corps un mouvement qui plaît. Les délectations spirituelles n'en produisent pas, si ce n'est dans le cas où, surabondant dans les puissances supérieures, elles débordent sur les puissances inférieures.

Enfin les délectations du corps dissipent les douleurs avec lesquelles elles sont incompatibles, et d'où vient la tristesse : c'est pourquoi on les recherche avec empressement, on en jouit avec avidité comme de remèdes contre les infirmités physiques. Il n'y a pas de douleur qui soit directement incompatible avec les délectations de l'esprit.

QUEST. XXXII. *Causes de la délectation.* — 1. C'est d'abord une opération, puisque la délectation suppose la possession d'un bien et la connaissance de cette possession. Nous aimons aussi le mouvement, et il nous cause la passion de la délectation, à cause de la faiblesse et de la mobilité de notre nature. Il en est de même de l'espérance et de la mémoire. La délectation résulte, disons-nous, de l'union d'un bien avec le terme auquel il convient. Il y a plusieurs sortes d'union : l'une, réelle, est la plus parfaite et la première cause de la délectation ; l'autre a lieu par la similitude, comme un objet connu est dans celui qui le connaît. L'espérance peut la produire, car le bien que j'espère est en moi comme possible et probable. La mémoire a la même efficacité, puisque c'est le souvenir d'une perception passée, qui en rappelle la délectation si elle a procuré un bien. La mémoire est le troisième degré d'union.

2. La tristesse peut-elle causer aussi la délectation ? la tristesse est présente ou passée, en acte ou en puissance. Elle peut, dans l'un et l'autre cas, causer la délectation, et voici comment. Êtes-vous actuellement triste ? Pleurez-vous l'absence d'un être que vous aimez ? Cette pensée, si triste qu'elle soit, vous plaît et il vous est bon de rester seul en face de votre tristesse. De là les charmes de la solitude pour les personnes affligées. La tristesse est-elle passée ? Elle peut être la source d'une très-douce jouissance, d'une délectation qui sera d'autant plus vive, que les dangers qui ont causé la tristesse, auront été plus grands. Avec quel plaisir le matelot arrivé au port se rappelle ses angoisses au milieu de la tempête, et le soldat qui revoit le

toit paternel, ses fatigues, ses privations et ses souffrances passées ! C'est dans ce sens que le poëte a dit : *Meminisse juvabit!*

3. Les actions des autres peuvent-elles nous apporter quelque délectation ? — Il est possible qu'elles remplissent les deux conditions de la délectation, l'accession d'un bien et la connaissance qu'on en a. C'est ce qui arrive, quand l'action d'autrui nous procure quelque bien, ou la connaissance d'un bien qui nous est propre ; par exemple, la louange, et quelquefois l'adulation. Elles causent d'autant plus de plaisir qu'elles partent de plus haut et qu'elles ont plus de finesse. Il y en a qui tressaillent de joie à tout bruit flatteur, parce qu'ils y trouvent un témoignage de leur bonté et de leur grandeur. Enfin l'amour que nous portons à une personne, fait que nous ne sommes plus qu'un avec elle, et que nous regardons ses actions comme les nôtres propres. Nous y prenons part, et elles nous réjouissent comme si nous en étions les auteurs.

4. La bienfaisance ? Elle peut aussi causer la délectation, et de plusieurs manières : par exemple, si des liens nous unissent à la personne à laquelle nous faisons du bien, ou si en le faisant, nous espérons une récompense de Dieu ou des hommes : l'espérance est une cause de délectation. Le principe d'où part la bienfaisance peut aussi nous réjouir, que ce principe soit ou le sentiment d'un bien superflu, ou la bonté naturelle qui porte tous les hommes à faire du bien, ou la sollicitation d'un ami. Tout ce qui nous vient d'une personne aimée nous est agréable.

5. La ressemblance est une autre cause de délectation. Elle établit entre deux êtres une sorte d'unité. En aimant ce qui nous ressemble, c'est nous en quelque sorte que nous aimons ; ainsi les hommes s'aiment généralement, les jeunes gens ont de la sympathie pour les jeunes gens, les vieillards, pour ceux de leur âge. Mais si une personne, en nous ressemblant, nuit à notre bien, la similitude cesse de nous réjouir : ce que nous avons nous est encore plus uni que ce qui nous ressemble. Les potiers détes-

tent les gens de leur profession, non pas parce que ceux-ci sont potiers, mais parce qu'ils diminuent le bien de la vente.

6. Enfin l'admiration est toujours une cause de délectation. Nous goûtons du plaisir à posséder une chose désirée, et ce plaisir est d'autant plus grand que le désir a été plus vif : de là la joie qui nous transporte en découvrant ce que nous avons longtemps cherché. D'où vient l'admiration? De ce que nous sommes témoins d'un effet dont nous ne connaissons pas la cause, ou de ce qu'elle dépasse nos facultés intellectuelles. Mais nous ne nous bornons pas à une oisive admiration, le désir joint à l'espérance de savoir, s'empare de nous. Nous comparons ce que nous connaissons avec ce que nous cherchons à connaître, et la comparaison nous fait toujours plaisir, étant l'acte propre de la raison.

QUEST. XXXIII. *Effets de la délectation.* — 1. Elle élargit le cœur : « Vous verrez, et vous serez dans l'abondance ; vous admirerez, et votre cœur se dilatera. » (Is., LX, 5.) Le mot dilatation ou largeur est ici une expression métaphorique qui désigne les affections de l'âme ; comme entendu dans le sens propre, il désigne la dimension des corps. La délectation produit une sorte d'élargissement dans les deux puissances qu'elle suppose. La faculté intellectuelle, percevant son union avec un bien, reconnaît, dans cette acquisition, une perfection qui fait sa grandeur ; c'est pourquoi l'esprit de l'homme s'y glorifie et s'y *dilate*. La faculté appétitive donne son assentiment et, s'attachant à l'objet délectable, s'y repose, se livre afin de pouvoir l'embrasser, s'élargit pour le recevoir et en jouir parfaitement.

2. La délectation produit-elle la soif ou le désir d'elle-même ? Elle ne fait pas directement naître le désir d'elle-même, car, qu'est-ce qui produit la délectation ? un bien présent, et le désir, c'est l'aspiration vers un bien absent. Mais s'il s'agit d'une délectation successive, son objet fût-il présent, elle peut en inspirer le désir. Je ne la possède pas toute et simultanément, et n'en

possédant qu'une partie, je la désire tout entière : par exemple, entendant réciter de beaux vers, après la première partie de la pièce, je désire la seconde. Il en est de même de la délectation des aliments, quand on a faim.

Si l'objet qui me délecte est parfait, ma perception imparfaite, je l'acquiers peu à peu, et à mesure qu'il vient en moi, mon désir pour lui s'enflamme, je brûle de le posséder tout entier : telle est la connaissance des perfections divines : *Qui bibunt me adhuc sitient.*

Si elle n'existe plus que dans la mémoire, cause-t-elle encore le désir d'elle-même ? Elle le peut, en faisant renaître la disposition dans laquelle nous étions, quand cette délectation nous était agréable. Mais si cette disposition est changée, si nous en éprouvons une contraire, le souvenir ne produit que le dégoût de la délectation passée : ainsi le souvenir d'un festin pour celui qui est rassasié.

3. La délectation empêche-t-elle l'usage de la raison ? — Il y a des délectations qui le facilitent, loin de l'empêcher : ce sont les délectations spirituelles. On fait mieux ce qui réjouit ; le plaisir augmente l'attention, et l'attention perfectionne l'action.

Mais les délectations du corps peuvent s'accomplir au préjudice de la raison, car elles détournent l'attention attirée vers ce qui plaît ; si elles sont fortes, elles remplissent de nuages l'entendement et diminuent l'éclat des lumières intellectuelles ; si elles sont excessives, comme dans l'ivresse, elles éteignent toute lumière et enchaînent la raison en suspendant totalement l'exercice de l'imagination et des puissances sensitives.

QUEST. XXXIV. *Bonté et malice des délectations.* — 1. Des délectations sont bonnes, d'autres sont mauvaises. Certains philosophes ont prétendu qu'aucune délectation ne pouvait être bonne : ils ne distinguaient pas entre l'esprit et la matière, et ne voyaient dans la délectation que ce qu'elle a de matériel et de sensible.

Examinant les éléments de toute délectation, nous y trouvons un repos qui l'accompagne et une opération qui la précède. Ce repos vient du bien que l'on éprouve. Il y a deux sortes de biens : le bien naturel qui produit un repos conforme à la nature, par exemple, le repos d'un corps grave qui est en équilibre; le bien moral. Appeler mauvaise une délectation qui produit un repos conforme à la raison et à la loi divine, qui est en harmonie avec cette double règle de nos actions, c'est dire que le repos d'un corps assis sur la terre répugne à la nature.

D'un autre côté, voyez l'action qui précède la délectation. Elle y tient de plus près que la concupiscence. Or celle-ci est bonne quand elle a rapport au bien : pourquoi l'action qui s'y rapporte plus immédiatement serait-elle mauvaise? Mais si on ne dit pas avec les Stoïciens, que toutes les délectations soient mauvaises, il ne faut pas dire avec les Épicuriens que toutes soient bonnes. Pour juger de leur moralité, il faut voir leur rapport avec la raison et la loi divine.

2. La délectation que l'homme recherche est-elle la règle de la bonté ou de la malice dans les choses humaines ? Cette bonté et cette malice, nous l'avons vu, dépend de la volonté. Qu'est-ce qui rend la volonté bonne ou mauvaise ? C'est surtout la fin qu'elle se propose, et cette fin, c'est le repos dans une délectation : car l'homme vertueux se repose dans des délectations honnêtes; l'homme méchant, dans des délectations déshonnêtes. Mais d'où vient l'honnêteté d'une délectation ? En elle-même, elle n'est ni bonne ni mauvaise. Sa moralité lui vient de sa conformité avec la raison, qui est le bien de l'homme. Si la raison l'approuve, elle est bonne ; dans le cas contraire, elle est mauvaise, n'étant pas en harmonie avec sa règle, de sorte que la moralité des actes humains vient de la bonté ou de la malice de la délectation.

QUEST. XXXV. *La passion opposée à la délectation, est la douleur ou la tristesse.* — 1. La douleur est-elle une passion ? Ce qui fait la délectation, c'est l'union d'un bien avec le terme auquel il convient, et de plus, la connaissance de cette union. Ainsi, la douleur est l'union d'un mal avec le terme auquel il ne convient pas, et sa perception. L'appétit naturel, privé de connaissance, est par là même inaccessible à la douleur. Quand l'appétit sensitif perçoit un objet qui lui répugne, il subit une véritable passion, un mouvement violent qui fait souffrir. Si c'est l'appétit intellectuel, il y a passion comme il y aurait délectation, si l'objet qu'il perçoit convenait à la nature et à la raison.

2. La douleur est-elle la même chose que la tristesse ? La tristesse est à la douleur ce que la joie est à la délectation. La joie vient d'une perception intérieure ; la délectation vient surtout d'une perception extérieure. De même, tout mal reçu et senti est une douleur ; pour que ce soit une tristesse, il faut de plus la connaissance de la raison. On ne saurait dire, dans le sens propre du mot, que les bêtes soient tristes.

3. Laquelle, de la douleur intérieure ou de la douleur extérieure, est la plus grande ? Elles sont égales en ce sens qu'elles sont l'une et l'autre un mouvement de la puissance appétitive, mais elles diffèrent par leur essence même. Pourquoi telle chose me cause-t-elle une douleur extérieure ? parce qu'elle blesse un de mes sens, principalement le toucher. Pourquoi une autre me fait-elle sentir une douleur intérieure ? parce qu'elle offense la puissance même de l'appétit. De sorte que l'une atteint cette puissance directement, l'autre par l'intermédiaire de mon corps. Or, ce qui est par soi l'emporte sur ce qui n'est que par autrui.

Voyez aussi la perception de chacune de ces douleurs ; celle de la raison et de l'imagination n'est-elle pas plus noble que celle des sens? Aussi l'homme consent-il quelquefois à de nombreuses et cruelles douleurs extérieures pour éviter une seule peine intérieure.

Enfin, l'âme partage toutes les souffrances du corps, et celui-ci ignore bien des souffrances de l'âme. Elle porte le poids de toutes les douleurs qui nous arrivent soit du dedans, soit du dehors. C'est pourquoi l'Ecriture appelle la tristesse du cœur une plaie universelle (Eccli., xxv, 17), montrant que son amertume égale la douleur de toutes les plaies extérieures.

4. N'y a-t-il qu'une sorte de tristesse? La tristesse est produite en nous par un objet qui nous est étranger. Si c'est le bien d'autrui, la tristesse s'appelle envie; si c'est le mal du prochain, elle prend le nom de compassion. Considérée du côté de son effet, la tristesse est une fuite ou aversion : de là l'anxiété pour trouver une issue et éviter le mal. Si cette anxiété est si grande qu'elle paralyse le mouvement des organes, surtout celui de la voix, la tristesse s'appelle consternation.

QUEST. XXXVI. *Causes de la tristesse.* — 1. Ce qui cause la tristesse, est-ce un mal actuellement ressenti, ou un bien perdu?. Qui dit délectation, dit rapprochement, union de deux termes. La tristesse, au contraire, est une aversion, une fuite de l'appétit blessé. On s'éloigne donc par la tristesse, d'un mal présent, comme on s'approche d'un bien par la délectation. Cela n'empêche pas que le bien perdu ne soit aussi une cause de tristesse : c'est un mal d'être privé de ce qui nous appartient. Cependant, la tristesse étant un mouvement de répulsion, vient plutôt du mal présent que du bien perdu : la loi d'attraction porte naturellement un corps vers ce qui lui convient, et la loi de répulsion l'éloigne de ce qui lui est contraire. Ainsi un corps tend vers les lieux inférieurs avant d'avoir quitté les lieux supérieurs : le feu suit naturellement un mouvement inverse.

2. La concupiscence peut-elle causer la tristesse? La concupiscence est une cause de joie, tant que l'espérance accompagne le désir. Un obstacle vient-il à détruire l'espérance? Il fait subir à l'appétit un mouvement qui lui est contraire et qui l'attriste, car tout ce qui empêche un mobile d'arriver à son terme, lui impose contrainte et violence. Nous nous affligeons, nous voyons avec peine le retard ou la disparition totale de ce que nous désirons. C'est ainsi que la concupiscence est une cause de tristesse.

La tristesse peut aussi nous venir d'une puissance à laquelle nous ne pouvons résister. C'est le sentiment d'un mal qui nous afflige, sentiment contraire à l'inclination de l'appétit. Cette puissance, si je ne puis la vaincre, m'attriste, car elle me fait souffrir violence, ce qui est un mal. Mais si elle changeait mon inclination, la violence, par conséquent la tristesse, cesserait. Ainsi, si je prends de l'eau dans ma main et la jette en l'air, je lui fais violence ; mais si, la réduisant en vapeurs, je change sa tendance à descendre, elle s'élèvera sans subir aucune violence et suivant une inclination naturelle. Il en serait de même, si la forme qui me domine changeait l'inclination de ma volonté.

QUEST. XXXVII. *Effets de la douleur et de la tristesse.* — 1. La douleur enlève-t-elle la faculté d'apprendre ? Si elle est modérée, elle favorise au contraire le travail d'esprit. Bannissant l'excès du plaisir qui dissipe l'âme et la répand hors d'elle-même, elle rappelle l'homme au dedans, lui donne plus de goût et d'aptitude aux réflexions sérieuses : « Vous les instruirez, Seigneur, dans l'affliction. » (Is., xxvi, 16.) Mais si la douleur est vive, la tristesse profonde, elle ôte entièrement la faculté d'apprendre. Toutes les puissances de l'âme ayant leur racine dans son essence qui est une et simple, l'attention ne peut se porter, dans le même temps, sur plusieurs objets. Si un seul l'absorbe ou l'attire en grande partie, comment se livrer à des occupations qui exigent l'attention tout entière ? Elle s'appliquera uniquement à faire cesser le mal qui la tourmente, comme nous voyons les êtres naturels repousser de toute leur énergie, ce qui leur est contraire. Or, pour apprendre, on a besoin de toute son attention, il faut dans l'âme une quiétude que rien ne vienne troubler. La science est le prix de travaux assidus et des plus constants efforts : « Si vous recherchez la sagesse comme de l'argent, et que vous creusiez comme on fait pour découvrir un trésor, vous trouverez la science. » (Prov., ii, 4.) Aussi la tristesse a-t-elle contraint saint Grégoire à interrompre son commentaire d'Ezéchiel comme il le dit lui-même. (Hom. xxii, sur Ezéchiel.)

Non-seulement la douleur violente empêche la contemplation et ne permet pas à l'homme de rien apprendre de nouveau. Au moment de ses accès, elle suspend toute réflexion, efface tout souvenir de ce qu'on a su auparavant. Néanmoins, ces effets de la douleur varient selon l'amour de l'homme pour la science et la contemplation. Plus cet amour est grand, plus il captive l'attention, empêche les puissances intellectuelles de se laisser entraîner et dominer par la douleur. On a vu des hommes conserver, au milieu des plus cruelles souffrances, le calme et la sérénité de l'esprit.

2. La tristesse n'appesantit-elle pas l'esprit? Le monde physique est l'image du monde intellectuel ; c'est pourquoi on donne quelquefois aux choses de l'un, les noms de choses qui se trouvent dans l'autre. Quand un corps est-il appesanti? Lorsqu'un autre l'empêche de suivre son mouvement naturel. De même, l'âme ne pouvant atteindre ce qu'elle désire, est comme appesantie par la tristesse. Si le poids qui l'accable lui laisse seulement une lueur d'espérance, elle peut encore agir et mouvoir le corps; mais si la tristesse est telle qu'elle ôte tout espoir et ne laisse voir aucune issue, tout mouvement extérieur cesse, et l'homme, retombant sur lui-même, paraît stupide et fou.

3. Nuit-elle à l'action? Je ne parle pas des cas où elle ôte tout mouvement, la chose est évidente ; mais, supposé même qu'elle laisse encore à l'âme, de l'activité, elle nuit à l'acte, la volonté étant le principe qui produit nos actions. Or, il est incontestable qu'on fait moins bien une chose qui répugne, que celle qui plaît.

Ce serait différent, si l'on agissait dans le but et l'espérance de dissiper la tristesse.

4. Elle nuit plus au corps que toutes les autres passions de l'âme. La vie corporelle consiste dans le mouvement qui part du cœur et porte aux extrémités une quantité déterminée de chaleur et de nourriture. Les autres passions soulagent le corps en favorisant le mouvement vital. Elles ne nuisent que si elles lui impriment trop de rapidité, et envoient en trop grande abondance

les esprits vitaux ; mais la crainte, le désespoir, surtout la tristesse supposant la fuite et l'aversion, changent ce mouvement en un mouvement contraire. L'impression produite par la tristesse donne aux esprits vitaux une direction *innaturelle*, et les fait refluer dans la région du cœur. De là vient que la tristesse peut faire mourir ou subitement ou en tarissant à la longue les sources de la vie. « La joie de l'esprit donne au corps la fleur et la force de la jeunesse ; la tristesse de l'esprit dessèche les os. » (Prov., xvii.) « Comme le ver ronge le vêtement et le bois, ainsi la tristesse nuit au corps. » (*Ibid.*, xxv, 20.) L'aiguillon de la tristesse hâte les pas de la mort. » (Eccli., xxxviii, 19.)

QUEST. XXXVIII. *Remèdes à la tristesse.* — 1. C'est d'abord une délectation quelconque. La tristesse est à l'appétit de l'âme ce que la fatigue est au corps. D'où vient la fatigue ? D'un mouvement qui change l'état normal du corps : son remède, c'est le repos. D'où vient la tristesse ? D'un mouvement de l'appétit, qui, loin de trouver un bien convenable, est en proie à ce qui lui répugne. La délectation console et repose.

2. Les larmes, les gémissements ont aussi le même effet. Ce qui est au dedans de nous obsède les puissances de l'âme. Attirée au dehors par les pleurs et les sanglots, elle fait diversion à sa peine intérieure. D'ailleurs, une action convenable à l'état dans lequel nous sommes, nous est toujours agréable. Tels sont les larmes, les gémissements à l'homme affligé. Aussi, les personnes dont la douleur éclate au dehors ne sont pas celles qui souffrent le plus : ce sont les personnes dont la douleur, renfermée en elles-mêmes, ne trouve aucune issue, et ne s'épanche ni en paroles, ni en larmes, ni en gémissements. Saint Augustin dit qu'au temps où il pleurait la mort de son ami, il ne trouvait un peu de repos que dans les gémissements et les larmes. (Conf., l. iv, c. 4.)

3. La compassion est un puissant moyen d'adoucir l'amertume de la tristesse. La tristesse est un poids qui accable. En y prenant

part, des amis compatissants joignent leurs efforts à nos efforts et semblent porter une partie de notre fardeau. Nous nous sentons soulagés, comme le porteur à qui l'on ôte une partie de sa charge.

La seconde raison et la meilleure, c'est que la compassion nous montre que nous sommes aimés, et nous fait sentir les charmes de l'amitié. Cette pensée nous cause une bien douce délectation, et toute délectation, je viens de le dire, est un remède à la tristesse. Donc l'ami compatissant qui mêle ses larmes avec les nôtres, adoucit nos peines.

4. La contemplation de la vérité dissipe la tristesse. C'est en elle que consiste la plus grande des délectations, et plus un homme aime la sagesse, plus il trouve de bonheur à en contempler la beauté. De là la joie que procure en l'autre monde la vision intuitive, et en celui-ci la méditation des perfections divines. « Mes frères, dit l'apôtre saint Jacques, vous qui avez reçu la foi de Jésus-Christ, considérez comme le sujet d'une grande joie les diverses afflictions qui vous arrivent. » Bien plus, la splendeur de la vérité peut tellement inonder la partie supérieure, qu'elle refluera sur la partie inférieure, et fera perdre à l'homme le sentiment de la plus cruelle douleur. Le martyr Tiburce s'écriait, marchand nu-pieds sur des charbons ardents : « Il me semble qu'au nom de Jésus-Christ je marche sur des fleurs. »

QUEST. XXXIX. *Bonté et malice de la tristesse.* — 1. Toute tristesse est-elle mauvaise? La tristesse, considérée en elle-même, est toujours mauvaise. Mettant l'esprit dans l'inquiétude et la contrainte, elle empêche le repos de l'appétit dans le bien. Mais si la tristesse vient d'une chose regrettable et pénible, elle est bonne et digne de louange. Si l'on ne s'en attristait pas, c'est qu'on n'aurait pas le sentiment du malheur ou qu'on ne le jugerait pas contraire à l'appétit, ce qui serait un mal. Donc le contraire serait un bien et la tristesse pourrait être bonne.

Elle peut être un bien honnête et un bien utile. La douleur corporelle atteste la bonté de la nature, qui inspire ainsi aux organes le sentiment du mal, et l'instinct d'en fuir la cause. La tristesse intérieure montre la droiture de la raison, qui juge telle chose mauvaise, et la droiture de la volonté qui la répudie.

La tristesse peut aussi être utile : d'un mal présent naissent deux mouvements de l'appétit : le premier, c'est la contrariété que nous cause ce mal. Sous ce rapport, la tristesse n'est d'aucune utilité; elle peut même être fort nuisible : *Multos occidit tristitia*. (Eccli. xxx, 25.) Le second nous porte à fuir et à repousser le mal, ou pour lui-même, ou à cause de l'occasion qu'il donne de le commettre : « Il vaut mieux aller à une maison où règne le deuil qu'à une maison où nous attend un festin ; dans la première on est averti de la fin de tous les hommes, et celui qui est vivant pense à ce qui doit lui arriver un jour. » (Eccli., vii, 3.)

QUEST. XL. — Telles sont les passions que l'attrait du bien produit dans la partie de l'âme appelée le *concupiscible*. Voyons maintenant les passions de l'irascible : ce sont l'espérance et le désespoir, la crainte et l'audace, et la colère.

1. L'espérance est-elle autre chose que le désir?

Les passions diffèrent d'espèce comme leurs objets en diffèrent eux-mêmes. L'objet de l'espérance réunit quatre conditions qui ne se trouvent pas toujours dans l'objet du désir. C'est d'abord un bien ; on n'espère pas, on craint le mal. C'est ensuite un bien futur. S'il était présent, il produirait la passion qu'on appelle la joie. C'est un bien possible, sinon on en désespérerait. Enfin, c'est un bien difficile, et ici paraît la différence entre l'espérance et le désir. Ce que nous désirons est un bien simplement futur. Ce que nous espérons suppose des difficultés ; car on ne dit pas qu'un homme espère ce qu'il a presque sous la main ou ce qu'il peut se procurer aisément.

2. Les personnes les plus portées à l'espérance, ce sont les jeunes gens, les fous et tous ceux qui s'adonnent au vin. Quelles sont les conditions requises pour qu'un bien soit l'objet de l'espérance? c'est qu'il soit futur, difficile et possible. Or ces trois

qualités sont pleines d'attraits pour les jeunes gens. Ils possèdent peu dans le passé, beaucoup dans l'avenir : ils vivent plus d'espérance que de souvenir.

Ils aiment aussi à entreprendre ce qui est difficile, parce que leur sang chaud et plein d'esprits anime leur ardeur, enflamme leur courage.

Sans expérience des difficultés, ayant essuyé peu de refus, peu de déceptions, ils se persuadent aisément que tel bien est possible et croient volontiers à la possibilité du succès.

Il en est de même des gens qui boivent. Ils ont, comme au temps de la jeunesse, le sang plein de chaleur et d'esprits. Leur raison, troublée par les fumées du vin, ne voit pas le péril ni leur peu de ressources. Tout leur paraît facile, tout leur sourit, et pleins d'espoir, ils ne reculent devant aucune entreprise.

3. L'espérance est-elle utile à l'action? Voyez l'objet de l'espérance : c'est un bien possible, mais difficile. Cette pensée nous dit assez qu'il faut travailler avec énergie, redoubler d'efforts et d'attention. Voyez, d'autre part, la délectation qui est l'effet de l'espérance. La délectation que l'espérance nous fait trouver en agissant, contribue puissamment à la perfection d'une œuvre.

QUEST. XLI. *La crainte.* — 1. La crainte est une passion. La passion est le mouvement d'une puissance à laquelle on présente son objet ou ce qui lui est contraire : c'est ainsi que la faculté de comprendre et celle de sentir peuvent éprouver des passions. Mais ce qui caractérise surtout la passion, c'est le mouvement en mauvaise part, provenant d'une chose nuisible qu'il faut fuir. Telle est la crainte : nous craignons et nous cherchons à fuir un mal futur suspendu sur nos têtes, comme nous nous attristons d'un mal présent.

2. Y a-t-il plusieurs sortes de craintes, comme plusieurs sortes de tristesses?

On craint un mal futur qu'on ne peut aisément éviter. Nous pouvons distinguer dans cette passion six variétés : la lâcheté, lorsque le mal qui nous menace nous fait une si grande impression que nous renonçons aux moyens de l'éviter ; la pudeur, lorsqu'on est surpris dans le mal même ; la honte, après l'avoir commis. Voilà les variétés qui concernent l'acte même de la crainte. Quant aux circonstances, il faut distinguer l'étonnement, la stupeur et l'angoisse. Je suis dans l'étonnement, lorsque je ne vois pas quelle sera la fin de ma crainte ; dans la stupeur, lorsque le mal qui me menace est extraordinaire et émeut fortement mon imagination ; dans l'angoisse, lorsque je ne puis le prévoir et y remédier, comme sont les infortunes que l'avenir nous réserve.

QUEST. XLII. *Objet de la crainte.* —1. Peut-on craindre un bien?

On ne le peut qu'accidentellement. La crainte est le mouvement d'une puissance appétitive. Celle-ci ne se porte qu'en avant ou en arrière ; en avant pour percevoir le bien, en arrière pour fuir le mal. Comme la crainte est une aversion, un mouvement rétrograde de l'appétit, il s'ensuit que le mal seul peut être l'objet de la crainte.

Néanmoins, le bien peut l'être accidentellement, par exemple, s'il nous prive d'un bien que nous aimons ou peut nous nuire et nous infliger une peine, soit spirituelle, soit corporelle : ainsi nous craignons Dieu ; ainsi nous craignons un homme puissant, surtout s'il est injuste.

2. Le mal de la faute peut-il être l'objet de la crainte?

L'objet de l'espérance est un bien futur, difficile et possible. De même l'objet de la crainte est un mal futur, terrible, qui ne peut être facilement évité. Or, le mal de la faute est toujours en notre pouvoir, dépendant de notre volonté, et par conséquent n'a pas le caractère de terrible.

Cependant, comme la volonté subit l'influence des causes extérieures, nous pouvons craindre le mal de la faute en ce sens que nous craignons ce qui peut nous y porter : ainsi l'on craint la société des méchants. Dans ce cas, c'est plutôt la séduction que la faute qui est l'objet de la crainte.

3. Quels sont les maux que l'on craint le plus? ceux qui n'ont pas de remède.

L'objet de la crainte étant le mal, augmenter le mal, c'est augmenter la crainte. Or un objet est mauvais non-seulement dans son espèce, mais encore dans ses circonstances. Parmi les circonstances, la plus importante est assurément la durée. Ce qui se fait dans le temps s'apprécie en grande partie par le temps : la même peine est doublée, quand on en double la durée. Combien ne doit-on pas craindre un mal qui, étant sans remède ou très-difficile à réparer, est en quelque sorte perpétuel?

QUEST. XLIII. *Causes de la crainte.* — 1. L'amour en est la première. Nous craignons un mal qui nous menace, nous ou nos amis. L'amour nous unissant à eux, leurs malheurs sont les nôtres et nous affligent comme si nous en étions frappés les premiers. Si l'on n'aimait pas, on n'aurait pas de crainte, et plus on aime d'êtres, plus les craintes sont nombreuses. L'homme riche, le père et la mère d'une nombreuse famille sont sans cesse tremblants et de tout côté accessibles à la crainte, parce que de tout côté ils sont vulnérables.

2. La crainte peut venir aussi d'un défaut de celui qui appréhende d'être victime : je crains, ne me sentant pas assez fort pour repousser une agression. Elle peut venir enfin d'un défaut de celui qui me fait entendre des menaces. Le connaissant querelleur, injuste et puissant, je crains qu'il ne tente de me faire du mal.

QUEST. XLIV. *Effets de la crainte.* — 1. La crainte produit une contraction du dehors au dedans. Il faut remarquer dans toute passion de l'âme, un mouvement de la puissance appétitive, et une modification corporelle qui lui correspond et en prend la nature. La crainte vient de l'idée qu'on se forme d'un mal imminent et du sentiment de sa propre faiblesse. Nous voyant impuissants en face d'un ennemi, nous nous mettons à craindre, à appréhender qu'un mal ne nous arrive. De là une contraction dans l'appétit animal. Plus on est faible, moins on peut étendre son action. Le seul moyen de l'exercer encore et d'offrir quelque résistance, c'est de modérer les puissances et de ne les développer que dans une petite sphère d'activité. C'est pourquoi l'imagination, frappée par la crainte, recueille les forces éparses dans l'être tout entier, et l'appétit animal se contracte pour en empêcher la diffusion. Ainsi aux approches de la mort, la nature se sentant défaillir, recueille ses forces et les appelle des extrémités à l'intérieur ; ainsi les habitants d'une ville, saisis de crainte, quittent les faubourgs et fuient dans l'intérieur de la place. La crainte produit dans l'appétit animal une contraction semblable. Elle fait refluer la chaleur et les esprits vitaux vers l'intérieur, les concentre dans les parties nutritives, qui en sont violemment ébranlées. Les membres extérieurs, privés de la chaleur qui est l'instrument du mouvement, restent immobiles ou tremblants. La figure pâlit, les dents s'entre-choquent, la lèvre inférieure frémit, les genoux fléchissent. La même commotion se fait sentir au cœur, à la poitrine et aux membres qui touchent de plus près ces organes. Ainsi celui qui craint a la voix tremblante, à cause de la proximité de l'artère vocale avec le cœur, qui est alors affaibli par l'affluence des esprits vers les parties inférieures.

2. La crainte nous rend amis des bons conseils. Les choses que l'on craint ne sont pas mauvaises seulement en elles-mêmes, mais aussi comme prochaines et difficiles à éviter. C'est pourquoi, menacés, nous aimons à prendre conseil. Nous nous défions de nous-mêmes, et nous appelons les autres au secours de notre insuffisance. Mais il ne faut pas que les autres soient comme nous sous l'empire de la crainte ; les passions sont aveugles. Une chose que l'on aime, paraît toujours meilleure qu'elle n'est, et celle que l'on craint, plus terrible. L'homme qui tremble a un bandeau sur les yeux. S'il lui arrive de donner de sages conseils, ce n'est que par hasard.

3. Empêche-t-elle l'action extérieure ?

Cette action a pour principal moteur, l'âme, et pour instruments les membres du corps.

Quant à l'instrument, la crainte nuit à son action, parce qu'elle empêche la chaleur de se répandre aux extrémités, et d'y porter le mouvement et la vie. Si elle était violente, elle pourrait empêcher l'action. Modérée, elle l'aide et la perfectionne, parce que nous rendant inquiets au sujet de l'issue, elle commande l'attention.

QUEST. XLV. *L'audace est la passion opposée à la crainte.* — 1. Vient-elle de nos qualités ou de nos défauts?

L'audace étant une passion de l'âme, provient de l'appétit ou d'un changement opéré dans le corps, et qui de là est passé dans l'âme. Voyons d'abord, dans la passion, le mouvement de l'appétit. Il ne peut venir de ce qui cause l'espérance et éloigne la crainte, car l'audace exclut la crainte, suit l'espérance. Qu'est-ce qui cause en nous l'espérance? ce sont les dons de la fortune, les qualités de l'esprit et du corps, l'expérience des dangers, le crédit des amis, la puissance des protecteurs, et surtout la confiance en Dieu. Je ne vois rien là, qui suppose des défauts.

J'ai dit que l'audace bannit la crainte. Qu'y a-t-il de plus propre à cela que le témoignage qu'on se rend à soi-même de n'avoir fait de mal à personne, de n'avoir pas d'ennemi, de n'être menacé d'aucun danger? quel défaut suppose ce rassurant témoignage?

Si nous considérons la seconde condition de la passion, le changement physique passé dans l'âme, là encore point de défaut. Donc ce sont les qualités d'un homme qui lui donnent de l'audace. Cette passion provoquant l'espérance et bannissant la crainte, a pour cause ce qui porte régulièrement vers le cœur la chaleur et les esprits vitaux, les instruments de la force corporelle.

Néanmoins, les défauts peuvent la causer accidentellement. Le défaut d'expérience peut nous donner des illusions sur l'étendue de nos forces et nous cacher un danger imminent.

2. Les gens audacieux ont plus de courage au commencement

qu'au milieu et à la fin. L'audace suit une perception de la puissance sensitive. A-t-elle perçu son bien? elle juge subitement, elle s'élance à sa poursuite, sans considérer les circonstances qui l'accompagnent. A mesure que l'audacieux avance, il voit surgir des difficultés qu'il n'avait pas prévues. Son ardeur se ralentit, le courage l'abandonne peu à peu, et il renonce à son entreprise ou il échoue. C'est du moins, ce qui arrive le plus communément (1).

Il en est autrement de l'homme fort. Il entreprend, non pas entraîné par la passion, mais conduit par la raison. Comme il avait tout prévu, des difficultés qu'il redoutait quelquefois n'existent pas, ou sont inférieures à ce qu'il pensait. Son ardeur s'anime, son courage augmente à chaque pas.

Le même progrès se remarque dans celui qui commence une entreprise par amour de la vertu. Sa volonté, à mesure qu'elle s'y repose, se fortifie, et il marche avec constance au but qu'il s'est proposé.

QUEST. XLVI. *La colère est une autre passion de cette partie de l'âme qui aspire au bien et repousse le mal, quels que soient les difficultés et les périls.* — 1. L'objet de la colère, c'est, d'un côté, le bien ; de l'autre, le mal.

Le mouvement d'une puissance appétitive suit toujours une perception, celle d'un bien ou celle d'un mal. Ils peuvent être considérés, l'un comme simplement bien, l'autre comme simplement mal, abstraction faite de toute circonstance ; de là le désir, l'espérance, la délectation, la tristesse. On peut aussi les considérer d'une manière complexe. J'aime quelqu'un et je lui souhaite du bien ; je le hais, je lui veux du mal. Il en est de la colère comme de la haine. Un mouvement de colère tend vers deux buts : vers la vengeance ou le mal, et vers celui à qui nous le voulons. Il a un trait de plus que la haine et l'amour. Ces deux

(1) Le fameux adage : *Audaces fortuna juvat,* manque de vérité ; ce n'est qu'un poétique mensonge.

passions n'ont qu'un objet; la colère en a deux. Dans la colère, considérant le mal d'autrui, nous le laissons comme son mal et nous l'aimons comme notre bien. Elle réunit ainsi les deux passions les plus opposées, l'amour et la haine. Donc l'objet de la colère est d'un côté le bien, de l'autre le mal.

2. Est-elle un plus grand mal que la haine?

La haine veut le mal en qualité de mal. Aux yeux de la colère il a de plus un caractère de bien. Poussé par la colère, je souhaite du mal à tel individu, et je veux me venger, parce que je crois que la vengeance est juste; si c'est un mal pour celui qui m'a offensé, c'est un bien pour moi. C'est pourquoi saint Augustin compare la haine à une poutre, la colère à une paille.

3. Ne se met-on en colère que contre ceux dont on a reçu une injure?

Que veut la colère? le mal d'autrui, mais un mal uni à un bien, qui est la juste vengeance. Or, on ne venge justement qu'un droit violé.

Mais quel droit peuvent violer des créatures sans raison? Quelle injustice veut réparer celui qui se met en colère contre sa plume, qui enfonce avec fureur ses éperons dans les flancs de son cheval?

La lésion de nos droits peut nous être manifestée par la raison et par l'imagination. La raison ne révèle que des injustices réelles; mais l'imagination en suppose souvent de fictives, comme celles que je viens de citer.

QUEST. XLVII. *Causes de la colère.* — 1. C'est toujours une injure qui nous est propre. La colère renferme le désir de faire à quelqu'un un mal qui soit une vengeance. De quoi nous vengeons-nous? d'une injure qui nous a été faite; comme nous n'aspirons qu'à notre bien, nous ne repoussons que notre mal. Si nous nous irritons d'une injure faite à d'autres, c'est que nous nous l'approprions pour la venger. D'où il suit que la cause de notre colère est toujours une injure personnelle.

Cette injure peut revêtir des formes diverses; mais elles reviennent toutes au peu d'estime qu'on a fait de nous. La colère veut la vengeance comme une chose juste qui réparera nos droits. Pourquoi les a-t-on violés? parce qu'on a cessé d'avoir de l'estime pour nous. Si ce mépris vient de l'ignorance ou de la passion, la colère, moins vive, laisse encore entendre la voix de la miséricorde et du pardon. S'il vient de la malice de l'agresseur, d'un jugement calme et réfléchi, la colère est implacable ou on ne pardonne que difficilement.

2. Quelle est, du côté de celui qui s'emporte, la cause de la colère? C'est son excellence réelle ou imaginaire, mais la disposition à la colère est un défaut. Plus nous avons ou croyons avoir de droits à l'estime des autres, plus nous nous irritons si on nous refuse le tribut d'estime qui nous est dû. Le riche est en colère si l'on méprise son argent; le rhéteur, si l'on ne fait pas de cas de son éloquence.

Mais la disposition à la colère est un défaut : nous nous fâchons, pourquoi? parce qu'on nous fait un mal qui nous attriste. Les malades, les gens infirmes, pauvres de quelque manière que ce soit, étant enclins à la tristesse, la moindre chose les irrite et provoque leur colère.

3. Du côté de celui contre qui nous nous fâchons, quelle est la cause de la colère?

C'est sa bassesse. Il n'est rien qui nous irrite comme de nous voir méprisés, injuriés par des gens de bas étage; de là la colère des savants contre les ignorants, des sages contre les fous, qui les tournent en dérision. De même que la louange nous flatte à mesure qu'elle part de haut; l'injure nous irrite à mesure qu'elle part de bas. Mais si la bassesse de notre agresseur est volontaire et a pour but de réparer l'outrage, elle diminue la colère. On pardonne volontiers à celui qui s'humilie et reconnaît ses torts. La petitesse produit alors l'effet contraire à la colère : *responsio mollis frangit iram.*

QUEST. XLVIII. *Effet de la colère.* — 1. La colère produit une délectation. « Elle est plus douce au cœur de l'homme, qu'un rayon de miel. » (Aristote.) Les délectations, surtout celles des sens et du corps, sont des remèdes qui dissipent la tristesse. On y trouve d'autant plus de douceur, que la tristesse ou l'angoisse a été plus grande : plus on a soif, plus on trouve agréable ce que l'on boit. La colère, avons-nous dit, provient d'une injure qui nous attriste, et nous cherchons dans la vengeance un remède à notre peine. La vengeance satisfaite produit en moi une délectation qui bannit entièrement la tristesse et calme le mouvement de la colère. Avant le moment de la vengeance, j'ai une autre délectation : c'est d'espérer, car on ne se met en colère que dans l'espérance de tirer vengeance ; c'est aussi de penser à une vengeance, car, quand on désire une chose, on se complaît à y fixer sa pensée : les rêves sont agréables lorsqu'ils représentent à notre imagination des objets qui nous sont chers. Pour la même raison, celui qui brûle de colère, trouve ses délices à méditer des projets de vengeance. Cependant l'espérance et la pensée de la vengeance ne produisent pas une aussi grande délectation que la vengeance accomplie.

2. Il n'est rien qui trouble plus que la colère l'usage de la raison. La raison ne se sert pas, dans son acte même, des organes corporels ; néanmoins elle a besoin pour le produire du concours des puissances sensitives. La preuve, c'est que quand leur activité est suspendue, comme dans le sommeil et l'ivresse, la raison ne peut plus agir. Mais ces puissances lui sont rebelles quand le corps est vivement agité. Or la colère produit le trouble dans la région du cœur, d'où l'agitation se répand dans le reste du corps. « L'aiguillon de la colère fait palpiter son cœur : il est tout tremblant. La langue embarrassée, la figure en feu, les yeux de travers, il fait entendre des sons confus. Il ne reconnaît plus ses amis, » etc. (S. Grégoire.)

3. La colère n'empêche-t-elle pas quelquefois l'usage de la parole?

Tantôt elle fait parler de l'abondance du cœur, tantôt elle rend silencieux. Elle peut produire un flux de paroles, elle peut nous imposer le silence, soit qu'elle nous ait fait perdre ou nous ait laissé l'usage de la raison. Si son souffle impétueux n'a pas éteint en nous toute lumière, la raison peut interdire tout mouvement à la langue, quand même elle ne nous empêcherait pas de désirer avec désordre la vengeance. Si elle a éteint toute lumière, la colère peut encore produire la taciturnité. Son trouble atteint jusqu'aux organes extérieurs, surtout ceux qui ont le plus de sympathie avec le cœur, comme les yeux, le visage, la langue : c'est pourquoi la langue de l'homme irrité s'embarrasse, son visage s'enflamme, il a les yeux errants et hagards, etc. Quand elle a porté dans le cœur un trouble excessif, la colère peut non-seulement nous empêcher de proférer une seule parole, mais encore entraîner l'immobilité des membres extérieurs et quelquefois la mort.

CHAPITRE IV.

LES VERTUS.

QUEST. XLIX. *Habitude en général.* — Après avoir vu ce que c'est que les actes humains, il faut en considérer les principes. Ils sont intrinsèques ou extrinsèques. Les premiers sont les puissances de l'âme, dont nous avons parlé, et les habitudes, qui feront l'objet de cette question. Nous les considérerons d'abord à un point de vue général, puis nous étudierons chacune en particulier.

1. Le mot *habitude* vient de *habere*, avoir. Il signifie ou l'action de posséder, ou l'état dans lequel un être se trouve, soit à l'égard de lui-même, soit à l'égard d'autrui. C'est ce dernier sens que nous donnons ici au mot habitude. Il exprime la disposition bonne ou mauvaise d'un être en lui-même ou par rapport à ce qui lui est étranger; ainsi la santé, la beauté est une habitude du corps, la tempérance, la justice est une habitude de l'âme. C'est donc une des dix catégories qu'Aristote appelle l'état.

2. Comment se rapporte-t-elle à l'acte? Il est de l'essence de l'habitude de se rapporter à une chose selon qu'elle lui convient ou ne lui convient pas. Or toute nature se rapporte à un acte, ou à une fin que l'on ne peut atteindre qu'en agissant. C'est pourquoi Aristote définit l'habitude, une disposition selon laquelle un être est bien ou mal en soi (une disposition bonne ou mauvaise à l'égard de sa nature) ou à l'égard d'autre chose (c'est-à-dire de la fin). L'habitude peut encore se rapporter à l'action par la nature du sujet en qui elle réside. Si cette nature est telle qu'elle implique une relation à l'acte, l'habitude s'y rapporte d'une manière principale. Il est donc

de l'essence de l'habitude d'être le principe des actes humains.

3. Il y a des habitudes dans l'homme. C'est, d'après ce que je viens de dire, une disposition de notre âme relativement à nous ou à quelque chose qui nous est étranger. Pour qu'un être puisse recevoir cette disposition, trois conditions sont requises. Il faut que, différent de l'être auquel il a rapport, il se trouve à son égard comme la puissance à l'égard de l'acte. Dieu n'a pas d'habitude, rien en lui n'étant à l'état de puissance.

Il faut qu'il soit possible à cet être de se trouver dans une disposition différente, et de prendre à son gré celle qui lui plaira. La nécessité est la négation de l'habitude.

Enfin il faut que cet être se compose de plusieurs éléments formant un ensemble parfait. Les qualités des éléments simples ne sont pas des habitudes; mais on peut appeler habitudes la santé, la beauté et autres choses semblables, parce qu'elles supposent le concours de plusieurs éléments et leur unité.

Il n'est pas difficile de montrer que l'homme remplit ces trois conditions. Sa vie est une vicissitude continue de puissances et d'actes. Ses dispositions changent constamment. Il est composé des éléments les plus divers, qui offrent dans leur variété la plus parfaite unité. Donc il faut admettre en nous, des habitudes.

QUEST. L. *Sujet ou siège des habitudes.* — 1. Des habitudes peuvent être dans le corps de l'homme. L'habitude est la disposition d'un être à l'égard de sa forme spécifique, ou de son opération. Du côté de l'opération, le corps ne peut être appelé le sujet ou le siège des habitudes. Si elles viennent d'un instinct naturel, elles ne sauraient varier, les puissances naturelles n'étant disposées qu'à un seul objet, et sans la variété, il n'y a pas d'habitude possible. Si notre opération vient de l'âme, les habitudes ne sont dans le corps que secondairement, le corps n'étant qu'un instrument.

Mais si l'habitude est une disposition de l'être à l'égard de sa forme, elle peut résider dans le corps et avoir en lui son sujet : telles sont la santé, la beauté physique.

2. L'âme est le siège principal de nos habitudes ; mais sont-elles dans les puissances ou dans l'essence même de l'âme? L'habitude comme disposition à l'égard de notre nature, ne peut exister dans l'essence de l'âme, qui est la forme complétive et invariable de l'homme. J'excepte le cas où notre nature serait élevée à un état supérieur à son état actuel, par exemple appelée à partager la vie divine : *divinæ consortes naturæ*. L'essence de l'âme pourrait alors recevoir des habitudes afin de produire des actes surnaturels.

Si vous entendez l'habitude dans le sens d'une disposition à l'égard de l'opération, l'âme peut avoir un grand nombre d'habitudes, puisqu'elle peut se livrer à une multitude d'actions, selon la diversité de ses puissances.

3. Les puissances sensitives peuvent-elles avoir des habitudes ? Elles le peuvent lorsqu'elles obéissent à la raison et agissent sous son empire. Pouvant se rapporter à différents objets, il est possible qu'elles soient bien ou mal disposées à l'égard de leur fin. Elles ne sont pas capables de prendre des habitudes, si elles agissent entraînées par un instinct naturel, car l'instinct suppose la nécessité, qui est, avons-nous dit, la négation de l'habitude. Les animaux n'ont pas d'habitude proprement dite.

4. L'entendement, la volonté sont aussi le siège d'habitudes nombreuses.

L'habitude, comme la puissance, relève de l'agent et lui appartient. A quelle faculté appartient l'action de penser, de comprendre ? à l'entendement. Donc il a des habitudes qui le disposent à ces actions, et dont il use lorsque, ne raisonnant pas, il veut raisonner, lorsque, ne comprenant pas, il veut comprendre.

De même la volonté pouvant produire une infinité d'actes différents, il lui faut des habitudes qui la disposent à agir, et dont elle use, quand elle agit en effet.

QUEST. LI. *Leur cause.* — 1. Il y a des habitudes qui proviennent de la nature. La forme spécifique d'un être développe toujours en lui certaines habitudes. Il n'est personne qui en connaissant un tout et ses parties ne puisse dire : Ce tout est plus grand que telle partie, etc.

L'homme pris individuellement a des habitudes diverses, selon la disposition de ses organes et son tempérament, car l'intelligence ne s'exerce jamais sans le secours des puissances sensitives, qui peuvent la servir plus ou moins fidèlement.

La nature donne aussi aux puissances appétitives, non la substance, mais le principe des habitudes, comme on dit que les principes du droit nous éclairent dans un cas particulier et sont la semence des vertus.

Enfin l'âme a des habitudes qu'elle tient d'une cause extérieure, le corps. Il peut être naturellement plus ou moins disposé à la vertu, par exemple, à la chasteté, à la douceur.

2. La répétition de plusieurs actes ne saurait-elle produire aussi des habitudes ?

Il y a des agents qui, ne possédant qu'un seul principe, le principe actif, n'ont pas d'habitudes : ainsi le feu et les choses purement naturelles. On ne dit jamais qu'elles suivent ou quittent une habitude. D'autres agents sont doués, outre le principe actif, d'un principe passif : ainsi l'homme. L'appétit se meut et procède d'après la puissance cognitive qui lui montre son objet. L'intellect actif présente à l'intellect passif l'objet pensé, mais il lui faut pour agir un moteur. A force de répéter le même acte, il se forme dans l'appétit, dans l'intellect actif et passif, une habitude qui en est le premier moteur. C'est comme un premier principe, conduisant aux conclusions. Un seul acte, on le conçoit, ne suffit pas. Il ne saurait triompher d'une puissance mobile et imprimer à l'appétit ou à l'intelligence, qui se porte à toute sorte d'objets, un cours constant et uniforme. Il ne suffit pas d'une hirondelle ni d'un beau jour pour annoncer le printemps. Le feu n'enflamme pas une matière combustible aussitôt qu'on la lui présente. Il commence par éloigner les dispositions contraires, et, après l'avoir totalement vaincu, lui imprime sa ressemblance. Cependant une seule proposition comprise peut déposer dans l'intellect passif une habitude scientifique. Les puissances inférieures, comme l'imagination et la mémoire, demandent des actes fréquemment répétés. Les habitudes corporelles peuvent être le résultat d'un seul acte, si le principe qui les produit est doué d'une grande puissance. Quelquefois une médecine forte rétablit sur-le-champ la santé.

3. Avons-nous des habitudes qui soient l'œuvre de Dieu ?

Il nous faut des habitudes qui nous disposent à des actes conformes à notre fin surnaturelle. Cette fin surpassant nos forces, comment pourrions-nous avoir les moyens d'y arriver, si Dieu lui-même ne nous les donnait? Ces moyens sont des habitudes surnaturelles, avec lesquelles nous produisons des actes du même ordre. De même que pour faire éclater sa puissance, Dieu a produit sans la nature des effets que la nature peut produire, par exemple, la santé, il produit aussi dans l'homme et d'une manière surnaturelle des habitudes que les puissances naturelles auraient pu produire : tel fut dans les apôtres le don des langues que tout le monde peut savoir par l'étude et l'usage.

QUEST. LII. *Accroissement des habitudes.* — 1. Les habitudes sont-elles susceptibles d'augmentation ?

On dit qu'un corps est grand quand il atteint sa grandeur naturelle : ce qu'on appellerait grand dans l'homme serait petit dans l'éléphant. S'il s'agit de choses qui ne s'apprécient pas à la grandeur physique, nous appelons grand ce qui est bon, plus grand ce qui est meilleur. Cette bonté et cette grandeur d'une chose peut se considérer en elle-même, et alors elle est bonne, elle est grande, comme on dit une bonne santé, une grande science. On peut aussi considérer dans la grandeur, sa participation au sujet, comme telle couleur est plus ou moins blanche selon l'éclat de sa blancheur. Nous pouvons considérer l'habitude sous ces deux rapports, en elle-même ou comparée à d'autres, comme votre science en elle-même et votre science comparée à la mienne. Il est évident qu'elle peut, dans ces deux cas, croître ou diminuer : il en est ainsi des habitudes.

2. Tout acte augmente-t-il une habitude? Les mêmes actes produisent les mêmes habitudes, mais la similitude ne tient pas seulement à l'identité de qualité : elle tient encore à la mesure dont son sujet y participe. Si un acte est contraire à notre habitude, il est évident qu'il ne l'augmente pas : le noir jeté sur le blanc en ternit l'éclat loin de l'augmenter. Si l'acte est semblable à l'habitude, il faut, pour l'augmenter, qu'il la surpasse en force, ou qu'il la dispose à l'accroissement et l'agrandisse après un certain temps, comme les aliments développent le corps de l'homme et la goutte de pluie creuse la pierre.

QUEST. LIII. *Affaiblissement et perte des habitudes.* — 1. Peuvent-elles diminuer et se perdre? Si je cesse l'acte qui produit l'habitude, les causes contraires n'étant plus retenues, la diminuent ou l'effacent totalement. Cela est visible dans les habitudes de la vertu. Les actes maintenaient, augmentaient même l'habitude, en comprimant les passions et en domptant les mouvements désordonnés. Ces actes cessant, l'habitude diminue peu à peu et disparaît.

Il en est de même des habitudes de l'esprit. A force de s'exercer à juger, il voyait sans peine les lumières de la raison. Cesse-t-il son travail accoutumé? Les imaginations étrangères y pénètrent et l'obscurcissent. Il faut, s'il veut conserver ou retrouver l'habitude de bien juger, qu'il s'exerce sans relâche, et éloigne les idées étrangères qui s'étaient introduites en lui à la faveur de l'inaction.

QUEST. LIV. *Distinction des habitudes.* — 1. Plusieurs habitudes peuvent se trouver dans une puissance. Les parties d'un sujet peuvent être différentes à l'égard de ce sujet ou des actes qu'il produit. D'un autre côté, il est possible que les actes d'une puissance soient d'espèce différente : pourquoi ne le seraient pas aussi les habitudes dont ils proviennent? Il suffit pour le comprendre de se rappeler ce que c'est qu'une habitude.

2. Qu'est-ce qui fait la différence des habitudes ? On peut considérer les habitudes comme formes spécifiques ou comme habitudes proprement dites. Comme formes, elles diffèrent selon les principes actifs qui les font agir, car tout agent produit un effet semblable à lui. Comme habitudes, elles diffèrent selon qu'elles conviennent ou non à la nature de leur sujet. Elles diffèrent enfin selon la bonté ou la malice de l'objet auquel elles se rapportent.

Ne peuvent-elles pas différer aussi en ce sens que les unes sont bonnes et les autres mauvaises? Nous venons de voir qu'elles se distinguent selon les objets auxquels elles se rapportent, selon le principe actif d'après lequel elles agissent. J'ai dit encore qu'elles se distinguent selon leur harmonie ou leur opposition avec la nature de leur sujet. L'acte auquel l'habitude nous dispose nous convient-il? C'est un acte bon, provenant d'une *bonne* habitude. Dans le cas contraire, c'est un acte mauvais, provenant d'une habitude *mauvaise*.

Elles diffèrent encore par la bonté et la malice, d'une autre manière. L'acte convient-il à une nature supérieure ou à une nature inférieure à l'être qui en est l'auteur? Les habitudes qui disposent à cet acte diffèrent nécessairement. Elles sont naturelles quand elles disposent à des actes naturels. Si ce sont des actes surnaturels, ils viennent d'habitudes surnaturelles, formées en nous par la puissance divine.

QUEST. LV. *Essence de la vertu.* — 1. J'ai insisté sur les questions précédentes, parce que sachant ce que c'est qu'une habitude, il nous sera facile de comprendre ce que c'est que la vertu. On peut la définir : une bonne qualité de l'esprit, qui nous fait vivre dans la droiture, dont personne n'use mal, et que Dieu produit dans notre âme sans nous. (S. Aug.) La définition doit toujours renfermer le genre et la différence spécifique de l'objet qu'elle définit. C'est ce que fait la nôtre par ces mots : *La vertu est une bonne habitude de l'âme qui nous fait vivre dans la droiture.* L'âme a des habitudes qui tendent au vice ; telle n'est pas la vertu. Il y en a d'autres qui peuvent servir au bien ou au mal, également propres à l'un et à l'autre. Mais on ne peut faire un mauvais usage de l'habitude vertueuse, elle porte toujours au bien : *Quo nullus male utitur.* Voilà ce que c'est qu'une vertu acquise. Si vous parlez d'une vertu infuse, il faut ajouter ces mots : *Quam Deus in nobis sine nobis operatur.* Il semble peut-être difficile de les concilier avec ces paroles de saint Augustin : « Celui qui vous a créé sans vous ne vous sauvera pas sans vous. » Je ne dis pas que Dieu ne demande de notre part aucune coopération. Il veut, pour produire la vertu en nous, notre concours spontané, rien de plus. Il la produit sans que nous soyons agents, mais non sans que nous soyons consentants : *Sine nobis agentibus, non tamen sine nobis consentientibus.*

2. On voit que la vertu est une habitude pratique, tendant à l'action. Elle perfectionne une puissance de l'âme, qui est la forme de l'homme et son principe d'activité. La vertu indolente et stérile est une fausse vertu. La véritable inspire à ceux qui la possèdent une activité qui ne s'éteint jamais avant d'avoir produit des œuvres saintes et durables (1).

QUEST. LVI. *Sujet de la vertu.* — 1. Ce sont d'abord les puissances de l'âme.

La vertu, avons-nous dit, est la perfection d'une puissance. Or la perfection est dans l'être auquel elle appartient.

Elle est une habitude qui tend à l'action, et toute action vient d'une puissance de l'âme.

Elle dispose au meilleur : le meilleur c'est la fin, qui est l'action ou quelque chose provenant de l'action, et par conséquent de la volonté.

2. L'intelligence peut-elle avoir une vertu sans le concours

(1) Voyez ce qu'a fait un saint François Xavier, un saint Vincent de Paul, et puis (permettez-moi cette comparaison, elle est très-juste) voyez ce qu'ont fait les bonzes, les derviches et les popes. Il vous sera facile en voyant, d'une part, l'activité, de l'autre, l'indolence, de distinguer la véritable d'avec la fausse vertu.

des autres puissances de l'âme ? La vertu n'est que partiellement dans l'intelligence; il faut à celle-ci le concours de la volonté. En effet, la vertu est une habitude dont on fait un bon usage : *Quo bene utitur.* Une habitude peut servir à un louable usage de deux manières : en donnant seulement des connaissances nécessaires, comme la grammaire, qui apprend à bien parler, mais ne donne pas la correction du langage; un grammairien peut faire des solécismes et des barbarismes : *Potest facere solecismum et barbarizare.* L'habitude peut de plus faire agir ; ainsi l'habitude de la justice non-seulement nous apprend ce qu'il faut faire, mais encore elle nous porte à l'action. Vous n'appellerez pas vertueux les savants, les artistes et les ouvriers, par la raison qu'ils ont dans l'intelligence la connaissance de certaines choses. Il faut, pour constituer la vertu, le concours de la volonté qui mette en acte ces habitudes scientifiques. L'intelligence n'est le siége de la vertu que lorsqu'elle agit de concert avec la volonté. C'est ainsi qu'elle est le siége de la foi ; notre esprit n'est soumis à la foi que parce que nous le voulons. L'intellect pratique est le siége de la vertu de prudence, parce qu'il montre la conduite à suivre, les principes qui doivent présider à nos actions ; comme l'intellect spéculatif, les principes qui doivent nous diriger dans nos pensées.

3. L'irascible et le concupiscible peuvent-ils être le siége de la vertu? Considérés comme parties de l'appétit sensitif, ils n'ont rien de commun avec la vertu ; mais la vertu peut être en eux, s'ils obéissent à la raison. L'œuvre de l'artiste est bonne quand elle répond à sa conception intellectuelle, et qu'il a entre les mains un instrument docile. L'irascible et le concupiscible sont les instruments de la raison : elle peut s'en servir pour produire des actes vertueux, et ils sont dans ce cas le siége de bonnes habitudes.

4. Les vertus qui règlent nos affections envers Dieu et envers le prochain, comme la charité et la justice, dans quelle partie de l'âme existent-elles ?

1.

Dans la volonté. Quand une simple puissance ne saurait atteindre son objet, il faut nécessairement supposer l'existence d'une habitude qui l'aide et la dispose. Telle est ma volonté à l'égard de Dieu et du prochain. J'ai, d'une manière générale, la charité et la justice; j'aspire, par les seules puissances de ma volonté, à ce qui est mon bien, mais elles ne sauraient seules rendre à Dieu les devoirs d'amour, et aux hommes les devoirs de justice. Leur sphère d'activité ne s'étendant pas assez loin, il leur faut, pour y atteindre, des habitudes vertueuses qui résident en elles. Le bien divin dépasse les limites de notre nature, et l'égoïsme naturel à l'homme, nous empêche de rendre aux autres ce qui leur est dû. Il faut à notre volonté des habitudes surnaturelles qui suppléent à l'insuffisance de nos dispositions naturelles.

QUEST. LVII. *Distinction des vertus intellectuelles.* — 1. Comment les habitudes intellectuelles sont-elles des vertus? La vertu nous dispose au bien. Une habitude peut nous donner cette disposition de deux manières : en nous procurant la faculté de bien agir ou en nous donnant, avec cette faculté, le bon usage même. Les habitudes intellectuelles, se rapportant seulement à la contemplation, ne donnent pas l'usage, mais seulement la faculté d'agir en montrant à notre volonté le vrai, qui est un aspect du bon. Elles sont méritoires, quand la charité en est le moteur.

2. Combien distingue-t-on de vertus intellectuelles? J'ai dit qu'elles donnent à l'intelligence plus d'aptitude à percevoir le vrai. Le vrai peut être connu en lui-même, tels sont les premiers principes; la vertu qui les perçoit s'appelle la vertu d'intelligence. Le vrai peut aussi être connu par voie de déduction. Si je remonte aux causes qui sont les plus hautes et les premières selon la nature des choses, les dernières relativement à nous, ma connaissance est la plus universelle, et cette vertu s'appelle la sagesse (1).

(1) *Felix qui potuit rerum cognoscere causas.* Si je me borne à un genre de connaissances, par exemple, à l'histoire, à la physique, je ne connais les causes

3. L'habitude intellectuelle, appelée l'art, est-elle une vertu ?

L'art, c'est la droite raison dirigeant l'homme dans son travail. Comme les habitudes de l'intellect spéculatif, il ne règle pas la volonté, mais seulement l'éclaire et lui montre la voie ; il n'est une vertu qu'à ce titre ; vous pouvez être un excellent artiste et un méchant homme. Pour apprécier votre mérite, je ne demande qu'une chose : Votre tableau est-il bien fait ? Exprime-t-il votre pensée selon les règles de l'art ? Que m'importe qu'un géomètre, en faisant ses théorèmes, soit triste ou gai, pourvu que ses démonstrations soient concluantes ? Pour constituer une vertu il faut, outre l'habitude intellectuelle, une bonne intention animant la partie appétitive de l'âme.

4. Souvent on confond l'art avec la prudence, est-ce à tort ou à raison ?

Il y a entre ces deux vertus la même différence qu'entre agir et faire; quand je fais, mon action passe de moi dans une matière extérieure ; quand j'agis, mon action demeure en moi; par exemple, je vois, je veux. Pour bien faire, je n'ai besoin d'aucune vertu morale : il suffit que je connaisse et que j'applique à propos les règles de mon art ; pour bien agir, il me faut une vertu morale qui rectifie mes appétits, et voici comment s'accomplit cette rectitude : la fin est à la pratique ce que les premiers principes sont à la spéculation; or c'est la rectitude de l'appétit qui dirige l'homme dans ses actes, et le fait tendre à la fin par des moyens légitimes et efficaces ; c'est pourquoi on blâme moins l'artiste qui fait mal en le voulant, que celui qui fait mal en ne le voulant pas; mais on s'irrite plus contre l'homme qui agit mal de plein gré, que contre celui qui n'en a pas la volonté. La volonté influe puissamment sur la vertu de

premières que dans un seul ordre de vrai, je n'ai que la science. La sagesse est donc bien plus excellente et plus difficile : c'est pourquoi elle est si rare. On voit que la sagesse est toujours une, tandis que la science est multiple et se distingue selon son objet.

prudence ; elle n'a aucune influence, sinon c'est une influence indirecte sur la vertu intellectuelle que nous appelons l'art.

5. La prudence est donc une vertu nécessaire à l'homme ?

Bien vivre, c'est bien agir. Agit-il bien, celui qui s'élance avec impétuosité, suivant une aveugle passion ? Non, quand même il lui arriverait de réussir. Il ne faut pas considérer seulement ce que l'homme fait, mais aussi comment il le fait. Pour bien agir, il faut se conduire d'après un bon choix ; un choix bon et éclairé suppose la connaissance de la fin qu'on veut atteindre et des moyens qu'on veut employer. L'intelligence a donc besoin d'une vertu qui la dispose aux sages conseils et lui montre quels moyens sont les meilleurs : c'est ce que fait la prudence ; donc elle est une vertu nécessaire à l'homme ; sans elle, il nous est aussi impossible de bien faire qu'à l'ouvrier qui ne sait pas son métier, de faire un objet d'art.

QUEST. LVIII. *Distinction des vertus morales.* — 1. Elles sont distinctes des vertus intellectuelles. La raison étant le premier principe de nos actions, exerce son empire sur tous les autres, mais différemment ; les membres du corps lui obéissent au moindre commandement ; ainsi le pied, la main : c'est le gouvernement despotique, celui du maître envers l'esclave, qui n'a pas le droit de contradiction. Socrate prétendait qu'il en est ainsi de tous nos autres principes d'action, que toutes les vertus sont intellectuelles, et que l'homme ne commet que des fautes d'ignorance ; mais il partait d'un principe faux. L'appétit n'est pas tellement soumis à la raison qu'il ne la contredise et n'*empêche* même quelquefois ses opérations ; c'est un gouvernement politique, qui souffre parfois la contradiction : *Interdum præcedit intellectus, et sequitur tardus aut nullus effectus.* (S. Augustin.) Donc pour bien agir il faut, outre les vertus intellectuelles, les vertus morales qui règlent l'appétit. Ces vertus diffèrent entre elles, comme les deux parties de l'âme appelées l'appétit et l'intelligence.

2. Toute vertu est-elle intellectuelle ou morale?

La vertu, c'est ce qui donne à l'homme la faculté de bien agir. Quels sont nos principes d'action? Je viens de les nommer, l'intelligence et l'appétit; donc une vertu perfectionne l'un ou l'autre de ces deux moteurs.

3. Les vertus morales peuvent-elles exister sans les vertus intellectuelles?

Il n'y a pas de vertus morales sans la prudence. Elles sont des vertus électives, qui supposent une tendance vers la fin et un choix de moyens efficaces. Il faut pour aller à un but et choisir, un conseil, un jugement et un précepte : c'est en cela que consiste la prudence. Elles ne peuvent non plus exister sans la vertu d'intelligence : c'est l'intelligence qui perçoit les premiers principes de la pratique comme les premiers principes de la spéculation.

L'inclination naturelle au bien n'est pas une habitude accomplie, c'est une habitude commencée, d'autant plus dangereuse qu'elle est plus forte, si elle ne se soumet au joug de la raison : un cheval aveugle se heurte et se blesse d'autant plus qu'il est plus fougueux.

4. Les vertus intellectuelles peuvent-elles exister sans les vertus morales?

Elles le peuvent, excepté la prudence; il est aisé de le comprendre par ce qui précède. La raison me dit assez qu'il ne faut pas faire le mal; mais si je sors du général pour entrer dans le particulier, la passion s'en mêle et répand des nuages qui obscurcissent les lumières de la raison. Faut-il faire ceci? Puis-je le faire? la connaissance du principe général ne suffit plus, il faut une vertu morale, qui assure ses droits à la raison. Ainsi la prudence, qui juge avec rectitude de la fin et des moyens, suppose toujours une vertu morale.

QUEST. LIX. *Comment la vertu morale se distingue de la passion.*
— 1. Peut-elle être la passion même? La passion est un mouve-

ment de l'appétit; la vertu est une habitude qui précède; c'est le principe même du mouvement.

La passion peut tendre vers le bien ou le mal selon que l'appétit tend vers son objet d'une manière conforme ou contraire à la raison. La vertu ne tend qu'au bien : *quo nullus male utitur.*

Le mouvement passionné commence dans l'appétit et finit dans la raison; c'est le contraire de la vertu.

2. La vertu morale peut-elle existeravec la passion? Les Stoïciens prétendaient que la passion est incompatible avec la vertu, et que l'homme vertueux est impassible. C'est qu'ils ne donnaient pas au mot *passion*, le même sens que nous ; ils appelaient ainsi toute affection de l'âme, et nous, un mouvement déréglé de l'appétit. Si c'est un mouvement subit et irréfléchi, la passion n'est ni bonne ni mauvaise, par conséquent n'exclut pas la vertu. Si la raison commande ou permet ce mouvement et qu'il soit désordonné, la vertu est incompatible avec la passion. Mais lorsque la raison est la règle du mouvement passionné, lorsqu'elle l'éclaire et le dirige, il peut conduire à de louables actions, à des vertus éclatantes.

3. La vertu morale exclut-elle la tristesse? Elle peut exister avec une tristesse modérée.

L'homme est composé d'une âme et d'un corps. Ce qui sert à la conservation de ce corps lui est un bien; donc ce qui lui est contraire lui est un mal et peut l'attrister malgré les vertus morales.

L'homme vertueux n'a pas de grands péchés sur la conscience, mais il peut en avoir de légers et déplorer ses faiblesses : *si dixerimus quia peccatum non habemus ipsi nos seducimus.* (I S. Jean, I, 8.)

Il peut s'attrister de ses fautes passées : *Quæ secundum Deum est tristitia, pœnitentiam in salutem stabilem operatur.* (II, Cor., VII, 10.)

Il peut gémir sur celles des autres, et s'attrister de tant d'outrages faits à Dieu.

Ainsi la vertu doit s'affliger, mais modérément, de ce qui est triste. Cette tristesse nous éloigne du mal, comme l'attrait de la délectation nous porte au bien.

4. La vertu regarde-t-elle seulement les passions, ou aussi les actions?

La vertu perfectionne la partie appétitive de l'âme en la réglant selon la raison. Tout ce que la raison embellit de sa lumière a le caractère de la vertu. Telles sont, non-seulement nos passions, mais aussi nos actions, comme les actions de justice et de charité.

5. Il n'y a pas de vertu morale sans passion.

Nous ne donnons pas à ce mot le sens des Stoïciens. Il signifie, selon nous, un mouvement de l'appétit. S'il avait lieu sans passion, il tiendrait l'appétit dans l'oisiveté et l'inaction, ce qui n'est pas, car la vertu ne peut priver de leurs actes, les choses soumises à la raison. De même que la vertu dirige les membres du corps vers les actes qui leur sont naturels, elle porte l'appétit aux actes qui lui sont propres.

Les vertus qui ne règlent que les opérations peuvent être sans passion : par exemple, la justice appliquant la volonté à un acte qui lui convient. Cependant, si la justice est parfaite, elle produit dans la volonté une délectation si grande que le plaisir peut de là s'épancher sur les puissances inférieures et y produire une passion.

QUEST. LX. *Comment les vertus morales se distinguent entre elles.* — 1. Les vertus morales qui regardent les passions, diffèrent-elles de celles qui regardent les opérations?

On peut considérer la passion et l'opération comme effets de la vertu, ou comme étant la matière sur laquelle elle s'exerce. Dans le premier cas, on ne trouve en elles aucune différence, car toute vertu tend à l'action, produit des opérations et des passions, qui sont la tristesse ou la joie. Dans le second cas, il est encore possible qu'aucune différence n'existe entre elles : par exemple, si la vertu regarde autrui, concerne la justice, la reconnaissance. Je donne par justice une bonne mesure, et cet acte juste me fait éprouver la passion de la joie. Mais si la vertu regarde l'agent, la bonté comme le vice de l'opération peut différer de la bonté et du vice de la passion : par exemple, dans la colère je frappe mon voisin. Cette action blesse la justice, et de plus ma passion est déraisonnable. Il y a là un double mal, celui de l'action et celui de la passion.

2. Une seule et même vertu peut-elle régler toutes les passions?

Non, puisqu'elles appartiennent à des puissances différentes, celles de l'irascible et du concupiscible, et que l'objet de l'une n'est pas l'objet de l'autre. Mais une vertu peut régler à la fois plusieurs passions. Elle est, je le montrerai tout à l'heure, un milieu entre deux extrêmes ; tel est le milieu qui existe dans les choses naturelles, entre le jour et la nuit, le noir et le blanc. Elle peut donc les modérer l'une et l'autre, et les soumettre ensemble au frein de la raison.

Deux passions peuvent être contraires à la raison de la même manière, comme l'audace et la crainte, l'espérance et le désespoir. Sous l'empire de la raison et de la vertu, vous ne vous approcherez, ni ne vous éloignerez pas trop du bien, mais restant dans un juste milieu vous réprimerez toutes les passions désordonnées. La tempérance règle et dirige conformément à la raison toutes les passions du concupiscible, la force réprime également la crainte et l'audace : la magnanimité modère l'espérance et le désespoir ; la douceur dompte la colère.

3. Les vertus morales se diversifient suivant l'objet des passions. Les vertus, recevant de la raison leur excellence et leur perfection, se distinguent comme leurs rapports avec la raison. La raison régit les puissances inférieures, et étendant son empire non-seulement au corps et à l'âme, mais aussi à des êtres séparés de nous, elle régit les relations de l'homme avec tout ce qui l'en-

toure. La vertu de force nous conduit d'une manière raisonnable au bien qui est difficile. La tempérance règle les rapports du bien agréable que les uns perçoivent, avec la droite raison de l'homme. Le bien que les sens ne peuvent percevoir et que l'âme saisit par l'imagination, est l'argent ou l'honneur, supposé toutefois que ce bien soit agréable et sans difficulté. La raison présidant au mouvement qui nous porte vers ce bien détestable, produit à l'égard de l'argent la vertu de libéralité, et à l'égard de l'honneur, la vertu appelée philotimie (*philotimia*). Si le bien dont il s'agit suppose des difficultés à vaincre, la magnificence et la magnanimité nous y font aspirer d'une manière conforme à la raison. Quant à ses relations extérieures, l'homme se procure le bien en se livrant aux autres. Il le fait en matière sérieuse ou en matière plaisante. Les vertus qui le perfectionnent dans le premier cas, sont l'amitié ou l'affabilité, et la véracité; dans le second cas, la gaieté (*eutrapelia*). C'est pourquoi Aristote compte dix vertus morales qui règlent les passions. Si l'on y ajoute la justice, qui règle les opérations, nous aurons en tout onze vertus morales, qui présentent onze aspects divers ou onze manières dont les mouvements de l'appétit, appelés passions, peuvent se rapporter à la raison.

QUEST. LXI. *Vertus cardinales. Quelles sont ces vertus?* — 1. Le principe formel de la raison, ce qui la caractérise essentiellement, c'est le bien en harmonie avec la raison. Si nous le considérons dans la raison même, nous y trouvons la vertu de prudence. Considérons-nous ce bien dans l'objet en qui la raison établit l'ordre, nous voyons d'abord les actions de l'homme, et la vertu qui y préside est la justice. Nous trouvons ensuite les passions du concupiscible et de l'irascible. La concupiscence nous sollicite-t-elle au bien du corps d'une manière désordonnée? la tempérance lui oppose un frein. Est-ce l'irascible qui nous en inspire une aversion excessive? La force nous retient et nous empêche de fuir. Il y a donc quatre vertus qui sont la base de toutes les autres, la prudence, la justice, la tempérance et la force, et c'est sur ces quatre vertus que s'élève, dit saint Grégoire, tout l'édifice des bonnes œuvres.

QUEST. LXII. *Vertus théologales.* — 1. Mais ces vertus, si grandes et si précieuses qu'elles soient, ne suffisent pas à l'homme Dieu dans son amour nous appelle à une fin, à un bonheur que les seules forces de la nature ne sauraient atteindre : « Il nous a fait par Jésus-Christ participer à sa propre nature et veut nous associer à sa vie et à son bonheur. » Comme il faut à l'homme des principes naturels pour atteindre sa fin naturelle, il lui faut des principes surnaturels pour s'élever au bonheur qui est au-dessus d'une nature créée. Ces principes sont les vertus théologales, ainsi appelées, parce qu'elles ont Dieu pour objet direct, que nous les devons à la seule libéralité de Dieu, et qu'elles ne nous sont connues que par la parole de Dieu ou la révélation.

2. Comment se distinguent-elles des vertus intellectuelles et morales ?

Les habitudes diffèrent selon leurs objets ; or l'objet des unes, c'est Dieu connu par les seules lumières de la raison ; l'objet des autres, c'est Dieu connu par des lumières surnaturelles. Les premières découlent de la nature et ne nous donnent qu'une fin naturelle. La source des autres est en Dieu, d'où elles se répandent directement en nous, pour nous reconduire d'où elles sont venues.

3. Quelles sont les vertus théologales ? Elles inclinent l'homme et le disposent à son bonheur surnaturel, comme les principes naturels le disposent à son bonheur naturel. Pour atteindre celui-ci, nous avons la raison et la volonté, éclairée par la raison. Les vertus théologales suppléent à leur insuffisance. La raison reçoit un surcroît de lumières par la foi, qui nous fait entrevoir notre bonheur surnaturel. La volonté, par l'espérance, tend vers lui comme possible. La charité nous unit à Dieu notre bonheur, et nous transforme pour ainsi dire, en lui, comme deux êtres unis par un véritable amour.

4. Quelle est la première de ces trois vertus ? Il faut distinguer entre l'ordre de génération et celui de perfection, qui est différent. Avant d'espérer et d'aimer, il faut que je connaisse l'objet de mon amour et de mon espérance. La foi existe la première, mais la plus excellente c'est la charité, parce qu'elle nous unit de plus près à notre fin : *major... est charitas* (S. Paul) (1).

QUEST. LXIII. *Cause de la vertu.* — Qu'est-ce qui la produit en nous? Est-ce la nature ou un principe extrinsèque? Ce ne peut être la nature, car tous les hommes ont la nature humaine, et tous ne sont pas vertueux.

Le péché nous fait perdre la vertu et nous laisse les dons naturels : *Etiam in dæmonibus bona naturalia manent*. S'ensuit-il que la nature n'ait aucune part à nos vertus? Ce serait une erreur de le penser. Les Platoniciens disent que notre âme possède toutes les vertus. Seulement le poids du corps l'empêche de prendre son essor et de produire des actes vertueux. L'étude et le travail lui donnent l'éclat des vertus étouffées en elle, comme la lime polit le fer. D'autres prétendent au contraire, que toutes les vertus nous viennent du dehors. Saint Thomas a évité l'une et l'autre de ces deux exagérations. La nature, selon lui, réunit les germes de toutes les vertus intellectuelles et morales. Aux yeux de tous, brille la lumière des principes naturels, qui peuvent produire la sagesse, la science, et qui sont, si l'on marche à leur clarté, les germes de la prudence, de la justice, etc. Tous aussi nous avons le désir du bien que la raison nous montre naturellement. Il avoue, d'un autre côté, que les individus, suivant leur constitution physique, ont des aptitudes diverses, les uns étant portés naturellement à la science, les autres à la force, d'autres à la tempérance. Ainsi la nature ne nous donne que l'aptitude et la faculté d'acquérir les vertus morales et intellectuelles. Quant

---

(1) Nous reviendrons dans la suite à ces trois vertus, qui sont le fondement de la vie chrétienne.

aux vertus théologales, elles viennent totalement d'un principe extrinsèque.

QUEST. LXIV. *Après avoir vu l'essence des vertus, leur sujet, leur distinction et leur cause, il faut examiner leurs propriétés.* —
1. Que veut dire le fameux : *In medio virtus?*

La vertu morale dirige la partie appétitive de l'âme vers un bien déterminé. La règle et la mesure de ce mouvement, c'est la raison : de sorte que la raison règle le bien ou le mal moral, comme dans les œuvres d'art, la pensée de l'artiste. Le mal du mouvement appétitif consiste donc en ce qu'il ne s'harmonise pas avec la nature, et ce désaccord peut venir d'un excès ou d'un défaut. La vertu morale corrige l'un et l'autre, se tient dans un juste milieu entre le trop et le trop peu, et ramenant toujours la passion à sa règle, ne la laisse ni en deçà ni au delà : *In medio virtus.*

2. Comment la vertu intellectuelle peut-elle nous placer dans un milieu ?

Elle regarde le bien, comme la vertu morale ; seulement le bien de celle-ci est réglé par la raison, tandis que le bien de la vertu intellectuelle est réglé, déterminé par le vrai, perçu par la pensée. Comment pouvons-nous nous tromper ? par excès, en affirmant d'une chose plus qu'elle n'est ; par défaut, en affirmant moins. La vertu intellectuelle nous fait marcher entre ces deux écueils, et ne nous laissant dire que ce qui est, nous retient dans un juste milieu.

3. Peut-on en dire autant des vertus théologales ?

Dieu, leur objet, est le bien infini. On peut pécher à son égard par défaut, jamais par excès. Peut-on trop le connaître, trop l'espérer, trop l'aimer? « Bénissez Dieu, exaltez-le autant que vous le pouvez, car il est au-dessus de toute louange. » (Eccli., XLIII, 33.) Cependant, si l'excès n'est pas possible du côté de Dieu, il peut se trouver du côté de ceux qui pratiquent les vertus de foi, d'espérance et de charité. Nous devons croire, espérer, aimer raisonnablement, et, pour cela, le faire au temps, au lieu, de la manière qu'exige notre condition.

QUEST. LXV. *Connexion des vertus.* — 1. Les vertus sont-elles unies toutes ensemble, ou bien l'une peut-elle exister sans l'autre ?

Si vous parlez de vertus accomplies, elles sont inséparables. L'indissolubilité de leur union s'explique différemment, selon la manière d'envisager les vertus. Nous les avons ramenées toutes à quatre vertus, les vertus cardinales, et nous avons dit que pour avoir une vertu il faut du discernement, ce que donne la prudence ; de la rectitude, ce que donne la justice ; de la modération, ce que donne la tempérance ; de la fermeté, ce que donne la force. Comment la fermeté serait-elle raisonnable sans la modération, la rectitude et le choix éclairé ? « Si vous avouez qu'il y a une vertu qui vous manque, il faut avouer que vous n'en avez aucune. » (Cicér.) Quant aux vertus imparfaites, c'est-à-dire, dont la nature ou la coutume n'a déposé en nous que le germe, elles vont l'une sans l'autre. Un homme enclin à la libéralité, peut avoir peu d'aptitude à la chasteté.

Il est évident que les vertus intellectuelles ne sont pas inséparables. On en voit tous les jours des exemples. Tel savant qui excelle dans la géométrie, la botanique, est tout à fait étranger à l'histoire, aux belles-lettres.

2. Les vertus morales et les vertus infuses peuvent-elles exister sans la charité ?

Les premières ne nous disposant qu'à un bien naturel, nous pouvons les acquérir et les conserver par les seules forces humaines, comme le prouve l'histoire profane, mais les vertus infuses ne sauraient exister sans la charité, qui en est la vie. Elle est à ces vertus, ce que la prudence est aux vertus morales.

3. La charité peut-elle exister sans les vertus morales et sans les vertus infuses ?

Ayant la charité, j'accomplis toute la loi ; or la loi nous donne des préceptes qui font de toutes les vertus morales, une obligation rigoureuse.

Dieu n'agit pas avec moins de perfection dans les œuvres de la grâce que dans les œuvres de la nature. Que fait-il à l'égard de celles-ci? Il ne pose jamais un principe sans lui procurer les moyens d'arriver à son entier développement. Il donne aux animaux des organes pour faire toutes les œuvres auxquelles ils ont de l'aptitude. Nous proposant une fin surnaturelle, il nous donne un principe qui transforme nos œuvres moralement bonnes et les revêt d'un mérite proportionné à notre fin : ce principe c'est la charité. Donc la charité n'existe pas sans les vertus morales.

Elle ne saurait non plus exister sans la foi et l'espérance. La charité suppose une communication et un amour réciproques entre Dieu et nous. Cette union existe en cette vie par la grâce, en l'autre par la gloire. Comment avoir l'amour sans croire à cette société et vie commune, sans espérer d'y participer un jour ? *Qui manet in charitate, in Deo manet et Deus in eo.* (I S. Jean, IV, 16.) *Fidelis Deus, per quem vocati estis in societatem filii ejus.* (I Cor., I, 9.)

Quant à Jésus-Christ durant les jours de sa vie mortelle, il avait la charité sans la foi, parce qu'il voyait, et sans l'espérance, parce qu'il jouissait de la béatitude. On n'espère qu'un bien absent, on ne *croit* que ce qui est invisible.

4. La foi et l'espérance peuvent-elles exister sans la charité ?

Elles le peuvent; mais alors ces vertus sont défectueuses et très-imparfaites. Je puis croire et espérer en Dieu, mais je n'ai pas pour lui l'amour que je lui dois, ma foi est morte, mon espérance mal fondée. Combien de personnes ne peuvent, malgré les plus grands désordres, éteindre la foi et l'espérance en Dieu ! mais sans la charité ce sont des vertus imparfaites, qui n'ont pas le vrai caractère de la vertu, comme les vertus morales, la tempérance et la force, sans la prudence. Il est de l'essence de la vertu, non-seulement de faire le bien, mais de le bien faire.

QUEST. LXVI. *Égalité des vertus.* — 1. Toutes les vertus sont-elles égales?

Les vertus d'espèces différentes, peuvent être plus ou moins grandes, selon qu'elles se rapprochent de la raison, racine et cause du bien humain. La vertu qui a son siége dans la raison même, la prudence, occupe le premier rang. Il faut placer au second rang, la justice dont le siége est la volonté, l'appétit rationnel. Nous voyons ensuite la force, dans la partie de l'âme appelée l'*irascible*; enfin la tempérance, dans le concupiscible, qui est la partie la plus éloignée de la raison.

S'agit-il des vertus qui sont de même espèce, et renfermées dans le même ordre? Considérée en elle-même, la plus grande est celle dont la puissance s'étend le plus loin. La tempérance et la force l'emportent sur la science et l'art ; les deux premières comprennent tout ce qui est de la tempérance, de la force, mais on peut avoir une science, par exemple, celle de la physique, et ne pas savoir tout ce qui la concerne.

Si l'on considère les vertus dans le sujet qui les reçoit, elles sont plus ou moins grandes, selon qu'on les considère dans les divers individus, ou dans le même, à des époques différentes, selon qu'elles viennent de la nature ou de la grâce : *secundum mensuram donationis Christi.* (Ephés., IV, 7.)

Les Stoïciens se trompaient à ce sujet, n'appelant vertueux que celui qui est parfaitement disposé à la vertu. Il n'est pas nécessaire, pour arriver à la vertu, d'atteindre constamment ce juste milieu qui existe comme un point indivisible. Les hommes vertueux en approchent plus ou moins. Ainsi des archers qui s'exercent à percer de leurs flèches un point déterminé, en approchent plus les uns que les autres, bien que tous aient de l'adresse.

2. La vertu intellectuelle est-elle plus excellente que la vertu morale ?

Parlez-vous de l'excellence pure et simple, sans condition ? Il vaut mieux philosopher que de thésauriser, mais supposé qu'on n'ait pas besoin d'argent. Ainsi la vertu intellectuelle, abstraction faite de toutes circonstances, l'emporte sur la vertu morale. L'objet de la première est l'universel ; celui de la seconde, le particulier désiré par l'appétit. Mais le caractère de la vertu éclate davantage dans la seconde. Perfectionnant en nous la partie appétitive, elle dispose à l'action d'une manière plus immédiate et plus prochaine.

Parmi les vertus morales, la plus excellente est celle qui se rapproche le plus de la raison, qui a une part plus abondante à sa lumière. C'est la justice, car d'un côté elle existe dans la volonté, qui est l'appétit rationnel ; de l'autre, elle règle nos actions soit à l'égard de nous-mêmes, soit à l'égard des autres : *justitia est præclarissima virtutum.*

La première des vertus qui règlent les passions de l'appétit sensitif, c'est la force. De la force relèvent les puissances qui peuvent conserver la vie ou donner la mort, elle tient en son pouvoir ce que l'homme a de plus précieux ici-bas, ce qui lui est uni par les liens les plus étroits et les plus chers.

Après la force, vient la tempérance. Elle modère le désir de la nourriture et les passions des choses vénériennes. Ces trois vertus, avec la prudence qui en est la reine, sont donc le fondement sur lequel repose tout l'édifice des vertus morales. C'est pourquoi on les appelle cardinales ou fondamentales.

Parmi les vertus intellectuelles, la sagesse est la plus excellente, puisque remontant à la cause première de toutes choses, elle voit en Dieu la raison d'être de tout ce qui est. Elle juge des vertus intellectuelles, et, comme un architecte, indique à chacune la place qu'elle doit occuper.

Enfin la reine des vertus soit morales, soit intellectuelles, soit théologales, c'est la charité : *major autem horum est charitas.* Dieu est l'objet des trois vertus théologales ; mais aucune ne nous unit aussi intimement à lui que la charité. Je crois ce que je ne vois pas et qui est loin de moi. J'espère ce que je ne possède pas ; mais il semble qu'aucune distance ne sépare de moi l'objet aimé, il est pour ainsi dire en moi, par l'intelligence et la volonté qui aspire à lui : *qui manet in charitate, in Deo manet et Deus in eo.*

QUEST. LXVII. *Durée des vertus.* — 1. Nos vertus nous suivront-elles dans l'autre vie ?

Les vertus morales nous suivront dans le ciel, mais elles existeront d'une autre manière que maintenant. Nous n'éprouverons plus, et nous n'aurons plus besoin de modérer l'inclination de l'appétit vers les passions et les opérations ; mais l'ordre que la raison établit dans les vertus survivra au corps. Il n'y aura plus de concupiscence désordonnée, la raison régnera en souveraine, et la partie appétitive ne paraîtra plus qu'autant que le permettra un état si saint. La prudence sera sans danger d'erreur, la force sans peine à supporter, la tempérance sans lutte des passions. La prudence consistera à ne préférer, à n'égaler même aucun bien à Dieu ; la force à s'y attacher indissolublement, la tempérance à se réjouir dans la satisfaction des désirs légitimes ; la justice sera d'être soumis à Dieu, comme en ce monde à nos supérieurs.

2. Les saints conservent aussi leurs vertus intellectuelles. Ce que ces vertus ont de matériel, comme les images sensibles, périt avec les organes. Mais il y a en elles quelque chose d'immuable et d'incorruptible, par exemple, l'intellect passif et les espèces intelligibles. C'est ce qui fait qu'il est tout ce qu'il connaît et qu'il est le lieu des espèces, comme l'espace est le lieu des corps. Enfin nous aurons la connaissance du particulier, de ce que nous avons fait, de ce que nous avons souffert, et de tout ce qui pourra nous intéresser, témoin ces paroles dites au mauvais riche : *Recordare quia recepisti bona in vita tua, et Lazarus similiter mala.* (S. Luc,

xvi, 25.) A plus forte raison, aurons-nous la connaissance de l'universel et du nécessaire, qui a plus de stabilité.

3. En est-il ainsi des vertus théologales? « Pendant que nous habitons dans ce corps mortel, nous sommes éloignés de Dieu et hors de notre patrie, parce que c'est par la foi que nous marchons vers lui, et que nous n'en jouissons pas encore par la claire vue. » (S. Paul.) Il est évident que l'Apôtre, par ces paroles, met en opposition la claire vue et la foi, disant que l'une est notre partage en cette vie ; l'autre, notre partage dans la vie future.

Il y a des choses opposées seulement en perfection, comme le plus ou le moins. D'autres le sont par l'espèce même, comme le noir et le blanc. On aurait beau les modifier, si l'on n'en changeait pas l'espèce, elles ne se ressembleraient jamais : un bœuf, un cheval si parfait qu'on le suppose ne ressemblera jamais à un homme. Il en est de même de la vision intuitive et de la foi. Ce qui les distingue tient à leur essence même, et affirmer l'une, c'est nier l'autre. « La foi est une pleine conviction de choses que l'on ne voit pas. » (Hébr., xi, 1.) Donc, elle exclut la vue claire et parfaite.

Il en est ainsi de l'espérance. On n'espère pas un bien que l'on possède. Le bonheur des saints étant une pleine et entière satisfaction, comment pourrait-il encore donner lieu à l'espérance ? Ce qui est la blancheur même, ne saurait blanchir.

Les saints ont faim et soif, en ce sens que les biens dont ils jouissent ne leur causent aucun dégoût. Avant la résurrection ils ont aussi un désir, celui d'être de nouveau réunis à leurs corps, mais ils n'en ont pas l'espérance proprement dite. L'objet de cette vertu, avons-nous dit, est un bien difficile. Or la gloire de l'âme est la cause, la garantie de la gloire future qui brillera dans le corps. Celui qui a de l'argent n'espère pas, il désire seulement ce qu'il est en son pouvoir d'acheter sur-le-champ.

Mais la charité durera éternellement : *charitas nunquam excidit*. Quand l'imperfection d'une chose ne tient pas à son essence, mais lui est seulement accidentelle, rien ne l'empêche, tout en conservant la même espèce, d'atteindre la perfection. L'homme croit sans cesser d'être homme ; ce qui est blanc peut acquérir une blancheur plus éclatante. Telle est la charité dans l'autre monde. Elle voit, et la vision étant une cause de l'amour, elle doit d'autant plus aimer Dieu qu'elle le connaît davantage. La gloire, qui unit sans le plus léger obstacle le sujet qui aime à l'objet aimé, ne fait donc que redoubler l'ardeur de la charité.

QUEST. LXVIII. *Dons de l'Esprit-Saint.* — 1. Different-ils des vertus ?

Les dons concourent, avec les vertus, à la perfection de l'homme ; mais, considérés dans leur essence même, ils sont autre chose que les vertus. L'homme a deux grands principes de mouvement : l'un, intérieur, la raison ; l'autre, extérieur, c'est Dieu. Les vertus nous disposent, comme un mobile, aux mouvements que nous inspirera la raison ; les dons de l'Esprit-Saint, aux mouvements qui nous viendront de Dieu. Quelle est la perfection d'un mobile ? C'est d'être bien proportionné à son moteur. Dieu et la raison étant deux moteurs différents, demandent dans leurs mobiles des habitudes différentes. L'élève qui veut apprendre une doctrine plus élevée, a besoin, pour comprendre son maître, d'une intelligence plus développée et plus forte. De même l'homme a besoin pour suivre sans résistance et sans délai l'impulsion de Dieu, d'une disposition particulière. On l'appelle don de l'Esprit-Saint parce que nous le devons à l'amour de Dieu : « Le Seigneur m'a ouvert les oreilles, je ne contredis point et ne vais pas en arrière. » (Isa., L, 5.)

2. Sont-ils nécessaires à l'homme ?

Il est aisé de le voir, après ce que je viens de dire. L'homme peut aspirer à deux sortes de biens, tendre vers deux fins. Il désire un bien et une fin naturels, et sa nature peut l'y conduire avec ses seules forces, pourvu toutefois que Dieu lui prête l'existence ; sans cela il retombera dans le néant : ainsi le soleil, supposé que Dieu le conserve à la voûte du ciel, a naturellement la propriété d'éclairer. Quant à sa fin surnaturelle, il lui est impossible de l'atteindre sans un secours d'un ordre plus élevé. Les vertus théologales lui suffisent-elles? Non, et en voici la raison. Ces vertus n'apportent pas à l'homme une nature tout entière, mais seulement une participation de la nature divine : ce sont des formes imparfaites, des agents qui ont besoin, pour imprimer le mouvement, de recevoir l'impulsion du premier de tous les principes. Ce sont ces motions surnaturelles que nous appelons les dons de l'Esprit-Saint. Donc, ils sont nécessaires à l'homme, et sans eux le chemin du ciel nous est inaccessible : « Ceux qui sont mus par l'Esprit de Dieu, ceux-là sont les enfants de Dieu et ses héritiers. » (Rom., VIII, 14.) « Votre esprit, plein de bonté, me conduira dans la terre des saints » (Ps., CXLII, 10); c'est-à-dire, personne n'arrivera au bonheur céleste sans le mouvement et l'impulsion de l'Esprit-Saint.

3. Quels sont ces dons du Saint-Esprit?

Ces dons sont des habitudes qui perfectionnent l'homme et le disposent à suivre sans résistance l'impulsion de l'Esprit-Saint, comme les vertus morales perfectionnent les puissances appétitives et les soumettent à l'empire de la raison. Il y a des dons comme il y a des vertus, qui ornent la partie intellective et la partie appétitive. Que faut-il à l'homme pour saisir la vérité spéculative? l'intelligence. Pour percevoir la vérité pratique ? le conseil.

Si nous voulons juger en connaissance de cause, il nous faut la sagesse qui remonte à la cause première de toutes choses; la science, à la cause de l'espèce. La science, la sagesse, le conseil, l'intelligence, voilà les dons du Saint-Esprit qui perfectionnent la raison humaine, et font rayonner sur elle la lumière de Dieu. Ceux qui perfectionnent la partie appétitive sont : la piété, dans nos rapports avec le prochain ; la force, dans les dangers, la crainte, qui nous met en garde contre les délectations désordonnées. Isaïe les désigne ainsi : *Requiescet super eum spiritus sapien-*

tiæ et intellectus, spiritus consilii et fortitudinis, spiritus scientiæ et pietatis. Et replebit eum spiritus timoris Domini. (xi, 2.)

QUEST. LXIX. *Béatitudes.* — 1. Les béatitudes de l'Évangile, la pauvreté, les larmes, la paix, diffèrent-elles des vertus et des dons de l'Esprit-Saint? Le bonheur est la fin de la vie humaine. L'homme est heureux ici-bas, lorsqu'il vit conformément à sa fin, et à l'espérance bien fondée de l'obtenir un jour : ainsi on dit les enfants heureux à cause des espérances qu'ils font naître, et du bonheur qui leur semble réservé. L'Apôtre dit de même : « Nous sommes heureux par l'espérance qui repose au fond de nos cœurs. » (Rom., viii, 24.) Ce qui nous donne l'espérance de la souveraine béatitude, ce sont les actes convenables à notre fin, et les mouvements qui nous en approchent. Tels sont les actes des vertus, et surtout ceux que nous produisons en suivant l'inspiration du Saint-Esprit. Les béatitudes de l'Évangile diffèrent donc des dons et des vertus, comme les actes diffèrent des habitudes.

2. Les béatitudes de l'Évangile appartiennent-elles à la vie présente ou à la vie future?

Les interprètes ne sont pas de même avis. Pour moi, je pense que le commencement de ces béatitudes est possible en ce monde, mais que nous n'en verrons l'accomplissement que dans le ciel. Par exemple, mes bonnes dispositions, les qualités qui ornent mon âme méritant la béatitude, je puis dire que ma béatitude est commencée. Ou bien, éprouvant déjà un avant-goût du bonheur, j'espère en voir bientôt l'accomplissement. Cette espérance, que je nourris dans mon cœur, suffit pour l'inonder de délices. Elle est semblable à celle du laboureur qui voit au printemps ses arbres couverts de feuilles et de fleurs, ou portant des fruits déjà formés. On a beau dire : Ici-bas les méchants sont heureux : ils se promènent de fête en fête, de plaisir en plaisir : les bons au contraire, mènent une vie de misères et de souffrances.

Nous ne voyons pas les peines qui tourmentent le cœur des méchants, mais n'eussent-ils que le remords, ce ver rongeur qui dévore sans jamais se rassasier, le bonheur ne serait plus fait pour eux. *Jussisti, Domine, et sic est, ut pœna sibi sit inordinatus animus.* (S. Aug.)

La vertu, il est vrai, n'a pas toujours en récompense les biens de ce monde, mais les biens spirituels lui apportent, même en cette vie, un bonheur cent fois plus grand : *Centuplum accipietis.... etiam in hoc sæculo.* (S. Matt., xix, 29, et S. Marc, x, 30.) Elle a les consolations que l'Esprit-Saint prodigue aux âmes ornées de la grâce, la satisfaction de ses désirs dans sa conformité à la volonté de Dieu : *Meus cibus est ut faciam voluntatem Patris mei.* (S. Jean, iv, 34.) La miséricorde qu'elle exerce envers les autres lui assure des droits à la miséricorde de Dieu. La pureté de son cœur ouvre son intelligence aux clartés du ciel. Sa douceur mérite à ceux qui la possèdent le nom d'enfants de Dieu. Enfin le calme de la conscience, le silence des passions, tout se réunit pour ajouter au bonheur de la vertu même ici-bas. Cela n'empêche pas qu'il ne soit bien plus grand dans le ciel, et que les béatitudes de l'Évangile ne regardent aussi et principalement la vie future.

3. Quelle en est l'énumération d'après l'Évangile ?

Le sermon sur la montagne nous enseigne, avec un ordre admirable, le chemin qui conduit au bonheur. Les uns le plaçaient dans la volupté ; les autres, dans la vie active ; d'autres, dans la vie contemplative. Mais la volupté est plutôt un obstacle au vrai bonheur de l'homme ; la vie active n'en est que la préparation. C'est pourquoi l'Évangile commence par éloigner de nous la volupté. Elle consiste dans les richesses, les honneurs et les passions du concupiscible et de l'irascible. Heureux, nous dit l'Évangile, ceux qui ont l'esprit de pauvreté ; heureux ceux qui sont doux, heureux ceux qui pleurent. Voilà le mépris des richesses, des honneurs, la répression des passions désordonnées. Le calme régnant dans l'âme, elle se livre aux occupations de la vie active. L'Évangile non-seulement nous ordonne d'être justes, mais de désirer la justice comme l'homme épuisé par la faim et par la soif, désire les aliments qui réparent ses forces : *Beati qui esuriunt et sitiunt justitiam.* Il va plus loin. Pour élever cette vertu à sa plus haute perfection, il nous dit d'être miséricordieux : *Beati misericordes,* de donner spontanément et à ceux dont nous n'espérons aucun retour : *Cum facis prandium aut cœnam, noli vocare amicos, aut fratres, etc., sed voca pauperes et debiles.* (S. Luc, xiv, 12.)

Quant à la vie contemplative, elle procure la plénitude ou le commencement du bonheur. C'est pourquoi les béatitudes de l'Évangile qui s'y rapportent ne sont pas considérées comme des mérites, mais comme des récompenses. Les œuvres de la vie active, au contraire, sont des mérites qui disposent l'homme au bonheur de la vie contemplative. L'homme considéré en lui-même, se perfectionne par la pureté, qui éloigne de lui la souillure du péché : de là la béatitude promise à ceux qui ont le cœur pur. Il se perfectionne à l'égard des autres, par la concorde et la bonne harmonie : de là la béatitude assurée à ceux qui sont pacifiques.

La huitième et dernière béatitude n'est qu'une conséquence et un abrégé de celles qui précèdent. L'homme pauvre, doux, juste, etc., jouira d'un bonheur inaltérable. Rien ne pourra ébranler sa constance, et il ne reculera pas devant la persécution : *Beati qui persecutionem patiuntur propter justitiam.*

4. L'énumération des récompenses n'est pas moins admirable. L'Évangile la prend dans l'ordre de choses où les hommes recherchent la béatitude terrestre. Les uns la placent dans la volupté, qui comprend les plaisirs des richesses, des honneurs et des passions ; les autres, dans les actes de la vie active ; d'autres enfin, dans ceux de la vie contemplative. Les hommes recherchent avec avidité les richesses et les honneurs, espérant y trouver, outre le plaisir, une sorte de prééminence. Dieu promet aux pauvres tous les biens de son royaume, sa propre excellence et la primauté qui l'élève au-dessus du monde entier. Les hommes au cœur féroce et cruel intentent des procès, se font la guerre et mettent à mort

leurs ennemis pour jouir tranquillement des biens terrestres. Dieu récompensera ceux qui sont doux, en leur donnant la paisible possession d'une terre plus précieuse, la terre des vivants ; la sécurité qui en accompagnera la jouissance nous montre l'éternité des biens promis à la douceur. Les hommes cherchent une consolation aux peines de cette vie dans les plaisirs des passions : Dieu promet de consoler lui-même ceux qui pleurent. Parmi les hommes livrés à la vie active, il en est qui violent la justice non-seulement en ne payant pas leurs dettes, mais en ravissant le bien d'autrui, afin d'être dans l'abondance et de se gorger de biens terrestres ; ils n'en ont jamais assez : Dieu promet de *rassasier* ceux qui ont faim et soif de la justice. D'autres ne font pas d'œuvres de miséricorde, afin de n'avoir pas sous les yeux le spectacle de la misère : Dieu promet aux miséricordieux une miséricorde qui les mettra à l'abri de toute misère. Les deux dernières béatitudes de l'Évangile renferment les biens de la vie contemplative. La pureté de l'œil dispose à voir clairement : c'est pourquoi la vision de Dieu est promise à ceux qui ont le cœur pur. L'homme qui a la paix avec lui-même et avec les autres, imite parfaitement Dieu qui est le Dieu de l'unité et de la paix. Aussi lui promet-on en récompense la gloire de la filiation divine.

QUEST. LXX. *Fruits de l'Esprit-Saint.* — 1. On appelle fruit ce qui est produit d'une plante ou d'un arbre et qui, arrivé à sa perfection, a une certaine douceur. Tels sont pour le laboureur les fruits de son champ, les fruits de son jardin. Les actes humains, dans ce sens, sont aussi des fruits. Naturels, ils sont produits par la raison, et leur douceur consiste dans la conformité avec leur principe. Surnaturels, ils viennent de l'Esprit-Saint comme d'une semence divine : « Celui qui est né de Dieu ne fait pas de péché, parce qu'une semence divine demeure en lui. » (I S. Jean, III, 9.) La douceur des fruits surnaturels, c'est l'espérance ou la possession de la fin dernière conformément aux inspirations de l'Esprit-Saint.

Ces fruits sont au nombre de douze, rapportés dans l'épître aux Galates et figurés par l'arbre de vie qui des deux côtés du fleuve portait douze fruits. (Apoc., dern. ch., 2.) Ils se diversifient selon que l'Esprit-Saint se manifeste en nous différemment : ainsi les plantes produisent une immense variété de fruits. Il peut régler notre âme en elle-même, lui montrant ce qu'elle doit faire dans la prospérité et dans l'adversité. Dans la prospérité, il lui inspire l'amour, qui est toujours la première de nos affections : *Charitas diffusa est in cordibus nostris per Spiritum sanctum qui datus est nobis.* (Rom., v, 5.) Il lui inspire la joie, qui accompagne toujours l'amour, car celui qui aime se réjouit dans l'objet aimé. Il répand dans l'âme la paix qui est la perfection de la joie : la joie ne serait pas véritable, si elle n'apportait la sécurité et n'apaisait les désirs inquiets : *Pax multa diligentibus legem tuam.* (Ps., cxviii, 165.) Dans l'adversité, l'Esprit-Saint nous inspire la patience, la longanimité.

Il ordonne notre âme dans nos rapports avec les autres, par la bonté, la bénignité (*benignus ignis amoris*), la mansuétude, la fidélité.

Il la règle dans nos rapports avec ce qui nous est inférieur, par la modestie, la charité et la continence.

CHAPITRE V.

LES PÉCHÉS.

Après avoir parlé de l'acte humain conforme à la raison, il faut parler de l'acte qui lui est contraire : on l'appelle le vice ou le péché.

QUEST. LXXI. — 1. Le péché est essentiellement opposé à la vertu. Nous trouvons dans la vertu d'un être, une disposition conforme à sa nature, un acte sagement ordonné, et de la bonté, car il est bon à un être de répondre aux besoins de sa nature. Faisant sur le vice les mêmes considérations, nous lui trouvons trois défauts opposés. Le vice d'un être, c'est de ne pas avoir ce qui constitue la perfection de sa nature : *Quod perfectioni naturæ deesse perspexeris, id voca vitium.* (S. Aug.) De là il résulte dans cet être, une malice opposée à la bonté de la vertu, car il est mauvais de ne pas réunir tout ce qui convient à sa nature. Enfin le vice renferme un acte désordonné, appelé le péché. Donc le péché est essentiellement opposé à la vertu.

2. Le vice est en opposition avec la nature. Pourquoi une créature est-elle appelée vertueuse et lui décernons-nous des louanges? Parce que nous voyons régner en elle une disposition conforme à sa nature. Pourquoi l'appelons-nous vicieuse? Sur quoi tombent les reproches que nous lui faisons? Sur ses défauts à l'égard de sa nature. C'est pourquoi, dit saint Augustin, du mot *vitium* est venu le mot *vituperare*, blâmer. Nous sommes vicieux et méritons le blâme, quand nous nous éloignons de la

disposition que nous devrions naturellement avoir, comme on appelle vicieux un objet qui n'est pas conforme aux règles de l'art. Donc le vice est contraire à la nature, qu'il laisse en souffrance.

On le verra avec évidence, si l'on considère quelle est la nature de l'homme. La nature d'un être consiste surtout dans sa forme spécifique. L'homme étant un être raisonnable, la vertu de l'homme consiste à vivre conformément à sa raison; le vice de l'homme, à ne pas en suivre les lumières.

Il faut ici une remarque: quelquefois on distingue dans l'homme la nature sensitive et la nature raisonnable. Le vice n'est pas opposé à la première; au contraire, il la flatte et lui sacrifie la seconde, qui est la plus noble. Cette immolation est fréquente dans les actes humains, à cause de notre double nature. Les hommes n'arrivant à l'exercice de la raison qu'en faisant usage des sens, obligés de passer par la nature inférieure pour s'élever à la nature supérieure, la plupart restent en chemin; en toutes choses il y en a plus qui commencent qu'il n'y en a qui achèvent.

3. L'habitude est-elle pire que l'action vicieuse?

Non, au contraire. On punit pour une action mauvaise, et non pour une habitude, si elle ne produit pas d'acte.

L'action est plus que l'habitude. Il vaut mieux bien agir que d'en avoir seulement la faculté. L'habitude tient le milieu entre la puissance et l'action, supérieure à l'une, inférieure à l'autre. La moralité dépend totalement de l'action et ne s'appelle bonne ou mauvaise, que selon l'action qu'elle produit.

4. Le péché et la vertu peuvent-ils exister ensemble dans un homme?

Le péché mortel ne peut exister avec les vertus infuses, car il détruit la charité qui en est la forme vivifiante. La foi et l'espérance peuvent survivre à un péché; mais ayant perdu leur principe formel, ce sont des vertus mortes.

Le péché véniel affaiblit toutes les vertus, mais n'en détruit aucune.

Le péché mortel laisse subsister en nous les vertus acquises. Un acte, avons-nous dit, ne suffit pas pour produire ou effacer une habitude. De même l'habitude ne produit pas nécessairement l'acte auquel elle est propre. Ce n'est pas comme la forme dans les choses naturelles ; celle-ci produit toujours l'acte qui lui convient. La chaleur et le froid ne sauraient exister simultanément, ni un corps léger descendre, à moins d'être pressé par un moteur étranger. Mais nous pouvons user ou non d'une habitude ; il nous est même possible, tout en l'ayant, de produire des actes contraires : c'est pourquoi l'homme le plus vertueux peut commettre le péché.

5. *Le péché peut-il être accompli sans un acte ?*

Cette question regarde surtout le péché d'omission ; pour les autres, la réponse est évidente. Des théologiens prétendent que le péché d'omission ne suppose pas nécessairement un acte : par exemple, après avoir prolongé la veille d'hier il se trouve qu'aujourd'hui, jour de dimanche, je ne puis aller à la messe. Il faut voir, dans ce cas, si l'on aurait pu et dû prévoir que tel acte causerait indirectement l'omission d'un devoir. Si la réponse est négative, le péché n'existe pas. Si elle est affirmative, il y a péché, mais j'ai produit un acte. Il est tellement de l'essence du péché d'être volontaire, que si la volonté n'y a aucune part, il n'est plus péché. Le volontaire peut-il exister sans un acte de la volonté ?

Cet acte est intérieur ou extérieur. En ne voulant pas, un jour de dimanche, aller à la messe, je produis un acte intérieur qui me retient chez moi. Ou bien, le même jour, je me livre à une occupation qui m'empêche d'accomplir le précepte de l'Eglise : je me livre au jeu, à la chasse, prévoyant que la messe sera oubliée ; un acte extérieur accompagne alors mon péché. Il est évident que, me livrant à un travail incompatible avec mon devoir, je veux ne pas l'accomplir. Ainsi, sans un acte de ma volonté, il n'y aurait pas en moi l'ombre de péché.

6. Le péché, dit saint Augustin, est une parole, ou une action, ou un désir contraire à la loi éternelle. Un acte est mauvais quand il manque de conformité avec sa règle. Quelle est la règle des actes humains? L'une qu'il porte en lui, est la raison; l'autre, la règle suprême ou la loi éternelle, qui est comme la raison de Dieu. L'homme ne peut s'élever contre ces deux règles, que par un désir, une parole ou une action. La première partie de la définition regarde ce que le péché a de matériel, la substance même de l'acte; la seconde montre ce qu'il a de formel, l'essence même du mal.

Ni ma raison ni la loi éternelle ne me commandant de faire maigre le vendredi et le samedi, ce n'est donc pas un péché de ne pas garder l'abstinence ces deux jours?

La raison et Dieu nous disent qu'il faut obéir à l'autorité légitime. Telle est l'autorité qui nous ordonne l'abstinence. User d'aliments gras quand l'Église le défend, violer une loi humaine, soit civile, soit ecclésiastique, c'est un péché, parce que Dieu nous ordonne d'obéir à nos supérieurs, et que sans ce devoir d'obéissance, il n'y a pas de société possible, l'ordre naturel est renversé. Ces deux règles des actes humains étant subordonnées l'une à l'autre, la loi éternelle embrassant tout ce qui est du domaine de la raison et étendant même son horizon plus loin, on ne saurait admettre l'existence d'un *péché philosophique*, c'est-à-dire contraire à la raison, sans être une offense contre Dieu.

QUEST. LXXII. — 1. Qu'est-ce qui distingue les péchés entre eux?

Leur objet, ou l'idée qu'il imprime en nous. Les désirs, les paroles, les actions varient avec leur objet. Pourquoi un vol de cent francs n'est-il pas le même qu'un vol de mille francs? Pourquoi le désir de la luxure est-il autre que le désir de l'homicide? Enfin pourquoi la médisance diffère-t-elle de la calomnie et du faux rapport ? Cette différence tient à la diversité de l'idée laissée dans mon esprit par ce qui est l'objet de mes désirs, de mes paroles, de mes actions. C'est là, et non sur le déréglement, que se porte ma volonté : « Personne, en agissant, ne se propose de mal faire. » (S. Denis.)

2. On distingue aussi les péchés en péchés de l'esprit et péchés de la chair. Le péché tire de son objet, son espèce et sa distinction. Il consiste, tant qu'on n'a pas un bien, à le désirer d'une manière déréglée, et, quand on le possède, à s'y délecter désordonnément. Comme ce ne peut être qu'un bien changeant et périssable, nous nous hâtons d'en jouir et y cherchons des délectations immodérées. Or, il y a deux sortes de délectations. L'une s'accomplit dans la seule perception de l'âme, comme la délectation de la louange. L'homme, en s'y abandonnant avec désordre, commet le péché de l'esprit. L'autre a lieu par le contact des sens avec leur objet : telle est la délectation de la gourmandise et de la luxure : de là le nom de péché de la chair. Donc la distinction dont il s'agit est bien fondée : « Purifions-nous de toute souillure de la chair et de l'esprit. » (II Cor., VII, 1.)

3. Il en est de même de leur distinction en péchés contre Dieu, contre nous, contre le prochain.

Le caractère dominant du péché, c'est le désordre. Nous devons garder l'ordre envers Dieu, et de ce côté, c'est la loi divine qui est notre règle. Nous devons le faire régner en nous, et c'est par la raison. Si nous étions des êtres solitaires, sans rapport avec nos semblables, ces deux ordres suffiraient, mais nous sommes destinés à vivre en société. Il nous faut de l'ordre envers le prochain. La justice nous fait respecter ses droits.

Le premier de ces ordres renferme les deux autres et les dépasse, comme la foi est au-dessus de la raison ; mais certains péchés, attaquant Dieu directement, comme le blasphème, l'hérésie, le sacrilége, sont appelés péchés contre Dieu. Le second renferme le troisième ; mais quand les péchés que nous commettons contre la raison s'accomplissent en nous, comme la gourmandise, la luxure, on les appelle péchés contre nous. Quand ils blessent les droits d'autrui, comme le vol et l'homicide, ils sont appelés péchés contre le prochain. Donc cette distinction est bien fondée. — Remarquez que tout péché, en ce sens qu'il trouble l'ordre établi par Dieu, est un péché contre Dieu, mais il peut avoir une malice particulière, en outrageant directement la souveraine majesté.

4. Les péchés d'*omission* et de *commission* diffèrent-ils d'espèce ?

Il faut distinguer une différence qui est toute matérielle, comme celle de ces mots, lapider, étrangler, empoisonner ; une différence qui est formelle et se tire de la fin qu'on se propose : par exemple, dans les exemples cités, la mort d'un criminel. De ces deux différences, les péchés d'omission et de commission n'ont que la première. L'avare pour la même fin, qui est d'accumuler de l'argent, prend le bien d'autrui et omet les aumônes qu'il devrait faire. Le gourmand recherche les mets exquis et ne jeûne pas, se proposant la même fin, de satisfaire sa sensualité. Donc les péchés d'omission et de commission ne sont pas réellement d'espèce différente.

5. Et les péchés du cœur, de la langue, de l'action ?

Deux choses peuvent différer en possédant l'une et l'autre la perfection de leur espèce, comme le bœuf, le cheval ; ou en offrant divers degrés d'une même perfection : par exemple, les fondements d'une maison, les murailles et le toit.

De même, le péché prend son origine dans le cœur, se développe par la parole et se consomme par l'action. Voyez l'homme qui veut se venger. La colère a d'abord ému son cœur, puis il se répand en paroles injurieuses, et en vient ensuite à l'acte.

6. Les péchés changent-ils d'espèce selon le défaut de chacune des circonstances qu'ils devraient avoir ? Ce qui change l'espèce du péché, c'est le motif qu'on se propose en le commettant, car le

motif en est l'objet et la fin. Si le même motif vicie plusieurs circonstances, il est évident que le défaut de chacune ne produit pas une nouvelle espèce de péché. L'avare qui reçoit au lieu, au temps où il ne devrait pas recevoir, et plus qu'il ne lui est dû, n'a, en agissant ainsi, qu'un seul motif, le désir d'accumuler de l'argent. L'absence des circonstances qui manquent à son acte ne change pas l'espèce de son péché.

Si le défaut des circonstances tient à divers motifs, elles peuvent ou justifier l'acte ou changer l'espèce du péché, en lui donnant un nouveau caractère de malice. Nous en voyons la preuve dans les exemples suivants : Je mange avant l'heure accoutumée et j'omets le jeûne, parce que mon tempérament l'exige. Si je tardais de prendre mon repas, ma santé en souffrirait, à cause de la promptitude avec laquelle les opérations digestives absorbent en moi l'élément humide nécessaire à la vie du corps. Ou bien un homme prend une nourriture excessivement abondante, parce que sa nature demande beaucoup. Le motif qui nous fait agir est innocent et nous préserve du péché, nonobstant le défaut d'une circonstance que doit avoir l'acte humain pour être bon. Ce serait différent, si un homme, recherchant les mets exquis, mettait son plaisir dans les choses qu'il mange et ne vivait que pour manger au lieu de manger pour vivre.

Si le défaut de circonstance provenait d'un autre motif, il causerait encore un péché d'espèce différente : le gourmand qui un jour de jeûne se livre désordonnément au plaisir de la table, commet un péché contre la tempérance et viole de plus une loi de l'Église (1).

QUEST. LXXIII. *Rapport des péchés entre eux.* — 1. Ils ne sont

(1) Est-on obligé d'accuser en confession une circonstance qui aggrave le péché, sans toutefois en changer l'espèce ? Les théologiens sont divisés. Le concile de Trente a décidé qu'il faut accuser les circonstances qui changent l'espèce de péché, c'est-à-dire, lui donnent un nouveau caractère de malice. (Sess. xiv, 5.) Mais n'ayant rien défini au sujet des circonstances simplement aggravantes, il a laissé cette question à la libre appréciation de chacun. On pourrait citer autant de théologiens pour la négative que pour l'affirmative.

pas connexes et ne se suivent pas nécessairement : quelques-uns même s'excluent. Les vertus ont leur racine dans la raison qui est semblable en chacun de nous et répand partout les mêmes clartés. C'est un centre commun où se réunissent tous les gens vertueux comme des hommes placés à la circonférence d'un cercle et tendant, par tous les rayons, vers le centre. Les méchants suivent une voie contraire. Ils s'éloignent de la raison, et s'égarant dans mille routes différentes, cherchent des biens dont la diversité fait la diversité des péchés, et quelquefois leur incompatibilité.

2. Tous les péchés ne sont pas égaux. Le péché est une privation. Or il y a une privation pure et simple, qui est une sorte d'anéantissement. Elle ne souffre pas le plus ou le moins : un corps est aussi bien mort au moment où il vient d'expirer que deux ou trois ans après, lorsqu'il est réduit en poussière. Si vous mettez sur une lampe un voile qui en intercepte toute la lumière, votre appartement ne sera-t-il pas aussi obscur que si vous l'aviez recouverte de plusieurs voiles? Une autre privation n'est que partielle et laisse encore subsister quelque chose de l'état contraire. La maladie trouble les humeurs, mais leur laisse encore un certain équilibre, autrement l'animal périrait. La difformité laisse encore aux membres une certaine harmonie. Ces privations sont donc susceptibles du plus et du moins, selon qu'elles s'éloignent de l'état normal des membres et des humeurs. Il en est ainsi du péché. Il trouble l'ordre de la raison, mais en laisse encore quelques traces. L'absence totale de l'ordre rationnel empêcherait l'affection de l'appétit et détruirait la substance de l'acte humain. C'est pourquoi les péchés sont plus ou moins graves, selon qu'ils s'éloignent de la rectitude de la raison.

3. La gravité des péchés varie aussi d'après leurs objets. La santé de l'homme consiste dans la juste proportion des liquides. Le cœur étant l'organe qui les répartit dans tout le corps, il s'ensuit qu'une maladie est d'autant plus grave qu'elle se rapproche

de cet organe et le menace davantage. De même, un péché est d'autant plus grave qu'il s'écarte davantage de la règle tracée par la raison, et qu'il viole un plus grand principe. Quel est, dans la pratique, le premier principe de la raison? c'est la fin ou l'objet de l'acte. La fin est le poids qui toujours nous fait pencher et nous attire, comme le centre de la terre attire les corps graves.

Remarquez cette conséquence immédiate : lorsque je commets un vol, mon péché est moins grave que si je tuais un homme, parce que les choses extérieures se rapportent à l'homme; mais lui-même a été fait pour Dieu, notre fin dernière. Donc un blasphème, abstraction faite de toute circonstance, est un plus grand péché qu'un homicide.

4. Ce qui fait aussi la gravité d'un péché, c'est son opposition à une plus grande vertu. Une vertu et un péché peuvent avoir le même objet, quoiqu'ils tendent vers lui d'une manière différente : par exemple, la tempérance et la gourmandise. Le désordre d'un vice augmente selon l'excellence de la vertu avec laquelle il est incompatible.

Une vertu peut encore être grande, en ce sens qu'elle s'étend plus loin et exclut les plus légers défauts : une santé parfaite exclut jusqu'aux moindres indispositions. L'excellence de cette vertu n'augmente pas la gravité de chacun des vices qui lui sont opposés.

5. Lesquels sont les plus graves, les péchés de la chair ou les péchés de l'esprit?

Les premiers entraînent avec eux une faute moins grave et une plus grande infamie.

C'est à l'esprit qu'il appartient de s'unir à Dieu ou de s'en éloigner pour porter nos désirs vers le bien créé; la chair s'unit à ce bien par la délectation de l'appétit et la perception des sens; voilà pourquoi cette délicatesse est si profonde, et les liens du péché de la chair si difficiles à rompre. En quoi consiste le caractère de la faute? Dans la conversion désordonnée vers la créature, et surtout dans l'aversion, ou l'éloignement de

Dieu. Le péché de l'esprit m'éloigne, le péché de la chair m'unit ; donc celui-ci a moins que l'autre le caractère de la faute.

Le péché de la chair outrage le corps ; le péché de l'esprit outrage Dieu et le prochain, qui étant d'un plus grand prix doivent être aimés davantage.

L'homme est naturellement plus porté au péché par le corps que par l'esprit, à cause des mouvements de la concupiscence qui se font sentir dans le premier, et que n'éprouve pas le second ; donc les péchés de l'esprit sont plus volontaires et plus graves.

Mais si les péchés du corps supposent une moins grande faute, comment causent-ils une plus grande infamie ? C'est qu'ils peuvent se consommer sans participer en aucune manière à la lumière de la raison, et que les actes de la chair nous rendent plus semblables aux bêtes.

6. La grandeur de la cause qui le produit augmente-t-elle le péché ? Cela est évident, si la cause est telle que le péché en sorte tout entier ; par exemple la volonté, d'où sort le péché, comme le fruit de l'arbre. En multipliant la puissance de la cause, on ajoute évidemment à la grandeur de l'effet.

S'il s'agit de causes extérieures, produisent-elles leur effet conformément à la nature de la volonté, comme la fin ? La grandeur de la cause augmente le péché ; mais si cette cause influe sur la volonté contrairement à sa nature, comme l'ignorance, la violence, la crainte, le péché diminue et quelquefois disparaît totalement.

7. Des circonstances peuvent-elles aggraver le péché ? Un être s'accroît par l'union avec son principe. Qu'est-ce qui fait la bonté d'un acte ? C'est l'ensemble de toutes les circonstances qu'il doit avoir et qui constituent sa rectitude ; donc l'absence d'une de ces circonstances le rend mauvais, et il est d'autant plus défectueux qu'il lui manque plus de circonstances. L'homicide est contraire à la loi divine et à la justice. Si l'homme auquel vous ôtez la vie est votre père, votre action viole doublement la justice et la loi de Dieu. Cette vertu et cette loi nous imposent des

devoirs particuliers envers celui à qui nous devons les bienfaits de la vie et de l'éducation.

8. L'étendue du dommage causé par le péché en augmente-t-elle la gravité? Oui, si vous prévoyez le dommage, et que votre intention soit de nuire : tels sont le voleur et l'homicide. S'il est prévu sans qu'on se le soit proposé, il aggrave le péché, mais indirectement; par exemple, voulant dévaliser des voyageurs, vous traversez un champ de blé, afin de les atteindre plus tôt. Vous montrez par là que votre volonté suit un mouvement violent et qu'elle adhère de toutes ses forces au péché. Si le dommage n'est entré ni dans vos prévisions ni dans votre dessein, il faut dire si vous étiez obligé de le prévoir : tel est celui qui donne un scandale public.

9. Et la dignité de la personne qu'on offense? Cette personne est l'objet, ou la fin de notre acte. Les actes humains ont toujours pour fin principale Dieu, le prochain ou nous-mêmes. Si la personne que nous offensons est unie à Dieu par la vertu ou par son caractère, l'offense retombe sur Dieu même : *Qui vos tetigerit tangit pupillam oculi mei.* (Zachar., II, 8.) Si elle nous est unie par les liens de la parenté, de la reconnaissance ou de l'amitié, le mal retombe sur nous, et il semble plus grave que s'il n'offensait que le prochain, « car celui qui est méchant pour lui-même, pour qui sera-t-il bon? » (Eccl., XIV, 5.) Nous pouvons aussi, en offensant une personne, non-seulement blesser ses droits, mais ceux de la multitude, ce qui ajoute à la gravité du péché : *Principi populi tui non maledices.* (Exod., XXIV, 28.) De même l'injure faite à une personne célèbre augmente la gravité du péché, à cause du scandale et du trouble qui en est la suite.

10. La dignité de la personne qui pèche ne fait rien à la gravité du péché, s'il s'agit de ces fautes légères qui échappent à la faiblesse humaine ; mais c'est différent, si l'on parle de péchés délibérés ; les grands, c'est-à-dire ceux qui ont le plus de science et de vertu, pouvant résister plus facilement au péché, sont tenus

à plus de perfection : *Servus sciens voluntatem Domini sui et non faciens, plagis vapulabit multis.* (S. Luc, xii, 47.) Dieu a des droits particuliers à la reconnaissance de ceux qu'il a comblés de ses bienfaits, et leur ingratitude est plus coupable que celle de personnes moins favorisées : « *Potentes potenter tormenta patientur.* » (Sagesse, vi, 6.)

Le péché contraste avec le caractère d'une personne élevée en dignité : tel est le péché d'un prêtre lié par des vœux, d'un roi, gardien de la justice.

Enfin le scandale qui en résulte est plus grand et plus propre à causer la chute des autres. Les scandales suivent la loi des corps pesants : plus ils viennent de haut, plus ils ont de retentissement.

QUEST. LXXIV. *Sujet du péché.*—1. Dans quelle partie de l'âme réside le péché? Il y a des actes qui passent de celui qui les produit dans une matière étrangère, comme brûler, couper un arbre ; c'est ainsi qu'Aristote a dit : Le mouvement est un acte du mobile, venant du moteur. D'autres actes demeurent dans l'agent, comme désirer, connaître, et tels sont tous les actes moraux, bons ou mauvais. Le propre de ces actes, c'est d'être volontaires, c'est-à-dire de résider dans la volonté comme dans leur sujet principal.

2. Le péché peut avoir son siége non-seulement dans la volonté, mais aussi dans les autres puissances qui sont les principes de l'acte volontaire ; la volonté pouvant les faire agir ou les tenir dans l'inaction, la sensualité est le sujet du péché quand elle commet le désordre, mue par la volonté. Les puissances de l'appétit sensitif sont le siége d'habitudes morales ; pourquoi ne le seraient-elles pas aussi d'actes vertueux, ou d'actes vicieux? Cependant le péché n'est jamais dans la sensibilité proprement dite ; son premier mouvement, fût-il désordonné, peut se faire sentir à ceux qui sont en état de grâce et n'est un péché que quand il a entamé la volonté, obtenu son assentiment réfléchi.

3. La raison peut-elle être le siége du péché? La raison a

deux grandes missions à remplir : l'une de connaître le vrai, l'autre de diriger les puissances inférieures de l'âme. Le péché peut entrer en elle de ces deux manières : elle peut faillir en restant dans l'ignorance de ce qu'elle peut et doit savoir et en tombant dans l'erreur ; elle peut faillir en ne réprimant pas le désordre des puissances inférieures. Ainsi, de la raison vient le péché que je commets en me complaisant dans une délectation illicite. Je puis provoquer les passions intérieures, par exemple, la concupiscence et la colère ; ou si elles sont excitées, juger qu'il est bon de m'y arrêter et de m'abandonner à la délectation que j'y trouve.

4. C'est aussi de la raison que vient le consentement à l'acte mauvais. La volonté adhère et commande aux puissances d'agir, mais seulement après que la raison mauvaise a délibéré et jugé. La raison spéculative juge des choses métaphysiques, la raison pratique, des choses qui regardent la vie active. Le jugement suprême appartient toujours à la faculté de juger qui est la plus élevée en nous. Une proposition n'est définitivement prouvée, que quand on l'a ramenée aux premiers principes. Qu'y a-t-il de final et de suprême dans la pratique ? C'est l'acte, la délectation n'en est que le prélude. Donc le consentement à l'acte appartient à la raison supérieure ; la délectation, à la raison inférieure, bien qu'elle relève aussi de la première. Ce qui est du ressort d'un inférieur, regarde le supérieur et en dépend. La loi divine est un tribunal encore plus élevé que notre raison.

5. Ce consentement à la délectation est-il toujours un péché ? Toute délectation vient d'une opération. On peut donc la considérer relativement à l'opération dont elle est la suite, ou à l'objet vers lequel elle se porte.

Quelquefois l'opération même est l'objet de la délectation ; je m'y repose alors, m'y réjouis comme dans ma fin, et le consentement spontané que je donne, participe à la moralité de l'opération. Quelquefois cette opération n'est que le souvenir d'une pensée. Si je reviens aujourd'hui à une pensée qui m'a flatté autrefois, par exemple, à la pensée d'une vengeance injuste, il n'y a pas, dans cette pensée même, de péché mortel ; il y a péché véniel si je me la rappelle sans utilité ; et pas le moindre péché si je le fais utilement : ainsi je puis penser à une chose illicite, pour faire à ce sujet un sermon ou une dissertation.

Mais si, réfléchissant à ma pensée, je me complais dans son objet et m'y affectionne, ma volonté consent à un désordre grave et pèche mortellement.

QUEST. LXXV. *Causes du péché en général.* — 1. Quelles en sont les causes intérieures ? il suffit pour les connaître, de savoir quelles sont les causes de l'acte humain. Ce sont, d'une part, la raison et la volonté ; de l'autre, l'appétit sensitif. La perception du bien apparent qui porte à agir sans motif légitime appartient à cet appétit sensible ; l'absence de la droite règle est attribuée à la raison ; l'accomplissement de l'acte à la volonté.

2. Le péché a-t-il une cause extérieure ? Cette cause, si elle produisait le péché, entraînerait nécessairement l'un des trois principes qui en sont les causes intérieures. Quant à la volonté, Dieu seul, nous l'avons vu, peut l'entraîner irrésistiblement, et Dieu ne peut porter au péché. La raison peut être sollicitée, jamais forcée par l'homme et le démon. Les biens sensibles ne peuvent non plus entraîner forcément l'appétit ; ils ne peuvent que l'exciter, le provoquer. D'ailleurs, l'appétit sensitif n'a qu'une faible influence, sur la raison et la volonté. D'où il suit que les causes extérieures du péché ne sont jamais que des causes insuffisantes et ne peuvent le consommer.

3. Un péché peut-il être la cause d'un autre péché ? c'est demander si un acte humain peut être la cause d'un autre. Il peut réunir les quatre genres de causes : il en est la cause efficiente lorsqu'il produit en moi une disposition qui me sollicite à le réitérer, ou lorsqu'il renverse la barrière qui me fermait l'entrée dans la voie du péché : tel est le péché, lorsqu'il fait perdre la honte qui éloigne du mal et retient dans la vertu.

Un péché peut être la cause matérielle d'un autre péché; par exemple, l'acquisition illicite de l'argent me fournit matière à des procès injustes. Il en est la cause finale, si je commets la fornication pour voler, la simonie pour satisfaire une ambition démesurée. Et comme la fin donne aux actes humains leur forme, il s'ensuit qu'un péché peut être la cause d'un autre péché.

QUEST. LXXVI. *Voyons en particulier chacune des causes du péché: du côté de la raison, c'est l'ignorance.* — 1. L'ignorance peut-elle causer le péché? il y a une cause qui agit par sa propre vertu. Une autre opère seulement par accident, en ce sens qu'elle éloigne ce qui empêchait un acte. Telle est l'ignorance. Elle éloigne les lumières de la raison, qui sont un obstacle au péché en donnant la connaissance des principes généraux et des principes particuliers : par exemple, il ne faut pas tuer votre père, il ne faut pas tuer cet homme, c'est votre père. Mais si vous êtes décidé à le tuer quand même vous sauriez qui il est, votre ignorance n'est plus cause de péché. En un mot, elle le cause quand elle prive la raison de la science qui empêcherait l'accomplissement de l'acte mauvais.

2. Peut-elle être elle-même un péché? Il faut distinguer entre ne pas savoir et ignorer. Le manque de savoir se trouve dans tout être créé, parce qu'il y a toujours certaines choses qui nous échappent. Ce défaut tient à la faiblesse de la créature, les anges mêmes n'en sont point exempts. Ignorer, c'est ne pas savoir les choses dont la connaissance nous est accessible, comme les théorèmes de la géométrie, mais l'ignorance n'est un péché que quand elle nous prive de connaissances que nous pouvons et que nous devons avoir; tels sont communément les articles de foi, les principes de la loi naturelle, les devoirs de notre état. Si cependant cette ignorance était invincible, c'est-à-dire, si nous n'avions pas à notre disposition les moyens suffisants de connaître les vérités de la révélation, ou si, après avoir employé les moyens ordinaires de connaître ce qui concerne notre état, nous n'en

possédons qu'une science médiocre, l'ignorance du reste n'est pas coupable.

3. L'ignorance n'excuse pas toujours. C'est quand la connaissance qu'elle exclut ne nous empêcherait pas, si nous l'avions, de produire l'acte : par exemple, je veux tuer cet homme, que ce soit mon père ou non. Quelquefois elle est une légère excuse : je tue cet homme, et il se trouve que c'est mon père. Si je l'avais su, je n'aurais jamais osé tremper mes mains dans son sang. Ce n'est pas un parricide, mais seulement un homicide, parce que l'homicide seul est volontaire.

Elle excuse totalement si elle est involontaire ou invincible, ou se rapporte à des choses que je ne suis pas obligé de savoir. Il est de l'essence du péché d'être volontaire.

4. Peut-elle diminuer le péché? Elle le peut, dans la même mesure qu'elle diminue le volontaire : si elle le détruit totalement, elle efface tout péché : « j'ai obtenu miséricorde, parce que j'ai agi sans savoir ce que je faisais. » (I Tim., I, 13.)

Elle peut en atténuer indirectement la gravité : par exemple, travaillant des mains au lieu d'étudier, m'occupant à des riens, il arrive que j'ignore ce que je devrais savoir, ou bien, buvant immodérément, tout à coup il se trouve que je manque de discrétion, mon ignorance et mon péché sont indirectement volontaires. Mais si je voulais directement mon ignorance, elle augmenterait le volontaire, par conséquent la gravité du péché : ainsi je veux ignorer mes devoirs, afin de me jeter plus librement dans le vice. Inutile d'insister sur ce qui a déjà été dit.

QUEST. LXXVII. *Cause du péché du côté de l'appétit sensitif.* — 1. Comment l'appétit sensitif est-il la cause du péché? Les passions qu'il subit peuvent-elles entraîner la volonté ?

Toutes les puissances de l'âme ont leur racine dans son essence. L'une de ces puissances est-elle fortement émue? elle entraîne les autres et diminue ou détruit totalement le propre mouvement de la volonté.

La perception violente de l'imagination et des puissances inférieures trouble la perception de la raison. Les nuages montent dans la région qu'habite la raison, et elle suit l'imagination, comme le goût suit la perception de la langue. Or le mouvement de la volonté répond à la perception de la raison. Donc les passions de l'appétit sensitif agissent indirectement sur la volonté et peuvent l'entraîner dans leur impétuosité.

2. Les passions peuvent-elles entraîner la raison et la faire agir contrairement à sa science?

Saint Paul répond : « Je sens dans les membres de mon corps une loi qui combat la loi de mon esprit et me rend captif sous la loi du péché. » (Rom., vii, 23.)

Socrate le niait, disant que la volonté ne se porte jamais que vers un bien révélé par la raison, et que tous les péchés sont des ignorances. Cela est vrai sous un rapport : « Ceux qui font le mal se trompent » (Prov., xiv, 22); mais il avait tort de croire que cela suffit pour établir son opinion. Ayant une science du général, et une science du particulier, nous pouvons, dans le particulier, oublier le général, comme un géomètre peut oublier, tel cas donné, les conclusions d'un théorème antérieur. Nous pouvons même perdre de vue la science du particulier, absorbés par une occupation qui nous empêche de voir les lumières de la raison. C'est ce qui arrive dans la distraction, ou lorsque la connaissance de l'esprit contrarie notre passion, ou qu'un changement survenu dans les organes empêche le libre exercice de la raison. On a vu des personnes entraînées par l'amour ou la colère tomber dans la folie. Ainsi la passion peut vaincre la raison, et lui faire juger dans un cas particulier le contraire de ce qu'elle sait d'une manière générale.

3. Pourquoi appelle-t-on péchés d'infirmité, les péchés commis sous l'influence d'une passion? L'âme, siége principal du péché, est sujette comme le corps à des infirmités sans nombre. Le corps est dit infirme quand il est faible, ou que le trouble de ses

différentes parties l'empêchant d'agir, le prive de ses propres opérations. C'est ce qui arrive quand les humeurs et les membres n'obéissent pas à la puissance qui doit les mouvoir et les régir ; un membre est infirme quand il ne peut plus remplir les fonctions auxquelles la nature l'a destiné : par exemple, l'œil qui ne voit plus clairement. On dit par analogie que l'âme est infirme quand le trouble de ses puissances l'empêche de produire ses propres opérations. La raison est la puissance souveraine qui doit les commander. Donc, toutes les fois qu'une passion du concupiscible ou de l'irascible trouble l'ordre de la raison ou en entrave l'exercice, l'âme est infirme, et le péché commis en cet état est un péché d'infirmité. Aristote compare l'incontinent à l'épileptique.

4. Comment l'égoïsme est-il la cause de tout péché ?

Il y a dans tout péché une aversion et une conversion. Ma volonté s'éloigne de Dieu, et par un amour de préférence se tourne vers un bien créé. C'est une détorsion, un mouvement de volteface qui me fait tourner le dos à Dieu, le visage à la créature pour y chercher mon bien. Vouloir du bien à quelqu'un, c'est l'aimer. Donc au fond de tout péché se trouve l'amour de soi ou l'égoïsme. « L'amour de soi jusqu'au mépris de Dieu a fait la cité de Babylone. » (S. Aug.)

5. Pourquoi saint Jean place-t-il la cause du péché dans la concupiscence de la chair, dans celle des yeux et dans ce qu'il appelle l'orgueil de la vie ? (S. Jean, II, 16.)

Le péché est toujours un mouvement désordonné vers le bien. On peut aspirer au bien de plusieurs manières, selon qu'on est sollicité par le concupiscible ou par l'irascible. Il y a deux sortes de concupiscence. L'une nous porte au bien qui conserve l'individu ou l'espèce, c'est la concupiscence de la chair. L'autre ne procure ni la sustentation ni la délectation charnelle. Elle existe seulement dans l'imagination et le jugement. Je désire un bien que je crois réel, mais qui n'est qu'imaginaire, l'éclat de l'argent, des habits, etc. C'est la concupiscence des yeux.

Enfin je puis désirer le bien comme difficile et me porter vers lui par un amour désordonné de ma propre excellence : c'est l'orgueil de la vie.

6. La passion ne diminue-t-elle pas le péché?

La passion qui précède l'exercice du libre arbitre diminue le volontaire, par conséquent le péché; la passion qui suit l'augmente.

Tout péché consiste essentiellement dans un acte du libre arbitre, qui tient à la fois de la raison et de la volonté. Si ce mouvement précède, il incline la raison et la volonté, leur laisse moins d'activité propre, par conséquent diminue le volontaire, celui-ci étant d'autant plus grand que ces deux facultés agissent plus par elles-mêmes. Mais si le mouvement de l'appétit suit l'acte du libre arbitre, c'est que le mouvement des puissances supérieures a été violent, et qu'il s'étend jusqu'aux puissances inférieures. Donc le péché produit sous l'influence de la passion peut être plus volontaire et plus grave.

7. La passion qui est cause du péché l'excuse-t-elle ?

Si elle n'empêche pas totalement l'usage de la raison, nous pouvons y résister, et elle ne nous excuse pas. Suspend-elle tout exercice des facultés intellectuelles? Il est encore possible qu'elle ne donne lieu à aucune excuse, c'est quand elle est volontaire à son origine : la passion d'un homme peut devenir, par suite d'un amour coupable, un crime sans excuse ; telle est aussi la passion d'un homme qui s'enivre afin de commettre, dans l'ivresse, un homicide. Mais si elle n'est pas volontaire à son origine, si elle vient d'une maladie qui m'a privé de la raison, elle excuse totalement du péché (1).

8. Un péché qui provient d'une passion peut-il être mortel ?

Le péché consiste en ce que nous nous détournons entièrement de Dieu, lui préférant un bien créé en qui nous mettons notre

---

(1) « Quand le bras a failli, on en punit la tête. » S'il n'y a pas de tête, on ne punit personne, parce qu'il n'y a pas de coupable.

fin dernière. Si nous le faisons entraînés par une passion tellement subite que la raison n'ait pu la réprimer, il n'y a ni péché mortel, ni péché véniel. Mais si la raison l'a pu et a négligé de le faire, le libre arbitre nous restant, le péché peut être mortel : tels sont beaucoup de suicides et d'homicides qu'on excuse avec trop de complaisance.

QUEST. LXXVIII. *Cause du péché du côté de la volonté.* —1. Peut-on pécher par malice? « Ils se sont retirés de Dieu comme de dessein formé, et ils n'ont pas voulu comprendre. » (Job, XXXIV, 27.) Donc il y en a qui s'éloignent de Dieu sciemment, et c'est pécher par malice. — Tout être désire naturellement le bien. L'homme le cherche, il y aspire de toutes ses puissances. S'il se porte vers le mal, ce n'est que par suite d'une perturbation dans les lois de son être : ainsi le vice dans les êtres naturels. L'homme a trois principes d'activité, l'intellect, la volonté et l'appétit sensitif. L'ignorance trouble l'intelligence ; la passion met le désordre dans les puissances sensitives ; comment s'égare la volonté? En préférant un bien inférieur à un bien supérieur. C'est dans ce choix déréglé que consiste la malice. Quelquefois, il est vrai, la volonté sacrifie un bien qu'elle aime moins, à un bien qu'elle aime davantage : par exemple, elle consent à l'amputation d'un membre pour sauver le corps ; mais quelquefois elle fait le contraire. Ayant à choisir, d'une part, entre les richesses et la volupté, de l'autre, le bien de la raison et de la loi divine, elle fixe sur le premier son choix de préférence. Elle renonce de dessein formé à l'amour de Dieu pour jouir d'un bien temporel, et ainsi, se prive sciemment d'un bien supérieur pour avoir un bien inférieur.

2. Celui qui pèche par habitude pèche-t-il par malice, c'est-à-dire à dessein?

Qu'un homme qui a une habitude, pèche, ou qu'un homme pèche par habitude, c'est différent. Je puis avoir une habitude et ne pas en user. Elle ne corrompt pas tellement la volonté, qu'on ne puisse même en faire un bon usage, ou qu'on ne puisse, n'en tenant pas compte, pécher par passion ou par ignorance. Mais quand on pèche par habitude il y a toujours malice de la part de la volonté. Pourquoi? c'est que nous affectionnons cette habitude, c'est que nous aimons tendrement cet enfant gâté, et que nous nous empressons de satisfaire tous ses caprices.

3. Le péché de malice est-il plus grave que le péché produit sous l'influence d'une passion?

Le péché est principalement dans la volonté ; de sorte que plus il est volontaire, plus il est grave. Tel est le péché de malice, car il vient d'un principe interne. La passion, au contraire, naît d'un principe externe qui nous est d'autant plus étranger, qu'elle est plus ardente.

La passion qui porte au péché passe vite ; l'habitude reste et fait durer plus longtemps le péché. C'est pourquoi le Philosophe compare l'homme qui pèche par passion à un malade qui a une fièvre intermittente, l'homme qui pèche par malice, à un malade que la fièvre agite constamment.

Celui qui pèche par malice, est mal disposé relativement à la fin de l'acte. La fin, dans les choses pratiques, est le point de départ, le principe de notre activité : *Atqui defectus principii semper est pessimus*. L'homme entraîné par la passion se propose quelquefois une bonne fin, bien qu'à certains moments il la perde de vue.

QUEST. LXXIX. *Causes extérieures du péché. Elles ne sauraient être que Dieu, le démon ou l'homme.* —1. Dieu n'est pas la cause du péché. Il ne pourrait l'être que de deux manières : en inclinant l'homme à pécher et en l'y portant directement; ou bien indirectement en ne l'empêchant pas d'y tomber. Le péché est une aversion désordonnée, une violation de l'ordre établi par Dieu. Dieu ne peut donc le vouloir et le causer directement; par la raison qu'il veut une chose, elle est bien ordonnée, l'ordre n'étant que l'harmonie avec la volonté divine. Il ne peut non plus causer le péché de l'autre manière. Il retire, il est vrai, sa grâce qui empêcherait l'homme de tomber ; mais il n'est pas obligé de l'accorder, sa sagesse et sa justice en ayant disposé autrement. Il n'est pas plus la cause du péché, que le pilote ne l'est du naufrage d'un navire, à moins qu'il n'ait pu et dû l'éviter.

2. Dieu n'a-t-il aucune part au péché?

L'acte vient de lui, le défaut de cet acte vient de la créature.
— Un acte produit suppose un être et une opération. Quelle est la source de l'activité et de l'être? C'est Dieu.

Le péché renferme de plus un défaut, mais il faut l'attribuer à la cause seconde, qui s'éloigne de la direction de la cause première. Celui qui boite n'accuse pas la force motrice de son corps, mais seulement sa mauvaise jambe.

3. Dieu n'est-il pas la cause de l'aveuglement de l'esprit et de l'endurcissement du cœur?

Cet aveuglement et cet endurcissement renferment deux choses: un mouvement de l'homme qui s'attache au mal, et son aversion loin de la lumière divine. Dieu cause-t-il l'un ou l'autre? Non. Il éclaire tout homme qui vient au monde, produisant en nous la lumière de la nature et celle de la grâce, comme le soleil, la lumière qui colore les objets. Mais si un obstacle empêche les rayons de tomber sur un objet, direz-vous que c'est de la faute du soleil ? Si vous fermez toutes vos fenêtres et faites la chambre obscure, direz-vous que le soleil vous refuse ses dons et cause l'obscurité qui vous entoure? Ainsi, quand l'homme ferme les yeux de l'esprit à la lumière qui lui vient d'en haut, la nuit se fait autour de lui et il marche dans les ténèbres. N'écoutant pas la parole qui attendrirait son cœur et l'embraserait du feu de la charité, il joint la dureté à l'aveuglement. Lui seul est évidemment l'auteur de son malheur ; ou, si Dieu en est la cause, c'est seulement en ce sens que, libre d'accorder ou de refuser les dons surnaturels, il en prive l'homme pour des motifs dont il est seul juge.

QUEST. LXXX. *Cause du péché du côté du démon.* — 1. Peut-il le causer directement?

Le péché est un acte. Pour le produire, il faut à l'homme un moteur qui mette en mouvement ses puissances et ses habitudes. Ce moteur, c'est Dieu, ou un bien créé dont les attraits nous ont subjugués. Le démon peut-il être principe du mal, en présentant à l'homme un bien qui l'entraîne irrésistiblement? Le bien universel a seul ce pouvoir. Tout autre bien que le démon nous offrira, si séduisant qu'il soit, ne sera qu'une cause insuffisante, pouvant nous solliciter, et rien de plus.

2. Peut-il nous porter au mal par ses suggestions?

La partie intime de l'âme est intellectuelle et sensitive. Nous avons vu l'action possible au démon sur la volonté. Quelle action a-t-il sur l'intelligence? Il ne peut l'obscurcir qu'en jetant le trouble dans l'imagination, et il en a naturellement le pouvoir, puisque les esprits sont rois de la matière. De ce trouble naissent en nous des images qui frappent l'intelligence aussi vivement, dit le Philosophe, que si la perception des sens était réelle (1).

Il peut exciter l'appétit sensitif au gré d'une passion favorite. Lorsque nous aimons, il suffit pour nous attirer, de nous montrer la moindre ressemblance de l'objet aimé. C'est ce que peut le démon par le mouvement du cœur et la commotion des esprits vitaux.

3. Mais le démon ne peut jamais contraindre l'homme à pécher?

S'il le pouvait, pourquoi l'Écriture nous dirait-elle si souvent de résister au démon? « Il tourne autour de vous comme un lion rugissant, cherchant quelqu'un qu'il puisse dévorer; *résistez-lui*, forts dans la foi. » (S. Pierre, v, 8.) L'homme n'a qu'un moyen de résister à ce qui le porte au mal; ce moyen, c'est l'usage de sa raison. Le démon peut bien en troublant les sens et l'imagination, remplir de nuages la partie supérieure de l'homme; mais si l'homme, ainsi agité, a perdu l'usage de ses facultés intel-

(1) Nous en voyons la preuve dans la vie des saints, et surtout de saint Antoine, dont les tentations furent à la fois intérieures et extérieures.

lectuelles, il ne saurait plus pécher : témoin les frénétiques et les possédés. Si la raison agit encore, jouissant du libre arbitre, nous pouvons résister intérieurement : donc le démon ne saurait nous forcer à pécher.

4. Tous les péchés proviennent-ils de la tentation du démon? Le démon n'en est pas le seul auteur, à moins qu'on ne le dise en ce sens qu'il a porté le premier homme à pécher. Comme c'est de ce péché que nous viennent l'inclination au mal et la faiblesse qui nous y fait si souvent tomber, le démon est la cause de tous nos péchés, comme celui qui coupe du bois vert est la cause de sa combustion. Le bois sec prend feu aisément, mais il n'est pas impossible de brûler le bois vert. Quand même l'ange de ténèbres n'existerait pas, l'homme aurait l'appétit des choses nutritives et des choses vénériennes, et cet appétit pourrait être désordonné.

QUEST. LXXXI. *Cause du péché du côté de l'homme. Il peut le causer, non-seulement comme le démon par ses suggestions et ses conseils; il a un mode particulier de produire le péché, c'est la génération. Le péché qui en provient s'appelle, pour cette raison, le péché originel. Nous dirons quels sont sa transmission, son essence et son sujet.* — 1. Le péché du premier homme se transmet par la génération, à tous ses descendants. « La mort est passée dans tous les hommes par celui en qui tous ont péché. » (Éphés., v, 12.) Il est de foi que nous naissons tous coupables du péché que commit notre premier père en désobéissant à Dieu dans le paradis terrestre. C'est pour les purifier de cette souillure qu'on présente au baptême les petits enfants. Mais ce dogme mis hors de contestation, comment expliquer la transmission du péché? Les auteurs ont imaginé différents systèmes : les uns disent que l'âme se transmet avec le corps et qu'elle naît souillée, parce qu'elle vient du sang, qui est une source impure. Selon d'autres, la faute vient de l'union de l'âme avec un corps souillé. Le corps influant sur l'âme et réciproquement, l'âme contracte tous les défauts du corps. Or le corps issu d'un principe vicié, est sujet aux mêmes infirmités : ainsi une liqueur prend l'odeur du vase dans lequel elle est versée, un fou donne naissance à un fou, un père goutteux, lépreux, engendre un enfant atteint de la goutte et de la lèpre. De même le défaut moral, bien qu'il ne réside pas dans le sang, comme le prétend la première opinion, passe de l'âme du père dans l'âme de l'enfant. Sans parler des autres difficultés que soulèvent ces deux systèmes, comment punir une faute qui ne serait volontaire ni dans l'effet ni dans le principe ? Loin de blâmer un aveugle-né, en le voyant on le plaint et on est touché de compassion. Il faut donc trouver une autre explication du péché originel. Tous les hommes, considérés du côté de leur principe, ne font qu'un seul et même corps, comme une cité, un état, est censé un seul homme, dont celui qui préside aux destinées communes, est la tête et le chef. C'est pourquoi Porphyre a dit : « Par la participation à l'espèce, le genre humain ne fait qu'un seul homme. » Les hommes issus d'Adam étant les membres d'un même corps, il est aisé de voir comment la faute qui souilla dans son principe la nature humaine leur est imputable et volontaire. Pourquoi la main qui attente à la vie d'un homme a-t-elle commis un péché ? Elle ne produit pas elle-même un acte volontaire, et, séparée de son chef, on ne la punirait pas. On lui impute cet acte, parce qu'elle est une partie de l'homme et qu'elle agit, mue par une volonté, qui est le principe des actes humains. L'âme, motrice des membres extérieurs, communique à leur acte sa bonté ou sa malice, et l'acte est bon ou mauvais par le fait de la volonté, non par celui des membres. Ainsi le déréglement où se trouve l'enfant né d'Adam, n'est pas volontaire par un acte de sa propre volonté, mais de la volonté de son premier père qui, au moyen de la génération, agit sur ses descendants et les meut, comme la volonté meut les membres du corps. Le péché actuel n'est pas attribué au membre qui le commet, mais à la volonté qui en est le principe ; tel est, du côté d'Adam, le péché dans lequel nous naissons. La génération ne nous communique qu'une nature souillée. Le ruisseau qui sort d'une source pure a des eaux limpides ; si la source est troublée, les flots emportent avec eux un limon infect. Telle est la nature humaine lorsqu'elle nous arrive. Le péché en a empoisonné la source, et en a fait un fleuve de corruption. Tout enfant d'Adam, plongé au premier instant de sa vie dans ces flots impurs, ne peut en sortir qu'avec une nature souillée. C'est pourquoi le péché dont il est atteint s'appelle un péché de nature : « Nous étions, *par nature*, enfants de colère. » (Éphés., II, 3.)

2. Tous les péchés du premier homme et ceux de nos derniers parents se transmettent-ils aussi par la génération, à leurs enfants ? S. Augustin se fait cette question sans oser la résoudre. La négative pourtant n'est pas difficile à prouver. L'homme produit par la génération un être semblable à lui selon l'espèce, non selon l'individu. Il lui communique la nature avec tout ce qui lui est essentiel : celui qui a des yeux engendre un être qui a la faculté de voir, à moins que la nature ne lui fasse défaut. Il ne transmet pas ce qui lui est propre et purement personnel : le fils d'un grammairien n'a pas en naissant la science de la grammaire. Cependant le père doué d'une nature forte, peut communiquer à l'être qu'il engendre quelques-uns de ses accidents individuels, comme l'agilité du corps, la vigueur de l'esprit. Mais l'enfant ne reçoit jamais de ses parents ce qui est étranger à la nature et leur est particulier. Ce qui fait qu'un seul et même péché souille l'origine de chacun de nous : *Peccatum originale unum numero singulis hominibus*. Ce péché étant une privation totale de l'innocence, ne saurait être plus grand dans l'un que dans l'autre. Une privation semblable, nous l'avons vu, n'est pas susceptible du plus ou du moins : tous les morts sont également morts.

3. Le péché originel atteint-il tous les descendants d'Adam ? La mort, dit saint Paul, est la solde du péché. Tous les hommes

payant tribut à la mort, tous sont coupables. Vous direz peut-être : Ils meurent en punition de leurs péchés actuels? Mais quel péché de ce genre a commis l'enfant que la mort frappe encore au berceau ?

Il est de foi que tous les hommes ont besoin d'un rédempteur ; donc ils sont esclaves.

Tous les membres puisent dans la volonté le mouvement qui les porte à l'action. C'est à la volonté qu'appartient l'acte humain, puisqu'elle est la source de notre activité, et que les membres en agissant ne sont à son égard que des instruments passifs. Tels sont à l'égard d'Adam tous ceux qui en descendent par voie de génération.

4. Si un homme était formé miraculeusement d'une chair humaine, contracterait-il la souillure originelle ? — Cette souillure vient d'Adam, comme dans un péché actuel, l'acte émane de la volonté : c'est à ma volonté qu'appartient l'acte par lequel ma main attente à la vie d'un homme. Comment le péché dont il s'agit descend-il d'Adam jusqu'à sa postérité? *Secundum rationem seminalem:* par la puissance active qui produit la génération. De sorte que si Dieu formait miraculeusement un homme qui ne descendît point d'Adam par voie de génération, cet homme, soustrait à la puissance active du père du genre humain, ne serait pas atteint de la souillure originelle. La puissance active appartenant à l'homme, la puissance passive, à la femme, si Ève seule avait péché, nous naîtrions dans la pureté et l'innocence. Adam eût-il seul succombé, nos destinées seraient les mêmes qu'aujourd'hui.

* Il ne serait pas difficile de prouver à celui qui la révoquerait en doute, l'existence du péché originel. Ouvrant le Livre des livres, je verrais l'Ancien et le Nouveau-Testament la proclamer à l'envi. Cette croyance est même le fondement du Christianisme; car, sans le péché originel, à quoi serviraient l'Incarnation et la Rédemption ? S'il n'y avait pas de coupable, à quoi bon un Sau-

veur ? S'il n'y avait pas d'esclave, pourquoi un Rédempteur?

Interrogeant ensuite la tradition, je retrouverais chez tous les peuples la croyance à une chute primitive, j'entendrais tous les échos du monde païen redire les plaintes de l'humanité déchue : je verrais, vivants dans tous les cœurs, les souvenirs d'un *âge d'or*, qui a précédé les *âges de fer*. « La chute originelle, dit Bossuet, est un de ces quatre ou cinq faits authentiques et plus clairs que le soleil, qui font voir notre religion aussi ancienne que le monde.» (*Disc. sur l'Hist. univ.*, 2ᵉ partie, ch. xiii.) Que signifiaient chez les païens ces rites expiatoires, ces sacrifices où une victime était substituée au coupable ? Que voulait dire l'eau lustrale jetée sur la tête des enfants, ou leur immersion dans le courant d'un fleuve, ou leur exposition à la flamme du foyer domestique, sinon que tous les hommes naissent coupables devant Dieu, et que tous dès leur entrée dans la vie, ont besoin de la clémence du Ciel? Le poëte a été un organe aussi fidèle qu'harmonieux de la tradition, lorsque, descendu aux enfers avec son héros, il nous représente le premier spectacle qui s'offrit à ses regards, celui des enfants qui pleurent, qui remplissent d'un long vagissement (*vagitus ingens*), ces sombres demeures (*Enéide*, livre VI, v. 426-429); ces enfants qui furent moissonnés au seuil de la vie, ces enfants que la mort a frappés encore à la mamelle, et à qui leurs mères n'eurent pas même le temps de sourire, quel crime leur a donc attiré la colère du Ciel ? — Il n'est pas moins constant que le monde païen a toujours espéré un Sauveur. Comment concevoir cette espérance, sinon en disant qu'elle était corrélative au souvenir d'une chute universelle ? Cette tradition n'a pu avoir d'autre origine que le témoignage du père commun du genre humain. Il transmit à ses enfants des souvenirs douloureux, et des espérances qui devaient en adoucir l'amertume. Ses enfants les communiquèrent à leurs descendants, qui les emportèrent avec eux au moment de leur dispersion. C'est ce qui fait qu'on retrouve chez les peuples païens nos dogmes plus ou moins altérés, selon le soin qu'ils mirent à conserver l'héritage paternel. Ainsi, révoquer en doute l'existence du péché originel, c'est attaquer le dogme fondamental de la religion chrétienne ; c'est tourner en dérision les espérances du genre humain qui a attendu pendant quarante siècles un libérateur.

Mais sans aller si loin, ne trouvons-nous pas dans chacun de nous, une preuve sensible et irréfragable de notre chute ? Voyez l'homme, ce roi de la création, qui dompte la nature et la fait servir tout entière à son utilité ou à son agrément, qui soumet à son empire les éléments les plus rebelles, qui foule d'un pied dédaigneux tous les trésors de la terre, qui ne la touche que d'une extrémité de son corps et semble prêt à prendre son vol vers des régions plus élevées. « La nature semble l'avoir traité en marâtre plutôt qu'en mère. Elle le jette dans la vie avec un corps nu et fragile et infirme, avec une âme sujette à la souffrance, dominée par la crainte, rebelle au travail, ardente aux passions, et cependant il y a en lui, comme cachés sous des ruines, un esprit et un cœur qui semblent une étincelle du feu divin. » (Cicéron, *de Republ.*, l. III.)

L'homme considéré au point de vue moral, nous offre le même mélange de grandeur et de petitesse, de vertus et de vices. Ce contraste si frappant a fait dire à des philosophes que l'homme est l'égal de Dieu, à d'autres qu'il est le compagnon des bêtes. Les premiers instincts que la nature éveille dans l'homme sont des instincts mauvais. Encore au berceau, il semble prendre plaisir à tourmenter sa mère et sa nourrice. A peine débarrassé des langes, il abuse de sa force pour opprimer ses semblables, et s'abandonnant à ses instincts pervers il se repaît des souffrances qu'il fera subir à un animal tombé entre ses mains. « Cet âge est sans pitié, » a dit le bon la Fontaine. La nature, en développant sa raison, favorisera aussi sa spontanéité au mal, et à chaque pas de sa carrière nous retrouverons la même lutte, et les orages qui troublèrent son enfance. Tantôt il donnera l'exemple des plus touchantes vertus ; tantôt il épouvantera le monde par ses crimes. Doué des plus nobles sentiments, il tressaille au récit d'une belle action, et se sent fait pour la grandeur et la gloire. D'un autre côté, c'est un être avili ; son cœur semblable, dit l'Évangile, à une caverne de voleurs, nourrit mille passions honteuses. Comment expliquer ce singulier assemblage, comprendre « cette colonne restée debout au milieu d'un temple en ruines (1), » sinon en reconnaissant qu'une catastrophe en a ébranlé les fondements ?

Nous n'avons pas encore dit tous les contrastes qui font de l'homme un être si mystérieux. Il cherche la lumière, il a horreur des ténèbres. Mais combien il lui en coûte d'efforts pour secouer son ignorance et ne pas tomber dans l'erreur lorsqu'il se livre à la recherche de la vérité ! Après avoir sacrifié à l'amour de la science les plus belles années de sa vie, sa santé et ses affections les plus chères, a-t-il chassé les ténèbres, et contenté son désir de savoir ? Plus il sait, plus il voit qu'il ignore. Il fera preuve d'un rare génie lorsque après avoir blanchi à la recherche de la science, il dira : « Tout ce que je sais, c'est que je ne sais rien ! » Il veut tellement le bonheur, qu'il serait contre sa nature de faire une action sans la rapporter à cette fin : « même ceux qui se tuent et se pendent agissent en vue du bonheur. » (Pascal.) Or, l'homme est-il heureux ? Il a beau courir après le bonheur, saisir au passage tous les plaisirs qui semblent devoir le rendre heureux, c'est un lieu commun de dire que notre vie est une suite plus ou moins longue de misères et d'infortunes. D'où viennent donc à notre âme ces désirs que rien ne peut éteindre, ces espérances que l'adversité ne saurait abattre, ces immenses aspirations au milieu de la plus affreuse indigence ? « Quelle chimère est-ce donc que l'homme ? quelle nouveauté, quel chaos, quel sujet de contradictions ! Juge de toutes choses, imbécile ver de

(1) Bossuet.

terre, dépositaire du vrai, amas d'incertitudes, gloire et rebut de l'univers ! S'il se vante, je l'abaisse ; s'il s'abaisse, je le vante et le contredis, jusqu'à ce qu'il comprenne qu'il est un mystère incompréhensible. » (*Pensées de Pascal*, IIe partie, art. 1.)

Est-il si difficile, au point de vue de la raison, d'admettre la croyance au péché originel ? Pascal, qui a représenté avec des couleurs si vives l'état de la nature déchue, est allé trop loin, selon nous, lorsqu'il a dit : « Le péché originel est une folie devant les hommes : rien ne heurte plus rudement que cette doctrine. Un péché commis depuis six mille ans !... » La transmission de ce péché, d'après l'explication qu'en donne saint Thomas, me paraît toute naturelle, et je ne vois pas ce qu'elle a de révoltant pour la raison la plus jalouse de ses droits. Le péché originel se communiquant par la propagation de la vie, sa transmission n'est autre chose qu'un fait physiologique, nécessairement lié à l'acte de la génération. La nature humaine a perdu en Adam les dons surnaturels dont Dieu l'avait revêtue. Une nature pauvre et viciée dans son principe, peut-elle être riche et intègre dans les êtres qui en sont issus ? Comment Adam aurait-il pu transmettre à ses descendants la rectitude, l'immunité de la douleur et l'immortalité, ces dons surnaturels ayant péri dans le naufrage de son innocence ? Il ne pouvait évidemment communiquer la nature humaine que telle qu'elle était en lui, droite ou déchue. Un homme riche laisse à ses enfants une riche succession ; il ne peut en être ainsi d'un homme ruiné. Cependant, il faut remarquer une différence essentielle entre l'indigence de ses enfants, et celle dont nous avons hérité de notre premier père. Pauvreté n'est pas vice. Ce n'est pas une faute pour nous d'être privés à notre naissance des dons de la fortune, parce que nous ne sommes pas obligés d'être riches : c'est une faute pour nous de naître privés des dons que Dieu avait surajoutés à notre nature, parce que nous devrions avoir cet ornement. Dieu en abaissant ses regards sur nous, cherche les grâces dont il nous avait revêtus, et si notre nature en est dépouillée, c'est qu'un désordre survenu en elle l'a viciée. Elle a répudié les faveurs célestes, foulé aux pieds la couronne dont Dieu lui avait fait présent au jour de sa création. Ce désordre l'a rendue odieuse à son bienfaiteur et l'amour irrité le force à la poursuivre de sa colère. Depuis ce moment, Dieu abhorre et la source et les eaux qui en découlent, les plus éloignées comme les plus rapprochées. Il n'y a donc rien de *heurtant* dans ces paroles de l'Apôtre : « Nous étions par nature enfants de colère, enfants de la géhenne. »

Faisons-nous difficulté d'admettre la solidarité des familles et des nations? Pourquoi, avant de nous allier à une famille, interrogeons-nous les siècles passés, et voulons-nous savoir s'ils ne furent pas témoins d'un crime qui aurait déshonoré les ancêtres? Pourquoi la vertu du père est-elle pour le fils un titre de gloire et la plus belle portion de son héritage? Pourquoi vantons-nous les exploits de nos pères et citons-nous avec orgueil les siècles que notre nation remplit de sa gloire? c'est qu'il y a dans les enfants quelque chose de la substance des pères vivants ou morts. Voilà pourquoi nous ne pourrons jamais nous empêcher de voir dans le fils l'éclat de la gloire paternelle, ou les stigmates d'un vice qui a flétri ses aïeux.

QUEST. LXXXII. *Essence du péché originel.* — 1. Il est, comme tous les péchés, une habitude de l'âme.

Il y a des habitudes de deux sortes. Les unes tendent à l'action, prêtant leur appui aux simples puissances pour produire des actes: telles sont la science et la vertu. L'habitude proprement dite est une disposition bonne ou mauvaise des différentes parties d'un composé : ainsi la santé, la maladie. C'est dans ce sens que le péché originel est une habitude. Il est une maladie, une mauvaise disposition de notre être. La justice originelle avait établi en nous une harmonie parfaite. Le péché originel en la troublant, a produit ce malaise, cette langueur de notre nature.

2. Le péché originel n'est donc pas précisément la concupis-

cence, car le baptême ne la détruit pas, et efface tout péché : « Il n'y a aucun motif de damnation pour ceux qui sont en Jésus-Christ. » Les causes qui sont opposées produisent des effets contraires. Que produirait en nous la justice originelle? l'harmonie entre les puissances de l'âme, leur entière et parfaite soumission à Dieu. Le péché étant opposé à la justice a produit dans l'homme des effets contraires : la privation de l'innocence, la révolte contre Dieu, le désordre dans les facultés de l'âme, surtout dans la volonté qui en est la principale. Ainsi la perte de l'innocence est la forme ou l'essence du péché originel. L'innocence étant le fondement sur lequel reposait l'harmonie des puissances de l'âme, ce fondement une fois renversé, les puissances n'ont plus agi de concert, et ont recherché avec désordre le bien créé. On appelle concupiscence, cet égarement et cette lutte des diverses puissances de l'âme. Donc elle est seulement ce qu'il y a de matériel dans notre péché d'origine.

QUEST. LXXXIII. *Sujet du péché originel.* — 1. Est-ce le corps ou l'âme de l'homme qui est le siège où réside ce péché?

Adam, avons-nous dit, en est la cause principale : *In quo omnes peccaverunt.* (Rom., v, 12.) La cause instrumentale c'est le corps, puisqu'il est transmis de père en fils par une force active dont la semence humaine est douée ; mais c'est l'âme et non le corps qui en est le siége. Lorsque l'homme intempérant commet un excès, en accuse-t-on la main qui porte les aliments à la bouche? Non, c'est sa volonté qui est coupable. Le corps est le sujet de la peine ; l'âme le sujet de la faute. De même l'âme de notre premier père se rendit coupable d'une faute, et son corps en subit la peine. Il transmit la même peine à notre corps, la même faute à notre âme.

Parmi les puissances de l'âme, celle qui a reçu les premières atteintes de ce péché, c'est la volonté, la reine des autres puissances.

Celles des puissances du corps qui en sont les plus infectées, ce sont les puissances qui concourent le plus à la génération.

Si ma main touche un lépreux, la lèpre pourra fondre sur moi et couvrir mon corps lentement, mais ma main sera la portion de moi-même la première et la plus fortement atteinte.

QUEST. LXXXIV. *Le péché considéré comme cause d'un autre péché.* — 1. Comment la cupidité est-elle la cause de tous les péchés?

Le mot cupidité signifie ou l'amour désordonné de tout bien temporel, et sous ce rapport il comprend le péché quel qu'il soit; ou une inclination de la nature corrompue; ou l'amour de l'argent. C'est dans ce sens que l'Apôtre entend ce mot et dit qu'elle est la racine de tous les péchés. (I Tim.) La racine puise dans la terre un suc nourricier et alimente l'arbre tout entier. Ainsi la cupidité nourrit tous les vices. L'argent donne à l'homme le désir de satisfaire toutes ses convoitises, et lui procure les moyens de commettre impunément tous les crimes : *Pecuniæ obediunt omnia.*

2. Nous lisons au livre de la Sagesse : « Le commencement de tout péché c'est l'orgueil, » sans qu'il soit fait mention de la cupidité?

Le mot *orgueil* signifie ou l'amour de notre propre excellence ou le mépris de Dieu et de ses préceptes, ou une inclination à ce mépris, née de la corruption de la nature. Il est évident par le contexte, que la Sagesse prend ce mot dans le premier sens. Ainsi entendu, il est le commencement de tout péché, mais n'en est pas la racine comme la cupidité. Que suppose le péché? une aversion loin de Dieu, une conversion vers la créature. Quelle est la fin de ma conversion, sinon ma propre excellence? Or la fin est à la pratique ce que le principe est à la spéculation, comme je l'ai maintes fois répété.

Quant à l'exécution de l'acte mauvais, c'est la cupidité qui en est le commencement, parce que l'argent inspire le désir, procure les *moyens* de commettre le péché.

3. Outre l'avarice et l'orgueil, il y a des péchés capitaux que l'on peut classer suivant un certain ordre. On les appelle capitaux

parce qu'ils sont communément la cause et la source d'autres péchés. Ils peuvent en cette qualité, se considérer à deux points de vue : d'abord selon les dispositions du pécheur. Comme le pécheur est capricieux, et que ses dispositions peuvent varier à l'infini, elles ne tombent pas dans le domaine de la science, et ne sont pas susceptibles d'une classification rationnelle.

On peut aussi les considérer selon le rapport que ces sources empoisonnées ont entre elles. Les péchés varient alors comme les biens désirés. Quels biens l'homme peut-il désirer ? Ils sont de trois sortes : ou l'âme seule les perçoit, de là l'orgueil ; ou c'est le corps, de là la gourmandise et la luxure selon que le bien désiré concerne l'individu ou l'espèce. Ce bien est-il purement extérieur ? l'avarice le désire immodérément.

Ces mêmes biens, unis à un mal qui nous est propre, peuvent produire en nous trois passions désordonnées : la paresse qui renonce à l'acquisition d'un bien au prix de quelques efforts ; l'envie qui s'attriste du bien des autres et se réjouit de leur mal ; la colère, qui en se vengeant fait du mal aux autres sans y trouver son bien.

On pourrait faire une autre classification, en considérant le bien comme cause du bonheur. Le bonheur suppose une certaine perfection : la complaisance en elle produit l'orgueil. L'avarice nous promet à l'aide de l'argent, la continuation de ce bonheur.

C'est le propre du bonheur de produire la délectation : de là la gourmandise et la luxure. Nous pouvons fuir le bien à cause d'un mal qu'il entraîne, de deux manières : ou ce bien nous appartient et nous l'abandonnons désordonnément à cause d'un mal corporel qui le suivrait ; c'est la paresse. Ou ce bien appartient à autrui : si nous le fuyons avec désordre et violence, c'est la colère ; si nous le fuyons sans violence, c'est l'envie, une tristesse de voir ce bien entre des mains étrangères.

QUEST. LXXXV. *Effets du péché. Ce sont la diminution du bien* *naturel, la tache et la dette de la peine.* — 1. Le péché ne détruit pas, mais diminue en nous le bien de la nature, et voici comment. Ce bien est de trois sortes : ou il comprend les principes constitutifs de la nature, comme ses puissances ; le péché ne leur porte aucune atteinte. Ou ce bien est celui de la justice originelle : il est totalement détruit par le péché. Enfin il peut signifier une inclination à la vertu, et le péché l'altère. Comment cela? c'est que par un acte nous contractons l'habitude d'actes semblables. Faisant le péché, je prends l'habitude d'actes mauvais et diminue par conséquent l'inclination aux actes bons; en s'approchant d'un extrême on s'éloigne de l'autre. Cependant je ne la détruis pas totalement, parce qu'elle tient à ma nature d'être raisonnable. Sa racine, c'est ma raison que rien ne peut diminuer dans son essence. Elle peut s'affaiblir par rapport à son terme. Faite pour la vérité, elle peut ne pas la réfléchir aussi bien que son essence le permettrait : ainsi un corps diaphane voilé par des nuages qui passent entre lui et la lumière.

2. Quelles sont les quatre blessures que le vénérable Bède attribue au péché ?

La justice originelle tenait toutes les puissances de l'âme sous l'empire de la raison ; la raison, sous l'empire de Dieu. Le péché a rompu cette harmonie ; de là, quatre blessures faites à la nature humaine. La nature a quatre principales puissances qui peuvent être le siége de la vertu : la raison, dans laquelle est la prudence ; la volonté, siége de la justice ; l'irascible, où réside la force d'atteindre le bien difficile ; le concupiscible, qui nous sollicite au bien sensible, selon la raison. Or, le péché a blessé la raison en y répandant les ténèbres de l'ignorance ; la volonté, en lui donnant la malice ; l'irascible, en l'affaiblissant ; le concupiscible, en le livrant aux mouvements désordonnés de la concupiscence.

Le péché actuel produit les mêmes blessures. Il émousse *la pointe de la raison* et la rend moins prompte à percevoir le vrai : il affaiblit l'inclination de la volonté, exagère aux yeux de l'irascible les difficultés de la vertu, et enflamme la concupiscence.

3. La mort et les défauts corporels sont-ils des effets du péché ?

Per peccatum mors... stipendia peccati mors. (S. Paul.) Le péché toutefois n'en est pas la cause directe, mais seulement accidentelle. Il a éloigné de nous ce qui nous aurait empêchés de mourir, c'est-à-dire la justice originelle. Les puissances de l'âme étaient soumises, sans le moindre désordre, à la raison ; le corps était soumis à l'âme et partageait ses destinées éternelles. Le désordre dans l'âme a amené le désordre dans le corps. L'immortalité qui couronnait l'homme juste a été perdue avec son innocence : ainsi une pierre placée au sommet d'une colonne tombe avec elle.

QUEST. LXXXVI. *Tache du péché.*—1. Nous disons qu'une chose a une tache quand elle perd de sa blancheur, de son éclat naturels : ainsi un habit, un vase d'or ou d'argent. Les choses spirituelles ont aussi leurs taches. L'âme peut briller de deux éclats ; l'un lui vient de la raison, l'autre, de la loi divine ou de la grâce. Ce sont ces deux reflets qui font l'excellence et la beauté de l'âme. Ils l'environnent d'une atmosphère lumineuse et la dirigent dans ses actes, comme le soleil nous dirige en éclairant nos pas. L'âme s'attache-t-elle par un amour désordonné, à un objet ? Il se fait entre elle et lui une espèce de contact. S'il est contraire à ce que nous fait voir la lumière naturelle ou la lumière surnaturelle, il en résulte une tache, comme quand mon habit a touché un objet malpropre. Cette tache n'est pas quelque chose de positif, ce n'est qu'une privation, un point qui noircit l'âme. Il varie selon les péchés, comme l'ombre varie selon les corps qui interceptent la lumière du soleil.

2. Cette tache reste-t-elle après le péché ?

C'est, dis-je, la privation d'un éclat qu'elle devrait avoir. Mon âme est ternie, parce que je me suis éloigné de la raison et de la lumière divine, et que leurs rayons ne sont plus venus jusqu'à moi. Pour que je les reçoive de nouveau, il ne suffit pas que je ne m'éloigne plus. Il faut qu'un mouvement contraire me rapproche du foyer de la lumière. Tant que je n'aurai pas fait ce mouvement en avant, l'éclat de mon âme ne reparaît point et ma tache reste comme un point noir sur un corps éclatant de blancheur.

QUEST. LXXXVII. *Peine du péché.* — 1. L'homme qui trouble un ordre établi, mérite de recevoir de celui qui est chargé de le conserver, une répression appelée la peine. Trois ordres doivent présider à notre conduite et régir nos actions : l'ordre de la raison envers nous-mêmes, de la justice envers les autres, de la loi divine envers Dieu. Le péché pouvant s'élever contre chacun de ces trois ordres, doit recevoir, toutes les fois que nous le violons, une répression de notre part, de la part des hommes et de la part de Dieu. Donc l'obligation de subir une peine, est l'effet de tout péché.

2. Un péché peut-il être la peine d'un autre péché?

Il ne saurait en être une peine proprement dite, car il est de l'essence du péché d'être volontaire, de l'essence de la peine d'être contraire à la volonté. Mais il le peut, en ce sens que nos passions et le démon nous portant sans cesse au péché, nous avons besoin, pour résister, de la grâce de Dieu : le péché nous la fait perdre et nous livre faibles et désarmés aux attaques de l'ennemi. *Propter quod tradidit eos Deus in desideria cordis eorum.* (Rom., I, 24.)

Le péché peut encore être la peine d'un péché, en ce sens que l'accomplissement de l'acte mauvais produit en nous ou une peine intérieure, comme la colère et l'envie, ou une peine extérieure : tels sont les pécheurs dans la bouche desquels la Sagesse met ces paroles : *Lassati sumus in via iniquitatis.* (v, 7.)

3. Un péché peut-il mériter une peine éternelle? « Ils iront au supplice éternel. » (Matth. xxv, 46.)

Il est évident par le contexte que l'évangéliste oppose la durée des peines à la durée des récompenses. Si l'on admet l'éternité des unes, comment nier l'éternité des autres?

Le péché mérite une peine, par la raison qu'il trouble un

ordre. La cause de ce trouble continuant, la peine doit durer aussi et ne cesser qu'avec la cause : *manente causa, manere debet effectus*. Quelquefois le désordre est réparable, d'autres fois il est sans remède. S'il a détruit un principe, il ne faut plus espérer le rétablissement de l'ordre. Le principe visuel étant détruit en nous, aucun oculiste ne pourra nous rendre la vue et nous ne verrons jamais plus la lumière. Mais si le principe n'est pas atteint, notre œil a beau être malade, l'art et la nature peuvent le guérir. En perdant la charité qui m'unissait à Dieu, j'ai mis ma fin dans la créature, et vicié le principe de mes actions. Donc, si la mort me surprend dans ce désordre, je suis à jamais séparé de celui qui est ma véritable fin.

On a fait plusieurs objections contre l'éternité des peines : la justice consiste dans une égalité parfaite. Où est l'égalité entre une éternité de peines et un péché qui n'a peut-être duré qu'un moment ?

L'égalité ne consiste pas seulement dans la durée de la peine. Il faut moins d'une minute pour tuer un homme ; cependant on punit l'assassin en le privant pour toujours de la vie, et personne ne trouve que la peine soit sévère. L'égalité ne consiste même pas à égaler la peine à la grandeur de la faute. Elle consiste à proportionner la durée et la gravité de la peine à la *rémissibilité* de la faute. Celle du pécheur surpris par la mort est irrémissible. Il est fixé, attaché irrévocablement au terme qu'il a choisi, et ne peut plus s'en séparer : ainsi l'arbre tombé sur le sol.

On dit encore : une peine doit être médicinale et salutaire, c'est-à-dire avoir pour but d'amender le coupable. Comment lui permettra-t-elle de se corriger, si elle est éternelle ?

La peine doit être salutaire, mais ce n'est pas toujours pour le coupable lui-même, c'est quelquefois pour ceux qui en sont témoins : par exemple, la peine du faussaire condamné à être pendu. Dieu nous dit que des peines éternelles sont réservées au pécheur, afin de nous inspirer la fuite du vice, par la crainte de châtiments terribles. Malgré ces menaces, combien d'hommes s'abandonnent sans frein au péché ! Puisque l'éternité des peines ne suffit pas pour détourner les hommes du sentier de l'iniquité, que serait-ce si elles étaient temporelles?

Enfin se peut-il que Dieu soit toujours inflexible, et ne se laisse pas enfin toucher aux gémissements de ces infortunés? Pourrait-il voir éternellement les souffrances d'une créature qu'il a aimée?

Nous venons de voir que l'éternité des peines entre nécessairement dans les desseins de la Providence, et comme elle manifeste la sagesse, l'amour et la justice de Dieu. Origène prétendait qu'à la fin des temps tout le genre humain serait sauvé : d'autres, que les chrétiens seuls le seraient. La première opinion est une hérésie formellement condamnée. La seconde, si elle n'est pas hérétique, n'a d'autre but qu'une hypothèse contraire à l'Ecriture et aux symboles de la foi (1).

4. La peine des damnés peut-elle être appelée infinie?

La peine, pour être juste, doit être proportionnée au péché. Le péché est-il infini? Oui, en ce sens qu'il est une aversion loin du bien qui est sans borne; la privation de la vue de Dieu, ou la perte d'un bien infini, en est la peine (2). Mais le péché est fini considéré comme un acte de la créature et comme une conversion vers un bien créé : sa peine, sous ce rapport, est finie, et c'est la peine du sens.

S'ensuit-il que tout péché soit passible d'une peine éternelle? Non, si le désordre de la faute est réparable. C'est ce qui arrive quand nous n'avons pas mis notre fin dernière dans les créatures, bien que nous les ayons aimées avec désordre.

5. L'acte de la faute cessant, peut-il encore rester une peine à souffrir?

---

(1) M. Émery, pour justifier un passage de la *Théodicée* de Leibnitz, a cherché à prouver qu'il n'est point de foi que les damnés subissent, sans aucune sorte d'adoucissement, les supplices éternels de l'enfer. Il n'a pas dit qu'il fût lui-même de ce sentiment.

(2) Appelée peine du *dam*.

La faute étant remise, nous pouvons être tenus à une peine satisfactoire. David avait obtenu le pardon de sa faute. Néanmoins le prophète Nathan, en le lui faisant savoir de la part de Dieu, lui annonce la peine qu'il va subir en punition de son crime. (II Rois, xii, 13.)

Puisque le péché a troublé l'ordre, nous sommes passibles d'une peine jusqu'à ce que l'ordre ait été réparé. La tache ne sera effacée que quand la volonté, se séparant de ce qui la souillait, aura repris son éclat à la lumière de la raison et de a loi divine. Les peines ont la vertu de produire cette réparation, parce qu'elles sont naturellement contraires à la volonté. On avait péché en donnant trop à la volonté. On se justifie en lui donnant le contraire de ce qu'elle demanderait.

6. La peine est-elle toujours la punition d'une faute ?

Toute peine est la punition d'une faute originelle, ou d'une faute actuelle. Il est de son essence qu'elle soit contraire à la volonté. Or la justice ne permet d'affliger qu'une volonté coupable. Remarquez que les peines salutaires à l'homme lui étant imposées en vue d'un bien plus excellent, ne sont pas des peines proprement dites et n'ont pas le caractère de mal : le malade ne regarde pas comme une peine et un mal la potion amère qu'il prend pour se guérir : tels sont les infirmités, les malheurs que Dieu nous envoie en vue de notre salut.

On remarquera aussi que la peine est toujours la punition d'une faute qui nous est propre. Si nous subissons pour un autre une peine satisfactoire, c'est que nous prenons sur nous la responsabilité de sa faute, et qu'en vertu de cette solidarité nous ne faisons qu'un avec lui. La peine due à la faute du père retombe quelquefois sur les enfants; formés de sa substance, ils sont censés ne faire qu'un avec lui et expier ses fautes. Ils peuvent, d'ailleurs, y avoir pris part en les imitant. Enfin ces peines sont salutaires, Dieu ne nous privant des biens temporels qu'en vue de biens plus précieux. Cependant les peines infligées à l'enfant à cause des fautes de son père, n'atteignent pas l'âme, qui vient directement de Dieu, mais seulement le corps ou les biens que l'enfant tient de son père.

QUEST. LXXXVIII. *Péché mortel et péché véniel.* — 1. Pourquoi les oppose-t-on l'un à l'autre?

Il y a des choses qui ne sont pas opposées dans le langage propre, et qui le sont, au langage figuré; par exemple, rire, sécher. Nous disons : Telle prairie est riante de verdure, telle autre est aride et sèche. De même les morts *mortel* et *véniel* n'ont aucun rapport, pris dans le sens propre, selon l'idée qu'on a d'un corps mort. Ici, nous les entendons au sens figuré, et alors ils sont opposés l'un à l'autre. Nous appelons mort un être qui a perdu son principe de vie. Quel est le principe de la vie spirituelle? c'est d'être bien ordonné à l'égard de la fin dernière. En harmonie avec elle, je puise constamment à la source de ma vie et répare mes forces à mesure qu'elles m'échappent. Mais si le péché rompt mes communications avec elle, mon âme tombe dans l'atonie et se meurt. Quand la séparation d'avec ma fin est complète, ce désordre s'appelle un péché mortel, parce qu'il est naturellement irréparable. La grâce seule peut ouvrir de nouveau à mon âme la source de la vie, en la ramenant à sa fin : ainsi le mathématicien qui s'est trompé, rentre dans le vrai en remontant aux premiers principes. Si le désordre ne m'a pas fait totalement perdre de vue ma fin dernière, je puis le réparer, il n'est qu'un péché véniel, c'est-à-dire, naturellement digne de pardon (*venià dignum*).

Ces deux péchés sont donc opposés entre eux comme le réparable et l'irréparable, comme la maladie et la mort. Pour sortir de l'un, il faut une guérison ; pour sortir de l'autre, une résurrection.

2. Ces deux péchés sont-ils d'un genre différent?

Le mot *véniel* veut dire digne de pardon. Tout péché est véniel, en ce sens qu'on peut en obtenir pardon par la pénitence, mais ce n'est pas ainsi que nous entendons ce mot. Nous appelons un péché véniel, soit qu'il vienne de la faiblesse humaine ou de l'ignorance, soit qu'il ne nous ait pas totalement séparés de notre fin. Le genre de ce péché est tout autre que celui du péché mortel. L'objet de l'un, par exemple, une parole inutile, un rire immodéré, n'est pas incompatible avec l'amour de Dieu et du prochain. L'objet de l'autre, comme l'adultère, le blasphème exclut la charité (1).

Mais si le péché véniel, multiplié à l'infini, ne saurait faire un péché mortel, il y dispose et y conduit insensiblement : *Qui spernit modica, paulatim decidet.* (Eccli., xix, 1.)

Une chose peut disposer à une autre directement, comme le feu à la chaleur ; ou indirectement, en éloignant l'obstacle qui l'empêchait d'arriver. En ébranlant une colonne, vous faites tomber la pierre placée à son sommet. Le péché véniel conduit au péché mortel de ces deux manières. Ils sont, à la vérité, d'un genre différent, mais l'habitude du péché véniel s'enracinant dans l'âme, le temps la développe et la fortifie. On agit volontiers dans le sens de la passion, et à force de la caresser, on en vient à sacrifier pour elle la fin dernière, ce qui est péché mortel.

Ne soumettant plus notre volonté à un ordre secondaire, nous nous habituons à ne pas la soumettre à l'ordre principal et bientôt nous tombons dans un désordre mortel.

QUEST. LXXXIX. *Le péché véniel considéré en lui-même.* — 1. L'âme, comme le corps, peut avoir des taches qui la ternissent et diminuent son éclat. L'éclat du corps est de deux sortes : l'un tient à l'harmonie entre tous ses membres et à la régularité de ses traits ; l'autre lui vient d'une manière étrangère qui le colore et lui prête, pour ainsi dire, sa beauté. Il en est de même de l'éclat de l'âme. Une première splendeur lui vient de l'harmonie

---

(1) On demande quelquefois combien il faut de péchés véniels pour en faire un mortel. C'est comme si l'on demandait combien il faut de pierres pour faire un arbre.

qui règne entre toutes ses puissances et sa fin dernière ; un second éclat lui vient rayonnant de ses actes vertueux. Ils répandent autour d'elle une lumière qui l'éclaire et l'embellit, comme la lumière du soleil embellit les objets extérieurs. Le péché véniel ne détruit pas le premier de ces éclats; il efface le second, parce qu'en affaiblissant l'âme, il l'empêche de produire des actes vertueux.

2. Pourquoi saint Paul compare-t-il les péchés véniels à du bois, du foin et de la paille?

Ces objets n'appartiennent pas à la substance de l'édifice et on peut les brûler sans le réduire en cendres. De même les péchés véniels n'entraînent pas la ruine de l'édifice spirituel.

CHAPITRE VI.

LES LOIS.

Nous venons de voir la part que Dieu, le démon et l'homme peuvent avoir à nos actes. Quand Dieu nous porte au bien, il nous instruit par sa loi, nous aide par sa grâce. Qu'est-ce qu'une loi ? Combien distingue-t-on de sortes de lois ? Telles sont les questions que nous offre la suite de nos matières.

QUEST. XC. La loi est une ordonnance de la raison, tendant au bien commun, et promulguée par celui qui est chargé du soin de la communauté. Le mot *loi*, suivant son étymologie la plus vraisemblable, vient de *ligare*, lier. Il suppose l'idée d'un lien qui doit être la règle et la mesure de certaines actions. La raison étant le premier principe de toute notre activité, cette règle atteint tout être raisonnable et le dirige dans ses rapports avec Dieu, avec les autres, ou avec lui-même. Dès qu'il jouit de la raison, il ne peut se dérober à la loi, fût-il relégué dans une île déserte et inhabitée. Des lois lieraient l'homme isolé de ses semblables, parce que sa raison lui montrerait ses rapports avec Dieu, et l'ordre qui doit régner en lui-même. Les animaux sans raison sont, à la vérité, soumis à des lois et les suivent invariablement, mais n'ayant pas connaissance des rapports qu'elles établissent entre eux et les êtres qui leur sont étrangers, ils n'obéissent pas à des lois proprement dites : *lex est rationis ordinatio*.

Les rapports que la loi établit doivent avoir pour but le bonheur de la communauté : bonheur temporel, si la loi doit régir une communauté temporelle ; bonheur spirituel, s'il s'agit d'une communauté spirituelle. En effet, quel est, dans la pratique, le premier principe de la raison? c'est sa fin dernière, c'est le bonheur. Le bonheur, voilà le but qui s'offre toujours le premier aux regards de la raison.

D'ailleurs la partie est pour le tout, le pied et la main pour l'homme tout entier. L'individu est le membre d'une communauté, et doit par conséquent diriger quelques-uns de ses efforts vers le bien commun : la loi est la mesure de ce qu'il doit à la communauté. Donc la loi qui ne sert que des intérêts particuliers au préjudice du bien commun, n'a pas le caractère de loi et n'oblige pas *ad bonum commune*. Celle qui regarde les individus ou des faits particuliers, peut se rapporter au bien en général, et ainsi être une loi proprement dite.

Par qui le lien de la loi doit-il être imposé? *Ab eo qui curam communitatis habet*: par celui qui est chargé de veiller aux intérêts communs. L'homme qui se propose une fin, a seul le droit de choisir les moyens. Vous ne pouvez lui dire : Suivez ce chemin, et non celui-là. De même la communauté, personne morale, se proposant le bonheur de tous, a seule le droit d'imposer à tous les règles qu'elle jugera les meilleures et les plus sûres. Si elle le veut, elle peut confier ses pouvoirs à un de ses membres, qui la représente et agit au nom de tous. Ce délégué réunit entre ses mains le pouvoir législatif qu'avait la communauté tout entière. Il peut faire des lois qui obligeront chacun de ses membres, mais elles n'atteindront pas ceux qui, ne faisant point partie de la communauté, dépendent d'un autre pouvoir législatif et sont soumis à une autre juridiction. J'aurais beau commander à vos mains de se lever, à vos pieds de marcher. Ils ne relèvent pas de moi : *Ab eo qui curam communitatis habet*. « La loi est la constitution du peuple, suivant laquelle les grands, de concert avec les plébéiens, ont porté une ordonnance (S. Isidore) (1).

La loi n'oblige qu'après sa promulgation : *leges instituuntur, cum promulgantur*. Mais qu'est-ce que la promulgation d'une loi? Elle diffère de la connaissance : une loi peut être connue, n'être pas promulguée, et réciproquement. Ce n'est pas non plus la publication qui se fait entre personnes privées : je puis apprendre de source certaine l'existence d'une loi et ne pas m'y conformer sans me rendre coupable d'aucune faute, ni passible d'aucune peine. Une loi n'est promulguée que quand elle est publiée par le législateur ou en son nom. Faut-il, pour avoir force de loi, qu'elle soit arrivée à la connaissance de tous les membres de la communauté? Non; quand le législateur a pris les moyens suffisants pour la porter à la connaissance de tous, tous sont censés la connaître, et tenus à l'observer.

* La loi éternelle, toujours présente à Dieu, a été éternellement promulguée. La loi naturelle l'est par les lumières de la raison et la voix de la conscience. La loi ancienne le fut par Moïse; la loi nouvelle par Jésus-Christ et les apôtres. Le pouvoir civil, en France, promulgue ses lois en les insérant au *Bulletin des lois*. Elles ont force de lois dans la capitale vingt-quatre heures après leur insertion ; dans les provinces, après un délai qui varie suivant leur distance de la capitale. Quant aux lois ecclésiastiques, quel est leur mode de promulgation? Elles sont affichées à Rome en trois lieux différents et gardées à vue pendant quelques jours. Puis le souverain Pontife, suivant un ancien usage, les envoie à toutes les églises de la catholicité.

La promulgation à Rome suffit-elle? oui, si le pape le voulait ; cela est incontestable. Le législateur peut choisir tel mode de promulgation qui lui plaît. Le concile de Trente, en établissant l'empêchement de clandestinité, décida qu'il n'aurait force de loi

---

(1) Cette définition suppose une forme de gouvernement qui n'est pas celle de tous les peuples.

que dans les pays où le décret serait promulgué. Il n'oblige pas en Amérique, où n'a pas eu lieu la promulgation du concile. De même, si le pape voulait, et pour des raisons dont lui seul est juge, il pourrait décider que la promulgation à Rome suffit. Il le faut bien, sinon, que deviendrait son pouvoir législatif dans le cas où un gouvernement hostile à l'Eglise empêcherait par la force la promulgation d'une loi ecclésiastique? Comment Pie VII, durant son conflit avec Napoléon, aurait-il pu faire parvenir ses lois à l'Eglise de France? Cependant le pape les envoie directement aux évêques, en les invitant à les promulguer dans leurs églises respectives. Ce mode de promulgation est consacré par une coutume de plusieurs siècles, et la raison dit assez que c'est le meilleur, à moins de circonstances exceptionnelles.

QUEST. XCII. *Effets de la loi.*—1. L'effet propre de la loi, c'est de rendre les hommes bons. — La vertu d'un inférieur consiste dans l'obéissance à celui qui a droit de lui commander. L'obéissance met la partie en harmonie avec le tout, et la raison y trouve son bien. La loi nous faisant obéir, nous procure l'occasion de pratiquer la vertu. Or la vertu c'est ce qui nous rend bons : *Virtus est quod facit bonum habentém.*

Il y a deux sortes de biens; l'un pur et simple, l'autre, avec mélange de mal. La loi peut produire en nous l'un et l'autre, selon qu'elle se rapporte à une fin bonne ou mauvaise. De même qu'on dit d'un citoyen courageux qu'il est un bon soldat, on dit d'un homme qui vole avec adresse : c'est un *bon voleur*, parce qu'il sait parfaitement les règles de son *art.*

2. Les autres effets de la loi sont d'ordonner ou de défendre, de permettre ou de punir. Elle ordonne les actes qui sont conformes à notre règle morale, la raison, défend ceux qui lui sont contraires, permet ceux qui sont indifférents, et punit ceux qui la violent : il faut à toute loi une sanction.

QUEST. XCI et XCIII. *Diversité des lois, et d'abord loi éternelle.* — 1. Existe-t-il une loi éternelle?

La loi est l'expression de la raison pratique de celui qui gouverne. Dieu, nous l'avons vu, gouverne tout par sa providence. La loi qui préside à ce gouvernement est la loi éternelle. Nous l'appelons ainsi, parce que, temporelle du côté des créatures, elle est éternelle du côté de Dieu. En lui rien de temporel, rien de ce qui suppose changement et succession. Il voit de toute éternité ce qu'il fait dans le temps. Il a éternellement connu le dessein de ses créatures, et les rapports qu'il devait établir entre elles.

La source de tout le mouvement répandu dans le monde, est un premier moteur qui n'a pas eu de commencement. De même il faut une loi éternelle qui soit l'origine de toutes les lois.

Une conséquence immédiate, c'est que la loi n'est juste, ou ne vient d'une raison droite, qu'autant qu'elle participe à la loi éternelle. Qui dit loi, dit la direction de certains actes vers une fin. Dans tout mouvement bien ordonné, le second moteur reçoit du premier sa direction et sa règle. Une province reçoit les ordres de son gouverneur, celui-ci, du prince qui gouverne l'État. L'architecte fait agir les ouvriers subalternes; c'est son plan qui les conduit, et ils n'agissent bien, qu'autant qu'ils agissent conformément à son dessein. La loi éternelle, réglant les rapports essentiels qui existent entre tous les êtres, est la règle suprême de nos actes. Donc une autre loi n'est juste, qu'autant qu'elle est conforme à la loi éternelle (1).

2. Tous les hommes ont-ils connaissance de cette loi? Tous savent qu'elle existe, mais ils en ont une connaissance plus ou moins parfaite. Une chose peut être connue en elle-même ou dans ses effets. Je puis voir le soleil lui-même, je puis ne voir que le reflet de sa lumière. Dieu et les saints connaissent seuls la loi éternelle en elle-même. Seuls ils voient dans sa splendeur la raison su-

---

(1) Dire que la loi civile doit être athée, c'est dire une absurdité comme celle-ci : une maison, pour être belle, doit être bâtie sans fondements.

prême de toute chose. Ici-bas, nous ne pouvons en voir que le reflet : mais nous le pouvons, il suffit de connaître quelques vérités, et la loi éternelle rayonne à nos yeux, car toute vérité est une irradiation, une participation de la loi éternelle. Une connaissance plus parfaite, c'est celle du savant qui a surpris les secrets de la nature et vu les rapports essentiels des êtres entre eux. Ainsi la connaissance du vrai est la mesure de la connaissance que nous avons de la loi éternelle.

QUEST. XCI et XCIV. *Loi naturelle.* — 1. C'est la loi éternelle, manifestée aux créatures raisonnables. La loi éternelle étant l'ensemble des rapports essentiels qui existent entre tous les êtres, les créatures sans raison y participent d'une certaine manière ; toutes ont des rapports et suivent des lois ; mais l'homme y participe plus abondamment. Non-seulement il a comme ces créatures une tendance naturelle à ses actes et à sa fin dernière, mais il connaît les lois de la Providence. Il pourvoit à son bonheur et à celui des autres : il est sa providence et celle du prochain, par la connaissance qu'il a des lois établies entre les créatures. Cette connaissance de la loi éternelle, nous l'appelons loi naturelle, parce que la nature la donne à toute créature raisonnable. Offrez à Dieu, dit le prophète, offrez un sacrifice de justice. Puis il se demande quelles œuvres sont des œuvres de justice : « La lumière de votre visage, Seigneur, luit en nous. » Comme s'il disait : Nous savons naturellement ce qui est bon, ce qui est mauvais. Ouvrons les yeux à cette lumière, nous saurons quelles œuvres il faut offrir à Dieu. Comme les Gentils, dit saint Paul, qui n'ont pas la loi écrite, font naturellement ce que la loi commande, ils montrent que ce qu'elle prescrit est gravé dans leurs cœurs. (Rom., II.)

2. Tous les actes vertueux sont-ils commandés par la loi naturelle ?

Elle les atteint et les commande tous, en cette qualité d'actes vertueux. La nature porte tous les êtres à agir conformément à leur forme spécifique : ainsi le feu réchauffe naturellement. Quelle est la forme spécifique de l'homme? la raison. Nous sommes donc portés naturellement à produire des actes conformes à la raison. Or c'est en cela que consiste la vertu.

Mais la loi naturelle ne s'étend pas à tous les actes vertueux considérés isolément. Ce sont des conclusions que la nature n'inspire pas seule, et qui résultent d'un travail propre à la raison.

3. La loi naturelle est-elle la même pour tous les hommes?

Elle est invariable, tant qu'on reste dans la sphère des premiers principes. Cette loi embrasse toutes les connaissances que la nature nous donne. La raison spéculative fait connaître à tous les premiers principes : elle est la même pour tous les hommes, en Chine, au Japon, en France. Les conclusions qu'elle tire, comme les conclusions mathématiques, ne sont pas évidentes aux yeux de tous, mais étant nécessaires, ne peuvent changer : un géomètre à Paris arrivera aux mêmes conclusions qu'un géomètre à Pékin : dans ces deux villes et partout, les trois angles d'un triangle sont égaux à deux droits.

La raison pratique révèle aussi à tous les mêmes connaissances, tant qu'on reste dans la sphère des principes généraux : par exemple, il faut rendre le dépôt qui vous a été confié, la raison vous l'ordonne. Mais si vous sortez de cette généralité, la raison pratique varie avec les circonstances : il ne faut peut-être pas rendre ce dépôt. Celui à qui vous le rendriez s'en servirait peut-être pour exécuter des projets de vengeance contre sa patrie ou son prochain. La raison vous défend de le rendre à de pareilles mains. Cependant nous pouvons penser différemment et nous tromper en perdant de vue les principes généraux, comme nous tombons dans l'erreur en perdant de vue les premiers principes de la spéculation.

L'histoire montre, mais le cas est extrêmement rare, que les principes secondaires de la loi naturelle peuvent être inconnus : le vol, qu'elle défend, était permis quelquefois chez les Spartiates et les Germains, nos pères. Cette ignorance vient ou de la coutume, ou de la violence des passions, ou d'une disposition de la nature corrompue (1).

4. La loi naturelle peut-elle changer?

Elle ne pourrait changer que s'il était possible d'y ajouter ou d'en retrancher quelque chose. La loi divine et la loi humaine lui font subir la première sorte de changement. Elle ne saurait changer de la seconde manière, sinon elle n'est point une loi naturelle. Ce qui est ne peut pas ne pas être. Dieu m'ayant donné l'existence, ne peut faire qu'il n'y ait entre lui et moi les rapports du créateur à la créature. La loi naturelle m'impose des devoirs de reconnaissance et d'amour, dont personne ne saurait m'affranchir. Seulement il peut arriver un cas particulier où des circonstances changeront, non un premier principe, qui est immuable, mais une de ses conséquences, comme dans l'exemple du dépôt, cité plus haut. Ce qui était alors la matière et l'objet de la loi cessant d'exister, la loi n'a plus de raison d'être. Elle est abolie, non modifiée. Abraham, en immolant son fils, ne commettait pas d'homicide, parce qu'il obéissait à celui qui est le maître de la vie et de la mort. Les Hébreux ne se rendirent pas coupables de vols en emportant avec eux les vases d'or et d'argent des Égyptiens. Ils en avaient le droit, de celui à qui appartiennent toutes choses. Ce n'était d'ailleurs qu'une légère compensation des injustices que leurs oppresseurs leur avaient fait souffrir.

QUEST. XCI et XCV. *La loi humaine.* — 1. Qu'est-ce que la loi humaine?

Toute loi est le *dictamen* de la raison, le langage par lequel elle s'exprime. Il peut être celui de la raison spéculative, manifestant des conclusions qui ne sont pas évidentes par elles-mêmes,

(1) Le principe de la loi naturelle était néanmoins connu à Sparte et dans la Germanie. La preuve, c'est qu'on y punissait le vol commun et ordinaire ; mais on admettait une exception légale pour le larcin, quand il était commis adroitement, et pour certains vols *qualifiés*, qui cessaient, par là même, d'avoir, aux yeux de ces peuples, le caractère d'injustice qui les accompagne partout ailleurs.

mais qu'elle a tirées des premiers principes. Il peut être aussi celui de la raison pratique, révélant des conclusions dont la connaissance est le résultat de son propre travail : supposez remplies les autres conditions de la loi, relativement à la société dans laquelle l'homme est appelé à vivre, ce sont ces conclusions que l'on appelle lois humaines.

2. Ne pourrait-on se passer de lois humaines ?

Sans elles, il n'y aurait pas de société possible. L'homme ne songeant qu'à lui, ne recherchant dans le monde que ses intérêts personnels, il faut que des lois fassent converger vers un centre commun les efforts isolés de chacun. Voyez ce qui arrive quand les lois ne sont plus respectées : tous les liens se brisent et la société chancelante semble sur le point de s'anéantir.

Avec les lois disparaissent l'ordre et la tranquillité. L'homme en naissant n'a que des inclinations à la vertu ; ce ne sont pas des vertus accomplies. Il est, à l'égard de la vertu, dans les mêmes conditions qu'à l'égard de la nourriture et du vêtement. La nature les procure à d'autres animaux tout préparés ; elle ne donne à l'homme que les moyens de se les procurer, la raison et les mains. De même, elle lui donne le germe de toutes les vertus morales, mais il faut qu'il le développe par une discipline sage et éclairée. Ceux qui sont bien nés, qui ont contracté dès l'enfance des habitudes de vertu, et surtout ceux que Dieu a enrichis de ses dons, obéissent à la voix paternelle et n'auraient pas besoin de lois ; mais il y a des natures rebelles, des hommes vicieux, turbulents, qui portent partout le trouble et le désordre ; il leur faut une répression prompte et sévère, sinon ils ne laisseraient point les autres en repos. L'homme vertueux, dit le Philosophe, est le meilleur des animaux ; si la vertu ne l'a point formé, c'est la plus méchante des bêtes. Comment la société réprimera-t-elle les méchants, et assurera-t-elle à tous la tranquillité, sinon par la discipline des lois ?

3. Toute loi humaine ne dérive-t-elle pas de la loi naturelle ?

Elle n'est loi qu'autant qu'elle est juste ; juste, qu'autant qu'elle est conforme à la raison, sa règle et sa mesure. Or, qu'est-ce que la raison ?

Cette dérivation peut avoir lieu par voie de conclusion, comme dans les sciences. Il ne faut faire de mal à personne, suivant la loi naturelle. La loi humaine, appuyée sur ce principe, dit : Il ne faut pas tuer.

Elle peut venir de la loi naturelle par voie de détermination : ainsi dans les arts, j'applique une forme générale de maison à telle maison déterminée. Il faut, suivant la loi naturelle, punir celui qui viole les lois : il faut, dit la loi humaine, le punir de telle manière, par la prison, les fers, la mort.

Ainsi la loi humaine tire son origine de la loi naturelle (1). L'une peut varier, bien que l'autre reste immuable. On ne peut pas appliquer à toutes les nations et de la même manière, la conclusion des principes naturels. C'est ce qui fait la diversité des lois positives.

4. Quelles qualités doit avoir la loi humaine ? Tout ce qui existe en vue d'une fin, doit être proportionné à cette fin : il faut que la scie soit aiguë et tranchante afin de pouvoir couper. De même une chose n'est droite et mesurée que si elle est en harmonie avec sa mesure et sa règle. Ce principe établi, quelle est la fin de la loi positive ? L'utilité de l'homme. C'est pourquoi elle doit être conforme à la loi divine, sinon ce n'est pas une loi honnête, elle n'oblige pas. Nous ne devrions pas obéir à une loi qui nous commanderait sans nécessité un travail incompatible avec la sanctification du dimanche. Elle doit être conforme à la loi naturelle, imposer des charges proportionnées aux facultés de cha-

---

(1) On a dit que le peuple le plus vertueux est celui qui a le moins de lois et que leur multiplicité annonce sa décadence. Rien de plus vrai. Si les hommes suivent la loi gravée dans tous les cœurs, les lois humaines sont superflues, et on n'en fait pas, n'en éprouvant pas le besoin. Si on croit nécessaire d'y ajouter beaucoup d'autres lois, c'est une preuve que la loi naturelle est devenue insuffisante. Et sans elle, quelle puissance auront des lois humaines ?

cun : un enfant ne doit pas être soumis à la même loi que l'homme dans la force de l'âge. Elle ne doit pas peser également sur les riches et sur les pauvres, car elle serait injuste. Enfin, elle doit procurer le bien de la communauté sans blesser aucun droit particulier, punissant les méchants, apportant aux bons le repos et la sécurité.

* Le droit des gens est-il de droit naturel, ou a-t-il été établi par les lois humaines ?

On entend par ce mot ou le droit que la coutume et la nécessité ont établi chez tous les peuples, comme la division des propriétés, la justice dans les ventes et les achats, etc.; ou les lois qui règlent les relations des peuples entre eux : telles sont les lois de la paix et de la guerre, l'inviolabilité des ambassadeurs, la liberté du commerce. L'homme étant un animal naturellement sociable, et la société ne pouvant exister sans ce droit, on peut dire que le droit des gens a pour fondement la loi naturelle, mais le consentement tacite de tous les peuples en a fait de plus une loi humaine. Les nations ont entre elles des devoirs et des droits réciproques. Elles peuvent violer la justice en temps de paix par des actes de piraterie ; en temps de guerre par des actes de cruauté, comme le massacre des femmes et des enfants. Le droit des gens leur impose aussi des devoirs de charité. La nation qui laisse mourir une nation quand elle pourrait la sauver sans se compromettre, est coupable comme celui qui verrait attenter à la vie d'un homme et ne lui porterait pas secours, le pouvant sans danger. Il manquerait à la charité, non à la justice, à moins qu'il n'eût reçu la mission spéciale de repousser l'agresseur.

QUEST. XCVI. *Puissance de la loi humaine.* — 1. Elle doit régler ce qui arrive le plus communément. Quelle fin se propose-t-elle ? le bien commun. Or, ce bien est le résultat d'une multitude d'actions produites par toutes les classes de la société dans des lieux et des temps divers, la société devant se perpétuer par la succession des générations. Il faut donc, pour atteindre sa fin, que la loi dirige vers elle les actions les plus fréquentes et les plus ordinaires, sans prétendre embrasser les cas particuliers.

2. Peut-elle réprimer tous les vices? Il faut que l'exécution de la loi soit possible. Or, une chose possible à l'homme vertueux ne l'est pas au méchant : ce que l'on permet aux enfants, est défendu aux hommes faits. La loi humaine est destinée à la multitude, composée en grande partie de méchants. Elle ne peut donc songer à réprimer tous les vices, mais seulement les plus graves, ceux dont la multitude peut s'abstenir et qui rendraient impossible le bien commun, comme les vols, les homicides, etc.

3. Les lois humaines obligent-elles au for de la conscience?

Elles obligent, quand elles sont justes. Les législateurs des peuples sont les représentants de Dieu, revêtus, en cette qualité, d'un pouvoir sacré et inviolable : « *Per me reges regnant et legum conditores justa decernunt.* » (Prov., VIII, 15.) N'est-on pas obligé, au for de la conscience, de respecter l'autorité divine ? « Toute puissance, dit l'Apôtre, vient de Dieu. Celui qui résiste aux puissances, résiste à l'ordre établi par Dieu et attire sur lui une condamnation. » Vous ne pouvez dire qu'il s'agit ici d'une peine purement temporelle, infligée par le glaive du législateur, car saint Paul ajoute aussitôt : « Il est donc nécessaire de vous y soumettre, non-seulement par la crainte du châtiment, mais aussi *par le devoir de la conscience.* » (Rom., XIII, 5.)

La société humaine, ne pouvant vivre sans lois, a le droit de vous en imposer. Si ce droit lui appartient, c'est votre devoir d'obéir, car à un droit correspond toujours un devoir. Donc en n'obéissant pas à une loi humaine, vous violez le droit du législateur, et commettez une injustice.

Il est évident que si le législateur sortait de ses attributions, ses lois n'auraient aucune autorité et n'obligeraient pas, parce que sa puissance ne serait plus l'ordre établi par Dieu (1).

(1) Lorsqu'au siècle dernier les parlements s'immisçaient dans le gouvernement des églises et portaient des décrets concernant l'administration des sacre-

On peut aussi refuser d'obéir à une loi qui favorise uniquement les intérêts du législateur, ou qui, tendant au bien commun, ne répartit pas équitablement les charges qu'elle impose. De pareilles lois, dit saint Thomas, sont des violences, non des lois. Cependant, si on ne pouvait désobéir sans causer du trouble ou un scandale public, il vaudrait mieux céder de son droit et obéir non à la loi humaine qui n'existerait pas, mais à la loi naturelle qui nous défend de porter les autres au mal, suivant ces paroles de l'Évangile : « Si quelqu'un veut plaider contre vous et vous prendre votre robe, abandonnez-lui encore votre manteau. » (S. Matth., v, 40.) Mais si une loi humaine était manifestement contraire à une loi divine, aucune considération ne devrait nous déterminer à la suivre. Il vaut mieux obéir à Dieu qu'aux hommes.

4. Qui est obligé d'obéir à la loi?

Ceux qui sont sous la juridiction du législateur : *omnis anima potestatibus sublimioribus subdita sit.* (Rom., XIII, 1.) Ceux qui ne relèvent pas d'un pouvoir ne sont pas tenus d'obéir à ses lois. La loi ne m'oblige pas non plus quand le législateur suprême m'a dispensé d'une loi portée par un législateur subalterne : le pape peut me dispenser d'obéir à une loi de mon évêque, le roi à une loi d'un gouverneur de province.

Le législateur est-il obligé d'obéir à une loi qu'il a faite? Il y est généralement obligé, en vertu du pouvoir divin dont il est ministre et qui s'étend à lui : *quod quisque juris in alterum statuit ipse eodem jure uti debet.* Portez vous-même, dit le Sage, le fardeau de la loi que vous avez imposée aux autres. Jésus-Christ s'est élevé avec force contre ceux qui disent et ne font pas, qui imposent aux autres un fardeau qu'ils ne voudraient pas remuer du bout du doigt. Le législateur n'est dit au-dessus de la loi qu'en ce sens qu'il peut la changer s'il le juge à propos, et que s'il la viole, personne ne peut prononcer contre lui une sentence de condamnation.

ments, etc., ces décrets, émanés d'une autorité sans juridiction, n'avaient pas force de loi et n'obligeaient nullement le clergé.

5. Ne peut-on pas quelquefois agir contre le texte de la loi?

Le législateur en se proposant le bien commun ne peut tenir compte des cas exceptionnels où la loi aurait un effet nuisible : il ne règle que ce qui arrive le plus fréquemment. S'il se présente un cas extraordinaire, ce serait aller contre son intention de s'en tenir à la lettre de la loi. Le gouverneur d'une ville assiégée porte une loi en vertu de laquelle les portes doivent rester fermées jour et nuit. C'est une mesure presque toujours utile au salut commun. Si un jour il arrive que plusieurs de ses défenseurs, pressés par l'ennemi, fuient vers la ville et qu'on les aperçoive du haut des murs, il est évident que la loi cesse pour eux et qu'il faut sans délai leur ouvrir les portes : la nécessité ne connaît pas de loi : *necessitas non subditur legi*. S'en tenir, dans ce cas, aux termes de la loi, ce serait aller contre l'intention du législateur. Cependant, si le danger n'était pas pressant, il faudrait, avant de suspendre l'exécution de la loi, en référer à qui de droit.

* Est-il permis de faire un acte quand on doute s'il existe une loi qui le défende? L'homme jouit naturellement de toute sa liberté et ne la perd qu'à mesure qu'une loi vient la restreindre. La loi et la liberté se combattent, se posent l'une à l'autre des limites. Ce sont deux plaideurs qui se disputent un terrain et cherchent mutuellement à s'en expulser. Lorsqu'au barreau il se présente un cas douteux, que font les juges? Ils prononcent toujours en faveur de celui qui possède. Les hommes n'ayant pas coutume d'abandonner ce qui leur appartient, la possession est une présomption bien fondée. Elle ne doit céder qu'à la preuve du contraire. Si vous revendiquez la propriété d'un champ dont je suis possesseur, c'est à vous à prouver votre droit. Tant que vous ne l'aurez pas fait, je puis, sans crainte, continuer à posséder : *actoris est probare*. Or, à laquelle, de la liberté ou de la loi, appartient le titre de premier occupant? C'est évidemment à la liberté. On conçoit l'homme avant toute loi. On peut même le concevoir rationnellement antérieur à la loi naturelle : *prius* *est esse, quam ligari per legem.* Ma nature me permettant d'user de toute sorte d'aliments, je ne suis obligé de garder l'abstinence, qu'au moment où la loi viendra poser une limite à ma liberté. La liberté certaine et incontestable doit-elle s'arrêter devant une loi douteuse? La question revient à celle-ci : une loi incertaine peut-elle produire une obligation certaine ? Peut-il y avoir dans l'effet plus que dans la cause ?

Une autre voie nous conduit à la même conclusion : le précepte n'ayant force de loi qu'après sa promulgation suffisante, le législateur ne peut l'imposer qu'à la condition de prendre les moyens de le porter à la connaissance de ses sujets. Cette condition de la loi a-t-elle été suffisamment remplie, si, malgré mon désir de connaître mes obligations, je n'arrive qu'au doute et à l'incertitude ? « L'obligation de la loi étant onéreuse, ayant même un côté odieux, ne pèse pas sur nous, tant que son existence ne nous a pas été constatée. » (Suarez, *De actibus humanis.*) Saint Thomas a dit dans le même sens : « Un précepte ne lie que par la connaissance qu'on en a. » De là l'axiome du droit : « Dans le doute, pas d'obligation. »

Enfin, il n'y a pas plus d'obligation de suivre une loi incertaine que de croire à une révélation douteuse. Comment croire à celle-ci, puisque la foi est une adhésion ferme et inébranlable ? Et si rien ne m'y oblige, je puis, pour la même raison, ne pas tenir compte d'une loi dont l'existence ne m'est pas démontrée : « Une loi douteuse n'intéresse pas plus l'ordre moral, qu'une révélation douteuse n'intéresse la religion ; les lois qui exigent le sacrifice de notre volonté, n'étant pas plus strictes que celles qui imposent le sacrifice de notre volonté par une soumission parfaite, on n'a pas plus à craindre d'être infidèle à Dieu en rejetant les lois douteuses qui concernent la morale, qu'en rejetant les lois incertaines en matière de dogme. » (Gousset, *Justification de la théologie morale du bienheureux Liguori*, ch. v.) (1)

---

(1) On pourrait présenter d'autres arguments en faveur du probabilisme, opinion libre en théologie ; j'ai cru devoir me borner à ceux-ci, qui me paraissent décisifs.

QUEST. XCVII. *Changement des lois humaines.* — 1. La loi humaine doit-elle être quelquefois modifiée? Elle est le *dictamen* de la raison dirigeant les actes humains. Deux motifs peuvent en justifier le changement : l'un se tire de la raison, l'autre des individus dont elle régit les actes. Il est de l'essence de la raison spéculative d'aller pas à pas, de l'imparfait au plus parfait. Les premiers philosophes se sont traînés dans le matérialisme et n'ont laissé que des théories grossières. Leurs successeurs, en les perfectionnant, se sont élevés au spiritualisme. Il en a été ainsi de la raison pratique. Ceux qui se sont livrés les premiers à la recherche des moyens les plus favorables au bien de la société ne pouvant tout voir par eux-mêmes, à cause de la faiblesse humaine, ont fondé des institutions très-défectueuses. Ceux qui sont venus après, les ont réformées et remplacées par d'autres qui avaient moins de lacunes et offraient moins d'inconvénients.

Nous trouvons aussi, du côté de l'individu, des motifs de changer quelquefois la loi humaine. L'homme, de sa nature, est changeant. Il faut donc que les lois destinées à le régir, varient, sinon elles ne seraient plus en harmonie avec sa condition. L'exemple suivant de saint Augustin nous montre la légitimité des motifs que peut subir la loi humaine : « Si un peuple vit tranquille, s'occupant sérieusement de ses affaires et veillant avec soin aux intérêts communs, on a raison de porter une loi qui lui permette d'élire ses magistrats, et les ministres de la chose publique. Mais si ce peuple incline vers la décadence, si son suffrage devient vénal et qu'il confie le pouvoir à des gens indignes et à des scélérats, on fait bien d'enlever à un tel peuple le pouvoir de confier les dignités, et de le remettre entre les mains d'un petit nombre, qui soient des hommes de bien. » (*De lib. arb.*, l. I, c. vi.)

2. S'ensuit-il qu'on doive changer une loi humaine toutes les fois qu'on peut en faire une meilleure? Tout changement dans cette matière n'est pas légitime et opportun. Il entraîne avec lui bien des inconvénients. Cette loi, toute défectueuse qu'elle était,

se recommandait par son ancienneté; les habitudes de s'y conformer étant prises, l'obéissance suivait, prompte et facile. En la changeant, vous déracinez des habitudes d'obéissance, vous détruisez une coutume, ce qui nuit toujours au bien public, et, ce qui est pire, vous diminuez le respect pour la loi, car on ne peut se dissimuler que la mobilité et l'inconstance d'une chose ne sont pas propres à lui concilier le respect.

Ce qui fait dire à Ulpien : « *In rebus novis constituendis, debet esse utilitas ut recedatur ab eo jure quod diu œquum visum est.* » Ainsi on ne doit changer une loi humaine que quand on est sûr d'en retirer des avantages qui compenseront les dommages faits au bien commun. C'est ce que l'on peut présumer quand l'ancienne loi est évidemment injuste ou son observation nuisible, quand les avantages de la nouvelle sont manifestes et considérables, enfin quand la nécessité nous y force.

3. *La coutume peut-elle changer une loi?* — Toute loi a son origine dans la raison et la volonté du législateur : la loi divine et la loi naturelle viennent de la volonté essentiellement raisonnable de Dieu ; la loi humaine de la volonté de l'homme, réglée par sa raison. Les actes de l'homme ne manifestent-ils pas autant que ses paroles, les conceptions de sa raison et les mouvements de sa volonté ? car tout le monde estime bien ce que l'on fait soi-même. Si la parole a force de loi, pourquoi la coutume, qui résulte des actes de la multitude, longtemps répétés, n'aurait-elle pas la même vertu et ne pourrait-elle pas interpréter, abolir une loi, en établir une nouvelle ?

* Je parle de la coutume qui réunit certaines conditions. Il faut qu'elle soit raisonnable, non dans les actes de ceux qui l'ont établie les premiers, car il n'est jamais raisonnable de s'élever contre une loi juste, mais il suffit que la coutume soit raisonnable en elle-même et dans ses tendances : qu'elle soit suivie de la partie la plus nombreuse et la plus recommandable de la communauté ; qu'elle soit autorisée par le consentement exprès ou tacite du législateur : qu'elle existe depuis un certain temps. On ne peut demander moins de dix ans, ni en exiger plus de quarante.

Le motif qui a porté tous les législateurs, soit civils, soit ecclésiastiques, à reconnaître ce droit de la coutume, se trouve dans la nature même de tout bon gouvernement. Un gouvernement n'existe que pour le bonheur de ses sujets, c'est là sa raison d'être. S'il veut les rendre heureux et s'en faire aimer, il doit se conformer au génie du peuple tout entier, le diriger, non le contraindre. Quel moyen plus propre à faire connaître ses besoins et ses volontés, que ce qui est le résultat de ses actes pendant un temps considérable? L'homme manifeste ses volontés par des actes aussi bien que par des paroles.

La coutume est un élément flexible qui éloigne les froissements, entretient la bonne harmonie entre le pouvoir et les sujets. Elle n'a rien de blessant pour le pouvoir, puisqu'elle n'existe que d'après son consentement et qu'il peut l'abolir à son gré.

4. Peut-on dispenser de la loi humaine?

On appelle dispensateur celui qui distribue à chacun sa part d'un bien commun. Le père d'une famille en est le dispensateur, parce qu'il distribue à chacun le travail et les choses nécessaires à la vie. On appelle dispensateur de la loi celui qui affranchit certaines personnes de préceptes communs. Ce qui est utile au plus grand nombre peut, tel cas donné, porter préjudice à quelqu'un. D'un autre côté, si on m'en laisse la décision, il est à craindre que je ne porte trop souvent un jugement qui me sera favorable. Que faut-il pour sauvegarder le droit légal et mes intérêts? Recourir au législateur, qui est chargé de dispenser avec fidélité et prudence, et qui en a seul le pouvoir.

QUEST. XCI et XCVIII. *Loi divine.* — 1. Est-il nécessaire à l'homme d'avoir, outre la loi naturelle et la loi humaine, une loi divine?

Il faut, outre ces deux lois, une loi divine qui enseigne à l'homme le chemin de la béatitude éternelle, car Dieu nous ayant destinés à une fin que nous ne pouvons naturellement ni connaître ni atteindre, il nous faut une loi qui dirige vers cette fin nos pensées et nos actions. Elle est aussi nécessaire dans l'ordre de la grâce, que la loi naturelle dans l'ordre de la nature.

Le jugement des hommes est faible, incertain. Ils apprécient un acte les uns d'une manière, les autres d'une autre. Il leur faut donc une loi qui leur donne un jugement droit et sûr, sinon ils ne sauraient jamais avec certitude ce qu'ils doivent faire, ce qu'ils doivent éviter.

L'homme ne peut régir par des lois que ce qu'il connaît. Or, il ne connaît que les actes extérieurs. Il ne peut descendre dans une conscience pour voir ce qui s'y passe et imposer des lois à mes mouvements intérieurs. Cependant la perfection de la vertu demande que nous soyons droits au dedans et au dehors.

L'homme ne peut punir tout ce qui est mal. En le voulant, il empêcherait le bien commun. Cependant aucun mal ne doit rester impuni ; toujours la peine doit suivre la faute. C'est pourquoi il est nécessaire que la loi divine interdise tout mal, et le punisse, si caché qu'il soit. Le Psalmiste énumère en ces termes ces attributs de la loi divine : *Lex Domini immaculata, convertens animas, testimonium Domini fidele, sapientiam præstans parvulis.* Elle est sans tache, ne souffrant pas la plus légère souillure ; elle convertit les âmes, mettant l'ordre dans les mouvements intérieurs et les mouvements extérieurs. Elle juge avec autorité et ses promesses sont certaines, appuyées sur la parole de Dieu. Elle donne la sagesse aux petits, en les éclairant d'une lumière surnaturelle.

2. L'Apôtre dit (Héb., VII, 18) que l'ancienne loi a été abolie à cause de sa faiblesse et de son inutilité. Ce n'était donc pas une bonne loi ?

Tel n'est pas le sens de l'Apôtre, car dans l'Epître aux Romains

il appelle la loi sainte, ses préceptes saints, justes et bons. (vii, 12).
Je consens à la loi, dit-il, je reconnais qu'elle est bonne.— Comme on appelle bonne une doctrine conforme à la vérité, il faut appeler bonne une loi qui est conforme à la droite raison. Telle était l'ancienne loi, car elle réprimait la concupiscence, qui est la grande ennemie de la raison : *non concupisces*. Elle défendait tous les péchés, qui obscurcissent la raison et affaiblissent la puissance de l'entendement.

Mais il y a différents degrés dans le bien. Quelquefois la bonté d'une chose ne suffit pas pour nous conduire à une fin, elle y dispose seulement : ainsi un médecin dispose le malade à la santé. Quelle est la fin de l'homme ? le bonheur éternel. La grâce seulement le mérite. Or la loi y disposait et ne la donnait point : « La loi par Moïse, la grâce par Jésus-Christ. » Saint Paul l'appelle faible et inutile en ce sens qu'elle n'avait point par elle-même la force de nous conduire au ciel, mais elle était bonne, nous préparant à la loi nouvelle, qui nous en ouvre l'entrée.

3. Si la loi était imparfaite, il semble qu'elle n'était pas l'œuvre de Dieu, car *perfecta sunt opera Dei*. (Deut., xxx, 41.)

La loi préparait à la venue du Messie soit en lui rendant témoignage : *Moyses scripsit de me* (S. Jean, v, 46), soit en conservant parmi le peuple juif, la connaissance et le culte du vrai Dieu. « Avant que la foi fût venue, nous étions sous la garde de la loi, pour nous disposer à embrasser celle qui devait un jour être révélée. » (Galates, iii, 23.) Il appartient au même homme de commencer une œuvre et de la conduire à son entier accomplissement. Donc c'est le même Dieu qui a donné la grâce par son fils Jésus-Christ et la loi par lui-même ou par ses représentants.

La loi était imparfaite, mais son imperfection n'était pas un défaut. Elle tenait au temps où la loi fut donnée, et au dessein que Dieu s'était proposé de préparer par elle le peuple juif à la venue du Messie. Le corps d'un enfant est imparfait et peut néanmoins, vu son âge, n'avoir aucun défaut. La loi, dit saint Paul, fut notre pédagogue. Comparés aux chrétiens, nous étions ce que sont entre eux l'enfant et l'homme fait.

Cette imperfection de l'enfance n'empêchait pas les Juifs d'avoir un moyen de salut : c'était la foi au Messie futur. Jésus-Christ attendu a été le Sauveur des patriarches, des prophètes et de toutes les âmes saintes de l'ancienne loi ; comme Jésus-Christ venu est le Sauveur des apôtres, des martyrs et de tous les saints de la loi nouvelle.

4. Est-ce Dieu lui-même qui donna sa loi à Moïse, ou la donna-t-il à son serviteur par l'intermédiaire d'un ange ?

Les interprètes ne sont pas unanimes à ce sujet ; saint Thomas pense que Dieu parla à Moïse par l'intermédiaire d'un ange, et il fonde son opinion sur plusieurs passages de l'Écriture qui sont extrêmement clairs. La loi a été donnée par les anges. (Gal., III, 19.) Saint Étienne dit aux Juifs qui le lapidaient : Vous avez reçu la loi par le ministère des anges. (Actes, VII, 53.)

Saint Denis en trouve une preuve dans l'ordre que la Providence a coutume de suivre ; elle se sert des anges pour annoncer aux hommes les volontés de Dieu ; c'est donc de leurs mains que Moïse reçut la loi.

Dans tout gouvernement bien ordonné, le prince se réserve à lui-même les affaires principales et confie les autres à des ministres. La loi, comparée à la fin de l'homme, est secondaire ; ce qu'il y a de plus précieux et de plus important, c'est la grâce. Aussi Dieu a parlé sous l'ancienne loi par ses ministres ; sous la nouvelle, par Jésus-Christ, son propre Fils. C'est une des principales preuves dont saint Paul se sert pour montrer l'excellence du Nouveau Testament sur l'Ancien. (Ép. aux Hébr.)

On lit dans l'Exode des paroles qui annoncent la présence de Dieu même : « Je suis le Seigneur votre Dieu qui vous ai tirés de la terre d'Égypte. Le Seigneur a parlé à Moïse face à face. » Mais il est facile de concilier ces paroles avec notre sentiment.

Quand un ambassadeur dit : Je consens, je veux, je propose, on sait bien qu'il ne parle pas en son nom, mais au nom du prince qu'il représente. Tel fut le langage de l'ange au Sinaï.

L'Exode, en disant que Dieu parla face à face à Moïse, ne fait qu'emprunter le langage populaire; c'était une croyance répandue parmi le peuple que Dieu descendait du ciel et parlait à Moïse à travers la nuée. La vision intuitive n'est pas possible à ceux qui sont encore dans la voie. Ce langage, « face à face, » peut aussi s'entendre dans le sens d'une contemplation très-élevée, voisine de la vision intuitive que Moïse aurait eue en présence de l'ange.

5. Pourquoi Dieu ne donna-t-il sa loi qu'aux Juifs et non à tous les peuples? Le Messie devait apporter le salut à tous : *Salus mea usque ad extremum terræ.* (Is., XLIX, 6.) N'eût-il pas mieux valu donner à tout le monde une loi qui préparât tout le monde à sa venue?

Les Juifs, à l'exclusion de tous les autres peuples, ont reçu les bienfaits de la loi, et furent appelés à une plus grande sainteté, parce que c'est d'eux, et non d'un autre peuple, que le Messie devait naître : *Sancti eritis, quia sanctus sum.* (Lévit., XIX, 2.) Il devait naître au sein de ce peuple, parce que la promesse en avait été faite à Abraham et aux patriarches : *Dilexit patres tuos et elegit semen eorum.* (Deut., IV, 36.) Pourquoi les patriarches eurent-ils le bonheur d'entendre une si consolante et si magnifique promesse, préférablement aux fondateurs de Rome, d'Athènes, etc.? C'est parce que Dieu aima d'un amour de préférence le peuple juif, et l'appela à une vocation spéciale. Pourquoi ce peuple, et non tel autre? Ne cherchez pas, dit saint Augustin, ne cherchez pas à le savoir, si vous ne voulez vous exposer à l'erreur. On dit : Dieu fait donc acception de personnes? Non, le Verbe devant s'incarner, il fallait bien qu'il naquît d'un peuple. S'il était né du peuple romain, on pourrait dire : Pourquoi n'est-il pas né du peuple athénien, du peuple juif? Dieu, en choisissant ce dernier et en le comblant de ses faveurs, n'a pas fait acception de personnes. Quel est celui à qui on peut adresser ce reproche?

Celui qui distribue, en parts inégales, des biens communs auxquels chacun a le même droit. Or, dans l'ordre surnaturel, Dieu ne doit rien par justice ; tout ce que nous avons, nous le tenons de sa miséricorde et de sa bonté. Si, pour témoigner à votre frère la tendre affection que je lui porte, je le comble de mes libéralités, préférablement à vous, direz-vous que je fais acception de personnes ? Ne vous devant rien à l'un ni à l'autre, je suis généreux envers lui, juste envers vous : *tolle quod tuum est et vade.*

6. La loi n'obligeait-elle que les Juifs ?

Les préceptes de la loi naturelle renfermés dans la loi mosaïque, obligeaient, comme aujourd'hui, tous les peuples. Quant aux autres préceptes, les Juifs seuls étaient tenus de les suivre ; Dieu les leur avait inspirés par respect pour le Messie qui devait naître d'eux. C'étaient donc des obligations particulières qui faisaient leur gloire et que n'avaient pas les autres peuples ; on les compare aux obligations spéciales que contractent les prêtres, les religieux ; elles ne pèsent que sur eux, les laïques n'y sont pas astreints et peuvent se sauver sans les suivre. C'est ainsi que les Gentils ont pu faire leur salut sans observer la loi mosaïque.

7. Le temps où vivait Moïse a-t-il été bien choisi pour l'établissement de la loi ?

Toute loi s'impose à deux classes d'hommes, les méchants et les bons. Les méchants, enflés d'orgueil, prétendent que la raison leur suffit pour connaître leurs devoirs, leurs forces pour les pratiquer. Le temps écoulé depuis Adam jusqu'à Moïse avait effacé les notions les plus claires. Tous les peuples, au temps d'Abraham, étaient tombés dans l'idolâtrie et se plongeaient dans les vices les plus honteux ; ils avaient presque oublié la lumière naturelle, et en perdaient toujours quelques rayons, semblables à un homme qui descend dans des lieux souterrains et qui perd peu à peu la lumière du jour. Ces ténèbres ayant humilié l'orgueil des méchants, Dieu vient à leur secours en leur donnant la loi écrite. Ils avaient de nouveau la science ; il fallait aussi qu'ils fissent l'expérience de leur faiblesse. C'est pourquoi Dieu, après leur avoir donné la loi, les livra à eux-mêmes l'espace de quinze cents ans, durant lesquels des chutes sans nombre n'ont que trop prouvé leur faiblesse et montré leur impuissance. Quant aux bons, le temps de Moïse ne fut pas moins bien choisi ; les lumières naturelles s'obscurcissant, il leur fallait le secours d'une loi écrite, et leur fidélité les conduisit insensiblement à la perfection de la loi de grâce.

QUEST. XCIX. *Différents préceptes de l'ancienne loi.* — 1. Les préceptes de l'ancienne loi se tenaient entre eux et ne faisaient qu'un, considérés du côté de leur fin, la préparation à la venue du Messie, mais ils étaient multiples, considérés comme moyens d'arriver à cette fin. Le but principal de la loi humaine est de faire régner la paix entre les hommes ; de même, le but de la loi divine est de faire régner l'amour entre les hommes et Dieu. Une condition nécessaire pour produire l'amour, c'est la ressemblance : tout être aime celui qui lui ressemble. Il faut donc, si nous voulons prétendre à l'amour de Dieu, que nous lui ressemblions : *Sancti eritis, quia ego sanctus sum.* Or, c'est la vertu qui rend l'homme bon, et qui, par conséquent, produit en nous l'image du Dieu très-bon. La loi devait donc renfermer divers préceptes moraux, concernant les différentes vertus qui produisent le bien dans l'homme.

Elle renfermait de plus des préceptes cérémoniels. Établie spécialement pour régler les rapports qui doivent exister entre les hommes et Dieu, comme la loi humaine, pour régler surtout les rapports des hommes entre eux, la loi ancienne ne devait oublier aucun de ces rapports. Ont-ils seulement des rapports intérieurs ? Non ; il ne suffit pas de croire, d'espérer et d'aimer. Il faut encore des actes extérieurs pour montrer aux hommes le culte intérieur qu'on rend à Dieu. Ce qui regarde cette profession extérieure s'appelait *cérémonies*, et les préceptes qui la réglaient, préceptes cérémoniels.

Saint Thomas rapporte deux étymologies de ce mot. Il se compose de *Cœres munia*, présents de Cérès, soit parce que les dons offerts à Dieu étaient souvent de farine et de blé, soit parce qu'après la prise de Rome par les Gaulois on transporta tout ce qui concernait le culte des dieux dans une petite ville d'Étrurie appelée Cœris ou Cérès.

Enfin la loi ancienne contenait des préceptes judiciaires. Elle devait régler nos rapports avec Dieu, et les rapports des hommes entre eux. La loi naturelle ne nous donne, dans les sciences spéculatives et les sciences pratiques, que la connaissance des principes généraux ; la loi mosaïque a suppléé à son insuffisance par des préceptes moraux : vous ne commettrez pas de vol, d'homicide ; par des préceptes cérémoniels, déterminant d'une manière précise le culte qu'il faut rendre à Dieu ; par des préceptes judiciaires, en réglant les rapports des hommes entre eux. C'est pourquoi saint Paul, après avoir dit que la loi est sainte, parle des trois sortes de préceptes qu'elle renferme. Le précepte est juste, dit-il, faisant allusion aux préceptes judiciaires ; il est saint, parlant des préceptes cérémoniels ; il est bon, désignant l'effet des préceptes moraux.

2. Les Hébreux avaient-ils un motif suffisant d'obéir à la loi ?

Les hommes, dans les sciences spéculatives, vont des principes aux conclusions par voie de raisonnement. Pour obtenir de l'auditeur son assentiment à ces conclusions, il faut les mettre à la portée de son intelligence et le conduire du plus au moins connu, en lui offrant ce qui est le plus capable de lui faire impression. Ainsi de petits présents excitent l'affection des enfants et les portent avec ardeur au travail. Ce qui porte le plus efficacement les hommes à l'obéissance et au respect de la loi, c'est la récompense ou le châtiment. Les biens de la terre sont dignes d'un homme imparfait, pleins d'attraits pour l'homme qui commence l'édifice de sa perfection ; à l'homme plus avancé, il faut des biens supérieurs ; on lui offre les biens du ciel. La loi promettait les premiers aux Hébreux, qui étaient, comparés aux chrétiens, ce que l'enfant est à l'homme fait. Donc elle répondait à leurs dispositions, et leur proposait un motif convenable de l'observer.

QUEST. C. *Préceptes moraux.* — 1. Les préceptes moraux que renfermait la loi sont-ils de droit naturel?

Ces préceptes regardent les bonnes mœurs dont la raison est la règle. Il y a des choses que la raison spéculative aperçoit sans effort, comme les premiers principes. D'autres ne sont connues que des sages : ce sont les conclusions éloignées. De même la raison pratique révèle à tous certains principes : Honore ton père et ta mère, etc. Il y a d'autres principes secondaires qui ne sont pas à la portée de tous, mais seulement des intelligences éclairées : Levez-vous devant une tête couronnée de cheveux blancs, et honorez la personne des vieillards. Enfin il y a des préceptes moraux que la raison seule n'aurait jamais pu découvrir, et qu'elle ne connaîtrait pas sans un enseignement surnaturel : *Non facies tibi sculptile, non assumes nomen Dei tui in vanum.* Ainsi les préceptes moraux appartiennent à la loi naturelle, mais n'en dérivent pas tous de la même manière.

2. La loi avait-elle des préceptes concernant toutes les vertus?

Elle établissait l'ordre et l'harmonie dans les rapports de l'homme avec Dieu. Quel est le fondement de tous ces rapports? La raison, car c'est par elle que nous sommes l'image de Dieu. Il fallait donc que la loi donnât à la raison de l'homme une disposition en harmonie avec Dieu. C'est ce que font toutes les vertus intellectuelles et morales. Mais si la loi commandait des actes de toutes les vertus, elle ne les ordonnait pas tous de la même manière. Elle faisait une obligation rigoureuse des actes sans lesquels l'ordre de la vertu, qui est celui de la raison, ne saurait subsister, elle conseillait seulement ceux qui ont pour but de rendre la vertu plus parfaite.

3. Les préceptes du Décalogue sont-ils rapportés dans un ordre convenable?

Ils supposent que le genre humain ne fait qu'une communauté dont Dieu est le père et le chef. Pour qu'une communauté soit bien ordonnée, que faut-il? L'ordre des membres envers le chef, l'ordre des membres entre eux. On doit au chef fidélité, respect, obéissance. Vous n'aurez pas de dieux étrangers, disait la loi. Vous ne prendrez pas en vain le nom du Seigneur votre Dieu. Vous sanctifierez le jour du sabbat, en souvenir du repos de Dieu après la création.

Elle établit entre les membres de la communauté un ordre non moins parfait. Honorez votre père et votre mère. Ne faites pas de tort au prochain, soit en commettant l'homicide, la fornication, le vol; soit en portant un faux témoignage. Quant à vous, surveillez jusqu'aux mouvements de votre cœur et ne l'abandonnez pas à de mauvais désirs : *Non concupisces*.

4. Les préceptes du Décalogue sont-ils susceptibles de dispense?

On peut dispenser dans le cas où l'observation de la loi serait contraire à la volonté du législateur. Quel est l'objet de cette volonté? Le bien commun et la justice entre tous. Il n'est pas au pouvoir du législateur de vouloir le contraire. Qu'il défende de trahir la patrie, de livrer une ville à l'ennemi, de blesser aucun droit, il ne pourra jamais en dispenser. De quoi donc peut-il accorder dispense? De ce qui est le moyen, non la fin de la loi. Par exemple, gouverneur d'une province, j'ordonne que tous les habitants de telle ville assiégée marcheront à sa défense. Prévoyant que plusieurs me seraient moins utiles sur le champ de bataille que dans mes conseils, je puis les dispenser de la loi. Le même cas peut-il se présenter à l'égard des préceptes du Décalogue? Ceux de la première table réglant nos rapports essentiels avec Dieu; ceux de la seconde, nos rapports essentiels avec les hommes, Dieu ne peut les changer, il se nierait lui-même. Il ne peut me dispenser envers lui du devoir de l'adoration, envers les hommes, du devoir de la justice.

QUEST. CI, CII, CIII. *Préceptes cérémoniels.* — 1. Ils étaient figuratifs.

La loi réglait le culte que les Hébreux devaient rendre à Dieu. Ce culte, intérieur et extérieur, devait porter devant Dieu les hommages de l'homme tout entier : *Cor meum et caro mea exultaverunt in Deum vivum.* (Ps. LXXXIII, 3.) Le second se rapporte à Dieu par le premier, comme le corps s'y rapporte et n'a de valeur que par l'âme. Le culte unit donc l'âme à Dieu et varie suivant la manière dont cette union s'accomplit. Dans la patrie, ce ne sera plus qu'actions de grâces et louanges : *Gaudium et lætitia invenietur in ea, gratiarum actio et vox laudis.* (Is., LI, 3.) En ce monde, le rayon de la lumière divine ne brille à nos yeux qu'à travers des voiles sensibles. Sous l'ancienne loi, non-seulement l'âme n'avait pas la vision comme dans la patrie, mais la voie qui y conduit ne lui était pas même ouverte. C'est pourquoi le culte de l'ancienne loi devait figurer et la patrie céleste et le Messie qui en ouvrirait la voie. D'ailleurs, il valait mieux donner à un peuple grossier comme les Juifs, les mystères divins cachés sous le voile des figures. Ils en avaient au moins une connaissance implicite, et par le moyen de ces figures, rendaient hommage au vrai Dieu.

2. Pourquoi tant de préceptes cérémoniels ?

Il y a, dans tout peuple que la loi est appelée à régir, deux classes d'hommes : les uns, enclins au mal; les autres, à la vertu, soit par nature, soit par habitude, soit par l'effet de la grâce. Cette multitude de préceptes était très-bonne et très-salutaire pour les premiers : c'étaient des liens nombreux qui les empêchaient de tomber dans l'idolâtrie, à laquelle les Juifs avaient tant d'inclination.

Quant aux seconds, elle les faisait avancer dans la vertu, leur rappelant sans cesse la présence de Dieu et leur mettant constamment sous les yeux le Christ figuré. Un petit nombre de cérémonies n'auraient pas suffi pour donner une idée des bienfaits qu'il apporterait au monde.

3. Quelles étaient ces cérémonies ?

Le culte comprend les sacrifices, les choses saintes, certaines observances, et les sacrements : tels sont les points principaux auxquels on peut rapporter toutes les cérémonies de l'ancienne loi. Les sacrifices rendaient à Dieu le culte suprême de l'adoration, et figuraient celui du Calvaire. Les choses saintes comprenaient le tabernacle, les vases qui servaient à l'autel, etc. Les observances concernaient la nourriture, les habits, etc. Les sacrements distinguaient le peuple juif d'avec tous les peuples païens, et les ministres d'avec le reste du peuple. Ils conféraient la justice légale, non la grâce, donnaient encore moins l'auteur de la grâce, comme fait le sacrement de l'Eucharistie.

4. Quelle est la raison des préceptes cérémoniels concernant les sacrifices ?

Le culte de l'ancienne loi avait deux buts, celui de rendre nos devoirs à Dieu, et celui de figurer le Messie futur. Quoi de plus propre à ce double but que les sacrifices ? Immolant des victimes, consumant les fruits de la terre en l'honneur de Dieu, les Juifs lui témoignaient leur reconnaissance, et son souverain empire sur toutes choses. Une âme bien ordonnée ne leur reconnaît qu'un seul auteur. C'est pourquoi il était défendu d'offrir des sacrifices, si ce n'est à Dieu : *Qui immolat diis occidetur, præterquam Deo soli.* (Ex., XXII, 29.) Dieu fit cette défense quand le peuple, en adorant le veau d'or, eut montré sa propension à l'idolâtrie.

Mais le plus grand bienfait de Dieu, celui qui efface tous les autres, c'est d'avoir donné son fils pour racheter le monde: *Sic Deus dilexit mundum ut filium suum unigenitum daret.* (S. Jean, III, 16.) Aussi tous les sacrifices étaient-ils accompagnés de figures rappelant le sacrifice par lequel il s'offrit lui-même à Dieu comme une victime d'agréable odeur, suppléant à l'insuffisance de toutes les autres.

La loi ordonnait trois sortes de sacrifices : l'holocauste, où la victime était brûlée tout entière afin de montrer le souverain domaine de Dieu ; le sacrifice proprement dit, où une partie était consumée, et l'autre consacrée à l'entretien des ministres. On montrait par là, que la rémission des péchés vient de Dieu, par l'intermédiaire de ses représentants. L'autre sacrifice s'appelait l'hostie pacifique. Il avait pour objet un bienfait reçu ou demandé. Une partie de la victime était détruite en l'honneur de Dieu ; la deuxième était donnée aux prêtres ; la troisième, à ceux qui l'offraient, pour montrer que le salut vient de Dieu, par le ministère des prêtres et le concours de ceux qui l'obtiennent.

Pourquoi, parmi les animaux à quatre pieds, la loi n'ordonnait-elle d'immoler que le bœuf, la brebis et la chèvre ; et parmi les oiseaux, que la tourterelle, la colombe, et, seulement pour la guérison d'un lépreux, des passereaux ? On aurait pu choisir de plus beaux et de plus nobles animaux ?

C'était pour mettre de la différence entre les sacrifices des Juifs et ceux de certains peuples païens.

D'autres animaux sont plus nobles, mais moins utiles que les animaux domestiques, qui soulagent l'homme et partagent ses travaux.

Les oiseaux exigés par la Loi étant très-communs dans la terre promise, on pouvait facilement se les procurer et faire à Dieu de fréquentes offrandes.

Enfin, ces animaux étaient l'emblème des vertus qui devaient un jour éclater dans la grande victime du genre humain.

5. La raison et la convenance des préceptes qui regardaient les choses sacrées, n'est pas moins évidente. Pourquoi le culte extérieur ? Afin d'inspirer aux hommes un grand respect pour Dieu. Or, l'homme est ainsi fait que ce qui est commun, ce qu'il

a souvent sous les yeux lui impose moins. C'est pourquoi les rois et les princes, à qui le prestige est nécessaire, se couvrent d'habits somptueux, habitent de vastes et splendides palais. Ne convenait-il pas que Dieu, à qui est dû l'honneur suprême, se réservât des temps particuliers, eut un tabernacle, des vases, des ministres, et pour temple le beau monument de la Judée?

Le culte de l'ancienne loi était figuratif. Il lui fallait des objets particuliers, propres à rappeler Celui qui devait venir.

Dieu est partout, à quoi bon un temple?

Ce n'est pas pour renfermer le Dieu de l'univers dans l'enceinte de murs étroits, c'est pour exciter la piété des hommes. Quoi de plus propre à cet effet, que ce que l'on voit, ce que l'on entend dans un temple?

Mais, dira-t-on, pourquoi, dans toute la terre promise, le seul temple de Jérusalem?

C'était pour détourner les Juifs de l'idolâtrie, les affermir dans la croyance à l'unité de Dieu, en leur rappelant qu'ils n'avaient qu'un Dieu, comme ils n'avaient qu'un temple. Les idolâtres avaient autant et même plus de temples que de dieux. L'unité du temple avait une autre raison figurative, elle montrait l'unité de l'Eglise militante et l'unité de l'Église triomphante.

Si les Juifs n'en avaient qu'un seul où l'on offrait des sacrifices, ils en avaient plusieurs où l'on priait, et où l'on enseignait la loi. Des synagogues se trouvaient dans toutes les villes et les bourgades. Ainsi nos églises étant à la fois le lieu du sacrifice et le lieu de l'enseignement, ont remplacé le temple et la synagogue.

Pourquoi certains jours destinés spécialement au culte? Nous devons louer Dieu tous les jours : *Benedicam Dominum in omni tempore : semper laus ejus in ore meo.* (Ps. XXXIII, 1.)

La loi ordonnait sept fêtes principales dont je vais dire la raison. La première était continue : on immolait tous les jours, matin et soir, un agneau, pour représenter la perpétuité du bonleur du ciel. L'autre était la fête du Sabbat. Elle se célébrait toutes les semaines, en souvenir du repos de Dieu après la création. La troisième était la fête de la Néoménie ou nouvelle lune. On la célébrait tous les mois, pour rappeler le gouvernement de la Providence. Le motif qui avait porté à lui donner ce nom était sans doute l'influence de la lune sur les corps, ou le dessein d'opposer les fêtes des Juifs à celles des Païens, qui en célébraient une semblable à la pleine lune (1). Les autres ne se célébraient qu'une fois par an. C'étaient : la fête de Pâques, en souvenir de la délivrance de la captivité d'Égypte; la fête de la Pentecôte, quarante jours après, pour rappeler le souvenir de la loi donnée à Moïse. Les trois autres avaient lieu le septième mois, qui était une fête continue, correspondant à la fête du Sabbat. Le premier jour du septième mois, c'était la fête des Trompettes. L'objet de cette fête était de rappeler le sacrifice d'Abraham, père des croyants. Le patriarche immola à la place de son fils Isaac un bélier qui avait de grandes cornes, représentées en cette fête par les trompettes. Le son de ces instruments était une invitation donnée aux Juifs de se préparer à la fête suivante, qui commençait le dixième jour du même mois, la fête des Expiations, établie en souvenir du pardon que Dieu leur accorda à la prière de Moïse, après l'adoration du veau d'or. Venait ensuite la fête des Tentes ou des Tabernacles. Elle rappelait la protection miraculeuse et le passage à travers le désert, où les Hébreux habitaient sous des tentes. Ils devaient porter à cette fête un fruit de l'arbre le plus beau, c'est-à-dire un citron, des rameaux chargés d'un feuillage odorant, et des saules du torrent. Tout cela se trouvait en abondance dans la terre promise : c'est pour signifier que Dieu les avait conduits d'une terre aride dans un pays de délices. La dernière était la fête de la Collecte, pendant laquelle on recueillait tout ce qui était nécessaire au culte divin.

(1) Il est plus vraisemblable que le but de cette institution était de sanctifier par une solennité spéciale le commencement de chaque période lunaire, qui, dans le calendrier des Juifs, formait la principale division de l'année liturgique.

Ces fêtes avaient aussi une signification mystique. L'immolation quotidienne d'un agneau représentait le sacrifice perpétuel de l'Agneau sans tache, qui efface les péchés du monde : *Christus heri et hodie et in sœcula.* La fête du Sabbat représentait le repos spirituel apporté au monde par Jésus-Christ ; celle de la nouvelle lune, la lumière de l'Église naissante ; la fête de la Pentecôte, la descente du Saint-Esprit sur les Apôtres ; la fête des Trompettes, leur prédication ; la fête de l'Expiation, la rémission des péchés du peuple chrétien ; la fête des Tabernacles, le pèlerinage et l'exil de ce monde, que les chrétiens traversent en allant de vertus en vertus ; la fête de la Collecte, la réunion de tous les saints dans le ciel. Ces trois dernières se succédaient immédiatement, pour montrer que, purifiés de la souillure du péché, nous devons sans cesse avancer dans le chemin de la vertu, et arriver ainsi à la vision intuitive.

6. Quelle est la raison des sacrements de l'ancienne loi ? La réception des sacrements entraînait une sorte de consécration au culte du vrai Dieu. Le culte appartenant à la fois au peuple et aux ministres, prêtres ou lévites, il fallait des sacrements pour les uns et pour les autres. Trois conditions sont requises pour pouvoir remplir les fonctions du culte : il faut l'admission. Tous avaient la circoncision, les prêtres, la consécration. Il faut la pratique de certaines choses qui ont rapport au culte. La loi ordonnait au peuple la manducation de l'agneau pascal, aux ministres, l'oblation des victimes et la manducation des pains de proposition. Il faut éviter ce qui rend impropre à l'exercice du culte : le peuple avait les purifications et les expiations ; les prêtres, l'ablution des mains et des pieds, et la tonsure des cheveux. Chacune de ces choses avait sa signification littérale quand on la rapportait à Dieu, sa signification mystique, en tant que destinée à figurer le Messie.

Les sacrements de l'ancienne loi figuraient ceux de la nouvelle : ainsi l'agneau pascal était la figure de l'Eucharistie.

Mais trouve-t-on, dans l'ancienne loi, la figure de la Confirmation, de l'Extrême-Onction et du Mariage?

La circoncision figurait le Baptême; l'agneau pascal, l'Eucharistie; la purification, la Pénitence; la consécration des pontifes et des prêtres, le sacrement de l'Ordre. La loi ne conférait pas la Confirmation, parce que ce sacrement est celui des parfaits, et qu'elle n'a rien amené à la perfection. Elle n'avait pas non plus l'Extrême-Onction, parce que ce sacrement introduit directement dans le ciel, et que la voie n'en était pas ouverte, le prix, dit saint Paul, n'ayant pas été payé. Le mariage était un simple contrat, que Jésus-Christ a élevé à la dignité de sacrement (1).

7. Pourquoi la loi ordonnait-elle certaines observances, comme celles de la nourriture, des habits, etc.?

Le peuple juif ayant reçu la mission de rendre à Dieu un culte particulier, devait avoir des observances qui le distinguassent des autres peuples. Les prêtres portaient, dans l'exercice de leurs fonctions, des habits particuliers, pour montrer qu'ils remplissaient des fonctions autres que celles de la vie ordinaire.

D'ailleurs, tout ce que la loi ordonnait à ce peuple elle le faisait en vue du Messie : *Omnia in figuris contingebant illis.* (I Cor., x, 2.)

Toutes les créatures de Dieu sont bonnes, et il ne faut rien refuser de ce qu'on peut recevoir avec action de grâces : c'est saint Paul qui le dit. Pourquoi la loi ordonnait-elle l'abstinence de certaines viandes comme impures?

Il y a deux sortes de souillures : l'une est celle de l'âme. Aucune nourriture ne peut par elle-même la causer. Si elle le fait

---

(1) Le mariage a eu toujours et partout, principalement chez les Juifs, un caractère religieux. Saint Paul dit que l'union de l'homme et de la femme représente l'union de Jésus-Christ avec son Église. Elle était accompagnée de cérémonies saintes, et offrait tous les caractères d'un sacrement figuratif. On ne comprend pas comment saint Thomas a pu dire que le mariage chez les Juifs était seulement *officium naturæ*.

quelquefois, c'est en vertu d'une loi qui la défend, ou parce qu'elle est la cause *occasionnelle* du péché. L'autre est celle du corps, et des viandes peuvent la causer, venant d'animaux immondes, comme le pourceau. La loi défendait aux Juifs d'y toucher, soit pour la raison que je viens d'indiquer, soit par horreur pour ces animaux, que les idolâtres immolaient à leurs dieux, soit pour leur enseigner à éviter la recherche dans la nourriture. Elle leur commandait l'usage des aliments les plus communs, qu'ils pouvaient se procurer le plus commodément. Les idolâtres se réunissaient pour manger le sang et la graisse des victimes. La loi ordonnait aux Juifs de s'en abstenir, de brûler la graisse, de verser le sang au pied de l'autel et de le recouvrir de poussière. C'était peut-être aussi pour leur inspirer l'horreur du sang et la pratique de la douceur envers les hommes et envers les animaux.

Pourquoi faire porter aux Juifs des habits particuliers ? « Vous ne porterez pas d'habits de deux étoffes, de laine et de lin. La femme ne prendra jamais l'habit d'un homme, ni l'homme la robe d'une femme, » etc.

Le vêtement annonce la qualité d'un homme : ainsi le prêtre et le soldat n'ont pas le même vêtement qu'un homme de la vie privée. Dieu voulant séparer son peuple de tous les peuples étrangers, lui donna comme signes distinctifs la circoncision et le vêtement.

Il est aisé de voir la sagesse de cette défense, dont le premier but était d'éloigner l'occasion de la luxure.

Dieu ne s'occupe pas des animaux sans raison : *Non est cura Deo de bobus*. L'homme n'a rien de mieux à faire que d'imiter Dieu. Pourquoi ces préceptes touchant les animaux : « Vous ne lierez pas la bouche du bœuf qui tourne la meule. Si en passant dans le chemin vous voyez un nid d'oiseau, vous ne prendrez pas la mère avec les petits : vous ne ferez pas cuire un chevreau dans le lait de sa mère ? » (Deutér. et Lév.)

L'homme peut recevoir des impressions du dehors, par l'esprit et par le cœur. Il n'est pas obligé d'avoir une grande sollicitude pour les animaux sans raison, mais son cœur doit compatir à leurs souffrances. C'est pourquoi Dieu recommandait aux Juifs, enclins à la cruauté, la douceur envers les animaux. C'était peut-être aussi pour leur interdire des coutumes reçues chez les peuples païens.

8. En quel temps commencèrent les préceptes cérémoniels?

Au temps de Moïse. Ils avaient pour but le culte de Dieu et la préparation du peuple juif à la venue de Jésus-Christ, par des figures qui l'annonçaient. Il n'est pas besoin de loi positive pour savoir que nous devons à Dieu un culte quelconque; la loi naturelle nous le dit assez, mais les cérémonies ou la manière dont il faut rendre un culte, exigent des lois positives. Il en est comme des préceptes judiciaires. Tout le monde sait qu'il faut être juste envers le prochain, mais comment faut-il lui rendre cette justice qui lui est due? Pour le déterminer, des lois sont nécessaires. Donc les préceptes cérémoniels n'existèrent qu'au temps de Moïse. Sans doute, avant lui, des hommes justes et vertueux rendirent à Dieu un culte digne de lui, mais c'était le culte de la loi naturelle.

La circoncision existait depuis Abraham : Melchisédech était le prêtre du Dieu souverain (1). (Genèse, xiv, 18.) Donc les Hébreux eurent avant le temps de Moïse la circoncision et le sacerdoce?

La circoncision était un précepte divin que la loi confirma. Le sacerdoce avant Moïse n'était qu'une institution humaine. On le conférait à l'aîné de chaque famille.

9. En quel temps cessèrent les cérémonies?

Au temps de Jésus-Christ. Le culte extérieur doit être l'ex-

---

(1) Melchisédech n'appartenait pas au peuple hébreu. Il faut faire ici un argument *à fortiori* et dire : si les peuples étrangers avaient le sacerdoce, à plus forte raison les Hébreux.

pression du culte intérieur. Or celui-ci, considéré sous le rapport du temps, a trois phases ou périodes distinctes : on peut croire, espérer, aimer les biens du ciel avec les moyens d'y arriver, et ces moyens peuvent n'exister que dans un avenir lointain : de là le culte de l'ancienne loi. On peut croire, espérer, aimer les biens du ciel, possédant déjà les moyens d'y arriver : c'est le culte de la loi nouvelle. Enfin, nous pouvons être en possession de ces biens : c'est le culte de la vie éternelle. La loi nouvelle une fois établie, son culte a dû remplacer le culte de l'ancienne ; de même que dans le ciel, un autre culte succédera à celui de la nouvelle : *Templum non vidi in ea, Dominus enim Deus omnipotens templum illius est et agnus.* (Apoc., XXI, 22.) Durant la vie de Jésus-Christ, les deux lois régnèrent ensemble : aussi le Sauveur ayant guéri un lépreux, lui recommande-t-il d'offrir le sacrifice légal. A sa mort, l'ancienne fut abolie, la réalité remplaça les figures, le voile du temple se déchira et tout fut consommé.

Est-il défendu, sous peine de péché mortel, après la mort de Jésus-Christ, de se circoncire et d'observer les autres cérémonies de la loi ?

Si circumcidamini, Christus nihil vobis proderit. (Gal., v, 2.) On peut attester une chose par des actes aussi bien que par des paroles. Attester par les actes ou les cérémonies de l'ancienne loi, qu'on attend le Messie, n'est-ce pas lui faire injure, à lui qui est venu ? N'est-ce pas le méconnaître et anéantir les fruits de sa passion ? Ainsi des paroles pieuses et saintes dans la bouche des patriarches et des prophètes, seraient des blasphèmes sur les lèvres d'un homme qui les prononcerait aujourd'hui *animo judaico*.

On ne peut supposer que les apôtres tombèrent dans le péché après avoir reçu la plénitude de l'Esprit-Saint. Cependant ils observèrent les cérémonies de la loi ? « Saint Paul ayant pris ces hommes et s'étant purifié avec eux, entra dans le temple le jour suivant, faisant savoir aux prêtres les jours auxquels s'accomplirait leur purification, et quand l'offrande devait être présentée pour chacun d'eux. » (Actes, xxi, 26.) Saint Pierre, à Antioche, évitait avec soin tout rapport avec les Gentils, conformément à la loi. Les apôtres, d'un consentement unanime, portent ce décret déjà connu : « Abstenez-vous de viandes offertes aux idoles, du sang des victimes, » etc.

Il faut distinguer trois époques, relativement à l'existence de l'ancienne loi : celle qui précéda la passion du Sauveur, où tous les préceptes avaient force de loi ; celle qui suivit la prédication de l'Evangile dans le monde entier. Les préceptes, durant cette époque, sont morts et mortels. Enfin il y eut une époque intermédiaire, où ils étaient morts, mais n'étaient pas mortels. Elle comprend le temps écoulé entre la passion de Jésus-Christ et la publication de l'Évangile. C'est durant cette époque que les apôtres, par esprit de conciliation et par respect pour la loi ancienne, permirent aux Juifs convertis la pratique de quelques cérémonies. Ils y mettaient toujours une condition : c'est qu'elles n'étaient pas nécessaires au salut, et que la foi en Jésus-Christ n'en souffrirait aucune atteinte. Ils les permirent aux Juifs, jamais aux Gentils. Ainsi saint Paul permit la circoncision à Timothée dont la mère était juive ; il la défendit à Tite, né de parents idolâtres.

Saint Pierre évitait les Gentils, pour ne pas blesser les Juifs et ne pas les éloigner de lui ; on sait l'aversion des Juifs pour tout ce qui portait le nom de Gentil. Ne voulant pas heurter de front des préjugés si invétérés, il jugea à propos d'user envers eux de la plus grande condescendance. Mais il ne la croyait pas nécessaire, et il n'en usait pas ainsi pour obéir à la loi. Peut-être ses précautions furent-elles excessives ; saint Paul du moins le lui reprocha au concile de Jérusalem.

C'est dans le même esprit que les apôtres ordonnèrent aux nouveaux convertis l'abstinence de certaines viandes. Ils espéraient, en prenant cette mesure, faciliter la réunion des Juifs et des Gentils qui avaient récemment embrassé la foi. Cette condescendance était nécessaire aux Juifs qui étaient si attachés à la loi, et se scandalisaient si facilement des coutumes étrangères à leur pays.

10. Les préceptes cérémoniels procuraient-ils la justification ? *Si data esset lex quæ posset justificare, Christus gratis mortuus esset.* (Gal., 2.) Si la loi avait pu nous justifier, à quoi bon les souffrances de la passion, à quoi bon la mort du Sauveur ?

Il y avait, sous l'ancienne loi, deux sortes de souillures. L'une, celle du corps, excluait les Juifs de la participation au culte : telle était la souillure de celui qui avait touché un lépreux, un corps mort. Les cérémonies avaient été établies pour l'effacer : *Sanguis hircorum et taurorum et cinis vitulæ aspersus inquinatos sanctificat ad emundationem carnis.* (Hébr., IX, 13.) C'est pourquoi saint Paul appelle les cérémonies, la justice de la chair. L'autre souillure était celle que le péché produit dans l'âme. Les cérémonies n'avaient point par elles-mêmes la vertu de l'effacer. Celui-là seul le pouvait, *qui tollit peccata mundi*. Il n'est pas possible, dit saint Paul, que les péchés soient effacés par le sang des taureaux et des boucs. Les cérémonies n'étaient pourtant pas sans vertu. Figurant le Messie futur, elles excitaient la foi en lui, nourrissaient dans les cœurs la piété et la dévotion. En immolant des victimes pour les péchés, *le prêtre offrira des prières, et ceux qui offrent le sacrifice seront absous.* (Lév., IV, 5.) D'où nous pouvons conclure que le pardon n'était pas dû au sacrifice, mais à une autre victime.

QUEST. CIV. *Préceptes judiciaires.* — 1. Ce sont les préceptes qui règlent les rapports des hommes entre eux et ne sont pas révélés par la raison toute seule. Les préceptes que les lumières de la seule raison nous révèlent sont appelés moraux, parce que c'est la raison qui forme les mœurs des hommes. Ceux que son autorité serait insuffisante à établir, mais que Dieu nous a révélés, sont appelés cérémoniels quand ils règlent les rapports de l'homme avec Dieu, et judiciaires, quand ils règlent les rapports des hommes entre eux. Tels sont, parmi nous, les préceptes que le prince a le pouvoir d'établir.

2. Ceux de l'ancienne loi étaient-ils figuratifs?

Ce n'était point là leur but direct comme celui des cérémonies, mais ils l'étaient en ce sens qu'ils réglaient la justice de ce peuple à qui tout arrivait en figures : *Omnia in figuris contingebant illis*. Les guerres, les triomphes et les défaites du peuple juif s'interprètent dans un sens mystique, tandis qu'on ne saurait donner le même sens aux exploits des Assyriens, des Romains, qui cependant sont plus célèbres dans l'histoire.

3. Les préceptes judiciaires sont abolis, mais pour un autre motif que les préceptes cérémoniels. Le but direct de ceux-ci étant de figurer le Messie futur, ils sont aujourd'hui morts et mortels, comme contraires à la vérité de notre foi. Les observer, ce serait dire que l'état du peuple juif dure encore, et que le Messie n'est point venu. Le but des préceptes judiciaires ayant été de régler l'état social des Juifs, ils sont morts et non mortels. Un prince pourrait les établir dans son royaume, pourvu toutefois qu'il ne le fît pas *animo judaico*, et ne les offrît pas à son peuple comme d'institution divine.

QUEST. CV. *Raison et convenance des préceptes judiciaires.*—1. La loi ancienne avait sagement réglé ce qui concerne le chef de l'État.

A l'égard du gouvernement qui régit une cité ou un État, deux choses sont à remarquer, le gouvernement ou le pouvoir lui-même, et sa forme. Il faut que chacun ait sa part de souveraineté, et concoure à l'établissement du pouvoir. C'est le moyen de faire régner la paix dans l'État, et d'inspirer à tous l'amour et le respect d'une institution qui est l'œuvre commune (1).

---

(1) Saint Thomas dit ce qui devrait être, mais ce qui n'est pas toujours. On a vu des peuples d'autant plus agités et inquiets, qu'ils avaient plus de part à l'établissement du pouvoir.

Le gouvernement peut revêtir des formes différentes. Les principales sont : la royauté, quand un seul commande ; l'aristocratie, quand ce sont les grands du pays ; la démocratie, quand les princes sont tirés de tous les rangs, et que leur élection appartient au peuple tout entier. Le meilleur gouvernement serait celui qui mettrait à la tête de l'Etat un chef d'une vertu éprouvée, commandant à des chefs subalternes. Ce gouvernement ou ce pouvoir appartiendrait à tous, parce que tous les citoyens seraient électeurs et tous éligibles. Il faudrait pour cela que le gouvernement réunît la royauté, l'aristocratie et la démocratie : la royauté, un seul tenant les rênes de l'État ; l'aristocratie, l'élite des citoyens participant au pouvoir ; la démocratie, les princes pouvant être choisis dans les rangs du peuple, et tous étant électeurs (1). Tel fut le gouvernement qu'établit la loi de Dieu. Moïse et ses successeurs, investis du souverain pouvoir, gouvernèrent comme des monarques : voilà la royauté. Soixante-douze vieillards lui furent associés et commandaient sous ses ordres : « Je pris dans vos tribus des hommes sages et nobles, je les établis pour être vos princes, vos juges et vos commandants » (Deut. I, 15) : voilà l'élément aristocratique. Mais ces princes avaient été choisis dans le peuple et par le peuple tout entier, car il est dit, un peu avant le texte que je viens de citer : « Choisissez d'entre vous des hommes sages et habiles ; » et au livre de l'Exode : « Choisissez parmi le peuple tout entier, des hommes fermes et courageux » (XVIII, 21) : voilà l'élément démocratique. Donc le gouvernement que l'ancienne loi avait établi, était bon, et sa forme, la meilleure.

La meilleure forme de gouvernement n'est-elle pas celle qui ressemble le plus à la forme du gouvernement par lequel Dieu régit toutes choses ? Or, c'est la monarchie absolue. La loi eut donc tort de la laisser au choix du peuple et de lui dire :

(1) V. dans le texte même la proposition suivante : *Lex humana, prout derivatur a lege naturæ, dividitur in jus gentium et jus civile.* (Quest. XCV.)

« Si vous voulez un roi, vous l'établirez. » (Deut. XVII, 14 et 15.)

La monarchie absolue, si la corruption ne l'atteint pas, est le meilleur gouvernement que puisse avoir un peuple. Mais l'étendue du pouvoir dont le roi est investi, est cause qu'il dégénère facilement en tyrannie. Si celui auquel un tel pouvoir est confié n'a pas une vertu éminente, il est bien à craindre qu'ébloui par tant de puissance, il n'en abuse et n'opprime son peuple. Il n'appartient qu'à la vertu, dit le Philosophe, de bien porter les grandes fortunes. Aussi Dieu ne donna-t-il pas d'abord de roi à son peuple ; lui seul en était le souverain temporel. Lorsque plus tard le peuple en demanda un comme en avaient les autres nations, Dieu irrité ne céda qu'avec peine à leurs prières et il manifesta son mécontentement à Samuel en ces termes : « Ce n'est pas vous, c'est moi qu'ils ont rejeté, afin que je ne règne plus sur eux. » (I Rois, VIII, 7.) Samuel s'adressa plusieurs fois au peuple, cherchant à lui inspirer d'autres pensées. « Vous voulez un roi, disait-il, mais vous en serez les esclaves, etc. Le peuple ne voulut pas entendre la voix de Samuel » (I Rois, VIII, 19), et rien ne put le détourner de son dessein.

Dieu cède enfin à leurs instances, mais voyez les mesures qu'il prend pour mettre son peuple à l'abri du despotisme. Avant d'élire le roi, ils attendront le jugement du Seigneur. Ils n'appelleront jamais à la royauté un prince d'une nation étrangère, qui leur serait peu attaché. Il sera défendu au roi d'avoir de grandes richesses, un grand nombre de chars, de chevaux, de femmes : tout cela conduit aux abus du pouvoir. Le roi devra avoir la crainte de Dieu, lui obéir avec respect, lire et méditer sans cesse la loi divine. « Le roi ne méprisera pas ses sujets, ne les opprimera pas, gardera envers eux une stricte justice. » Pourquoi tant de précaution, si Dieu n'avait su que chez la plupart des peuples, surtout chez le peuple juif, enclin à l'avarice et à la cruauté, la monarchie pure et simple entraînerait des abus et dégénérerait bientôt en tyrannie (1)?

* Cette opinion de saint Thomas sur l'origine du pouvoir a été, à peu d'exception près, celle de tous les docteurs catholiques jusqu'au dix-septième et au dix-huitième siècle. La royauté de Louis XIV et de Louis XV ayant anéanti les libertés du moyen âge, fit prévaloir une autre doctrine, celle du droit divin. Elle jouit d'une grande faveur, au moins en France, tant que dura la royauté absolue. Le lecteur, après avoir entendu l'Ange de l'école, aimera peut-être à entendre ce que dit à ce sujet Suarez dans son fameux *Traité des Lois*, le chef-d'œuvre de la jurisprudence : ..... « Une conséquence de ce qui précède, c'est que si on s'en tient au droit naturel, rien ne force les hommes à choisir une de ces trois formes de gouvernement (2), à l'exclusion des deux autres. Sans doute, la monarchie est la meilleure. Aristote l'a prouvé longuement, et on peut le conclure du gouvernement de la Providence. Dieu l'ayant choisi pour régir toutes choses, ce gouvernement est nécessairement le meilleur. « Le Philosophe termine en disant : « Donc, un seul chef. » (*Métaph.*) C'est aussi ce que nous montre Jésus-Christ dans l'institution et le gouvernement de son Église. Enfin, c'est la forme de gouvernement la plus commune sur la terre. Néanmoins les autres formes ne sont pas mauvaises, elles peuvent même être utiles et bonnes. La loi naturelle ne contraint donc pas les hommes à remettre le pouvoir entre les mains d'un seul ni de plusieurs, ni à le laisser dans la communauté tout entière. Ils sont libres de prendre à ce sujet telle détermination qui leur conviendra. Et de fait, l'histoire nous montre les formes de gouvernement les plus variées. Certains peuples ont la monarchie, mais c'est rarement la monarchie absolue : vu la fragilité, l'ignorance et la malice des hommes, le plus souvent

(1) Je rappelle au lecteur que je ne fais ici qu'exposer le sentiment du Docteur angélique, sans prendre sur moi la responsabilité de son opinion.
(2) La royauté, l'aristocratie et la démocratie.

il vaut mieux avoir un gouvernement mixte, issu de toute la communauté, et que plusieurs se partagent. Leur pouvoir est plus ou moins grand selon les coutumes du pays, et le jugement du peuple. Cette question dépend entièrement de l'opinion et de la volonté des hommes. On voit ainsi que chaque citoyen ayant naturellement une parcelle du pouvoir (si cette expression est permise) qui unit les uns aux autres les membres d'une société et en forme une société parfaite, quand ils la composent, la souveraineté réside dans la communauté. Cependant la loi naturelle ne l'oblige pas à exercer cette souveraineté immédiatement et par elle-même, ou à la conserver toujours. Bien plus, cela lui serait moralement très-difficile. Quelle confusion et quelles entraves, si, pour faire une loi, il fallait attendre les suffrages de tous ! C'est pourquoi la souveraineté revêt une des trois formes que j'ai nommées ; il n'y en a pas d'autres, comme on le verra en y réfléchissant.

La seconde conséquence, c'est que le pouvoir civil, toutes les fois qu'un seul homme ou le prince en est revêtu légitimement, vient, d'une manière prochaine ou éloignée, du peuple et de la communauté; le pouvoir qui aurait une autre origine, ne serait pas légitime. C'est le sentiment commun des jurisconsultes..... Nous en avons donné la raison : c'est que le pouvoir étant de sa nature dans la communauté, pour commencer à être dans un individu comme dans son chef suprême, il faut le consentement de cette communauté. On le verra encore plus clairement si on examine l'opinion contraire. Est-ce Dieu qui a donné lui-même et immédiatement le pouvoir aux rois? Il l'a donné ainsi à Saül et à David, mais c'était par une intervention extraordinaire et surnaturelle, non selon l'ordre accoutumé de la Providence. Les hommes ne sont pas communément régis dans les choses civiles par les révélations divines, mais par la raison. On a beau citer certains passages de l'Écriture où il est dit que *Dieu donne les royaumes et change à son gré les gouvernements* (Dan., iv), que

Cyrus reçut de Dieu la couronne. (Is., XLV.) « Vous n'auriez aucune puissance, si elle ne vous était donnée d'en haut. » (S. Jean, XIX.) Ces paroles signifient seulement que toutes ces choses n'arrivent pas sans le concours de la Providence, qui les ordonne ou les permet. On les attribue à la Providence, bien qu'elles soient l'œuvre des hommes, comme on attribue à la cause première ce que fait la cause seconde.

« Un roi peut aussi avoir le pouvoir par droit de succession. Des juristes pensent que telle a été l'origine du pouvoir royal. Mais d'autres remarquent avec raison que le droit de succession suppose un domaine ou le pouvoir dans celui à qui on succède, et ainsi, en remontant un peu, on arrive à un prince qui n'a succédé à personne, car on ne saurait remonter jusqu'à l'infini. Nous demandons de qui ce premier prince tient la royauté et le pouvoir ? Ce ne peut être de lui-même et du droit naturel. La succession n'est donc pas, dans un roi, la première racine du pouvoir. Il faut, de toute nécessité, qu'il le tienne de la république. Elle le lui a conféré à lui-même immédiatement, à ses successeurs, d'une manière médiate, et venant d'elle comme de sa source première. Le droit de succession transmettant un bien avec les servitudes qui y sont attachées, les conditions auxquelles le premier prince a reçu le pouvoir des mains de la république, passent avec ce pouvoir aux successeurs, et ceux-ci ne le possèdent légitimement qu'en acceptant les mêmes charges et les mêmes servitudes. » (Liv. III, ch. IV.) (1)

2. La loi ancienne avait-elle sagement réglé les rapports des Juifs entre eux ?

(1) Il ne m'appartiendrait pas d'émettre mon opinion sur une question aussi grave que celle de l'origine du pouvoir. Je me borne à exposer le sentiment de Suarez, comme plus haut celui de saint Thomas. Bossuet, dans sa *Politique sacrée*, soutient l'opinion contraire, c'est-à-dire que le pouvoir vient de Dieu d'une manière immédiate, et du peuple, d'une manière seulement médiate et éloignée. Il donne, à l'appui de son opinion, des arguments dont on ne peut méconnaître la valeur.

Un peuple, dit Cicéron, est une réunion d'hommes liés entre eux par des lois justes et dans un but d'utilité commune. Les rapports qui s'établissent entre eux reposent ou sur l'autorité du prince, ou sur la volonté particulière de chaque citoyen. Le prince doit veiller à ce que justice soit rendue à tous : que les bons soient récompensés et les méchants punis. C'est pourquoi la loi établissait des tribunaux à toutes les portes de la ville, défendait aux juges de recevoir des présents, exigeait en justice au moins deux témoins.

Venaient ensuite les rapports des Juifs touchant les choses possédées. Trois considérations feront voir la sagesse qui présidait à ces lois.

Il faut que les choses possédées soient distinctes, c'est-à-dire que celui à qui elles appartiennent ait le droit de propriété, à l'exclusion de tout étranger. C'est ce qu'ordonnait la loi : Je vous ai donné une terre que vous diviserez..... Et comme la division des propriétés importe beaucoup au bonheur temporel d'un peuple, la loi l'assurait de la manière suivante : l'aliénation des propriétés n'était pas perpétuelle. Elles revenaient à leurs premiers possesseurs tous les cinquante ans, l'année du Jubilé. Afin d'éviter le mélange et la confusion des propriétés, les plus proches parents du défunt en héritaient dans l'ordre suivant : le fils, la fille, le père, l'aïeul, puis le reste des parents à proportion égale. Les femmes ne pouvaient se marier qu'avec des hommes de leurs tribus respectives.

Il faut aussi que les autres aient une part quelconque à vos biens, sinon vos rapports avec eux seront presque rompus. Si vous voyez, dit la loi, le bœuf ou la brebis de votre frère s'égarer, vous les lui ramènerez. L'ami qui entre dans la vigne de son ami peut manger à discrétion, pourvu qu'il n'emporte rien de plus. Les gerbes et les épis oubliés après la moisson, les grappes après la vendange, seront le partage des pauvres. Tous les fruits de la septième année seront communs.

Le maître appelait les autres à la participation de ses biens soit dans les ventes, achats, échanges, soit dans les donations gratuites que la loi ordonnait tous les trois ans : vous ferez la troisième année une autre dîme, et le lévite et l'étranger, et l'orphelin et la veuve viendront en manger et se rassasier. Où trouver des rapports plus sages et plus fraternels que ceux que la loi avait établis entre les Juifs ?

3. Mais leurs rapports avec les étrangers ?

Les peuples correspondent entre eux pendant la paix ou pendant la guerre ; leurs relations sont des relations amicales ou des relations hostiles. Pendant la paix, où trouver des rapports plus raisonnables que ceux-ci : « Vous n'affligerez pas l'étranger, vous ne lui ferez pas de peine ? (Exode, xxii, 21, et xxiii, 9.) S'il ne fait que passer, vous lui devrez appui et protection. S'il demande à se fixer dans le pays, vous ne lui donnerez pas aussitôt droit de cité, afin d'éviter le danger de la trahison. » La loi exigeait le séjour de la famille pendant un certain temps. Les Égyptiens, parmi lesquels les Hébreux avaient été nourris et élevés, les Iduméens, descendants d'Ésaü, frère de Jacob, étaient incorporés au peuple juif après la troisième génération. Certains étrangers étaient à jamais exclus du sein de la nation : c'étaient les Ammonites et les Moabites, qui avaient si longtemps porté les armes contre les Hébreux. Quant aux Amalécites, leurs ennemis mortels, la loi leur déclarait la guerre *à generatione in generationem*.

Le peuple juif était-il en guerre ? Ne faites jamais, disait la loi, que des guerres justes et nécessaires. Avant de livrer bataille, offrez encore la paix ; puis, si on la refuse, faites la guerre à outrance, comptant sur l'appui du Dieu des armées. On observait scrupuleusement toutes les mesures conseillées par l'humanité et la prudence. On épargnait dans les pays conquis, la femme, les enfants, les arbres fruitiers. Ceux qui auraient pu entraver la marche de l'armée étaient sur-le-champ renvoyés dans leurs familles. Enfin la loi réprimait l'animosité du vainqueur et lui ordonnait d'user modérément de la victoire.

4. Les rapports entre personnes habitant la même maison étaient-ils aussi sagement réglés ?

Ces rapports avaient pour objet ce qui regarde les nécessités de la vie. Elles sont de deux sortes : les unes, imposées à l'homme s'il veut conserver sa vie; les autres, s'il veut reproduire son espèce. D'un côté, l'homme a besoin de serviteurs, et voyez si la loi avait sauvegardé leurs droits! « Le jour du sabbat, votre serviteur et votre servante se reposeront comme vous. » S'ils étaient Juifs et esclaves, ils recouvraient leur liberté la septième année. Ils s'en allaient avec tout ce qu'ils avaient apporté, et le maître était obligé de leur donner le viatique nécessaire. S'il mutilait un esclave en le frappant, sa punition était de le renvoyer libre.

Pour conserver l'espèce, l'homme s'unit à une femme. De là, les rapports de l'époux à l'épouse, du fils au père. On ne devait épouser que des femmes de sa tribu, afin de ne pas confondre les douze familles que la loi distinguait entre elles. Le frère devait épouser la veuve de son frère mort sans enfants, afin de ne pas laisser périr sa mémoire. Celui qui accusait faussement son épouse était puni d'une peine sévère. Elle pouvait le quitter, quand elle en avait reçu un écrit de divorce.

Les pères devaient élever leurs enfants dans l'étude de la loi, veiller avec soin à leur éducation, de manière à pouvoir dire, s'ils se conduisaient mal : « Ils ne veulent pas suivre nos enseignements ! »

QUEST. CVI, CVII, CVIII. *La loi nouvelle.* — 1. Comment diffère-t-elle de la loi ancienne ?

On cite un grand nombre de manières dont les deux lois diffèrent entre elles. Je me bornerai aux trois principales.

Deux choses peuvent se distinguer ou par l'espèce, comme l'homme et l'animal sans raison ; ou par leur perfection dans la même espèce, comme l'enfant et l'homme fait. C'est ainsi que, selon l'Épître aux Galates, les deux lois diffèrent entre elles. Cette différence est visible. Une loi doit toujours avoir pour objet le bien de la communauté qu'elle régit. Quel bien proposait la loi ancienne? Le bien terrestre en vue du bien céleste. Moïse, au commencement de l'Exode, convie les Hébreux à la conquête du pays des Chananéens et leur promet une terre où coulent le lait et le miel. La nouvelle propose tout d'abord le bien céleste. Jésus-Christ commence la prédication de l'Evangile par ces paroles : Faites pénitence, *le royaume des cieux approche.*

La loi doit diriger tous nos actes vers la justice et punir le désordre partout où il est : l'ancienne ne punissait que les actes extérieurs ; la nouvelle atteint de plus les actes intérieurs. L'une réprimait la main, l'autre réprime encore le cœur.

La loi doit se faire observer ; l'ancienne le faisait par la crainte, la nouvelle par l'amour.

2. La loi nouvelle est-elle une loi écrite ou simplement intérieure?

L'une, dit saint Augustin, était écrite sur des tables de pierre; l'autre est écrite dans le cœur des fidèles.

On donne à une chose le nom de ce qui domine en elle. Ce qui éclate le plus dans la nouvelle loi, c'est la grâce, qui est tout intérieur : elle vient de la foi en Jésus-Christ. Néanmoins, renfermant certaines règles qui nous disposent à la grâce, il a fallu qu'elle fût écrite ou extérieure ; c'est-à-dire qu'elle manifestât par des écrits et par des paroles ce que nous devons croire et ce que nous devons faire.

3. Elle a la vertu de justifier par elle-même, et elle diffère, de ce côté, de la loi ancienne. Elle nous donne, par l'effusion de l'Esprit-Saint, la grâce qui efface toute souillure et revêt nos âmes d'une beauté céleste. Elle nous y dispose par des préceptes qui règlent toutes les affections de l'homme.

4. Comment est-elle le complément de l'ancienne loi?

On appelle complément d'une chose le don de ce qui lui manque ; c'est ce que fait la nouvelle loi à l'égard de l'ancienne. Nous pouvons considérer dans celle-ci la fin et les peuples. Quelle était sa fin? La justification des hommes, justification qu'elle ne donnait pas elle-même; elle la figurait et la promettait en vue de la loi nouvelle. Celle-ci supplée à son impuissance en substituant la réalité aux figures, le don à la promesse.

Jésus-Christ a accompli les préceptes de l'ancienne loi de plusieurs manières. Il les a observés : *Factum sub lege.* Il les a mis sous une garde inviolable, la garde du cœur. Il a ajouté des conseils pour ceux qui aspirent à la perfection; donc la loi nouvelle est le couronnement de la loi ancienne.

5. N'eût-il pas mieux valu qu'elle fût donnée plus tôt, même au commencement du monde?

Comme elle devait apporter aux hommes le don de la grâce, il fallait, auparavant, que le grand obstacle à la grâce, le péché, fût vaincu. Il ne l'a été que par la rédemption : *Nondum Spiritus erat datus, quia Jesus nondum erat glorificatus.*

C'est une loi de perfection. Suivant l'ordre de la Providence, on n'arrive à la perfection qu'insensiblement et par degrés, comme l'enfant à l'âge mûr.

Il fallait qu'une triste expérience humiliât l'orgueil de l'homme et lui fît avouer hautement sa faiblesse.

6. Doit-elle durer jusqu'à la fin du monde, ou une autre loi doit-elle lui succéder?

Elle a succédé à l'ancienne comme le plus parfait au moins parfait; une autre ne saurait lui succéder ainsi. Comment trouver une loi plus parfaite, puisqu'elle a la vertu de nous introduire immédiatement au ciel ? « Avec l'espérance bien fondée d'entrer dans le sanctuaire du ciel par le sang de Jésus-Christ, approchons-nous, suivant cette nouvelle voie qu'il nous a tracée.» (Hébr., x, 19.)

Mais les dispositions des hommes envers la loi nouvelle peuvent changer ; ainsi considérée, elle ne durera pas jusqu'à la fin du monde, mais se diversifie selon les temps, les lieux et les personnes. Le temps où elle jeta le plus de splendeur fut, sans contredit, le temps des apôtres, où les fidèles reçurent l'Esprit-Saint *et tempore prius, et cœteris abundantius.* (S. Aug.)

7. Convenait-il qu'elle ordonnât des œuvres extérieures et qu'elle en défendît d'autres ?

Puisqu'elle fait de nous des enfants de lumière, nous devons produire des œuvres extérieures qui nous honorent, éviter celles qui font rougir et que l'on cache dans les ténèbres.

Cette loi, avons-nous dit, consiste surtout dans la grâce. Quelle est la source de la grâce? Jésus-Christ, d'où elle découle sur nous comme une rosée céleste. Mais comment saurons-nous que nous l'avons? Il faut des œuvres extérieures qui en soient des signes certains : ce sont les sacrements.

L'homme qui a reçu le don de la grâce doit le manifester au dehors. La loi nouvelle nous ordonne, en certaines circonstances, de professer notre foi et nous défend de jamais la renier ; « Celui qui me reniera devant les hommes, je le renierai devant mon Père. » Quant aux actes extérieurs qui ne sont pas corrélatifs à la foi intérieure, ou qui ne lui sont pas opposés, la loi nous laisse pleine et entière liberté. C'est pour cette raison qu'elle est appelée : *Lex libertatis.* La loi ancienne ordonnait une foule d'observances dont elle surchargeait le peuple juif.

8. Elle devait ordonner des œuvres extérieures, en défendre d'autres, en laisser aussi à la dévotion des fidèles ; l'a-t-elle fait d'une manière convenable ?

La grâce étant son effet principal, elle doit ordonner des œuvres qui nous introduisent dans la grâce ; elle le fait par les sacrements qu'institua Jésus-Christ.

Possédant la grâce, nous devons suivre ses inspirations et faire des œuvres de charité. La loi nouvelle nous l'ordonne en nous imposant les préceptes moraux, sans l'accomplissement desquels la grâce n'habite plus en nous. Elle ne nous impose pas les préceptes cérémoniels ni les préceptes judiciaires, parce que, déterminant d'une manière précise le culte qu'il faut rendre à Dieu et comment nous devons accomplir nos devoirs de justice à l'égard du prochain, ils ne tiennent pas à l'essence même de la grâce.

9. Elle règle convenablement les actes intérieurs.

Toute la loi nouvelle se trouve dans le *Sermon sur la montagne*. Après avoir déclaré quelle est la fin de l'homme, et commandé le respect à la dignité dont les apôtres allaient être revêtus, le souverain législateur établit l'ordre dans nos mouvements intérieurs. Ils regardent tous la volonté ou l'intention. Voyez la loi imposée à ceux de la volonté : « Abstenez-vous des œuvres qui sont mauvaises en elles-mêmes, non-seulement de celles qui éclatent au dehors et attirent le mépris des hommes, mais aussi des œuvres intérieures les plus cachées. » Voyez l'ordre de l'intention : « N'aspirez pas à la gloire de ce monde ; n'amassez point des richesses que les vers et la rouille dévorent, etc. »

Le prochain n'est pas oublié : « Ne le jugez pas, laissez-en le soin à Dieu ; mais, d'un autre côté, s'il n'en est pas digne, qu'il ne participe pas aux faveurs communes ; ne donnez pas les choses saintes aux chiens, ne jetez pas les perles devant les pourceaux. »

Enfin la parole du Sauveur nous indique le moyen de pratiquer sûrement la loi : c'est d'implorer le secours de Dieu, et de faire nos efforts pour entrer au ciel par la voie étroite de la perfection.

10. Était-il convenable que la loi nouvelle renfermât des conseils?

C'est une loi de liberté; il convenait qu'elle nous donnât des conseils en nous laissant libres de les suivre.

L'homme est placé ici-bas entre les biens célestes et les biens terrestres, de telle sorte que plus il s'attache aux uns, plus il s'éloigne des autres. Il n'est pas absolument nécessaire qu'il se dépouille des biens de la terre pour arriver à ceux du ciel, mais en le faisant il suit une voie plus facile et plus sûre. Comment les biens de la terre nous séduisent-ils? Par l'attrait qu'ils offrent aux trois concupiscences. C'est pourquoi la loi nouvelle, en nous appelant à la perfection, nous propose la pauvreté pour combattre la concupiscence des yeux ; la chasteté, pour résister à la concupiscence de la chair ; l'obéissance, pour vaincre l'orgueil de la vie. On peut néanmoins suivre l'un de ces conseils, sans être obligé de suivre les autres ; ils ne sont pas connexes.

CHAPITRE VII.

LA GRACE.

Il nous reste à examiner un autre principe des actes humains, la grâce. Nous verrons quelle est l'essence de la grâce, ses différentes espèces, sa nécessité, sa cause, ses effets, la justification et le mérite.

QUEST. CIX, CX, CXI. — 1. Le mot *grâce* a plusieurs significations. Il veut dire amour ou amitié; ainsi l'on dit d'un soldat qu'il a les bonnes grâces du roi. Il signifie aussi un bienfait accordé : par exemple, je vous fais cette grâce. Enfin ce mot désigne quelquefois la reconnaissance qu'on éprouve pour un bienfait reçu : je vous rends grâces, à vous qui êtes mon bienfaiteur. La grâce dans le premier sens produit souvent la grâce dans le second : on donne à la personne que l'on aime, des témoignages d'affection. D'un autre côté, le bienfait produit la reconnaissance dans les cœurs bien nés. Dieu aime tout ce qui est (Sag., XI), mais il y a entre son amour et celui des hommes, une différence qu'il importe de remarquer. Je vous aime, à cause d'un bien qui existe déjà en vous et que je ne vous ai point donné. Dieu aime dans ses créatures le bien qu'il leur donne, et rien en elles ne prévient son amour. Les aimant, il les orne des dons naturels qui les conduisent à leur fin naturelle et chacune lui témoigne à sa manière sa reconnaissance. Est-ce là la grâce dont nous parlons? Montez un peu plus haut, si vous voulez savoir ce que c'est que le don de Dieu. Dieu, plus libéral envers nous, nous a fait de plus hautes destinées. «Nous le verrons dans sa lumière, dit saint Jean, et lorsqu'il paraîtra, nous serons semblables à lui.» « Dieu nous a fait dans sa bonté de grands, de magnifiques dons : il nous appelle à la participation de sa propre vie. » (S. Pierre.) « Reconnais, ô chrétien, dit saint Léon, commentant les paroles de saint Pierre, reconnais ta dignité, et participant à la vie divine, ne t'abaisse pas comme un enfant dégénéré. » La force motrice qui soulève et attire nos âmes à Dieu, le levier qui les transporte jusque dans le sein de la Divinité, c'est ce que nous appelons la *grâce*.

Inutile de dire qu'elle est un don surnaturel. L'homme a-t-il dans ses facultés naturelles, la force de s'élever si haut? Il désire, il est vrai, voir Dieu, lui être uni, et son désir ne saurait être illusoire, mais, ou il est un effet de la grâce et la suppose déjà, ou bien il peut être satisfait sans une union aussi intime que celle de la grâce. Platon, Socrate désiraient, pouvaient voir Dieu, mais de quelle manière?

Nous avons tout ce qui est essentiel à la nature humaine et compose l'ordre naturel. Cependant, voyons-nous Dieu, vivons-nous de sa vie? Donc, le don qui nous élève jusqu'à lui et nous le fait voir dans son inaccessible lumière, engendrant le Verbe et produisant le Saint-Esprit, le don qui nous ente en Dieu et fait couler sa vie dans nos âmes, est un don surnaturel.

* Cela ne veut pas dire que la grâce détruise nos facultés naturelles : c'est une superposition à ces facultés. Elle ouvre devant nous des horizons nouveaux, et de plus nous donne la force de percevoir tout ce qu'ils embrassent. Elle transporte notre nature dans une sphère qui lui eût été inaccessible, quelle que fût sa perfection. Il y a parmi les êtres une hiérarchie dans laquelle ils occupent des degrés différents, selon l'excellence de leur être. Au degré le plus bas, c'est la matière inerte ; un peu plus haut, le règne végétal, puis le règne animal, que domine l'homme couronné de gloire et d'honneur. Supposez le degré le plus élevé

auquel un homme puisse atteindre : par exemple, saint Thomas, Bossuet, planant sur ce bas monde, mais ne pouvant s'élancer au delà de la sphère des créatures, Dieu leur tendant la main et les transportant dans une sphère supérieure, celle de la Divinité elle-même : voilà une image qui nous donne une idée de la grâce et nous montre en elle un don surnaturel fait à notre âme.

2. On distingue différentes sortes de grâces. Le don de la grâce est toujours le même ; seulement nous lui donnons des noms divers, selon la différence des sujets dans lesquels il est reçu, des circonstances qui l'accompagnent, de la fin pour laquelle Dieu nous l'accorde. Ainsi, on dit la grâce habituelle et la grâce actuelle ; la grâce opérante et la grâce coopérante ; la grâce prévenante et la grâce subséquente.

La grâce habituelle est un don qui revêt notre âme, la rend juste, sainte, et par là digne de la vie éternelle. Ce n'est pas une simple faveur (1).

Dieu, destinant des créatures à une fin naturelle, leur donne les facultés nécessaires pour produire des actes naturels : c'est ainsi qu'il dispose tout avec force et douceur. Abandonnera-t-il à leur impuissance des créatures qu'il appelle à une fin surnaturelle ? Non, il leur donnera des qualités qui seront les principes d'actes surnaturels en rapport avec leur fin. Elles demeurent en nous d'une manière stable et permanente, à moins qu'usant mal de notre liberté, nous ne les perdions par le péché mortel. Tant que nous les conservons, elles revêtent notre âme d'un éclat céleste, et en font un séjour digne de Dieu. « Je serai, dit Dieu par son prophète, je serai pour toi une rosée bienfaisante ; Israël, tu fleuriras comme un lis. » (Osée, xiv, 6.)

---

(1) Comme prétendaient les protestants condamnés par le concile de Trente : ce n'est pas une vertu, car ce serait une des trois vertus théologales. Or nous pouvons avoir la foi et l'espérance, sans la grâce habituelle ; et cette grâce précède toujours la charité. Ce n'est pas un simple mouvement qui nous rend agréables à Dieu ; c'est une qualité inhérente en l'âme, qui la justifie et la rend propre à produire des actes dignes de la vie éternelle.

Mais cette grâce n'est qu'une préparation aux actes surnaturels. C'est un état qui réunit toutes les facultés nécessaires. Mais il leur faut de plus, pour agir, une force qui les mette en mouvement. Les cordes d'une lyre ont beau être ajustées, elles restent muettes tant qu'elles ne sont pas touchées par la main de l'artiste. Un vaisseau est appareillé, les cordages sont tendus, les voiles déployées, tout est prêt pour le départ. Il faut encore un souffle qui le lance en pleine mer. De même, il nous faut un souffle qui nous fasse marcher dans la voie du monde surnaturel, et ce souffle, moteur des âmes, c'est la grâce actuelle.

Dieu l'accorde aux pécheurs et aux justes. Tantôt c'est un vent impétueux qui ébranle le désert et déracine les cèdres : telle fut la grâce qui terrassa saint Paul aux portes de Damas. Tantôt c'est un souffle léger, un doux murmure qui ouvre le cœur aux influences du ciel. Tels sont les bonnes pensées, les bons désirs, les généreuses résolutions que Dieu envoie aux âmes droites. « Saint Paul, prêchant à Philippes de Macédoine, il se trouva parmi ses auditeurs une femme nommée Lydie, marchande de pourpre et habitant la ville de Thyatire. Dieu toucha son cœur et elle reçut avec docilité la parole de l'apôtre. » (Actes, XVI, 14.) Voilà la grâce actuelle.

3. Il y a, dis-je, une grâce actuelle, qui est le mouvement imprimé à nos facultés surnaturelles, et une grâce habituelle, qui est une faculté inhérente en nous. La première, comment est-elle opérante et coopérante?

Le mouvement imprimé à un corps est attribué non au mobile, mais au moteur. La grâce, dans les actes surnaturels, est le moteur de notre volonté; voilà la grâce opérante. Le concours de la volonté nous est nécessaire pour croire et pour espérer. La grâce agissant simultanément avec notre volonté, s'appelle la grâce coopérante. « J'ai travaillé, non pas seul, mais la grâce de Dieu avec moi. » (S. Paul.)

Une autre considération nous montre encore l'existence de ces deux grâces. Chacune de nos actions comprend un acte intérieur : Dieu sollicitant notre âme, voilà la grâce opérante : un acte extérieur, par lequel notre volonté donne son acquiescement, ce qui se fait simultanément avec la grâce, appelée alors grâce coopérante : *Ut velimus operatur, cùm volumus ut perficiamus, cooperatur.* (S. Aug.)

S'agit-il de la grâce habituelle? nous la retrouvons encore sous ces deux noms différents. La grâce est une forme agissante. Or toute forme a deux effets, l'être et l'opération : tel est le feu, échauffant les corps par une opération extérieure. De même il y a une grâce habituelle qui guérit et justifie : c'est la grâce habituelle opérante : une autre, qui est le principe des œuvres méritoires, c'est la grâce habituelle coopérante.

Voulez-vous voir comment elle se divise en grâce prévenante et grâce subséquente? La grâce produit en nous cinq effets : elle guérit, donne la volonté du bien, la force de le faire, la persévérance, la gloire du ciel. Elle s'appelle prévenante ou subséquente, selon qu'on la rapporte à un effet antérieur ou à un effet subséquent, mais, je le répète, c'est toujours la même grâce, prenant des noms différents, selon les effets qu'elle produit : *Prævenit ut sanemur, subsequitur ut sanati vegetemur. Prævenit ut vocemur, subsequitur ut glorificemur.* (S. Aug.)

4. Quelle grâce les théologiens appellent-ils grâce donnée gratuitement et grâce qui rend agréable?

Toutes les grâces sont gratuites, sinon ce ne seraient pas des grâces, et toutes nous rendent agréables à Dieu quand nous y correspondons fidèlement ; néanmoins, il y a des grâces que l'on désigne sous le nom spécial de *gratiæ gratis datæ, gratiæ gratum facientes.* En voici la raison :

Suivant l'ordre qui règne dans les choses, les unes ont reçu la mission d'en conduire d'autres à leur fin et à leur perfection : tel est quelquefois l'homme à l'égard de ses semblables. Je puis vous ouvrir les portes du ciel, et peut-être n'y entrerai-je pas moi-même. Ces grâces qui nous sont accordées pour le salut des autres, s'appellent *gratiæ gratis datæ*, soit parce qu'elles nous viennent sans aucun mérite de notre part, soit parce que leur but direct est le bien des autres : *Unicuique datur manifestatio spiritus ad utilitatem (aliorum.)* Nous trouvons dans la première aux Corinthiens l'énumération complète de ces grâces. L'homme ne peut agir sur les autres intérieurement : cette influence n'appartient qu'à Dieu. Nous n'avons sur eux qu'une action extérieure, au moyen de l'instruction et de la persuasion. Que faut-il pour cela? Trois choses sont nécessaires ; il faut que je connaisse les choses que je veux enseigner, que je donne les preuves de ma mission, enfin, que je m'exprime en un langage connu et à la portée de mes auditeurs. C'est pourquoi l'Esprit-Saint me donne le don de croire, de parler avec sagesse, de parler avec science : *Sermo sapientiæ, sermo scientiæ*. Pour prouver ma mission, il m'investit du pouvoir de guérir les malades, de faire des miracles, de prophétiser en lisant au fond des cœurs : *Gratia sanitatum, gratia virtutum, gratia prophetiæ*. Pour donner à mes auditeurs l'intelligence de mon enseignement, il faut que je reçoive le don de parler diverses langues, et de comprendre celles que l'on me parle : *Genera linguarum, interpretatio sermonum.* (XII, 8 et suiv.)

La grâce *gratum faciens*, est plus précieuse pour nous : c'est elle seule qui nous rend dignes des regards de Dieu, et nous unit à lui par la pensée et par l'amour.

5. Pouvons-nous, sans la grâce, connaître quelques vérités ?

Connaître, c'est faire usage de la lumière intellectuelle. Or, l'usage suppose un certain mouvement. Tout mouvement soit des corps, soit des esprits, vient de Dieu, premier moteur et source du mouvement. Mais Dieu donne aux êtres, outre le mouvement, une forme spécifique, dans les limites de laquelle ils peuvent agir. Le premier mouvement donné, ils sont capables de tout ce qui appartient à cette forme. L'homme ayant pour forme une lumière naturelle, qui éclaire intérieurement les yeux de l'âme comme le soleil éclaire extérieurement les yeux du corps, peut connaître certaines vérités de l'ordre naturel : *Invisibilia ejus a creatura mundi per ea quæ facta sunt intellecta conspiciuntur.* (Rom., I.)

« Je n'approuve pas ce que j'ai dit dans un discours, ô mon Dieu, qui avez voulu que la vérité ne fût connue que de ceux qui sont purs, etc. » (S. Aug., *Rétract.*, l. I, c. IV.)

On peut répondre en effet que beaucoup d'hommes ne sont pas purs et connaissent néanmoins beaucoup de vérités.

Quant aux vérités qui sont en dehors de sa forme spécifique, l'homme, cela est évident, ne peut les connaître sans une lumière étrangère; l'eau ne peut réchauffer ma main, si le feu ne lui donne la chaleur.

6. Pouvons-nous sans la grâce faire quelque bonne action ?

On peut considérer la nature de l'homme dans deux états différents : dans l'intégrité et après la chute. Dans l'un et l'autre de ces deux états, on ne peut nier qu'il n'ait eu besoin d'un premier moteur ; mais dans l'intégrité, une fois ce moteur supposé, l'homme pouvait faire par ses seules forces tout le bien dont sa nature était capable. Il pouvait, seul, acquérir toutes les vertus naturelles. Quant au bien surnaturel, il ne pouvait, sans la grâce, ni le faire, ni le vouloir, puisque ce bien est en dehors de notre sphère d'activité. Affaibli par le péché, l'homme peut-il encore vouloir et faire quelque bien ? Oui, son libre arbitre étant blessé non détruit. Mais il ne peut plus tout le bien qui, avant la chute, était proportionné à sa nature. Un malade peut encore faire quelques mouvements, mais peut-il tous ceux dont est capable un homme qui jouit de la plénitude de ses forces ?

7. L'homme a-t-il besoin du secours de la grâce pour aimer Dieu par-dessus toutes choses ?

Dans l'intégrité de sa nature, l'homme avait assurément l'amour de Dieu, et c'était un amour souverain, sinon Adam aurait péché, ce qui est contre l'hypothèse de l'intégrité. Tout être produit naturellement l'acte pour lequel il a de l'aptitude; il le cherche, il l'aime irrésistiblement. C'est pourquoi tous les êtres tendent vers Dieu et tous se réunissent dans son amour. Ainsi, l'homme rapportait naturellement à Dieu l'amour de lui-même et des créatures, et n'aimait rien qu'en vue de Dieu. Le péché a détruit cette belle harmonie, l'amour-propre occupe dans le cœur de l'homme la place qu'y occupait l'amour de Dieu. Au lieu qu'autrefois l'homme n'avait besoin, pour aimer Dieu par-dessus toutes choses, que d'un premier moteur; après la chute, il lui faut de plus un remède qui guérisse sa nature blessée.

8. Pouvons-nous sans la grâce accomplir tous les préceptes?

Il faut distinguer deux choses dans l'accomplissement du précepte : la substance même des actes commandés, et le mode de l'accomplissement. Avant sa chute, l'homme pouvait par lui-même et sans la grâce accomplir tous les préceptes; sinon il n'aurait pu ne pas pécher, ce qui aurait été injurieux à son auteur. Depuis la chute, l'homme n'ayant plus la plénitude de ses forces, ne saurait accomplir tous les préceptes sans le secours d'une grâce réparatrice.

Le mode d'accomplissement du précepte peut varier, selon qu'on obéit ou non par motif de charité. Avant et après la chute, la charité est le fruit de la grâce.

9. Pouvons-nous sans la grâce acquérir la vie éternelle?

Un effet n'est jamais plus grand que sa cause, un acte, plus grand que la force active qui le produit. Or la vision intuitive, nous l'avons prouvé plus d'une fois, est au-dessus de nos facultés naturelles. L'homme, abandonné à ses seules forces, ne peut produire que des actes conduisant à un bonheur naturel, comme de bâtir, de labourer, d'avoir des amis, de voir Dieu dans ses créatures.

10. L'homme peut-il par lui-même se préparer à la grâce?

Il faut distinguer une double préparation : la première, c'est la préparation à la jouissance de Dieu par la grâce habituelle : elle est, je viens de le dire, au-dessus de l'homme. L'autre est une disposition au don de la grâce habituelle. L'homme en est-il capable par lui-même ? Non. « Personne ne peut venir à moi, dit Jésus-Christ, si mon Père ne l'attire. »

De même qu'il existe un ordre hiérarchique entre les agents, il existe un ordre hiérarchique entre les fins. Chaque agent se propose une fin particulière. La fin dernière a donc pour agent le premier, le plus universel de tous les agents ; les autres fins plus prochaines ont des agents secondaires. Ainsi le soldat est conduit à la fin dernière du combat, qui est la victoire, par son capitaine ; à la conservation ou à la reprise de son drapeau, par un officier subalterne. La grâce étant notre fin dernière, ne peut nous être inspirée, nous ne pouvons y être conduits ni préparés que par le plus universel de tous les agents. Ainsi c'est Dieu lui-même qui nous dispose à recevoir sa grâce et nous *convertit* vers lui, comme, dans l'ordre naturel, je me prépare à recevoir la lumière du soleil lorsque je lève mes regards vers le ciel.

11. L'homme a-t-il besoin de la grâce pour sortir du péché ?

Sortir du péché n'est pas la même chose que cesser l'acte coupable. En sortir, c'est réparer toutes les pertes que le péché nous avait faites. Quelles sont-elles, ces pertes ? Celle de la beauté de la grâce par la laideur du péché ; la corruption de la nature par le désordre qui s'établit en elle, la volonté n'étant plus soumise à Dieu ; la dette de la peine, qui est la damnation éternelle. Comment l'homme pourrait-il par lui-même réparer ces trois pertes ? Ce qui faisait la beauté de l'âme c'était le rayonnement de la lumière divine en elle : cette beauté ne renaîtra qu'avec la lumière de Dieu. La volonté s'étant séparée de Dieu, ne peut lui être unie de nouveau que par la puissance de la grâce. Le pardon ne peut venir que de celui que la faute a outragé. Ainsi, dire que l'homme a par lui-même la faculté de sortir de l'état de péché, c'est dire qu'un mort peut naturellement sortir du tombeau.

12. L'homme peut-il sans la grâce éviter tous les péchés ?

Il ne peut éviter tous les péchés mortels, à plus forte raison, tous les péchés véniels. C'est la croyance de l'Église que la sainte Vierge seule a vécu, est morte sans péché. Dans l'état d'innocence, l'homme aurait pu éviter tout péché, même véniel, puisque pécher c'est s'éloigner de ce qui convient à la nature, et qu'Adam pouvait tout ce qu'il désirait raisonnablement. Il n'avait besoin pour cela que d'une grâce conservante. Le peut-il encore dans l'état de nature déchue ? Tant qu'il possède la grâce habituelle, il le peut, car alors sa raison est droite, bien ordonnée, et le péché, c'est le désordre de la raison. Il ne saurait cependant éviter tout péché véniel, à cause de l'ignorance de l'esprit et de la fragilité de la chair.

La grâce habituelle étant perdue, il ne peut éviter tout péché mortel. De même que sa raison s'est révoltée contre Dieu, l'appétit inférieur se révolte contre la raison et tôt ou tard l'entraîne au désordre. S'il était sans cesse attentif, s'il exerçait sur lui-même une vigilance continuelle, il pourrait éviter chaque péché pris séparément; mais que d'attaques subites et imprévues ! D'ailleurs, à force de combattre, il lui est impossible de ne pas avoir une défaillance et de ne jamais succomber. Ce n'en est pas moins une faute : pourquoi s'est-il mis dans cette triste nécessité ?

QUEST. CXII. *Cause de la grâce.* — 1. Dieu en est seul la cause efficiente.

Un être ne peut agir au delà de sa forme spécifique. Son espèce est sa sphère d'activité : c'est un cercle de fer qu'il ne saurait briser, une barrière qu'il ne saurait franchir ; il n'y a que le feu qui enflamme.

Ce principe établi, qu'est-ce que la grâce ? Un don surnaturel qui nous fait participer à la vie divine, donc Dieu en est seul la cause efficiente. Il donne toujours la grâce suffisante, il donne, il refuse à son gré la grâce efficace, nous n'y pouvons rien (1).

2. Faut-il, pour recevoir la grâce, que l'homme y soit préparé par un acte de son libre arbitre ?

Quant à la grâce actuelle qui nous donne l'impulsion au bien, toujours elle prévient, et l'homme ne peut prendre aucune initiative. L'acte surnaturel, si petit qu'il soit, vient, il est vrai, de notre libre arbitre, mais arbitre sollicité d'abord par Dieu. Pour recevoir la grâce habituelle qui est la forme de nos âmes, nous avons besoin d'une certaine préparation : une forme quelconque n'est reçue que dans une matière préparée. « Préparez-vous, ô Israël, à aller au-devant de votre Dieu. » (Amos, IV, 12.)

3. On voit par là que la grâce n'est pas également dans tous. Elle est plus ou moins grande selon qu'elle répand une plus ou moins vive lumière. Cet éclat rayonne en raison de la préparation du sujet qui le reçoit, et en raison de la quantité de lumière que Dieu veut bien y répandre. Il a voulu dans le monde spirituel la même variété que dans le monde physique. Voyez, dans ce dernier, chaque espèce d'êtres. Quelle variété de grandeur et de petitesse, de richesse et de pauvreté ! Parmi les fleurs, les unes sont éclatantes, les autres ont des couleurs moins vives, d'autres en sont presque totalement dépourvues. Nous retrouvons la même différence si nous comparons les genres entre eux. Pourquoi cet être est-il une pierre, cet autre un homme, cet autre un ange ? Dieu l'a voulu ainsi, pour la beauté de l'ensemble. De même, il accorde dans l'ordre surnaturel des grâces différentes pour la beauté de toute l'Église, et aussi pour montrer sa souveraine indépendance.

* Quelle est la part de l'homme, quelle est la part de la grâce dans nos actes surnaturels ?

(1) *Nous sommes des toiles sur lesquelles Dieu produit des dessins plus ou moins beaux, mais nous pouvons être des toiles vulgaires, aussi bien que la toile d'un magnifique tableau. (M. Olier.)

Voilà en peu de mots tout le traité de la grâce. Le père du mensonge avait attaqué la vérité en Dieu même, niant tantôt l'unité de la nature divine, tantôt la trinité des personnes. Vaincu de ce côté, il suscita des hommes qui combattirent la vérité dans le Verbe incarné, les uns niant que Jésus-Christ fût Dieu, les autres, qu'il fût homme. Lorsque l'Église, colonne de la vérité, eut lancé contre eux ses anathèmes, il attaqua la vérité dans nos âmes. Deux sortes d'ennemis entreprirent sa ruine. Suivant la marche de leurs devanciers, les uns attribuèrent trop, les autres trop peu à la liberté de l'homme. Ce furent d'abord les Pélagiens et les rationalistes de tous les temps, qui nièrent la nécessité de la grâce pour arriver au salut. Ils firent à l'homme la part du lion, et donnèrent *les restes* à la grâce. Ils furent immédiatement suivis de Semi-pélagiens qui renouvelaient les mêmes erreurs un peu mitigées, comme les Monothélites, les erreurs des Eutychiens.

Cet excès en amena un autre non moins dangereux. Les prédestinatiens nièrent la liberté de l'homme, donnant tout à la grâce dans les œuvres qui sont bonnes, soit surnaturelles, soit naturelles. Leurs erreurs eurent pour apôtres, dans les temps modernes, Wiclef, Luther, Calvin, Baïus, et surtout les Jansénistes. Prônées par des hommes éminents, Jansénius, évêque d'Ypres, Arnauld, Nicole, Pascal, Quesnel, ces funestes doctrines remplirent quelque temps l'Église de deuil et de confusion. Jamais, depuis l'Arianisme, le père du mensonge n'avait séduit des esprits aussi élevés, des âmes aussi belles et ornées de tant de vertus.

Le fondement du Jansénisme, c'était ce faux principe que le péché originel a totalement détruit le libre arbitre, et n'a plus rien laissé de bon à l'homme. Tout en lui étant vicié, corrompu, il ne peut venir de cette source empoisonnée que la corruption et le péché. Nous sommes des automates, sollicités d'un côté par la concupiscence et de l'autre par la grâce. Celle-ci est-elle la plus puissante ou est-ce la concupiscence qui l'emporte? Nous cédons forcément. L'une ou l'autre nous entraîne d'une manière irrésistible, comme le poids jeté dans le bassin d'une balance le fait baisser, si celui qui est dans l'autre bassin ne lui est supérieur ou au moins égal. Quand les deux poids sont égaux, la balance reste en équilibre. De même si la grâce qui nous sollicite au bien produit en nous une délectation égale à celle de la concupiscence, nous restons dans l'inaction, il nous est impossible d'agir.

Ce système, malgré son invraisemblance apparente, acquit rapidement un grand crédit, grâce à l'habileté de ses défenseurs et au prestige de leurs vertus. Mais l'Église veillait. Cinq propositions furent extraites de l'*Augustin* de Jansénius, et condamnées par la bulle *Vineam Domini* de Clément XI. Il n'est pas de subterfuges auxquels n'eussent recours les hérétiques pour échapper aux foudres de l'Église. L'affaire, assoupie durant la *Paix Clémentine*, ne tarda pas à se réveiller et avec plus d'animosité que jamais. Le père Quesnel, de l'Oratoire, publia son livre des *Réflexions morales* où il renouvelait les mêmes erreurs, en y ajoutant des doctrines schismatiques sur la constitution de l'Église. Le Souverain Pontife parla de nouveau ; il lança contre le fameux livre la bulle *Unigenitus*, que l'épiscopat tout entier reçut avec applaudissement. Quatre évêques de France furent d'abord seuls à lui refuser l'obéissance. Ils parvinrent, à force d'intrigues, à entraîner dans leur révolte huit autres évêques, le cardinal de Noailles et un assez grand nombre de prêtres. Alors on vit un scandale où l'absurde le disputait à une insigne mauvaise foi. Comme tous les hérétiques, les Jansénistes en appelèrent du pape au concile général, bien décidés, dans le cas d'une nouvelle condamnation, à en appeler du concile mal informé au concile mieux informé. Le concile ne se réunissant pas, ils en appelèrent à l'autorité civile, aux parlements, suivant l'exemple des églises schismatiques d'Angleterre et de Russie : de là leur vint le nom d'*Appelants*. Ils eurent beau user d'intrigues et de violences, le serpent de l'hérésie était frappé mortellement. Après avoir rempli de troubles et de discussions la fin du dix-septième siècle et tout le dix-huitième, leur tragédie finit par la Constitution civile du clergé.

Au lieu de fermer les yeux sur les textes si clairs de l'Écriture; au lieu d'en appeler des décisions de l'Église à une autorité incompétente, n'auraient-ils pas mieux fait d'en appeler à l'expérience et au bon sens? Qui est-ce qui, en faisant une bonne œuvre, ne se sent libre de ne pas la faire? Qui est-ce qui me force de tendre la main à un pauvre, de lui adresser une parole affectueuse, au lieu de passer à côté de lui comme tant d'autres, sans l'honorer seulement d'un regard? Si je n'ai pas été libre quand j'ai fait le bien, quand j'ai fait le mal, pourquoi Dieu a-t-il des récompenses et des châtiments? On ne punit pas la pierre qui tombe dans l'abîme, on ne récompense pas le marteau qui polit le fer. Pourquoi aussi les exhortations, les louanges et les reproches?

Une autre conséquence immédiate, c'est le fatalisme. Si la concupiscence ou la grâce m'entraîne sans avoir besoin de mon concours, à quoi bon m'occuper de mon salut, faire des efforts pour éviter le péché et pratiquer la vertu? C'est Dieu qui veut, qui fait l'un et l'autre, sans que j'y puisse rien. Inutile de lutter contre les passions; il faut suivre leur cours, satisfaire les désirs de la concupiscence; les réprimer serait s'opposer à la volonté de Dieu, ce qui est une impiété. Le Turc ne répare pas le toit de sa maison. Il la laisse tomber en ruine, croise les jambes, et s'endort dans son indolence. « Dieu le veut, dit-il, ne nous opposons pas à la volonté de Dieu! »

Il faut donc dire : Nous avons peu de part aux actes surnaturels. La grâce nous prévient, nous sollicite, et son efficacité vient de Dieu, autrement Dieu ne serait pas l'auteur de tout ce qui existe, son être aurait des limites, mais elle ne produit pas toute seule l'acte surnaturel, il faut le concours de notre libre arbitre : *Gratia Dei mecum*, dit saint Paul; la grâce de Dieu d'abord, puis ma coopération.

* Nous trouvons dans l'Evangile un exemple qui montre d'une manière bien sensible que Dieu sait concilier sa grâce avec la liberté de l'homme. Jésus se tourne vers Pierre qui vient de le renier ; un seul regard suffit pour toucher le cœur de Pierre. Ne pouvant plus contenir ses larmes, il sort et pleure amèrement sa faute ; voilà une coopération généreuse et prompte. Voyons la grâce dans un cœur rebelle : Judas s'avance à la tête d'une troupe armée. Il a vendu son maître, il vient le livrer. Au moment suprême, Jésus envoie encore la grâce solliciter le cœur du traître : « Judas, dans quel dessein êtes-vous venu ? Quoi, Judas, vous trahissez le Fils de l'homme par un baiser ? » La grâce sollicite le même repentir, la même confiance en la miséricorde de Dieu. Elle est de même nature, elle semble même plus abondante dans Judas que dans Pierre ; à l'un Jésus adresse la parole, il n'accorde à l'autre qu'un regard. Elle ne contraint pas la volonté de l'homme, puisqu'en changeant le cœur de Pierre elle n'empêcha point Judas de se perdre.

En mettant hors de doute le dogme catholique touchant l'accord de la grâce avec la liberté de l'homme, c'est-à-dire, tout en reconnaissant que la grâce nous est absolument nécessaire pour faire un acte surnaturel, et qu'en le faisant nous sommes libres, on peut demander d'où vient l'efficacité de la grâce ? Est-ce de Dieu ou de l'homme ? de l'élément divin ou de l'élément humain ? On peut ramener à deux les opinions des théologiens. Les Thomistes, recueillant la doctrine de leur maître, éparse dans la *Somme théologique*, la *Somme contre les Gentils* et ses divers ouvrages, soutiennent que l'efficacité de la grâce vient de Dieu, et qu'il en est la cause physique. De même que le charbon placé sur ma main est cause de ma brûlure, de même qu'en mettant le feu à une maison, je suis cause de l'incendie qui la dévore ; ainsi Dieu est cause de l'acte que je produis sous l'influence de la grâce. L'acquiescement de ma volonté à la grâce est due à cette prémotion. Mon acte vient de Dieu, et a une connexion nécessaire avec l'action divine, comme les effets physiques dont je parle, en ont une avec leur cause. Il faut cependant admettre quelque différence, une comparaison étant toujours défectueuse. — Selon les Molinistes, Dieu n'est que la cause morale de nos actions, et la grâce ne fait que présenter à ma volonté les motifs capables de la déterminer.

Il n'est pas facile de trancher cette question et de se prononcer exclusivement pour la prémotion physique ou en faveur de la liberté humaine. S'il est impossible de voir clairement la part qui revient à Dieu, celle qui revient à l'homme dans nos actions naturelles, combien à plus forte raison serons-nous impuissants à comprendre l'influence mystérieuse de la grâce sur nos âmes ! L'opinion des Molinistes a plus d'attraits en ce sens qu'elle exalte davantage la liberté de l'homme, mais celle des Thomistes paraît mieux fondée. Dieu étant l'être, est la cause première de toutes choses. Il n'est pas d'erreur plus grave que celle qui restreindrait sa causalité, et porterait atteinte à sa dignité de cause première. Or un acte qui ne viendrait pas de Dieu, limiterait son empire. S'il n'en était pas la cause, il ne serait plus l'Être suprême et infini. D'ailleurs, Dieu est le premier moteur de tout mouvement. Donc le mouvement qui anime une de mes puissances émane de Dieu, et tant qu'un être susceptible de mouvement ne sera pas entré en communication avec lui, il restera nécessairement immobile. Le grand reproche que l'on fait à ce système, c'est de détruire notre liberté, et de faire de l'homme un automate. Mais, d'après les Thomistes, la prémotion, loin de détruire, perfectionne la liberté. Dieu fait agir tous les êtres selon leur propre nature. Celle de l'homme étant d'agir librement, Dieu le sait, et se garde de porter atteinte à notre libre arbitre. Il lui donne, au contraire, l'excitation sans laquelle il resterait dans l'inaction, et soutient, par l'influence de sa grâce, notre nature languissante.

Le mouvement efficace qu'il nous imprime, tout en ne manquant jamais de nous porter à agir, ne nous cause ni violence ni contrainte, puisqu'il est en harmonie avec notre volonté et qu'il nous est doux de le suivre.

QUEST. CXIII. *Effets de la grâce. Celui de la grâce opérante, c'est la justification ; celui de la grâce coopérante, le mérite.* — 1. Que faut-il pour produire en nous la justification ? Il faut d'abord une infusion de la grâce. — Nous pardonnons une offense à la personne qui nous a blessés, et nous la justifions quand nous faisons la paix avec elle. Lorsque, oubliant nos offenses, Dieu nous offre la réconciliation et son amour, nous sommes dignes de la vie éternelle. La vie éternelle ne suppose-t-elle pas en nous des trésors de grâces ?

2. D'un autre côté, il faut un mouvement du libre arbitre (1). Lorsque Dieu justifie le pécheur, il le meut en le faisant passer de l'état de péché à l'état d'innocence. Or Dieu ne meut un être que conformément à la nature ; les corps graves d'une manière, les corps légers d'une autre. Quel est le mode de mouvement conforme à la nature de l'homme ? c'est le mouvement au moyen du libre arbitre.

3. Suffit-il d'un mouvement quelconque du libre arbitre ?

Il faut un mouvement par lequel on déteste le péché. En effet, la justification suppose un mouvement qui fait passer le pécheur de l'état de péché à l'état d'innocence. Que voyons-nous quand un corps passe d'un lieu dans un autre ? Il s'éloigne du point de départ, s'approche du terme d'arrivée. Dans les choses morales, on s'éloigne et on s'approche par les affections de l'âme, la détestation et l'amour. De même, il faut, pour la justification, que le libre arbitre s'éloigne du péché en le détestant, et s'approche de Dieu en l'aimant.

4. Quel est le premier acte nécessaire à la justification ?

La justification étant une conversion de nos âmes vers Dieu, le

(1) Supposé qu'on en ait l'usage. L'infusion de la grâce suffit pour les enfants.

premier pas de l'âme pour aller à Dieu, c'est, dit l'Apôtre, un acte de foi : *Oportet accedentem ad Deum credere quia est.* (Héb., xi, 6.)

5. Quel est, suivant l'ordre naturel, la première des conditions nécessaires à la justification ?

Ces conditions sont au nombre de quatre : l'infusion de la grâce, le mouvement du libre arbitre vers Dieu, du libre arbitre contre le péché, et la rémission de la faute. Elles ont lieu simultanément, car la justification n'est pas quelque chose de successif, mais si nous cherchons l'ordre naturel dans lequel elles s'accomplissent, nous trouverons d'abord, du côté de Dieu, l'infusion de la grâce. Pour éclairer un air obscur, il faut d'abord que le soleil envoie sa lumière, puis que les ténèbres s'enfuient. Ainsi, dans la justification du pécheur, la grâce descend, ensuite l'état de péché cesse. Mais considérée du côté de l'homme, la justification suit un ordre inverse : l'homme quitte d'abord le péché ; ce n'est qu'après s'en être séparé qu'il est uni à Dieu et voit sa lumière.

* Si la justification suppose l'infusion de la grâce dans nos âmes, ce n'est donc pas, comme le prétendent les protestants, une simple faveur, une simple bienveillance de la part de Dieu. Si elle suppose un mouvement du libre arbitre, la foi est nécessaire, mais ne suffit pas. Elle n'est pas inamissible, puisque le libre arbitre peut se permettre un mouvement contraire. La doctrine de saint Thomas sur la justification nous fait comprendre la haine des protestants pour la *Somme.* Ce n'est pas sans raison qu'ils la brûlaient avec les bulles de Léon X (1).

QUEST. CXIV. *Le mérite.* — 1. Les mots *mérite* et *récompense* ont la même signification. Quand un ouvrier m'a donné une journée de son travail, je lui dois une récompense ; il mérite de ma part quelque chose pour l'ouvrage qu'il a fait, la peine qu'il

---

(1) Les décrets du concile de Trente sur la justification sont extraits presque littéralement de cette question cxiii.

س'est imposée. Si la récompense est due par un égal, c'est un droit proprement dit; si elle vient d'un supérieur, ce n'est plus une dette de stricte justice : telle est la récompense d'un père à son enfant. Une distance infinie séparant Dieu et l'homme, nous ne pouvons jamais trouver entre eux une justice parfaite. Il n'y aura qu'une justice improprement dite : c'est quand chacun aura agi selon son mode d'être. Comme nous tenons de Dieu tout ce que nous possédons, nous ne pouvons agir qu'à l'aide de ce que nous en avons reçu. Agissons-nous conformément au but qu'il se proposait en nous comblant de ses dons ? Nous méritons de sa part ce à quoi il nous avait donné la puissance d'arriver. Il en est ainsi de toutes les créatures. Toutes ont les moyens de remplir leurs destinées ; néanmoins toutes ne sont pas récompensées. Le mérite et la récompense ne sont le partage que de ceux qui agissent librement. Si nous n'avions qu'une fin naturelle, le bon usage de nos propres facultés nous acquerrait auprès de Dieu des mérites en rapport avec ces facultés elles-mêmes. Ayant une fin surnaturelle, le bon usage des facultés que Dieu nous donne pour l'atteindre, nous acquiert des mérites du même ordre. La grâce est une semence divine qui se développe dans le cœur du juste, et s'épanouit en œuvres saintes. Ces œuvres méritent l'augmentation de la grâce, embellissent notre couronne de justice, y ajoutent sans cesse de nouveaux fleurons : voilà ce que nous appelons le mérite. Il commence avec la grâce soit actuelle, soit habituelle, qui nous est conférée gratuitement, en vue des miracles de Jésus-Christ. Il finit quand nous arrivons au terme de notre carrière.

Qu'on ne dise pas avec les hérétiques, que c'est faire injure aux mérites de Jésus-Christ et les accuser d'insuffisance. Nous n'avons de mérites que par Jésus-Christ. Jésus-Christ en est le principe et la source. Unis à lui comme les membres avec la tête, entés en lui comme l'olivier sauvage à l'arbre franc, pour emprunter le langage de l'Apôtre, nous participons à sa vie, nous puisons dans l'abondance de ses mérites, de sorte que Dieu, en les couronnant dans le ciel, ne fait que couronner ses dons.

2. Quelles sont les différentes sortes de mérites, et à quelles conditions pouvons-nous les acquérir ?

Les théologiens distinguent le mérite de *condigno* et le mérite de *congruo*. Le premier est un droit strict à la récompense. Il faut pour l'obtenir : 1° être en état de grâce : « Comme une branche ne peut porter de fruit si elle n'est unie à l'arbre, ainsi vous ne pouvez rien pour le ciel, si vous n'êtes unis à Jésus-Christ » (S. Matth.) ; 2° être libre ; non pas seulement avoir la liberté intérieure (1), mais être exempt de toute contrainte extérieure ; 3° que l'acte méritoire soit surnaturel, c'est-à-dire inspiré par la grâce ; 4° enfin, que Dieu se soit engagé par promesse à la récompense.

Le mérite *de congruo* n'est pas un droit : c'est, comme l'indique le mot, une simple raison de convenance. Il n'est pas nécessaire pour l'obtenir d'être en état de grâce : Tobie mérita par ses aumônes le pardon de ses péchés. Une promesse non plus n'est pas nécessaire ; ce serait le mérite *de condigno*. Mais il faut que l'acte soit surnaturel, et qu'en le faisant nous jouissions d'une pleine et entière liberté.

3. Quel est l'objet du mérite ?

La gloire et la grâce. Nous pouvons, avec le secours de la grâce, mériter la gloire *de condigno* : *In reliquo reposita est mihi corona justitiæ, quam reddet mihi Dominus justus judex.* (II Tim., IV, 8.) D'où vient l'acte produit sous l'influence de la grâce ? 1° du Saint-Esprit, dont la vertu est suffisante pour nous conduire au ciel : *Fiet in eo fons aquæ salientis in vitam æternam ;* 2° de notre libre arbitre. De ce côté, nous ne pouvons mériter la gloire *de condigno*, un être ne pouvant rien au delà de sa forme spécifique, mais nous pouvons la mériter *de congruo*. L'homme agissant selon l'étendue de sa puissance, il convient que Dieu le récompense selon l'étendue de la sienne.

(1) Celle que niaient les Jansénistes.

Personne ne saurait en aucune manière mériter la première grâce actuelle. Si c'est une grâce, dit saint Paul, elle est gratuite, et ne vient pas de nos œuvres. Comment celui qui n'a pas la grâce sortirait-il de sa sphère d'activité, et mériterait-il un bien qui est au-dessus de sa nature?

4. Pouvons-nous mériter pour les autres la première grâce?

Jésus-Christ seul a pu la mériter *de condigno*. Pouvons-nous acquérir quelques titres à cette grâce, et la mériter *de congruo*? Il paraît convenable que si nous n'avons rien de plus cher que de faire la volonté de Dieu, il fasse aussi quelquefois la nôtre. C'est pourquoi l'apôtre saint Jacques recommandait aux fidèles de prier les uns pour les autres. (v, 16.) (1)

5. Pouvons-nous mériter l'augmentation de la grâce (2)?

Il faut que le moteur imprime à son mobile un mouvement qui s'étende à tout l'espace compris entre le point de départ et le lieu d'arrivée. Quel est le point de départ de la grâce? L'état de péché. Où conduit-elle le pécheur? A la gloire éternelle. Il faut donc que la grâce accompagne l'homme, d'un de ces termes à l'autre, et si nous y coopérons, nous méritons *de condigno*, que Dieu l'augmente à mesure que nous avançons dans la voie : « Le sentier du juste est comme une lumière qui s'avance et qui croît jusqu'au jour parfait de l'éternité. » (Prov., iv, 18.)

(1) Il est permis d'attribuer la conversion de saint Paul aux prières de saint Étienne, et celle de saint Augustin aux larmes de sa pieuse mère.
(2) Voyez concile de Trente, sess. vi.

FIN DU PREMIER VOLUME.

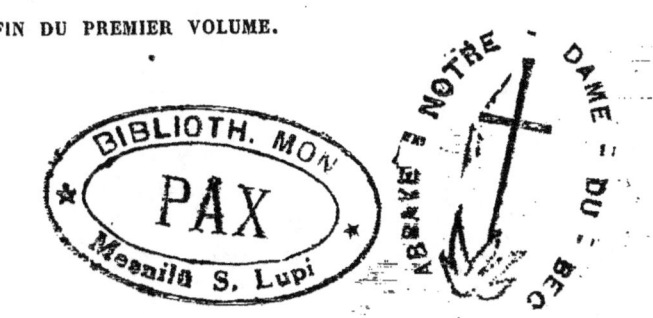

TABLE ANALYTIQUE DES MATIÈRES

CONTENUES DANS LE TOME PREMIER.

	Pages.
PRÉFACE	
INTRODUCTION	IV

CHAPITRE PREMIER.
De la théologie.

QUESTION I. — 1. Nécessité de la théologie.................... 1
    2. La théologie est une science......................... 2
    3. Quelle est sa méthode, lorsqu'elle discute avec les hérétiques ?... 2
        Avec les incrédules ?................................. 3
    4. Sujet de la théologie................................ 4
    5. Rang qu'elle doit occuper parmi les sciences.............. 4
    6. Elle est à plus juste titre que la philosophie, la science de la sagesse... 5
    * Accord entre la foi et la raison...................... 5

CHAPITRE II.
Existence de Dieu et ses principaux attributs.

QUEST. II à XII. — 1. Preuves de l'existence de Dieu : premier moteur, première cause efficiente, le possible et le nécessaire, idée de la perfection, ordre qui règne dans la nature........ 11, 12, 13, 14
    * Méthode d'induction suivie par saint Thomas............. 15
    2. Tous les attributs de Dieu découlent de celui-ci : Dieu est l'Être. 19

CHAPITRE III.
Dieu connu par les lumières surnaturelles. — Noms de Dieu.

QUEST. XII. — 1. Est-il possible à une créature de voir l'essence divine ? 23
    2. On ne peut la voir dans une image sensible................ 24
    3. Ni avec les yeux du corps............................ 25
    4. Ni avec nos facultés naturelles....................... 25

5. Nous la verrons dans une lumière créée, appelée la lumière de la gloire.. 25
6. Tous ceux qui contemplent l'essence de Dieu n'en ont pas une connaissance égale.. 26
7. Ils ne comprennent pas Dieu autant qu'il est intelligible....... 27
8. Ils ne voient pas toutes choses en Dieu........................ 27
9. Ce que les saints découvrent en Dieu, ils le voient tout ensemble et simultanément.. 29
10. L'âme ne peut, durant son union avec le corps, voir l'essence divine.. 29

QUEST. XIII. Noms de Dieu. — 1. Des noms donnés à Dieu ne le représentent que comme cause première, ou bien ils désignent un de ses attributs.. 30
2. Ils signifient aussi qu'il a la plénitude de l'être déterminé par un nom ou un attribut particulier.. 31
3. Il faut les prendre tantôt dans leur sens propre, tantôt dans leur sens figuré.. 31
4. Que désigne le mot *Dieu?*.. 31
5. Ce nom est incommunicable.. 32
6. De tous les noms donnés à Dieu, il n'en est pas de plus convenable que celui qu'il s'est donné lui-même : Celui qui est.. 32
* Noms que l'Ancien-Testament donne le plus fréquemment à Dieu. 32

CHAPITRE IV.

Opérations divines.

QUEST. XIV. Opérations de l'intelligence divine. — 1. Il y a en Dieu une science.. 34
2. Dieu se connaît et se comprend lui-même........................ 35
3. Il connaît autre chose que lui-même............................ 35
4. Il ne connaît pas seulement tout en général, mais chaque chose en particulier.. 35
5. Il connaît toutes choses simultanément......................... 36
6. La science de Dieu est la cause de tout ce qui existe.......... 36
7. Dieu connaît les choses qui n'existent pas..................... 37
* Prescience de Dieu et liberté de l'homme........................ 38

QUEST. XV. Idées de Dieu. — 1. Il y a en Dieu des idées.......... 39
2. Dieu a plus d'une idée... 40

QUEST. XVI. Du vrai. — 1. Le vrai existe dans l'entendement et dans la chose comprise.. 41
2. Le vrai peut se dire de l'être et réciproquement............... 41
3. Dieu est la vérité.. 42
4. Il n'y a, dans un sens, qu'une seule vérité, et il faut, dans un autre sens, en distinguer plusieurs.. 42

QUEST. XVII. Du faux. — 1. La fausseté est-elle dans l'intelligence ou dans les choses connues?.. 42
2. Les sens peuvent-ils se tromper?............................... 43

3. Le faux peut-il avoir accès dans notre intelligence?............	44
QUEST. XVIII. La vie de Dieu. — 1. Tous les êtres ne sont pas vivants...	45
2. Qu'est-ce que la vie?...	45
3. Dieu a-t-il la vie?..	45
4. On peut même dire que toutes choses ont la vie en Dieu.........	47
QUEST. XIX. Actes de la volonté divine. — 1. Il y a en Dieu une volonté.	47
2. Dieu veut d'autres êtres que lui-même........................	48
3. Dieu veut-il nécessairement tout ce qu'il veut?................	48
4. Concours de la volonté et de l'intelligence divines..............	49
5. La volonté divine s'accomplit toujours.	50
6. Elle ne change pas...	51
7. Dieu ne veut jamais ni le mal physique ni le mal moral.........	51
QUEST. XX. L'amour en Dieu. — 1. Dieu a de l'amour...............	52
2. Il aime tous les êtres...	53
3. Il n'a pas pour tous les êtres un amour égal....................	54
* Notion de l'amour d'après saint Thomas.....................	55
QUEST. XXI. La justice et la miséricorde en Dieu. — 1. Nous trouvons en Dieu ces deux attributs.......................................	56
2. La justice et la miséricorde se rencontrent dans toutes les œuvres de Dieu..	57
QUEST. XXII. La providence. — 1. Il y a en Dieu une providence.......	58
2. Elle embrasse tout, sans exception...........................	58
3. La providence a sur toutes choses une action immédiate.........	60
QUEST. XXIII. La prédestination. — 1. Convient-il que Dieu nous prédestine au salut?...	61
2. La prédestination n'existe pas dans les prédestinés, mais seulement en Dieu...	61
3. Convient-il que Dieu réprouve des créatures?.................	61
4. Les mérites de l'homme ne sont pas la cause de sa prédestination.	62
5. La prédestination obtient son effet d'une manière infaillible	64
6. Les prières et les bonnes œuvres peuvent-elles influer sur notre prédestination?..	65
* Petit ou grand nombre des élus............................	65
QUEST. XXIV. Le livre de vie. — 1. Ce que c'est que ce livre........	71
2. Des noms peuvent-ils en être effacés?.........................	71
QUEST. XXV. Puissance divine. — 1. La puissance de Dieu est sans limites...	72
2. Dieu pourrait autre chose que ce qu'il a fait....................	73
3. Dieu pourrait faire des choses meilleures, il ne pourrait les mieux faire..	74
QUEST. XXVI. Béatitude de Dieu. — 1. Il faut admettre en Dieu une béatitude souveraine..	75
2. La béatitude consiste dans l'exercice de l'intelligence..........	75
3. Dieu possède éminemment tout ce qui, dans le bonheur vrai ou faux, peut exciter nos désirs..	75

CHAPITRE V.

La Trinité.

QUEST. XXVII et XXVIII. — Processions et relations divines. — 1. Il y a en Dieu des processions.. 76
 2. Il n'y a pas en Dieu d'autres processions que celle du Verbe et celle de l'amour.. 77
 3. Ces deux processions n'ont pas lieu de la même manière....... 77
 4. Il faut admettre en Dieu des relations réelles................. 78
 5. La relation réelle est une seule et même chose avec l'essence de Dieu. 78
 6. Cela n'empêche pas que les relations ne soient distinctes entre elles. 79
 7. Il y a en Dieu quatre relations réelles....................... 79
QUEST. XXIX. Personnes divines. — 1. Définition de la personne....... 80
 2. Peut-on donner à Dieu le nom de personne?................. 80
QUEST. XXX. Pluralité des personnes divines. — 1. Il y a plusieurs personnes en Dieu... 81
 2. Il y a trois personnes divines............................... 81
 *QUEST. XXXI... 82
QUEST. XXXII. — 1. La raison peut-elle, sans les lumières de la foi, arriver à la connaissance de la Trinité?.......................... 82
 2. Notions divines... 84
QUEST. XXXIII. Première personne. — 1. Pourquoi elle est appelée principe... 85
 2. Pourquoi nous l'appelons le Père........................... 85
 3. C'est plutôt parce qu'il engendre son Fils que parce qu'il produit les créatures... 85
QUEST. XXXIV. Deuxième personne. — 1. Que signifie le mot Verbe?.... 86
 2. Il désigne un rapport avec les créatures..................... 87
QUEST. XXXV. Le Fils, image du Père. — 1. Le Verbe est l'image du Père, non le Saint-Esprit....................................... 87
QUEST. XXXVI. Troisième personne. — 1. Le mot d'Esprit-Saint est-il propre à désigner la personne divine qui procède par voie d'amour?... 88
 2. Il procède du Père et du Fils............................... 88
 L'addition au *Credo* du mot *Filioque* montre le développement, non le changement du dogme............................. 90
QUEST. XXXVII et XXXVIII. Divers noms de la troisième personne. —
 1. Le Saint-Esprit est aussi appelé amour..................... 90
 2. Il est appelé un don....................................... 90
 *QUEST. XXXIX, XL et XLI.
QUEST. XLII. Égalité et ressemblance réciproque des trois personnes divines. — 1. Elles sont parfaitement égales entre elles....... 92
 2. Une personne est éternelle comme celle dont elle procède....... 92
QUEST. XLIII. Mission des personnes divines. — 1. Comment une personne divine peut-elle être envoyée?.......................... 93
 2. Convient-il que le Fils et le Saint-Esprit soient envoyés visible-

ment ?.... 94
* Bossuet sur la Trinité.................................. 94

CHAPITRE VI.

Dieu créateur.

QUEST. XLIV. — 1. Dieu est la cause efficiente de tous les êtres........ 97
  2. La matière première est elle-même l'œuvre de Dieu 97
  3. Dieu est la forme exemplaire de toutes choses................. 98
  4. Dieu en est aussi la cause finale............................ 98
QUEST. XLV. — 1. Comment Dieu est-il la cause première de toutes choses ?... 99
  2. La création n'a rien changé en Dieu........................... 100
  3. Dieu était libre de créer ou de ne pas créer 100
  4. Les formes et les accidents des êtres ne sont pas créés.......... 101
  5. Dieu seul peut créer... 101
  6. La création est l'œuvre des trois personnes divines............ 102
  7. On trouve dans les créatures un vestige de la Trinité.......... 102
QUEST. XLVI. * Observation sur la question de l'origine du monde...... 103
QUEST. XLVII. Distinction des êtres en général. — 1. Pourquoi Dieu a-t-il créé une si grande multitude d'êtres et mis entre eux tant de variété ?.. 105
  2. Dans quel dessein Dieu a-t-il voulu l'inégalité qui distingue les créatures ?... 105
  3. Il n'y a pas plusieurs mondes................................ 106
QUEST. XLVIII. Distinction des choses en particulier. — 1. Le mal a-t-il une nature ?.. 107
  2. Le mal peut-il détruire entièrement le bien d'un être ?......... 107
  3. Le mal dans les êtres doués de volonté est toujours une faute ou une peine... 108
QUEST. XLIX. Cause du mal. — 1. La cause du mal est toujours un bien.. 108
  2. Dieu peut-il causer le mal ?.................................. 109
  3. Existe-t-il un principe mauvais ?............................. 109

CHAPITRE VII.

Les créatures spirituelles.

QUEST. L. — 1. L'ange est-il une créature absolument spirituelle ?..... 111
  2. Les anges sont-ils nombreux ?................................. 112
  3. Les anges ne sont pas tous de la même espèce................. 112
  4. La substance des anges est incorruptible...................... 113
QUEST. LI. Rapports des anges avec les corps. — 1. Les anges peuvent revêtir des corps humains.................................... 114
  2. Les corps que prennent les anges remplissent-ils les fonctions propres aux corps vivants ?...................................... 114
QUEST. LII. Rapports des anges avec les lieux. — 1. L'ange est dans un

lieu, mais il l'occupe d'une autre manière que les corps....... 115
2. L'ange ne saurait être en plusieurs lieux à la fois............... 116
QUEST. LIII. Mouvement local des anges. — 1. L'ange peut-il aller d'un lieu dans un autre?... 117
2. L'ange traverse-t-il les milieux qui séparent un lieu d'un autre?.. 117
QUEST. LIV. Connaissance de l'ange. — 1. L'acte par lequel il comprend, (*ejus intelligere*) diffère-t-il de sa substance?.................. 118
2. Cet acte de son intelligence est-il autre chose que son être?...... 118
3. Différence entre l'acte de l'intelligence angélique et celui de l'intelligence humaine?.. 119
QUEST. LV. Moyen de connaître qu'ont les anges. — Ils ne connaissent pas par leur essence, mais par les idées innées................. 119
QUEST. LVI et LVII. Objet de leur connaissance. — 1. L'ange se connaît lui-même dans la lumière de la vérité........................... 120
2. L'ange peut-il connaître Dieu, par ses facultés naturelles........ 120
3. Il connaît les choses matérielles...................................... 121
4. Connaît-il les choses futures?...................................... 121
5. Connaît-il le fond des cœurs?...................................... 122
6. Les mystères de la grâce?... 122
QUEST. LVIII. Leur mode de connaissance. — 1. L'intelligence de l'ange est tantôt en puissance, tantôt en acte....................... 123
2. L'ange peut-il connaître plusieurs choses à la fois?............... 123
3. Les connaissances de l'ange sont-elles successives et acquises par le raisonnement?.. 124
4. La fausseté ou l'erreur peut-elle avoir accès dans l'intelligence des anges?... 125
QUEST. LIX. Volonté des anges. — 1. Les anges ont une volonté........ 125
2. Ils ont le libre arbitre.. 126
3. Ils n'ont pas comme nous l'appétit concupiscible et l'appétit irascible. 126
QUEST. LX. Acte de la volonté, l'amour ou la dilection. — 1. Les anges ont un amour naturel.. 127
2. Ils ont aussi un amour électif.. 127
3. L'ange s'aime lui-même d'un amour naturel et d'un amour électif. 127
4. Il aime naturellement les autres anges comme lui-même........ 128
5. L'ange a-t-il naturellement pour Dieu un amour plus grand que pour lui-même?.. 128
QUEST. LXI Création des anges. — Il est probable qu'ils furent créés en même temps que le reste de l'univers.............................. 129
QUEST. LXII. Perfection des anges. — 1. Ils furent créés dans un bonheur naturel, mais avec une destination surnaturelle............... 130
2. Les anges ne purent tendre vers leur fin surnaturelle sans un secours de la grâce.. 130
3. Ils furent créés dans la grâce.. 131
4. Les anges ont mérité le bonheur avant d'en jouir................ 131
5. Les anges vécurent-ils longtemps avant de posséder leur fin dernière ou le bonheur?... 132
6. Dieu accorda aux anges la grâce et la gloire selon l'étendue de

leurs facultés naturelles... 132
7. Les anges dans la béatitude ont-ils conservé leur connaissance et leur amour naturels?... 133
8. Les anges qui jouissent de la vision intuitive ne peuvent plus pécher... 133
9. Les anges ne peuvent augmenter leurs mérites et leur bonheur.. 134
QUEST. LXIII. De quelle manière les anges ont commis le mal de la faute.
— 1. Ce fut en désirant le bien avec désordre.................. 134
2. Quelle sorte de péché commirent les anges?.................... 135
3. Que voulaient les anges, quand ils péchèrent?................. 135
4. S'écoula-t-il un long intervalle entre la création et la chute des mauvais anges?... 136
5. Le péché d'un premier ange fut cause de la chute des autres.... 136
QUEST. LXIV. Mal de la peine. — 1. L'intelligence des mauvais anges n'est pas si obscurcie qu'ils n'aient plus aucune connaissance de la vérité... 137
2. Leur volonté est obstinée dans le mal........................... 138
3. Les mauvais anges souffrent-ils quelque douleur?............... 139
4. En quel lieu souffrent-ils leur peine?.......................... 139
* Les œuvres de saint Denis l'Aréopagite........................ 140

CHAPITRE VIII.

Les créatures corporelles.

QUEST. LXV. Leur origine. — 1. Elles viennent de Dieu............... 146
2. Quelle fin s'est-il proposée en créant les êtres matériels?....... 146
3. Les êtres matériels ont été créés par Dieu sans l'intermédiaire des créatures plus excellentes...................................... 147
QUEST. LXVI à LXXIV. Œuvre de distinction et d'ornementation. —
1. Dieu créa d'abord la matière première........................... 148
2. L'œuvre des six jours.. 149
* La cosmogonie de Moïse et la science moderne................. 150
3. L'œuvre d'ornementation.. 153
4. Ce que l'Écriture assigne au septième jour...................... 156

CHAPITRE IX.

L'homme.

QUEST. LXXV. — 1. L'âme de l'homme est un esprit................. 159
2. L'âme est une substance.. 160
3. L'âme des bêtes n'est pas distincte de leur corps............... 161
* Observations sur l'âme des bêtes............................... 161
4. L'âme de l'homme est incorruptible............................... 164
* Immortalité de l'âme.. 166
5. L'âme n'est pas de même espèce que l'ange....................... 167
QUEST. LXXVI. Union de l'âme avec le corps. — 1. L'âme est la forme spécifique de l'homme.. 167

2. Différentes sortes d'âmes dont parlent les auteurs............. 167
3. Le corps humain, tel qu'il est, a une organisation favorable aux opérations de l'âme ?.. 168
4. Un intermédiaire existe-t-il entre l'âme et le corps ?............. 170
5. Dans quelle partie du corps réside l'âme ?...................... 170
QUEST. LXXVII. Puissances de l'âme. — 1. L'âme de l'homme a plusieurs puissances.. 171
2. Elles se distinguent par leur acte et leur objet................. 172
3. Elles sont ordonnées entre elles.............................. 172
4. L'âme n'est pas seule le sujet de toutes ses puissances........... 173
5. L'âme séparée du corps conserve-t-elle toutes ses puissances ?.... 173
QUEST. LXXVIII. Puissances de l'âme chacune en particulier. — 1. Elle a autant de puissances qu'elle produit de sortes d'opérations, et possède des vies différentes.................................. 174
2. L'âme a des sens extérieurs.................................. 175
3. Il lui faut aussi des sens intérieurs........................... 176
QUEST. LXXIX. Puissances intellectives. — 1. L'intelligence n'est pas l'essence de l'âme.. 177
2. L'intelligence est une puissance passive....................... 177
3. Il faut aussi admettre dans l'intelligence une puissance active.... 178
4. Cette puissance active est quelque chose d'inhérent dans l'âme... 178
5. La partie intellective de l'âme est le siége de la mémoire........ 179
6. L'intelligence n'est pas une faculté distincte de la mémoire...... 180
7. L'intelligence et la raison ne sont pas dans l'homme deux facultés distinctes... 180
8. La syndérèse et la conscience................................ 181
QUEST. LXXX. Puissances appétitives. — 1. L'appétit est une puissance spéciale de l'âme... 181
2. Cet appétit de l'âme intelligente diffère de l'appétit sensitif...... 182
QUEST. LXXXI. — 1. La sensualité............................... 182
2. Elle se divise en deux puissances distinctes, le concupiscible et l'irascible... 182
3. Les deux appétits de la raison inférieure relèvent de la raison supérieure... 183
QUEST. LXXXII. Appétit de l'âme intelligente, ou volonté. — 1. Il y a des choses que nous voulons nécessairement........................ 184
2. Il y a des choses que nous voulons librement................... 184
QUEST. LXXXIII. Libre arbitre. — 1. L'homme est doué d'un libre arbitre. 185
2. Est-ce une puissance appétitive, ou une puissance intellective ?.. 185
3. Il ne diffère pas réellement de la volonté...................... 186
QUEST. LXXXIV. Actes de l'âme. — 1. Elle connaît les choses corporelles par son intelligence... 186
2. L'âme connaît-elle les corps en elle-même ?................... 187
3. L'intelligence ne comprend pas les choses corporelles par des idées innées.. 188
4. L'âme intelligente ne voit pas toute vérité dans la raison éternelle. 189
5. Les choses sensibles ne sont pas la cause totale de nos connaissances. 189

TABLE ANALYTIQUE DES MATIÈRES. 489

6. L'intelligence ne peut comprendre sans le secours d'images sensibles... 190
7. L'homme ne peut juger quand l'exercice de ses puissances sensitives est entièrement suspendu.. 191
* Origine des idées.. 192

QUEST. LXXXV. La manière et l'ordre d'après lesquels notre intelligence perçoit les choses corporelles. — 1. Elle va du sensible au spirituel... 196
2. Les formes extraites des images sensibles ne sont pas seulement ce que nous comprenons, mais ce par quoi l'intelligence comprend. 196
3. L'ordre que suit l'intelligence est tel, que nous percevons le général avant le particulier... 197
4. L'intelligence peut-elle comprendre simultanément plusieurs choses?... 198
5. L'intelligence peut-elle se tromper dans ses actes?............... 198
6. Comment se fait-il qu'une intelligence comprenne mieux que l'autre?... 199

QUEST. LXXXVI. Ce que l'intelligence perçoit dans les choses matérielles. — 1. Son objet étant l'universel, comment perçoit-elle le particulier?... 199
2. Peut-elle trouver dans les corps la connaissance de l'infini?..... 200
3. Connaît-elle dans le monde matériel ce qui est contingent?....... 200
4. Peut-elle connaître les choses futures?........................... 200

QUEST. LXXXVII. Comment l'âme se connaît-elle et ce qui est en elle. — 1. Ce n'est point par son essence, mais par un acte qu'elle produit... 201
2. Elle connaît tous les actes de la volonté........................ 202

QUEST. LXXXVIII. Manière dont l'intelligence connaît les créatures qui sont au-dessus d'elle. — 1. Nous ne pouvons connaître en cette vie les êtres immatériels que par analogie........................... 202
2. Les êtres matériels ne peuvent nous conduire à une connaissance parfaite des êtres spirituels...................................... 202
3. Dieu est-il ce que nous connaissons le premier ici-bas?.......... 203

QUEST. LXXXIX. Ce qui précède regarde l'âme unie au corps. — 1. Comprend-elle encore, quand elle en est séparée?...................... 203
2. L'âme séparée du corps connaît-elle les anges?................... 205
3. Elle ne connaît pas tout ce qui arrive d'après les lois de la nature. 205
4. L'âme conserve-t-elle la science acquise pendant son union avec le corps?.. 205
5. La distance des lieux n'empêche pas sa connaissance.............. 206

QUEST. XC. Création de l'âme du premier homme. — 1. Elle fut créée, et non faite de la substance divine..................................... 206
2. Elle n'a pas été créée par les anges............................. 207
3. Elle n'a pas existé avant le corps............................... 207

QUEST. XCI. Production du corps du premier homme. — 1. Il a été formé du limon de la terre.. 207
2. Le corps de l'homme a-t-il reçu une organisation convenable?..... 208

QUEST. XCII. Création de la femme.— 1. Convenait-il qu'elle fût tirée du corps de l'homme?... 210
2. D'une côte d'Adam?.. 211
QUEST. XCIII. Dans quel sens l'homme fut créé à l'image et à la ressemblance de Dieu? — 1. On trouve dans l'homme une image de Dieu. 211
2. Peut-on le dire aussi des créatures sans raison?................ 212
3. L'ange est plus que l'homme l'image de Dieu.................... 212
4. Comment les créatures raisonnables et les créatures sans raison représentent-elles la nature divine et l'image de Dieu?......... 213
5. Est-ce par ses puissances et ses habitudes, ou par ses actes, que notre âme est l'image de Dieu?................................ 213
6. Ce n'est point par toute sorte d'actes, de puissances et d'habitudes que l'âme est l'image de Dieu................................. 213
7. Pourquoi ces deux mots : à l'image et à la ressemblance, qui sont synonymes?... 214
QUEST. XCIV. Etat dans lequel fut créé le premier homme. Condition de son entendement. — 1. L'intelligence d'Adam ne voyait pas l'essence divine 214
2. Avait-il une science universelle?.............................. 215
3. L'erreur pouvait-elle avoir accès dans l'intelligence d'Adam innocent?.. 216
QUEST. XCV. Condition de sa volonté.— 1. Le premier homme fut créé dans l'état de grâce.. 216
2. Le premier homme, dans l'état d'innocence, éprouvait-il les passions de l'âme?.. 217
3. L'homme innocent avait-il toutes les vertus?................... 217
4. Ses œuvres étaient-elles plus méritoires que les nôtres?........ 218
QUEST. XCVI. Empire de l'homme dans l'état d'innocence. — 1. Son empire s'étendait-il sur tous les animaux?......................... 218
2. Devait-il dominer sur toutes les créatures, sans exception?.... 219
3. Dans l'état d'innocence y aurait-il eu égalité parfaite entre tous les hommes?... 219
4. Des hommes auraient-ils dominé sur d'autres hommes?........ 220
QUEST. XCVII. Condition de son corps.—1. Si l'homme avait conservé l'innocence, son corps aurait-il été immortel?..................... 221
2. Aurait-il été exempt de souffrances?.......................... 221
3. Aurait-il eu besoin d'aliments matériels?..................... 221
4. Le fruit de l'arbre de vie pouvait-il donner l'immortalité à l'homme innocent?.. 222
QUEST. XCVIII. Comment aurait eu lieu la conservation de l'espèce dans l'état d'innocence. — 1. Il y aurait eu génération.............. 223
2. Par l'union d'un homme et d'une femme?..................... 223
QUEST. XCIX. Condition des enfants qui auraient été engendrés dans l'état d'innocence.— Ils auraient pu, dès le moment de leur naissance, produire tous les actes qui conviennent aux enfants........... 224
QUEST. C. Leur condition quant à la justice. — Ils seraient mis dans la sainteté et la justice......... 225

TABLE ANALYTIQUE DES MATIÈRES.   491

QUEST. CI. Leur condition quant à la science.—1. Ils auraient acquis la science sans peine et sans effort, comme lorsqu'on entend raconter. 225
2. Mais ils n'auraient pas joui, aussitôt après leur naissance, de l'usage de la raison.. 226
QUEST. CII. Lieu qu'habita l'homme innocent. — Le paradis terrestre... 226

CHAPITRE X.
La Providence.

QUEST. CIII. — 1. Il y a quelqu'un qui gouverne le monde........... 228
2. L'action de la Providence s'étend à tout sans exception.......... 229
3. La Providence gouverne tout immédiatement.................... 729
4. N'arrive-t-il jamais rien en dehors du gouvernement divin?..... 230
QUEST. CIV. Premier effet du gouvernement divin, qui est la conservation de toutes choses.—1. Les créatures ont besoin de Dieu pour conserver leur être.. 230
2. Dieu conserve-t-il l'être par lui-même, immédiatement?........ 231
3. La Providence ne laisse rien retomber dans le néant........... 232
QUEST. CV. Autre effet du gouvernement de la Providence.—1. Dieu, pur esprit, peut-il mouvoir les corps?................................ 232
2. Il peut mouvoir l'intelligence de ses créatures................. 232
3. Peut-il mouvoir notre volonté?................................ 233
4. Dieu opère-t-il dans tout agent qui produit une action?........ 234
5. Dieu peut-il déroger à l'ordre naturel?........................ 234
6. Ce que l'on appelle un miracle................................ 235
7. Y a-t-il des miracles plus grands les uns que les autres?...... 235
QUEST. CVI. Action des créatures les unes sur les autres. — 1. Un ange peut agir sur l'intelligence d'un autre ange en l'illuminant..... 236
2. Un ange peut-il agir sur la volonté d'un autre ange?........... 237
3. Un ange inférieur peut-il illuminer un ange qui lui est supérieur? 237
4. L'ange supérieur communique-t-il toutes ses lumières à l'ange inférieur?.. 237
QUEST. CVII. Manière dont les anges se parlent.— 1. Les anges ont-ils un langage?... 238
2. L'ange peut-il parler à Dieu?.................................. 238
QUEST. CVIII. Hiérarchies et ordres angéliques.—1. Il y a parmi les anges plusieurs hiérarchies... 239
2. Une hiérarchie renferme plusieurs ordres...................... 240
3. Chaque ordre renferme plusieurs anges......................... 240
4. C'est avec raison qu'on a donné aux anges les noms cités plus haut.. 241
5. Les hommes peuvent-ils jamais s'élever à la dignité des anges?. 242
QUEST. CIX. — 1. Existe-t-il différents ordres parmi les démons?..... 242
2. Les bons anges ont-ils la prééminence sur les mauvais?........ 242
QUEST. CX. Prééminence des anges sur les créatures corporelles.— 1. Elles sont régies par les anges.. 243
2. Les anges peuvent-ils faire des miracles?...................... 243

TABLE ANALYTIQUE DES MATIÈRES.

QUEST. CXI. Action des anges sur nous. — 1. Peuvent-ils illuminer les hommes?.. 244
  2. Les anges peuvent-ils changer la volonté de l'homme?.......... 244
  3. Peuvent-ils influer sur l'imagination de l'homme?.............. 244
  4. Sur les sens de l'homme?.. 245
QUEST. CXII. Mission des anges.—1. Y a-t-il des anges que Dieu envoie? 245
  2. Les anges envoyés jouissent-ils toujours de la vision intuitive?.. 246
QUEST. CXIII. Anges gardiens.—1. Est-il vrai qu'un ange veille à la garde de chacun de nous?.. 246
  2. Combien de temps l'ange gardien reste-t-il à côté de nous?..... 247
  3. Les anges gardiens s'attristent-ils des péchés et des peines des hommes?... 247
  4. N'y a-t-il pas quelquefois combat entre les anges gardiens de personnes dont les intérêts sont contraires?........................ 248
QUEST. CXIV. Lutte entre les hommes et les démons. — 1. Les démons attaquent-ils les hommes?.. 248
  2. Le démon est-il la cause de tous nos péchés?................... 248
  3. Peut-il faire des miracles?..................................... 249
QUEST. CXV. Influence des corps les uns sur les autres.................. 250
* QUEST. CXVI.. 250
QUEST. CXVII. Action de l'homme sur son semblable et sur la matière.—
  1. L'homme peut-il produire la science dans une autre intelligence que la sienne?... 250
  2. L'âme peut-elle agir sur la matière?............................ 251
* QUEST. CXVII et CXVIII... 252

DEUXIÈME PARTIE.

PREMIÈRE DIVISION.

CHAPITRE PREMIER.

La fin de l'homme.

* Résumé de ce qui précède.. 253
QUEST. I. — 1. L'homme en agissant se propose toujours une fin....... 254
  2. La fin des actes humains en fait la distinction spécifique........ 255
  3. L'homme peut-il avoir plusieurs fins dernières?................. 255
  4. La fin dernière joue-t-elle un grand rôle dans les actions de l'homme?.. 255
  5. Tous les hommes ont-ils la même fin dernière?................. 256
QUEST. II. En quoi consiste la fin de l'homme ou le bonheur.—1. Ce n'est pas dans les richesses.. 256
  2. Ni dans les honneurs.. 257
  3. Ni dans la renommée.. 258
  4. Ni dans la puissance.. 258
  5. Ni dans les biens du corps...................................... 259
  6. Ni dans les délectations du corps............................... 259

TABLE ANALYTIQUE DES MATIÈRES. 493

7. L'âme non plus n'est pas elle-même son bonheur.............. 260
QUEST. III. — Le bonheur consiste dans la vision de l'essence divine. 260
QUEST. IV. Conditions nécessaires au bonheur.— 1. Il est nécessaire pour
  être heureux de comprendre Dieu............................ 261
 2. Le bonheur suppose-t-il la rectitude de la volonté?............ 262
 3. On peut être heureux sans les biens extérieurs................ 262
 4. L'homme peut-il jouir du bonheur parfait si son corps n'y est
  associé?.. 263
 5. La société des amis est-elle nécessaire à la béatitude?........ 264
QUEST. V. Acquisition du bonheur.—1. Est-il possible à l'homme d'arriver
  au bonheur parfait?.. 264
 2. L'homme peut-il arriver ici-bas au bonheur suprême?........... 265
 3. Une fois acquis, le bonheur est-il inamissible?................ 265
 4. Faut-il, avant d'obtenir le bonheur, que l'homme le mérite?... 266

CHAPITRE II.

Actes humains.

QUEST. VI. Du volontaire. — 1. Les actes humains réunissent toutes les
  conditions du volontaire..................................... 268
 2. Les animaux sans raison peuvent-ils avoir le volontaire?....... 269
 3. Le volontaire peut-il exister sans acte?...................... 269
 4. Peut-on forcer la volonté?.................................... 270
 5. La violence détruit-elle toujours le volontaire?............... 270
 6. La crainte?... 271
 7. La concupiscence?... 271
 8. L'ignorance?.. 271
QUEST. VII. Circonstances des actes humains. — 1. Elles sont à l'acte ce
  que les accidents sont à l'être.............................. 272
 2. Quelles sont les circonstances de l'acte humain?............... 273
 3. Elles n'exercent pas sur l'acte une égale influence............ 273
QUEST. VIII. Actes de la volonté aspirant à une fin. — 1. Elle ne saurait
  vouloir qu'un bien réel ou apparent.......................... 273
 2. Toute inclination de la volonté prend une forme, celle qui existe
  dans la nature de l'être désiré.............................. 274
QUEST. IX. Moteurs de la volonté. — 1. L'intelligence................. 274
 2. L'appétit sensitif.. 274
 3. Elle se meut elle-même.. 275
 4. Un principe extérieur peut aussi mouvoir la volonté............ 275
 5. Dieu.. 275
QUEST. X. Manière dont la volonté se meut. — 1. L'objet de la volonté
  l'entraîne-t-il nécessairement?.............................. 276
 2. Les puissances sensitives?.................................... 276
 3. Dieu, en agissant sur la volonté, lui fait-il subir aucune contrainte? 277
QUEST. XI. Acte de la jouissance.—1. De quoi la volonté peut-elle jouir? 277
QUEST. XII. L'intention.—1. Dépend-elle de la volonté?................ 278
 2. L'homme peut-il avoir plusieurs intentions à la fois?.......... 278
QUEST. XIII. Acte de la volonté tendant vers les moyens. — 1. La délibé-

ration.. 278
 2. L'homme peut-il délibérer sur des affaires qui lui sont étrangères ou seulement sur les siennes propres ?...................... 278
QUEST. XIV. Le choix. — 1. Le choix est-il un acte de la volonté ou de l'intelligence ?.. 279
 2. Peut-il tomber sur la fin dernière ou sur les moyens ?.......... 280
 3. Sur ce qui est impossible ?.................................... 280
 4. Quand l'homme choisit, le fait-il librement ?.................. 280
QUEST. XV. Du consentement. — C'est la sentence finale par laquelle nous acquiesçons aux moyens.. 281
QUEST. XVI. De l'usage. — De quoi on peut user....................... 281
QUEST. XVII. Actes commandés. — 1. A quelle faculté de l'âme appartient le commandement... 282
 2. Un acte de la volonté peut-il être commandé ?................. 282
 3. Un acte de la raison ?.. 282
 4. La raison peut-elle commander aux puissances sensitives ?..... 283
QUEST. XVIII. Bonté et malice des actes humains en général. — 1. Tous les actes humains sont-ils bons ?.................................. 283
 2. Ils tirent leur moralité surtout de leur objet................. 284
 3. Ils la tirent aussi des circonstances......................... 284
 4. La fin peut-elle faire la bonté ou la malice d'une action ?... 284
 5. Y a-t-il des actes indifférents ?............................. 285
QUEST. XIX. Bonté ou malice de l'acte intérieur. — 1. Elle se tire de l'objet de l'acte... 286
 2. La raison n'y a-t-elle aucune part ?.......................... 286
 3. La vérité éternelle ?... 287
 4. Une conscience erronée oblige-t-elle ?........................ 287
 5. S'ensuit-il qu'on ne commette jamais le mal en suivant une conscience erronée ?.. 287
 6. La bonté de la volonté dépend-elle de l'intention finale ?.... 288
 7. La bonté ou la malice de la volonté est-elle toujours en raison de la bonté ou de la malice de l'intention ?....................... 288
 8. Dépend-elle de sa conformité à la volonté divine ?............ 289
 9. La volonté humaine ne peut-elle être bonne sans se conformer à la volonté divine ?... 289
QUEST. XX. Bonté ou malice des actes extérieurs. — 1. Dépend-elle totalement de la bonté ou de la malice de la volonté ?................ 290
 2. Si les deux actes, l'intérieur et l'extérieur, sont bons, leur bonté est-elle la même ?.. 290
 3. Comment l'acte extérieur augmente-t-il la bonté ou la malice de l'acte intérieur ?... 291
 4. Un événement qui suit l'acte en augmente-t-il la bonté ou la malice ? 291
QUEST. XXI. Conséquences des actes humains relativement à leur bonté et leur malice. — 1. Tout acte bon a le caractère de la droiture ; tout acte mauvais, le caractère du péché............................. 292
 2. Les actes humains ont aussi le caractère de mérite ou de démérite devant Dieu ?.. 292

CHAPITRE III.
Les passions.

QUEST. XXII. — 1. Il y a des passions dans l'âme.............	294
2. La passion est bien plus dans la partie appétitive que dans la partie cognitive...	294
3. L'appétit sensitif est encore plus que la volonté le siège des passions..................................	295
QUEST. XXIII. Différence des passions. — Celles du concupiscible sont autres que celles de l'irascible....................................	295
QUEST. XXIV. Bonté et malice des passions. — 1. Peuvent-elles être moralement bonnes ou mauvaises?..............................	296
2. Elles peuvent augmenter ou diminuer la bonté et la malice d'un acte humain..	296
* QUEST. XXV...	297
QUEST. XXVI. — 1. La première passion est celle de l'amour...........	297
2. Il y a plusieurs sortes d'amour................................	298
QUEST. XXVII. Causes de l'amour. — 1. C'est toujours un bien........	298
2. La connaissance...	298
3. La ressemblance..	299
QUEST. XXVIII. Effets de l'amour. — 1. Le premier est l'union de celui qui aime et de l'objet aimé...................................	299
2. L'extase...	300
3. L'attachement réciproque......................................	300
4. Le zèle ou la jalousie...	301
5. Blessure de l'amour..	302
QUEST. XXIX. La haine, passion opposée à l'amour. — 1. On ne peut haïr que le mal..	302
2. La haine est-elle plus forte que l'amour?........................	303
3. Peut-on se haïr soi-même?....................................	303
4. Peut-on haïr la vérité?..	304
QUEST. XXX. Autres passions de l'âme, la concupiscence. — 1. Quel est le siège de cette passion?..	304
2. Les désirs de la concupiscence sont-ils tous inspirés par la nature?	304
QUEST. XXXI. La délectation. — 1. Est-elle la même chose que la joie?	305
2. Quelles sont les plus précieuses délectations, celles de l'esprit ou celles du corps?..	305
QUEST. XXXII. Causes de la délectation.— 1. C'est d'abord une opération.	307
2. La tristesse peut-elle aussi causer la délectation?................	307
3. Les actions des autres?.......................................	308
4. La bienfaisance?..	308
5. La ressemblance?...	308
6. L'admiration?..	309
QUEST. XXXIII. Effets de la délectation. — 1. Elle élargit le cœur.......	309
2. Produit-elle la soif ou le désir d'elle-même?.....................	309
3. Empêche-t-elle l'usage de la raison?............................	310

QUEST. XXXIV. Bonté et malice des délectations. — 1. Des délectations sont bonnes, d'autres sont mauvaises.................................. 310
   2. La délectation que l'homme recherche est-elle la règle de la bonté ou de la malice dans les choses humaines?.................. 311
QUEST. XXXV. La passion opposée à la délectation est la douleur ou la tristesse. — 1. La douleur est-elle une passion?............. 311
   2. Est-elle la même chose que la tristesse?...................... 312
   3. Laquelle, de la douleur intérieure ou de la douleur extérieure, est la plus grande?.. 312
   4. N'y a-t-il qu'une sorte de tristesse?......................... 313
QUEST. XXXVI. Causes de la tristesse. — 1. Ce qui la cause, est-ce un mal actuellement ressenti, ou un bien perdu?.................... 313
   2. La concupiscence peut-elle causer la tristesse?................ 313
QUEST. XXXVII. Effets de la douleur et de la tristesse. — 1. La douleur enlève-t-elle la faculté d'apprendre?........................... 314
   2. La tristesse n'appesantit-elle pas l'esprit?.................... 315
   3. Nuit-elle à l'acte?... 315
   4. Nuit-elle au corps?.. 315
QUEST. XXXVIII. Remèdes à la tristesse. — 1. C'est d'abord une délectation quelconque.. 316
   2. Les larmes, les gémissements, ont aussi le même effet........ 316
   3. La compassion.. 316
   4. La contemplation de la vérité................................ 317
QUEST. XXXIX. Bonté et malice de la tristesse. — 1. Toute tristesse est-elle mauvaise?... 317
QUEST. XL. Passion de l'irascible. L'espérance. — 1. L'espérance est-elle autre chose que le désir?... 318
   2. Quelles sont les personnes les plus portées à l'espérance?..... 318
   3. L'espérance est-elle utile à l'action?......................... 319
QUEST. XLI. La crainte. — 1. La crainte est une passion................ 319
   2. Y a-t-il plusieurs sortes de crainte?.......................... 319
QUEST. XLII. Objet de la crainte. — 1. Peut-on craindre un bien?...... 320
   2. Le mal de la faute?.. 320
   3. Quels sont les maux que l'on craint le plus?.................. 321
QUEST. XLIII. Causes de la crainte. — 1. L'amour en est la première... 321
   2. La crainte peut venir de nos défauts ou de ceux des autres.... 321
QUEST. XLIV. Effets de la crainte. — 1. La crainte produit une contraction du dehors au dedans.. 322
   2. Elle nous rend amis des bons conseils........................ 322
   3. Empêche-t-elle l'action extérieure?........................... 322
QUEST. XLV. L'audace est la passion opposée à la crainte. — 1. Vient-elle de nos qualités ou de nos défauts?................................. 323
   2. Les gens audacieux ont plus de courage au commencement qu'au milieu et à la fin de l'action...................................... 324
QUEST. XLVI. La colère. — 1. Son objet, d'un côté, est le bien; de l'autre, le mal.. 324
   2. Est-elle un plus grand mal que la haine?..................... 325

TABLE ANALYTIQUE DES MATIÈRES. 497

3. Ne se met-on en colère que contre ceux dont on a reçu une injure ? 325
QUEST. XLVII. Causes de la colère. — 1. C'est toujours une injure qui nous est propre.. 325
   2. Quelle en est la cause, du côté de celui qui s'emporte ?.......... 326
   3. Du côté de celui contre qui nous nous fâchons ?................. 326
QUEST. XLVIII. Effets de la colère.— 1. La colère produit une délectation. 327
   2. Elle trouble l'usage de la raison................................ 327
   3. Elle empêche quelquefois l'usage de la parole.................. 328

CHAPITRE IV.
Les vertus.

QUEST. XLIX. Habitude en général. — 1. Qu'est-ce qu'une habitude ?... 329
   2. Comment se rapporte-t-elle à l'acte ?........................... 329
   3. Il y a des habitudes dans l'homme............................... 330
QUEST. L. Sujet ou siège des habitudes.— 1. Le corps................... 330
   2. L'âme... 331
   3. Les puissances sensitives....................................... 331
   4. L'entendement et la volonté..................................... 331
QUEST. LI. Leurs causes. — 1. La nature................................ 331
   2. La répétition de plusieurs actes................................ 332
   3. Dieu.. 333
QUEST. LII. Accroissement des habitudes. — 1. Les habitudes sont-elles susceptibles d'augmentation ou de diminution?.................. 333
   2. Tout acte augmente-t-il une habitude?.......................... 334
QUEST. LIII. Affaiblissement et perte des habitudes. — Elles peuvent diminuer et se perdre... 334
QUEST. LIV. Distinction des habitudes. — 1. Plusieurs habitudes peuvent se trouver dans une puissance...................................... 334
   2. Qu'est-ce qui fait la différence des habitudes ?................ 335
QUEST. LV. Essence de la vertu. — 1. Sa définition..................... 335
   2. C'est une habitude pratique, tendant à l'action................. 336
QUEST. LVI. Sujet de la vertu. — 1. Ce sont d'abord les puissances de l'âme.. 336
   2. L'intelligence peut-elle avoir une vertu sans le concours des autres puissances de l'âme ?....................................... 336
   3. L'irascible et le concupiscible peuvent-ils être le siège de la vertu ? 337
   4. Les vertus qui règlent nos affections envers Dieu et envers le prochain, comme la charité et la justice, dans quelle partie de l'âme résident-elles ?... 337
QUEST. LVII. Distinction des vertus intellectuelles. — 1. Comment sont-elles des vertus ?... 338
   2. Combien distingue-t-on de vertus intellectuelles?............... 338
   3. L'art est-il une vertu ?.. 339
   4. Faut-il confondre l'art avec la prudence ?...................... 339
   5. La prudence est-elle une vertu nécessaire à l'homme ?.......... 340

QUEST. LVIII. Distinction des vertus morales. — 1. Elles sont distinctes des vertus intellectuelles.. 340
   2. Toute vertu est-elle intellectuelle ou morale?.................. 341
   3. Les vertus morales peuvent-elles exister sans les vertus intellectuelles?.. 341
   4. Les vertus intellectuelles, sans les vertus morales?.............. 341
QUEST. LIX. Comment la vertu morale se distingue de la passion. — 1. Peut-elle être la passion même?.................................. 341
   2. La vertu morale peut-elle exister avec la passion?............. 342
   3. Exclut-elle la tristesse?.. 342
   4. Regarde-t-elle seulement les passions, ou aussi les actions?.... 343
   5. N'y a-t-il pas de vertu morale sans passion?.................. 343
QUEST. LX. Comment les vertus morales se distinguent entre elles. — 1. Celles qui regardent les passions diffèrent-elles de celles qui regardent les opérations?... 343
   2. Une seule et même vertu peut-elle régler toutes les passions?... 344
   3. Les vertus morales se diversifient suivant l'objet des passions... 344
QUEST. LXI. Vertus cardinales. — Quelles sont ces vertus?............ 345
QUEST. LXII. Vertus théologales. — 1. Elles sont nécessaires à l'homme pour atteindre sa fin surnaturelle............................... 346
   2. Comment se distinguent-elles d'avec les vertus morales et intellectuelles?.. 346
   3. Quelles sont les vertus théologales?........................... 346
   4. Quelle en est la première?..................................... 347
QUEST. LXIII. Cause de la vertu. — La nature ne produit pas la vertu de l'homme, elle vient d'un principe extrinsèque................. 347
QUEST. LXIV. Propriétés des vertus. — 1. Que veut dire le fameux *In medio virtus*?... 348
   2. Comment la vertu intellectuelle peut-elle nous placer dans un milieu?.. 348
   3. Peut-on en dire autant des vertus théologales?................ 348
QUEST. LXV. Connexion des vertus. — 1. L'une peut-elle exister sans l'autre?.. 349
   2. Les vertus morales et les vertus infuses peuvent-elles exister sans la charité?... 349
   3. La charité peut-elle exister sans les vertus morales et sans les vertus infuses?.. 349
   4. La foi et l'espérance peuvent-elles exister sans la charité?...... 350
QUEST. LXVI. Égalité des vertus. — 1. Toutes les vertus sont-elles égales?... 351
   2. La vertu intellectuelle est-elle plus excellente que la vertu morale?.. 352
QUEST. LXVII. Durée des vertus. — 1. Nos vertus morales nous suivront-elles dans l'autre vie?... 353
   2. Les saints conservent aussi leurs vertus intellectuelles.......... 353
   3. En est-il ainsi des vertus théologales?......................... 354
QUEST. LXVIII. Dons de l'Esprit-Saint. — 1. Différent-ils des vertus?.. 355

TABLE ANALYTIQUE DES MATIÈRES. 499

    2. Sont-ils nécessaires à l'homme?.......................... 355
    3. Quels sont-ils?... 356
QUEST. LXIX. Béatitudes de l'Évangile. — 1. Diffèrent-elles des vertus et
        des dons de l'Esprit-Saint?.................................. 357
    2. Appartiennent-elles à la vie présente ou à la vie future?........ 357
    3. Quelle en est l'énumération d'après l'Évangile?................ 358
    4. L'énumération des récompenses n'est pas moins admirable...... 359
QUEST. LXX. Les fruits de l'Esprit-Saint............................ 360

CHAPITRE V.

Les péchés.

QUEST. LXXI. — 1. Le péché est essentiellement opposé à la vertu..... 362
    2. Et à la nature... 362
    3. L'habitude est-elle pire que l'action vicieuse?................ 363
    4. Le péché et la vertu peuvent-ils exister ensemble dans un homme? 363
    5. Le péché peut-il être accompli sans un acte?.................. 364
    6. Définition du péché par saint Augustin....................... 365
QUEST. LXXII. Distinction des péchés. — 1. Ce qui les distingue entre
        eux, c'est leur objet ou l'idée qu'ils impriment en nous........ 365
    2. Distinction en péchés de l'esprit et péchés de la chair.......... 366
    3. En péchés contre Dieu, contre nous, contre le prochain........ 367
    4. En péchés d'omission et de commission...................... 367
    5. En péchés du cœur, de la langue, de l'action................. 367
QUEST. LXXIII. Rapports des péchés entre eux. — 1. Ils ne sont pas
        connexes... 368
    2. Ils ne sont pas égaux..................................... 369
    3. La gravité des péchés varie d'après leurs objets............... 369
    4. Et aussi selon la vertu à laquelle ils sont opposés.............. 370
    5. Lesquels sont les plus graves, les péchés de la chair ou les péchés
        de l'esprit?... 370
    6. La grandeur de la cause qui le produit augmente-t-elle le péché?. 371
    7. Des circonstances peuvent-elles aggraver le péché?............ 371
    8. L'étendue du dommage causé par le péché en augmente-t-elle la
        gravité?.. 372
    9. La dignité de la personne qu'on offense?..................... 372
    10. La dignité de la personne qui pèche?........................ 372
QUEST. LXXIV. Sujet du péché. — 1. La volonté..................... 373
    2. Les puissances qui sont les principes de l'acte................ 373
    3. La raison.. 373
    4. C'est de la raison que vient le consentement à l'acte du péché... 374
    5. Le consentement à la délectation est-il toujours un péché?...... 374
QUEST. LXXV. Causes du péché en général. — 1. Cause intérieure...... 375
    2. Cause extérieure... 375
    3. Un péché peut-il être cause d'un autre péché?................ 375
QUEST. LXXVI. Causes du péché en particulier : du côté de la raison.

— 1. L'ignorance peut-elle causer le péché?........... 376
2. Peut-elle être un péché?................................. 376
3. Elle n'excuse pas toujours............................... 377
4. Peut-elle diminuer le péché?........................... 377
QUEST. LXXVII. Du côté de l'appétit sensitif.—1. Les passions de l'appétit sensitif peuvent-elles entraîner la volonté?............. 377
2. Peuvent-elles entraîner la raison?................... 378
3. Péchés d'infirmité.. 378
4. Comment l'égoïsme est-il la cause de tout péché?.. 379
5. Les trois concupiscences dont parle saint Jean..... 379
6. La passion ne diminue-t-elle pas le péché?........ 380
7. La passion qui est cause du péché l'excuse-t-elle?. 380
8. Un péché qui provient d'une passion peut-il être mortel?.. 380
QUEST. LXXVIII. Du côté de la volonté. — 1. Peut-on pécher par malice? 381
2. Celui qui pèche par habitude pèche-t-il par malice?........ 381
3. Le péché de malice est-il plus grave que le péché commis sous l'influence d'une passion?.......... 382
QUEST. LXXIX. Causes extérieures. Dieu. — 1. Dieu n'est jamais la cause du péché................... 382
2. Dieu n'a-t-il aucune part au péché?................. 383
3. Dieu ne cause-t-il pas l'aveuglement de l'esprit et l'endurcissement du cœur?.......... 383
QUEST. LXXX. Le démon.—1. Le démon peut être cause directe du péché. 383
2. Peut-il nous exciter au mal?........................... 384
3. Peut-il nous forcer à pécher?.......................... 384
4. Tous les péchés proviennent-ils de la tentation du démon?.. 385
QUEST. LXXXI. L'homme. — 1. Le péché du premier homme se transmet par la génération à tous ses descendants........... 385
2. Tous les péchés du premier homme et ceux de nos derniers parents se transmettent-ils aussi par la génération, à leurs descendants? 387
3. Le péché originel atteint-il tous les descendants d'Adam?... 387
4. Si un homme était formé miraculeusement d'une chair humaine, contracterait-il la souillure du péché originel?......... 388
* Le péché originel.. 388
QUEST. LXXXII. Essence du péché originel. — 1. Il est, comme tous les péchés, une habitude de l'âme........................... 393
2. Il est autre chose que la concupiscence............. 393
QUEST. LXXXIII. Sujet du péché originel. Réside-t-il dans le corps ou dans l'âme?.. 394
QUEST. LXXXIV. Le péché considéré comme cause d'un autre péché. —1. Comment la cupidité est-elle la cause de tous les péchés?. 395
2. L'orgueil... 395
3. Péchés capitaux.. 395
QUEST. LXXXV. Effets du péché. — 1. Il diminue le bien naturel...... 397
2. Les quatre blessures que le vénérable Bède attribue au péché... 397
3. La mort et les défauts corporels..................... 398
QUEST. LXXXVI. Tache du péché. — 1. En quoi elle consiste......... 398

2. Cette tache reste-t-elle après le péché?............................ 398
QUEST. LXXXVII. Peine du péché. — 1. Une peine doit toujours suivre le péché.. 399
 2. Un péché peut-il être la peine d'un autre péché?................ 399
 3. Un péché peut-il mériter une peine éternelle?................... 399
 4. La peine des damnés peut-elle être appelée infinie?............. 401
 5. L'acte de la faute cessant, peut-il encore rester une peine à subir? 401
 6. La peine est-elle toujours la punition d'une faute?............. 402
QUEST. LXXXVIII. Péché mortel et péché véniel. — 1. Pourquoi les oppose-t-on l'un à l'autre?... 403
 2. Ces deux péchés sont-ils d'un genre différent?.................. 403
QUEST. LXXXIX. Le péché véniel. — 1. Ce que l'on entend par ce mot.... 404
 2. Pourquoi saint Paul compare-t-il les péchés véniels à du bois, du foin, de la paille?... 405

CHAPITRE VI.

Les lois.

QUEST. XC. Définition de la loi.................................... 406
 * Promulgation des différentes sortes de lois.................... 408
QUEST. XCII. Effets de la loi.—1. L'effet propre de la loi est de rendre les hommes bons.. 409
 2. Les autres effets de la loi sont d'ordonner ou de défendre, de permettre ou de punir... 409
QUEST. XCI et XCIII. Diversité des lois, et d'abord loi éternelle.—1. Existe-t-il une loi éternelle?....................................... 409
 2. Tous les hommes ont-ils connaissance de cette loi?............ 410
QUEST. XCI et XCIV. Loi naturelle.—1. C'est la loi éternelle manifestée aux créatures raisonnables?..................................... 411
 2. Tous les actes vertueux sont-ils commandés par la loi naturelle?. 411
 3. La loi naturelle est-elle la même pour tous les hommes?....... 412
 4. Peut-elle changer?... 413
QUEST. XCI et XCV. Loi humaine. — 1. Qu'est-ce que la loi humaine?... 413
 2. Ne pourrait-on se passer de lois humaines?................... 414
 3. Toute loi humaine ne dérive-t-elle pas de la loi naturelle?.... 414
 4. Quelles qualités doit avoir la loi humaine?................... 415
 * Le droit des gens... 416
QUEST. XCVI. Puissance de la loi humaine. — 1. Elle doit régler ce qui arrive le plus communément....................................... 416
 2. Elle ne peut réprimer tous les vices.......................... 417
 3. Les lois humaines obligent-elles au for de la conscience?..... 417
 4. Qui est obligé d'obéir à la loi?.............................. 418
 5. Ne peut-on pas quelquefois agir contre le texte de la loi?.... 419
 * Est-il permis de faire un acte quand on doute s'il existe une loi qui le défende?... 419
QUEST. XCVII. Changement des lois humaines.—1. La loi humaine doit-

elle être quelquefois modifiée?... 421
2. S'ensuit-il qu'on doive changer une loi humaine toutes les fois qu'on peut en faire une meilleure?........................ 421
3. La coutume peut-elle changer une loi?..................... 422
* Conditions nécessaires pour que la coutume puisse interpréter, abolir ou établir une loi................................. 422
1. Peut-on dispenser d'une loi humaine?.................. 423
QUEST. XCI et XCVIII. Loi divine. — 1. Est-il nécessaire à l'homme d'avoir, outre la loi naturelle et la loi humaine, une loi divine? 423
2. Dans quel sens faut-il entendre la faiblesse et l'inutilité de l'ancienne loi?.. 424
3. La loi, malgré ses imperfections, était une œuvre digne de Dieu. 425
4. Est-ce Dieu lui-même qui donna sa loi à Moïse, ou la transmit-il à son serviteur par l'intermédiaire d'un ange?.......... 426
5. Pourquoi Dieu ne donna-t-il sa loi qu'aux Juifs?.............. 427
6. La loi n'obligeait-elle que les Juifs?......................... 428
7. Le temps où vivait Moïse a-t-il été bien choisi pour l'établissement de la loi?... 428
QUEST. XCIX. Différents préceptes de l'ancienne loi. Il convenait qu'elle renfermât des préceptes moraux, cérémoniels, judiciaires....... 429
2. Les Hébreux avaient-ils un motif suffisant d'observer ces préceptes?... 430
QUEST. C. Préceptes moraux. — 1. Les préceptes moraux que renfermait l'ancienne loi sont-ils de droit naturel?........................ 431
2. La loi avait-elle des préceptes concernant toutes les vertus?..... 431
3. Les préceptes du Décalogue sont-ils rapportés dans un ordre convenable?.. 431
4. Sont-ils susceptibles de dispense?........................... 432
QUEST. CI, CII, CIII. Préceptes cérémoniels. — 1. Ils étaient figuratifs... 433
2. Pourquoi tant de préceptes cérémoniels?..................... 433
3. Quelles étaient ces cérémonies?............................. 434
4. Raison et convenance des préceptes cérémoniels qui regardaient les sacrifices... 434
5. De ceux qui regardaient les choses sacrées................... 435
6. Quelle est la raison des sacrements de l'ancienne loi?......... 438
7. Pourquoi les observances touchant les habits, la nourriture, etc... 439
8. En quel temps commencèrent les préceptes cérémoniels?...... 441
9. En quel temps ont-ils cessé?................................. 441
10. Les préceptes cérémoniels procuraient-ils la justification?...... 444
QUEST. CIV. Préceptes judiciaires. — 1. Ce que c'est que ces préceptes... 444
2. Ceux de l'ancienne loi étaient-ils figuratifs?................... 445
Leur abolition.. 445
QUEST. CV. Raison et convenance des préceptes judiciaires. — 1. La loi ancienne avait sagement réglé ce qui concerne le chef de l'État..... 445
* Opinion de Suarez sur l'origine du pouvoir..................... 448
2. La loi avait sagement réglé les rapports des Juifs entre eux...... 450
3. Leurs rapports avec les étrangers............................. 452

TABLE ANALYTIQUE DES MATIÈRES. 503

 4. Les rapports entre personnes qui habitent la même maison....... 453
QUEST. CVI, CVII, CVIII. La loi nouvelle. — 1. Comment diffère-t-elle de l'ancienne?.. 453
 2. La loi nouvelle est-elle une loi écrite ou seulement intérieure?... 454
 3. Elle a la vertu de justifier par elle-même...................... 454
 4. Elle est le complément et la perfection de l'ancienne loi....... 454
 5. N'eût-il pas mieux valu qu'elle fût donnée plus tôt, même au commencement du monde?.. 455
 6. Doit-elle durer jusqu'à la fin du monde?........................ 455
 7. Convenait-il qu'elle ordonnât des œuvres extérieures et qu'elle en défendît d'autres?... 456
 8. Ce qu'elle a ordonné, défendu ou permis, l'a-t-elle fait d'une manière convenable?... 456
 9. Règle-t-elle convenablement les actes intérieurs?............... 457
 10. Était-il convenable que la loi nouvelle renfermât des conseils?.. 547

CHAPITRE VII.

La grâce.

QUEST. CIX, CX, CXI. Ce que c'est que la grâce 459
 2. On distingue plusieurs sortes de grâces : la grâce actuelle et la grâce habituelle... 461
 3. Pourquoi prennent-elles l'une et l'autre le nom de grâce opérante et de grâce coopérante?.. 462
 4. Laquelle les théologiens appellent-ils la grâce donnée gratuitement et la grâce qui rend agréable?.. 463
 5. Pouvons-nous, sans la grâce, connaître quelques vérités?........ 464
 6. Faire quelque bonne action?..................................... 465
 7. L'homme a-t-il besoin du secours de la grâce pour aimer Dieu par-dessus toutes choses?.. 465
 8. Pouvons-nous, sans la grâce, accomplir tous les préceptes?..... 466
 9. Acquérir la vie éternelle?...................................... 466
 10. Pouvons-nous, au moins, nous préparer à la grâce?............. 466
 11. L'homme a-t-il besoin de la grâce pour sortir du péché?....... 467
 12. Pour éviter tous les péchés?................................... 468
QUEST. CXII. Cause de la grâce. — 1. Dieu en est la cause efficiente... 468
 2. Faut-il, pour recevoir la grâce, que l'homme y soit préparé par un acte de son libre arbitre?... 469
 3. La grâce, par conséquent, n'est pas également abondante en chacun de nous... 469
 * Quelle est la part de l'homme, quelle est la part de la grâce dans nos actes surnaturels?.. 469
QUEST. CXIII. Effets de la grâce. Le premier est la justification. — 1. Que faut-il pour produire en nous la justification? D'abord une infusion de la grâce... 475
 2. Puis un mouvement du libre arbitre............................. 475

3. Il ne suffit pas d'un mouvement quelconque du libre arbitre...... 475
4. Quel est le premier acte nécessaire à la justification ?............ 475
5. Quelle est, suivant l'ordre naturel, la première des conditions nécessaires à la justification ?.. 476
* La doctrine de saint Thomas est entièrement contraire à la doctrine protestante sur la justification........................ 476

QUEST. CXIV. Le second effet de la grâce est le mérite. — 1. Que faut-il entendre par le mot *mérite* ?................................ 476
2 Quelles sont les différentes sortes de mérites, et à quelles conditions pouvons-nous les acquérir ?.................................. 478
3. Quel est l'objet du mérite ?............................... 478
4. Pouvons-nous mériter pour les autres la première grâce ?........ 479
5. Pouvons-nous mériter l'augmentation de la grâce ?............. 479

ERRATA.

Page 67, ligne 26, *au lieu de* : contention, *lisez* : contestation.
— 88, — 26, — du Saint-Esprit, *lisez* : du Fils.
— 89, — 21, — du Saint-Esprit, *lisez* : du Père.
— 109, — 8, — aimer, *lisez* : causer.
— 112, — 22, — des millions, *lisez* : des milliers.
— 291, — 12, *à la suite de* : un double, *ajoutez* : caractère.
— 370, — 30, *au lieu de* : délicatesse, *lisez* : délectation.
— 401, — 14, — but, *lisez* : base.
— 455, — 2, — peuples, *lisez* : préceptes.
— 472, — 1, — discussions, *lisez* : dissensions.

CORBEIL, TYPOGR. DE CRÉTÉ.

www.ingramcontent.com/pod-product-compliance
Lightning Source LLC
Chambersburg PA
CBHW071407230426
43669CB00010B/1477